平湖年鉴

2023

平湖市地方志编纂委员会　编

方志出版社
Publishing House of Local Records

图书在版编目（CIP）数据

平湖年鉴．2023 / 平湖市地方志编纂委员会编．
北京：方志出版社，2023.9
ISBN 978-7-5144-5816-9

Ⅰ．①平… Ⅱ．①平… Ⅲ．①平湖－2023－年鉴
Ⅳ．① Z525.54

中国国家版本馆 CIP 数据核字（2023）第 181843 号

责任编辑：刘方圆
责任校对：张玉霞
责任印制：梅中英
出 版 者：方志出版社
地　　址：北京市朝阳区潘家园东里 9 号（国家方志馆 4 层）
邮　　编：100021
网　　址：http://www.zgfzcb.cn
发　　行：方志出版社图书营销中心（010-67110500）
印　　刷：云南美嘉美印刷包装有限公司
开　　本：889 毫米 ×1194 毫米　1/16
印　　张：34.75
字　　数：1062 千字
版　　次：2023 年 9 月第 1 版
印　　次：2023 年 9 月第 1 次印刷
定　　价：168.00 元

平湖市地方志编纂委员会

主　　任　周军波

副 主 任　毛　捷　柯卫明　陈明朗　许　静

顾　　问　杨补培

委　　员　吴跃根　王国忠　沈　锋　唐卫华　何小云　何春风
　　　　　朱勤明　施　博　徐海飞　沈　洪　吴兰兰　林国平
　　　　　朱　浩　陈仕栋　陆保林　陆　强　金建新　顾春林
　　　　　陆建海　曹　越　杨海明　何晓军

《平湖年鉴（2023）》编辑部

主　　编　陆保林

常务副主编　曹　越

副 主 编　杨海明　何晓军　郭杰光　黄　艳

编　　辑　顾丽丽　马中伟　李正平　沈桂林

校　　对　马中伟

编　　务　金　燕

编辑说明

一、《平湖年鉴》是中共平湖市委员会、平湖市人民政府主办，平湖市地方志编纂委员会编纂的综合性年鉴，是具有政府公报性质的大型资料性文献。

二、《平湖年鉴》以马克思列宁主义、毛泽东思想、邓小平理论、“三个代表”重要思想、科学发展观、习近平新时代中国特色社会主义思想为指导，坚持辩证唯物主义和历史唯物主义的立场、观点和方法，逐年记述各行各业的新变化、新成就、新问题，客观地反映社会主义物质文明、精神文明、政治文明、生态文明建设的历史进程，使年鉴既能为现实服务，又能为后人提供借鉴。

三、《平湖年鉴（2023）》记载时限为2022年1月1日至12月31日。全书除特载、专记、大事记、人物·名录、文件选编、国民经济统计资料不设条目外，其余类目均采用条目体，分类目、分目、条目3个层次。类目之首一般设“综述”，分目之首一般设“概况”，记述各行各业的总体情况。全书前有目录，后有索引。索引使用方法详见说明。

四、《平湖年鉴（2023）》对原部分类目、分目作了调整。“全市概况”篇目名称改成“市情概览”；“纪检监察工作”栏目从“中共平湖市委员会”篇目中提取，提级为“纪检监察”篇目；“民主党派·工商联·无党派人士”篇目名称改成“民主党派·工商联·知联会”；“地方军事”篇目名称改成“军事”；“政法”篇目名称改成“法治”；“对外经济贸易”篇目名称改成“对外及对港澳台贸易”；“人物·名录”篇目、“文件选编”篇目、“国民经济统计资料”篇目合并成“附录”篇目。

五、《平湖年鉴（2023）》的文稿，由各镇（街道）、部门（单位）落实专人撰写，文后署作者姓名或单位名称，并经各单位领导审阅。各种统计数字，凡《平湖统计年鉴（2023）》发布的，以统计年鉴为准，其中生产总值增长率按可比口径；《平湖统计年鉴（2023）》未收录的，由各专业部门提供；个别数据由于来源、统计口径等方面的不同而与《平湖统计年鉴（2023）》不一致的，经市统计局校定确认。工业、农业产值未注明不变价的，均系当年价（现价）。

六、数字用法、标点符号用法分别采用国家标准《出版物上数字用法》（GB/T 15835—2011）、《标点符号用法》（GB/T 15834—2011），计量单位采用国家技术监督局1993年12月发布的《量和单位》系列国家标准。因考虑地域特点，土地面积计量单位仍沿用“公顷”，蘑菇栽培面积用“平方尺”。

七、市级和镇（街道）机构及负责人名单集中在“人物·名录”篇，由市委组织部提供。收录范围为市几套班子领导成员，一级局正副职，二级局正职，镇（街道）党委、人大、政府（办事处）正副职（均不含协理员）。凡在2022年职务有变动的，姓名后加括号注明任、免职时间。

会议活动

2月15—18日，平湖市第十六届人民代表大会第一次会议在市行政中心召开　（王　强　摄）

2月14—17日，中国人民政治协商会议第十四届平湖市委员会第一次会议在市行政中心召开（金睿敏　摄）

2月9日，全市三级干部大会暨“提质提效年”动员大会在市行政中心召开　　（王　强　摄）

8月13日，平湖市红十字会第四次会员代表大会召开　　（市红十字会　供稿）

11月5日，平湖市残疾人联合会第八次代表大会召开　（市残联　供稿）

12月22日，中国共产主义共青团平湖市第二十二次代表大会召开　（团市委　供稿）

4月29日，平湖市“专精特新”服务联盟成立仪式暨政银企三方座谈会召开（平湖农商银行 供稿）

5月13日，红色助残联盟“一元众筹·爱心助残”项目正式发布（市残联 供稿）

6月29日，浙江省平湖市贸促会原产地证签证点启动仪式暨RCEP原产地规则培训举行　（市商务局　供稿）

7月6日，平湖市承办嘉兴市首届“邻里节”　　（市民政局　供稿）

7月12日，浙江晨光电缆股份有限公司在北交所上市　　（独山港经济开发区　供稿）

7月6日，第五届“才聚金平湖·引领新崛起”创业创新大赛启动　　（市人力社保局　供稿）

8月3日，平湖市工会会员代表常任制“云履职”应用全面推广

（市总工会　供稿）

9月22日，2022中国·平湖西瓜灯文化节开幕式暨投资贸易洽谈会举行 （王 强 摄）

9月25日，2022中国·平湖“龙舞九彩”长三角龙舞邀请赛在平湖市体育馆举办

（市文旅体局 供稿）

11月11日，平湖市税务局开展党的二十大报告金句诵读分享活动 （市税务局 供稿）

12月9日，千博助千企·助企纾困促共富行动启动 （市科协 供稿）

共同富裕

9月25日，2022长三角西瓜灯雕刻创意大赛　　（市委宣传部　供稿）

7月18日，第六届平湖农业经济洽谈会举办（市农业农村局 供稿）

8月6日，金平湖“抱团富”乡村旅游共富合作协议签约仪式举行　（广陈镇　供稿）

9月23日，平湖—青田“产业飞地”园区启动暨浙大之光数字经济产业园项目开工仪式举行　（市发改局　供稿）

项目建设

5月7日，平湖市政府实事项目AED投放启动仪式举行　（市红十字会　供稿）

6月10日，长城汽车平湖分公司首台新能源车成功下线　（平湖经济技术开发区　供稿）

6月29日，大族集团长三角科技园项目奠基　　（张江长三角科技城平湖园　供稿）

8月19日，平湖市电力负荷管理中心在国网平湖市供电公司正式成立（国网平湖市供电公司　供稿）

8月25日，金平湖高铁冠名专列首发仪式举行　（市供销社　供稿）

8月25日，以“虹桥金南翼·浙江第一站”为主题的2022年虹桥国际开放枢纽南向拓展带平湖项目合作推进会在上海举行 （市发改局　供稿）

9月23日，浙江群鹿新材料股份有限公司年产130套工业自动化一体机和2万吨新零售包装制品项目奠基仪式举行
（新仓镇　供稿）

9月23日，浙江名冠过滤科技有限公司年产3100万平方米高分子过滤材料新建项目开工奠基仪式在曹桥街道举行（曹桥街道 供稿）

12月10日，“郁野·杉水客”项目签约仪式举行（新仓镇 供稿）

社会文化

2月3日，市外事办举办在平湖外籍友人迎春活动　（外事办　供稿）

7月11日，举办宝藏小屋趣味夏令营（新居民党建公益服务项目）
（流动人口服务管理中心　供稿）

8月27日，金平湖智慧书房——叔同书院及社教中心正式对外开放　　（李叔同纪念馆　供稿）

8月31日，平湖市·上海金山区联合行政执法队揭牌仪式举行　（市综合行政执法局　供稿）

9月7日，平湖经济技术开发区（钟埭街道）成立全省首家社区抱团公司　　（钟埭街道　供稿）

11月4日，林埭派出所举行全省“枫桥式公安派出所”授牌仪式　　（市公安局　供稿）

11月11—13日，嘉兴市第六届“市长杯”青少年校园足球联赛小学组比赛在平湖市叔同小学举行　　（市教育局　供稿）

只为稻米香，倾力送活水——建行平湖支行金融“活水”赋能乡村振兴　　（建行平湖支行　供稿）

平湖市中医院新院　　（市卫生健康局　供稿）

美丽平湖

东湖景区日景图　　（市城投集团　供稿）

“碳为观智　桨领风华”主题稻田画　（市农业农村局　供稿）

4月25日，龙萌村入选省级“未来乡村创建村” （广陈镇　供稿）

巾帼扮靓“优美庭院” 助力“碳为观智　桨领风华”美丽乡村精品线

（市妇联　供稿）

万亩方永久基本农田集中连片建设项目 （市自然资源和规划局 供稿）

明湖景区喷泉秀 （市城投集团 供稿）

7月6日，水岸交融绿道二期建成开放　（市城投集团　供稿）

平湖市南河头历史文化街区打造“浙江有礼·报本平湖”大型有礼地标　　（市委宣传部　供稿）

南河头历史文化街区街景　　（市城投集团　供稿）

目 录

中共平湖市委员会

平湖市人民代表大会

平湖市人民政府

政协平湖市委员会

纪检监察

民主党派·工商联·知联会

群众团体

军　事

法 治

农 业

水　利

工　业

经济开发区

交通运输·邮政

通 信

国内贸易

对外及对港澳台贸易

旅　游

城乡建设

环境保护

嘉兴港区（嘉兴综合保税区）

财政·税务

金　融

综合管理

教　育

科学技术

文化·体育

新闻传媒

卫生健康

社会·生活

人力资源和社会保障

镇·街道

附　录

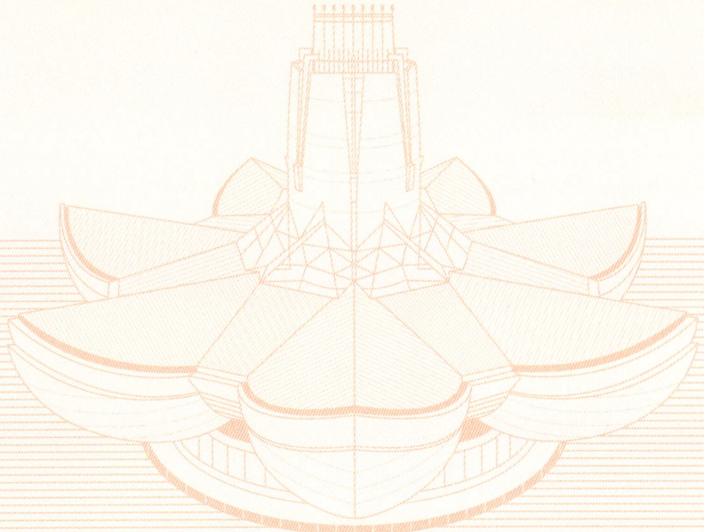

特　载

响应伟大号召　弘扬伟大精神 在新时代新征程奋勇推进金平湖新崛起

——在中国共产党平湖市第十五次代表大会上的报告

（2021年12月27日）

中共平湖市委书记　仲旭东

中国共产党平湖市第十五次代表大会，是在两个一百年奋斗目标历史交汇的重大节点，在浙江省推动高质量发展建设共同富裕示范区和嘉兴市建设共同富裕示范区典范城市的重要时期，在平湖高质量发展勇当共同富裕新崛起典范的关键阶段，召开的一次十分重要的会议。

大会的主要任务是：高举习近平新时代中国特色社会主义思想伟大旗帜，坚定不移沿着习近平总书记指引的方向奋勇前进，全面落实省委、嘉兴市委部署要求，回顾总结市第十四次党代会以来的主要工作，研究确定今后五年的目标任务，选举产生中共平湖市第十五届委员会和纪律检查委员会，动员全市各级党组织和广大党员干部群众，以守护“红色根脉”的政治自觉，全面奋战高质量发展、现代化建设新征程，勇争一流、勇当典范，加快推进金平湖新崛起再上新台阶。

一、回首五年历程，我们追梦不息硕果累累

市第十四次党代会以来，全市上下坚持以习近平新时代中国特色社会主义思想为指导，在中央、省委和嘉兴市委的坚强领导下，自觉践行新发展理念，始终突出高质量导向，打赢打好三大攻坚战，统筹推进疫情防控和经济社会发展，第十四次党代会主要目标任务胜利完成，“十三五”规划圆满收官，各项工作迈上

新台阶，“金平湖”成色进一步擦亮。

五年坚守，我们成就了日新月异的发展蓝图。市委始终坚持一张蓝图绘到底、一个目标干到底、一套机制管到底，提出金平湖新崛起总目标，一以贯之实施“四大工程”，扬帆起航、乘风破浪、追梦奔跑、勇开新局，迈出了一个个坚实的发展步伐，奋力书写了“中国梦”的平湖篇章。五年来，地区生产总值突破800亿元、预计接近900亿元，人均地区生产总值预计突破13万元，年均分别增长7.5%、7.3%；预计财政总收入、一般公共预算收入分别达到156亿元、96亿元，年均分别增长9.1%、11.1%；城乡居民人均可支配收入预计分别达到7.23万元、4.37万元，年均分别增长7.8%和8.5%，城乡居民收入比1.65∶1，在嘉兴市年度目标绩效考核中历史性取得“三连冠四连胜”，实现了又一个五年的跨越。

五年开拓，我们乘上了国家战略的时代东风。牢牢抓住长三角一体化发展上升为国家战略的历史机遇。顶层设计高位推进，先后制订《金山—平湖产城融合发展区建设方案》《虹桥国际开放枢纽南向拓展带平湖建设方案》，积极参与《上海大都市圈空间协同规划》编制，大力实施长三角一体化“3510”工程，首创毗邻党建引领区域联动发展模式，加快全要素接轨、全方位融入。产业协作全面深化，浙沪两省市高层推动全国首个跨省合作共建园区张江长三角科技城，与上海石化共建浙沪新材料产业园，与嘉定区等五地发起成立长三角汽车产业创新联盟，与金山区联合打造长三角“田园五镇”乡村振兴先行区，获评全省推进长三角一体化发展首批“最佳实践”。综合交通加快提升，沪平城际铁路全速审批开工在即，兴豪路等一批省际断头路打通，S302、S202等高等级公路加快建设，杭平申线航道改造提升全线贯通，海河联运集疏运体系初具雏形。公共服务优质共享，实施教育、卫生、文体接轨上海合作项目170个，百余项政务事项实现六省一市跨省通办，江浙沪联网医疗机构医保结算实现“一卡通”。对口工作成果丰硕，深度推进对口支援和山海协作，不断深化产业、就业、教育、医疗等全方位深层次合作，与青田的“飞地抱团”山海协作入选全省十大消薄案例。成为全省共同富裕示范区建设缩小地区差距领域首批试点，迈出了率先探索共同富裕的坚实步伐。

五年奋进，我们找准了高质量发展的崭新跑道。面对复杂多变的外部环境，紧盯高质量发展目标，质量效益全面提升。平台体系全面升级，平湖经济技术开发区跻身国家级开发区百强，并列入省级高新技术产业园区创建名单；独山港经济开发区依托口岸开放优势，实现经济规模五年翻番，成为全市经济强劲增长极；张江长三角科技城平湖园持续释放融沪优势，列入浙江自贸区嘉兴联动创新区临沪片区；农业经济开发区全省首创，走出了“三产融合”“三生融合”的乡村振兴新路子；各特色园区、创新平台蓬勃发展，相得益彰。招大引强连续突破，五年来累计引进百亿项目5个，引进世界500强、国际行业领先企业和超亿美元项目60个，实际利用外资16.5亿美元（部口径）、内资496.22亿元。产业发展再上台阶，规上工业产值预计达到2500亿元，年均增长13.5%（不含嘉兴港区和电厂，预计达到1600亿元）。服务业增加值年均增长8.2%，占GDP比重提高到38%。构建“153”新型农业产业体系，成功创建全国农村一、二、三产业融合发展先导区，获评县域数字农业农村发展先进县。动能转换不断提速，新增国家高新技术企业251家、省级科技型中小企业526家、上市企业3家、专精特新“小巨人”企业3家，R&D经费支出占GDP比重由2.77%提高到3.15%，高新技术产业增加值占比提升18个百分点，高质量打造上海交大平湖智能光电研究院等一批产学研平台，成功创建国家知识产权强县工程示范市。新建院士工作站11家，引进院士等顶尖人才3名、引育省级以上高端人才168名，省领军型创业团队、省海外工程师数量位居全省前列。

五年拼搏，我们实现了城乡品质的蝶变跃升。各美其美、美美与共的城乡变化，赢得广泛赞誉。城市形象华丽蝶变。委托院士团队编制平湖城市总体设计，70平方公里城市框架全面拉开，“东进、南拓、西联、北融、中优”格局基本形成，建成区面积拓展至50平方公里。累计投入资金超600亿元，完成605个城市建设项目，明湖景区、南河头历史文化街区等成为城市新地标，一批星级酒店、商贸综合体投入使用，东环线、南环线、建国路隧道建成通车，新华路、东方路等15条主要城区道路和通镇道路完成改造，城市综合交通网络全面构建。城市智能化、精细化、人性化管理水平不断提升。全域面貌焕然一新。建成市域绿道139.3公里，绿化覆盖率、森林覆盖率分别达39.07%和8.66%，累计完成美丽城镇项目112个、美丽乡村项目642个，建成省级特色精品村18个、美丽宜居示范村15个、美丽乡村风景线7条、美丽河湖4条，成功创建省AAAA级景区城、省全域旅游示范县（市、区）、省新时代美丽乡村示范市、省级森林城市，获评省小城镇环境综合整治行动优秀县（市、区），省森林城镇实现全覆盖，九龙山国家森林公园获得全省第一批（嘉兴唯一）森林氧吧称号。环境治理成效显著。能耗“双控”和能源结构优化迈出坚实步伐，水气土废攻坚战打出新成效，17条市级河道平均水质全部达到Ⅲ类水，农业面源污染“三全”治理模式入选全国五大典型案例，成为嘉兴首个斩获“大禹鼎”银鼎的县（市、区），空气质量领跑嘉兴，生活垃圾分类处理体系全面建成、全域覆盖，成功创建省级生态文明建设示范市，获评省“无违建县（市、区）”。

五年用心，我们书写了浓浓真情的民生答卷。坚持民有所呼、我有所应，民有所想、我有所为。群众生活更有保障。财政民生支出保持80%以上，五年累计实施民生共享项目523个。新增就业人口11.6万，城镇登记失业率保持在2%以内，累计发放低保救助金超1.5亿元，社会养老保险、医疗保险覆盖率均保持在98%以上。持续改善城乡居民住房条件，城镇住房保障覆盖率居嘉兴前列，扎实推进农民住房改善行动，完成村庄布点规划修编，农民建房压力持续释放，城乡危房实现“动态清零”。群众生活更具品质。养老事业提质扩面，社区、居家养老服务水平不断提升，养老机构床位数比上一个五年增长114%。教育事业加快发展，深入推进集团化办学改革，累计完成27所学校的新建、迁建和改扩建，教育现代化发展水平跻身全省第一方阵。医疗保障日趋完善，全面推进中医院迁建、妇保院新建、人民医院扩建等一大批医院基建项目，医共体改革成效凸显。社会文明显著提升，道德模范评选等活动深入开展，市镇村三级新时代文明实践阵地完成全覆盖，全国文明城市首创首成，全国双拥模范城实现“二连冠”。文化事业更加繁荣，建成“当湖十局”围棋公园、市民健身中心、“金平湖”城市书房等一批公共文体设施，博物馆新馆即将投入使用，乡村马拉松、棒球、赛艇等特色体育项目亮点纷呈，千人拥有公共文化、体育设施面积均列嘉兴第一。群众生活更加安心。持续深化新时代“网格连心、组团服务”，成立市社会治理综合指挥服务中心，推动“一中心四平台一网格”高效运转，全面推进依法治市、依法执政、依法行政，高质量完成“七五”普法，县域社会治理现代化水平进一步提高。全面打赢扫黑除恶专项斗争，纵深推进交通安全大会战，打响反诈人民战争，全力打好防范化解重大风险攻坚战，圆满完成新中国成立70周年、建党百年等重大维稳安保任务，创建成为法治浙江（法治政府）建设示范县（市、区）、浙江省食品安全市、省首批无欠薪示范市、首批禁毒示范县（市、区），成功夺取省平安创建“十六连冠”，获全省首批一星“平安金鼎”。

五年磨砺，我们锻造了担当干事的平湖铁军。深入贯彻新时代党的建设总体要求，大力弘扬伟大建党精神，坚决守好“红色根脉”。我们讲忠诚，不断提高拥护“两个确立”、做到“两个维护”的政治自觉，扎实开展“不忘初心、牢记使命”主题教育、党史学习教育，高质量开展庆祝建党百年系列活动，启用红色转角湾等一批红色阵地。我们讲实干，牢固树立政治首位和实干担当的选人用人导向，创新推出铁军打造“十个一”机制，深入推进三级破难，高质量开展“三服务”活动，出台容错免责赋码机制，全方位磨练打造“唯实惟先、善作善成”的铁军队伍。五年累计提拔重用具有一线破难、基层挂职和参与中心工作经历的干部240名，占提拔干部总数的90%以上；选树“铁军标兵”暨“担当作为好干部”64人、“铁军团队”68个，有效激发了干部的干事创业激情。我们讲廉洁，压紧压实从严管党治党责任，积极探索推进“四责协同”机制建设，严查“四风”隐形变异问题，用好监督执纪“四种形态”，始终保持惩治腐败高压态势，扎实开展巡视反馈问题整改，实现巡察全覆盖，清廉平湖建设不断深化。我们讲团结，切实加强党对人大、政府、政协工作的领导，保障依法依章履职、积极作为。全市统一战线持续巩固壮大，群团工作走在前列，党管武装、老干部、机构编制、退役军人、关心下一代、党校、史志档案等工作取得新进展，全社会同频共振的合力更加强大。

这些成绩的取得，离不开党中央和省委、嘉兴市委的正确领导，离不开历届市委和广大老领导、老同志打下的坚实基础，离不开全市各级党组织和广大党员干部群众的无私奉献、团结拼搏，也离不开各民主党派、工商联、无党派人士、人民团体、驻平部队、驻平单位以及社会各界的共同奋斗。在此，我谨代表中共平湖市第十四届委员会，向所有为金平湖新崛起添砖加瓦、贡献力量的同志们、朋友们，表示衷心的感谢和崇高的敬意！

五年的生动实践历历在目，五年的宝贵经验值得铭记。回顾五年的奋斗历程：

我们深刻领悟到，党的领导是成就各项事业的根本保证。刚刚过去的五年，是极不平凡的五年，平湖首次走进了国家战略，踏上了高质量发展的快车道，率先实现全面小康、迈向共同富裕。五年成绩的取得，根本在于以习近平同志为核心的党中央的坚强领导，根本在于习近平新时代中国特色社会主义思想的科学指引，关键在于党委总揽全局、协调各方。平湖的生动实践，让我们更加深切领悟到，有习近平总书记掌舵领航，全党就有定盘星，全国人民就有主心骨，中华“复兴”号巨轮就有掌舵者，面对惊涛骇浪我们就能够做到“任凭风浪起、稳坐钓鱼船”。踏上新的“赶考路”，更加需要始终坚持和加强党的全面领导，坚定理想信念，强化政治建设，忠诚拥戴核心，为各项事业乘风破浪、一路攀高凝聚伟力。

我们切身感受到，科学谋划是梦想照进现实的关键钥匙。五年来，我们以金平湖新崛起凝聚共识和力量，以“四大工程”系统推进各项工作，用好“2758”发展密码，规划实施“一核两极金边银线”先进生产力布局，产业平台不断升级，产业定位更加精准，追梦圆梦脚步不停，百亿项目、百亿企业先后破“零”，成功探索“新仓经验+广陈模式”、“浙农服”、“飞地抱团”强村模式等一批改革经验。五年的实践证明，思路清、目标明才能凝聚共识、有的放矢，方法对、举措实才能对准跑道、事半功倍。踏上新的“赶考路”，更加需要把握时代方位，做到与时俱进，善于运用系统观念系统方法，谋新篇开新局。

我们更加体会到，不懈奋斗是担当时代重任的必然选择。五年来，我们不断强化“坐不住”的忧患意识和“慢不得”的责任意识，坚持以“早一天也好”的态度抓工作。面对突如其来的新冠疫情，各级党组织和广大党员干部闻令而动、冲锋在前，与全市人民共同构筑起一道道坚固防线，取得了疫情防控阻击战的阶段性胜利。面对改革发展和城市建设重任，铁军团队激情出征，攻坚克难、拔钉清障，解决了一大批事关改革发展稳定的难点堵点问题。船到中流浪更急，人到半山路更陡。踏上新的“赶考路”，更加需要弘扬开天辟地、敢为人先的首创精神，坚定理想、百折不挠的奋斗精神，立党为公、忠诚为民的奉献精神，知重负重，勇毅前行。

我们由衷认识到，为民办事是牢记初心使命的最好诠释。五年来，我们始终站稳群众立场，把影响群众生活的“关键小事”作为党委政府工作的“头等大事”，财政累计投入民生支出超380亿元，教育、医疗、养老、文体等基础设施投入创历史新高。我们广泛发动群众，紧紧依靠群众，把创建全国文明城市的过程转化为全市人民提升幸福、创造幸福、共享幸福的过程。连续实施三批“初心行动”，84个老旧小区标准化改造惠及10万居民，天然气“三进”工程覆盖近4万户城乡家庭和85%的小餐饮，低收入家庭持股增收计划让3930户家庭领到了超过6000万元初心收益金，用实际行动回答了“我是谁、为了谁、依靠谁”。踏上新的“赶考路”，更加需要坚持人民至上，始终保持与人民群众的血肉联系，一言一行见初心，一枝一叶总关情。

我们真切感悟到，风清气正是团结一心干事的底气所在。五年来，我们始终把构建良好政治生态放在突出位置，市委常委会加强自身建设切实当好表率，政府工作条条线线争一流、当标兵，人大、政协领办重大任务、牵头重大课题，真正做到了中心工作全员参与、重点工作齐上一线，心齐气顺下好“一盘棋”的良好局面进一步巩固。各级各部门层层压实管党治党责任，切实加强对“一把手”和领导班子的监督，省委巡视组给予平湖“政治生态和社会风气持续改善”的肯定评价。踏上新的“赶考路”，更加需要坚定不移推进全面从严治党，深化反腐倡廉，狠抓作风建设，打造一支经得起风浪、担得起重任的平湖铁军，在新的征程中行稳致远。

在肯定成绩的同时，我们也要清醒看到，当前还存在一些问题和制约：一是经济发展的质量效益还需提升，投资增长后劲乏力，亩均效益增长不快，新兴产业特别是数字经济发展滞后，上市企业数量与全市经济规模不相匹配。二是创新驱动的支撑作用不够明显，科创湖区尚未形成，缺乏高能级的创新平台。三是资源要素的瓶颈制约仍然突出，经济发展面临着土地空间、能耗“双控”、环境容量等多重难题。四是干部队伍的能力作风还有短板，部分干部思维方式、工作方法与数字化变革的要求不相适应，违反中央八项规定精神的现象仍有发生。对于这些短板和问题，必须高度重视，采取切实有效措施，认真加以解决。

二、展望新的五年，我们信心百倍勇争一流

今后五年，是全面开启现代化建设新征程的第一个五年，立足新历史起点、面向新发展阶段，我们必须找准时代方位、顺应时代潮流、把握时代机遇。从国际形势看，世纪疫情和百年变局仍然交织，影响尚未见底，但我国迈向第二个百年奋斗目标的脚步坚定而执着。这几年，我们先后经历了中美贸易摩擦、新冠疫情等大战大考，挑战前所未有，但实践证明，在以习近平同志为核心的党中央的坚强领导下，在习近平新时代中国特色社会主义思想的科学指引下，我国经济发展长期向好的基本面没有变，经济韧性好、潜力足、回旋余地大的基本特征没有变，持续增长的良好支撑基础和条件没有变，经济结构调整优化的前进态势没有变，中国扩大高水平开放的决心没有变，我们要以咬定青山不放松的执着，奋力实现既定目标。从国内形势看，“双循环”活力持续释放，长三角一体化发展国家战略不断深化，仍然处于重要的机遇窗口期。长三角是全国经济发展最活跃、开放程度最高、创新能力最强的区域之一，浙江又是连接陆上与海上丝绸之路的战略大通道，平湖身处历史机遇的交汇点，还具有陆海一体海河联运的独特优势，完全能够打造成为联通国内国际“双循环”的黄金链接点。我们要牢牢抓住一体化这个“牛鼻子”，全面主动融入全省的战略布局，进一步把“两海”优势转化成托起金平湖新崛起的发展胜势。从平湖自身看，基础扎实、潜力巨大，拥有着承载机遇的优越条件。我市区位优势独特，交通发达便利，平台体系完备，产业基础雄厚，还拥有最优的营商环境，特别是随着城际铁路项目的加快审批和推进，与沪同城指日可待，将为信息流、资金流、人才流、技术流等优质资源的加速导入提供更好条件。立足当前形势，我们完全

有理由相信，新的五年，将是平湖经济展翅腾飞的五年，是各项事业跨越发展的五年，是金平湖新崛起大有作为的五年。

今后五年的指导思想是：高举习近平新时代中国特色社会主义思想伟大旗帜，深入贯彻落实党的十九大和十九届历次全会精神，统筹推进“五位一体”总体布局，协调推进“四个全面”战略布局，始终坚持以人民为中心，立足新发展阶段，完整、准确、全面贯彻新发展理念，积极融入新发展格局，动员全市上下进一步忠实践行“八八战略”，以高水平推进金平湖新崛起为总目标，以一体化和数字化为总牵引，以“四大工程”为总抓手，努力建设一体化发展的开放之城、高质量发展的创新之城、绿色秀美的生态之城、民生幸福的共享之城、治理有效的和谐之城，奋力开创“八个一流”的崭新局面。

今后五年的主要目标是：全市生产总值突破1200亿元；财政总收入超200亿元、一般公共预算收入超120亿元，年均增长9.2%、9.7%；城乡居民人均可支配收入分别达到10万元和6.3万元，收入比缩小到1.6以内，在优质均衡中逐梦共同富裕。“十四五”发展各项目标任务全面完成，综合实力和区域竞争力进一步提升。

今后五年的战略重点是“12458”。“1”就是聚焦一个总目标，按照“5年有大进展”的共同富裕任务时间表，率先探索，系统推进，高质量发展勇当共同富裕新崛起典范，更高水平推进金平湖新崛起。“2”就是以一体化和数字化为总牵引，牢牢抓住发展机遇，紧紧把握发展趋势。“4”就是坚持以“四大工程”为总抓手，统筹推进经济创新、城乡秀美、民生优享和铁军打造。“5”就是进一步坚持人民至上，落实五大新发展理念，把平湖打造成为一体化发展的开放之城、高质量发展的创新之城、绿色秀美的生态之城、民生幸福的共享之城、治理有效的和谐之城。“8”就是要着眼新任务、新机遇，应对新挑战、新竞争，聚力打造“八个一流”，构建金平湖新崛起崭新阶段的四梁八柱：

——打造协同发展的一流开放高地。深入实施首位战略，规划协同、产业协作、设施互通、生态联治、服务共享、制度创新等全面突破，把虹桥国际开放枢纽金南翼的地理第一站打造成领跑第一站。加快融入“双循环”发展新格局，年进出口总额突破680亿元，五年累计实际使用外资超22亿美元，开放型经济的规模、质量、效益继续走在全省前列。

——打造整体智治的一流改革先锋。以数字化改革为牵引，全面深化改革纵深推进，加快深层次系统性动力变革、质量变革、效率变革，聚焦共同富裕和低碳发展两大省级试点，形成一批彰显平湖特色、全省领跑先行、全国争创一流的标志性成果，使改革创新成为平湖高质量发展的动力源泉。

——打造国内领先的一流产业生态。先进制造业加速迈向中高端，形成若干具有平湖辨识度和影响力的优势产业，按管理口径，规上工业产值突破3000亿元，年均增长13%以上，形成“千亿平台、千亿产业、百亿企业、百亿项目”的加速崛起态势；现代服务业量质齐升，成为激发城市活力的重要引擎；农业现代化走在全国前列，争当高质量乡村振兴的新标杆。

——打造活力迸发的一流创新舞台。深度融入G60科创走廊，发挥长城汽车研发中心、航天东湖联合创新中心的龙头带动作用，建设省内一流高新区，围绕高能级湖区科创平台建设，建成一批高端科创平台和科技企业孵化平台，实现创新链与产业链、人才链、价值链协同升级。

——打造城乡融合的一流宜居样板。加快“公园城市”建设，深化新时代美丽乡村建设，实现城乡一体的全域秀美，努力创成全国人居环境示范县、省AAAAA级景区城、省新时代美丽乡村标杆县（市）。围绕“两进两变”目标，统筹推进全域土地综合整治、凤凰涅槃腾笼换鸟、城市有机更新，系统重塑城乡空间格局。坚持“世界眼光、国际品质、与沪同城、江南水韵”，谋划推进平湖未来城建设。

——打造天蓝水清的一流生态环境。着眼绿色发展，持续巩固环境整治成果，着力提高生态环境的系统性治理能力。围绕“双碳”目标抓好能耗“双控”和能源结构优化。成功创建全国生态文明建设示范区，使蓝天常在、绿水长流、鱼翔浅底、繁星闪烁的一流生态图景成为金平湖的靓丽名片。

——打造十有十美的一流民生品质。围绕幼有善育、学有优教、劳有厚得、病有良医、老有颐养、文有乐享、体有强健、住有宜居、行有速畅、弱有众扶，聚焦更高品质的民生供给，实施民生项目,办好民生实事,把“以人民为中心的发展思想”落实落细。进一步提高应对各类风险挑战的能力，推进依法有效治理，使“平安平湖”“法治平湖”成为我们的固定“红旗”。

——打造海晏河清的一流政治生态。做对党绝对忠诚的表率，坚决拥护“两个确立”，自觉做到“两个维护”，不断提高政治判断力、政治领悟力、政治执行力，始终把平湖的各项工作放到党和国家的大局中去谋划和推进。做敢于担当干事的表率，始终保持战胜挑战的信心、抢抓机遇的动力、攻坚克难的勇气，顶着压力冲、放开手脚干，在经风雨、见世面中长才干壮筋骨。做清正廉洁自律的表率，加强全面从严治党，纵深推进清廉平湖建设，持续巩固风清气正、政通人和的良好局面。

具体工作上：

（一）深化首位战略，在集聚发展优势上绘就新篇。围绕打造“一核两极金边银线”的发展格局，高标准共建平湖—金山产城融合发展区，全面实施《虹桥国际开放枢纽南向拓展带平湖建设方案》，创造更多标志性成果。一要加快更高水平“大开放”。牢固树立接轨上海就是接轨国际的理念，加快对接长三角轨道交通，沪平城际建成通车，高等级公路网互联互通，积极推动海河联运集疏运体系建设，加快实现与沪同城，进一步提升城市开放度。大力推进浙江自贸区嘉兴联动创新区临沪片区建设，主动接轨 RCEP20 等高标准国际经贸规则，鼓励离岸贸易、数字贸易、跨境电商等新业态新模式发展，进一步扩大口岸开放优势。二要推出战略接轨“大手笔”。未来五年是虹桥国际开放枢纽南向拓展带建设的关键五年，平湖要聚焦打造具有文化特色和旅游功能的国际商务区、数字贸易创新发展区、科技创新功能拓展区、江海河空铁联运新平台，建设 20 个重点平台，推进 50 个重大项目，实现超千亿元项目投入，真正把重大机遇期转化为黄金发展期。三要推动平台产业“大协同”。聚焦实体经济主战场，紧盯新兴产业生力军，不断深化与上海嘉定、闵行以及江苏昆山、太仓等地的交流合作，参与长三角先进生产力布局。协同上海金山、上海石化深入推进张江长三角科技城、浙沪新材料产业园、长三角“田园五镇”乡村振兴先行区等共建平台建设，加强产业协同和优势互补。四要探索体制机制“大创新”。积极探索沪平一体化重大课题，创新深化毗邻党建引领区域联动发展模式，在市场体系统一开放、科技创新融合发展、社会治理协调推进、政务服务一体通办、民生服务优质共享等方面加大探索力度，敢为人先突破体制机制藩篱。同时，扎实开展山海协作和对口工作，不断深化产业协作、劳务协作、消费协作等先富带后富的方法创新、模式创新，努力创造缩小地区差距的平湖经验。

（二）提升整体智治，在实现改革突破上绘就新篇。将改革作为关键一招，推动全面深化改革向广度和深度进军，高水平推进县域治理高效协同、整体智治。一要不断提升数字化改革的牵引性作用。聚焦“一年出成果，两年大变样，五年新飞跃”的总时间表，加快推进五大综合应用和一体化智能化公共数据平台建设，全面形成党建统领的整体智治体系。围绕落实重大战略任务、解决重大问题、提升治理能力、增强群众获得感，从“大场景、小切口”破题，加快谋划建设上线一批多跨场景应用，牵引全市经济社会发展实现深层次变革。二要突出重点统筹推进全面深化改革。注重集成改革、系统改革，持续深化九大专项领域改革攻坚。聚焦推进共同富裕、融入一体化发展、绿色低碳转型、科学有效治理等牵一发动全身的重点问题，谋划和推进一批重大改革项目，积极向上争取，使抓改革、争试点、当示范在平湖蔚然成风。三要着力推进“县乡一体、条抓块统”改革落地见效。以基层需求为导向，加快推进数字化改革“152”体系和社会治理“141”体系衔接贯通，深化县乡事项清单管理、基层治理“一件事”集成改革、“大综合一体化”行政执法改革等“减负赋能提效”改革举措，推动资源向一线倾斜、管理向一线下沉、服务向一线集中，实现基层治理领域“全周期管理”，率先构建上下贯通、县乡一体的县域整体智治格局，基层治理现代化走在全省前列。四要努力形成更多具有平湖辨识度的改革制度性成果。抓好改革经验集成推广，持续总结一批高质量改革案例，提炼一批平湖首创、平湖模式，探索一套平湖开花、全省飘香的推广机制，让更多改革成果进入嘉兴、全省乃至全国性的制度体系。

（三）突出质量效益，在加速产业腾飞上绘就新篇。要聚焦实体经济，更大力度推动产业升级，打造生机盎然、加速腾飞的产业发展新局面。一要打造平台体系升级版。完善高能级产业平台体系，形成2个千亿级平台。平湖经济技术开发区要突出“高质量”“高标准”，围绕产业平台高能级、项目招引高精尖、产城融合高品质、亩均效益高产出、要素保障高水平，五年内规上工业产值突破1000亿元，打造成为经济高质量发展的新标杆；独山港经济开发区要勇追“大港梦”“千亿梦”，主攻新材料、新能源和现代港航服务业，加快“四港建设”，加速“四港联动”，规上工业产值突破1200亿元，打造海洋经济的新增长极；张江长三角科技城平湖园要走好“数字路”“融合路”，扛起“全市数字经济一号主平台”的使命担当，加快提升能级，打造数字经济的新增长极；农业经济开发区要打造“农业硅谷”“共富高地”，以发展工业的理念做强农业，以经营城市的思路开发园区，着力打造以乡村振兴引领共同富裕的“广陈模式”。要进一步深化“筑巢行动”，加快建成一批标准高、定位准、配套全的特色园区、小微园区，为创业创新营造良好的发展空间，共同组建强劲支撑平湖产业发展的平台矩阵。二要打好招大引强主动仗。坚持项目为王，围绕“1212”产业定位，聚焦高质量外资集聚地，紧盯招引行业龙头、“链主型”、“单项冠军”、“隐形冠军”和“专精特新”等项目，保持招大引强的强劲势头。五年要累计引进总投资100亿元以上内资项目5个，世界500强、国际行业领先企业、总投资1亿美元以上和总投资10亿元以上内外资项目130个，力争150个，固定资产投资力争突破2000亿元，其中制造业投资年均增长10%以上。三要形成优势产业大集群。坚持产业集群化发展、链条式布局，推进造链、强链、延链、补链，壮大先进装备制造和新材料两大战略性主导产业，打造具有全国影响力的中国汽车及汽车零部件制造基地、中国高端机床制造基地、中国商业航天航空创新产业基地和杭州湾北岸新材料产业基地，到2026年主导产业规上产值超2000亿元、占全市规上产值比重的三分之二以上。服务业要借力长三角地区先进科技、创新、人才、金融、文化等要素集聚的优势，大力促进生产性服务业与制造业同频共振，生活性服务业与城市品质同步提升，服务业增加值占地区生产总值比重提高到40%。农业要围绕创新发展“新仓经验”、迭代升级“广陈模式”，积极构建具有平湖特色的“1324”新型现代农业体系、“一心两区五园”乡村产业发展格局，统筹抓好粮食安全、生猪保供、种子种源、面源污染治理、农业“双强”、数字乡村建设等战略性任务，加快推进新型农业现代化。四要打开数字经济新局面。坚持数字经济“一号工程”，加快数字产业化和产业数字化。聚焦数字经济四大制造业、三大服务业，加快智创园、张江长三角科创园、浙大之光、电子新材料产业园等建设，打造一批高能级数字经济制造业平台；加快推进明湖科创区、润泽长三角大数据应用中心等建设，深化与京东、字节跳动等知名品牌的战略合作，形成一批数字服务业核心平台。

深入推进制造业智能化改造和数字化转型，积极发展“智能工厂”“未来工厂”。到2026年累计完成数字经济投资300亿元，数字经济核心制造业年均增长15%，规模达到700亿元。五要建设营商环境最优市。坚持“对标国际、全国一流、长三角最优”的目标，不断加大“三个硬环境”和“四个软环境”建设，巩固提升营商环境的“北斗七星”。持续深化“放管服”改革，以数字化改革为牵引，推动“三服务”迭代升级，最大程度整合政务服务资源，最大限度减环节、优流程、提效率，建成未来政务服务大厅，深化“一件事”集成改革，提供企业全生命周期办事服务，推动有效市场和有为政府更好结合。

（四）强化创新驱动，在赢得发展先机上绘就新篇。坚定不移实施创新强市、人才强市战略，让创新成为平湖发展的鲜明标识和不竭动力。一要提升创新发展能级。突出高能级湖区科创平台建设，谋划虹桥·平湖“壹号湾”，以“一湾双廊四岛”的空间格局，构造引领未来发展的科技、科教、科创、科研新平台。加大创新平台合作共建力度，持续深化与“双一流”高校和“国字号”“省字号”科研院所的合作，深入实施“深根计划”，加快推进清华长三角研究院平湖创新中心、中国标准化研究院长三角分院、上海交大平湖智能光电研究院、航天科工二十三所平湖实验室等重大创新平台建设。围绕产业链部署创新链，进一步推动嘉创智谷、智汇谷等一批创新基地和孵化器建设。二要激发创新主体活力。围绕建设省内一流的智能制造和新材料科创高地，进一步突出企业在科技创新中的主体作用，支持和引导企业加大研发投入，加快培育一批企业研发中心、企业研究院等，培育更多“顶天立地”的创新型领军企业、“专精特新”的科技型中小微企业和“铺天盖地”的“双创”企业，促进产学研紧密对接、深度转化。到2026年，全社会研发投入占比达到3.8%，全市高新技术企业达到700家以上，实现高新技术企业数、省科技型中小企业数“双倍增”，新增省级企业研究院15家以上，高新技术产业增加值占规上工业增加值比重达到65%。要进一步深化“凤凰行动”，全面开展企业“上市100”专项行动，坚持招引和培育并重，新增上市企业10家以上，加快形成与我市经济总量和发展态势相匹配的上市规模。三要打造人才创新高地。牢固树立人才是第一资源的理念，实施更积极、开放、有效的人才政策，建立动态调整优化机制，保持政策比较优势。深化产才融合，突出“高精尖缺”导向，加大高层次人才引进力度，加强职业技术教育与企业的全方位合作，更好地发挥人才对产业发展的支撑作用。五年要引育省、市重点创新团队9个以上，引育高端人才180名以上，高层次人才4000名以上，高技能人才1.4万名以上。四要优化产业创新生态。强化汽车零部件产业等创新服务综合体建设，健全科技多元化投入机制改革，组建用好政府主导的科创引导基金，发挥科技支行作用，完善金融支持创新体系，加大高品质科创服务的引进培育力度，努力营造风生水起、风正帆悬的创业创新氛围。

（五）加快品质提升，在深化城乡融合上绘就新篇。围绕城乡一体、特色彰显、全域秀美，进一步走好城乡融合发展之路。一要拓展城市未来空间。到2026年形成主城区90平方公里城市框架，建成区面积达到55平方公里，常住人口城镇化率达到73%。提升综合交通网，统筹推进铁路、公路、水路等基础设施建设，高质量建成市域一体化骨干公路网，加快融入嘉兴市域快速通道系统，完成228国道改造和302、202省道等干线道路工程，形成内延外联、互联互通的道路交通体系；加快码头建设，合理布局港口资源，高质量推进内河港池和浙北高等级航道工程建设。做优各大功能区，南市新区要重点推进“一站三心、十岛百屿”的平湖未来城建设，打造平湖城市新门户；东湖片区要与三港新城联动发展，组团开发、多点支撑，加快东方公园建设，打造品质生活新样板；北部新城要坚持高端引领，建设国际化品质功能配套，打造产城融合新高地；城西片区要谋划推进城市西环线建设，着力加快基础设施建设和功能配套完善，打造城市发展新空间。二要彰显城市底蕴气质。坚持以建设“公园城市”为总抓手，在提升宜居品质上持续发力，推进城市有机更新、未来社区建设和滨水空间提升，结合城市防洪工程提升和拓建，打造原生态江南水乡水文景观，真正实现“碧水绕城、九水汇心、明珠璀璨、水清岸绿”；在提升国际品质上持续发力，完善与高质量外资集聚地相匹配的品质居住、教育医疗、文体娱乐、高端商务等配套功能；在彰显城市文脉上持续发力，传承和弘扬崇文报本的优秀传统文化，加快推进南河头历史文化街区后续开发、青少年校外综合体、图书馆新馆、科技馆、庄桥坟遗址公园等一批地标性文化设施建设。三要提升镇村风貌特色。坚持特色发展、错位发展，加快集镇道路、公园绿地、商贸服务等设施完善，推进一批风貌整治提升，形成具有平湖韵味的城乡风貌建设管理模式，省美丽城镇创建实现全覆盖。以新时代美丽乡村建设为基础，梯度开展“五美联创”，谋划建设跨省域精品线，打响“平沪之恋”2.0。推动景区镇、景区村创建扩面提质，培育美丽经济，发展全域旅游，实现美丽乡村的可持续发展。以全国、全省数字乡村建设试点为抓手，加快产业发展、乡村治理、乡风文明等领域的数字赋能，率先探索“未来乡村”。

（六）发力“双碳”赛道，在践行绿色发展上绘就新篇。以全省首批低碳试点县建设为契机，探索人与自然和谐共生的绿色发展之路。一是持续提升环境质量。深化全域土地综合整治，深入开展凤凰涅槃腾笼换鸟攻坚行动，统筹实施农地整理、建设用地复垦，五年腾退低效用地1.3万亩、盘活存量建设用地2万亩。巩固提升生态治理成果，深化“五水共治”，市控以上断面Ⅲ类水比例稳定在100%，进一步完善城乡污水收集、监测及终端处置能力建设，实施海塘、圩区建设及提档升级工程，农业面源污染治理领跑全省；深化“五气共治”，加强大气污染源头治理，空气质量优良率保持在93%以上，PM2.5浓度控制在22微克每立方米以下；深化“五废共治”，加强固废危废、土壤污染防治，建成市资源综合利用中心，加快构建废弃物循环利用体系，争创省级无废城市。二是持续加强降碳减排。编制实施碳达峰行动方案和“6+1”重点领域行动方案，加快产业生态化、生活低碳化、能源绿色化，确保能耗“双控”和污染减排各项目标落实落地。推动能源结构优化，深入实施“风光、余热、氢湾”计划。推动产业结构优化，大力创建绿色工厂、生态园区，发展循环经济、低碳经济、绿色经济。三是持续推进生态修复保护。守牢生态红线，严格耕地保护，落实基本农田、城镇开发等空间管控边界。开展生态修复，强化多污染物协同控制和区域协同治理。构筑生态屏障，加快建设广陈塘省级湿地公园，加大王盘山省级海洋公园保护力度，五年新增国土绿化面积3000亩以上，形成“300米见绿、500米见园”的生态园林体系。四是持续完善生态制度建设。坚持科学评估，探索建立生态系统生产总值核算制度，用科学考评引领市场主体担当绿色发展使命。坚持改革赋能，加快排污权、用能权市场化配置改革，建立完善废水、废气、废物收费制度，用经济杠杆引导市场主体找准绿色发展跑道。坚持制度落地，继续严格落实河长制、湖长制、滩长制、林长制，探索建立环境信用修复机制，用绿色杠杆、法治手段督促市场主体落实绿色发展责任。

（七）厚植为民情怀，在增进民生福祉上绘就新篇。要更好地回应人民群众对美好生活的向往，切实解决好群众最关心最直接最现实的利益问题，不断提高人民群众的获得感、幸福感、安全感。一要坚持富民为本，不断拓展群众增收渠道。实施更加积极灵活的就业政策，完善社会保障体系，妥善做好高校毕业生等青年就业群体以及就业困难人员的稳就业工作，关心关爱新就业形态劳动者，进一步扩大就业容量、提升就业质量。全面完成新一轮强村计划，确保村集体年经营性收入全部超150万元。要聚焦“扩中”，开展“大众创业、全民增收”行动，让更多普通劳动者迈入中等收入行列。要重视“提低”，精准识别重点人群，分类实施政策措施，动态消除零就业家庭，鼓励高收入人群和企业更多回报社会，形成先富帮后富、推动共同富裕的体制机制。二要坚持惠民为要，不断提升公共服务品质。打造“优学平湖”金名片，围绕建成高原、培育高峰的“两高”目标，落实“双减”政策，优化资源配置，加大名师引进培养力度，持续加大学校配建力度，创建成为全国学前教育普及普惠市和义务教育优质均衡发展市，教育事业发展主要指标全省领先。打造“健康平湖”金名片，进一步深化公立医院改革，以医院项目投入使用为契机，推动与沪杭等地优质医疗资源的深度合作，全市医疗卫生服务能力得到明显提升。打造“颐养平湖”金名片，深化养老机构公建民营改革，完善居家社区机构相协调、医养康养相结合的养老服务体系。打造“暖心平湖”金名片，进一步完善社会大救助体系，统筹做好慈善、助残、救孤、济困等工作，推动托底保障救助全覆盖，让弱势群体和困难群众生活得更有保障、更有尊严。三要坚持乐民为乐，不断丰富精神文化生活。加强社会主义核心价值观教育，做好新时代文明实践工作，持续巩固和深化全国文明城市创建成果。实施“文化基因解码工程”，深挖红色资源，多出文艺精品，讲好平湖故事，不断丰富“平和报本、勇猛精进”的城市精神内涵。高质量推进文化产业发展，进一步理顺体制加快九龙山旅游度假区开发建设，实施文体设施提升和文化惠民工程，打响特色文化和体育品牌，争创全国科普示范市、省级公共文化服务现代化先行县市，打造具有平湖辨识度的新时代文化高地。四要坚持安民为基，高水平建设“平安平湖”。慎终如始做好疫情防控工作，着眼打好主动仗，完善精密智控机制，提高应急处置能力，确保疫情防控体系适应疫情形势变化，坚决打赢疫情防控总体战。健全社会治安整体防控体系，完善城市系统性智安建设，常态化开展扫黑除恶工作，严厉打击各类违法犯罪活动，深入攻坚防命案、防电诈、防交通亡人事故“三防”人民战争，保护人民群众生命财产安全。健全安全隐患排查处置体系，强化公共安全领域专项整治，提升防范和应急处置能力，有效预防和坚决遏制有影响案事件发生。健全系统行业平安创建体系，完善风险隐患和矛盾纠纷闭环管控机制，高质量推进“平安平湖”创建，确保高分夺取二星平安金鼎。发挥党建引领社会治理优势，迭代升级“一中心四平台一网格”，纵深推进“三源共治”“三社联动”“三微治理”，不断提升县域社会治理现代化水平。全面深化依法治市、依法执政、依法行政，高质量推进“八五”普法，创建成为全国法治政府建设示范市。

三、持续推进新时代党的建设新的伟大工程

开启全面建设社会主义现代化新征程，必须始终坚持党的全面领导。全市各级党组织和广大党员干部要认真贯彻新时代党的建设总要求，深入学习贯彻党的十九大和十九届历次全会精神，着力推动全面从严治党向纵深发展，为高水平推进金平湖新崛起提供坚强政治保证。

（一）突出政治站位，展现忠诚担当的精神风貌。对党忠诚是各级党组织和党员干部的根本政治担当，胸怀忠诚，就能入火海而不退缩、遇烟雾而不迷失、出淤泥而不污染、临诱惑而不动摇。要把牢政治方向。始终把党的政治建设摆在首位，不断提高政治判断力、政治领悟力、政治执行力，真正把“四个意识”“四个自信”融入血脉、落到行动，坚定不移做“两个确立”忠诚拥护者、“两个维护”示范引领者，忠诚核心、拥戴核心、维护核心，确保在政治立场、政治方向、政治原则、政治道路上始终与以习近平同志为核心的党中央保持高度一致。要强化理论武装。坚持不懈用习近平新时代中国特色社会主义思想武装头脑，推动党员干部学深悟透笃行，自觉做习近平新时代中国特色社会主义思想的坚定信仰者和忠实实践者。要巩固“不忘初心、牢记使命”主题教育、党史学习教育成果，深入学习贯彻习近平总书记系列重要讲话精神，全面落实嘉兴市委提出的“12 个永远不能忘记”，深化党委（党组）理论学习中心组学习，坚持和完善好理论学习“第一议题”等学习制度，确保总书记重要指示和党中央决策部署在平湖落地生根、开

花结果。严格落实意识形态工作责任制，推动宣传思想工作守正创新，深化媒体融合发展，弘扬主旋律，凝聚正能量。要严肃组织生活。坚决贯彻民主集中制原则，健全完善党委（党组）议事决策规则，不断提高科学决策、民主决策、依法决策水平。严格执行党内重要法规，落实“三会一课”等制度，用好批评和自我批评这个有力武器，以严格的党内政治生活和红船护旗手的政治担当锤炼党性。要凝聚强大合力。建立健全党总揽全局、协调各方的制度体系，把党的全面领导落实到经济社会发展的全过程和全领域，支持人大、政府、政协依法依章履职，支持法院、检察院独立公正司法，加强党对人民武装、统一战线、群团工作的领导，做好机构编制、老干部、双拥、退役军人、关心下一代、党校、史志档案等工作。

（二）突出固本强基，打造坚强有力的战斗堡垒。基层是党的执政之基、力量之源。要牢固树立大抓基层的鲜明导向，全面实施“红色根脉强基工程”，深化“七讲七比、争先攀高”党建高地创建行动，努力把基层党组织打造成推动发展、服务群众、凝聚人心的坚强堡垒。要完善组织体系。统筹农村基层、城市社区、“两新”组织等重点领域党建，建强上下贯通、执行有力的组织体系，推动“有形覆盖”向“有效覆盖”转变。深化党建带群建，全面建立以党群服务中心为主枢纽，构建集文化礼堂、文化家园、居家养老服务中心、城市驿站于一体的服务矩阵，解决好联系服务群众“最后一公里”问题。要建强雁阵队伍。巩固深化村社组织换届成果，健全完善“一肩挑”后村社区治理体系，加大明星书记培育力度，着力打造一支素质过硬、本领高强的领飞“头雁”队伍。强化村社后备干部培养，深入推进“两新”组织党务工作者队伍专业化建设，抓好基层组织建设“关键所在”。要强化品牌提升。高标准打造毗邻党建、“股份分红+善治积分”、红色物业、“三联三会”非公党建等系列品牌，持续深化新时代“网格连心、组团服务”，深化“五个连心”微网格基层治理新模式，全力争当党建高地上的示范标兵。

（三）突出选育并重，锻造担当有为的铁军队伍。干部能担当，事业有保障。要以建设变革型组织、提高塑造变革能力为取向，推进干部队伍系统性重塑，持续建设一支想干事、能干事、干成事的平湖铁军。以严格的历练培养人。把挂图作战、驻点破难的战场，争先进位、互比互赛的赛场，创新会考、监督问效的考场，服务一线、应急处突的现场，作为干部培养历练的练兵场，注重在思想淬炼、政治历练、实践锻炼、专业训练等多维度中考核干部、识别干部、培养干部，全力打造德才兼备的高素质干部队伍。以实干的导向选用人。树立重实干、重实绩的鲜明导向，切实把政治强、专业精、作风正的干部选出来、用起来、提上来，真正让吃苦者吃香、优秀者优先、有为者有位。更加注重镇街道和市级部门班子队伍建设，选优配强党政“一把手”，重视培养选拔优秀年轻干部、女干部和党外干部，进一步优化班子结构、强化动态管理、增强整体活力。以科学的机制激励人。坚持严管与厚爱结合，激励与约束并重，不断完善综合考核机制，探索完善中心工作专班考核评价制度，切实加强干部日常管理、过程评价。完善落实容错免责赋码管理机制和干部澄清保护机制，持续巩固“干部为事业担当、组织为干部担当”的良性互动。注重典型示范，继续开展“破难先锋”“铁军团队”“铁军标兵”等先进选树。

（四）突出风清气正，涵养政治生态的绿水青山。清则正气充盈，清则万众归心。要始终以优良的党风促政风带民风，确保干部清正、政府清廉、政治清明、社会清朗。保持“不敢腐”的高压态势。继续加强对“一把手”和领导班子的监督。紧盯重大工程、重点领域、关键岗位，持续整治群众身边的腐败和作风问题，加大审查调查力度，坚持有腐必反、有贪必肃，为高质量发展减阻碍、增动力。充分发挥巡察“利剑”和派驻“探头”作用，坚持用好“四种形态”，持续提升巡察质效，实现巡察全覆盖目标，以“一案双查”压实“一岗双责”，着力构建“大监督”格局。

扎紧“不能腐”的制度笼子。做好案件查办的后半篇文章，对监督检查、审查调查、巡视巡察等工作中发现的问题,以“钉钉子”的精神，查找堵塞制度缺陷和管理漏洞，进一步强化对权力运行的监督和制约，切实把权力关进制度的笼子里，从源头铲除腐败滋生的“土壤”和“温床”。筑牢“不想腐”的思想堤坝。把反腐倡廉教育贯穿于干部培养、使用、管理各个环节，深入开展廉政示范教育、廉政警示教育和廉政岗位教育。发挥好“金平湖监察御史”清廉文化品牌的宣教作用，纵深推进清廉平湖建设，努力在全社会形成崇尚清廉的浓厚氛围。

政府工作报告

2022年2月15日在平湖市第十六届人民代表大会第一次会议上

平湖市人民政府代市长　周军波

一、2021 年主要工作和过去五年发展成效

2021 年是实施“十四五”规划的开局之年。面对错综复杂的经济形势、持续演变的新冠疫情，我们在市委的坚强领导下，在市人大、市政协的监督支持下，坚持以习近平新时代中国特色社会主义思想为指导，以数字化改革持续深化经济创新、环境整治、民生共享、铁军打造“四大工程”，全力推进金平湖新崛起，较好完成了市十五届人大五次会议确定的年度目标任务。全市实现生产总值 907.5 亿元，增长 9.2%；一般公共预算收入 96.6 亿元，增长 7.3%（不含嘉兴港区、嘉兴电厂，实现生产总值 698.5 亿元，增长 10.1%；一般公共预算收入 75.9 亿元，增长 8.9%）；城乡居民人均可支配收入分别达 71814 元、43914 元，增长 9.1%、10.1%。

一年来，我们持续深化经济创新工程，经济运行彰显了“硬实力”。

1. 首位战略推进深入。实施长三角一体化“3510”工程升级版，海上风电、独山能源等 20 个一体化标志性项目完成投资 112.2 亿元，超额完成年度任务。与金山联合打造的浙沪“田园五镇”乡村振兴先行区入选全省推进长三角一体化发展首批“最佳实践”。浙沪新材料产业园化工管廊二期投入使用。沪平城际铁路项目浙江段可研正式报批，上海段前期工作加快推进。省际断头路兴豪路通车，北环线、嘉善至永嘉公路（平湖段）和浙北集装箱通道工程加快推进，独山港 A4 码头对外开放，B13、B14 码头主体建成。新增长三角地区教育、卫生合作项目 8 项。101 项政务服务事项实现六省一市“跨省通办”。

2. 改革创新活力迸发。全力推动数字化改革，成功争取省级试点项目 45 个，打造城市防内涝、长三角社会协同治理等一批具有平湖辨识度的数字化改革“硬核”成果，“浙农服”成为嘉兴唯一入选省最佳应用。全力开展科技创新，成立清华长三角研究院平湖创新中心及北京联络处，航天科工二院二十三所平湖实验室正式运行，中国标准化研究院长三角分院、智能网联汽车 OTA 大数据云平台、平湖现代农业科创中心、长三角射频技术研发中心、杭州电子科技大学数字技术创新研究院等落地推进。新认定高新技术企业 85 家、科技型中小企业 200 家。引育省级以上高端人才 56 名，入选省领军型创新创业团队 3 个、全省第一。全力优化企业服务，整合“企业服务直通车”，成立“金管家”企业综合服务中心，“进一门、找一人、办成事”的“一站式”服务模式获企业点赞。

3. 产业发展齐头并进。实现规上工业增加值 327.6 亿元，增长 16.2%。汽车、高端机床、新材料三大产业链蓬勃发展，对规上工业产值增长贡献度达 77.3%。成功举办第四届中国汽车安全大会，获评全国优秀汽车及零部件制造基地。国内首台（套）产品（津上精密公司）、国家级服务型制造示范企业（依爱夫公司）、省“单项冠军”（欧迪恩等 4 家公司）、省“隐形冠军”（新发现机械公司）均实现零的突破，新增国家级专精特新“小巨人”企业 1 家、100 亿元

企业1家、10亿元以上企业6家。实现服务业增加值294.4亿元，增长7.4%。引进服务业项目65个，新增亿元以上服务业企业28家、规（限）上企业56家。铂尔曼、华侨、万怡等高品质酒店开业，京东创新平台、抖音直播基地等项目投运。平湖中国服装城首登“中国商品市场综合百强榜”。精准开展消费刺激活动，拉动消费超5亿元，实现社会消费品零售总额221.6亿元，增长10.3%。实现农业增加值16.1亿元，增长2.7%。毫不放松抓好粮食生产，播种43.9万亩，启动实施“米香”和“瓜甜”振兴计划，金桥生态农业基地二期竣工投产。平湖农业经济开发区创建成为省级现代农业园区。建成金平湖“1+1+N”数字乡村“大脑”，通过国家数字乡村试点阶段性评估。获评国家电子商务进农村综合示范市。

4.三大行动成效初显。实施“数字行动”，新成立9支数字经济专项基金，总规模40.9亿元。招引大族储能、航天产业基地2个百亿项目，新增规上数字经济企业29家、创历史新高。数字经济核心制造业实现增加值71.9亿元、增长15.2%，完成投资36.5亿元、增长22.7%。新增省级智能工厂（数字化车间）3家，新开通5G基站403个。实施“凤凰行动”，全面开展企业“上市100”专项行动，出台最优上市新政28条，建立“七个一批”企业股改上市培育机制，新增上市后备企业11家，晨光电缆北交所报审。实施“筑巢行动”，开工建设智创园二期、长三角大数据创新应用中心等项目112.9万平方米，竣工完成经开区两创产业园、曹桥智汇谷、平湖时尚中心等项目59万平方米，智创园一期、嘉创智谷一期顺利运行。

5.项目投资支撑有力。聚力招商引资，加强“1212”产业链布局，引进世界500强项目、国际行业龙头企业和超亿美元项目18个，实到外资4.1亿美元，实到内资125亿元，均创历史新高。聚力项目推进，开展扩大有效投资“四大攻坚”行动，健全项目挂钩联系、攻坚克难、会商督办推进机制，205个项目纳入全流程管理，完成固定资产投资325.7亿元、增长11%。超亿元产业项目新开工54个、新竣工38个，5个省市县长工程项目落地率100%。聚力要素保障，向上争取地方政府债券31.7亿元，新增建设用地3282亩，盘活存量用地2930亩，整治提升“两高一低”企业124家，腾退低效用地3047亩。

一年来，我们持续深化环境整治工程，城市能级提升了“竞争力”。

1.城市品质更为精致。全面启动金平湖“公园城市”建设，“水岸交融游线”正式运营，列入省“微改造·精提升”试点市，成功创建省全域旅游示范市。高起点规划，协同推进市镇两级国土空间规划，做优总体城市设计和中心城区路网提升、商业网点布点、滨水空间提升等专项规划。启动编制23平方公里的明湖科创湖区规划，谋划打造虹桥·平湖“壹号湾”。高标准建设，建国路隧道建成通车，环城北路等4条城市道路完成大修，中心城区17个积水点完成改造。新增口袋公园10个、市域绿道26.9公里。全国首座液氢油电综合供能服务站建成启用，氢能源公交示范线运行。

2.镇村面貌更有颜值。美丽城镇加速推进，获评省新时代美丽城镇优秀市。投资31.7亿元、46个项目完成建设，新仓镇、广陈镇创成新时代美丽城镇省级样板镇，曹桥街道创成省级达标镇，林埭镇获评全国“一村一品”示范镇。美丽乡村全域绽放，高标准建成“毗邻党建·农业硅谷”“钟溪棹歌·隐世田园”2条风景线，打造山塘村等十大“网红村”，“醉美花海二日游”“农开区特色乡游精品线路”分别入选全国、省级精品旅游线路。完成“四好农村路”改造51公里。成功创建省级新时代美丽乡村达标村17个、特色精品村4个。

3.生态环境更加优质。创建成为省级生态文明建设示范市。环境空气质量综合指数3.27，环境空气质量优良率93.7%，PM2.5、PM10平均浓度分别为21微克/立方米、47微克/立方米，均列嘉兴第一。13个嘉兴市控以上断面水质12个为Ⅲ类，捧回嘉兴首个“大禹鼎”银鼎。推进无废城市创建，8个镇街道全部建成一般工业固废收运体系。创建省级高标准生活垃圾分类示范小区20个、示范村3个，建成资源综合利用项目一期工程。完成绿化造林3997.8亩，新增省“一村万树”示范村2个。全省首创“无违建”治理指数评价体系。

一年来，我们持续深化民生共享工程，民生福祉增强了“保障力”。

1. 重点实事全面完成。用心用情用力办好11件政府重点民生实事项目。古横桥、广陈水厂完成改造，城区水源切换点建成10个。农村危桥拆除重建60座、维修加固30座。建成投运居家养老服务站10个、养老护理人员培训基地2家。家宴中心、学校和养老机构“阳光厨房”实现全覆盖。新埭、独山港2个院前急救点投入运行。电信网络诈骗发案数下降10.9%、破案数上升21.1%，劝阻和追还群众损失7000余万元。启动“金平湖维康”行动，大病报销累计支付9266.3万元。12个发热门诊（诊室）完成规范化建设提升。在嘉兴率先实施“冬暖夏凉”工程，中小学1016个教室安装空调实现全覆盖。建成健心客厅4个，心理健康服务站投运。54家重点单位接入消防远程监控系统，113个高层住宅小区完成水压和液位监测设备配置。

2. 居民收入稳步提高。全力稳岗稳就业，8.2万名新居民员工留平过年，与贵州等地开展政校企合作，引进技术工人4200人，新增城镇就业3.7万人，城镇登记失业率1.8%。稳步提升城乡居民保障水平，养老保险参保率98.3%、医保参保率99.3%。推进农户增收，大齐塘村试点村民众筹建设码头，加快第五轮“强村富民”项目建设，当湖街道沐阳大厦率先建成。村集体经济年经常性、经营性收入平均达344万元、244万元，“股份分红＋善治积分”模式实现73个村全覆盖，分红3259万元，最高户达1451元。城乡居民收入比1.64∶1。农村居民人均可支配收入突破4万元，低收入农户人均可支配收入突破2万元。

3. 社会事业均衡发展。教育现代化发展水平监测达到省级A档标准。稳妥推进教育“双减”，营利性学科类校外培训机构压减率100%。新叔同小学、百花幼儿园新华园区等6所学校投入使用，新增学位2520个。“健康浙江”考核全省第一，基层医疗卫生机构绩效考核省级监测评价全省第二，成立全省首个社会心理工作联合会。国家卫生城市、全国健康促进市通过复评。市第一人民医院与浙江肿瘤医院合作办医，中医院通过三级中医医院复评，建成新仓镇中心卫生院。金色阳光老年公寓投入使用。建成社会大救助服务中心，智慧救助工作经验被民政部推广。列入省第一批公共文化服务现代化先行市，打响“我们艺起来”群众文化活动品牌。成功举办CCTV电视围棋快棋赛、省青少年棒球锦标赛等活动，残奥会实现金牌零的突破。创建省三星级文明规范农贸市场3家。

4. 安全稳定有效维护。守牢人民健康底线，毫不放松抓好常态化疫情防控，严格落实“外防输入、内防反弹”要求，管好重点区域、重点人员，发动全市人民接种新冠疫苗，共同构筑起一道道防疫屏障，夺取了疫情防控阶段性胜利。守牢安全生产底线，开展重点领域“遏重大”攻坚战、工业企业“大排查、除隐患、保平安”百日攻坚等专项行动，生产安全事故起数、死亡人数实现双下降，成功抗击“烟花”“灿都”台风。守牢公共安全底线，深化“息事无讼”“红色物业”等六张创新治理金名片，常态化开展扫黑除恶斗争，纵深推进交通安全大会战，圆满完成建党百年维稳安保重任。成功夺取省平安创建“十六连冠”，平安指数居全省前列。

一年来，我们持续深化铁军打造工程，自身建设强化了“支撑力”。

扎实开展政府系统党史学习教育，加强数字化、清单化、闭环化抓落实。继续选派干部参与驻点破难，两批40个破难项目完成率超过95%。农村生活污水治理破难组，迅速摸清81576户农户污水排放情况，会同镇街道和村社区干部因地制宜加快建设处理设施，新增受益农户14248户，累计受益率达92%。启动“八五”普法，建成全省首个法治综合体“金平湖·法治里”，创建成为全省首批法治浙江（法治政府）建设示范市。依法接受人大及其常委会监督，自觉接受政协民主监督，高质量办理人大代表建议153件、政协提案164件，办理态度和结果满意率均为100%。严格落实中央八项规定及其实施细则精神，加强监察和审计监督及结果运用，政府系统廉政风险防控机制不断健全。坚持政府过紧日子，非刚性、非重点支出压减10.5%，政府民生类支出增长5.2%。

各位代表，2021年主要目标任务的完成，标志着“十三五”顺利收官和“十四五”良好开局。回顾过去五年，是平湖综合实力持续提升的五年，是城乡面貌持续改善的五年，是幸福指数持续提高的五年。五年来，我们主动适应经济发展新常态，统筹推进疫情防控和经济社会发展，谱写了追梦奔跑、跨越发展的精彩篇章，并在嘉兴考核中实现“三连冠、四连胜、五连赢”。

五年接续奋斗，我们始终坚持以“实干”兴“实体”，经济实力实现全面提升。全市生产总值从546.2亿元提高到907.5亿元，年均增长7.8%；一般公共预算收入从56.8亿元提高到96.6亿元，年均增长11.2%（不含嘉兴港区、嘉兴电厂，生产总值从414.2亿元提高到698.5亿元，年均增长7.6%；一般公共预算收入从44.5亿元提高到75.9亿元，年均增长11.3%）。规上工业产值突破1600亿元，年均增长13.5%，获评中国工业百强县第30名、嘉兴市第1名。累计引进百亿项目5个，引进世界500强、国际行业领先企业和总投资超亿美元项目60个，实到外资16.7亿美元（部口径），是上一个五年的1.7倍。累计完成固定资产投资1473.1亿元，年均增长10.6%。进出口总额达317.5亿美元，比上一个五年增长35.9%。社会消费品零售总额年均增长7.2%。综合实力位列全国百强县第43位。

五年接续奋斗，我们始终坚持以“先行”抢“先机”，一体化发展实现全面融入。发布《金山—平湖产城融合发展区建设方案》《虹桥国际开放枢纽南向拓展带建设平湖方案》。全国首个跨省域合作共建平台张江长三角科技城加快推进，平湖园列入浙江自贸区嘉兴联动创新区临沪片区。与上海石化共建浙沪新材料产业园，与嘉定区等五地发起成立长三角汽车产业创新联盟。五年累计从上海引进内资项目277个、外资项目141个，分别占比51%、79%。浙沪毗邻“拦路桩”全部清零，开通毗邻公交线6条。独山港至洋山港外贸集装箱中转业务开通，吞吐量年均增长128%。与上海世外教育、华师大二附中、上海龙华医院、红房子医院等合作办学办医，实现长三角医疗机构医保结算“一卡通”。“毗邻党建引领浙沪跨界协同治理”入选长三角一体化发展实践创新全国案例。平湖青田“飞地抱团”山海协作入选全省十大“消薄”案例。

五年接续奋斗，我们始终坚持以“转型”促“转化”，产业质效实现全面提档。规上工业亩均增加值提高73.8%，单位GDP能耗累计下降20.8%。新增上市企业3家，新增高新技术企业297家，研发投入强度从2.55%提高到3.16%。创成国家知识产权强县工程示范市、省级商标品牌示范市。引进院士等顶尖人才3人，引育省级以上高端人才168人，引进省海外工程师52人次，居全省第一。南市商务区蓬勃发展，获评嘉兴市五星级商务楼宇3幢，规（限）上服务业营收从135亿元提高到500亿元，年均增长30%。成功创建全国农村一、二、三产业融合发展先导区，获评县域数字农业农村先进市。平湖经济技术开发区跻身国家级开发区百强并实现位次前移。独山港经济开发区成为全市经济发展强劲增长极。张江长三角科技城平湖园数字经济发展初显成效。农业经济开发区“广陈模式”全省领先。

五年接续奋斗，我们始终坚持以“品质”提“品位”，城乡面貌实现全面提质。委托院士团队编制完成总体城市设计，中心城区“东进、南拓、西联、北融、中优”格局基本形成，成功创建省小城镇环境综合整治优秀市、省“无违建”市、省“四边三化”行动优秀市、省新时代美丽乡村示范市、省森林城市。北环线先行段、东环线、南环线二期建成通车，新华路、东方路等43条城市骨干道路和市域动脉路网全面提标升级，形成70平方公里城市框架。南河头历史文化街区一期、市民健身中心、“当湖十局”围棋公园等一批文体新地标应运而生。完成84个老旧小区标准化改造，惠及10万居民。5560个公共泊位纳入城区智慧停车管理，无感支付比例逐年提升。市域外配水工程调试运行，主城区逐步喝上千岛湖水。累计建成省级美丽城镇4个、AAAA级景区镇6个、AAA级景区村庄13个、特色精品村18个、美丽宜居示范村18个、美丽乡村风景线7条。建成省级美丽河湖4条，市级河道平均水质达到Ⅲ类，农业面源污染治理“三全”模式全国推广，海塘工程提标至百年一遇。新建市域绿道139.3公里，形成“一中心六辐射”绿道网，省森林城镇实现全覆盖，九龙山国家森林公园获全省第一批森林氧吧称号。空气质量综合指数改善24.5%。生活垃圾分类工作领跑全省，生态能源项目建成投运并实现超洁净排放。生态环境质量公众满意度全省排名从81位跃升至24位。

五年接续奋斗，我们始终坚持以“民生”聚“民心”，小康成色实现全面提高。财政民生支出累计327.2亿元，完成51件政府重点民生实事项目和天然气“三进”工程等三批“初心行动”，实施27所学校的新建、迁建和改扩建，推进中医院迁建、妇保院新建、人民医院扩建等医院基建项目。成功创建技师学院和国家级高技能人才公共实训基地。教育人事分配“五制”改革经验全省推广。获评全国健康促进市、全国首批智慧健康养老应用试点示范基地。农村文化礼堂实现全覆盖，乡村马拉松、棒球、赛艇等特色体育项目亮点纷呈，千人拥有公共文化、体育设施面积均列嘉兴第一，群众体育工作获评全国先进。全市上下久久为功、齐心努力，创成全国文明城市并通过复查，城市文明素质全面提升。城区烟花爆竹禁燃成为市民新习惯。全国双拥模范城实现“二连冠”。成功入选全省共同富裕示范区建设缩小地区差距领域首批试点。城镇登记失业率始终控制在2%以下。“股份分红＋善治积分”收益分配模式入选全国乡村治理典型案例。全国首创“飞地抱团”低收入家庭持股增收项目，累计分红4400多万元。发放低保救助金近1.5亿元，低保对象从2955户4421人减少到2272户3363人。养老保险、医疗保险参保率均保持98%以上，城乡居民人均可支配收入年均分别增长7.6%和8.6%。完成“47+49+107”新一轮村庄规划编制，畅通农民建房通道，新建公寓房12493套，新社区集聚2464户，自然村落保留点审批建房2127户。持续打好交通安全大会战，交通事故年死亡人数从最高峰99人下降到54人，实现断崖式下降。全面打赢扫黑除恶专项斗争，刑事警情年均降幅21.4%，荣获全省首批一星平安金鼎。成功创建全国信访“三无市”、省“七五”普法工作成绩突出集体、省食品安全市、省首批“无欠薪”示范市、省首批禁毒示范市。

各位代表！人生因汗水而充实，事业因奋斗而精彩。过去五年，是平湖发展史上极不平凡的五年。突如其来的大疫情、历史极值的大汛情、百年未有的大变局，给平湖经济社会发展带来诸多不确定性，但疫情没有击倒我们，汛情没有冲垮我们，变局没有难住我们，全市上下风雨同舟、众志成城、一往无前、高歌猛进，解决了许多从未遇到的难题，办成了许多看似不可能的大事，收获了许多超出预期的硕果。这是市委正确领导和市人大、市政协监督支持的结果，是各位老领导、老同志以及社会各界人士长期关心支持的结果，是全市上下同心同德、顽强拼搏的结果。在此，我代表市政府，向全市广大干部群众，向人大代表和政协委员，向所有参与、支持、关心平湖发展的各界人士，致以崇高的敬意和衷心的感谢！

我们也清醒地看到，平湖经济社会发展还存在不少困难和问题：一是经济稳增长压力大。经济发展形势依然严峻，发展中的能耗、土地等瓶颈制约日益突出，部分大项目受要素制约而推进缓慢。项目投资结构不佳，制造业、工业技改投资占比仅为25.4%、9.5%。数字经济缺乏龙头企业带动，高能级科创平台不多，科技创新驱动作用有待快速释放。二是社会风险隐患不少。受国际疫情影响，周边疫情时有发生，防范疫情扩散压力大。安全生产、道路交通、劳动关系、网络信息安全等隐患多发，赴省越级上访同比上升，维护安全稳定压力大。三是共同富裕基础还不强。城乡融合发展步伐还不快，接轨上海、接轨国际水平还不高，教育、医疗、养老等优质服务供给还难以满足城乡居民对美好生活的需要。四是数字化改革有待深入。少数干部缺乏系统思维、数字思维，在改革突破争先、服务提质争先、风险防控争先等方面做得还不够好，与市域现代化先行还有差距。对此，我们将坚持问题导向，采取有力措施，切实加以改进。

二、新一届政府工作主要目标和任务

今后五年，是开启全面建设社会主义现代化国家新征程、向着第二个百年奋斗目标进军的第一个五年。市第十五次党代会全面描绘了平湖今后五年发展的宏伟蓝图，明确了奋斗目标和实现路径。平湖作为虹桥国际开放枢纽南向拓展带金南翼浙江“第一站”、共同富裕示范区建设首批试点市，迎来了难得的创新红利、政策红利和试点红利。我们要保持战略定力，坚定必胜信心，一年接着一年干，一任接着一任干，加快推进金平湖新崛起再上新台阶。

根据市第十五次党代会提出的要求，今后五年政府工作的指导思想是：高举习近平新时代中国特色社会主义思想伟大旗帜，深入贯彻落实党的十九大和十九届历次全会精神，大力弘扬伟大建党精神、红船精神，统筹推进“五位一体”总体布局，协调推进“四个全面”战略布局，始终坚持以人民为中心，立足新发展阶段，完整、准确、全面贯彻新发展理念，积极融入新发展格局，忠实践行“八八战略”，按照市委“12458”战略重点，全力打造“八个新高地”，把忠诚拥护“两个确立”、坚决做到“两个维护”体现到经济社会发展实际成效中，努力在新的赶考路上为全国全省和嘉兴大局作出更大贡献。

今后五年的主要目标是：全市生产总值突破1200亿元；一般公共预算收入145亿元，年均增长8.5%（不含嘉兴港区、嘉兴电厂，生产总值突破900亿元；一般公共预算收入120亿元，年均增长9.6%）；城乡居民人均可支配收入分别达到10万元和6.3万元，收入比缩小到1.6以内，在优质均衡中逐梦共同富裕。

今后五年，我们将重点抓好以下八个方面的工作：

1. 加快建设一体化发展新高地。充分用好“金边银线”优势，聚焦AAAAA级景区城国际商务协同区、“壹号湾”科技创新活力区、数字贸易信息枢纽港、海河空铁联运开放之城的定位，打造虹桥国际开放枢纽南向拓展带金南翼浙江“第一站”。拓展外资外贸双优势，以中日、中德国际产业园为平台，扩大重点地区招商，推动产业能级提升与外资结构优化。扩大口岸开放优势，大力推动海河联运项目建设，打造综合交通集疏运体系。抢抓RCEP生效机遇，加快构建贸易链接体系，推进内外贸一体化。5年累计实到外资超22亿美元，进出口总额超680亿元。

2. 加快建设数字化改革新高地。紧紧围绕“1512”“141”总体框架体系，加快推进五大综合应用和一体化智能化公共数据平台建设。持续完善“感智汇”城市底座，聚焦共同富裕和低碳能源发展两大省级试点，重点在经济发展、智能决策、公共服务等领域上线推广一批平湖首创的多跨场景应用。以数字化手段推进政府治理全方位、系统性、重塑性变革，建设“整体智治、唯实惟先”现代政府。

3. 加快建设集群化产业新高地。做强“1212”现代化产业体系，推进产业集群向产业生态圈升级，打造具有全国影响力的中国汽车及汽车零部件制造基地、中国高端机床制造基地、长三角航天航空创新产业基地和杭州湾北岸新材料产业基地。到2026年，主导产业规上产值占全市规上产值比重2/3以上。数字经济核心制造业规模达700亿元。以服务业“4+3”产业为重点，突出数字服务业引领带动，推动生产性服务业与先进制造业同频共振，生活性服务业与城市品质同步提升，服务业增加值占比稳中有升。创新发展“新仓经验+广陈模式”，构建“1324”现代农业产业体系，培育一批“生产、加工、流通”一体化农业“链型”产业集群，加快打造数字化、现代化农业平湖样板。

4. 加快建设协同化创新新高地。深度融入G60科创走廊，打造省内一流高新区，强化汽车零部件创新服务综合体、光电和智能制造工程师协同创新中心建设。以“深根计划”“筑巢行动”、孵化器建设打造一批高端科创平台。支持和引导企业加大科研投入，加快培育一批企业研发中心、企业研究院，研发投入强度达3.8%，高新技术产业增加值占比达65%。新增上市企业10家以上。突出“高精尖缺”导向，更好发挥人才对产业发展、企业发展的支撑作用，五年累计引育高端人才180名以上。每万人高价值发明专利拥有量达20件。

5. 加快建设品质化宜居新高地。将主城区90平方公里作为“公园城市”进行整体规划、建设和管理，开展“人、城、境、业”四大品质跃升专项行动。加强总体城市设计研究，重点打造“一站三心、十岛百屿”平湖未来城、以东方公园为支撑的东湖片区、国际化品质功能配套的北部新城、与嘉兴中心城区互通互融的城西片区。持续推进老旧小区、加装电梯等项目改造，全面实施城乡风貌整治提升行动，创建国家城乡融合发展试验区，打造具有平湖韵味的城乡风貌建设管理模式。以全国数字乡村建设试点为抓手，建设未来乡村10个以上。

6. 加快建设生态化绿色新高地。创建成为国家生态文明建设示范区和省级“无废城市”。深入打好污染防治攻坚战，结合城市防洪工程提升改造，推进“碧水绕城”“碧水绕镇”“碧水绕村”，加快广陈塘省级湿地公园建设，加强农业面源污染治理，全面推广“农田退水零直排”模式，夺取嘉兴首座“大禹鼎”金鼎，空气质量优良率保持在93%以上，PM2.5控制在22微克/立方米以下。以省低碳试点市创建为抓手，全力优化能源结构，加快实施“风光、余热、氢能”计划，清洁能源发电量占比达50%以上。

7. 加快建设均衡化共富新高地。聚焦“扩中”实施居民收入和中等收入群体双倍增计划，聚焦“提低”实施更加积极就业、社保政策。推进新一轮强村计划，布局一批富民产业项目。推进省级共同富裕试点建设，升级“飞地抱团”带动协作地区增收。谋划实施青少年校外综合体、职业中专和交通学校迁建、科技馆、图书馆新馆、会展中心、艺术中心、文旅中心、体育中心等一批公共基础设施项目，打造“优学平湖”“健康平湖”“颐养平湖”“暖心平湖”等品牌。推进文化产业发展，打响“琴棋书画印唱灯舞”文化品牌，打造“10分钟品质文化圈”，进一步理顺体制机制加快九龙山旅游度假区开发建设。广泛开展“文明好习惯”系列活动，巩固全国文明城市创建成果。健全社会治安防控体系，完善风险闭环管控大平安机制，夺取二星平安金鼎。

8. 加快建设便捷化服务新高地。构建亲清政商关系，当好服务企业和人民群众的“店小二”，打造零障碍、低成本、高效率的发展软环境。全面实现依申请政务服务事项“一网通办”，公共服务从“掌上可办”向“管用好用”提升。形成“县乡一体、条抓块统”的高效运转机制，提升跨层级、跨地域、跨部门、跨系统、跨业务的协同管理和服务水平，以“金平湖现代数字政府”有力撬动数字经济、数字社会建设，有效推进县域治理体系和治理能力现代化。

三、2022年主要工作安排

五年看头年，开局最关键。2022年是新一届政府履职的开局之年，也是实施“十四五”规划的关键之年。我们一定锚定目标不松劲、接续奋斗抓落实，高质量开好局、起好步，践行向全市人民的庄严承诺。综合各方面因素，建议今年全市经济社会发展主要目标为：全市生产总值增长7.5%；一般公共预算收入增长6.7%（不含嘉兴港区、嘉兴电厂，生产总值增长7.5%；一般公共预算收入增长8.5%）；城乡居民人均可支配收入增长与经济增长同步；主要约束性指标完成上级下达任务。

围绕上述目标，今年政府工作将坚持稳中求进工作总基调，深入开展提质提效年活动，大力实施“经济创新”“城乡秀美”“民生优享”“铁军打造”四大工程，具体抓好以下十方面工作：

一是聚焦一体化发展促融入。坚定实施长三角一体化发展首位战略，锚定虹桥国际开放枢纽南向拓展带浙江“第一站”定位，加快推动平湖由“虹桥南”向“南虹桥”转变，借力上海更好地融入国内国际双循环。全域融入长三角一体化，全力建设虹桥金南翼“二区一港一城”，高品质共建张江长三角科技城、浙沪新材料产业园和“田园五镇”乡村振兴先行区，迭代推进20个一体化标志性项目建设。深化公共服务共建共享机制，实现义务教育段学校与长三角地区名校结对全覆盖，推动市级医院与上海五官科医院、儿童医院等深度合作，推进跨区域商旅文协同发展，扩大品牌赛事影响力，做优“明月山塘”、郁·园等一批与沪毗邻地区乡村旅游精品项目。全力稳定外贸出口，大力发展外贸综合服务、数字贸易等新业态新模式，支持企业开拓“一带一路”共建国家市场，深入推广国际集装箱“一件事”、“海外仓服务在线”等应用，着力破解企业物流运输难题。加大对参展、出口信保、出口信贷等政策扶持，大力引进和培育龙头企业，新引进出口额1000万元以上优质外贸企业10家。推动箱包、童车等区域品牌提质增效，新增“出口名牌”企业2家。全力激发消费需求，支持电子商务发展，依托京东、抖音电商直播基地，助力企业加快发展线上新经济，新增纳统企业20家以上，实现社会消费品零售总额达235亿元。开展促消费系列活动，落实促进汽车消费、家电下乡和以旧换新等政策措施。招引一批具有知名度的消费品牌，推动南河头、水洞埭、明湖等夜间经济、街区经济的发展。

二是聚焦引资投资稳增长。深入开展“扩大有效投资、抓好重大项目”十大专项攻坚行动，确保固定资产投资增长8%，制造业投资、民间投资、高新技术产业投资、交通投资、社会事业投资、生态环保城市更新和水利设施投资六个结构性指标快于面上投资增速。突出“双招双引”，围绕主导产业定位和高质量外资集聚地优势，聚焦重大补链强链延链项目，大力开展“百个项目定向招商、百家企业二次招商、百栋楼宇特色招商、百家基金和中介合作招商、百名博士招引”“五百行动”，建立“月通报、季比拼、半年赛、全年评”“双招双引”赛马机制，力争引进百亿项目2个，世界500强、国际行业领先企业和总投资超亿美元项目12个以上，实到外资3.5亿美元，实到内资（实现固定资产投资）50亿元。坚持以人才链支撑产业链，实施工程师提质扩量工程、博士集结号工程和金平湖工匠培育工程，引育高层次人才项目50个以上、博士100名以上、高技能人才2700名以上。突出有效投资，对照准入未供地、拿地未开工等“八张清单”，提高项目“执行力”。全年申报省市县长工程项目5个，推动航天产业基地项目、卫星能源等54个重特大项目开工或续建，超亿元产业项目新竣工40个。突出交通先行，以大交通拉动大投资，确保沪平城际铁路上半年开工建设，启动新07省道快速路射线工程、G228平湖段改建工程和独山港集疏运体系建设，嘉善至永嘉公路（平湖段）建成通车。加强与上港集团、海港集团合作，加快独山港A5、A6、B25、B26等外海码头和Ⅱ号内河港池建设，推进浙北集装箱通道建设，改造提升黄姑塘支线航道，打造长三角海河联运枢纽港。

三是聚焦改革创新添动能。坚持以数字化改革引领撬动各领域改革，努力形成更多具有平湖辨识度的改革成果。推进数字化改革，加快数字资产化、资源化、资本化进程，完善“感智汇”城市底座，力争建成全省首个全域感知网建设试点，助推打造一批管用实用好用的重大应用。加快推进“浙里办”宣传使用，深化网办掌办、全市通办、跨省通办，全面覆盖群众、企业办事需求，提高人民群众的获得感。推进数字经济发展，全力做大数字经济产业规模，打造汽车电子特色产业集群。突破引进一批头部企业，引进10亿元以上项目5个以上。数字经济核心制造业增加值增长8%以上、完成投资增长15%以上。加快推进产业数字赋能，打造智能工厂、数字化车间10个以上。推动科技创新提质增效，提高科创平台能级，擦亮平湖先进装备智造省级高新区金名片，力争排名进入全省前15。启动总投资超50亿元的明湖国际科创谷建设，加快推进总投资超50亿元的长城汽车平湖研发中心等一批重量级企业研发平台建设。提高企业研发能力，规上企业研发活动覆盖率达91%以上，新增高新技术企业60家、科技型中小企业160家，新增研发投入超亿元企业1家、超5000万元企业2家，研发投入强度达3.2%。

四是聚焦企业培育强主体。坚持稳字当头、稳中求进、稳进提质，支持市场主体特别是小微企业和个体工商户渡过难关。提振企业发展信心，坚持民资外资并重，弘扬新时代企业家精神，促进“两个健康”，助推民营经济发展。持续开展企业走访服务、精准帮扶和难题解决，纵深推进营商环境“10+N”便利化行动改革，构建亲清新型政商关系，全力打造营商环境最优市。持续做优企业服务“一站式”平台，推动政策精准直达企业，全年为企业减负20亿元。实施“小升规”行动，建立准规（限）上企业培育库，推进小微企业“增氧计划”“滴灌工程”，新增各项贷款250亿元，扶持“小树苗”成长为“参天大树”，新增规（限）上工业企业、服务业企业各30家以上。实施大企业培育，推动制造业基础再造和汽车、高端机床和新材料等产业链提升，大力引育“链主型”企业，新增50亿元以上企业1家、10亿元以上企业3家。动态构建“瞪羚企业”“专精特新”“隐形冠军”“单项冠军”等企业梯度培育库，新增“专精特新”“隐形冠军”企业5家以上。实施“凤凰行动”，坚持招引与培育并重，强化企业上市全流程诊断，优化精准服务，加强激励引导，新增上市、辅导报审企业各1家，新增上市后备企业10家以上。

五是聚焦要素资源增保障。坚持“要素跟着项目走”，落实“全要素精准直达最优项目”机制，推动资源要素向重大项目集中。强化用地保障，全年复垦土地新立项5000亩以上，完成复垦1200亩以上。狠抓企业腾退整治，实施新一轮“腾笼换鸟、凤凰涅槃”行动，整治提升“两高一低”企业100家以上、“低散乱”企业（作坊）400家以上，整治出清连续3年规上亩均税收10万元以下、规下3万元以下、综合绩效评价D类企业100家以上，开展9个100亩以上连片土地整治，腾退低效用地2500亩。狠抓“五未”土地“七率”使用，分类登记造册、上图入库，盘活各类土地2000亩以上。狠抓“筑巢行动”，新开工100万平方米以上、新竣工50万平方米以上。支持引导社会资本盘活现有土地，鼓励建设100亩以上、容积率2.0以上的高能级产业园。强化用能保障，攻坚“双碳”行动，推进省低碳试点市建设，加快能源结构优化，大力发展清洁能源，鼓励工商业户、机关事业单位和居民户安装光伏，年新增光伏装机5万千瓦、力争8万千瓦。加速氢能产业培育，落实第二批氢能源公交车示范应用推广，带动氢能产业链发展壮大。深化排污许可“一证式”改革，推进排污权、用能权、碳排放权市场化交易。严格落实能耗“双控”，加强预算化用能管理。重点高能耗行业增加值能耗下降5%以上，淘汰落后用能4.5万吨以上。强化资金保障，实施更加精准、可持续的积极财政政策，突出支持经济高质量发展和省级共同富裕试点建设，开展财政金融协同支农数字化改革省级试点。全面深化政府性融资担保机构体系改革，提升企业融资可获得性和便利度，确保企业综合融资成本稳中有降。积极争取并用足用好地方政府债券，全年储备和申报专项债项目20个以上、总额度100亿元以上。

六是聚焦城市能级优品质。坚持清单化推进“公园城市”项目建设，努力打造平湖样板，创成省AAAAA级景区城。做优城市规划，推进市镇两级国土空间规划编制，划定“三区三线”，重点推进总体城市设计、虹桥·平湖“壹号湾”、平湖未来城等规划设计。做美城市基建，以入城门户、特色街道、中心广场等为重点，深化城市景观轴线和景观廊道建设，实施滨水空间提升工程，建成水岸交融二期，做好“绿道+”文章。推进东方公园建设，完成东湖城市风貌样板区创建，以东湖未来社区、新仓安桥未来社区为示范，推进未来社区建设增点扩面。加快北环线建设和南环线向西延伸、西环线前期、六店大桥拓宽改造工作，全面推进路口标准化建设。做深城市底蕴，精细化改造景观节点，加强文保点保护，注重文化底蕴、细节颜值、服务功能相融合，加快推进南河头后续整体保护与开发，建成金平湖广场，打造更多让居民感受到情感连接、让游客看得到风景的"打卡点"。做精城市管理，巩固全国文明城市创建成果，突出清扫保洁、秩序管理等重点，提升环东湖、三港路、漕兑路等道路亮化水平，打造解放路、环城东路等精品街、精美路。绘制"城管地图"，规范"户外经济"，加强背街小巷治理，新增智慧管控道路5条。

七是聚焦美丽镇村提颜值。坚持建管并重，高标准创建、高质量发展，让镇村颜值更高、活力更强。提升城镇建设水平，精准聚焦"一镇一策"，完成1个省级样板镇和2个达标镇创建，实现美丽城镇"镇镇精彩"，完成广陈—新仓—独山港"合作之源·乐享绿城"县域风貌样板区创建。推进智慧化场景建设和集成应用，提升城镇环境和序化管理效率。推动城镇绿化美化，创建省级园林镇1个。夯实乡村秀美成色，争创全国村庄清洁行动先进市，全面开展"五美联创"，创建省美丽乡村示范镇1个、特色精品村3个、达标村10个、美丽宜居示范村2个，高标准建成"碳为观智·桨领风华"精品线。新建、改造"四好农村路"40公里。深化未来乡村一张图建设，完成沈家弄等未来乡村建设。丰富美丽经济内涵，探索引进专业品牌机构发展壮大民宿等业态，大力培育乡村文旅龙头企业，提升中国航天科普馆和"棒球第一村""赛艇中心"等整体品质，促进美丽乡村释放美丽经济。促进农业提质增效，深入开展科技强农、机械强农行动，积极引导"两进两回"。提升平湖农业经济开发区平台能级，建成农业科创中心、荷兰福纳瑞园艺种源中心等一批项目，推动农批市场迁建落地。深入推进"米香"振兴、西瓜振兴，确保完成粮食、生猪保供任务。

八是聚焦生态建设护环境。深入践行"绿水青山就是金山银山"理念，坚定不移走生态优先、绿色发展之路，争创全国生态文明建设示范区。深入打好碧水提升战，行政交接断面水质考核优秀，推进"污水零直排区"和"生态沟渠+"工程建设，建成退水"零直排"稻田4万亩。深入打好蓝天保卫战，协同控制细颗粒物和臭氧污染，提升扬尘管控水平，完善VOCs排放企业错峰生产，加大高排放企业源头替代力度。深入打好净土持久战，完善建设用地土壤污染防治监督管理体系，推进地下水污染防治。深入打好清废攻坚战，完善一般工业固废统一收运体系，开展建筑垃圾源头减量攻坚，推进生活垃圾处理差别化收费，建成再生资源标准化分拣中心。深入打好生态修复攻坚战，推进山水林田湖草一体化保护修复，全面提升生物多样性保护水平。全域推进增绿扩绿，新建提升绿化1500亩以上，建成美丽生态廊道300亩以上。深化"无违建"治理指数评价体系，力争创建省"无违建"创先争优示范市。

九是聚焦民生共富促提升。坚持在发展中保障和改善民生，优化社会保障和公共服务，树立共建共享共富新典范。促进更高质量的就业增收，大力实施"互联网+"公共就业创业服务，完善市镇村三级就业服务网络，大力开展技能人才培训，做好就业困难人员帮扶，零就业家庭动态清零，新增城镇就业1.8万人。实施大学生招引三年行动计划，引进各类人才1万人以上。培育域外优质劳动力输入点3个，与5家以上职业类院校开展政校企合作。持续推进"飞地抱团"和"强村富民"，探索农民土地入股，带动农民致富。完善更高水准的社会保障，推进本地户籍人员应保尽保和法定人员全覆盖，扩大跨省医保门诊异地就医直接结算范围。实施医养结合服务能力提质扩面工程，开展养老护理人员技能提升行动，深化居家社区养老服务，建成养老服务站10个。深入实施金平湖维康行动，迭代升级"线上+线下""物质+服务"的社会大救助体系，加快构建新型慈善体系。启动农民住房改善五年行动，全面推行

“农房审批一件事”。深入排查整治风险隐患房屋，实现动态清零。高品质安置房新建240套，续建2092套，竣工交付568套。提供更高品质的公共服务，加大名师名校长引育力度，实施教师队伍素质提升工程，推进初高中、中高职一体化发展，深化普通高中分类特色办学，加大创新拔尖人才培养力度。严格落实“双减”政策，提高义务教育课后服务质量，全国学前教育普及普惠市、义务教育优质均衡发展市创建通过验收。大力引育医务人才，加强合作办医提升服务水平。全域推进“健康大脑+智慧医疗”，深化“三医联动、六医统筹”改革和医共体建设，中医院建成启用，妇保院基本建成，第一人民医院创成三乙医院。大力推进新时代文化平湖工程建设，创建省公共文化服务现代化先行市、省体育现代化市，博物馆新馆建成开放，争创国际围棋交流中心、全国科普示范市。

十是聚焦平安稳定守底线。坚持系统观念，全力推进县域社会治理现代化，确保百姓安居乐业、社会安定和谐。慎终如始抓疫情防控，提升公共卫生应急处置能力，全面落实常态化疫情防控措施，完善精密智控指挥决策、预防早期发现、“三责”联动快响激活、“三区”最小单元管控、“五快”循环落实、分阶段清零、“三情”联动等七大机制，提高疫苗接种率，坚决打赢疫情防控总体战、遭遇战、歼灭战。毫不放松抓安全生产，加强应急指挥体系建设，深化安全生产专项整治，打好“遏重大”攻坚战，聚焦危化品、道路运输、城镇燃气、建设施工、消防等重点领域，全面排查整治风险隐患，确保生产安全事故起数、死亡人数下降20%以上。扎实做好台风洪涝、雨雪冰冻等自然灾害防治。强化食品药品安全监管，争创省食品安全示范市，创建省五星级文明规范农贸市场1家。坚持不懈抓平安建设，丰富社区“邻治理”模式，深化“股份分红+善治积分”等社会治理品牌，迭代升级基层治理四平台。全力做好党的二十大、杭州亚运会等重大活动维稳安保，争创“全国信访工作示范市”。“智安街道”实现全覆盖，打好防命案、防交通亡人事故、防电诈、防欠薪四大攻坚战，高分夺取平安创建“十七连冠”。

进一步加强国防动员、人防、老龄、爱国卫生、侨务、对台、民族宗教、档案史志、关心下一代等工作，加强与民主党派成员和无党派人士的沟通联系，支持工会、共青团、妇联、科协、文联、残联、工商联、红十字会等人民团体开展工作。

各位代表，今年市政府继续按照民生实事“群众提、委员议、代表定、政府办、人大评”的要求，经过广泛征集和充分讨论，梳理形成了道路改善、养老服务等方面12件候选项目，提请大会票决。我们将根据票决结果，认真组织实施，兑现为民承诺。

四、聚焦政府自身建设，树立现代政府新形象

站在新起点，面对新形势，我们将坚持党对政府工作的全面领导，持续巩固深化党史学习教育成果，围绕铁军打造工程，把抓落实作为主旋律，纵深推进政府治理体系和治理能力现代化。

1. 坚定信念抓落实。把对党绝对忠诚作为政府及其工作人员的根本政治要求，深学笃行习近平新时代中国特色社会主义思想，争当“两个确立”忠诚拥护者、“两个维护”示范引领者，不断提高“政治三力”，做到“中央有号令、省里有决策、市委有部署、政府见行动”，增强抓落实的自觉性、科学性、实效性，把市第十五次党代会擘画的宏伟蓝图变成美好现实。

2. 依法行政抓落实。政府带头尊法学法守法用法，扎实推进“八五”普法，争创全国法治政府建设示范市。建立完善专家咨询、群众参与和政府决策相结合的体制机制，提升行政执法的规范化和人性化。严格执行市人大及其常委会的决议决定，认真落实协商民主有关规定，高效办理建议提案，主动自觉接受人大法律监督、政协民主监督和其他各方面监督，让阳光政府更透明。

3. 践行宗旨抓落实。牢记“江山就是人民，人民就是江山”，坚持“群众观点不是喊出来的，而是干出来的”，眼睛向下、脚步向下，沉到一线、“身入”基层、

“心到”基层，精准对接民心所向、基层所盼、发展所需，坚定不移推进民生优享工程和惠民实事，说了就做、做就做成、做就做好，织牢织密民生保障网，让政府工作更有民生温度。

4. 拼搏奉献抓落实。弘扬“凡事认真、勇猛精进”精神，杜绝“躺平”“躺赢”，牢固树立“没有走在前列也是一种风险”的忧患意识，事事“马上办”、人人“钉钉子”、个个“争一流”，以昂扬姿态按下“快进键”，跑出“加速度”。展现铁军担当，敢于迎难而上，让善于破解难题、敢于直面矛盾在政府系统蔚然成风。

5. 廉洁奉公抓落实。持之以恒落实中央八项规定精神，严防“四风”问题反弹回潮，切实减轻基层负担。认真履行全面从严治党主体责任，坚决压实“一岗双责”，持续加强政府系统党风廉政建设，守住“底线”、不越“红线”、不踩“高压线”，坚决做到谋事干事成事不出事。进一步严肃财经纪律，“三公”经费“做减法”，助企惠民“做加法”，用政府“辛苦指数”换取群众“幸福指数”。

平湖市人民代表大会常务委员会工作报告

2022年2月16日在平湖市第十六届人民代表大会第一次会议上

过去五年的工作回顾

过去五年，是平湖经济社会发展跨越赶超、奋进圆梦的五年，是民主法治建设不断深化、持续拓展的五年，也是市人大常委会依法履职、奋发有为的五年。五年来，市人大常委会在中共平湖市委的坚强领导下，以习近平新时代中国特色社会主义思想为指导，深入学习领会习近平法治思想、习近平总书记关于坚持和完善人民代表大会制度的重要思想，认真贯彻落实中央人大工作会议精神，紧扣金平湖新崛起总目标，不忘初心、牢记使命，依法履职、开拓奋进，为高质量发展勇当共同富裕新崛起典范作出了积极贡献。

五年来，召开常委会会议50次，审议专项工作报告190个，对9部法律法规实施情况开展检查，作出决议决定78项，提出审议意见66件；召开主任会议78次，讨论工作报告223个，组织视察调研活动51次，提出工作建议28件；依法任免国家机关工作人员195人次；审查规范性文件122件。

五年来，我们始终不忘初心、与党同心，旗帜鲜明勇担当

始终把旗帜鲜明讲政治作为首位要求，力求高站位谋划、高标准履职、高水平担当，不断提升政治判断力、政治领悟力、政治执行力。

坚持党的全面领导。深入贯彻中央、省委、嘉兴市委和平湖市委人大工作会议精神，严格执行重大事项、重要工作、重点问题向市委请示报告制度，自觉接受市委的领导，积极争取市委的支持，坚决执行市委的决定。紧跟市委决策部署，市十五届人大二次会议依法作出《关于扎实推进金平湖新崛起的决议》，将市委的主张和意图转化为全市人民的共同意志，汇聚金平湖新崛起的强大合力。主动聚焦市委提出的经济创新、环境整治、民生共享、铁军打造“四大工程”以及扎实做好“六稳”工作、全面落实“六保”任务，精心选择监督议题，自觉做到市委有号召、人大有响应，市委有部署、人大有行动，市委有决策、人大有落实。

深入开展主题教育。“不忘初心、牢记使命”主题教育聚焦主题、紧扣主线，把学习教育、调查研究、检视问题、整改落实贯穿始终，将代表主题活动与重走红色之路、重温入党誓词、重燃理想初心等行动有效融合，突出思想“大洗礼”，彰显浓浓“人大味”。党史学习教育注重用党的光荣传统坚定信念，用党的历史经验启迪智慧，用“红色根脉”优势鼓舞斗志，在学史明理、学史增信、学史崇德、学史力行中，努力把“两个确立”的政治共识转化为“两个维护”的实际行动。开展“学百年党史、庆百年华诞、展人大风采”专题活动，广泛动员全市各级人大和人大代表学党史、悟思想、办实事、开新局。

加强理论研究宣传。精准把握人大工作时代脉搏，举办习近平总书记关于坚持和完善人民代表大会制度的重要思想辅导讲座，召开纪念地方人大设立常委会40周年座谈会，开展人大制度理论研讨交流，支持人大理论与工作研究会开展活动，回顾人大发展成就，总结制度实践经验。围绕市委中心工作和人大重点议题，形成调研报告150余篇，人大制度理论研究文章60余篇，编发《调查研究》25期。高度重视人大宣传信息工作，召开全市人大宣传工作会议，出台相关意见。做优做精“人大在线”电

视专栏、“人大视窗”报纸专版，高效运用“平湖人大”微信公众号、门户网站等网络宣传平台。信息考核连续九年获省、嘉兴市先进单位，1 件作品获中国人大新闻奖一等奖，16 件作品分别获浙江省、嘉兴市人大新闻奖。2018 年，平湖市人大作为唯一的县级人大，在全省人大宣传工作会议上作经验交流。

五年来，我们时刻心怀大局、服务大局，助力发展强作为

围绕中心、服务大局，把握“大事”齐心协力，紧盯“要事”尽心发力，抓住“z 难事”凝心聚力，全面融入、全心参与、全情投入，全力推动经济高质量发展。

持续加强高质量发展监督。开展民营经济专项监督，建议政府在企业融资、减税降费、营商环境等方面做好保障。审议数字经济发展情况，从数字产业化、产业数字化和资源要素驱动等方面提出建议。每年审议《浙江省科技进步条例》贯彻实施情况报告，重点关注科发资金使用、科技金融服务、科创平台打造。建立政府向人大报告国有资产管理制度，形成综合报告、专项报告的“1+1”监督模式。2020 年，实现市本级、镇街道国有资产监督全覆盖，推动国有资产进一步盘活存量、做优增量。

持续加强预决算审查监督。创新“2+2+8”预算初审模式，每年安排 2 个项目进行初审听证，重点审查 2 个部门预算，代表小组“一对一”审查 8 个部门预算。召开预算编制说明会，完善专业审查机制。建立运行财经联网监督系统，加强预算执行监督、决算审查监督。充分利用审计监督成果，监督重点向支出预算和政策拓展。持续跟踪审计发现问题整改、绩效评价审议意见的落实情况，进行满意度测评，健全长效机制。开展重点绩效评价监督 33 项，涉及资金超 11 亿元。

持续加强规划和项目监督。监督“十三五”规划实施情况中期评估，专题调研 11 个重点专项规划的执行，形成“1+5”审查报告。紧扣第二个百年奋斗目标、“双循环”形势、全市首位战略实施等情况，监督“十四五”规划编制工作。每年审议年度计划执行情况和计划草案、经济社会发展情况等工作报告。修订《政府重大投资项目监督暂行办法》，调整政府投资计划的编制范围。共审议重大投资项目 68 个，总投资达 190 亿元。聚焦 2014 年以来重大投资项目的责任落实、验收进度等情况，开展项目竣工验收专项监督，助力项目落实落地。

五年来，我们坚持接续发力、创新发力，履职监督显实效

坚持正确监督、有效监督、依法监督，致力于传承与创新并重，监督与问效并举，切实加大监督力度，着力提升监督实效。

监督助力“三农”工作。将《关于进一步加快美丽乡村建设的议案》列为一次大会议案，对项目建设、长效管护、美丽经济发展等进行持续监督。调研和审议平湖农业经济开发区建设情况，重点围绕财政金融、招商引资、产业布局等五大方面，精准提出 9 项具体建议。用心关注农民住房改善，监督推动村庄布点规划修编实施和公寓房建设。开展《浙江省粮食安全保障条例》执行情况检查，督促政府压实粮食安全责任。持续监督防汛防洪能力提升，对农村圩区建设进行专题询问。视察农村全域秀美、省级森林城市创建、全域土地综合整治，调研数字乡村建设、农村土地流转工作，关注农村集体资产管理、秸秆露天禁烧和综合利用，助推乡村振兴。

监督助力环境改善。全面落实生态环境状况报告制度，形成集体审议、督促整改、满意度测评的“闭环式”监督模式，并向镇街道延伸。与上海金山区人大建立生态环境联合监督机制，推进省际交界生态环境共治、共建、共享。连续九年监督水环境治理，重点围绕“剿灭劣 V 类水”开展专项审议、专题询问，视察“河长制”执行情况，调研污水处理和外排能力建设。开展固体废物污染防治“一法一条例”执法检查，有效助推生态能源项目建设、固废处置能力提升。将《关于进一步推进城乡生活垃圾分类处置的议案》列为二次大会议案，进行专项调研，组织专题询问，开展执法检查，促进源头分类、中端收运、环卫保洁、末端处置、长效监管五大环节的体系完善。

监督助力城乡建设。连续十一年监督城乡规划实施，有效助力城乡高质量建设、高品质提升。视察交通接轨上海、城乡重大交通设施建设、南河头保护开发建设，讨论城市快速通道规划及东方路拓宽改造工程，助推城乡交通事业提档升级、跨越发展。听取美丽城市建设工作报告，持续关注美丽城镇建设。跟踪监督全国文明城市创建，为“首创首成”贡献人大力量。调研市域外配水工程、土地节约集约利用，重视老旧小区整治改造提升、安置房建设、天然气“三进”等工作，推动既有住宅加装电梯加快实施、城乡公交一票制工作落地见效。

五年来，我们突出法治为民、司法为民，依法行权有力度

贯彻习近平法治思想，践行法治为民宗旨，着力促进重点领域、职能部门的依法行政、公正司法，为加快推进民主法治建设、依法治市进程奠定坚实基础。

深化司法监督，促进公平正义。连续六年开展“两官”履职评议，本届共评议“两官”38人，助推“两官”队伍素质提升。先后围绕行政审判、民商事审判、公益诉讼、未成年人刑事检察、诉讼执行、侦查监督等议题，对法院、检察院开展专项工作监督，助力“两院”在优化营商环境、推进县域治理现代化、维护社会安全稳定、保障群众合法权益等方面，依法行权、充分履职。关注监察体制改革，听取市监委关于预防和惩治职务犯罪工作的报告。连续三年调研扫黑除恶工作，提出工作建议。

强化行政监督，推动依法行政。连续四年开展行政执法案件办理质量评查，形成“闭环”监督机制。累计对8个执法部门、226件一般程序行政处罚案件进行评查，提出工作建议24条，并进行整改落实“回头看”。审议法治政府建设情况报告，全面了解依法行政情况，整体推进法治政府建设。认真开展规范性文件备案审查工作，切实维护法治统一。开展“七五”普法中期调研，参与终期检查验收。审议“八五”普法规划，作出“八五”普法决议。重视基层派出所建设情况、看守所迁建工程以及社区矫正工作，开展禁毒工作调研，助推平安平湖建设。

优化任后监督，增强法治意识。修订《任免国家机关工作人员办法》，对117名人大任命干部进行任前法律知识考试，举行颁发任命书仪式，实施宪法宣誓制度，开展任后表态发言。连续十年开展人大任命干部述职测评，更加注重测评前的调查了解、测评时的客观公正、测评后的结果运用，并逐年在环节上加码、在制度上完善，形成了测评双方的建议互动、交流共识，增强了任命干部的人大意识、法治意识，得到了上级人大的充分肯定。2018年，《延伸干部任后“监督链”》的经验做法分别获首届“嘉兴人大工作与时俱进奖”、首届“浙江人大工作与时俱进奖”优秀奖。

五年来，我们聚焦民生导向、需求导向，回应关切更有力

坚持以民为本、人民至上的理念，一以贯之关注民生、保障民生、改善民生，积极推动社会事业全面发展，让老百姓的幸福感更强、获得感更足、满意度更高。

全面实施民生实事票决制。按照“群众提、代表定、政府办、人大评”要求，率先在嘉兴市范围内实施政府重点民生实事项目人大代表票决制，实现市、镇两级人大全覆盖，创新建立街道民生实事项目居民议事员票荐制。五年来，市本级共票决产生项目51个，镇、街道共票决（票荐）产生项目319个。坚持常委会领导领衔、相关工委联系、代表小组跟踪的监督模式，每年审议项目进展和年度完成情况，并开展满意度测评，形成从征集到筛选、从审议到票决、从监督到评估、从后续监督到再评价的工作机制，有效推进政府重点民生实事项目顺利实施。

全力助推民生事业发展。审议教育资源合理配置和优化配置工作、“全国义务教育优质均衡发展市”创建工作，开展《浙江省学前教育条例》贯彻落实情况检查，视察职业教育工作，大力推进学校基础设施建设。加强对文化产业、体育产业、旅游产业发展情况的监督，审议公共文化服务体系建设情况，提出整合资源、发展产业、激发活力等建议。聚焦医疗卫生服务能力提升，调研医疗卫生接轨上海，重视卫技人才引育、医疗保障工作、“医共体”建设，助推建设健康平湖。连续十三年监督食品安全，紧盯省食品安全市创建、农产品质量安全，重视网络食品安全监管，依法保障人民群众“舌尖上的安全”。

全心助力社会事业发展。对《中华人民共和国老年人权益保障法》开展执法检查，视察养老服务机构建设情况，提出统筹谋划、均衡发展、医养融合等建议。审议安全生产工作，视察防灾减灾救灾能力建设情况，助推应急管理体系和安全管理能力的专业化、规范化提升。重视技能人才、退役军人等工作，监督推动队伍建设、服务保障体系完善。关心民族、宗教、侨台等工作。关注矛盾纠纷调处化解“最多跑一地”改革。坚持市人大常委会与总工会联系会议制度，关注职工权益保护。扎实做好人大信访工作，健全交办、转办、督办机制。五年来共受理群众来信 67 件，接待群众来访 44 批 62 人次。

五年来，我们密切联系代表、服务代表，发挥作用展风采

坚持代表主体地位，发挥代表主体作用，发展全过程人民民主，不断完善机制、拓展渠道、创新方式、丰富载体，依法保障代表行使职权，全面展示代表履职风采。

高标准激发履职活力。围绕制订履职标准、推行履职承诺、实行述职评议、构建评价体系等九项举措，探索形成“九个一”全过程代表履职管理机制，相关做法获“嘉兴人大工作与时俱进奖”，全国人大《联络动态》予以报道。重视提升代表履职能力，认真做好本届代表初任培训，分三批次组织全体代表进行专业培训，实施“阶梯式”五年学习计划，创新开展“菜单式”履职培训。建立重点审议发言人制度，实施人代会审议发言意见交办反馈机制。先后开展生态环境建设、文明城市创建、喜迎建党百年等 13 项主题活动，累计组织 8000 余人次代表参与。注重拓宽代表履职渠道，召开“一府两院”半年度工作情况报告会。继续倡导争做“五领一满意”人大代表，开展“十佳人民满意代表”评选表彰。

高效能提升办理质量。以问题解决率为核心、代表满意率为标准，推动代表建议早交办、盯难点、促落实。实施预交办机制，按照提出初步意见、会商办理意见、征求承办意见、正式交办四个步骤，不断提高建议交办准确率。继续实施常委会领导重点督办和市政府领导重点领办制度，规范实施代表建议办理情况报告制度，开展重点代表建议满意度测评。本届共提出议案建议 1032 件，解决率由一次会议的 52.4%，上升到五次会议的 61.1%；共评选优秀议案建议 57 件、先进代表小组 21 个、先进代表活动积极分子 166 人次。

高质量完成换届选举。坚持把党的全面领导贯穿换届选举始终，提前拟定实施方案，建立联席会议制度，成立工作指导组，制定工作职责、工作方案、工作环节“三张清单”。及时开展动员部署，加强骨干培训，有序推进各阶段工作，严把选区划分、代表名额分配、选民登记、提名推荐、投票选举等关键环节，努力在换届选举中深入践行全过程人民民主。在市、镇街道的高度重视和全市选民的共同努力下，顺利完成人大代表换届选举任务，依法选举产生市十六届人大代表 253 名、镇新一届人大代表 514 名。三个街道的居民议事员同步进行换届，产生新一届居民议事员 240 名。

五年来，我们切实保持定力、凝聚合力，强本固基树形象

坚持党的全面领导，紧紧围绕“四个机关”的新定位、新要求，重建设、转作风、提实效，努力推动新时代人大工作高质量、高水平发展。

从严做好人大高质量党建。坚持把政治建设摆在首要位置，严格落实政治建设要求，常委会党组全面履行领导责任，充分发挥把方向、管大局、保落实的领导作用。认真贯彻全面从严治党要求和意识形态工作规定，严格执行中央八项规定精神。切实加强对常委会机关党组的领导，充分支持机关党总支开展工作。坚持季度学法，举办人大沙龙，进一步加强法律法规、人大制度和相关业务知识的学习。每年开展“我为人大工作献一计”活动，持续推动人大工作创新发展，着力打造一支“唯实惟先、善作善

成”的人大工作队伍。

扎实推进人大数字化改革。紧跟上级改革步伐，贯彻市委工作部署，成立领导小组，制定工作方案，落实工作专班，明确重点任务，系统梳理多跨场景“三张清单”，滚动推进重点场景建设。坚持问题导向、效果导向、改革导向，迭代升级“数字人大”2.0，探索打造代表联系群众“六码（马）民情通”、代表履职“积分制、点单式”、民生实事“线上评”、财经联网“掌上督”等一批具有人大辨识度的应用场景。通过制度重塑、流程再造、多跨协同，有效形成一批平湖人大数字化改革的标志性成果，相关做法得到省人大、嘉兴市人大常委会领导的批示肯定。

有效巩固人大基础性建设。扎实推进基层人大工作规范化、标准化、信息化、常态化建设。依法设立市人大法制（监察和司法）委员会、财政经济委员会、社会建设与民宗外侨委员会，优化人大机构设置和人员配备。编辑出刊《忠诚履职这五年》，制定、修订人大及其常委会工作制度、机关党建和机关管理制度99项。创新开展镇街道人大工作绩效评价，顺利完成省街道人大工作和建设试点工作，探索开发区人大工作“街区合一”新方式。开展“四好”人大代表联络站争创活动，推动人大代表联络站提档升级。通过召开人大读书会、镇街道人大工作交流会，不断加强对基层人大的联系指导。五年来，省内外同行来平交流考察349批4143人次。

各位代表！五年来，常委会各项工作取得的成绩，是市委正确领导的结果，是常委会组成人员和全体代表共同努力的结果，是“一府一委两院”和镇人大、街道工委密切配合的结果，是全市人民和社会各界大力支持的结果。在此，我谨代表市十五届人大常委会，表示衷心的感谢和崇高的敬意！

五年的探索实践，我们更加深切地体会到：

——坚持党的领导，是做好人大工作的首位原则。坚持党的全面领导，是实行人民代表大会制度的内在要求，是人民代表大会制度的优势所在，是做好新时代人大工作的根本保证。五年来，我们深切感到，常委会各项工作能够不断创新、持续发展，最根本的保障是市委的坚强领导、高度重视、大力支持。实践表明，只有始终与市委思想上同心、目标上同向、工作上同步，才能保证人大工作的正确方向。

——坚持紧扣中心，是发挥人大作用的必然选择。围绕中心、服务大局，是做好人大工作的必由之路，也是人大及其常委会有所作为的必然要求。五年来，我们始终聚焦市委决策的重点、政府工作的难点、群众关注的热点，敢于监督、善于监督。常委会领导在环境整治工程、美丽乡村建设、征收和轨道交通建设等工作中，发挥“一线”作为，展现“一线”担当。实践表明，人大工作必须主动融入中心、自觉服务大局，埋头苦干、勇毅前行，才能更好地展现人大形象，体现人大地位。

——坚持紧贴民心，是展现人大作为的根本途径。人民当家作主是社会主义民主政治的本质和核心，以民为本、人民至上是人大工作的行动指南。五年来，我们紧盯教育医疗、劳动就业、养老服务、城乡统筹等工作进行依法履职、有效监督，加强农民住房改善、老旧小区标准化改造等工作监督，人民群众的获得感、幸福感不断增强。实践表明，只有时刻想人民之所想、急人民之所急、解人民之所难，才能交出让人民满意的履职答卷。

——坚持与时俱进，是推动人大发展的强大动力。务实创新是做好新时代人大工作的动力源泉。五年来，我们坚持在强化任后监督、规范人事任免、决定重大事项等方面大胆探索、有效实践，在专题询问、执法检查、履职管理等方面拓宽思路、创新举措，形成了一些特色亮点，打造了一些工作品牌，许多工作走在嘉兴乃至全省前列，在平湖人大历史上留下了众多“首次”和“第一”。实践表明，只有在继承中创新、在创新中规范、在规范中发展，人大工作才能与时俱进、蓬勃发展。

——坚持依靠代表，是激发人大活力的坚实基础。人大代表是人民代表大会的组成人员，也是人大及其常委会联系人民群众的桥梁和纽带。五年来，我们重学习、搭平台、强管理，代表的履职积极性、主动性有效激发，参会率、参与率持续上升。在疫情防控中，在抗台抗灾时，在扶贫帮困上，处处活跃着人大代表的身影。实践表明，只有突出代表的主体地位，发挥代表的主体作用，才能放大人民代表大会制度的优势，使人大及其常委会真正成为同人民群众保持密切联系的代表机关。

在肯定成绩的同时，我们也清醒地看到，常委会工作与社会主义民主政治发展要求相比还有一定差距，主要是：职能作用有待充分发挥，监督形式的叠加运用和监督工作的精准性、实效性还需进一步提升；代表履职能力有待拓展提高，推动解决民生民意的机制还需进一步完善；常委会自身建设有待不断加强，在践行全过程人民民主中，更好彰显人大制度优势还需进一步深化。对此，相信新一届市人大常委会定将予以高度重视，努力加以改进。

今后五年的工作建议

各位代表，未来五年，将是平湖经济展翅腾飞的五年，是各项事业跨越发展的五年，是金平湖新崛起大有作为的五年，做好人大工作意义重大。我们相信，新一届市人大及其常委会将一以贯之坚守初心使命，在砥砺奋进中谱写新篇章；一心一意强化履职监督，在服务大局中彰显新作为；一如既往坚持主体地位，在发挥作用中凝聚新合力；一丝不苟加强自身建设，在追求卓越中勇攀新高峰。我们建议，新一届市人大常委会工作的指导思想是：高举习近平新时代中国特色社会主义思想伟大旗帜，深入学习贯彻习近平法治思想、习近平总书记关于坚持和完善人民代表大会制度的重要思想，全面贯彻落实党的十九大、十九届历次全会和中央人大工作会议精神，在中共平湖市委的坚强领导下，按照市十五次党代会的部署要求，忠诚拥护“两个确立”、坚决做到“两个维护”，围绕高水平推进金平湖新崛起总目标，加强“四个机关”建设，放大制度优势，发挥职能作用，发展和完善全过程人民民主，为高质量发展勇当共同富裕新崛起典范提供有力法治保障。

一、以高站位贯彻党的决策部署为主线，切实扛好人大使命

坚持正确方向。紧紧围绕市十五次党代会精神和市委决策部署，自觉把人大工作摆到高质量发展勇当共同富裕新崛起典范的大场景中谋划，摆到数字化改革和法治化建设的大舞台中推进，更好地实现市委意图与人大履行法定职权的有机统一。坚定制度自信。深入贯彻落实习近平总书记关于坚持和完善人民代表大会制度的重要思想、中央人大工作会议和省人大实施意见精神，促进全市人大工作和建设再上新台阶。积极践行发展全过程人民民主的重大理念，确保人大工作在坚持中创新，在创新中完善，在完善中发展，使人大制度在平湖的生动实践更有时代性、更富创造性、更具优越性。坚决依法行权。依法行使宪法和法律赋予的各项职权，密切与“一府一委两院”的联系，坚持依法行权、规范行权、集体行权。坚持党管干部和人大依法任免的有机统一，深化推进人大任命干部的任后监督，努力打造更多展示制度优越性的“金名片”。

二、以高水平推进金平湖新崛起为主题，奋力强化人大担当

为助推经济创新尽职。紧盯共同富裕新崛起典范目标，密切关注经济运行情况，不断加强对经济社会发展、计划和预算执行等情况的跟踪监督。持续深化全口径预决算审查监督，强化国资管理监督，加大对审计发现问题整改、预算绩效评价整改的监督力度。为助推法治建设尽责。着力强化司法监督，切实提升司法公信力。主动配合上级人大开展立法调研，积极提出立法建议。重视法治政府建设，加强规范性文件备案审查工作，提升政府部门行政执法案件办理质量评查力度，切实保障依法行政。为助推城乡秀美尽力。进一步实施年度环境状况和环境保护目标完成情况报告制度。紧盯“十四五”规划落实、城乡规划实施、国土空间规划编制，关注接轨上海、融入长三角一体化战略任务，助推城乡统筹发展。深化区域生态环境人大联动监督机制，重视城市、城镇、农村环境提升，助力城乡建设更加秀美。为助推民生优享尽心。持续跟踪政府重大投资项目和重点民生实事项目。重视教育、医疗、养老、文化等社会事业发展,用心支持“三农”工作,全力维护社会稳定,促使全市人民共享发展成果。

三、以高标准发挥代表主体作用为关键，不断提升人大形象

强化代表依法履职的能力。突出新一届代表学习培训的针对性、实效性，增强履职意识，提升履职能力。深化“九个一”代表履职管理模式，发挥代表小组作用和代表专业特长，有效挖掘代表潜力、提升代表能力、激发履职活力。放大代表联系选民的优势。积极拓宽代表联系选民的渠道，拓展代表联络站的功效，促进代表更好接地气、察民情、聚民智、惠民生。坚持和完善“双联系”制度，推动国家机关组成人员进站联系、回应关切。紧扣中心工作和民生热点问题，常态化开展代表主题活动。提升议案建议办理的实效。重视议案建议办理工作，着力提升议案建议提出的针对性、办理的解决率、代表的满意率。坚持常委会领导重点督办、工委对口经常性督办的工作制度,深化“双评议”机制，切实推动办理取得实效。

四、以高效能加强“四个机关”建设为目标，全面展现人大风采

强化政治引领。坚持党对人大工作的全面领导，发挥常委会党组的政治领导作用，注重政治理论学习，加强思想政治建设，忠诚拥护“两个确立”，自觉践行“两个维护”。紧扣“四个机关”建设定位，推动新时代人大工作高质量、高水平发展。倡导务实作风。精选监督议题，深化调查研究，提高审议质量，注重成果转化。坚持学法制度，重视干部培训。严格落实中央八项规定精神和意识形态工作要求，强化制度执行，着力打造一支素质过硬、本领高强的人大干部队伍。深化创新实践。深入推进人大数字化改革，加强对人大制度和全过程人民民主实践的宣传报道。不断强化对镇人大工作的指导推动、对街道人大工作的领导联动，持续探索开发区人大工作，善于总结提炼，注重规范创新。

各位代表，新时代气象万千，新征程任重道远，新使命催人奋进。让我们更加紧密地团结在以习近平同志为核心的党中央周围，在中共平湖市委的坚强领导下，依法履职、锐意进取，开拓创新、勇毅前行，为高水平推进金平湖新崛起、绘就高质量发展勇当共同富裕新崛起典范新篇章作出新的更大贡献！

中国人民政治协商会议
第十三届平湖市委员会常务委员会工作报告

2022年2月14日在政协第十四届平湖市委员会第一次会议上

政协平湖市委员会主席　王道平

一、过去五年工作的回顾

过去五年，是平湖发展进程中极不平凡的五年，也是我市政协事业守正创新、蓬勃发展的五年。五年来，在中共平湖市委的坚强领导下，市政协坚持以习近平新时代中国特色社会主义思想为指导，深入贯彻中共十九大和十九届历次全会精神，全面落实中共中央和浙江省委、嘉兴市委、平湖市委政协工作会议精神，围绕中心、服务大局，充分发挥专门协商机构作用，认真履行政协职能，在建言资政和凝聚共识上双向发力，充分展现了新时代人民政协的新形象新作为。

五年来，常委会牢牢把握时代要求，发挥特色优势，强化使命担当，共召开常委会会议35次、主席会议85次，举行重要协商活动230场，开展专项集体民主监督13项，组织全体会议大会发言材料122篇，报送政协建议案、政协建议21件，形成各类调研报告241篇，为助力金平湖新崛起作出了积极贡献。

（一）提高政治站位，把准政协工作方向

五年来，我们恪守坚持党的领导这一根本政治原则，加强思想政治引领、广泛凝聚共识，团结奋斗的共同思想政治基础更加牢固。

持续强化理论武装。始终把思想理论武装摆在政协工作的重要位置，建立健全政协党组“第一议题”学习制度，完善以党组理论学习中心组为引领，党组会议、主席会议、常委会会议、委组学习会等相配套的学习体系，推动理论学习常态化制度化。五年来，共开展党组理论学习中心组学习会和党组会议、主席会议、常委会会议学习57次。组织开展习近平总书记关于加强和改进人民政协工作的重要思想理论学习研讨活动。开展“新时代人民政协的新样子”专题大讨论，共征集笔谈及心得体会79篇、金点子59条。举行庆祝中国共产党成立100周年、新中国成立70周年、人民政协成立70周年系列活动。深入开展“两学一做”学习教育、“不忘初心、牢记使命”主题教育和党史学习教育。高质量推进“阅享当湖·书香政协”建设，创新“委员广播室”特色化学习平台，积极参与省政协、嘉兴市政协“同心向党”等委员读书活动，进一步筑牢增强“四个意识”、坚定“四个自信”、做到“两个维护”的思想根基，夯实团结奋斗的共同思想政治基础。

坚决把牢正确政治方向。市委高度重视政协工作，首次召开市委政协工作会议，将“党领导政协工作”列入“镇街道工作目标责任制考核”。五年来，市委、市政府主要领导出席政协重大协商议政活动31场次，就政协相关建议作出批示45件次。市委常委会会议34次听取政协党组工作汇报，审议政协年度协商工作计划，出台市委关于《新时代加强和改进人民政协工作的实施意见》《推动政协工作向基层延伸的实施意见》《平湖市政协“请你来协商”平台建设实施意见》等制度文件，为全市政协工作开创新局面提供了坚强政治保证。市政协党组自觉坚持和维护中共平湖市委的领导，严格落实重大事项向市委请示报告制度，始终把政协工作放在全市发展大局中去谋划和推进，市委重大决策部署在市政协得到迅速全面贯彻落实。五年来，市政协领导深入参与全市项目推进、疫情防控、复工复产、平安建设、防汛抗台、文明创建等中心工作的协调与推进，切实发挥了政协在全市工作大局中的积极作用。

全面加强政协系统党的建设。牢固树立“抓好政协各项工作必须首先抓好政协党建工作”理念，强化政协党组在政协工作中的领导作用，切实落实全面从严治党主体责任。深入贯彻落实中共中央和省委、嘉兴市委、平湖市委关于加强政协党的建设部署要求，制定实施《关于加强政协系统党的建设工作实施方案》《关于进一步加强中共平湖市政协党组自身建设的意见》《平湖市政协党建高地创建行动工作方案》等。召开全市政协系统党的建设工作座谈会，专题研究部署政协系统党的建设“两个全覆盖”工作，探索推进政协党组成员联系党员委员、党员委员联系党外委员制度，引导党员委员带头讲政治、勤履职、守纪律、严作风，充分发挥党组织的战斗堡垒作用和党员委员的先锋模范作用。

（二）紧扣党政中心，助推高质量发展

五年来，我们充分发挥人民政协作为协商民主重要渠道和专门协商机构作用，商以求同，协以成事，以政协高质量履职服务平湖经济社会高质量发展。

紧跟市委重大决策部署汇智聚力。始终秉持“中心工作推进到哪里，政协履职就跟进到哪里”理念，围绕中心履职尽责。积极响应市委号召，及时审议通过并认真落实《政协平湖市委员会关于汇聚智慧，凝聚力量，积极助力金平湖新崛起的决议》《政协平湖市委员会关于助力平湖高质量发展勇当共同富裕新崛起典范的决议》，切实发挥政协工作在全市工作大局中的积极作用。在市委全会召开前举行专题政治协商会议，先后围绕市委关于接轨上海、加快融入长三角一体化、打造“重要窗口”最精彩板块新崛起之城、高质量发展勇当共同富裕新崛起典范等议题开展深入协商，为市委重大决策提供智力支持和民意支撑。聚焦“共同富裕”，精心组织开展课题调研、专题协商、监督视察等履职活动，承办省政协“同心桥·政协委员话共富”首站活动，系列助力活动得到《人民政协报》头版报道。

紧扣全市改革发展大局建言献策。积极助力推动构建新发展格局，选择经济高质量发展若干重要议题开展广泛、深入调研，献计出力。就破解土地要素瓶颈、打造新型农业平台、创建数字经济强市、大力发展港口经济、“双循环”格局下平湖产业发展、推进企业上市等重大课题，召开常委会会议、主席会议进行专题协商，提出自主挖潜盘活土地资源、“产乡融合”优化农开区规划布局、构筑以数字经济为引领的产业发展体系、强化港产城联动发展“港口经济”、“链长制”驱动“1212”现代产业发展、重点扶持本地传统优势企业上市等154条具体建议。围绕国民经济和社会发展“十四五”规划编制工作，召开专题议政性常委会会议，就综合交通体系建设、数字经济发展、教育布点规划等提出具体建议。围绕氢能产业发展、明湖科创区建设、农作物种子种业全产业链培育、楼宇经济发展、本土企业二次创业等开展专题调研，并形成高质量调研报告18篇。围绕高质量外资集聚地建设、高能级科创平台建设、现代农业产业发展等开展提案办理协商。围绕深化“亩均论英雄”改革、社会治理领域“最多跑一地”改革开展专项民主监督，助推相关问题解决。

紧盯社会治理“神经末梢”监督问效。持续深化“市长与政协委员面对面”品牌，围绕加强中心城区电动车管理、城乡生活垃圾分类处理、提升小区物业管理水平、防范电信网络诈骗、加强社区治理等主题开展咨询资政，市长、分管副市长直接参与活动并答复委员提问，拓展网络问政及远程协商互动渠道，五年来，线上直播访问量累计达35.8万人次。着眼推进社会治理体系和治理能力现代化，就“构筑城市智慧大脑，促进城市管理转型”召开主席会议专题协商。围绕高水平全面建成小康社会补短板、美丽大花园建设等主题，开展三级政协联动专项集体民主监督。优化委派民主监督员工作，持续向市重大工程、重点项目、重要工作委派民主监督员小组。五年来，共开展监督活动300余次，形成《民主监督建议书》82份，有力促进了相关部门单位工作的改进。

（三）践行为民初心，助力民生福祉改善

五年来，我们以百姓心为心，认真倾听群众呼声，积极反映群众愿望，紧扣民生领域实际问题履职尽责，在助力民生实事中彰显人民政协的为民情怀。

全员倾力“两手硬、两战赢”。面对突如其来的新冠肺炎疫情，坚决贯彻落实市委决策部署，第一时间发出抗击疫情倡议书，及时部署开展“请你来协商——同心战疫”活动。平湖健心服务政协委员会客厅针对疫情发生伊始市民的心理焦虑问题，开设24小时咨询热线，制作并推送心理调适系列微课程10期，累计受益6万余人次。充分发挥社情民意信息“直通车”和政协提案主渠道作用，第一时间编报反映疫情防控、复工复产、公共卫生应急体系建设等方面社情民意信息59条，就《关于在平湖市实施消费券发放政策的建议》提案进行即时交办，广集良策、广聚共识。广大政协委员和政协机关干部发挥优势履职担当，主动下沉村社区参与志愿服务，积极投身救治病人、捐款捐物、稳产保供、复工复产复学等工作。市政协领导、机关干部专题走访服务企业192家，赴贵州、河南等地开展跨省驻点招工、劳务协作，努力帮助企业解决实际困难，全力助推做好“六稳”工作、落实“六保”任务。编发《坚守——平湖市政协人抗击“新冠”疫情记事》。在“两手硬、两战赢”中展示了人民政协的担当作为。

全程参与全国文明城市创建。组织开展“助力全国文明城市创建，政协在行动”主题实践活动，通过委员大讲堂、网络“云协商”、专项集体民主监督等形式，着力营造共建共享文明之城的浓厚氛围。市政协十三届二次会议以全会建议案形式提出《加强电动车管理，助推全国文明城市创建》。主席会议专题协商“加强我市公共文化设施建设”“提升市民文明素养，助力全国文明城市创建”工作。围绕城乡生活垃圾分类处理、中心城区非机动车管理、小城镇环境综合整治等开展集体视察监督。就老旧小区改造、小餐饮油烟整治、废品收购点清理、餐厨垃圾收集处理等开展基层民主协商、提案督办、委员视察等。围绕“基础建设提质、专项整治提效、文明素质提升”三方面“十大”专项行动，通过专项检查、协商建言、派驻民主监督员小组等形式，梳理问题、查找原因、寻求对策，为全国文明城市首创首成尽责出力。

全情建言民生民计。围绕推进教育综合改革、构建多层次养老服务体系等课题开展深入调研、常委会会议专题协商，教育“五制”改革建议落地实施并获评全省教育评价改革典型案例，社区居家养老服务站点建设列为年度政府实事项目。就市民出行安全、电信网络诈骗、社区养老、青少年心理健康、校外青少年综合体建设、学生营养午餐、农民住房改善、农村危旧桥梁改造、因病致贫返贫、特色医院发展等群众“急难愁盼”问题，通过课题调研、民主监督、委员视察等方式综合发力，有力推动了一批涉及群众切身利益问题的解决。坚持把提案作为履职为民、议政建言的重要载体和有效方式，五年来，共收到提案1005件，立案931件，民生提案占比72.1%。积极拓宽反映社情民意信息渠道，五年来，共收到社情民意信息1694篇，其中33篇被省政协采用，5篇被全国政协采用，3篇分获省委书记袁家军、时任省长郑栅洁等领导批示，《抢抓“虹桥开放”机遇，发挥“海河联运”优势，倾力打造虹桥金南翼浙江第1站》得到嘉兴市委书记张兵、代市长李军批示，李军代市长专程来平湖调研推动此项工作落实。连续9年获嘉兴市政协社情民意信息工作考核一等奖。

（四）勇于探索创新，致力打造特色精品

五年来，我们牢固树立新时代政协工作高质量发展的鲜明导向，坚持在继承中创新、在创新中发展、在发展中完善，干出政协新样子，提升平湖政协工作辨识度。

“请你来协商”“委员会客厅”影响力不断增强。深化“请你来协商”平台建设，制定出台《平湖市政协“请你来协商”平台建设实施细则》，对协商内容、协商形式、协商流程等作出规范。共组织“请你来协商”活动168场，提出意见建议1835条。通过“请你来协商”工作的规范有序开展，有事好商量、众人的事情由众人商量的协商民主氛围日益浓厚，专门协商机构“专”的特色、“专”的质量、“专”的水平更加凸显。深化委员会客厅建设。平湖健心服务政协委员会客厅通过创新组织“家长读书会”的形式，影响更多家庭，已建立“家长读书会”116家、参与4000余人次；平湖健康家园政协委员会客厅打造“春天里·温暖你”服务品牌，组织医卫专家开展关爱弱势群体免费义诊等活动。两个委员会客厅持续关注百姓身心健康，共开展活动33场，参加1380人次，开放度和影响面不断扩大，分别获评省四星级、嘉兴市三星级政协委员会客厅。通过创建委员会客厅，有效拓展了委员团结引领界别群众的渠道，达到了“一个委员”影响“一众人群”的乘数效应，政协的“朋友圈”越拓越广。

“民生议事堂”“跨区域联动”特色更加彰显。扎实推进政协工作向基层延伸，探索“民情联络站”“流动议事会”等微网格平台建设，推动新形势下政协协商与基层协商互融共促，实现了基层群众参与政协协商的有效途径，“不建机构建机制”等做法得到时任省政协主席葛慧君等领导高度肯定。聚焦“长三角区域污染防治协作机制落实情况”，与金山、海盐、嘉善等地政协开展跨区域联动民主监督。就共同关注的跨界治理问题、毗邻区域农业共同体发展等，组织与沪毗邻的政协联络室与金山区政协基层组织开展常态化协商。在嘉兴市首届“请你来协商·民生议事堂”案例展示活动上，《推动浙沪毗邻区域农业共同体发展》获评优秀案例，《完善“1+X”体系助力智慧养老》获评特色案例。相关工作经验、案例4次在《浙江政协信息》上作经验交流，《人民政协报》头版刊登《大局中的担当——浙江平湖市政协助推长三角区域一体化发展记事》，对平湖政协履职实践进行宣传推介。

政协工作“第三方”评价全省首创。在提案工作“双评”“三评”经验基础上，创新引入协商评价理念，探索开展政协工作“第三方”评价，通过强化流程设计、平台搭建、结果运用等途径，不仅请党政领导、人民群众直接参与政协协商，还请他们监督政协协商，推动政协工作提质增效。经验做法在全省政协主席暑期读书会暨市、县（市、区）政协工作经验交流会上作大会交流发言，得到时任省政协主席葛慧君肯定，并作为基层政协创新工作上报全国政协。

（五）突出团结民主，广聚社会各界合力

五年来，我们牢牢把握人民政协大团结大联合的独特优势，坚持把凝聚共识贯穿于履职的各方面和全过程，努力寻求“最大公约数”，画好“最大同心圆”。

发挥党派团体重要作用。支持和保障各民主党派、工商联、无党派人士履职活动，积极搭建履职平台，优先安排大会发言、组织开展联合调研等，为各党派团体广泛参政议政畅通渠道、创造条件，尤其注重发挥其在专题调研、协商议政、集体提案、反映社情民意信息等方面的骨干作用。五年来，各党派团体共提交大会发言32篇、占总数的26.2%；集体提案73件、占总数的7.8%，其中14件获市委、市政府主要领导阅批，59件已落实。继续做好“协进助学金”工作，资助平湖、青田两地学子193人次、106.55万元。

密切社会各界联系。落实市政府与市政协工作联系制度，定期通报重要情况。举办各界人士新年茶话会，团结各界、广聚共识。重视与民族宗教界委员的沟通交流，围绕宗教工作有关情况开展专题调研视察、对口协商。加强与港澳台同胞和海外侨胞的联络联谊，讲好中国故事。拓展同党外知识分子、非公有制经济人士、新的社会阶层人士的沟通联络，进一步扩大团结面。探索“请你来协商·企业家说”，架起党政部门与企业的连心桥。定期开展主席接待日、走访委员等活动，密切与委员的联系。支持政协之友联谊社发挥优势作用。聘任首批政协应用型智库专家。深化山海协作，与青田政协缔结友好关系。加强与各地政协的联系交流，与秀洲、青田等地政协联合举办书画摄影联展10场次，助力提高平湖的影响力和知名度。

加强文史和宣传工作。发挥政协文史资料“存史、资政、团结、育人”作用，征集各类文史稿件1094篇、计379.8万字，照片资料2558张，编纂出版《平湖俗语选编》《平湖知青》《平湖民间故事选编》《平湖乡镇企业》等文史书籍。编印《金色田野——纪念改革开放40周年平湖“三农”发展纪实》《平湖楹联汇编》《印记——庆祝新中国和人民政协成立70周年》《十三届平湖市政协提案故事汇编》等文史专辑。在图书馆、人才之家、农村文化礼堂等阅读场所设立“政协文史资料”专架，赠送文史资料书籍13600余册。坚持正确舆论导向，通过《政协新时空》电视栏目、《政协之窗》报纸专栏、《平湖政协》期刊、平湖政协网站、平湖政协微信公众号等载体，广泛传播政协好声音。深化与各级主流媒体联系，223篇稿件在人民网、《人民政协报》、《联谊报》等省级以上媒体刊发报道。成立平湖市人民政协理论研究会，组织引导政协委员、政协工作者开展理论研究，4篇论文在全省政协理论研究论文评选中获奖。

（六）强化自身建设，全面提升履职水平

五年来，我们主动适应新形势、对标新要求，把加强政协队伍建设和制度建设作为履职能力建设的重要基础性环节，锻造“唯实惟先、善作善成”动车型政协团队，展现了新时代人民政协的新样子。

扎实推进常委会及专委会建设。突出常委会“领头雁”作用，建立政协常委年度履职述职制度。创新开展对本届政协常委会会议协商建议转化落实情况的民主评议。常委会及其组成人员带头集体学习，带头履职建言，带头协商议政，带头遵守纪律，以实际行动交出了履职高分答卷。突出专委会“专”的优势，增设农业和农村委员会，对有关专委会进行了更名和职能调整，并结合实际将所有政协委员编入各专门委员会。各专委会主动加强与各党派团体和党政部门的联系，加强对各委员活动组、政协联络室活动的指导，有效发挥专委会在政协工作中的基础性作用。突出政协界别特色，以界别为主体设置政协委员活动组，政协界别优势进一步凸显。

充分发挥委员主体作用。坚持以培训强素养、以管理强责任、以激励强担当。统筹制订委员学习培训计划，共举办5期委员培训班，参加293人次，推动委员学习培训常态化、专题化、特色化。通过举办委员活动日、暑期读书会、委员沙龙、政情通报会，组织参与政府项目督导、市领导信访接待、部门行风评议，邀请参加政协课题调研、协商座谈、监督视察等活动，为委员知情明政、履职尽责创造条件、搭建平台。改进委员活动组履职工作保障，落实委员活动组和委员履职经费保障制度，配强配齐专职工作人员力量。完善委员履职量化考评体系，制定《政协平湖市委员会关于委员履行职责的若干规定》等制度规范，建立委员履职档案，实行履职工作年度量化测评，约谈提醒履职不达标的委员19人次，激励委员高质量做好“委员作业”，委员主体意识、履职能力和履职热情进一步增强。

持续提升机关工作效能。始终把制度建设作为规范政协工作、增强履职实效的有效保障，修订完善、制定出台《关于关心关爱政协委员和政协工作者的意见》《关于加强和促进人民政协凝聚共识工作的实施意见》《“请你来协商·民生议事堂”平台建设实施细则》等制度文件129项，推动政协工作制度化、规范化、程序化运行。有序推进数字政协建设，打造“平湖政协·掌上履职”平台，推动政协履职智慧化管理，在省政协“浙江数字政协”建设工作市县政协座谈会上作经验交流。落实全面从严治党要求，严格履行党风廉政建设责任制，不断增强机关干部政治意识、规矩意识。统筹推进清廉机关、模范机关建设。指导督促市政协机关认真开展市委巡察反馈意见专项整改，对10个方面28项具体问题逐一明确整改主体、措施和时限，确保整改取得实实在在成效。支持派驻市政协机关纪检监察组履行职能，着力营造风清气正的良好政治生态。

各位委员、同志们，十三届市政协取得的成绩，得益于习近平新时代中国特色社会主义思想的科学指引，得益于中共平湖市委的正确领导和市人大、市政府的大力支持，得益于各镇街道、部门单位和社会各界的积极参与，得益于历届政协长期积累奠定的良好基础，更是市政协各参加单位和广大政协委员共同努力的结果。在此，我谨代表十三届市政协常委会，向所有关心、支持、参与政协工作的同志们、朋友们，向政协的各位老领导，致以崇高的敬意和衷心的感谢!

在肯定成绩的同时，我们也清醒地看到工作中存在的差距和不足，主要是：发挥专门协商机构作用的制度机制还有待进一步完善，思想政治引领的渠道还有待进一步拓展，委员履职动能还有待进一步增强等。这些问题，需要认真研究，着力改进。

二、五年工作的主要体会

回顾五年履职历程，成绩来之不易，经验启示尤为深刻、弥足珍贵：

（一）必须坚持党的领导、守根铸魂。坚持中国共产党的领导，是成立人民政协时的初心所在，是人民政协事业发展进步的根本保证。必须始终坚持把党的全面领导贯穿到政协全部工作之中，落实中共中央和浙江省委、嘉兴市委、平湖市委对政协工作的各项要求，切实做到与市委在思想上同心同德、目标上同心同向、行动上同心同行。

（二）必须坚持思想引领、广聚共识。人心是最大的政治，共识是奋进的动力。必须深刻认识建言资政是履职成果、凝聚共识也是履职成果，甚至是更重要的成果，把加强思想政治引领、广泛凝聚共识作为中心环节，把团结和民主两大主题有机统一起来，把建言资政和凝聚共识双向发力相互融合起来，多举措、宽领域推进大团结大联合，努力寻求全社会意愿和要求的最大公约数。

（三）必须坚持服务大局、精准履职。在参与发展的大局中立业，政协履职才更有意义；在促进发展的大局中建功，政协工作才大有作为。必须自觉把政协工作放到全市工作大局中去谋划和推进，党委想什么、政协议什么，政府干什么、政协帮什么，群众盼什么、政协做什么，紧紧围绕市委、市政府确定的目标任务，精准建言、精准服务、精准助力，真正做到建言建在需要时、议政议在点子上、监督监在关键处。

（四）必须坚持履职为民、一线作为。人民政协来自人民，人民性是政协与生俱来的本质属性。必须以百姓心为心，把为民履职作为工作主线，贯穿于履行职责全过程，体现在工作实践各方面，牢牢把握“人民政协处于凝心聚力第一线、决策咨询第一线、协商民主第一线、国家治理第一线”定位，助力解决人民群众操心事、烦心事、揪心事，用恪尽职守来诠释责任，用奋发有为来回应期盼，用独特优势来助推发展。

（五）必须坚持固本强基、与时俱进。坚持守正与创新并举，是政协事业不断前进的重要保障。必须着眼于政协工作的科学规律，牢牢把握时代脉搏，既注重继承传统、总结经验，又注重与时俱进、开拓创新，以习近平总书记关于加强和改进人民政协工作的重要思想为指导，不断完善和发展切实可行、衔接配套的制度体系，深入推进政协工作的制度化、规范化、程序化建设。

三、对新一届政协工作的建议

新的五年，将是平湖经济展翅腾飞的五年，是各项事业跨越发展的五年，是金平湖新崛起大有作为的五年，做好政协工作意义重大。十四届市政协工作的指导思想是：高举习近平新时代中国特色社会主义思想伟大旗帜，在中共平湖市委的坚强领导下，围绕市第十五次党代会决策部署，牢牢把握团结和民主两大主题，坚持建言资政和凝聚共识双向发力，把忠诚拥护“两个确立”、坚决做到“两个维护”落实到政协各项工作中，紧扣“高质量、特色化、影响力”工作目标，进一步深耕特色、提升质量、塑造品牌，切实推进专门协商机构各项建设，积极践行全过程人民民主，更好地把政协制度优势转化为治理效能。

（一）加强政治引领，在思想建设上促深化

始终把学习贯彻习近平新时代中国特色社会主义思想作为统揽政协工作的总纲，把学习宣传贯彻中共二十大精神作为重大政治任务，组织开展系列活动。持续深化学习习近平总书记关于加强和改进人民政协工作的重要思想，深刻认识和把握新时代人民政协的地位作用、目标任务、使命要求，确保学懂弄通做实。坚决把坚持党的领导贯穿于政协工作的全过程、各方面，不断提升政治判断力、政治领悟力、政治执行力，确保政协始终在市委的领导下开展工作，确保市委决策部署在政协系统得到不折不扣贯彻执行。自觉扛起政治责任，切实抓好政协系统的意识形态工作。统筹推进书香政协建设，将学习融入到专题调研、协商议政、视察监督等履职活动中，持续深入抓好委员读书活动，让崇学善读在政协蔚然成风，促进履职能力的共同提升和思想上的共同进步。切实把政协建设成为用党的创新理论团结教育引导社会各界代表人士的重要平台。在强化政协组织政治属性上体现新担当。

（二）深耕主责主业，在协商民主上求质效

胸怀“国之大者”，立足新发展阶段、贯彻新发展理念、融入新发展格局，充分发挥专门协商机构作用，坚持调研、协商、监督一体推进，建言资政和凝聚共识双向发力。聚力战略规划谋长远，围绕市第十五次党代会确定的“12458”战略重点和我市“十四五”期间改革发展若干重大问题，有效建言资政、更好凝聚共识；聚力重大任务促落实，紧盯高质量发展建设共同富裕、长三角一体化发展、数字化改革、乡村振兴等全局性、战略性课题，深度协商，强化监督，助推落实；聚力关键议题抓深化，锚定数字经济、海洋经济、接轨上海、城乡空间格局重塑、高能级湖区科创平台建设、构建新型现代农业体系等关键性议题，综合运用专题协商、专项监督等形式接续调研、持续跟踪，一环接着一环抓，一年接着一年推，绘好“连环画”，形成“连续剧”。完善协商成果采纳落实、跟踪督促、反馈评价等机制，推动协商成果有效转化落地，形成工作闭环。在发挥专门协商机构作用上取得新成果。

（三）坚持人民至上，在民生改善上添助力

始终坚持以人民为中心，协助党委政府办好群众最关心、最在乎、最期盼的事，真正做到协商为民、监督利民、议政惠民，使广大群众感到政协委员与自己很亲、人民政协离自己很近。紧扣发展不平衡不充分矛盾，凝心聚力抓重点、补短板、强弱项。聚焦教育、医疗、养老、交通基础设施、生态环境等基本公共服务，充分发挥“请你来协商·民生议事堂”平台作用，持续履职尽责，用实干换取群众的点赞；聚焦青少年心理健康、社区治理、零工经济、公共安全、农民建房等民生“关键小事”，认真倾听群众呼声，综合采用调研视察、民主监督、专题协商等形式协商建言，积极助推初心行动、政府重点民生实事项目落实；聚焦民生优享，综合运用大会发言、提案、社情民意信息等各种方式，多方面反映群众诉求，协力增进民生福祉。进一步畅通和拓宽各界群众的利益诉求表达渠道，提高社情民意信息编报质量。在践行人民政协为人民的初心使命上彰显新作为。

（四）深化团结合作，在凝心聚力上勇担当

注重发挥人民政协凝聚共识的重要作用，在打造重要阵地、重要平台和重要渠道上狠下功夫。加强同各民主党派、工商联、无党派人士的联系，定期走访调研，听取意见建议，为党派团体参政议政创优条件。继续做好“协进助学金”工作。全面贯彻落实党的民族宗教政策。密切与港澳台同胞、海外侨胞和归侨侨眷的团结联谊，扩大联谊和交流合作。持续关注民营经济“两个健康”，加强与基层群众和新的社会阶层人士的联系。组织政协委员利用自身影响力主动发声，把党的主张转化为社会各界的广泛共识。加强委员联系界别群众工作，加大“请你来协商·民生议事堂”实体平台建设力度，有效发挥“民生议事堂”在深化政协工作向基层延伸、推动政协协商与基层协商相衔接中的支撑作用。积极推进“委员会客厅”“委员工作室”“跨区域联动”“企业家说”等工作，努力做好协调关系、理顺情绪、化解矛盾工作，求同存异、聚同化异。在凝心聚力平台建设上实现新拓展。

（五）突出改革创新，在能力素质上抓提升

一以贯之、驰而不息加强履职能力建设。抓好委员定期轮训，优化委员履职考评机制，强化委员责任担当，推动委员建言见水平、聚识有影响、言行守规矩，更好地为国履职、为民尽责。对标新时代政协工作新要求，不断健全各项工作制度，推动政协工作制度机制更加成熟更加定型。坚持数量适度、质量为要，不断改进和规范调研视察、提案、反映社情民意信息、文史资料、政协宣传、理论研究等工作。持之以恒抓好“数字政协”建设，积极拓展网络议政、远程协商，通过数字赋能，让委员思想在线、智慧在线、联系不断线。推进协商议政质量体系建设，发挥政协应用型智库和参政议政人才库作用，为高质量履职建言提供支撑。充分发挥政协专委会的基础性作用，研究制定专委会“一委一品”工作机制。加强对委员活动组工作的保障和指导。配齐配强必要工作力量，提高机关服务保障水平。支持派驻市政协机关纪检监察组工作。在加强队伍建设树好政协形象上展现新气象。

各位委员、同志们，新崛起蓝图已绘就，新征程奋进正当时。我们坚信，在中共平湖市委的坚强领导下，十四届市政协定能初心如磐、勇猛精进，昂首阔步向未来，不断续写平湖政协事业发展新华章，为高质量发展勇当共同富裕新崛起典范、高水平推进金平湖新崛起作出新的更大的贡献！

专　记

数字化改革工作纪实

数字化改革是浙江省委、省政府深入贯彻落实时任浙江省委书记习近平“数字浙江”的工作部署，坚持一张蓝图绘到底的创新实践。2021 年 2 月 18 日，省委以“新春第一会”的形式召开全面推进数字化改革大会，吹响全面启动数字化改革的号角。平湖市按照省委、嘉兴市委的统筹部署，全市上下以数字化改革为牵引，纵深推进全面深化改革，各项改革工作稳步推进、成效较好，为全市经济社会发展提供强劲动力。

一、主要过程

2021 年 3 月 26 日，召开全市数字化改革推进会。3 月 29 日，岱山县委常委徐新带队到平湖考察学习数字化改革工作。5 月 10 日，召开市数字化改革领导小组第一次工作例会。5 月 28 日，召开全市第一批数字化改革应用场景评审会。6 月 5 日，召开市数字化改革领导小组第二次工作会议。7 月 8—10 日，举办平湖市全面推进数字化改革专题研讨班。7 月 30 日，召开全市数字化改革工作推进会。7 月 31 日，举办金平湖数字创新应用实验室成立仪式暨首届数字化改革比拼赛。8 月 27 日，南湖区委政研室到平湖考察学习数字化改革工作。10 月 11 日，邀请省市场监管局网络交易监督管理分局局长金翔到平湖授课。11 月 5 日，召开全面深化改革工作推进会。12 月 2 日，长兴县委办到平湖考察学习数字化改革工作。12 月 6 日，举办第九十九期创新学堂主题学习活动暨全市数字化改革工作推进会。

2022 年 5 月 4 日，召开全市数字化改革推进会。5 月 12 日，举办平湖市 2022 年度第一次重点场景应用路演会议。6 月 20 日，召开市政协专项民主监督会议。7 月 9 日，嵊州市委改革办到平湖考察学习数字化改革工作。7 月 15—19 日，举办平湖市领导干部数字化改革能力提升专题研讨班。7 月 22 日，召开市委全面深化改革委员会（扩大）会议暨全市数字化改革工作推进会。8 月 16—25 日，举办“潮涌金平湖，改革亲体验”全市改革成果体验行活动。9 月 8 日，秀洲区政协副主席、区委改革办常务副主任带队到平湖考察学习数字化改革工作。11 月 22 日，举办“2022 星耀南湖 · 金平湖数字创新应用实验室峰会”。

二、主要做法

（一）建机制、夯基础，改革工作强力推进。一是完善常态化推进机制。坚持每两三个月召开一次全面深化改革委员会（数字化改革推进会），数字化改革领导小组办公室主任每周研究数字化改革工作，用好“周报、月晒、半年督查”、上简报、作交流等工作机制，以实战促实效。两年共编发市本级工作简报53篇。二是完善导向性激励机制。创新“一月一考核、考核结果运用到年终考核”的过程性督察推进机制，按照“领导重视、改革成果、对外宣传、工作落实”，对所有部门和镇街道进行加扣分排名，营造应先创优良好氛围。提前出台全面深化改革（数字化改革）考核办法，纳入部门目标绩效考核。三是完善社会化参与机制。通过“平湖发布”微信公众号、“企业服务平台”等渠道问需于民、问计于民。积极发挥智库作用，在全省率先成立“金平湖数字创新应用实验室”数字化改革智库平台。积极推动数字化改革提质拓面，谋划建设供电公司“负碳工厂”、疾控中心“大众营养家”、人民医院“番茄系统”等数字化应用。四是建立重大应用攻坚机制。加强重大应用月度任务清单梳理，对照目标、逐项突破、到点验收、定期通报。累计开展月度攻坚推进行动2次。

（二）抓规范、重实效，应用建设有力推进。按照“迭代一批、上线一批、培育一批”“三个一批”方法，编制并动态更新全市重大改革项目库，并以“重大改革+重大应用”的联动推进方式分批推进，“浙志援”“长三角社会治理协同”等5个应用被列入《全省重大改革（重大应用）“一本账S2”》，物联感知数据平台（感智汇）被列入《全省“一地创新、全省共享”“一本账”S0》。从重大牵引看，总结梳理省、嘉兴市牵一发动全身重大改革项目，同时根据平湖实际确定牵一发动全身重大改革并配套打造数字化应用，明确牵头市领导和牵头部门，确保解得住、有特色。在推进大综合一体化行政执法改革方面，结合平湖市与上海市金山区毗邻治理方面需求，沪浙两地执法局共同制订《张江长三角科技城“平湖市—上海金山区”联合行政执法队建设方案》，并进一步明确以党建统领为根本，以服务营商为宗旨，加快推进跨省（市）“一支队伍管执法”具体工作。从实战实效看，以数字化改革引领撬动社会经济稳步发展，实现重大改革、重要任务一体融合推进。在疫情防控方面，用5天，极限开发出“平和码”高效赋能平湖—金山两地在物资转运、人员管控、网格帮扶、事件处置等，实现疫情精准防控。在经济稳进提质方面，开发“腾笼换鸟 凤凰涅槃”数智治理应用，助推市“腾笼换鸟”整治工作效率提高35%，为重大项目落地提供有力的土地资源保障。在除险保安方面，开发“晓海讯”海灾智防应用，打造灾害智感、灾害智评、灾害智控等模块，构筑防灾减灾数字化屏障。在促进共同富裕方面，开发“抱团富”推动农村增收致富，行政村集体经营性收入全部达120万元以上，2022年，城乡收入比由上年的1.64降至1.60，连续四年实现缩小。

（三）做研究、广宣传，改革氛围持续浓厚。一是改革成果有效转化。推动将好的应用成果以制度成果和理论成果固化下来。全市形成《智慧城市背景下城市精细化治理：特征、要素与创新路径》等理论成果23个，《强体系 谋方案 优方法 有力有效破解5G疑难基站建设问题》等制度成果40个。二是改革成果对外输出。成立浙江农合数字科技股份有限公司，推动“浙农服”应用建设成果走出浙江走向全国，四川省茂县“茂农服”已启动建设。开发“浙里总商汇”企业互联共享平台，并与茂县、青田实现平台共享使用，为两地企业打破信息壁垒、打通要素流动堵点，助力茂县经济社会发展。开发“精平扶”并推广四川茂县，助力四川茂县大数据精准帮扶困难群众。三是改革影响持续扩大。举办“改革成果体验行”活动5场，邀请两代表一委员、热心市民代表、返乡大学生等参观“数字乡村”“精平扶”等场景应用，零距离感受数字化改革成效成果，同时编印《数见未来——平湖市打造数字化改革标志性成果》宣传册，集中展示16个实用、管用、好用的平湖数字化改革特色场景应用，营造全面参与的良好氛围。感智汇、长三角社会治理协同应用、浙车监督在线、“精平扶”、大综合一体化执法等获《人民日报》、新华社等国家级官媒宣传报道42次。

三、工作成效

连续两年获改革突破奖，基层智治大脑获评嘉兴唯一的省数字化改革“最强大脑”，在历次省、嘉兴数字化改革工作推进会上均获五星评价，相关经验获时任省委书记袁家军、应急管理部普查办主任郑国光等国家部委和省委领导的批示肯定。

（曹勤伟）

共同富裕示范区建设

工作背景

党的十九届五中全会对扎实推动共同富裕工作作出重大战略部署，平湖市委、市府围绕省、嘉兴市“高质量发展建设共同富裕典范城市”要求，以“改革”为突破口，以“构建共富体、实现共同富”为主抓手，高质量发展建设共同富裕示范区典范城市，奋力打造长三角城市群重要中心城市璀璨明珠，率先作出工作部署。

一是设立领导体系。2021年9月17日，成立以市委书记任组长，市委副书记、市长任第一副组长的平湖市高质量发展勇当共同富裕新崛起典范领导小组，领导小组办公室设在市发改局，下设共富办专班化运作。2021年11月5日，设立中共平湖市委社会建设委员会，作为中共平湖市委派出机关，与平湖市发改局合署办公，统筹推进共同富裕示范区建设，切实加强市委对社会建设的全面领导。

二是出台政策体系。出台《平湖高质量发展勇当共同富裕新崛起典范实施方案（2021—2025年）》《平湖市高质量发展勇当共同富裕新崛起典范“7+1+1”专项行动总体方案》《平湖市“扩中”“提低”行动方案》，配套出台“7+1”专项行动方案。

三是建立工作机制。建立“四张清单”管理、例会推进、部门联动、督查考核、宣传引导等工作机制，构建共同富裕系统架构图，建立共同富裕指标体系、评价体系和部门、镇街道督查考核体系。2021年，平湖市山海协作精准帮扶样板模式成功入选全省高质量发展建设共同富裕示范区首批试点名单。

建设过程、做法及工作成效

一、打造“山海协作”共富体，缩小地区差异

2022年，“打造山海协作高质量发展升级版”入选全省首批共同富裕最佳实践案例。一是平台促富。“消薄飞地”产业园成功入驻高科技型企业4家，全年实现产值12亿元，累计为青田265个村集体增收超过4400万元。全国首创低收入家庭入股“消困飞地”项目——青田飞地产业园二期项目。启动1平方公里的平湖·青田“产业飞地”园建设，园内首个项目——总投资10亿元的浙大之光数字经济产业项目于2022年8月开工建设。二是消费促富。开发建设全国首个数字农合联为农服务平台“浙农服”，实现农产品生产、供销、信用“三位一体”合作数字化集成，和松阳县合作，为浙南山区80多个农产品基地、110家农产品供应商销售产品，年内实现销售额6000万元。该模式在2022年全省共同富裕大会上获省委书记袁家军肯定，相关经验在全省91个设区市、县市区和吉林、四川、新疆、江苏、上海等5个省区市推广。三是合作促富。全省首创“长三角一体化＋山海协作”模式，与上海、青田等地组建公济山海联盟，年内实现互访交流100余人次，为青田培养专科医护人员20余人次，帮助建成青田中医院骨伤科等。2022年，平湖嵊州青田三地教育部门启动“跨地区教共体建设”，共同结对学校27所，向青田投入教育专项资金300余万元。平湖首创的“虚拟岗位”帮扶模式，已累计落实帮扶资金超600万元，并在省内青田县，四川省九寨沟县、茂县等地推广使用。四是数字促富。推行“山海协作”数字化改革，与青田、缙云等地共享“感智汇”数据平台。平湖、青田、茂县共享“浙里总商汇”成果，跨区域实现供应链、产业链、技术链、服务链等要素对接，累计促成跨区域合作项目70余个。在青田县高市乡东源口村建设草莓数字工厂，村集体每年可获5万元租金＋10%分红。

二、打造“强村富民”共富体，缩小城乡差距

2022年，建设强村富民“1+8+N”共富体系，推动农村“扩中”“提低”。相关工作获省委副书记黄建发批示肯定，并于9月获评嘉兴市第一批高质量发展建设共同富裕典范城市最佳实践。重点开展三方面工作。一是培育1个市级“强村公司”抓统筹。由供销集体企业、镇级强村公司、农合联共同出资3亿元成立市级强村公司，通过市镇统一规划、资源联动开发、政策集中扶持，主打差异开发，提高集体经济资源转化效率。年内，市级强村公司谋划投资长三角农博汇、粮食产业链服务、内河共富码头等项目5个，总投资5.7亿元。二是升级8个“抱团合作”拓路径。重点建设“飞地抱团”、众筹共富、农房盘活、土地股份、乡村劳务、产业联结、景区村庄、文明善治八大领域共富体，有效盘活农民房、地、人、钱等闲置要素，增加农民“财产性收入”。钟埭街道共富码头等34个项目启动建设。2022年，全市行政村集体经营性收入均超120万元。三是打造N项“数字应用”强支撑。聚焦抱团项目数据统筹不足、农房资源和劳务信息不对称等现实问题，发挥数字化改革力量，基本完成数字化场景系统整体开发，形成“强村”和“民富”画像。

三、打造“强社惠民”共富体，缩小收入差距

平湖在全省首创“强社公司”模式，是浙江“强社惠民”集成改革七个试点地区中唯一的县级市，浙江首场“强社惠民”集成改革试点工作现场推进会在平湖召开。一是实施“合作发展”。通过“社社抱”“村社抱”“街社抱”等方式组建社区经济发展联合体，实现“从无到有”的突破，推动形成“市场化经营 + 政府性扶持 + 社会性支撑 + 公共性服务”的“四位一体”运行模式，形成社区物业服务经济、资产租赁经济、生态经济、美丽经济等多元一体的集体经济发展体系，组建“平湖市钟溪社区服务有限公司”等8家强社公司，覆盖16个社区，覆盖率38%。梅园社区于10月获评全国示范性老年友好型社区。二是促进“充分就业”。持续擦亮全省首批“无欠薪”城市品牌，坚持实施积极的就业政策，制定出台“人才新政”3.0版，创新开发“用工保障”数字化应用，2022年，新增城镇就业人数1.9万人，帮扶重点群体实现就业1.09万人，重点群体帮扶就业率94.5%。以全省唯一面向共同富裕的教育改革发展试点市为契机，构建完备的普惠性人力资本提升奖励政策体系，创新开发增财实学“学历 + 技能”双提升应用，截至年底完成大专及以上学历提升4862人。三是实现“精准帮扶”。依托“困难群体精准画像”省级试点，优化对困难群众的兜底保障服务，创新打造“精平扶”数字化应用场景，设计出“五型三色”多维评估体系，获省民政厅推广。以数智赋能推动多元化社会救助新模式，2022年在线监测预警低收入家庭4017户、8374人，完成帮扶3489户、5879人。四是丰富“精神共富”。全力推进“我们艺起来”“农民读书会”等品牌活动，推广城乡一体“10分钟品质文化生活圈”，打造“孟坚故里”宋韵文化品牌和诗路文化带上的“新仓印迹”等，建立全省首个法治综合体“金平湖·法治里”，全国率先打造“多元化解·息事无讼”基层治理新品牌。

（朱学敏）

大事记

2022年大事记

1月

1日 平湖市成功上线浙江省“智慧医保”信息平台，实现数据互联互通和医保业务跨系统、跨层级、跨部门“一网通办”。

2日 全市召开疫情防控工作会议。

4日 独山能源三期PTA项目开工暨全市“大抓项目”出征仪式举行。该项目总投资53.3亿元。

同日 纳微科技独山港纳米新材料项目签约仪式举行，该项目总投资13亿元。

6日 市委书记仲旭东，市委副书记、代市长周军波率领平湖市党政代表团到嘉善县祥符荡科创绿谷、南湖区南湖实验室和敏华未来汽车智慧产业园学习考察。

同日 《人民日报》刊发《浙江平湖以数字化提升治理精细化》文章，报道平湖市依托“整体智治”方式，构建县域“物联、数联、智联”数字化发展，推进政府服务数字化精细化发展等方面的经验做法。

11日 浙江省经济和信息化厅发布2021年浙江省“隐形冠军”企业名单。浙江新发现机械制造有限公司成为平湖市首家浙江省“隐形冠军”企业。

13日 副省长朱从玖带队到平湖，开展“助企开门红”活动，听取平湖市外贸外资工作汇报，并到平湖·国际进口商品城实地调研。

21日 日本电产机床平湖项目云签约仪式举行。该项目由日本电产新宝株式会社投资设立，总投资约4400万美元，注册资金约1800万美元，主要生产用于加工新能源汽车驱动核心零部件的机床。

28日 全市党史学习教育总结会议召开。

2月

9日 平湖市三级干部大会暨“提质提效年”动员大会召开。

11日 世界500强企业巴斯夫和贺利氏铂族贵金属资源综合利用项目签约。该项目位于独山港经济开发区，投资约7500万美元。市委书记仲旭东出席签约仪式。

同日 市政协举行《平湖乡镇企业》首发仪式。

同日 平湖市第十五次党代会代表提案交办工作会议召开。

14—18日 市政协十四届一次会议召开。

15—18日 平湖市第十六届人民代表大会一次会议召开。

19日 由御辰东智能科技有限公司投资的新能源锂电池高端装备项目签约仪式举行。项目落户张江长三角科技城平湖园，总投资约10亿元，注册资金2亿元。

21日 市委政法信访工作暨全市政法队伍教育整顿总结会议召开。

27日 全市领导干部会议召开，传达学习贯彻嘉兴市第九次党代会精神。

3月

1日 市委办印发《关于贯彻落实〈中共浙江省委关于规范领导干部廉洁从政从业行为进一步推动构建亲清政商关系的意见〉的通知》。

2日 江西省共青城市委书记、赣江新区共青组团党工委书记卢治轩率领共青城市党政代表团到平湖考察。

3日 平湖市组织开展疫情防控工作体系培训暨七大场景桌面推演。

5日 中国工程院院士程泰宁及其建筑设计团队到平湖考察。

同日 市纪委十五届二次全体（扩大）会议召开。

8日 平湖市开展新冠肺炎疫情防控应急演练。

10日 全市双招双引"五百行动"推进会召开。

上旬 省粮食安全和推进农业现代化领导小组农业"两区"办公室公布第二批省级现代农业园区认定名单，广陈省级现代农业园区成为平湖市首个省级现代农业园区。

12日 全市疫情防控工作会议召开。

15日 省长、省新型冠状病毒肺炎疫情防控工作领导小组组长王浩到平湖市检查调度疫情防控工作。

18日 省级医院派出600余人支援平湖战"疫"。

20日 平湖市发放首批抗原检测试剂。

21日 市新型冠状病毒感染的肺炎疫情防控工作领导小组办公室发布《关于企业有序复工复产的通知》，即日起全市企业可有序恢复生产。

23日 由平湖市级相关部门组成8个服务小组，开展"复工复产暖心扶企"服务活动。

24日 市政府印发《平湖市抗疫情稳增长的若干政策意见》。

27日 市委印发《关于推进新时代文化平湖工程的实施意见》。

4月

1日 市政府印发《关于进一步加大服务业惠企纾困帮扶力度的若干意见》。

2日 在全省建设平安浙江工作会议上，平湖市获浙江省"平安市"称号，实现平安建设"十七连冠"。

9日 浙江省援沪防疫生活物资平湖中转站启用。中转站位于新埭镇，占地面积4.5万平方米，承接来自全国各地的援沪物资，通过无接触运输转换衔接后运抵上海。

13日 市政府印发《平湖市"腾笼换鸟"整治提升三年行动方案（2022—2024年）》。

21日 市委办、市府办印发《平湖市推进"大综合一体化"行政执法改革工作方案》。

22日 市委文化工作会议召开。

同日 市委办、市府办印发《平湖市高质量推进城乡融合聚变共富三年行动方案》。

23日 全市高质量推进城乡融合聚变共富工作会议召开。

24日 市政府印发《关于深入开展农业"双强行动"全面推动农业高质量发展的实施意见（2022—2025年）》。

28日 全市领导干部会议召开，传达学习嘉兴市"两会"精神。

29日 平湖市总工会以线上直播形式庆祝"五一"国际劳动节，表彰"最美职工""优秀职工""金平湖工匠"等。

5月

4日 全市数字化改革工作推进会召开。

12日 全市党管武装工作暨国防动员委员会、国防教育委员会全体会议召开。

同日 市委办、市府办印

发《关于深化“三位一体”改革推进为农服务高质量发展助力共同富裕新崛起典范的行动方案（2022—2025年）》。

同日 市委办、市府办印发《建立“1+8+N”共富体系打造生态强村富民标志性成果的方案（2022—2025年）》。

13日 全市学习习近平总书记在庆祝中国共产主义青年团成立100周年大会上重要讲话精神暨庆祝“五四”青年节——第七届“平湖市十大杰出青年”代表座谈会召开。

13—16日 浙江省发改委在平湖组织召开金山至平湖市域铁路（独山港至海盐段）初步设计评审会。31日，金山至平湖市域铁路（独山港至海盐段）初步设计通过浙江省发改委审批。

18日 平湖市第九次归侨侨眷代表大会召开。

19日 平湖市“打造山海协作高质量发展升级版”成功入选首批浙江省高质量发展建设共同富裕“城乡区域直辖市发展先行示范”最佳实践。

27日 平湖市召开创建国家生态文明建设示范区暨生态环境工作推进大会。

28日 平湖市高质量制造业项目“线上+线下”集中签约仪式举行，签约项目21个，总投资108亿元。

31日 市委印发《关于进一步打造“唯实惟先、善作善成”新时代平湖铁军迭代升级版的实施方案暨平湖市干部队伍建设五年工作规划》。

6月

1日 市委农村工作领导小组（市乡村振兴领导小组）第一次会议召开。

2日 全市经济稳进提质百日攻坚动员部署会召开。

10日 长城汽车平湖分公司首台新能源车下线仪式举行。

同日 独山港区A7、A8、B27、B28、D1、D2、D3泊位正式获对外启用资质。

11日至13日 浙江省第二届智力运动会围棋比赛在平湖市“当湖十局”围棋公园举行。

13日 全市稳经济稳增长工作推进会召开。

14日 平湖市高质量发展勇当共同富裕新崛起典范领导小组第一次（扩大）会议召开。

同日 平湖市城乡社区工作会议暨党建统领网格智治推进会召开。

18日 平湖市首家汽车产业链联合党委成立，开创“党建引领、行业领跑、产业链接、互促共赢”的新发展格局。

25日 全市领导干部会议召开，会议传达学习省第十五次党代会精神、嘉兴市领导干部会议精神等。

27日 中科健齿华东创新中心项目签约仪式举行。该项目落户新仓镇嘉创智谷产业园，总投资2.1亿元。

同日 市委办、市府办印发《关于落实最严格的耕地保护制度全面推行田长制的意见》的通知。

28日 全省“两个先行”重大项目集中开工活动、嘉兴市项目推进百日攻坚现场推进大会暨快速路射线工程建设启动仪式举行，平湖市共有5个项目参加，总投资164亿元，项目数和总投资额均占嘉兴前三位。

同日 市委办、市府办印发《平湖市加强行政服务中心建设三年行动方案（2021—2023年）》。

同日 市委办、市府办印发《平湖市推进面向共同富裕的教育改革发展试点工作实施方案》。

30日 市委书记仲旭东，市委副书记、市长周军波等市四套班子领导，实地重走习近平总书记到平湖调研视察路线。

7月

1日 全市领导干部会议召开，集中研讨实地重走习近平到平湖调研视察路线之后的所思所想。市委书记仲旭东作题为《牢记殷殷嘱托奋进“两个先行”全力在新的赶考路上勇立潮头勇当典范》的主题报告。

同日 沪平盐城际铁路（独山港至海盐段）PPP项目合作签约仪式在平湖市举行。

4日 市委印发《关于进一步压实主体责任强化对各级“一把手”和领导班子监督的方案》。

同日 市委、市政府印发《关于〈平湖市坚持党建统领高质量推进强村富民支持政策（2022—2025年）〉的通知》。

7日 浙江省农业农村厅公

布连续三年获评全国县域数字发展水平先进县（市）名单，平湖市名列其中。

8日 全市组织收看全省建设新时代美丽浙江推进大会暨生物多样性保护大会。会上，平湖市荣获2021年度美丽浙江考核优秀县（市、区）称号。

12日 浙江晨光电缆股份有限公司实现在北京证券交易所“云”上市，成为平湖市第六家上市企业。

14日至15日 四川省茂县党政代表团到平湖考察。考察期间，茂县党政代表团参观平湖—茂县劳务协作站并举行揭牌仪式，双方签订新一轮平湖—茂县战略合作框架协议。

16日 中国共产党平湖市交通运输行业综合委员会成立。

18日 第六届平湖农业经济洽谈会举行。会议以“抱团共富·农创未来”为主题，该次农洽会共签约项目43个。

19日 平湖市“共同富裕·青年说”理论宣讲展示赛暨浙江省第十五次党代会精神宣讲会举行。

同日 市委办印发《关于深入推进法治社会建设的实施意见》。

23日 “绿色促振兴·生态向未来”乡村生态振兴论坛在平湖市举行。中国科学院院士刘昌明视频参会，中国科学院院士朱永官参会并发表主题演讲。会上，签署《农业农村绿色低碳高质量发展战略合作框架协议》《人才战略合作框架协议》，揭牌成立农业农村绿色发展低碳高质量发展示范点和环境与资源学院博士生实践基地。

25日 全市村（社区）党组织书记党建统领共同富裕专题培训班开班仪式举行。

28日 嘉兴市第八届残运会开幕式在平湖市举行。

30日 清廉平湖建设述职述责评议会召开。

31日至8月1日 市委书记仲旭东率平湖市党政代表团到四川省茂县开展对口支援考察交流活动。8月1日，平湖市—茂县对口支援工作联席会议召开。会上，“茂农服”数字为农平台正式启用。平湖市供销社、茂县供销社、浙江农合数字科技股份有限公司三方签订合作协议，成立四川农合数字科技有限公司。

8月

4日 省委第二巡视组巡视平湖市工作动员会议召开。

6日 全市巩固全国文明城市工作推进会召开。

同日 金平湖“抱团富”景区村庄旅游精品线发布会暨“遇见山塘·文旅共富”纳凉晚会在明月山塘景区举行。

10日 浙江省经济和信息化厅公布2022年首批企业数据管理国家标准贯标工作试点县（市、区），平湖市入选首批11个贯标工作试点县（市、区）之一。

12日 2022年全国青少年棒球锦标赛在林埭镇徐家埭村棒球场开幕，来自全国的19支青少年棒球队伍、356名选手参与U12组赛事。

16日 浙江省副省长、民盟省委会主委成岳冲一行到平湖调研养老服务工作。

同日 平湖—茂县两地举行“浙里总商汇”企业互联共享平台授权使用签约仪式。

25日 省政协副主席郑继伟率队到平湖红色转角湾“协商驿站”、长三角草莓种源研发中心开展调研。

同日 “金平湖”高铁冠名列车在上海虹桥站首发。“金平湖”高铁冠名列车是平湖市农产品区域公用品牌“金平湖”联合“中国高铁”推出的一趟重点覆盖以上海为中心的长三角区域的高铁列车。

同日 以“共建虹桥金南翼打造浙江第一站”为主题的2022年虹桥国际开放枢纽南向拓展带平湖项目合作推进会在上海举行。

26日 “华枝春满天心月圆”首届中国·平湖“叔同艺术季”开幕式暨李叔同艺术成就高峰论坛举行。中国工程院院士、平湖李叔同纪念馆设计者程泰宁出席开幕式。次日，叔同书院揭牌仪式暨叔同艺术游园会在叔同公园举行。

同日 全市第一次市级总林长会议举行。

31日 “扬帆三十年银耀新征程”平湖市社会经济研究室成立30周年总结会召开。

同日 沪浙两地联合执法队——张江长三角科技城平湖

市—上海金山区联合行政执法队成立仪式在平湖举行。

9月

2日 “凝心聚力齐共富砥砺奋进向未来”楼宇党建品牌发布会暨总商会大厦党建客厅启用仪式在当湖街道举行，8个楼宇党建品牌进行路演，同时“楼联汇”楼宇党建新品牌正式亮相。

4日 全市召开防御第11号台风“轩岚诺”视频调度会议。

10日 平湖市第38个教师节庆祝表彰大会举行。会上，平湖市教育公益基金会正式揭牌成立。

上旬 钟埭街道、独山港镇相继注册成立社区经济组织——“强社公司”，其中平湖钟溪社区服务有限公司在镇街道成立的社区抱团经济组织，为全省首创。钟溪社区服务有限公司采用“国企＋社区”模式，注册资金1000万元。

13—16日 2022年“浙江平湖·当湖十局杯”CCTV电视围棋快棋赛在平湖“当湖十局”围棋公园举行。

19日 嘉兴市委书记陈伟到平湖调研，先后到平湖城市展示馆、长城汽车平湖分公司考察。

同日 省政协副主席马光明一行到平湖调研政协委员会客厅工作，并实地走访平湖健康家园政协委员会客厅。

21日 市委副书记、市长周军波一行到缙云县开展考察交流活动，推进共同富裕发展工作。

22—26日 2022中国·平湖西瓜灯文化节举行。此次灯节以“共富路上·勇当典范”为主题，共分为“提质·新典范”“共富·艺起来”“悦享·平湖韵”3个篇章，举办20余项经贸类、群众性和特色性文化活动。

23日 青田县委书记林霞率领青田县党政代表团到平湖考察交流。

同日 浙大之光数字经济产业园项目开工仪式举行。该项目落户独山港经济开发区，总用地面积7.13公顷，建筑面积约17.7万平方米，总投资10亿元，是平湖—青田“产业飞地”园区启动开工建设的首个项目。

同日 全市“百县争创、千乡晋位、万村过硬”工程动员部署会暨现代社区建设推进会召开。

同日 央视2022年中国农民丰收节晚会主会场落地平湖，这是平湖首次承办中国农民丰收节晚会。晚会的舞美主场景设置在钟埭街道钟埭村北庄浜，结合平湖西瓜灯、平湖九彩龙、平湖派琵琶及现代设施农业等平湖元素。

24日 平湖博物馆新馆开馆仪式举行。新馆位于平湖市胜利路南侧的金平湖广场，占地面积0.31公顷，建筑面积3.6万平方米，总投资5亿元，是研究、收藏、保护、阐释和展示文化遗产的综合类博物馆。

26日 “追梦航天·平湖情缘”30周年纪念活动暨神舟飞船返回舱特展开幕式在独山港镇中国航天科普馆举行。

27日 市委办、市府办印发《关于高质量推进公共文化服务现代化建设勇当共同富裕新崛起典范的实施意见（2021—2025年）》。

28日 省委常委、常务副省长徐文光一行到平湖杭浦高速独山港西出口、独山港渔船停泊点和浙江伴宇实业股份有限公司等调研安全生产和农业农村工作。

同日 金山至平湖市域铁路（沪平盐城际铁路）浙江段开工仪式在平湖市举行。新建线路长度约52.1公里，项目投资估算总额约188.5亿元，其中浙江段约127亿元。

9月 浙江省公布第一批省级农村一、二、三产业融合发展示范园认定名单，广陈农村产业融合发展示范园登榜。

10月

8日 嘉兴市委副书记、市长李军一行到沪平盐城际铁路项目施工现场和长城汽车股份有限公司平湖分公司等调研平湖市重点项目和重大产业。

9日 《浙江日报》刊发《外资高端制造业青睐平湖——已引进40余家世界500强企业（项目）培育3条主导产业链》一文，肯定平湖“外资＋高端制造业”的发展道路。

11日 市委办印发《关于贯彻落实“组织敢担当、干部有力量”要求激励干部奋勇推进金平湖新崛起的实施办法（试行）》。

16日 中国共产党第二十次全国代表大会在北京人民大会堂开幕。市四套班子领导在市行政中心集中收看党的二十大开幕会电视直播。

同日 市委办、市府办联合印发《“强社惠民”集成改革专项工作方案》。

25日 市政府印发《平湖市全民健身实施计划（2021—2025年）》。

26日 市委召开全市领导干部会议，传达学习党的二十大精神，对全市学习宣传贯彻党的二十大精神进行部署。

27日 平湖市在嘉兴市委常委会扩大会议暨经济稳进提质“十大百日攻坚行动”总结会上，获嘉兴市三季度流动红旗奖。

10月 平湖市申请注册的“平湖西瓜”地理标志证明商标经国家知识产权局核准，这是平湖市首次成功注册地理标志证明商标。

11月

1日 全市首个德资服务业世界500强投资项目——德铁信可平湖物流中心开业典礼举行。该项目总投资达1亿美元，注册资本4000万美元，共设有11个库区，总建筑面积超过5.4万平方米。

4日 市委印发《关于清廉平湖建设五年行动的实施意见（2022—2026年）》。

同日 平湖市“息事无讼”品牌发布暨研究中心成立仪式举行。研究中心位于平湖市委党校。

5日 平湖市残疾人联合会第八次代表大会举行。

同日 首届“善行金平湖”慈善大会举行，公布首届“善行金平湖”十大慈善人物、十大慈善企业、十大慈善项目，发布“善行金平湖”品牌，并同步启动百个慈善项目。

10日 市委印发《关于认真学习宣传贯彻党的二十大精神的通知》。

上旬 平湖市民政局困难群体精准画像（精平扶）成功入选省民政厅民政数字化改革第二批“优秀应用（案例）”。

20日 工业和信息化部公布2022版重点培育纺织服装百家品牌名单，平湖羽绒服装成为浙江省内唯一入围的区域品牌。

21日 平湖市在省外来平人员中发现新冠肺炎阳性感染者，闭环转运至定点医院治疗。

22日 巴斯夫贺利氏铂族贵金属项目开工仪式及巴斯夫凯密特尔项目投产仪式在独山港经济开发区举行。此两新材料项目总投资分别约为7500万美元和1亿美元。

同日 2022星耀南湖·金平湖数字创新应用实验室峰会举行。会上，发布2021金平湖数字创新应用实验室成果，举行专家聘任仪式和金平湖数字创新生态联盟成立仪式。

23日至24日 全国自然灾害综合风险普查第二次成果应用交流会在平湖举行。

24日 嘉兴市未来乡村暨美丽乡村精品线建设现场推进会走进平湖市“碳为观智·桨领风华”美丽乡村精品线。

12月

5日 平湖发布优化调整疫情防控相关措施的通告。

7日 平湖光机电小镇获浙江省自然资源厅2022年度特色小镇考核优秀，同时获6.67公顷新增建设用地奖励计划指标。

10日 平湖首批高品质人才公寓启用。首批入住高品质人才公寓的为省级（C类）以上高端人才。

上旬 平湖西瓜文化系统入选浙江省农业农村厅公布的第一批省级重要农业文化遗产资源名单。

11日 银盾科技云计算项目正式签约落户张江长三角科技城平湖园。该项目总投资约15亿元，成为全市数字经济发展新增长点。

13日至14日 省委副书记、政法委书记黄建发到平湖调研基层社会治理等工作。黄建发一行先后到平湖市曹桥街道马厩村、平湖技师学院调研。

15日 杭州电子科技大学平湖数字技术创新研究院揭牌仪式举行。揭牌仪式上，杭州电子科技大学平湖数字技术创新研究院与5个科研团队、2个科研合作项目、2个孵化项目和10家战略合作企业举行签约仪式。

同日 全省清廉民营企业建设现场推进会召开。平湖就清廉民营企业建设的特色做法作交流发言。

16日 市委批转《平湖市人大常委会〈关于平湖市人大常委会及“一府一委两院”核心业务下沉人大代表联络站践行全过程人民民主的实施意见(试行)〉的通知》。

21日 市委办印发《关于〈平湖市深化拓展新时代文明实践中心建设实施方案〉的通知》。

22日 共青团平湖市第二十二次代表大会举行。

29日 平湖市中医院实施整体搬迁，全面投入试运行。新医院位于新华南路1800号（平湖汽车客运中心南面）。

同日 平湖不再提供社会面常态化核酸采样。

31日 市委十五届二次全体（扩大）会议暨全市经济工作会议举行。

12月 东湖社区入选浙江省第二批“未来社区”名单，成为全市首个省级未来社区。

2022年平湖市政府十大实事项目一览表

表1

序号	主要内容	牵头单位
1	养老服务项目：1.新建居民小区居家养老服务站10个；2.新增持证养老护理员70人；3.启用1家认知障碍照护专区	民政局
2	道路改善项目：1.全市完成城乡道路路口标准化建设310个；2.完成人行道整治提升2条	交通运输局 建设局
3	便捷停车项目：1.新增ETC停车场10个；2.城区停车场无感支付泊位达1万个	综合执法局
4	学校扩容项目：世外经开小学迁建工程、全塘中心小学扩建工程进入主体施工阶段，百花小学改扩建一期工程、南市学校改扩建工程进入桩基施工阶段	教育局
5	健康关爱项目：1.为全市本地户籍中2.8万名50—74周岁居民免费开展结直肠癌筛查；2.为全市本地户籍中1300名孕妇免费开展胎儿系统超声检查；3.全市主要公共场所新增AED 50台，开展操作培训500人次	卫生健康局 红十字会
6	帮扶助困项目：1.创建无障碍社区1个；2.完成残疾人家庭无障碍改造70户；3.为全市4000名低收入农户免费购买医疗补充政策性保险	残联 农业农村局
7	农村危桥改造项目：1.拆除重建农村危旧桥梁60座；2.维修加固农村危旧桥梁30座	交通运输局
8	全民健身项目：1.改造基层水泥篮球场70个；2.新建“运动家”智慧体育社区9个；3.组建体育社群72个	文旅局
9	慢病一体化门诊项目：实现镇街道卫生院（社区卫生服务中心）两慢病一体化门诊建设全覆盖	卫生健康局
10	快递进村社区项目：1.新增社区快递共享驿站32个；2.改造村社区快递共享驿站68个	邮政管理局

市情概览

行政建置

【建置沿革】 平湖历史悠久，春秋时为越武原乡地。秦王政二十五年（前222年）置海盐县，今平湖市境为海盐县之一部分。秦末或西汉初，县治陷为柘湖，移治武原乡地域（今平湖市当湖街道东湖一带）。东汉永建二年（127年）县治陷为当湖，迁治齐景乡故邑山（今乍浦镇附近）。东晋咸康七年（341年），县治从故邑山移治马嗥城（今海盐县武原街道东南）。明宣德五年（1430年）从海盐县分出大易、武原、齐景、华亭四乡，建为平湖县，因其地汉时陷为当湖，“其后土脉坟起，陷处渐平，故今县以平湖名”。以后，建置长期不变，境域基本稳定。解放后，平湖县境有三次变动。1950年，调整区乡规模时，划骑莲乡10个村归海盐县、埭乘乡4个村归嘉善县；1958年，建立人民公社时，将海盐县西塘公社和嘉兴县钟埭、曹桥公社划入县内；1961年，西塘公社仍划归海盐县。1991年6月，经国务院批准，撤销平湖县，设立平湖市。

【行政区划】 2022年末，全市辖乍浦、新埭、独山港、新仓、广陈、林埭6个镇，当湖、钟埭、曹桥3个街道，81个村、54个居民委员会。市人民政府驻当湖街道。

地理环境

【地理位置】 平湖市位于浙江省北部杭嘉湖平原东端，位于北纬30°34′47″—30°51′32″和东经120°56′46″—121°16′07″。南临杭州湾，东北与上海市金山区交界，西与嘉兴市南湖区接壤，西南与海盐县为邻，西北与嘉善县相接。南北长约30.8公里，东西宽约30.6公里，土地总面积557.4平方公里。

【地貌土壤】 境域有平原、低丘滩地、岛礁等地貌。土壤划分为水稻土、盐土、潮土、红壤土4类，下分9个亚类，17个土属，40个土种。

【植被】 市境植被属太湖平原植被片，原始植被已被人工植被或次生群落所取代，遗存的自然植被以草本为主。

【人口】 人口自然增长率保持较低水平。全年，出生人口2917人，死亡4122人，人口自然增长率−2.34‰。年末，全市户籍总人口516461人，其中男性249228人，女性267233人。非农业人口307673人，占总人口的59.57%；农业人口208788人，占40.43%。全市常住人口68.75万人。

水　文

【概况】2022年，市水文监测项目涵盖雨量、水位（包括地下水位）、流量、蒸发、含氯度和土壤墒情。水文测验、分析和计算、资料整编、水文情报预报、水旱灾害防御及对外咨询服务等水文业务正常开展。资料整合汇编实现在线“日清月结”和按季度复审。4个国家基本站继续按照“制度化、专业化、信息化、景观化”要求实行长效依标管理。平湖市、嘉善县和上海金山区打造跨区域实时水情信息共享平台，三地深入开展区域水文联动。青阳汇水文站创建成为全省第一批“水文红色哨站”。上游新增自动流量监测站3个，截至年底，共有水文监测站点37处。

【水情】2022年，平湖站平均水位1.08米，各月平均水位在0.95—1.2米，仅8月因干旱水位低于常年，其余各月均高于常年同期。全年，平湖站共有23天超警戒水位，其中超保证水位1天，3月至6月超警戒水位天数分别为4天、6天、2天和3天，9月超警戒水位8天。河网最高水位出现在第12号台风“梅花”影响期间，其中青阳汇站2.46米（9月15日5：40），是该站建站起第二高纪录。4个国家基本站平湖、青阳汇、乍浦（塘）和杭州湾乍浦站的年最高水位分别为2.14米、2.46米、2.12米和4.61米；年最低水位分别为0.72米、0.40米、0.74米和–3.26米。

（陈宇峰）

国民经济和社会发展

【概况】2022年，全市实现生产总值959.6亿元，按可比价格计算，同比增长2.2%。第一产业实现增加值16.4亿元、增长2.6%；第二产业实现增加值585.9亿元、增长2.3%，其中工业增加值549.9亿元、增长2.2%；第三产业实现增加值357.2亿元、增长2.0%。不含嘉兴港区实现生产总值746.6亿元、增长3.1%。2022年，全市实现财政总收入133.3亿元，同比下降15.8%，其中一般公共预算收入80.7亿元、下降16.4%。不含嘉兴港区分别实现财政总收入和一般公共预算收入117.4亿元和68.9亿元，分别下降9.1%和9.3%，扣除留抵退税减收因素后，不含嘉兴港区一般公共预算收入增长3.0%。2022年，全市城镇和农村居民人均可支配收入分别为74287元和46573元，同比分别增长3.4%和6.1%，城乡收入比为1.6：1。

【经济发展企稳运行】农业生产形势稳定。2022年，全市实现农业增加值18.3亿元，同比增长2.6%。省产粮大县稳居嘉兴第一、全省第四。新建高标准农田400公顷，小麦百亩方单产、攻关田单产均刷新全省纪录。全年，农作物播种面积4.01万公顷，下降0.1%，粮食播种面积2.89万公顷、增长1.6%，粮经面积比为71.9：28.1。加快推进“米香”、西瓜振兴，建成粮食全产业链2条，“平湖西瓜”成功注册地理标志证明商标。年末，全市拥有无公害农产品基地124个，无公害农产品178个，绿色食品46个，其中年内新增绿色食品27个。全年，完成城乡绿化造林91公顷，其中新建45.4公顷、改造提升63.6公顷。水稻机械化栽植面积1.19万公顷。年末，拥有工商登记家庭农场810家、农民专业合作社450家，农业龙头企业50家。工业生产平稳向好。2022年，全市864家规模以上工业企业实现总产值2751.57亿元，同比（下同）增长6.3%；实现增加值516.1亿元，增长2.0%。不含嘉兴港区、嘉兴电厂实现总产值1724.8亿元，实现增加值346.2亿元，增长5.5%。深化“亩均论英雄”，获省政府“亩均论英雄”改革督查激励。中日平湖产业园连续两年位列全省国际产业园考评第一。加快产业转型，深入开展“两化改造”，长城汽车获评省级未来工厂试点，景兴纸业、鸿禧能源获评省级智能工厂，平湖石化创建成为省级绿色低碳工厂，平湖羽绒服装作为全省唯一区域品牌，成功入围工信部重点培育纺织服装百家品牌名单。加强企业主体培育，新增国家级专精特新“小巨人”企业7家，实施“上市100”专项行动，晨光电缆成功登陆北交所，嘉特保温等3家企业进入辅导报审阶段。服务业企稳回暖。2022年，全市实现服务业增加值357.2亿元，增长2.0%。不含嘉兴港区实现服务业增加值306.4亿元，增长2.4%。新增亿元以上服务业企业29家、规（限）上企业60家。当湖街道南市商务商贸发展区、独山临港产业发展区入选第二批省级服务业创新区。收回九龙山旅游度假区整体开发和运营管理权。京东创新平台、抖音直播基地等电商平台实现跨越发展，网络零售额237.5亿元，增长23.5%。有效投资稳健回升。2022年，全市实施项目推进“百日攻坚”“百日冲刺”行动，健全“三级破难”“赛马比拼”机制，不含嘉兴港区完成固定资产投资343.9亿元，增长5.6%，数字经济、交通、生态、高新等领域投资增速均超30%，获嘉兴唯一全省投资“赛马”激励。把握政策机遇期和窗口期，成功争取专项债券项目9个、资金19.7亿元，政策性开发性金融工具项目1个、资金12.4亿元。招商引资持续发力。2022年，不含嘉兴港区合同利用外资7.8亿美元、实际利用外资4.1亿美元，引进世界500强、国际行业龙头企业和超亿美元项目18个、外资地区总部和功能性机构3个。深入开展百个项目定向招商、百家企业二次招商、百名博士集中招引等双招双引“五百行动”，新设立驻日本、德国招商联络处，常态化开展国别招商，全年，开展“云招商”180余次。举办西瓜灯文化节、制造业高质量项目洽谈会等“一节多会”，集中签约项目61个、总投资超300亿元。社会消费逐步回升。2022年，不含嘉兴港区实现社会消费品零售总额230.9亿元，增长4.2%，其中批发零售业零售额211.7亿元，增长4.3%；住宿餐饮业零售额19.3亿元，增长2.8%。精准开展促消费活动，发放消费券2500万元，拉动消费8亿元，成功获评嘉兴唯一的省级县域商业体系建设示范县。对外贸易承压运行。2022年，全市实现进出口总额911.8亿元，同比增长9.9%，其中出口总额457.2亿元，增长4.6%，外贸和出口依存度分别为95.0%和47.6%。不含嘉兴港区实现进出口总额559.3亿元，增长7.1%，其中出口总额314.0亿元，下降0.8%，外贸和出口依存度分别为74.9%和42.1%。助企纾困高效精准。制订实施“经济稳增长45条”“抗疫情稳增长11条”“服务业惠企纾困帮扶20条”“扶持个体工商户纾困24条”，实施“千名干部助千企”活动，开展“政策帮享”“困难帮解”“资源帮联”等“五帮”服务，兑现各类政策资金超60亿元，其中“免报即得”无感兑付惠企政策资金11.2亿元。长三角一体化向纵深迈进。发布全省首个县级市虹桥南向拓展带建设方案。“田园五镇”建设入选虹桥国际开放枢纽建设一周年创新实践案例。20个一体化标志性项目完成投资68亿元。沪平盐城际铁路项目征迁工作完成，浙江先行段正式开工；润泽大数据中心一期建成调试。成立全国首个跨省联合执法队，开创长三角“一城两园”联合执法新模式。长三角科技城（平湖）虹桥创新中心投入运行。“金平湖”农产品区域公用品牌冠名高铁上海首发。106项政务服务事项实现长三角通办。独山港码头7个泊位实现对外开放，集装箱吞吐量增长67.3%。加快推进平湖青田山海协作“产业飞地”建设，园区首个项目——浙大之光平湖数字经济产业园启动建设。人才、资金、技术等多维度支持青田县高市乡东源口村建设丽水市首个数字草莓工厂。助力茂县建立阿坝州首个以呼吸系统疾病诊疗为特色的独立专科。

【环境整治持续改善】城镇风貌串珠成链。引进“两院”院士团队，做深做细总体城市设计，谋实谋精明湖国际科创岛、中心城区滨水空间品质提升等3个专项规划设计，推动城市空间和城市品质“双提升”。东方公园一期健康运动区、水岸交融二期建成开放，东湖公园友邻之家正式投运。东湖城市新区被列入首批省级城乡风貌试点，获评省“新时代富春山居图样板区”。全域推进未来社区建设，新增永兴社区、东方社区等省级未来社区试点9个，东湖未来社区通过省级验收。省美丽城镇、园林城镇、AAAA级高等级景区镇创建实现全覆盖，“乐享绿城”共富美丽城镇集群列入省美丽城镇集群化典型培育案例，新埭镇、独山港镇获评省级美丽城镇样板镇。美丽乡村宜居宜游。深化农村人居环境全域整治，加快打造平原水乡精品乡村“高峰”，连续4年获评省深化“千万工程”建设新时代美丽乡村工作优胜县，建成省级美丽宜居示范村优秀村庄4个、省美丽乡村示范镇1个、省特色精品村3个。徐家埭村入选全国乡村旅游重点村和中国美丽休闲乡村，沈家弄村获评省级优秀未来乡村。建成曹桥街道“碳为观智·桨领风华”精品风景线，在嘉兴比拼中获优胜。生态环境改善。启动国家生态文明建设示范区创建。高质量森林浙江建设考核优秀。环境空气质量综合指数、PM2.5和PM10平均浓度均列嘉兴第一。市控以上断面Ⅲ类水比例自有考核起首次达100%。独山港经济开发区被列入省级减污降碳协同试点，曹桥街道入选省级低碳街道试点。优化用能结构，淘汰高能耗项目22个，腾退用能6.7万吨。完成东片污水处理厂再生水利用扩建工程建设。稻田退水“零直排”模式全国推广，新增面积2533公顷。

【社会事业提升】 十件重点民生实事完成。实施养老服务项目，新建成居民小区居家养老服务站10个、新启用认知障碍照护专区1家。实施道路改善项目，完成城乡道路路口标准化建设310个。实施便捷停车项目，新增ETC不停车收费停车场20个，无感支付覆盖车位1.1万个。实施学校扩容项目，世外经开小学迁建工程、全塘中心小学扩建工程进入主体施工阶段。实施健康关爱项目，为50—74周岁居民免费开展结直肠癌筛查2.9万人，主要公共场所新增AED 57台。实施帮扶助困项目，成功创建省无障碍社区1个，残疾人家庭无障碍改造80户，4388名低收入农户免费购买医疗补充政策性保险。实施农村危桥改造项目，拆除重建农村危旧桥梁66座、维修加固49座。实施全民健身项目，新建成“运动家”智慧体育社区9个，改造基层水泥篮球场70个。实施慢病一体化门诊项目，镇街道卫生院两慢病一体化门诊建设实现全覆盖。实施快递进村社区项目，新增、改造快递共享驿站101个。社会保障更有力度。聚焦“扩中”“提低”，稳岗稳就业，新增城镇就业1.9万人。持续推进社保、医保、养老服务提标扩面，户籍人口养老保险参保率98.5%、医保参保率99.3%，每万名老年人配置护理员人数达24人。启动残疾人托养中心建设。设立平湖慈善奖，举办首届“善行金平湖”慈善大会。持续推进“飞地抱团”项目低收入家庭持股增收计划，全年，分红1538万元。稳步推进农民住房改善，出台被征地农民安置补助新政。建成安置房3411套。社会事业更为普惠优质。教育资源优质均衡，成为嘉兴首个全国义务教育优质均衡发展市和国家学前教育普及普惠市创建均通过省级督导评估的县（市），成功列入全省唯一面向共同富裕的教育改革发展试点。严格落实“双减”政策，在全省率先完成民办义务教育规范工作。广陈镇中心幼儿园前港分园完成建设并正式启用，曹桥启稚幼儿园等7所学校开工建设。医疗水平加快提升，基层医疗卫生机构绩效考核省级监测评价连续两年位列全省第二。平湖胸痛中心通过国家级认证。基层医疗机构“医共体诊室”实现全覆盖。市第一人民医院通过三级乙等综合医院现场评审。精神卫生中心二期开工建设，市中医院新院建成启用。文体事业持续繁荣，承办央视中国农民丰收节晚会主舞台，被列入省体育现代化市创建名单，举办第十四届“春兰杯”世界围棋锦标赛、全国青少年棒球锦标赛等20多项省级以上大型赛事。启动全民健身中心改扩建工程，博物馆新馆正式开馆。中国航天科普馆、广陈良仓小镇客厅入选全省最美公共文化空间。成功举办2022年平湖西瓜灯文化节、首届“叔同艺术季”。退役军人事务标准化国家级试点通过验收。社会治理更趋立体多元。纵深开展“除险保安”百日攻坚，成功夺取省平安创建“十七连冠”。社会治安持续改善，深入推进反诈人民战争，全市发案数、损失数分别下降13.5%、6.7%。智安镇街建设全覆盖，刑事警情、治安警情分别下降8.2%、15.7%。夯实安全生产，打好安全生产专项整治三年行动收官战，开展“厂中厂”租赁企业安全、自建房安全等专项整治，安全生产事故起数、死亡人数分别下降28.6%和14.3%。成功打赢台风“轩岚诺”“梅花”防御战。完成全市备案非标电动自行车淘汰置换，淘汰非标电动自行车27.4万辆。创新治理成效凸显，扎实推进县域社会治理现代化，深化“四治融合+协商治理”，发挥“1+3+N”网格治理力量，夯实社会治理基层基础，信访积案实现“动态清零”并持续巩固，建成全国农村社区治理实验区。

（倪芳芳）

精神文明建设

【概况】 2022年，平湖市精神文明建设工作以培育和践行社会主义核心价值观为主线，着力提升市民文明素养和城市文明程度，各项工作焕发出蓬勃生机，为平湖高质量发展勇当共同富裕新崛起典范注入强大精神文明动力。“光瓶行动”工作获省委宣传部副部长、省文明办主任俞慧敏批示肯定，“文明友邻汇”文明实践项目入选全省首批“浙江有礼”省域文明新实践为民办实事项目，“志愿浙江·浙志援”应用获浙江省数字文化系统第三批优秀应用、嘉兴市2022年数字化改革第一批重大应用等称号。

【文明城市创建】 秉持“创建为民、创建惠民”的初心，用心用情擦亮全国文明城市“金字招牌”。总结2021年中央文明办的测评反馈，制定并实施《平湖市巩固全国文明城市创建成果常态长效管理办法》（2022年版），先后召开巩固创建推进会、工作培训会、自查工作交流会、网上资料申报工作推进会等会议，落实落细中央文明办的各项工作要求。进一步完善部门社区联挂制、“路长制”、公职人员“文明劝导制”、市民“文明啄木鸟”找茬制、媒体曝光制等工作制度，提升全国文明城市精细化管理水平。推广“全域文明数智通”平台，形成“发现问题—处理问题—办结反馈”的闭环管理机制。全年，开展专项检查97次，重点整治专业市场、背街小巷、老旧小区等区域，共发放督查事项交办单53张，查处基础设施、环境卫生、文明秩序等各类问题8128个，整改7965个，整改率达98%。

【市域文明实践】 出台《关于推进“浙江有礼·报本平湖”市域文明新实践的实施方案》，制定打造信仰之城、好人之城、志愿之城、友善之城、共富之城“五座城”有礼体系工作目标，部署涉及十大方面的20项重点工作。着力打造“浙江有礼·报本平湖”市域文明新实践金名片，形成“善美当湖”“浙礼钟溪”“桥边有礼”“稼书有礼”“礼满新仓”“礼享港城”“农开有礼”“德润林埭”等8个特色化的文明有礼子品牌。成功建成南河头历史文化街区、美郁花园景区、“钟溪棹歌·隐世田园”有礼风景线、北庄浜等特色有礼地标4个，“文明友邻汇”文明实践项目入选全省首批“浙江有礼”省域文明新实践为民办实事项目，“文明微管家”“‘友邻志愿’邻如亲”“‘三长三会’建文明”三个案例入选“浙江有礼”100个省域文明新实践案例。平湖青年画家张天伦创作的《浙风十礼（十种礼节礼行）》漫画组图入选“浙江有礼”省域文明新实践主题漫画作品展，以西瓜娃娃IP形象为特色的有礼主题公益广告在“文明浙江”公众号展播。省委宣传部副部长、省文明办主任俞慧敏和省纪委工作组分别到平湖调研督查，肯定“浙江有礼·报本平湖”市域文明新实践工作所获成效。

【志愿服务精准触达】 瞄定“共富·志愿之城”建设目标，引导和鼓励全市党员、青年、农民、新居民、青少年等各类群体参与志愿服务。推广“志愿浙江”平台使用，“志愿浙江”注册志愿者人数达89666人，总签到场次43127场。举办万朵鲜花送雷锋暨2022年平湖市3月5日学雷锋志愿服务月活动，征集新时代文明实践志愿服务总队项目21个。培育志愿服务先进典型，“暖心驿站365”志愿服务项目获评2022年浙江省最佳志愿服务项目，当湖街道南河头社区获评2022年浙江省最美志愿服务社区。疫情期间志愿服务工作蓬勃开展，“金平湖战疫先锋队”志愿服务工作介绍作为嘉兴特色经验之一，被省委办公厅《要情专报》录用（2022年第8期），并获省委书记袁家军圈阅。

12月7日，“浙江有礼幸福同行”走基层系列活动暨平湖市“浙江有礼·报本平湖”代言人发布活动举行
（市委宣传部　供稿）

聚焦突发事件应对过程中人员缺口大、统筹调度难、专业需求高等实际问题，创新打造全省数字文化优秀应用“志愿浙江·浙志援”，通过“志愿者画像”“技能培训”“场景演练”“战时调度”“事件画像”“礼遇褒奖”六大子场景，构建平战结合、精准触达的应急志愿服务体系。该应用已入选全省数字化改革重大应用“一本账S2”，并于8月上线，累计完成应急志愿者招募1433名，开展模拟事件演练18场次，参与防汛抗台、应急救援等事件处置14场次。在抗击台风“轩岚诺”“梅花”过程中，发挥数智赋能优势，以应用驾驶舱为核心，全市物联感知设备为保障，在短时间内完成应急志愿者招募和备战。

【公民思想道德建设】 常态化开展先进典型选树，入选浙江好人3例，嘉兴好人10例，评选平湖好人19例，平湖市第四届“最美职工”15名，平湖市杰出青年10名，认定平湖市“诚信民营企业”“诚信工商户”56家。完善关爱礼遇机制，市领导带队走访慰问道德模范、“身边好人”36人，表彰2022年“平湖市十星级文明示范户”98户，累计发放奖励185070元。举办学习宣传贯彻习近平给“中国好人”重要回信精神座谈会，依托媒体平台发布先进典型事迹报道300余篇。举行庆祝“三八”国际妇女节112周年暨“清和兴万家·共富向未来”主题活动，成立金平湖好家风宣讲团，以全国最美家庭金继雄家庭为核心力量成立“金继雄家风课堂”，开展优秀家风事迹宣讲50余次。累计开展春节、元宵、清明、端午等“我们的节日”主题活动300余场，弘扬优秀传统文化。强化未成年人思想道德教育实践活动，开展“向国旗敬礼”、“争做新时代好少年”、寒暑假“春泥计划”等活动2125场，评选表彰平湖市新时代好少年100名，引导未成年人“扣好人生第一粒扣子”。

【系列文明创建】 组织观看浙江省文明出行现状发布晚会，参与“浙江有礼”文明礼仪网络知识竞赛、系列文明创建巡礼、疫情防控捐款等活动，提升创建实效。进一步加强文明单位创建动态管理，完成291个平湖市级文明单位复评。各级文明单位积极履行社会责任，培育一批如“爱心年夜饭”“益起来助学”“虚拟岗位”“小金伞”金融志愿服务等项目品牌。各文明村镇运用积分制、道德评议会、红白理事会、村规民约等方式开展移风易俗，引导群众新事新办、丧事简办，有效遏制厚葬薄养、大操大办等不良风气。

（马国强）

中共平湖市委员会

重要党务和决策

【市委十五届二次全体会议】 1月7日，市委召开十五届二次全体会议。会议确定党的二十大、省第十五次党代会代表候选人推荐人选名单。

【市委十五届二次全体（扩大）会议】 12月31日，市委召开十五届二次全体（扩大）会议暨全市经济工作会议。会议主题为坚持以习近平新时代中国特色社会主义思想为指导，深入学习贯彻党的二十大精神，贯彻落实中央经济工作会议和省委全会、嘉兴市委全会精神，总结市委十五届一次全会以来的工作，推动全市上下深刻领悟“两个确立”的决定性意义，深刻认识习近平总书记在浙江工作期间提出的“八八战略”和五次调研视察平湖所作重要指示的战略领航意义和系统指导意义，带领全市上下坚定不移沿着习近平指引的道路踔厉奋发、勇毅前行，在创新奋进中全面谋划和部署落实新一年工作，以更加优异的成绩，奋力打造中国式现代化的金平湖璀璨明珠。

【全市三级干部大会】 2月9日，市委、市政府召开全市三级干部大会暨“提质提效”年动员大会。会上，仲旭东作题为《提质提效再发力　勇猛精进争一流 全力夺取金平湖新崛起崭新阶段首战首胜》的主题报告，本次会议的主题是高举习近平新时代中国特色社会主义思想伟大旗帜，全面贯彻党的十九大、十九届历次全会精神，落实省、嘉兴市有关会议和市第十五次党代会部署要求，总结工作，表彰先进，动员激励全市上下全面奋战高质量发展、现代化建设新征程，勇猛精进、勇争一流，加快推进金平湖新崛起再上新台阶。

（潘家成）

组织工作

【概况】 至年底，全市有党委（党工委）140个，党组45个，党总支75个，党支部1479个。有党员29301名，同比增长0.94%，其中女党员10381名，占35.43%，35周岁以下党员6830名，占23.31%。全年，发展党员232名。提拔重用干部81名，其中有一线经历的74名，占91.4%；35岁以下镇（街道）班子成员占比20.71%，35岁以下机关部门科级干部占比2.72%。2022年，平湖组织工作开展“变革锻造年”活动，凝心聚力、开拓创新，比学赶超、争先攀高。党建联建等17项工作在全国、省、市会议上交流发言，党建统领“抱团富”模式、“小个专”党建做法等5项工作获省、嘉兴市领导批示肯定，8个工作案例在省组以上平台获奖或入选典型案例。现代社区建设被列入省“强社惠民”集成改革试点。“万名干部进万企”做法被中国干部网络学院收录并全国宣传推广。《做好新时代发展党员工作》《一桥两山塘》获全省党员教育电视片一、二等奖。平湖技师学院获评全省唯一的国家技能人才培养突出贡献单位。市委组织部获评2022年度嘉兴市组织工作先进集体。部机关党总支获评嘉兴市“建设清廉机关创建模范机关”先进示范集体。

【党的二十大精神学习贯彻】 开展“六学六进六争先”活动，组织全市1687个党组织开展全覆盖学习，学深悟透党的二十大精神，并融入共同富裕、数字化改革、现代社区建设等中心工作，以实绩实效检验贯彻成效。

【经济稳进提质】 开展“万名干部助万企”精准服务活动，选派269名助企服务员解决问题1728个，相关做法在全省“万名干部助万企”精准服务活动推进会上作交流发言，并被中国干部网络学院收录进行全国宣传推广。创新推动部门领导驻点破难，推动完成18个市级机关部门领导驻点破难项目、4个“马上破”项目和2个“难中难”项目，为全市经济企稳回升向好提供保障。发挥“三联三会”发源地优势，开通“书记热线”405条，全市产业工人党员领办攻坚项目935个。

【干部队伍系统重塑建强】 出台干部队伍建设五年规划，实施“青鹊赋能”计划、一线赛马实践锻炼等16项举措，累计储备优秀年轻干部272名，提拔干部102名。创新开展退职领导二次择岗行动，动员117名退职领导干部参与中心工作，经验做法获嘉兴市委常委、组织部部长批示肯定。建立并有效运用担当力“双指数”评价体系，提出4个方面、12条具体举措，以“定性＋定量”相结合的方式有效评判干部担当表现。

【干部管理】 聚焦选人用人专项检查反馈的6个大类20个具体问题，迅速抓好整改规范。建立健全镇街道选人用人工作制度，坚决查处和纠正违反干部选任工作程序、中层职数超配等问题。严把事项报告关，受理领导干部即时报告重大事项103件，办理领导干部兼职审批12批次61人次。出台《平湖市中层干部选拔任用常态化全流程监督制度》，建立中层干部选拔任用“全周期管理”机制，审批审核33个单位、56批次、288人次，“一图式”流程获《人民日报》点赞。

【全链提升优化源头活水】 开展公务员四级联考，新招录公务员52名；首次集中统一开展事业单位高层次紧缺人才招聘，录用硕士研究生19人。巩固拓展公务员职务与职级并行制度实施成效，办理综合管理类职级晋升和调整313人。开展全省人民满意的公务员等推荐工作，1名干部获评“浙江省担当作为好干部”，1名个人、1个集体获全省“人民满意的公务员”“人民满意的公务员集体”称号，472名公务员受到表彰奖励。

【教育培训提质赋能】 打造“笔迹·足迹”、平湖·茂县“现代农业产业建设”等特色现场教学项目，分级分类开展干部培训。出台《平湖市进一步提升干部教育培训察人识人机制质效的实施意见》，实施重点班次教学提质行动，探索“双导师”实训调研机制。选送15篇攻坚克难案例、6堂基层干部培训网络课程，其中《擦亮嘉兴营商环境金名片——以百亿重大项目长城汽车整车项目招引为例》入选中国干部网络学院基层干部微课堂专栏。

【“大综合一体化”改革】 发挥组织部门统筹协调、人员调配、制度建设等作用，建好“1（综合执法）＋6（其他6个部门）”大综合队伍框架，推动340名执法人员全部下沉。构建扁平化运行机制，打破身份、层级和专业限制，统编参与镇街道中心工作及相关执法任务。出台《加强市级部门派驻镇（街道）机构干部管理考核工作的意见》，实行“有重点、分类别”测评，将“大综合”推进成效与评优评先、职级晋升直接挂钩，相关做法获《人民日报》等媒体报道。

【示范引领推进“百千万”工程】推动2个嘉兴市级、13个平湖市级基层党建示范点建设，党建示范集群效应更加显著，嘉兴市党建联建机制现场会在平湖召开。优化调整网格设置，重新划分网格702个，微网格5332个，深入开展“网格连心”大夜访，752名领导干部深入基层，召开“板凳夜话”461场，排摸解决问题8600余个。

【发挥组织优势助力共同富裕】建立党建统领强村富民“1+8+N”（1个市级强村公司，8个共富体建设，N个数字化应用）共富体系，组建市级抱团发展强村公司，全市72个村村均经常性收入359万元、经营性收入244万元，经验做法获省委副书记黄建发批示肯定。创新开发党建统领“抱团富”“浙农补”“云上乡邻”等应用，优化要素管理和服务流程。探索社区集体经济增收新模式，在全省办出首张社区集体经济工商执照，成立强社公司6家。全域推进“共富工坊”建设，86家共富工坊实现增收8000多万元，涌现广陈佳莓·共富工坊、独山“花田囍事”共富直播间、新仓茉织华共富班组等一批特色工坊，吸纳农村剩余劳动力4000余人。

【现代社区建设】统筹推进现代社区建设十项重点改革、“十五大行动”方案及69项重点任务，强社惠民、电梯质量安全提升、社区议事协商、“浙里药店”应用建设四项工作被列入省级试点，“感智汇”应用赋能全域智治被列入省级试点。推进嘉兴市和谐自治标杆区“城乡社区治理新模式创新”试点，持续擦亮“邻治理品牌圈”。打造“数智小区”红色物业3.0版，新建物业服务企业党支部11个，新成立小区业委会党员比例均高于60%。

【两新党建创优实现整体跃升】出台《平湖市两新党建考核管理办法（试行）》，市镇两级两新工委领办两新组织党建项目和示范点建设62个，外资企业党建做法入选中组部两新党建案例。加强两新党建工作指导员队伍建设，市级层面选派27名专职指导员到企指导。开展两新党组织第六轮双覆盖行动，新建两新党组织92个，实现50人以上有党员的企业全覆盖。抓好新业态、新就业群体党建工作，成立全省首个交通运输行业综合党委，亚太物流工作经验在嘉兴市推广。

【人才工作体系】压实一把手抓人才工作责任，全市16名镇街道、部门党委（党工委、党组）书记领办16个重点人才项目，完成率达95%以上。出台人才新政3.0版及《关于实施新时代金平湖工匠培育工程的意见》《平湖市高校毕业生招引若干政策意见操作细则》等文件，构建新一轮人才政策矩阵，加速人才政策兑现。加大人才发展资金投入力度，全年，安排人才发展资金9242万元，人才发展资金执行数同比增长11.8%，科技支行发放人才科技贷款、创投基金投资额达5.18亿元、7.73亿元。

【人才生态“近悦远来”】强化人才引育，引进院士全职创业项目1个，全年，引育省级以上高端人才35名，省“引才计划”、省外国专家工作站入选数均列嘉兴第一。举办第五届“才聚金平湖·引领新崛起”创业创新大赛、第四届“田园五镇”农业农村创业创新大赛等赛事，累计引进高层次人才811人、博士103名、高层次人才项目52个。打造技能人才高地，新增技能人才13583名，其中高技能人才6422名。深化校地合作，6名嘉兴学院青年教师到平顶岗锻炼，23名北京大学、浙江大学等名校学子到平社会实践。

【多元平台载体建设】年内，毛军发院士专家工作站及长三角射频技术研发中心、杭州电子科技大学平湖数字技术创新研究院、长三角农业创新中心、独山港新材料产业学院投入使用。成立光电产业联盟，平湖光电和智能制造工程师协同创新中心二期正式投入运营，相关做法在2022年世界互联网大会“产业人才发展大会”上作经验交流。推进民营人才创业园建设，在嘉创智谷开展“新生代企业家模式”试点，成立新生代（青年）企业家创投联盟。平湖技师学院成功入围省一流技师学院培育项目，并获评全省唯一的国家技能人才培育突出贡献单位。

【服务品牌效应】 推进人才服务数字化改革，建成“人才码”、人才服务云平台等线上线下应用场景20余个。实施人才服务综合体提质增效行动，优化提升市级人才之家，建成平湖（上海）人才服务飞地——“报本思园”。聘请第三批领军人才企业创业导师，常态化开展“六团一师”精准服务，组织人才活动118场，服务高层次人才9900余人。与嘉兴学院合作设立“一园一博”服务工作站，吸纳27位博士入站服务企业。改善人才安居环境，首批19套高品质人才公寓投入使用。

【数字组工建设】 谋划开发部机关综合协同分析系统、退出领导岗位干部积分管理应用，迭代升级党员干部“云联审”等平台，深入贯通使用浙里红色根脉强基系统、浙里干部之家、浙里网格连心等重大应用，广陈镇作为嘉兴唯一乡镇代表在全省浙里干部之家应用路演会上交流发言。

【体制机制建立健全】 以巡视巡察整改为契机，立足长远，建立健全部机关工作机制和制度体系，推动全市组织工作提质提效。平稳有序推进除险保安工作，完善部务会议、重要事项请示报告等20项内部制度，进一步推动从严治部、规范治部。

【金平湖铁组工品牌】 制订组织系统“变革锻造年”活动方案，建立“关键业绩指标KPI+重点工作计划GS”评比督促机制，列出30项年度GS项目清单，开展科室优秀工作项目月度评选，形成争先攀高、比学赶超的浓厚氛围。创新开展“组工月月谈”，举办组工干部能力变革提升班、“快乐运动·活力组工”组织系统运动会等活动。

（陶圆芳）

宣传工作

【概况】 2022年，平湖市宣传思想文化系统以迎接宣传贯彻党的二十大工作为主线，弘扬伟大建党精神、红船精神，以数字化改革为牵引，扛起“举旗帜、聚民心、育新人、兴文化、展形象”的使命任务，扎实推进“61880”（6大工作目标，18项工作任务，80个具体项目）工程，“志愿浙江·浙志援”特色应用场景成功获评省数字文化系统第三批优秀应用，并被列入全省重大改革（重大应用）“一本账”，获省《数字化改革〈除险保安篇〉》刊发；“文明友邻汇”文明实践项目入选全省首批“浙江有礼”省域文明新实践为民办实事项目，“红色社科云”项目获评“浙江省社科普及创新项目”，文化礼堂、抗疫求助平台、叔同艺术季等多项工作获省市级领导批示肯定。

【意识形态工作】 市委常委会9次专题研究意识形态工作。配合完成省委巡视意识形态工作责任制落实情况专项检查，有序推进问题整改及落实。完善镇街道及部门（单位）意识形态工作考核办法，健全定期排查、考核评估、督查通报等制度，组织开展镇街道和部门（单位）意识形态工作责任制落实情况专项检查，压紧压实意识形态工作主体责任。定期开展意识形态领域情况分析研判，与市政法委、公安等部门会商，严防各种错误思潮渗透。

【理论武装】 健全完善市委常委会“第一议题”学习、中心组专题学习、创新学堂夜学交流等学习制度，制定下发《2022年中共平湖市委理论学习中心组学习计划》《关于做好2022年基层党委（党组）理论学习中心组学习巡听旁听工作的通知》，对8个镇街道、10个部门（单位）开展理论学习中心组学习巡听旁听，推动各级理论学习中心组学习制度化规范化。统筹抓好全市思想理论学习，推进党的二十大精神“六学六进六争先”大宣讲，及省第十五次党代会精神宣讲，开展“共同富裕我来说”“强国复兴有我”等各类宣讲2180余场次，推动党的创新理论“飞入寻常百姓家”。做深做实理论研究，常态化开展各类社科普及活动59场次，1项课题获2023年度浙江省社科联研究课题立项，39项课题入围嘉兴市社科研究课题。

【舆论宣传】 建强用好以“两微一端一抖”为重点的移动新媒体，头条平均阅读数和单篇平均阅读数均达或超同期3倍，其中“平湖发布”在全省融媒体指数考核中两次进入全省月榜前十，舆论影响力、引导力持续提升。常态化开展重大新闻选题策划，聚焦深化“四大工程”、推进共同富裕、挺进数字化改革等战略任务，全年，在央视新闻、《人民日报》、《浙江日报》、《嘉兴日报》等主流媒体发稿1800余篇（条），其中央视新闻68条、《浙江日报》头版15篇，用稿量再创新高。成功承办2022年中国农民丰收节晚会平湖主舞台活动，展示平湖统筹城乡、奔向共富的生动实践，获国内外主流媒体广泛关注。

【网络治理】 谋划第五届网络文化节活动，围绕“向阳生长”“逐光前行”“焕新提质”三个篇章开展十大活动。建成“e智空间”网络文化家园，持续擦亮金“评”湖网络评论品牌，连续五年结集出版《金“评”湖》网评文集。完成重要时期的网络安保任务，实施网络生态“瞭望哨”工程。

【文明创建】 健全全国文明城市常态长效管理机制，凝心聚力抓好全国文明城市复评迎检，获检查组肯定。推进“浙江有礼·报本平湖”市域文明新实践，形成“善美当湖”“浙礼钟溪”“桥边有礼”等8个特色化文明有礼子品牌，建成南河头历史文化街区等4个特色有礼地标，常态化开展“文明百宝箱”进社区、进农村、进企业、进工地、进商圈等系列活动，“文明微管家”“‘友邻志愿’邻如亲”“‘三长三会’建文明”三个案例入选“浙江有礼”100个省域文明新实践案例。全年，涌现浙江好人3例、嘉兴好人10例，数量居嘉兴前列。

【新闻出版】 持续推进新闻出版行业疫情防控、行政审批、行政检查、年度核验等工作。深入新闻出版行业企业开展“三服务”，主动做好指导帮扶和帮困解难。召开正版办公软件场地授权工作业务培训，推进软件正版化工作。举办全市“扫黄打非”工作会议，指导当湖街道凤凰社区创建成全省“扫黄打非”进基层示范点。依托“正道2022”“新风2022”集中行动平台，深化“净网”“秋风”“护苗”等五大专项行动，进一步规范文化及出版物市场经营管理秩序。“侵犯少儿出版物著作权案”被中宣部等中央六部委联合挂牌督办，并获省委副书记黄建发点名表扬。

【文化产业】 持续完善市镇村三级文化设施网络，博物馆新馆建成并开馆使用。举办首届“叔同艺术季”、2022中国·平湖西瓜灯文化节，打响“我们艺起来”群众文化品牌。常态化开展“我在文化礼堂等你”“我们的村晚”“我们的村礼”“我们的节日”等主题活动1960余场，覆盖群众近20万人次。《转角湾》等4部作品入围嘉兴市第十五届精神文明建设“五个一工程”项目，《龙旗龙伞舞》等3部作品入围嘉兴文化精品扶持项目。新埭、林埭两镇获评省文化礼堂示范镇。全年，引进各类文产项目162个，再创历史新高。

（杨佳纯）

统战工作

【概况】 2022年，全市统战工作积极探索、守正创新，统一战线各领域工作取得新进展新成效。市工商联获全国“五好”标杆县级工商联称号，市侨联获评全省侨联系统侨务工作先进集体，5家单位和组织获嘉兴市统战系统“十佳”称号。民主党派成员全周期培养体系工作、清廉民企标准化建设工作、乡贤“四方联动助富”模式获嘉兴市委常委、统战部部长李小平批示肯定。《坚持“四化融合”夯实统战工作基层基础》作为嘉兴唯一县市区在省委统战工作会议上作书面交流，清廉民企标准化建设工作经验作为唯一县市区（除主办方以外）在全省清廉民营企业建设现场会上作口头交流发言。“五聚五富探索新时代民营经济统战工作的基层实践”经验做法在《中国统一战线杂志》刊发。

【共同思想政治基础】以“喜迎二十大·奋进新征程”同心系列活动为载体，把学习省第十五次党代会精神作为重要内容，结合贯彻落实中央和省委统战工作会议精神，支持和实现统战各领域主题教育活动全覆盖。共开展各民主党派和无党派人士“不忘合作初心·继续携手前进”、民族团结“同心石榴红·奋进新征程”、宗教界“五教同行·奋进新时代”、民营经济人士“禾商永远跟党走·同心奋新局”等各类主题教育活动50余场次，“七一”前夕组织宗教界人士、新阶层人士参观统一战线理想信念教育基地。出台《全市统一战线学习贯彻党的二十大精神实施方案》，结合全市统一战线实际，开展大学习、大宣传、大培训、大宣讲、大调研、大建功等六大“同心”系列活动，推动全市统一战线形成学习宣传贯彻党的二十大精神的强大声势和浓厚氛围，引导统一战线成员自觉守好红色根脉，不断筑牢坚决拥护“两个确立”的共同思想政治基础。

【统一战线“同心共富”主题实践活动】坚持把中心所在、大局所需和统一战线所长结合起来，打响“争创典范·共富有我”统战品牌，实施“五聚五富”专项行动。聚焦区域协调发展，积极发挥市总商会上海、北京、杭州、深圳4个商会工作联络点作用，引导民营企业主动融入“一带一路”建设。民营企业参与公益慈善事业，共筹集2000万元“同心共富”发展资金。市民盟基层委设立“爱心萌芽”活动日为特殊儿童提供公益服务；民进市委会与四川茂县开展东西部合作交流，组织“山海联谊，千里书香”平湖茂县两地学生共读一本好书活动；市农工党基层委做新做强“杭平申共医”品牌，“五彩农工”东昇社会服务基地成为嘉兴市范围内首个被农工党省委会授牌的省级社会服务基地。“侨助共富”持续发力，嘉创智谷新仓远景产业园被授予嘉兴市侨界共富基地；深化侨界山海协作，平湖·缙云海创共富联盟农文旅综合体+电商平台项目在缙云县溶江乡建成。举办“乡贤文化开启共富新征程”乡贤助富对话活动，《乡贤助富——禾润生助学项目》被《中国统一战线》杂志刊登，《平湖市创新推出乡贤“四方联动助富”模式》被《浙江信息》录用，并获嘉兴市委常委、统战部部长李小平批示肯定。

【多党合作事业发展】按照中共平湖市委政党协商计划，认真组织参加民主协商会、意见征求会等政治协商工作。年初，统筹制订中共平湖市委与各民主党派年度民主协商工作计划，引导民主党派围绕平湖金山产城融合、数字化社会治理、城市西大门建设等开展书面协商，发挥党外智库作用。2022年，编辑报送14期《建言直通车》，其中获市委、市政府主要领导批示肯定的有6篇。鼓励支持党外代表人士重点围绕南河头历史文化街区建设、学前教育普及普惠市创建工作、基层社区卫生服务机构建设等方面安排专项民主监督工作。推荐36位民主党派成员、无党派人士担任市法院、检察院、纪委监委等部门特约人员，进一步建立健全全市监督机制，拓宽统一战线知情问政的有效渠道。组织落实加强民主党派自身建设18项常态化工作机制，促进民主党派工作的规范化制度化。加大党外代表人士发现储备、教育培养的力度，新发展民主党派成员13名，完善党外后备干部“人才库”。加快推进民主党派组织活动阵地建设，陆维钊书画院被民盟省委会授予“浙江省盟员传统教育基地”称号。

【民族和睦宗教和顺】年内，获省级民族团结进步创建重点培育单位2家、省级宗教法治宣传教育基地1家、省宗教活动场所消防安全标准化管理“百优争创”活动优秀单位1家，嘉兴市民族团结进步创建示范单位3家。加快“之江同心·石榴红”品牌培育，设立成1条“石榴红示范线路”，当湖街道凤凰社区全国民族团结进步示范单位创建工作获省民宗委领导肯定。开展民族团结进步宣传教育，全年，组织民族民俗文化活动10余场次。创新加强少数民族服务管理，在四川茂县羌族同胞集中的白马堰社区打造平湖茂县石榴红共富驿站，实施“一站式”异地服务。加强对代表人士走访交流，妥善处置涉及少数民族的矛盾纠纷。强化平安建设，筑牢宗教领域安全稳定根基。坚持依法管理宗教事务，联合相关部门对宾馆、酒店等公共场所开展非法宗教活动大检查。落实互联网宗教工作要求，坚决依法查处利用互联网从事的各类非法宗教活动。围绕宗教场所平安创建，发挥“三员连心＋警员”工作机制，推进宗教领域除险保安大排查大整治，会同市应急管理、消防救援等部门开展联合督查巡查 3 次。

6月16日，平湖市乡贤文化研究会成立　（市委统战部　供稿）

【非公有制经济“两个健康”】加快构建亲清政商关系，畅通新时代政企沟通渠道，召开 4 次政企恳谈会。在全省首创“民营企业清廉管理体系”，完成导入企业 16 家，该项工作获评全省工商联服务“两个健康”最佳实践案例。建言为党委、政府科学决策提供依据，提交市政协集体提案 1 件，向市政府等提交 13 篇意见建议。持续开展金平湖新崛起“一镇一企一示范”活动。以教育培训提升企业管理，累计举办“浙大名师进平湖”等培训班 5 期，政策直播活动 7 期。深入开展助企纾困活动，“企业直通车”收集企业 65 个困难问题全部获协调解决。携手金融助企，市农商银行向工商联授信 20 亿元“清廉贷”，积极为企业提供金融服务。实施新生代企业家“政治事业双传承”项目，成立平湖市“8090”新生代青蓝宣讲团。以“飞扬青春梦想·共叙未来发展”为主题，开展市长与新生代企业家面对面沙龙活动。将新生代企业家的培训列入市委主体班次，实施新生代企业家成长导师聘任制度，增聘 10 个涉企部门负责人担任导师，建立导师网格结对机制。组织新生代企业家开展“轮企互学”活动，打造曹桥商会新生代企业家联谊会示范点。

【党外知识分子和新的社会阶层人士统战工作】党外知识分子、新的社会阶层人士围绕“加快产业数字化转型”“加快我市汽车行业阶梯型人才队伍建设”“加强未成年人性教育”等主题开展深入调研，为市委、市政府建良言献良策，提交集体提案被列为重点提案。市知联会新组建“一室五组”，“自转”功能和工作实效不断增强，新发展会员 20 名。市网联会召开第二次会员大会，完成换届工作。优化会员积分制考核，把考核结果与无党派人士认定、评优评先联系挂钩，新认定无党派人士 13 名，推荐 7 名年轻优秀无党派人士列入浙江省“青苗计划”培养对象。组织开展党外人士爱国奋斗主题宣讲，专题拍摄“寻美浙江”视频短片并获嘉兴优秀奖，承办 1 场无党派人士专场活动。创新打造“知行合一”青春学堂品牌，举办 9 期活动 280 余名青少年参与活动；市新联会开启“1+X”模式，新建 5 个新的社会阶层人士实践创新基地，打好“创富、助富、帮富”组合拳。

【海内外力量】提升“筑巢引凤”新品质，点燃人才引育“强”引擎，以乡贤为纽带，招引以商招商、回乡创业重点项目 24 个，投资资金达 44.96 亿元，提供就业岗位 500 个，人均增收 2000 元。以“海创导师＋双引大使”为依托，实施“侨界双创助富”联盟，打造新侨助力共同富裕平湖样板。

成功举办平湖籍海外英才故乡行活动和“绽放多彩青春·携手共向未来”嘉港青年平湖行伙伴活动。完成市侨联换届，优化班子结构、提升组织活力。加强侨联基层组织建设，累计开展各具特色的“侨之家”联欢活动40余场次，基层组织建设工作在全省会议上作经验交流。举办“侨助共富·法润未来”平湖市侨界法治宣传教育活动启动仪式暨“平小侨”IP形象发布活动。促成中国下一代基金会“爱起航”公益项目，在林书豪的牵线下向全市三所学校赠送衣物3700多套。打造“和合报本”新乡贤文化2.0升级版，成立乡贤文化研究会并在叔同书院挂牌。举办“丹青绘盛世·翰墨谱华章”喜迎党的二十大书画展，成立乡贤文化宣讲团。由乡贤牵头推动全市89个行政村制订完善村规民约，组建54支“同心参治”乡贤志愿服务队，推动全市1300余名乡贤参与基层社会治理。

【大统战工作格局】 市委常委会专题听取并研究统战工作3次，市委书记参与统战工作14次并主持市委统一战线工作领导小组会议，推动“四带头”“六纳入”落实。健全完善统战工作考核制度，把统战工作条例执行情况纳入巡察范围，开展市委统一战线成员单位年度述职和镇街道党（工）委书记统战工作第一责任人书面述责。对标市委、市政府新一轮铁军打造工程，持续推进统战系统党的建设高质量发展，统战干部能力水平不断提升。市委统战部“同心嘉园”机关服务品牌成功创建为嘉兴市第十批机关服务品牌。党外干部选拔渠道实现新提升，副科级以上党外领导干部达34名。举办全市首个党派团体发展对象培训班，共向组织部门推荐党外干部20名。平湖统战影响力不断扩大，平湖统战在各级报刊媒体频频亮相，国家级媒体人民网、新华网、团结网、《中国统一战线》杂志、《中华工商时报》等报道平湖统战工作20余次，省级媒体《浙江日报》（浙江新闻客户端）、情系中华、浙江统战公众号等150余次。

（褚伟锋）

8月25日，平湖市召开镇街道统战项目化联盟工作推进会

（市委统战部　供稿）

老干部工作

【概况】 2022年末，全市有离休干部29人，其中男26人、女3人，平均年龄91.9岁。抗战后期参加革命5人，解放战争时期参加革命24人；享受副处级待遇17人，享受科级待遇12人，其中易地安置在外地1人。另有嘉兴市直属管理的离休干部8人，外地易地安置在平湖3人。2022年，平湖市委老干部局以学习贯彻党的二十大精神为主线，深耕“金平湖银领”“银耀平湖”“银尚乐活”三大品牌，紧抓省老年教育资源整合试点，积极承办嘉兴厅局级离退休干部读书会、办好平湖社经室成立30周年系列活动、平湖离退休干部理论读书班等重要工作，引导老干部为党和人民事业增添正能量。市委老干部局获2022年度嘉兴市县（市、区）工作目标责任制考核老干部条线一等奖、平湖市工作目标绩效考评优秀部门（单位）称号、“平湖铁军”先进集体一等奖、全面从严治党工作先进部门称号。

【党的二十大精神】 组织开展“喜迎二十大，奋进新征程”主题系列活动，即主题党日活动、老干部座谈会、老干部书画大赛、大走访、“百对银青喜迎二十大”、志愿服务活动、主题宣讲活动、选树“金平湖银领”志愿典范等八项活动。积极发动全市离退休干部参与“喜迎二十大、开好党代会、贡献好智慧”浙江党的建设意见征集活动及“建言二十大”等活动。其中，专访老干部9人，征集到金点子38个。举办“金平湖银领”党建工作部署会、推进会、总结会和老干部党校时政班，开展党的二十大精神、省第十五次党代会等学习辅导。

【离退休干部党建】 年内，组织全市离退休干部党员开展专题学习、小组讨论、座谈交流、分享感言等。对标离退休干部党支部规范化建设标准，新培育规范化建设党支部10个。选树“金平湖银领”先锋系列，在全市范围内选树11个“金平湖银领”先锋党组织，3个“金平湖银领”先锋驿站，13支“金平湖银领”先锋志愿服务队，108名“金平湖银领”先锋党员，63名“金平湖银领”先锋志愿者，激发示范带动作用。实现传统党建向数字化党建转型，在全市50个离退休干部党支部中推广使用“银领云支部”，以“线上＋线下”方式组织培训3次。

【老年教育新格局】 积极构建“15分钟老年教育圈”，实现全市镇街道老年学校和村社区老年学堂全覆盖。结合现代社区建设优化服务方式，完善老年教育网点布局，相关做法在全省老年教育资源整合试点工作推进会上获副省长王文序肯定。工作专报获省委组织部副部长、老干部局局长龚和艳批示肯定。经验做法在省工作简报和《浙江老干部工作》刊登。南河头社区老年学堂获评2022年全省首批优质老年学堂，平湖老年教育3个课程建设、优质工作案例获教育部表彰。

10月19日，“星辰大海　共富前行”平湖市老年大学摄影作品展在独山港中国航天科普馆开幕　（市老干部局　供稿）

制定下发《平湖市镇（街道）老年学校建设标准（试行）》《平湖市村（社区）老年学堂建设标准（试行）》。

【银耀助力共富】 培育银领志愿服务队20支，建立老干部特色工作室9个，参与老同志507名。深化“时间银行”互助养老志愿服务机制，举办“银耀共富网格有我”迎“七一”时间银行优秀志愿者座谈会。开展文化下乡活动6次，其中送春联活动3次、送戏下乡2次、摄影展1次。老年大学组织开展专题展出和演出各2场，共排练46个优秀节目、创作63幅书画作品、拍摄153幅摄影作品，700多人次参与。开展党的二十大精神、共富政策、家庭教育、弘扬好家风等主题宣讲，共有40余名讲师深入一线开展宣讲150场次，4名讲师参与录制网课和云端授课14节。

【银领智库】 开展社经室成立30周年系列活动，召开社经室成立30周年总结会，编写纪念册，总结社经室老干部发挥作用的好做法、好经验，获省、嘉兴市委老干部局肯定。依托社经室经验，迭代打造“金平湖银领智库”，汇聚广大老干部智慧和力量。调研文章《关于我市水稻产业的调研报告》获市委书记仲旭东，市委副书记、市长周军波批示肯定。引领好“银领智库”中的老干部为全市重大决策作参谋、为推动政策实施

10月31日至11月4日，平湖市承办2022年嘉兴市厅（局）级离退休干部读书会
（市老干部局　供稿）

作宣传、为联系服务群众作桥梁，为年轻干部成长赋能助力。

【精准服务】深化离休干部“一人一策”精准服务。持续优化家庭医生签约服务工作。为36位离休干部办理意外伤害保险。协调当湖中心医院，为离休干部和社经室老干部接种流感疫苗。结合银领驿站、友邻驿舍建设，下拨社区“四就近”服务经费，不断提升社区“四就近”工作。帮助解决生病住院、长期卧床、家庭困难、“空巢”独居等特殊困难老干部面临的问题50个。做好8位离休干部和2位社经室老干部临终关怀和家属慰问工作。发放离休干部家政服务券30份，为32名离休干部续签爱心定位器24小时在线响应服务项目。运行“85338533”老干部24小时服务热线。为600多位老干部送上学习资料、保暖物品、“防疫暖心包”等。

【创先争优】开展“学习双先典型，争做四有干部”主题实践活动。选派局骨干参加嘉兴市“学习双先典型，争做四有干部，喜迎二十大”宣讲比赛暨“奋进新征程·建功新时代”建功竞赛。每月开展老干部工作学堂，加强老干部工作队伍业务培训。承办2022年嘉兴市厅（局）级离退休干部理论读书会。开展“我为老干部工作献一计”活动，征集到意见建议14条。相关信息和调研报告获评全省老干部工作部门十佳信息和全省老干部工作优秀调研报告。市关工委获评《中国火炬》杂志宣传工作先进。局档案室成功创建全省“示范数字档案室”。

（朱笑倩）

党校工作

【概况】2022年，市委党校以创建“标杆引领类”县级党校为目标，做大做强主业主课，发挥干部培训、思想引领、理论建设、决策咨询作用。党建品牌“‘研习所’放大红色效能”获评全省党校系统机关党建优秀创新项目，成功创建三星级（优秀）绿色学校，“擦亮嘉兴营商环境金名片”课程入选中组部中国干部网络学院“基层干部微课堂”专栏，获评2022年度省党校系统成绩突出集体。

【党建引领】强化思想引领作用。推进党员干部在“学习强国”、浙里好课、红船领航等平台上的学习，通过采取集中学习、个人自学、专题研讨、辅导讲座等多种形式，把解放思想的学习引向深入，发挥党校理论宣传和思想引领的优势和作用。深化党风廉政建设。调整完善党风廉政建设领导小组，定期召开党风廉政建设专题会议，逐级签订年度党风廉政建设工作责任书，履行“一岗双责”；进一步加强校园管理制度建设，深化党内法纪法规教育和校园清廉文化建设，加强党风廉政警示教育，健全廉政风险防控机制。深化作风建设，严格党校校纪、校规，强化权力监督，常态化开展正风肃纪检查，组织签订廉政承诺书。打造特色党建品牌。坚持党建引领、红色领航，创新建立以学习研究宣传党的创新理论为主要内容的党建阵地品牌——“研习所”。9月，创建的“‘研习所’放大红色效能”党建品牌获评全省党校系统机关党建优秀创新项目。

【干部教育培训】 开展教学“名课工程”，推进用学术讲政治的教学管理改革，围绕全市中心工作和发展大局研究、制订培训方案，组织开展各类主体、专题培训班。突出主业主课。以创建“标杆引领类”县级党校为契机，推动党校教学提质提效，优化主体班学制安排，聚焦主业主课，突出党性教育、理论教育、“四史”教学，党的理论教育和党性教育课时占总课时的比重均超过70%，特色教学方式专题占比均达总课时的30%，领导干部上讲台授课课时占总课时的比重达20%。全年，共举办主体班次11期，参训学员1100余人；联合办班20期，培训规模稳步提升。创新开设“领导干部讲坛”“村社书记讲坛”“先进人物讲坛”“名师大讲坛”等特色教学模块，运用体验式、案例式、访谈式等互动式教学方法，引入数字化先进教学方式，推行线上线下相结合的教学模式，在全市VR教学展馆开展线上授课，累计访问上万余人次。推动精品教学。召开党校分校工作推进会，进一步发挥各镇街道党校分校作用，盘活全市现场教学资源，推动干部现场教学精品教学设计，完善“重走习近平五次视察平湖线路”现场教学课程，打造具有党校特色、平湖辨识度的精品现场教学课程体系。聚焦经典解读、长三角一体化发展重大理论和现实问题，组织备课磨课说课活动，聘请高校名师指导，共组织开发新专题课25堂，其中1堂课程入选中组部中国干部网络学院基层干部微课堂专栏；2名青年教师分别在嘉兴党校系统精品课比赛中获优秀奖和嘉兴党校系统微党课比赛中获三等奖，并在平湖“共同富裕·青年说”机关专场中获优胜奖。

【品牌宣讲】 注重历史与现实相结合、讲授与体验相结合、思想与情感相结合，深化社会宣讲，将党校老师、领导干部、高端人才等和具有推动共同富裕实战经验较丰富的一线技术“蓝领”有机融合，探索实施教学AB角制度，结合包乡走村、“三服务”、大走访等活动，组织党政领导干部、优秀基层干部、先进技术人才上讲台。开发“中国共产党探索共同富裕的百年历程与经验启示”“学新中国史 奋进新时代”“守好红色根脉，投身两个先行——学习省第十五次党代会精神”“学习习近平五次视察平湖精神”“平湖首创农业经济开发区的启示》等一系列宣讲课程，推出专题宣讲系列课程菜单，助推平湖党员干部学习领会省、市党代会精神。市委党校“红色讲师团”“8090宣讲团”第一时间进机关、进企业、进村社区做好基层宣讲工作，创新宣讲方式，为全市职工直播讲授“平工学堂”班前云党课，在线人数达5万余人。全校教师累计社会宣讲112场次，受众11256人次。

【红色智库】 坚持科研工作为党委、政府决策服务，打造科研咨政“名库工程”，发挥校“研习所”“铸牢中华民族共同体意识研究基地”等平台作用，科研咨政成果不断呈现，全年，课题数量、质量均有提升；党校特色化红色智库建设成效凸显。2022年度省党校系统社科联规划课题立项4项，省社科联课题立项1项，省民宗委年度课题立项3项，嘉兴社科研究课题入围7项，嘉兴市党校系统年度常规课题立项6项；2项立项省委党校的课题通过结项。4篇课题论文分别获第六届浙江省社会科学界学术年会主论坛优秀论文称号及全省党校系统理论研讨会二等奖、嘉兴市党建研究会优秀调研课题二等奖、嘉兴市人民政协理论研究会2022年度优秀论文三等奖。承接新埭、林埭两镇有关共同富裕案例的委托课题2项，案例成功入选嘉兴共同富裕学院案例集。编印《调研成果参阅》5期，获市领导肯定性批示8次。全年，编辑出版《平湖学刊》4期，编印《新时代这十年——中共平湖市委党校科研成果选编》一书，收录优秀科研成果41篇。推进“研习所”品牌建设和“浙江省第一批铸牢中华民族共同体意识研究基地”建设。

【人才引育】 坚持“人才强校”方针，实施人才队伍“名师工程”，拓宽渠道引育并举推进人才队伍素质提升，深化作风建设，强化队伍管理，营造良好政治生态，争先创优当表率，服务全市中心工作。强化干部自身建设。坚持全员培训理念，积极创造条件组织全校干部、教职工参加各类政治理论学习和业务培训活动，利用中央党校网络师资培训、省委党校浙里好课、校党委理论学习中心组学习、“红色学府”创新学堂、主题党日等活动和“金平湖讲坛”等平台，坚持领导干部带头学、理论教师专业学，强化理论武装、坚定信仰信念，形成全员共同学习提升的局面，打造一支政治强、业务精、作风好的队伍。完善人才引育机制。增设校委委员1名、教育长1名，增设2个正高级专业技术岗位；招聘3名硕士研究生，12名教研人员中有高级职称3人，研究生9人（占比75%）。制订年度学习计划，定期举办“研习所”主题学习活动，深化青年干部成长导师制活动，通过挂职锻炼、培训深造、专家辅导、参与重大调研组和主体班次班主任工作等途径提高教师整体素质。2名干部挂职市委办，1名干部挂职组织部，聘请陈保中等24名学术名家、领导干部、优秀企业家等担任市委党校兼职讲师，推动一批既懂政策理论又懂村情社情的推动城乡共同富裕名师打造。此外，利用党校分校工作机制，召开分校工作推进会并培训一批现场教学骨干。服务中心争当表率。参与文明创建、村社区结对、千名干部帮千户、网格连心大夜访等活动，参与“送温暖、献爱心”、助力“微心愿”。

【数智党校建设】 以数字化改革为抓手，以“数智党校”为建设目标，运用信息化成果，推动“标杆引领类”县级党校创建、“数智党校”建设和“绿色学校”创建。打造集设备智能化集成、教学科研业务管理、日常事务处理流程于一体的综合性系统，完成信息化、智能化、数字化三步一起跨越；充实信息专业化人才队伍，加强信息设备采购，提升信息技术保障水平；定期开展党校信息安全工作专项检查，实现视联网与校内政务网合并，优化教学设备配置，完成阶梯教室LED屏幕更换。9月，被列入嘉兴市委党校“红色教学一点通”首批试点建设单位。

【“绿色学校”创建】 重视“绿色学校”创建工作，成立“绿色学校”创建工作领导小组，把创建工作融入党校建设发展各方面。对标细则，落实责任。坚持“绿色后勤”“全优后勤”理念，运用“自主管理+服务外包”一体化后勤管理模式，积极探索智慧后勤，为全市各类培训班或会议、挂职干部等提供后勤保障服务。同时，整合校园红色文化资源，打造一条校园红色资源参观路线和一个讲解团队，丰富校园文化内涵。8月，接受省“绿色学校”创建评价验收组检查，获三星级绿色学校称号。

（富佳育）

档案史志工作

【概况】 2022年，市档案馆认真履行为党管档、为国守史、为民服务重要职责，挖掘好、保管好、利用好、记录好、留存好档案资源。年内，获评全省党史和文献部门地方党史三卷编写工作成绩突出单位。全年，接收团市委、乍浦镇等38家单位的文书和会计档案共计329卷97586件；接收16家单位电子目录共计35356条，数字化副本34746件，容量101.95GB；接收52家单位疫情防控档案资料共计19000多件，容量约77.6GB。馆藏可数字化纸质档案的数字化率实现100%。完成69批次档案数据备份工作，总容量2.5TB。全年，累计接待查档3743人次，翻阅档案4116件次，查档满意率继续保持100%。

【全民喜迎二十大氛围】 与市委宣传部联合举办“喜迎二十大 奋进共富路”主题图片展，精选174张图片展现十九大以来党带领平湖人民走过的光辉历程及在经济建设和人民生活方面发生的重大变化。组织开展2022年国际档案日“喜迎二十大 档案颂辉煌”主题征文活动，择优选送参加嘉兴征文比赛，9篇获奖，其中一等奖1篇、二等奖1篇、三等奖2篇。选派2名档案工作者参与嘉兴市档案部门“喜迎二十大 档案颂辉煌”演讲比赛，分获一等奖和三等奖。在市第108期“创新学堂”上。市档案馆馆长、史志研究室主任陆保林作题为《十年砥砺奋进 绘就多彩画卷——图说平湖这十年》的宣讲。

【档案数字化转型】 依托数字档案馆室一体化系统、电子文件统一归档管理系统，实现进馆数字档案在线移交，完成全市15个单位39.97万件实时归档政务服务事项数据包的入库工作，完成15个单位152.71万件2021年度政务服务事项电子档案的移交和接收工作。打造以数字档案室为依托的部门档案数据仓，推广应用场景“机关查档直通车”，提供数字档案高效服务。推进核心业务数字化转型，积极谋划与对接档案管理服务区域一体化平台、电子公文预归档管理系统、政府投资项目档案管理一件事等应用建设。推进“浙里档案”数据资源归集共享提质扩面试点，数据归集上传进展顺利，进度位居全省前列。

【党史精品专题】 形成《乘风破浪——平湖市改革开放新时期党史专题集（第五辑）》征求意见稿，共收录专题23篇、47万字。开展《中共浙江省平湖市组织史资料（第五卷）》《中共浙江省平湖市组织史资料（第六卷）》编纂准备工作，完成编纂方案、编纂大纲的起草工作。初步完成《丰富“新仓经验”的时代内涵 开辟乡村全面振兴的共同富裕平湖路径》《平湖推进数字化改革的实践与思考》撰写工作。

【史志特色品牌】 在市委党校“一把手”上讲坛活动中开设档案党史主题课程，为初任公务员、中青年干部骨干宣讲中国共产党百年征程和伟大业绩。助力红色基地打造品牌，红色转角湾和许明清烈士事迹陈列馆获评第二批嘉兴市党史教育基地。根据嘉兴统一部署，联动推出“红色书柜进百家”系列活动，在梅兰苑社区等15个村社区建立“红色书柜”并赠送书籍。全年，共向各部门单位、酒店等赠送编研成果5000余册。

5月26日，市档案馆开展档案工作培训　　（市档案馆　供稿）

【年鉴志书编纂】 完成《平湖年鉴（2022）》全部稿件修改编纂，年底由中华书局出版正式出版，全书82.8万字，共设38个篇目、237个分目、1549个条目。继续实施掌上年鉴，推进年鉴数字化建设，上线2014年及2022卷年鉴。编印平湖年鉴简本。做好二轮修志收尾，继续推进乡镇志、村志编纂工作。《林埭镇志》《徐家埭村志》完成初稿，《前港村志》刊印出版，《钟埭村志》编纂完成1/3。

【档案史志编研】 继续借智借力华东师范大学档案馆、华东师范大学历史学系开展档案史志编研和文化宣传，年内，出版《〈申报〉平湖文献选辑》和《近代平湖土地问题研究》。开展地方文献整理和地方史编研，完成清乾隆张力行修《平湖县志》和嘉庆《平湖县续志》的整理、刊印。重印《平湖土壤》，市档案馆总撰的《浙江文史记忆丛书·平湖卷》一书正式出版。

【档案史志宣教】 联合市委宣传部、市文联、市传媒中心以“众志成城 疫路平安”为主题向全市征集各类抗疫作品，从199位作者的472件作品中评选出35件获奖作品，并制作成宣传图册、移动展板等，在学校、村社区开展宣传教育。做好“学习强国”“浙里学史”“浙里有志”频道供稿，全年，累计报送24篇，被录用19篇。

【基层社会治理】 协助市档案局深化推进“互联网+档案监管”工作，完成档案行政检查事项全覆盖，对市检察院、人力社保局、民政局等15家单位开展档案行政执法“双随机”检查。出台《2022年度镇街道和市级机关部门（单位）档案工作考核实施细则》。继续做好政府投资、重点建设项目档案验收指导与业务培训，完成160个政府投资项目的档案验收。

（莘慕旸）

信访工作

【概况】 2022年，全市信访形势总体平稳可控，信访秩序继续向好，平湖市成功创建2022年度全省无信访积案县（市、区）。邵琦兰获“全国信访系统优秀办信员”称号。施跃明被国家信访局授予从事信访工作25年以上（含）信访工作者荣誉证书。

【基本情况】 2022年，全市信访总量（含信、访、网、电各渠道）24.49万件（批）次，同比上升131.86%，其中市信访局受理信访反映21.19万件（批）次，占比86.55%。全年，信访各项生态指标执行良好，全市走访诉求总量较近三年平均值（省平台登记口径）同比下降36.26%，全市信访事项按期受理率、按期办结率均达100%，群众信、访、网等渠道初次信访事项一次性化解率分别为94.34%、97%、97.51%。

【形势特点分析】 从诉求渠道看，网电渠道增幅突出。全年，全市共受理群众来信502件，同比上升96.09%；受理群众来访3901批次7472人次，批次、人次同比分别下降6.23%和1.63%；受理来电145161件，同比上升58.27%；受理网上信访92430件，同比上升1315.25%；“百姓事马上办”平台受理群众反映2906件，同比下降1.82%。从信访内容看，群众诉求反映仍相对集中。全年，群众反映相对集中的领域分别是卫生健康类（44.80%）、城乡建设类（19.6%）、劳动和社会保障类（9.1%）、市场监管类（6.0%）、政法类（5.2%）、交通运输类（4.9%）、生态环境类（2.3%）、经济管理类（1.5%）、教育类（1.3%）等，占信访总量的94.7%。

【信访工作责任】 市委、市政府高度重视信访工作。坚持市委书记办公会议、市委常委会定期听取信访工作情况汇报，分析全市信访形势，研究突出重大问题。坚持信访部门常态化列席市政府常务会议制度，从市政府决策源头防范信访风险。坚持市委、市政府主要领导与各镇街道和重点部门主要负责人“双签”《信访工作目标管理责任书》，压实各级各部门信访工作责任。坚持把信访工作列入镇街道年度目标绩效考核，并在基准权重分基础上，进一步压实镇街道主体责任。坚持把信访工作列入乡镇（街道）党建述职考核、“平安平湖”和全员考核的重要内容，并将之作为重要评选活动的条件之一，纪检、组织等部门也将信访工作列入对各单位和领导干部的考评内容，形成正确的工作导向和激励机制，年内，首次将主官办信、领导接访下访和包案化解信访事项等信访工作履职情况纳入巡察内容，首次将群众举报反映和信访工作履职情况等纳入组织部门干部任用考察的意见征求环节，“一级抓一级、层层抓落实”的大信访工作格局得以不断构建、巩固。

【信访积案动态“清零”】 以“三堂会审”机制为总牵引，积极推动包案领导、分管领导、主要领导多层级统筹协调，推进信访积案动态“清零”专项工作。包案领导抓进度。坚持“以上率下”，由市四套班子领导干部参与包案，会同事权单位党政主要负责人，通过每半月听取工作汇报、开展专题会商研究、逐案制订化解方案等举措，上下合力推动信访积案化解。对重复信访和信访积案实行“一案一档”，形成任务清册，做到“案清事明、一目了然”。分管领导抓会商。针对化解有困难的信访积案，由信访工作分管市领导专题召集会商研究，通过召开疑难复杂信访积案专题会议，明确“三到位一处理”原则，形成“一案一纪要”

高位推动；对于同一个信访积案第二次上专题会议的，安排市委纪委、监委、组织部常务负责人介入，倒逼事权主体干部履职担当。主要领导抓销号。因案情特别复杂、疑难，一时难以化解的，由市委、市政府主要领导亲自“挂帅”，按照化解难易程度逐级升级协调会规格和层级，直至化解“销号”。同时，配套出台“赛马晾晒”“领导约谈”“督查问效”等工作机制，推动形成最大工作合力。

【上级交办工作】 抓好“重大信访问题清单指数”工作。对“七张问题清单”中“重大信访问题清单指数”涉及的66个指标，专门设计表格分解到具体科室和责任人，每月上旬针对上级通报情况牵头进行专题分析，明确整改措施；每半月各业务科室进行指标测算评估和自查整改优化；每月底前进行整改“回头看”和查漏补缺，推动责任落实。配合做好省委巡视组驻平期间信访接待工作。根据省委统一部署，8月，省委第二巡视组正式入驻平湖开展新一轮巡视工作。其间，配合巡视组，利用定点接待、电话、邮政信箱及电子邮箱等渠道接待、受理相关群众信访、举报工作，并按要求办理巡视组交办的信访件。

【《信访工作条例》宣教活动】 1月24日，中共中央政治局会议审议批准《信访工作条例》，2月25日，由中共中央、国务院发布，5月1日起正式施行。平湖市以“法治信访、以民为本”为主题，开展《信访工作条例》集中宣教活动。各级重视，及时动员部署。市委常委会第一时间研究部署；市信访局牵头起草活动实施方案，明确“十个一”活动（组织一场集中启动仪式、开展一期专题学习培训、张贴一批横幅标语、编发一组公益短信、形成一股媒体宣传报道热潮、开展一次微视频征集活动、开展一次主题征文活动、组织一次有奖知识竞赛、开展一次“两代表一委员”致信活动、推动解决一批信访问题）的具体安排；5月6日，宣传月活动启动当天共计接待来访群众16批次35人次。精心组织，突出宣传重点。市委理论学习中心组举行《信访工作条例》专题学习，市四套班子全体领导和相关部门主要负责人参加；开展《信访工作条例》专题学习会、专题培训会，并与公务员年度学法、各级干部教育培训年度计划等结合。基层大送学，将《信访工作条例》宣讲列入市“八五”普法宣讲团导师宣讲课目菜单，由市信访局领导、业务科室骨干带队，开展上门送学等活动；为全市四套班子、市、镇、村等各级送去新版《信访工作条例》400多册。依法大宣传，活动期间，先后在《浙江日报》《嘉兴日报》开辟专栏，专版宣传、介绍平湖信访特色工作；推动《信访工作条例》进村组、进小区、进学校、进工厂、进项目。全年，共计向群众发送19.86万条宣传公益短信，制作、发放宣传折页7000份。营造氛围，注重实效。创新出通俗易懂、群众喜闻乐见的形式进行宣传，独山港镇利用村社区流动小喇叭，以方言广播的形式，让更多的老年群体更好地了解、学习《信访工作条例》；“五一”前夕，向全市862名“两代表一委员”开展致信活动，借力第三方社会力量，共同做好“依法信访”宣传工作；动员、组织全市干部积极参加上级有关赛事活动，先后获嘉兴市《信访工作条例》知识竞赛团体第一名、嘉兴市《信访工作条例》学习主题征文一等奖等。

【依法维护信访秩序专项行动】 根据“7·18”全省依法维护信访秩序现场推进会的部署要求，以“维护信访秩序、优化信访生态”为工作目标，加强信访与政法各部门间的相互协作，对以访扰序等行为加大依法处置力度，最大限度减少“以闹求决、以访牟利”等不良现象的发生。其间，保持依法打击的高压态势和常态化推进力度，以打促治、以打促化，开展专项行动，形成“全域整治、依法打击”的良好氛围和强大攻势，推动全市信访生态持续向优向好。

【“社会化领办”工作】 继续深化“社会化领办”疑难信访件工作，引导社会力量参与信访矛盾化解，实现党政主导、部门协同、社会参与“三位一体”治理模式。2022年，进一步健全和完善绩效评价、流程跟踪等工作机制，由有关方面组成“联合绩效考评小组”，对涉及信访件化解结果进行评估和赋权激励。截至年底，6家律师事务所、社会机构通过“市场化招拍”“社会化领办”的8件疑难复杂信访件的年化解率达62.5%。该项创新工作获上级信访部门的肯定。

【人民意见建议征集】 组建征集队伍，年内，聘请市人大代表、政协委员、党代表、政府部门专家、社会组织工作者、信访志愿者等23人为特邀建议人，组建平湖市人民意见建议征集人队伍。畅通征集渠道，在接访大厅设置意见建议征集箱、电子屏幕滚动公告征集渠道，各镇街道在社区、党员先锋站等设置意见建议征集点等方式，拓宽问政于民、问需于民、问计于民的建议征集渠道。通过“百姓事马上办”、网上信访、“12345”政务热线等渠道广泛征集，全年，共收集人民意见建议1.1万余条。推动成果转化。年内，对部分市民意见建议进行摘编，获市长周军波批示；《关于提升我市羽绒服市场发展水平的建议》通过政协提案获立案。

（范萍）

机关党建工作

【概况】 2022年，全市机关党建工作以“围绕中心、建设队伍、服务群众”为核心任务，以建设清廉机关、创建模范机关为总牵引，落实全面从严治党要求，发挥机关党建走在前、作表率的政治担当和应有作用，促进机关党建提质增效。

【政治引领】 加强对党忠诚教育、理想信念教育，引导教育党员干部坚决做到“两个维护”、守好“红色根脉”。落实意识形态工作责任制，落实部门党委（党组）、机关党委、机关党支部三级责任清单，制订网络安全工作预案，做好保密工作。加强政治体检，开展意识形态、党员干部思想状况和党风廉政建设分析研判，提高党员干部的政治判断力、政治领悟力、政治执行力。接受省委巡视组、嘉兴市委组织部、市委第二轮巡察工作第三巡察组对机关党建工作的巡视检查。抓好理论学习。落实第一议题制度，组织理论中心组学习。加强集中培训。举办“党建引领助推共同富裕”机关党组织书记专题研讨班，研讨共同富裕、机关党建实务知识、数字化改革、心理健康等内容，63人参加。举办入党积极分子培训班和新党员培训班，200多人参加。

【基层组织建设】 推进“双建争先”工作。制订《纵深推进“双建争先”工程、高水平打造新时代机关党建高地的实施方案》，召开机关党的建设暨“双建争先”工程部署会，举办“双建争先”示范点创建工作晾赛会，17个单位晾赛比拼，市纪委等10个单位上榜先锋榜，市委组织部、总工会、发改局、检察院获嘉兴市“双建”工作先进党组织，市委组织部上榜嘉兴市“双建争先”晾晒比拼擂台赛先锋榜，林埭镇派出所被评为全省清廉建设成绩突出单位。加强党支部标准化建设。落实“三会一课”、党员领导干部双重组织生活、主题党日等制度，对各党组织开展全覆盖、交叉式检查。抓好党员教

5月，2022年市直机关入党积极分子培训班举办
（市机关党工委 供稿）

12月9日，全市“双建争先”示范点创建工作晾赛会举行

（市机关党工委 供稿）

育管理。严格落实政治审查制度，把好发展党员入口关，规范党员发展工作。出台加强新时代机关党务干部队伍建设实施意见、落实专兼职党务工作经历纳入干部履历工作的意见，优化党务干部队伍结构，提升党务干部工作积极性和责任感。开展青年干部成长导师制活动，做好关心下一代工作。

【中心大局】 深化“一编三定”。深入镇街道、社区开展调研，围绕群众急事难事、村社区实际需求及全市中心工作，推进网格连心、组团服务活动，共报到党员、干部1.3万余名，编组454个服务团组，线上发布各类服务活动近1.5万次。助力共同富裕。以“喜迎二十大、奋进共富路”主题活动为抓手，举办全市“共同富裕·青年说”理论宣讲大赛机关专场、庆祝“党的二十大胜利召开”书法竞赛、征集调研文章等活动。实施“破百难、助共富”活动，村集体组织社员及社员享受权利难题入选省直机关工委破难助富清单。助推数字化改革。做好“浙里红色根脉强基系统”日常维护工作，确保激活率达100%。运用“学习强国”、读嘉等平台，用好机关党建微信公众号、浙政钉机关党组织书记和党建工作群。

【廉政建设】 加强廉政教育。开展“靶向式”纪律教育活动，联合市委党校制定廉政党课菜单，常态化开展纪法教育、警示教育。加强机关廉洁文化建设，采取以案说法、观看警示教育片、开展廉政教育培训等多种形式，推进廉政文化进机关。落实廉政制度。落实机关纪委工作报告制度，每半年以书面形式向市直机关纪检监察工委报告工作情况。开展廉情信息报告制度，每月上报廉情信息。加强执纪问责。深化运用监督执纪“四种形态”，对苗头性、倾向性问题及时警示，对存在问题督促落实整改措施，加强跟踪问效。配合市纪委开展案件质量检查，审理公职人员的违法违纪案件。

【活力机关建设】 坚持政治上关心生活上关怀。做好“光荣在党50年”纪念章颁发工作，为9位老党员颁发纪念章。开展走访慰问和谈心谈话，落实党内关爱资金实施办法，做好对困难党员的生活补助。推进机关文化工作。发挥“三爱趣”机关文体俱乐部、机关书院和工青妇等群团组织作用，举办以“快乐四季·活力机关”为主题的机关文化节，组织西瓜灯雕刻、陶艺和月饼制作9期机关亲子课堂，以及红十字救护员3期培训等活动，丰富机关文化生活。

（费心乐）

机构编制工作

【概况】 2022年，围绕市委、市政府决策部署和上级工作安排，立足职能、机构、编制三个要素，聚焦服务保障、创新担当、监督管理，持续提升机构编制工作水平，为平湖高质量发展勇当共同富裕新崛起典范提供优质高效的体制机制保障。

【“大综合一体化”改革】 4月22日，挂牌设置综合行政执法指导办公室，负责统筹推进全市行政执法体制改革，履行工作职责。优化综合执法局内设机构职责分工和事业单位设置，强化市综合行政执法指导办公室和一线执法工作力量。精简整合市级部门执法队伍，保留农业、文化市场、生态环境保护、市场监管、交通运输、应急管理、卫生健康等 7 个领域的专业执法机构，规范部门专业执法队伍名称，统一为“平湖市 × ×（领域）行政执法队”，形成“1+7”的行政执法机构设置架构。不再保留其他执法队，行政处罚及与之相关的行政检查、行政强制等其他职能划入综合执法部门或回归原行政机关。整合基层执法职责和资源，设置镇街道综合行政执法队，与市综合行政执法队派驻中队实行“一个机构、两块牌子”，承担法定职责及赋权后的行政处罚事项，统一指挥协调辖区派驻和基层执法力量，负责与市级执法部门的协调沟通等。统筹安排 5% 左右部门人员编制（除政法专项编制及学校、医院事业编制）下沉镇街道，部门派驻人员编制实行“县属乡用”，编制列在市级部门，由机构编制部门在实名制系统中单列管理。采取派驻式下沉和联系式下沉执法力量相结合，市综合执法、市场监管、文化市场、农业、交通运输、生态环境、卫生、自然资源等部门共计锁定人员编制 385 名，占全市执法力量的 68%。

【基层治理体制机制创新】 年内，探索建立差异化的镇街道管理体制，将 8 个镇街道分为综合引领类及特色发展类，实行分类管理，优化职能职责和机构编制资源配置。健全县乡综合指挥体系，迭代升级组建物理集中、功能集成的市社会治理中心（市综合信息指挥中心），统筹镇街道综合信息指挥室建设，强化统筹协调、督查考评、分析研判、执法协调和应急指挥等职能，对上承接市社会治理中心指令任务，对下负责网格管理评价，横向推动四个平台间高效协同，实现闭环管理。优化镇街道内设机构和事业单位设置，迭代完善“基层治理四平台”，将镇街道内设机构、事业单位和部门派驻机构等“多对一”纳入平台管理并予以明确，健全完善平台运行协调机制，推进镇街道平台化运行，提升基层治理效能。

【镇街道人员编制统筹】 年内，推动镇街道人员从身份管理向岗位管理转变，建立健全镇街道岗位管理机制，科学合理设置工作岗位，按照定事定责定岗定人要求，明确岗位名称、隶属机构、具体职责和任职要求，镇街道和相关派驻机构人员统一纳入岗位管理，实行“一人多岗”或“一岗多人”，确保事有人干、责有人负。加大镇街道之间行政事业编制及中层职数的统筹力度，建立镇街道编制、中层职数周转使用制度，设立镇街道编制、中层职数“周转池”，保障重点镇街道和重点领域的用编用职需求。

【健全清单理事机制】 年内，健全完善镇街道权责清单、“属地管理”事项责任清单，编制镇 140 项、街道 95 项权力事项清单办事指南及流程图，为基层政府依法履职提供根本遵循。编制印发镇街道“属地管理”事项责任清单及动态管理办法，选取部门法定职责中需镇街道协同落实的 76 个事项，逐项建立一清单、一纪要、一流程、一机制、一案例“五个一”工作体系，明确市

11月4日，加强镇街道编制统筹管理助力基层治理体系建设工作部署会召开
（市编委办　供稿）

级部门和镇街道的工作责任、协同机制、履职程序，厘清工作边界，完善工作闭环。将权力事项清单、“属地管理”事项责任清单作为部门和镇街道履职、监管时责任界定的重要依据，纳入机构编制监督检查和评估。对于未列入“属地管理”事项责任清单的工作，部门不得以“一票否决”和签订“责任状”、分解下达指标、评比验收等方式，把工作责任和任务转嫁镇街道承担。

【重点领域职能配置优化调整】年内，落实省委、省政府高质量发展建设共同富裕示范区的重大任务，加强市委社会建设委员会机构建设和编制保障。加强市委对教育工作的领导，筹划设立市委教育工作委员会，加强全市教育系统宣传思想、意识形态和安全稳定工作。在乡村振兴、教育“双减”、文物保护等领域设立相关机构、明确工作职责、压实部门工作职责。

【机构编制资源科学调配】年内，根据职能和工作量变化，核减自然资源、建设、商务、水利、环卫等领域相关单位编制，核增综合执法、发改、经信、应急、人大、政协等单位编制。保障镇街道、年龄结构问题突出、编制规模小的事业单位用编，核准使用周转编制 154 名。支持教育、卫生事业发展，保障招聘用编 443 名、专业人才定向培养用编 65 名；完成 1 所学校“民转公”调整，核增事业编制 76 名。坚持服务聚才引才，保障高层次人才招聘用编 69 名。

【事业单位布局优化】年内，深入推进事业单位规范化登记管理，变更登记单位 125 家，涉及事项 150 项。规范机关统一社会信用代码管理，新设赋码 2 家单位，变更信息 26 家单位。完成 2021 年度事业单位法人年度报告公示 274 家，完成率达 100%。有序开展 5 家事业单位法人公示信息“双随机、一公开”抽查工作。探索开展事业单位公益指标体系建设，持续开展党政机关网站开办审核、资格复核和网站标识管理工作，完善事业单位登记档案工作。

【事业单位数字化改革】年内，将事业单位数字化改革整体纳入数字化改革“1612［“1”即一体化智能化公共数据平台（平台+大脑），“6”即党建统领整体智治、数字政府、数字经济、数字社会、数字文化、数字法治六大系统，第二个“1”即基层治理系统，“2”即理论体系和制度规范体系］”体系，按服务对象设置 3 条改革子跑道，即为党政机关提供服务保障的行政服务、为市场主体提供服务保障的产业服务、为人民群众提供服务保障的民生服务，构建事业单位数字化改革“1+3+N”［“1”指 1 个服务专班，“3”指专班下设三个服务组（包含综合组、任务组、技术组），“N”指每个重大任务和每个研究课题，都设置专项小组进行攻坚］的整体框架，整体作为“1612”体系的延伸拓展。探索中小学教职工编制管理数字化应用，实时动态掌握生源变化情况，利用出生人口数、流动人口数等，分析预测教职工需求变化趋势，实时展示编制、人员、岗位、课时量等历史、现状及预测数据，实现对教职工招录及流动的预估把握，实现精准保障。

【部门职责体系】年内，制订出台《平湖市市级党政部门职责管理办法》，规范部门职责配置调整、协调协同、履职监督等具体要求。理顺新能源加氢站、文物保护、野生动物观赏展演等部门管理职责，推进部门职能管理精细化。

【机构编制实名制与监管平台融合发展】年内，按照“快准全严勤合”六字方针，重点对镇街道人员、派驻镇街道工作人员、国企员工、卫生教育系统人员等信息进行更新维护，累计调整信息 1.2 万余条。发挥机构编制数字化监管平台作用，加强机构编制问题预警线索专项整改，完成省委十四届第七次巡视选人用人方面问题分析和整改报告，整改预警线索 600 余条。

【编外用工管理】年内，印发《关于进一步加强全市机关事业单位编外用工规范管理的通知》，对全市编外用工管理工作进行自查自纠，摸清底数，掌握实情，分类分领域、分步分阶段制订核减计划和使用原则，对部分编外用工指标进行核减。

【机构编制日常管理】 年内，严格落实实名制系统用户账号管理、部门机构编制月报、机构编制问题台账等三项制度，定期开展实名制系统信息核对，做好数据清理规范和动态调整，实现人员底账月月清。通过公务员事业人员一件事系统和机构编制实名制系统，严格审核办理人员出入编手续，核准在编人员信息，确保数据实时准确，审核办理业务3100余项。

【机构编制执行情况和使用效益评估】 年内，围绕职能配置和机构设置情况、编制核定和人员配置情况、机构运行和外部协同情况、职责履行和取得成效情况、机构编制管理规定执行情况等5个方面，对市建设局、卫生健康局、应急管理局等3家单位的机构编制执行情况和使用效益开展评估。在全市6所学校开展中小学校教职工编制绩效评估，进一步规范中小学校机构设置、领导职数配备、教职工及编外人员管理，建立绩效评估结果与编制配备使用联动机制。

【机构编制工作纪律】 年内，完成2021年度机构编制年报统计分析，通过省、嘉兴两级数据验证，入围全省机构编制统计年报工作成绩突出单位。严格执行机构编制报告制度，指导全市镇街道和部门向市委编委报告机构编制工作，同步完成市委编委向嘉兴编委报告。完成市城投集团、科技局、曹桥街道、人力社保局等10家单位机构编制审计，发现问题7个。坚持依法依规、实事求是、防范与纠正相结合的原则，对229份用编、39份用职申请进行合规性审查，提出审查意见。加大机构编制政策法规宣传力度，完成《奋进新时代 建功新崛起·平湖机构编制工作回眸（2012—2022年）》宣传资料编印工作。

（吴叶艳）

平湖市人民代表大会

综　述

【概况】 2022 年，平湖市人大常委会按照宪法和法律赋予的工作职责，推进民主法治建设。先后召开常委会会议 6 次，主任会议 12 次，审议“一府一委两院”专项工作报告 45 项，作出决议决定 13 项，形成审议意见 17 件、工作建议 5 件，任免国家机关工作人员 61 人次，开展执法检查、视察、调研等重要活动 7 次。至年底，有省人大代表 5 名，嘉兴市人大代表 50 名，平湖市人大代表 249 名。2022 年，平湖人大获浙江人大工作与时俱进奖优秀奖。

【代表履职】 年内，完成当湖街道打造全省首批基层单元试点工作，推进代表联络站“出院下楼”迭代升级，获评嘉兴市十佳代表联络站 2 个；推进人大常委会及“一府一委两院”核心业务下沉人大代表联络站，推进市级领导干部人大代表到联络站集中开展联系基层代表和群众活动，积极推进政府重大决策进基层单元，全年 16 个政府重要决策、重大项目进站征集民意。推进人大数字化改革，六码（马）民情通获评全省人大数字化改革创新暨第三届“浙江省人大工作与时俱进通报表扬”优秀奖。深化代表履职管理，开展新任市人大代表的初任培训班 1 期和履职培训班 2 期，组织开展“助力经济稳进提质十大百日攻坚”“六访六促”“四级人大八万代表助力八大攻坚行动”等主题活动；切实加强对代表建议办理工作的协调和督促，市十六届人大一次会议期间共收到代表议案、建议 232 件（含闭会期间 6 件），主任会议确定 8 件作为重点督办件，对开通平湖市区至全市 AAA 级景区村庄公交专线，推进全域旅游带动乡村旅游发展的建议等 8 个重点督办件办理落实情况开展常委会满意度测评。坚持常委会领导领衔、相关工委联系、代表小组跟踪的监督模式，推进政府重点民生实事项目顺利实施。

重要会议

【市十六届人大一次会议】 2 月 15—18 日，召开平湖市第十六届人民代表大会第一次会议。会议听取和审查平湖市人民政府工作报告；审查、批准平湖市 2021 年国民经济和社会发展计划执行情况的报告及 2022 年国民经济和社会发展计划；听取和审查平湖市 2021 年财政预算执行情况和 2022 年财政预算草案的报告；审查、批准平湖市 2021 年财政预算执行情况的报告及 2022 年市本级预算；听取和审查平湖市人民代表大会常务委员会工作报告、平湖市人民法院工作报告、平湖市人民检察院工作报告；审议平湖市 2021

年环境状况和环境保护目标完成情况的报告、平湖市2021年政府重点民生实事项目完成情况的报告；票决平湖市2022年政府重点民生实事项目。大会选举吴金华为平湖市第十六届人民代表大会常务委员会主任，蔡国平、钱勇彪、柯卫明、金玉珍、富国权、陈伟为副主任；选举周军波为平湖市人民政府市长，胡泓恬、戴振、戴建忠、宋怡玲、汤洪成、莫放路、王李涛为副市长；选举崔加晶为平湖市监察委员会主任；选举杨朝辉为平湖市人民法院院长；选举陈定良为平湖市人民检察院检察长。大会选举平湖市第十六届人民代表大会常务委员会委员，平湖市出席嘉兴市第九届人民代表大会代表，通过平湖市第十六届人民代表大会专门委员会组成人员人选名单。

【市人大常委会会议】 市十五届人大常委会第四十九次会议于1月13日召开。会议听取市民政局局长程佳俊、商务局局长赵振宁、应急管理局局长马根良等3位政府工作部门负责人作的述职报告，其余21名作书面述职（交通运输局局长任命不满半年，由所在部门进行工作总结）。会议组织常委会组成人员对24位人大常委会任命的政府工作部门负责人开展测评。会议听取和审议市人民政府办公室主任沈锋受市人民政府委托所作的《关于市十五届人大五次会议代表建议办理情况的报告》，结合书面提出的市人大常委会《关于市十五届人大五次会议代表建议办理工作的调查报告》进行审议。会议对市十五届人大五次会议重点代表建议办理情况，开展满意度测评。测评结果为8件满意。会议听取和审议市人大常委会办公室副主任殷文杰受市人大常委会主任会议委托所作的《关于召开市十六届人大一次会议时间的报告》。会议决定，平湖市第十六届人民代表大会第一次会议于2月中旬召开。会议书面审议市政府《〈关于进一步推进我市安全生产工作的审议意见〉办理落实情况的报告》《〈关于"全国义务教育优质均衡发展市"创建工作的审议意见〉办理落实情况的报告》《〈关于加强粮食安全保障工作的审议意见〉办理落实情况的报告》《〈关于进一步推进城区水质提升工作的审议意见〉办理落实情况的报告》《〈关于进一步加强农村生活污水治理设施建设与运维的审议意见〉办理落实情况的报告》。

市十五届人大常委会第五十次会议于1月27日召开。会议传达学习浙江省第十三届人民代表大会第六次会议精神。会议听取和审议市委常委、市发改局局长戴振受市人民政府委托所作的《关于平湖市2021年国民经济和社会发展计划执行情况及2022年国民经济和社会发展计划草案的报告》，会议决定将报告书面提交市十六届人大一次会议审查。会议听取和审议市委常委、市发改局局长戴振受市人民政府委托所作的《关于2022年政府及国有公司投资项目计划安排的报告》。会议决定将报告作为政府工作报告的附件，书面提交市十六届人大一次会议，供代表参阅。会议听取市财政局局长吴兰兰受市人民政府委托所作的《关于平湖市2021年财政预算执行情况和2022年财政预算草案的报告》，结合书面提出的《平湖市2022年市级部门预算（草案）》和市人大常委会《关于平湖市2021年预算执行情况和2022年预算草案的初审报告》进行审议，会议决定将预算报告提交市十六届人大一次会议审查。会议听取和审议市人民政府办公室主任沈锋所作的《关于2021年政府重点民生实事项目完成情况的报告和关于2022年政府重点民生实事候选项目情况的说明》，会议决定将报告书面提交市十六届人大一次会议审议。会议审议《平湖市十六届人民代表大会第一次会议政府重点民生实事项目票决办法（草案）》，会议决定将办法草案提交市十六届人大一次会议表决。会议听取市生态环境分局局长任伟良受市人民政府委托所作的《关于平湖市2021年环境状况和环境保护目标完成情况的报告》，结合市人大常委会书面提出的《关于我市2021年度环境状况和环境保护目标完成情况的调查报告》进行审议。会议对2021年环境状况和环境保护目标完成情况开展满意度测评。会议决定将环境报告书面提交市十六届人大一次会议审议。根据市人大常委会主任会议的提请，会议决定任命张喜为市人大常委会办公室副主任。会议听取和审议市人大常委会代表资格审查委员会副主任委员步晓燕所作的《关于平湖市第十六届人民代表大会代表资格审查的报告》，确定出席市十六届人大一次会议的代表253名。会议听取和审议市人大常委会办公室主任王国忠受市人大常委会主任会议委托所作的《关于市十六届人大一次会议筹备事项的报告》。会议决定市十六届人大一次会议于2月15日召开，提出大会建议议程、日程和各类名单草案，确定市十六届人大一次会议列席、邀请人员。会议审议市人大常委会工作报告（草案），会议决定将报告提交市十六届人大一次会议审查。会议审议市十五届人大法制（监察和司法）委员会、财政经济委员会、社会建设与民宗外侨委员会工作报告（草案），会议决定将三个报告书面提交市十六届人大一次会议审议。会议审议《平湖市十六届人民代表大会第一次会议选举办法（草案）》《关于平湖市第十六届人民代表大会法制（监察和司法）委员会、财政经济委员会、社会建设和民宗外侨委员会组成人员人选通过办法（草案）》，会议决定将两个办法草案提交市十六届人大一次会议表决。

市十六届人大常委会第一次会议于4月21日召开。根据市人民政府市长周军波的提请，会议决定任命沈锋为市人民政府办公室主任；徐海飞为市发展和改革局局长；张东阁为市经济和信息化局局长；王郁春为市教育局局长；倪建锋为市科学技术局局长；汤洪成为市公安局局长；程佳俊为市民政局局长；徐立为市司法局局长；吴兰兰为市财政局局长；林国平为市人力资源和社会保障局局长；戴忠伟为市住房和城乡建设局局长；戚红炳为市交通运输局局长；朱立军为市水利局局长；朱浩为市农业农村局局长；赵振宁为市商务局局长；王莉莉为市文化和广电旅游体育局局长；俞鑫岗为市卫生健康局局长；曹亮为市退役军人事务局局长；马根良为市应急管理局局长；陈仕栋为市统计局局长；姚震峰为市医疗保障局局长；许铉为市综合行政执法局局长。根据市监察委员会主任崔加晶的提请，会议决定任命龚超群为市监察委员会副主任；张凯明、高国营为市监察委员会委员；免去陶玉中的市监察委员会委员职务。根据市人民法院院长杨朝辉的提请，会议决定任命马德志为市人民法院新仓人民法庭副庭长、审判员；免去何建平的市人民法院审判委员会委员、审判员职务，王玮的市人民法院审判员职务。根据市人民检察院检察长陈定良的提请，会议决定免去崔进的市人民检察院检察委员会委员、检察员职务。会议表决通过市人大常委会各工作委员会组成人员名单，市人大常委会当湖、钟埭（平湖经济技术开发区）、曹桥3个街道工作委员会组成人员名单，市人大常委会代表资格审查委员会组成人员名单。会上，市检察院检察长陈定良和被任命干部进行集体宪法宣誓仪式。会议表决通过《平湖市人民代表大会常务委员会任免国家机关工作人员办法（修订）》。会议听取市检察院检察长陈定良所作的《关于行政检察工作的报告》，结合书面提出的市人大常委会监察司法工委《关于市检察院行政检察工作情况的调查报告》进行审议。会议听取和审议市科学技术局局长倪建锋受人民政府委托所作的《关于2021年度科技进步工作的报告》。会议听取和审议市教育局局长王郁春受人民政府委托所作的《关于拟建全塘中心小学扩建工程的报告》。会议听取市人大常委会办公室主任王国忠受市人大常委会主任会议委托所作的《市十六届人大一次会议关于加快推进"扩中""提低"行动，勇当共同富裕新崛起典范的议案（第Y26号）处理意见的报告》，会议表决通过市人大常委会《关于加快推进"扩中""提低"行动，勇当共同富裕新崛起典范的议案（第Y26号）处理意见的决议》。会议听取和审议3个人大街道工委工作报告，表决通过市人大常委会《关于人大当湖、钟埭（平湖经济技术开发区）、曹桥街道工委工作报告的决议》。会议表决通过《平湖市第十六届人民代表大会常务委员会关于加强自身建设的决定》。会议书面审议市政府关于《关于进一步推进我市法治政府建设工作的审议意见》《关于加快优质稻米产业发展工作的审议意见》《关于进一步加强平湖经济技术开发区招商引资工作的审议意见》《关于推进全市养老机构运行工作的建议》办理落实情况的报告。会议书面审议市人大常委会监察司法工委《关于2021年度规范性文件备案审查工作的报告》。会议书面审议市人大常委会2022年工作要点（草案）。会议要求将2022年工作要点（草案）作进一步修改完善后，提交市委转批后发文。会议书面审议《平湖市人大代表履职承诺制（草案）》《平湖市人大代表履职评价办法（草案）》，会后由市人大常委会办公室正式发文。

市十六届人大常委会第二次会议于6月30日召开。会议学习《浙江省农村集体资产管理条例》。会议听取市财政局局长吴兰兰受市人民政府委托所作的《关于平湖市2021年财政决算（草案）的报告》，结合书面提出的市人大财经委《关于平湖市2021年财政决算（草案）的审查报告》，市科技局和人力社保局《2021年部门预算执行情况的报告》进行审议。表决通过市人大常委会《关于批准2021年市本级决算的决议》。会议听取和审议市审计局副局长刘永华受市人民政府委托所作的《关于2021年平湖市预算执行和其他财政收支的审计工作报告》。会议听取市农业农村局党委委员、总农艺师邵慧受市人民政府委托所作的《关于农村集体经济发展情况的报告》，结合书面提出的市人大常委会农业农村工委《关于我市村级集体经济发展情况的调查报告》进行审议。会议听取市自然资源和规划局局长陈漫远受市人民政府委托所作的《关于2021年城乡规划实施情况的报告》，结合书面提出的市人大常委会城建环资工委《关于2021年城乡规划实施情况的调查报告》进行审议。会议听取和审议市委常委、常务副市长胡泓恬所作的《关于拟建金山至平湖市域铁路（沪平盐城际铁路）工程的报告》。表决通过关于拟建金山至平湖市域铁路（沪平盐城际铁路）工程事项。会议听取和审议市水利局局长朱立军受市人民政府委托所作的《关于拟建平湖塘流域水系综合治理黄姑塘东段治理工程（二期）的报告》。会议书面审议市政府《关于进一步提升全市医疗卫生服务能力的工作建议》办理落实情况的报告。会议书面审议市人大常委会任命干部述职测评整改方案。会议接受汤洪成辞去平湖市人民政府副市长职务的请求，报平湖市第十六届人民代表大会第二次会议备案。会议接受沈杰辞去平湖市第十六届人民代表大会代表职务的请求，其代表资格终止。根据市人民政府市长周军波的提请，会议决定任命周启程为平湖市人民政府副市长、市公安局局长；陈漫远为市自然资源和规划局局长；沈杰为市市场监督管理局局长；免去汤洪成的市公安局局长职务。根据市十六届人大常委会主任会议提请，会议决定任命陈结加为市人大常委会办公室副主任；免去王亚英的市人大常委会办公室副主任职务。根据市人民法院院长杨朝辉的提请，会议决定任命何丹萍为市人民法院新仓人民法庭庭长；黄伟为市人民法院民事审判二庭庭长；陈志芳为市人民法院民事审判三庭庭长；免去何丹萍的市人民法院民事审判二庭庭长职务；黄伟的市人民法院民事审判三庭庭长职务。

市十六届人大常委会第三次会议于8月31日召开。会议学习《浙江省公共数据条例》。会议听取市发改局局长徐海飞受市人民政府委托所作的《关于平湖市2022年上半年国民经济和社会发展计划执行情况及下半年工作的报告》，结合书面提出的市人大财经委、市人大常委会预算工委《关于我市2022年上半年经济运行情况的调查报告》进行审议。会议听取和审议市财政局局长吴兰兰受市人民政府委托所作的《关于平湖市2022年上半年财政预算执行情况的报告》《关于平湖市2022年新增地方政府债务限额及新增地方政府债券预算调整方案》。表决通过市人大常委会《关于批准2022年新增地方政府债务限额及新增地方政府债券预算调整方案的决议》。会议听取和审议市教育局局长王郁春受市人民政府委托所作的《关于拟建上海世外教育附属平湖经开实验小学迁建工程的报告》。表决通过上海世外教育附属平湖经开实验小学迁建工程。会议听取和审议市人民政府副市长周启程所作的《关于〈浙江省综合行政执法条例〉贯彻实施情况的报告》，市人大常委会副主任蔡国平所作的《关于检查〈浙江省综合行政执法条例〉贯彻实施情况的报告》。会议听取市建设局局长戴忠伟受市人民政府委托所作的《关于城区建设工程安全生产工作情况的报告》，结合书面提出的市人大常委会当湖街道工委《关于城区建设工程安全生产工作情况的调查报告》进行审议。会议听取曹桥街道办事处主任蒋伟所作的《关于曹桥街道景区村庄建设和运维情况的报告》，结合书面提出的市人大常委会曹桥街道工委《关于曹桥街道景区村庄建设和运维情况的调查报告》进行审议。会议书面审议市政府《关于2022年上半年全市经济社会发展情况和下阶段主要工作安排的报告》《关于2022年政府重点民生实事项目进展情况的报告》《关于2021年我市环境状况和环境保护目标完成情况的审议意见》办理落实情况的报告。会议书面审议市人大常委会代表资格审查委员会《关于补选代表的代表资格审查报告》，确认李夏岚代表资格有效，市十六届人民代表大会实有代表253人。根据市监察委员会主任崔加晶的提请，会议决定免去俞雪琴的市监察委员会副主任职务。根据市人民政府市长周军波的提请，会议决定任命沈洪为市经济和信息化局局长；程传保为市科学技术局局长；俞雪琴为市审计局局长；免去张东阁的市经济和信息化局局长职务；倪建锋的市科学技术局局长职务。根据市人民法院院长杨朝辉的提请，会议决定任命吴斐斐为市人民法院民事审判一庭副庭长；葛丰义为市人民法院民事审判二庭副庭长。根据市人民法院院长杨朝辉的提请，会议决定任命王菁、童国涛、翁月卫、高杰、林僖慧、高滟秋、顾芳中、丁兆杰、褚磊、曹晨怡、谢晓明、顾明喜、马宇文、林其法、曹华祥、黄伟慧、周盛专、周亚华、刘晓、倪晔、平秀芳、刘海萍等22人为平湖市人民法院人民陪审员。

市十六届人大常委会第四次会议于11月1—2日召开。会议学习《政府投资条例》。会议听取和审议市委常委、市监委主任崔加晶所作的《关于整治群众身边不正之风和腐败问题的专项工作报告》。会议听取市委常委、市人民政府常务副市长胡泓恬所作的《关于法治政府建设情况的报告》，结合市政府《关于国有土地上房屋依法征收工作情况的报告》和市人大常委会监察司法工委《关于政府部门行政执法案件办理质量评查工作五年情况的报告》进行审议。会议听取市教育局局长王郁春受市政府委托所作的《关于拟建东湖大道停车场及附属设施建设工程的报告》，市文旅体局副局长张军受市政府委托所作的《关于拟建平湖市全民健身中心改扩建工程的报告》。表决通过平湖市全民健身中心改扩建工程事项。会议听取和审议市发改局局长徐海飞受市政府委托所作的《关于2022年1—9月政府重大投资项目实施情况的报告》。会议听取和审议市府办主任沈锋受市政府委托所作的《关于2021年预算执行和其他财政收支审计整改情况的报告》，并开展满意度测评。会议听取和审议市财政局局长吴兰兰受市政府委托所作的《关于提请批准调整2022年市本级财政预算的议案》，表决通过市人大常委会《关于调整2022年市本级财政预算的决议》。会议听取市财政局局长吴兰兰受市政府委托所作的《关于2021年度市属企业国有资产管理情况的专项报告》，结合书面提出的市政府《关于2021年度全市国有资产管理情况的综合报告》进行审议。会议听取市人力社保局局长林国平受市政府委托所作的《关于就业促进工作的报告》，结合市人大常委会社会建设与民宗外侨工委《关于全市就业促进工作的调查报告》进行审议。会议听取市卫生健康局局长俞鑫岗受市政府委托所作的《关于我市公立医院高质量发展情况的报告》，结合市人大常委会教科文卫工委《关于我市公立医院高质量发展情况的调查报告》进行审议。会议听取平湖经济技术开发区管委会主任陈慧刚受市政府委托所作的《关于平湖经济技术开发区“十三五”期间政府及国有公司投资项目建设情况的报告》，结合市人大常委会钟埭街道（平湖经开）工委《关于平湖经济技术开发区“十三五”期间政府及国有公司投资项目绩效评价工作的调查报告》进行审议。会议书面审议市政府《关于加快村级集体经济发展工作的审议意见》办理落实情况的报告。会议接受王英辞去平湖市第十六届人民代表大会代表职务的请求，其代表资格终止。根据市人民法院院长杨朝辉的提请，会议决定任命吕贝莉为市人民法院审判员；唐静玉为市人民法院审判员；免去冯保忠的市人民法院审判员职务。

市十六届人大常委会第五次会议于12月23日召开。会议听取市交通运输局局长戚红炳、市退役军人事务局局长曹亮两位政府工作部门负责人作的述职报告，其余16名作书面述职（市经信局、科技局、公安局、自然资源和规划局、文旅体局、审计局、市场监管局局长任命不满半年，由所在部门进行工作报告）。会议组织常委会组成人员对18位人大常委会任命的政府工作部门负责人开展测评。会议听取市府办副主任苏海强受市政府委托所作的《关于市十六届人大一次会议代表建议办理情况的报告》，结合书面提出的市人大常委会代表选任工委《关于市十六届人大一次会议代表建议办理工作的调查报告》进行审议。会议对市十六届人大一次会议重点代表建议办理情况，开展满意度测评。测评结果为8件满意。会议听取和审议市委社会建设委员会专职副主任顾晓鸣受市政府委托所作的《关于市十六届人大一次会议大会议案（“扩中”“提低”行动）处理意见的决议》落实情况的报告。会议听取市城投集团副总经理凌苗所作的《关于拟建北河溇幼儿园工程的报告》，市教育局副局长柯忠明受市政府委托所作的《关于拟建南市学校改扩建工程的报告》《关于拟建百花小学改扩建工程的报告》。表决通过南市学校改扩建工程事项。会议书面审议市人大常委会《关于召开平湖市第十六届人民代表大会第二次会议的决定（草案）》。会议决定，平湖市第十六届人民代表大会第二次会议于2023年2月上中旬召开。会议书面审议市政府《关于进一步加强我市综合行政执法工作的审议意见》《关于进一步加强城区建设工程安全生产工作的审议意见》《关于曹桥街道景区村庄建设和运维工作的审议意见》《关于提升全市化工园区安全生产水平的工作建议》《关于进一步推动全市乡村振兴工作的建议》办理落实情况的报告。会议书面审议并表决通过市人大常委会《关于废止〈平湖市人民代表大会关于授予“平湖市荣誉市民”称号的办法〉的决定》。会议接受马志华、宋红伟辞去平湖市第十六届人民代表大会代表职务的请求，其代表资格终止。根据市人民政府市长周军波的提请，会议决定任命朱国强为市人民政府副市长（挂职），宋红伟为市文化和广电旅游体育局局长；免去王莉莉的市文化和广电旅游体育局局长职务。根据市人民检察院检察长陈定良的提请，会议决定任命方芳、潘金健为平湖市人民检察院检察员；免去陆秋萍的平湖市人民检察院检察员职务。

重要工作

【省人大常委会副秘书长陈安到平调研人大数字化改革】 2月23日，省人大常委会副秘书长陈安带队到平调研人大数字化改革建设情况。陈安一行实地查看人大代表当湖街道联络站建设情况，座谈听取嘉兴人大、平湖人大、平湖人大当湖街道工委及新仓镇人大的数字化建设情况并对平湖人大数字化改革工作成果表示肯定。

【省人大农业与农村委员会主任委员徐鸣华一行到平调研】 3月3日，省人大农委主任委员徐鸣华到平湖市农业经济开发区考察乡村产业发展、推进共同富裕情况。徐鸣华一行先后实地考察平湖农业展示馆、长三角草莓种质种源研究院、绿迹数字农业工厂和明月山塘，对平湖市乡村产业发展表示肯定。

【省人大常委会环资委副主任王挺革到平调研能源双控工作】 5月24日，省人大常委会委员、环资委副主任委员王挺革到平专题调研“双碳”背景下的能源双控工作。王挺革一行实地调研嘉兴赞宇科技集团，座谈听取企业负责人关于企业概况、能源双控情况和危废处置项目的介绍，及企业存在的困难和问题，并对平湖市的工作给予肯定。

【市人大理论与工作研究会举行四届一次会员大会】 12月7日，市人大理论与工作研究会四届一次会员大会举行。会议听取市人大理论与工作研究会三届理事会工作报告，选举产生新一届理事会理事22人。理事会会议选举蔡国平为四届理事会会长，陶明方、徐锦连、刘皆安、王国忠为副会长，陈结加为秘书长，陆邵栋为法定代表人。

（陆邵栋）

平湖市人民政府

综　述

【概况】 2022年，平湖市（不含乍浦镇）有乡以上人民政府6个。其中，平湖市人民政府1个，驻平湖市胜利路380号；乡（镇）人民政府5个。平湖市共设置党政机构37个，另设嘉兴市部门派出机构1个；事业单位247家。

（吴叶艳）

【人大议案、建议和政协提案办理】 2022年，市政府系统共归口办理建议提案391件（其中代表建议220件、政协提案171件），代表委员对办理结果满意率（含基本满意率）均达100%。经与代表委员沟通核实，政府系统办理完成的391件建议提案，共需解决问题1142项，其中，当年已落实事项805项、当年已开展事项209项。

重要会议

【市政府常务会议】 1月25日，市十五届政府举行第五十四次常务会议。会议审议并原则同意市发改局、经信局、财政局、建设局提交的《关于市委市政府拟表扬的企业及企业家名单的汇报》、市府办提交的《关于2022年政府工作报告（征求意见稿）和政府重点民生实事项目（讨论稿）起草梳理情况的汇报》、市发改局提交的《关于平湖市2021年国民经济和社会发展计划执行情况及2022年国民经济和社会发展计划草案的汇报》、市生态环境分局提交的《关于平湖市2021年度环境状况和环境保护目标完成情况的汇报》、市财政局提交的《关于2021年财政预算执行情况和2022年财政预算草案、2022年市级部门预算草案、2021年政府投资预算执行情况和2022年政府投资预算计划情况的汇报》。学习讨论应市急管理局提交的《关于传达学习全国安全生产电视电话会议精神的汇报》。

3月9日，市十六届政府举行第一次常务会议。会议集中学习《笃学践行习近平法治思想　全面推进更高质量法治政府建设》。会议审议并原则同意市经信局提交的《加强优质企业梯度培育助推制造业高质量发展实施方案》《平湖市制造业高质量发展“十四五”规划》、市文旅局提交的《平湖市加快推进文化体育事业发展若干政策意见》、市委宣传部提交的《平湖市促进文化产业高质量发展若干政策意见》、市生态环境分局提交的《平湖市生态环境保护“十四五”规划》、市卫生健康局提交的《平湖市卫生健康事业发展“十四五”规划》、市交投集团提交的《关于出资组建嘉兴市市域铁路投资有限公司的汇报》、市人力社保局提交的《关于调整我市工程建设项目工伤保险缴费费率情况的汇报》。

4月1日，市十六届政府举行第二次常务会议。会议传达学习全国、全省安全生产电视电话会议精神。会议审议并原则同意市发改局提交的《关于服务业领域惠企促发展的政策意见》《平湖市服务业发展“十四五”规划》《平湖市政府投资管理办法》、市政务数据办提交的《关于2022年度政府投资信息化项目情况的汇报》、市自然资源和规划局提交的《关于平湖市第三次全国国土调查情况的汇报》、市经信局提交的《平湖市“腾笼换鸟”整治提升三年行动方案》《平湖市2022年“腾笼换鸟”整治提升实施方案》《平湖市抗疫情稳增长的若干政策意见》、市交通运输局提交的《平湖市海河联运发展“十四五”规划》《平湖市综合交通运输发展“十四五”规划》、市综合执法局提交的《关于平湖综合行政执法处罚事项镇（街道）赋权的通告》、市自然资源和规划局提交的《平湖市林业发展“十四五”规划》。

4月20日，市十六届政府举行第三次常务会议。会议集中学习《中华人民共和国乡村振兴促进法》。会议审议并原则同意市农业农村局提交的《关于高质量推进乡村全面振兴勇当共同富裕“金平湖”新崛起典范的意见》《建立“1+8+N”共富体系打造强村富民标志性成果的方案（2022—2025年）》《平湖市未来乡村建设实施方案（2022—2025年）》《关于深入开展农业“双强行动”全面推动农业高质量发展的实施意见（2022—2025年）》《关于平湖市涉海涉渔领域安全生产“春雷行动”工作的汇报》《平湖市农业农村现代化“十四五”规划》、市水利局提交的《关于加快推进水利建设管理和发展的政策意见（修订）》、市发改局提交的《关于建设浙江省援沪防疫生活物资平湖中转站相关事宜的汇报》《关于助企纾困政策工作情况的汇报》、市卫生健康局提交的《关于拟建健康驿站的汇报》、市经信局提交的《平湖市租赁厂房（存量厂房及小微企业园）项目综合评价实施办法》《平湖市2022年“腾笼换鸟”整治提升实施方案》、市财政局提交的《平湖市政府产业基金管理办法》《平湖市财政专项资金管理办法》、市教育局提交的《平湖市教育事业发展“十四五”规划》、市农合联提交的《关于深化“三位一体”改革推进为农服务高质量发展助力共同富裕新崛起典范的行动方案（2022—2025年）》。

5月18日，市十六届政府举行第四次常务会议。会议集中学习中共中央办公厅、国务院办公厅印发的《关于推进以县城为重要载体的城镇化建设的意见》。会议审议并原则同意市府办提交的《平湖市人民政府工作规则》《2022年政府工作报告重点工作责任分解》、市应急管理局提交的《重点领域安全生产严管措施》、市自然资源和规划局提交的《调整平湖市被征地农民安置补助有关政策（试行）》、市建设局提交的《关于加快发展保障性租赁住房的实施意见》《平湖市公共租赁住房管理实施办法》《关于公布平湖市公共租赁住房租赁补贴标准的通知》、市市场监管局和商务局提交的《平湖市电动自行车综合治理集成改革工作实施方案》《平湖市关于鼓励备案非标电动自行车提前淘汰置换的实施方案》《备案非标电动自行车提前淘汰消费券发放和零售企业奖励工作方案》《关于扶持个体工商户纾困发展的若干政策》、市教育局提交的《平湖市推进面向共同富裕的教育改革发展试点工作实施方案》《平湖市规范民办义务教育发展专项工作实施方案》《关于平湖市学生课后服务工作经费管理使用指导意见的汇报》、市科技局提交的《平湖市科创企业贷款支持实施办法》、市商务局提交的《关于应对疫情冲击稳外贸的若干意见》《关于应对疫情冲击促消费的若干意见》、市文旅体局提交的《关于成立嘉兴市第十届运动会筹备委员会的汇报》、市司法局提交的《关于公布平湖市人民政府2022年度重大行政决策事项目录的汇报》、市统计局提交的《关于对在平湖市第七次全国人口普查中成绩突出的集体和个人给予行政奖励的汇报》、市农业农村局提交的《平湖市未来乡村建设实施方案（2022—2025年）》。

6月27日，市十六届政府举行第五次常务会议。会议集中学习《中华人民共和国职业教育法》。会议审议并原则同意市教育局提交的《平湖市“学历+技能”双提升若干政策实施意见（试行）》《平湖市规范民办义务教育发展专项工作实施方案》、市轨道交通建设指挥部提交的《关于拟建金山至平湖市域铁路（沪平盐城际铁路）有关情况的报告》、市交通运输局提交的《关于拟建228国道平湖独山港至林埭段改扩建工程的汇报》、市卫生健康局提交的《关于方舱医院二期建设工作的汇报》、市自然资源和规划局提交的《关于全面推进全域土地综合整治的政策意见》《关于调整平湖市被征地农民安置补助有关政策（试行）的通知》、市生态环境分局（美丽平湖办）提交的《2021年度广陈镇生态补偿工作考核结果》《2022年广陈镇生态补偿工作意见》、市残联提交的《平湖市残疾人共同富裕专项行动实施方案（2021—2025年）》、市财政局提交的《平湖市级行政事业单位房产集中统一管理分类处置实施方案》《关于平湖市2021年财政决算草案的报告》、市农业农村局提交的《平湖市坚持党建统领　高质量推进强村富民支持政策（2022—2025年）》、市审计局提交的《关于2021年度平湖市预算执行和其他财政收支的审计工作报告》。

7月20日，市十六届政府举行第六次常务会议。会议集中学习习近平总书记关于安全生产、对防汛防台的重要论述精神及《中华人民共和国审计法》《浙江省内部审计工作规定》、嘉兴市《关于建立健全审计查出问题整改长效机制的实施办法》，传达全国、省、嘉兴市安全生产会议精神，听取《上半年安全生产、防汛防台工作情况的汇报》《关于认真学习〈国家统计局关于督察浙江省防范和惩治统计造假弄虚作假情况的反馈意见〉和〈防范和惩治统计造假、弄虚作假重要文件汇编〉及下一步贯彻落实建议的汇报》。会议审议并原则同意市消防救援大队提交的《关于保障消防救援队伍职业待遇实施细则的情况汇报》、市司法局提交的《关于加快推进律师行业高质量发展实施意见的情况汇报》、市财政局提交的《关于平湖市政策性农业信贷担保服务创新实施方案的汇报》、市政务数据办提交的《关于2022年度政府投资信息化项目情况的汇报》、平湖经济技术开发区提交的《关于平湖经济技术开发区日本电产理德新建工程项目调整的汇报》和《关于日本电产汽车马达新能源汽车驱动电机旗舰工厂项目增补平湖市2022年政府及国有公司投资项目计划的汇报》、市文旅体局提交的《关于平湖市高质量推进公共文化服务现代化建设勇当共同富裕新崛起典范的实施意见的汇报》。

8月26日，市十六届政府举行第七次常务会议。会议集中学习习近平总书记关于统计工作重要讲话和重要指示批示精神。会议审议并原则同意市生态环境分局提交的《平湖市2022年大气污染物强化减排方案》、市商务局提交的《平湖市持续推动开放型经济稳定发展的若干政策意见》《关于商贸补充政策的汇报》《2022年利用外资工作考核办法》、市卫生健康局提交的《关于明确新征用隔离点房间价格等事项的汇报》、市科技局提交的《平湖市创新券实施管理办法》、市文旅体局提交的《关于平湖市全民健身中心改扩建项目工作的汇报》、市城投集团提交的《关于拟建北河溇幼儿园工程的汇报》、市财政局提交的《平湖市2022年新增地方政府债务限额及新增地方政府债券预算调整方案》《关于平湖市2022年上半年财政预算执行情况的报告》、市发改局提交的《平湖市“扩中”“提低”行动方案（2022—2025）》《关于平湖市2022年上半年国民经济和社会发展计划执行情况及下半年工作的报告》。

9月27日，市十六届政府举行第八次常务会议。会议集中学习《中华人民共和国食品安全法》。会议审议并原则同意市城投集团提交的《关于协议收购彩虹广场商贸综合体的汇报》、市发改局提交的《关于平湖市未来五年（2023—2027年）及2023年新开工重大项目谋划储备情况的报告》《平湖市重点用能企业用能预算管理办法（试行）》、市人力社保局提交的《关于加强人力资源市场监管的若干意见》《关于进一步完善平湖市城乡居民社会养老保险实施办法有关事项的通知》、市商务局提交的《平湖市促进粮食产业发展扶持政策（试行）》《关于鼓励电子商务高质量发展的若干政策意见(试行)》《关于聘请平湖市高级经济顾问（招商大使）的情况汇报》《关于平湖市招商功勋奖章评选结果的情况汇报》、市府办提交的《关于平湖市东湖之友奖章评选工作有关情况汇报》、市民政局提交的《关于表彰首届“平湖慈善奖”的汇报》、市文旅体局提交的《平湖市全民健身实施计划（2021—2025）》、市生态环境分局提交的《关于提高挥发性有机物源头替代补助政策的汇报》。会议传达学习全国安全生产会议精神、书面审议市应急管理局提交的《全市安全生产工作汇报》。

10月21日，市十六届政府举行第九次常务会议。会议集中学习《中华人民共和国科学技术进步法》。会议审议并原则同意市消防救援大队提交的《关于进一步加强消防组织建设的实施意见》、市发改局提交的《平湖市属国有企业投资建设项目管理办法》、市财政局提交的《关于〈平湖市市属国有企业管理办法〉修订情况的汇报》《关于2022年市级预算调整情况的报告》《关于平湖市2021年国有资产管理情况的综合报告》《平湖市2021年度市属企业国有资产管理情况专项报告》、市审计局提交的《关于2021年度平湖市预算执行和其他财政收支审计整改情况的报告》、市司法局提交的《关于进一步加强法治镇街道（法治政府）建设的意见》、市建设局提交的《平湖市建筑业振兴实施方案》、市经信局提交的《平湖市2022年内资招引暨经济合作考核办法》《关于大力开展“两化”改造、“两厂”建设　推进产业数字化、绿色化转型升级的实施意见》《关于出台平湖市加快生物医药产业高质量发展扶持政策的汇报》、市政务数据办提交的《关于2022年度政府投资信息化项目情况的汇报》、市农业农村局提交的《平湖市数字农业农村发展“十四五”规划》。

11月15日，市十六届政府举行第十次常务会议。会议集中学习《浙江省消防条例》。会议审议并原则同意市税务局提交的《平湖市深化调整城镇土地使用税政策促进土地集约节约利用工作实施方案》、市发改局提交的《关于进一步优化提升我市营商环境的情况汇报》、市建设局提交的《平湖市人民防空工程国有资产使用管理细则》《关于平湖既有住宅加装电梯实施意见的汇报》、市自然资源和规划局提交的《平湖市建设用地指标管理办法》、市人力社保局提交的《关于实施新时代金平湖工匠培育工程的意见》、市市场监管局提交的《2022年平湖市市长质量奖评审工作情况汇报》、市卫生健康局提交的《关于南市医疗服务中心工程量变更情况的汇报》《关于校地共建嘉兴学院附属平湖中医院的汇报》。

12月1日，市十六届政府举行第十一次常务会议。会议集中学习《中华人民共和国反垄断法》。会议审议并原则同意市财政局提交的《关于参与嘉兴银行增资扩股工作的情况汇报》《关于参与组建平友港务公司和海河联运公司的情况汇报》《关于参与组建联沪铁路公司的情况汇报》、市市场监管局提交的《平湖市知识产权专项资金奖励实施办法》《关于进一步完善全市农贸市场长效管理机制的实施意见》《关于落实食品安全“两个责任”相关工作的汇报》、市文旅体局提交的《平湖市创建浙江省体育现代化县（市、区）工作实施方案（2022—2024年）》。

12月22日，市十六届政府举行第十二次常务会议。会议听取市消防救援大队提交的《关于平湖市冬春季节消防安全形势分析及对策建议》、市城投集团提交的《关于城投大厦土建工程变更事项的汇报》。会议审议并原则同意市杆线整治办提交的《平湖市农村杆线整治行动方案（2023—2025年）》《平湖市农村杆线整治长效管理办法》、市发改局提交的《关于2023年政府及国有公司投资项目计划安排的汇报》、市交通运输局提交的《“金平湖·畅行券”实施方案》、市自然资源和规划局提交的《关于全市农民建房用地安排情况的汇报》《平湖市国土空间规划委员会议事规则》、市生态文明创建办提交的《平湖市城乡河道保洁工作实施方案》、市建设局提交的《关于梅园北村地块实施房屋征收的决定》、市财政局提交的《平湖市国资监管和市属国企整合提升方案》。

（蔡冬晓）

政府法治工作

【概况】 2022年，全市学习贯彻落实习近平法治思想，根据上级党委政府关于法治政府建设决策部署，推进“法助共富、法护平安”建设，深入开展“在‘浙’里看见法治中国·平湖”实践，成功创建“全国法治政府建设示范市”。

【党的领导核心作用】 深入开展习近平法治思想学习宣传贯彻“八进”活动，覆盖169场次、3.8万人次。市委常委会、市政府常务会议专门听取法治政府建设工作汇报，专题部署“全国法治政府建设示范市”创建工作。把学法作为市委常委会、市政府常务会议“第一议题”，开展《习近平关于依规治党论述摘编》等会前学法23次，领导干部法律素质测试合格率100%。推进党政主要负责人履行推进法治建设第一责任人职责，市委书记仲旭东作为县市区代表带头述法，推动53位部门、镇街道“一把手”专门述法。

【政府职能向优转变】 推进“就近办”“主动办”“助老办”“刷脸办”，线上线下推出“测试合一”“交地即施工”“交房即领证”，93%以上依申请政务服务事项实现“一网通办”，编制完成镇街道政务服务清单，持续拓展延伸182个服务网点，将交通、人力社保纳入综合受理，开展“十万银龄”网上行活动，服务3.1万名老年人。支撑数字化改革重大应用，长三角社会治理、纠纷多元化解、法交宝被纳入全省数字化改革“一本账S2”。十情图、法交宝、城市慧治等9个应用被列入省数字法治系统“一本账S3”，启用政法一体化智能快办中心，办案效率提高60%。搭建公积金公益诉讼专项监督模型经验做法获副省长高兴夫批示肯定，征迁财产执行全周期一件事参加全国政法智能化建设创新案例评选。出台首违免罚及减轻处罚事项清单2批共233项，涉及14个部门。打造“民生法援”品牌，受理法律援助案件1799件，法律帮助案件1051件。

【行政决策规范程序】 公布实施《平湖市人民政府2022年度重大行政决策事项目录》，实现市政府、部门、镇街道重大行政决策目录化管理率100%。突出民生决策导向，将“全民健身实施计划”“未来乡村建设实施方案”等涉及百姓日常生活的决策列入事项目录，严格落实法定程序，提升行政决策科学化、民主化、法治化水平。紧抓全省合法性审查与行政裁决“最佳实践”培育试点，以思维导图系列助推合法性审查标准化建设，实现审查机构、队伍、范围、内容、流程标准化运作。2022年，共审查市政府及市府办行政规范性文件38件，意见采纳率提升至90%以上，推进合法性审核从“有形覆盖”到“有效覆盖”。建立“规范＋教育”多元服务、“内部＋外部”联动服务和“点单＋派单”精准服务机制，全市政府法律顾问全年参与合法性审查等法律事务3800余次，深入推进党政机关法律顾问制度规范高效有序运行。

【行政执法质量水平提升】 厘清24个部门、26个领域共1832项执法事项，赋权镇街道118项高频执法事项，采取派驻联系模式，下沉执法人员387名，占比68%。全年，开展“综合查一次”执法检查1162家次，办理案件3117件，镇街道赋权案件593件。探索长三角社会治理、跨省域“一支队伍管执法”新模式，沪平两地已开展联合执法160余次，移交跨省违法线索88次，办理跨区域案件64件。深化巩固行政执法“三项制度”，聚焦执法源头、过程、结果等关键环节，做到执法信息公开透明、执法全过程留痕、执法决定合法有效。组织开展行政执法“三项制度”专项监督检查，全年开展执法公示情况网络检索50次，实现34个行政执法部门和8个镇街道制度建设全覆盖，确保行政执法“三项制度”落实落细。印发《平湖市行政执法案卷评查制度》，创新“现场抽查＋复查复核＋现场通报”模式，通过线上线下评、部门联合督、镇街道交叉查等方式，全年，评查行政处罚案卷689件，镇街道承办案件764件，线上监督抓取线索104个，整改104件，覆盖市综合执法、卫健、市场监管、生态环境、交通运输等重点执法部门和民生领域。

【行政权力制约监督】 深化行政复议体制改革，提升规范化建设水平，通过“线上+线下”方式，受理人民群众的复议申请，累计办理行政复议案件86件，审结75件，调解率44.9%，纠错2件。强化行政应诉工作，全年，行政诉讼73件，审结63件，调解38件，行政机关负责人出庭应诉率100%，行政诉讼败诉率1.59%，实现“三连降”。将政务公开纳入目标责任制绩效考核，发挥政务公开在建设法治政府、服务型政府等方面的促进作用，推动政府决策和管理服务透明规范化。2022年，经市政府门户网站主动公开各类政府信息3.6万余条，办结政府信息公开申请223件，未出现政府信息公开工作责任追究情况。

【经济社会平安稳定】 发布疫情防控“企业合同实务指引20条”“企业用工操作指引20条”。深化市场主体法律顾问服务网格化全覆盖，开展“千所连千会”“百名律师联百企”活动，为企业提供法治体检1500余次。出台《律师行业高质量发展实施意见》，律师万人比从2.44增至2.98，列嘉兴五县市首位。出台《平湖市关于深入推进法治社会建设的实施意见》，“金平湖·法治里”推出“普法365，月月有精彩”系列专项35场，发布“法治里·说法”微视频36期。启动“金平湖·新少年”法治素养提升专项行动，建成全市首个大型法治文化园，建成新仓1955法治小镇、“钟溪棹歌·隐世田园”法治乡村精品线。沈家弄村获评第九批“全国民主法治示范村”，省级以上民主法治村（社区）占比达58.7%，列嘉兴第一。成立全省首个“息事无讼”研究中心，发布“息事无讼·平和调解”品牌，建立窗口直接引调、诉前引调分流制度，成功调处纠纷6885起，涉及金额超3亿元。市矛调中心专职调解员受理调解1827件，成功化解1201件。指导4家省级金牌调解工作室、“息事无讼”省级“金口碑”区域人民调解创建申报。

（张冯跃）

经济体制改革

【概况】 2022年，经济体制改革领域各方面进一步向纵深推进。全面接轨上海融入长三角，制定《平湖市全面接轨上海融入长三角一体化发展2022年工作要点》，锚定“虹桥金南翼浙江第一站”定位，聚焦聚力“四个一批”建设。金山至平湖市域铁路先行段开工建设，20个一体化标志性项目全年完成投资68亿元。援沪生活防疫物资中转保供等9项体制机制破难事项取得突破。发布实施全省首个县市区虹桥国际开放枢纽南向拓展带建设方案。获2022年度省推进长三角一体化奖补资金1400万元，成为全省唯一一个在最佳实践和一体化合作平台上均获奖补资金的县市区。“平湖—金山共推田园五镇建设”入选虹桥国际开放枢纽建设一周年创新实践案例。“2022虹桥国际开放枢纽南向拓展带平湖项目合作推进会”在上海虹桥成功举办。优化营商环境建设，出台《2022年平湖市营商环境优化提升行动实施方案》，持续深化改革，提升市场准入准营效率，推进商事登记制度改革，以3月1日《市场主体登记管理条例》正式实施为契机，推进登记制度改革，简化注册审批流程，推动“证照分离”改革，继续实行企业开办“一日办”工作；落实国家市场准入负面清单制度、外商投资准入负面清单和鼓励外商投资产业目录，实行外商投资促进和便利化政策，畅通负面清单以外的事项办理渠道，严格落实“全国一张清单”管理要求；打造平湖市“测管家”应用服务，围绕建设项目供地、规划、设计、建筑许可、竣工、监管等环节，完善综合测绘数据流转机制，创新实行工程建设项目测绘“一次申请、协同联办、掌上查询”，通过测绘成果集成和数据互联互通，辅助在报、在建、在验项目精细化审批和一体化验收；秉承“一窗受理，集成办理”的服务宗旨，打造公用事业集成服务“一窗受理平台”；不动产登记“一件事”优化提升，拓展民间金融组织抵押联办、公积金抵押、“无感知”抵押注销等一件事，并将涉企抵押纳入网办范围；优化服务流程，提升营商办事便利度，持续加大电子税务局、浙江税务App的推广力度，引导纳税人通过网上办、掌上办等“非接触式”便利方式纳税缴费；围绕“互联网+公共资源交易”，实现办事审批“零次跑”；推进买卖合同纠纷案件诉前化解、立案、审理、执行各阶段、全流程统筹运营，提升买卖合同纠纷审执整体质效；落实分级分类诉调对接机制，打造“善调基层诉源治理”模式。加快推进平湖市省制造业高质量发展改革试点，“1212”特色产业2022年实现产值1261.99亿元，同比增长9.7%，数字制造业规上企业实现产值386.46亿元，同比增长11.1%，入选省级节能和新能源汽车先进制造业集群协同区、省级高档数控机床“新星”产业群等；开展“腾笼换鸟、凤凰涅槃”攻坚战、筑巢行动，出台《平湖市“腾笼换鸟”整治提升三年行动方案（2022—2024年）》，曹桥非织造两创中心成功创建省级数字化示范小微企业园，新开工制造业平台7个（含分期建设），新（改、扩）建成制造业平台7个（含分期建设）。加快构建高能级科创平台体系，加快推进明湖科创湖区（平湖“壹号湾”）建设，启动湖区规划方案编制，推进国际科创岛一期相关工作。上海交大平湖智能光电研究院申报省级尖兵领雁计划指南5项，浙江工业大学平湖新材料研究院与14家企业签订合作协议，杭州电子科技大学平湖数字技术创新研究院12月正式揭牌。中标院长三角分院投入运营，智能网联汽车OTA大数据云平台完成一期建设工程，初步具备1000万辆车的OTA数据存储和分析能力。

【两镇建设】加快推进两个省级特色小镇2.0建设，平湖光机电小镇，2022年，实现投资额9.95亿元（不含房地产），其中特色产业投资8.57亿元，特色产业投资占比86.1%。小镇现有高新技术企业24家，科技型中小企业81家，建有5个创业创新服务平台，包括国家级和省级孵化器各1家、国家级众创空间2家，初步形成以科创中心为核心的科技孵化平台体系。小镇提升平台能级，成功开发“E企通平台”，实现“最多跑一次”改革清单全覆盖。小镇已全域创建成为AAA级旅游景区。平湖国际游购小镇，2022年，实现投资额2.19亿元（不含房地产），其中特色产业投资1.87亿元，特色产业投资占比85.39%。拥有国家级高新技术企业2家、省级科技型中小企业5家。小镇以国际进口商品城为特色，已全域创建成为AAA级旅游景区。拥有嘉兴市级孵化器1个，获浙江省电子商务产业基地称号。

【小城市培育试点】新埭镇，2022年实现生产总值49.41亿元，可比增速4.8%。实现财政总收入3.99亿元，同比下降19.6%。润泽大数据、大族、唯酷光电、蕊源半导体等一批项目落地，德耐尔、盯盯拍、联杰科技、汉粤等一批企业建成投产，数字经济核心制造业产值占规上工业产值比重从1.41%上升到22.71%。200套人才公寓完成建设，1500套人才公寓、科创园等园区开发重点项目实现开工建设。建成全市首个网络文化公园、全市首家乡村“复兴少年宫”、新时代文明实践所、同心家园、侨之家、乡贤会馆、天心书房等标志性宣传文化阵地，创建五星级和四星级文化礼堂各1家。建成嘉兴市美丽河道2条；建立完善垃圾分类收运处置体系，建成并运营蓝洁生态环境中心、工业固废收储中心、农业废弃物处置中心。在全市率先运作社会矛盾纠纷调处化解中心，获评司法部“坚持发展‘枫桥经验’实现矛盾不上交试点工作表现突出集体”。建设张江长三角科技城能源数据治理实验室应用场景。新仓镇，2022年，全镇实现生产总值48.28亿元，同比增长4.6%，实现公共财政总收入4.16亿元，同比下降22.5%。提升城乡品质风貌，实现城乡融合发展，安桥社区养老场景入选浙江首批共富基本单元，成功创建“省治违控违示范镇”。生态治理重质效，创建为嘉兴市“水美乡镇”。三叉河村成功创建省级高标准农村生活垃圾分类示范村，石路村、新仓医院入选嘉兴市级“无废细胞”。推进社会保障，获评浙江省“健康镇”。法治建设更加完善。推进法治阵地建设，石路村、秦沙村和新庙社区成功创建省级“民主法治村（社区）”。

（赵中尤）

外事工作

【概况】2022年，全市审核各类出访团组7批19人次。出访5批13人次，其中自行组团3批8人次、上级组团2批5人次。

【重要到访】6月13日，省外办党组成员、副主任陈艳勤率队到平调研，先后到科世科汽车部件（平湖）有限公司、德西福格汽车配件（平湖）有限公司举行座谈，听取企业诉求，就企业所面临的问题提出解决建议，提振企业发展信心。嘉兴市外办党组书记、主任沈文平，平湖市委常委、副市长戴振等陪同调研。

10月13日，新加坡驻沪总领事馆商务处、新加坡企业发展局中国司华东区主任侯伟光、新加坡企业发展局中国司华东区商务经理赵亚春一行到平湖考察，嘉兴市外办副主任庄玉娥等人陪同。新加坡驻沪总领事馆商务处侯伟光一行先后考察农业展示馆、农业科创中心、中以设施农业示范园、东郁国际植物新品种研究院等地，详细了解平湖农开区在农业食品科技方面的发展成果和未来趋势，双方表示要加强联系，促进新加坡农业企业与平湖农开区的沟通交流，加快相关科学技术的相互学习。

12月1日，省外办党组成员、副主任王红威率队到平调研，先后走访景兴纸业股份有限公司、嘉吉食品科技有限公司，就外办助力经济稳进提质做好相关服务听取各方意见建议。嘉兴市外办党组书记、主任沈文平，嘉兴市外办党组成员、副主任陆震，平湖市委副书记、市长周军波，平湖市委常委、副市长戴振等陪同调研。

10月13日，新加坡驻沪总领事馆商务处调研组一行到平湖考察

（市外事办　供稿）

【重要活动】2月3日，平湖市举办在平外籍友人迎春活动，邀请来自4个国家的外籍教师共同体验“非遗”剪纸及书法，感受中国传统新春喜气。

9月22日，2022中国·平湖西瓜灯文化节开幕式暨投资贸易洽谈会举行。开幕式上邀请驻沪使领馆、外国驻华机构和商会、协会代表，国际知名投资咨询机构负责人，东湖之友、招商功勋奖章获得者、受聘高级经济顾问（招商大使）及重点企业客商、嘉宾等约190人出席。并进行2022年平湖市“东湖之友”“招商功勋”

9月22日，平湖驻德国招商代表处揭牌仪式举行

（市外事办　供稿）

授奖，平湖市人民政府高级经济顾问聘任，索伦·达卢姆·田戈德、山上宜男、王安廷、陈旻、施博安等5位外国友人在平湖市西瓜灯文化节上获表彰和聘任。同时，开幕式采用“现场参会+视频连线”的形式，在德国设立分会场，举办设立在北威州特罗斯多夫市的平湖驻德国招商代表处揭牌仪式，邀请德国巴伐利亚经济投资促进局、联邦德国经济发展与外贸协会、德国工商会慕尼黑分会、中德科技产业园及宝马汽车集团等重点企业代表20余人出席，同步宣传推介平湖市区位优势和投资营商环境。

11月16日，嘉兴、平湖两级外办在平湖联合举办APEC商务旅行卡宣介及受理活动，吸引近20家企业到会参加，现场受理申请材料30多件。嘉兴市外办副主任陆震等出席活动并为企业释疑解答。

（陈敏）

侨务和港澳工作

【概况】 2022年，平湖市侨务部门围绕全市中心大局，努力开拓侨务工作新局面。平湖市侨联获评全省侨联系统侨务工作先进集体，平湖市侨联基层组织建设工作经验材料被省侨联基层侨联工作交流内刊第一期录用，“平小侨”获评嘉兴市委统战部十佳同心品牌。推进侨联基层组织建设进入3.0阶段，平湖全域基层“侨之家”“新侨驿站”“侨界创新创业基地”等阵地以“平小侨”为形象代言，将“平小侨”的亲和元素融入为侨服务中去。年内，做好香港、澳门联谊联系工作。

【第九次侨代会】 5月18日，召开平湖市第九次归侨侨眷代表大会（九代会），全市归侨侨眷代表、特邀代表和嘉宾等近100人参加开幕式。大会总结平湖市第八次归侨侨眷代表大会起的工作，明确工作的指导思想和目标任务，宣读平湖市获评2021年度浙江省侨联系统“星级侨胞之家”单位名单，表彰平湖市2017年至2021年侨联系统先进集体、侨联工作先进个人及侨界抗疫先进个人。大会选举产生平湖市侨联第九届委员会委员、主席、副主席、秘书长，夏洁弘当选新一届平湖市侨联主席，汪潇云、王群鸥、陆丹恩、夏竹青、张永杰当选副主席，江彦当选秘书长。平湖市侨联九届委员会聘请王超等10位海内外顾问。

【侨心向党】 引领全市侨界深入学习宣传党的二十大、中央统战工作会议、省第十五次党代会等重大会议精神，组织侨界代表人士热议并交流心得体会。推荐市留学归国杰出青年代表覃清硖、市侨联委员王钰参加“喜迎二十大·奋进新征程”嘉兴市爱国奋斗系列宣讲活动。市侨联挂职副主席王群鸥获全省侨联系统“侨心向党·跟着总书记读好书”讲书大赛二等奖。市侨界青年代表张天伦获嘉兴市侨界学习党的二十大精神演讲比赛二等奖。平湖市侨缘书画社在省级、嘉兴市级“喜迎二十大”系列书画篆刻作品展中参展作品的件数和质量均位居嘉兴各县市区前列。

【侨界法治宣传教育活动】 7月28日，举办“侨助共富　法润未来”平湖市侨界法治宣传教育活动启动仪式暨“平小侨”IP形象发布活动，发布融合侨联形象元素和平湖城市特色的“平小侨”IP形象，发布“八五”普法为侨服务项目，聘请平湖市涉外法律顾问，举办“平小侨·说法”法

7月28日，“侨助共富　法润未来”平湖市侨界法治宣传教育活动启动仪式暨“平小侨”IP形象发布活动举办　（市侨联　供稿）

律讲座。探索建立“司侨联动”涉侨诉源治理工作体系，建设“1+1+N”（省侨联法顾委平湖工作站+“侨之家”+N个涉侨阵地及法治公园、法治长廊）法宣阵地，组建百名律师服务团，开设“平小侨维权法律服务”微信小程序，提供“7×24小时”专属法律服务。

【“绽放多彩青春·携手共向未来”嘉港青年平湖行伙伴活动】 6月25—26日，举办“绽放多彩青春·携手共向未来”嘉港青年平湖行伙伴活动，30余名浙江旅港青年和平湖市归国留学青年代表参加活动。活动向旅港青年推介和解读平湖市创业创新环境和人才政策，为旅港青年交流“与祖国共成长、与香港共发展”故事提供平台。浙江旅港青年会与嘉兴市欧美同学会平湖分会结成青年伙伴关系。浙江旅港青年在平湖期间参观平湖市城市展示馆、李叔同纪念馆、智创园、长城汽车平湖工厂，体验曹桥街道赛艇小镇的团建活动。

【侨联基层组织建设推进会暨侨务干部培训班举办】 11月24—25日，举办平湖市侨联基层组织建设推进会暨侨务干部培训班，平湖市侨联第九届委员会委员、各镇街道党委委员、全市侨联组织负责人等近50人参加。会议肯定全市基层侨务工作成绩，部署下一阶段的重点工作，表彰2021年度全省侨联系统获评“星级侨胞之家”的单位，各镇街道介绍一镇一品基层侨务亮点工作。为期两天的培训班安排学习贯彻党的二十大精神、国际形势与分析、新时代侨务工作探索和实践、秀洲区侨联组织阵地建设现场教学等课程。

【“侨助共富”行动启动】 5月18日，在平湖市九代会上发出侨界同心助力共同富裕倡议书，立足侨联实际，探索实施侨界“五聚五富”五年行动。引导侨团（企）和侨界爱心人士参与省侨联“千个侨团（企）扶千村”活动，促成平湖·缙云海创共富联盟在缙云县溶江乡的农文旅综合体+电商平台项目，项目负责人浙江省侨界青年联合会副会长、平湖市侨联委员、精算企汇（嘉兴）园区管理有限公司董事长王钰受邀参加“创业中华·侨助共富”2022百名侨商龙游峰会的结对仪式。在嘉兴市侨界实施“侨助共富”行动启动仪式上，王钰的项目作为“千个侨团(企)扶千村”项目进行签约，嘉创智谷新仓远景产业园被授予嘉兴市侨界共富基地称号。

6月24日，“绽放多彩青春·携手共向未来”嘉港青年平湖行伙伴活动举行
（市侨联　供稿）

【平湖籍海外英才故乡行活动】 2月10日，邀请中科院上海原子核研究所原研究员周善铸、时任美国侨报新泽西州主任张立春、旅美药物化学博士戈平、侨商冯哨球等多位平湖籍海外英才回平，重拾故乡情、领略新发展，为他们发挥各自领域的专业优势，在科技创新、文化交流、中外合作、对外贸易等方面积极参与融入家乡发展、助力家乡建设筑起桥梁。

【林书豪公益慈善项目】 10月12日，在平湖市海外乡贤、美籍华裔篮球运动员林书豪的牵线下，特步集团通过中国下一代教育基金会“爱启航”公益项目向平湖市3所学校赠送衣物3700多套，并在平湖市新仓中心小学举行特步“爱启航”特别成长计划赠送仪式。林书豪公益慈善项目执行方，以关爱服务流动及困境儿童为切入点，就“书豪在城长宝藏小屋”项目在平湖市的实施与执行开展调研。

【传统节日暖侨系列活动】 春节、中秋节前夕，开展“浙里有爱·四海迎春”新春慰侨活动、“今年中秋不回家·侨干代您看家人”暖侨系列活动等，通过走访侨界独居、困难老人和重点人士及召开“侨之家”微聊会（联欢会）、传递一封家书、寄送一份礼包等形式向全市归侨侨眷送去佳节问候。

【澳门工作】 配合澳门嘉兴同乡会做好在澳门平湖籍乡亲的联络联谊工作，支持平湖职中与澳门创新中学缔结为友好姐妹学校，共建教育合作关系。

（江彦）

涉台工作

【概况】 2022年，接待来访台胞2批次200人次。全市共有台资企业84家，总投资15.0亿美元。新增台资项目（增资项目）4个，总投资0.4亿美元。积极申报创建嘉兴市级对台交流基地。

【对台基础工作保障机制】 优化调整市委对台工作领导小组，在原有对台工作领导小组组织架构上，增加市委组织部、应急管理局作为成员单位，强化资源整合，形成工作合力。修订《平湖市涉台突发公共事件应急预案》，建立健全全市涉台突发公共事件应急制度。落实省级重大涉台矛盾纠纷处置销号工作，成功协调化解“台胞郑金图向台办致信求助”事宜。帮扶解决在平湖台胞台商及随行家属在劳动就业、教育升学、医疗服务、养老保障等方面的民生事件30余起，妥善处置一起台胞意外死亡善后事宜。

【台资产业高质量发展新集群】 7月18日，浙江·台湾周嘉兴专场共签约台资项目11个，总投资11.03亿美元，全市有4个项目现场签约；5家台资企业参与“海峡两岸（嘉兴）产业博览会”产品展；7月22日，举办“台企制造业高质量发展论坛”，揭牌成立嘉兴市台湾同胞投资企业协会智能制造专委会，助力全市及周边地区台商的交流联络与经贸合作。2022年，在平湖市三级干部大会暨“提质提效年”动员大会上，南六企业、川源公司等5家优质台资企业获通报表彰；4月19日，纳狮新材料有限公司在全省制造业高质量发展大会上获表彰；信易电热机械有限公司获“中国专利奖”。2家台资企业进入平湖市上市后备库。成立“专精特新”服务联盟，出台优质企业梯度培育实施方案、减税融资扶持政策。信易电热、宝绿特公司正积极筹备争取入选省级“专精特新”企业名单。

【两岸融合交流发展新平台构建】 打造“垒球交流金名片”。通过垒球活动吸引周边地区台胞台商240多名，全年累计开展台胞台商垒球活动100多次，参与台胞台商1000多人次。5月18日，在嘉兴市对台工作会议上做典型发言。推进亲商安商措施落实落细，持续深化两岸融合发展，召开台商联谊会工作会议2次，举办台联会理事会活动3次；鼓励在平台商台企以“主人翁”的姿态积极参与平湖经济社会发展各项事业，举行平湖市台商联谊会对平湖技师学院捐资助学、支持疫情防控物资保障捐款捐物等活动，在平湖台商全年累计捐款捐物价值90多万元。

（陈伟）

大数据服务

【概况】 2022年，市大数据中心以数字化改革为抓手，提升政务治理科学化、精准化、协同化水平，围绕两化平台建设、金平湖数字创新应用实验室、规范项目管理、全域智治服务、新冠疫情防控、安全体系建设等重点任务开展工作。全省首创“感智汇”入围全省“一地创新、全省共享”“一本账S0”名单，获第二届中国新型智慧城市创新应用大赛数字基建一等奖，被列入全省数字化改革基层智治大脑“最强大脑”清单，入选省基层智治系统第一批典型应用案例，《政务感知中台数据接口技术规范》成为嘉兴地方标准，“安全运营中心”获评嘉兴市数字化改革网络安全优秀入围案例。

【两化平台建设】 归集各镇街道、部门在履行职责过程中获取的数据资源，按照嘉兴一体化智能化公共数据平台标准化、规范化要求，完成归集编目库表912张，归集90个系统5.2亿条数据。开展数据治理、本地数据与回流数据融合开发利用工作，不断完善人口、法人等关系模型，开发党建专题库、共富专题库，为平湖疫情防控、应急指挥、城市管理及基层治理提供数据支撑。推进应用及共性组件上架IRS（一体化数字资源系统），形成全市信息化项目“一本账”，全年，共上架应用90个，上架感知资源共享指数测算、人员亲属关系图谱分析、公共资源（不动产）价格评估、核酸比对等组件，其中价格评估、核酸比对组件推广至海盐、临安等地使用。

【金平湖数字创新应用实验室】 11月，在星耀南湖·金平湖数字创新应用实验室峰会上，以“感数智·向未来”为主题，通过“主旨演讲+战略合作+成果发布+项目转化+专家论坛”的形式，联合数字化领域的院士团队、专家学者、科研机构及大数据知名企业，孵化、转化、推广一批具有平湖辨识度的数字化创新项目、业态、技术转化及成果。完善金平湖数字创新应用实验室工作机制，截至12月底，实验室共孵化12个研究课题，其中6个完成结题，形成1项专利，4个实用模型，多篇研究型论文成果，2个课题转化落地成为本地数字化改革项目。

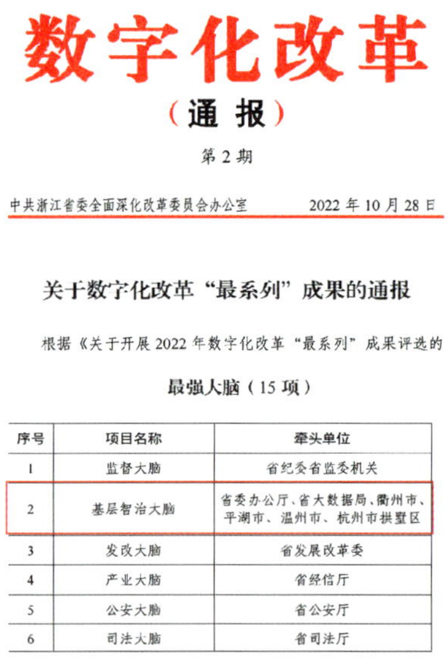
数字化改革
（通 报）
第2期
中共浙江省委全面深化改革委员会办公室 2022年10月28日

关于数字化改革“最系列”成果的通报

根据《关于开展2022年数字化改革“最系列”成果评选的

最强大脑（15项）

序号	项目名称	牵头单位
1	监督大脑	省纪委省监委机关
2	基层智治大脑	省委办公厅、省大数据局、衢州市、平湖市、温州市、杭州市拱墅区
3	发改大脑	省发展改革委
4	产业大脑	省经信厅
5	公安大脑	省公安厅
6	司法大脑	省司法厅

2022年10月28日，“基层智治大脑”入选《关于数字化改革“最系列”成果的通报》最强大脑名单 （市政务数据办 供稿）

【项目规范管理】 围绕项目申报、预审、建设、验收、评价等信息化项目全生命周期管理，优化项目审批管理流程，加强项目监管。出台《平湖市政府投资信息化项目建设管理办法（修订）》、全市视频感知类项目建设规范，推动县域基层智治一体化统筹建设新模式，形成建设模式突破、感知网共享模式突破、系统开发模式突破。2022年，预审通过项目149个。对2021年度133个项目进行绩效评价，推动数字化改革项目实战实效。

【全域智治服务】 创新打造“感智汇”全域智治感知融合服务应用，为全市各部门提供应用服务、感知资源服务、算力算法服务和事件消息分发服务。截至12月底，接入视频监控3.5万路、各类传感设备2.4万路，归集感知及政务数据5.2亿条，各类应用共享设备13万台次，49种算法共被调用202万次。快速赋能支撑“十情图”“晓海讯”“城市防内涝”“智慧园林”等35个本地数字化改革场景应用。5月，获评省基层智治感知网建设试点，积极推动基层智治感知网理论研究和建设经验总结，建立健全基层智治感知网建设标准集。《政务感知中台数据接口技术规范》通过嘉兴地方标准评审，《基层智治大脑感知网建设指南》标准完成省级标准立项。

【新冠疫情防控】 疫情期间，利用全省精密智控运维平台，开展精密智控数据分析，支撑全市疫情防控工作，配合做好区域协查。提供健康码咨询服务，协助镇街道、社区，将健康码相关问题进行分类处理答复。联合市卫健局打造“平和码”智慧防疫系统，助力外防输入、内防反弹，实现各类保障物资转运实时追踪。

【安全体系建设】 建设安全运营中心，建立数据安全监控预警、信息通报和应急处置机制，实现网络及数据的安全可控。实施公共数据条例宣贯，推进信息系统分类分级、等保测评及密码测评。积极应对各级政务网护网攻防演练，严格执行重大会议期间安全重保值守，在护网和安全重保工作期间，封禁的外部攻击源地址超过500个。加强自查闭环处置，全年，自主发现并下发处置高危端口、违规外联等安全隐患521

个，发布安全月报 12 期。加强对政务云资源的审查管理，全年，审查核减部门新申请的政务云资源共计 70 核 CPU、248GB 内存、8.8TB 云硬盘，关闭不使用的政务云主机 40 台，共计 316 核 CPU、1000GB 内存、31TB 云硬盘，节省专项资金 70 余万元，有效提升政务云资源合理使用效率。

（倪瑾君）

政务服务

【概况】 2022 年，市行政服务大厅共办理各类事项 55 万件，进驻事项实际办理时间比法定时间提速 71.11%，镇街道便民服务中心共办理各类事项 43.08 万件。“无感知”清贷解抵一件事、试点工程建设项目监管验收服务集成改革，被评为 2022 年半年度嘉兴市优化营商环境“十佳案例”。

【无差别综合受理】 推进“受办”分离改革，实施“前台综合受理、后台分类审批、统一窗口出件”2.0 政务服务新模式。开展“周培月考”，扩大受理范围，将交通、人力社保高频事项纳入综合受理。探索综合受理（收件）业务培训标准化，在市人力社保、公积金、不动产、民政、市场监管等高频相关 2.0 事项实现“一事一档”。

【“金管家”企业服务】 实施图审一件事改革，建立预审联动机制，新增涉及城乡建设、市政、园林、物业、人防等部门科室 25 条审查内容，推动施工图一件事审查的跨部门、跨业务综合集成创新。全省率先开展集成验收系统实体化项目运行，实现企业实时在线查阅项目各个环节，2022 年，集成验收共办理 31 个，通过集成验收机制快速高效服务多个重大民生工程和招商项目。深化“金管家”组团服务，为企业项目提供“一对一”项目审批组团现场服务。

【“就近办”服务体系】 编制完成镇街道政务服务清单，持续做好公积金等高频事项下沉，社保、医保“就近办”月办件量达 1.5 万件。设置“三警合一”公安综合窗口，全年，已受理 3.5 万余件，同比上升 30%。持续拓展延伸服务网点，布局 182 个点位。

【“适老化”服务】 开设“老年人办事绿色通道”，将预约服务、延时服务、容缺受理等服务模式延伸到老年人服务。增设“适老化服务专窗”，配备“敬老服务专员”，为老年人提供引导、咨询、取号、填报资料等“一对一”帮办服务。推动涉及老年群体的高频政务服务事项向镇街道，延伸组建代办服务队，为身体不便有特殊需求的老年人提供上门服务。以镇村便民服务中心（站）+ 服务小分队 + 志愿者等形式，常态化开展老年人信息化培训服务，指导老年群众使用“浙里办”App、“市民之窗”自助服务终端，2022 年，开展 702 次活动，覆盖 31616 位老人。

【“浙里办”App 宣传推广】 制作“浙里办”线上推广系列短视频《西瓜娃娃带你玩转浙里办》，涵盖公积金提取、个体户年报、社保卡领取、不动产登记、交通违法缴款、非伤人事故处理一件事等政务服务事项“掌上办”，使群众和企业“想用、愿用、爱用、好用”落到实处。

（钟鸣）

“金管家”企业综合服务中心　　（市政务数据办　供稿）

政协平湖市委员会

综　述

【市政协组织机构】 政协第十四届平湖市委员会由19个界别组成，委员规模为252人，实际安排249人；市政协常务委员会组成人员40人，由主席1人、副主席5人、秘书长1人和常务委员33人组成。十四届市政协工作机构设办公室（研究室）、提案委员会、经济与人口资源环境委员会、教科卫体与文化文史学习委员会、社会法制与民宗港澳台侨委员会、农业和农村委员会、委员工作委员会，其中，研究室与办公室合署办公，办公室下设平湖市政协信息服务中心。

【思想理论武装】 落实“第一议题”学习制度，开展政协党组理论学习中心组学习会和党组会议、主席会议、常委会会议学习30次。健全党史学习教育常态化长效化机制，召开党史学习教育总结会、专题民主生活会。建立习近平新时代中国特色社会主义思想学习座谈会制度，成立6个学习小组，组织开展中共二十大精神、习近平总书记系列重要讲话精神等研学交流活动。

【政协系统党的建设】 年内，制定实施《2022年市政协党建工作要点》，并进行任务分解落实。完善政协党建工作体系，制定《中共政协平湖市委员会专门委员会党员委员履职临时党支部工作办法（试行）》，设立6个专委会履职临时党支部。深化市政协党组成员联系党员委员、党员委员联系党外委员工作制度。深入推进“双建争先”示范点创建，创新“四联四提”机关党建工作法。完成市政协机关党总支和党支部换届。

重要会议

【市政协十四届一次会议】 市政协十四届一次会议于2月14日至17日在平湖举行。出席委员249名，应邀列席会议85人。

会议听取并审议通过十三届市政协主席王道平代表政协第十三届平湖市委员会常务委员会所作的工作报告和十三届市政协副主席汤建萍代表政协第十三届平湖市委员会常务委员会所作的关于提案工作情况的报告。在开幕会上，7名委员作大会口头发言，市委副书记、代市长周军波讲话。

与会人员列席平湖市第十六届人民代表大会第一次会议，会议听取并赞同代市长周军波所作的政府工作报告，赞同市人民法院工作报告、市人民检察院工作报告和其他报告。会议在广泛民主协商的基础上选举产生政协第十四届平湖市委员会主席、副主席、秘书长、常务委员。

大会收到委员以提案形式提出的意见建议192件，经提案审查委员会审查，立为提案的184件。会议审议通过市政协十四届一次会议提案审查情况的报告和市政协十四届一次会议决议。市委书记仲旭东、新当选市政协主席何健在闭幕大会上讲话。

【市政协常委会会议】2022年，市政协常委会共召开5次会议。

市政协十三届三十四次常委会会议于1月14日举行。会议听取市发改局副局长顾栋梁作关于平湖市2021年国民经济和社会发展计划执行情况及2022年国民经济和社会发展计划草案的通报，市财政局局长吴兰兰作关于平湖市2021年财政预算执行情况及2022年财政预算草案的通报。会议审议并原则通过《中国人民政治协商会议第十三届平湖市委员会常务委员会工作报告》《中国人民政治协商会议第十三届平湖市委员会常务委员会关于提案工作情况的报告》，并分别确定报告人，决定将上述报告提交市政协十四届一次会议审议。会议审议并原则通过《政协平湖市委员会2021年工作总结》。会议听取市委统战部常务副部长郑忠勤代表市委作《关于十四届市政协委员人选有关情况的说明》。会议以举手表决的形式，通过中国人民政治协商会议第十四届平湖市委员会委员名单。

市政协十三届三十五次常委会会议于1月27日举行。会议协商讨论《政府工作报告（征求意见稿）》。会议听取市府办副主任鄢圣利作关于《政府工作报告》起草情况的通报，常委们讨论并提出修改完善的意见。会议听取市委组织部常务副部长何小云代表市委作《关于提议陆建良等同志职务任免的通知》。会议以举手表决的形式，决定陆建良任市政协委员工作委员会主任；姚云云任市政协社会法制与民宗港澳台侨委员会副主任；鲁跃华任市政协农业和农村委员会副主任；免去陆建良的市政协农业和农村委员会副主任（正科长级）职务；免去鲁跃华的市政协社会法制与民宗港澳台侨委员会副主任职务。会议听取市委组织部常务副部长何小云代表市委作《关于政协第十四届平湖市委员会常务委员会组成人员建议人选的情况说明》和关于常务委员会组成人员候选人建议人选基本情况的介绍。会议审议并原则通过政协第十四届平湖市委员会主席、副主席、秘书长和常务委员候选人建议名单（草案），决定将该草案提交市政协十四届一次会议大会主席团审议。会议审议通过《关于召开中国人民政治协商会议第十四届平湖市委员会第一次会议的决定》。会议协商讨论市政协十四届一次会议的有关事项。会议原则通过市政协十四届一次会议议程（草案）、市政协十四届一次会议主席团、主席团会议主持人和秘书长建议名单（草案）、市政协十四届一次会议提案审查委员会建议名单（草案），决定将上述草案提交市政协十四届一次会议预备会议审议；会议原则通过市政协十四届一次会议日程（草案）、市政协十四届一次会议主席团常务主席和常务主席会议主持人建议名单（草案）、市政协十四届一次会议大会选举办法（草案）、市政协十四届一次会议副秘书长建议名单（草案）、市政协十四届一次会议分组名单（草案），决定将上述草案提交市政协十四届一次会议大会主席团审议；会议原则通过市政协十四届一次会议大会执行主席和主持人建议名单（草案），决定将该草案提交市政协十四届一次会议主席团常务主席会议审议；会议原则通过市政协十四届一次会议邀请列席人员名单。会议决定将市政协十四届一次会议筹备过程中的未尽事项，委托主席会议协商决定。

市政协十四届一次常委会会议于4月21日举行。会议审议通过《政协平湖市委员会2022年工作要点（草案）》，报中共平湖市委批转。会议审议通过《建设“五型机关”打造动车型政协团队的实施意见》《政协平湖市委员会关于委员履行职责的若干规定》。会议重申《政协平湖市委员会全体会议工作规则》《政协平湖市委员会常务委员会工作规则》。会议以举手表决的形式，通过十四届市政协工作机构、委员活动组和政协联络室设置办法，十四届市政协工作机构、委员活动组和政协联络室负责人名单，十四届市政协副秘书长名单。

市政协十四届二次常委会会议于9月6日举行。会议协商审议“系统构筑独山港区集疏运体系　努力打造长三角海河联运枢纽主干港”工作。会议听取市交通运输局局长戚红炳和独山港经济开发区党工委副书记、管委会副主任，独山港镇党委副书记、镇长戈浩强分别代表市政府作关于海河联运、独山港区集疏运体系建设情况通报。市政协经济委主任沈海良代表市政协专题调研组就“系统构筑独山港区集疏运体系　努力打造长三角海河联运枢纽主干港”调研情况进行汇报。与会人员进行协商讨论。会议以举手表决的形式通过《关于系统构筑独山港区集疏运体系　努力打造长三角海河联运枢纽主干港的建议案》。会议分别听取市委组织部常务副部长何小云代表市委作有关人事事项通报和市委统战部常务副部长郑忠勤代表市委作有关委员调整事项通报。会议以举手表决的形式，同意王莉莉因工作调整原因，请辞政协第十四届平湖市委员会常务委员、委员职务，报政协第十四届平湖市委员会第二次会议备案；同意王建军、顾叶娟、彭海军因工作调整原因，请辞政协第十四届平湖市委员会委员职务；同意增补孙堃琦、邵秀俊、张继洋、陈勇钢为十四届市政协委员；决定免去王文杰的市政协办公室副主任职务；决定孙堃琦任市政协第四界别活动组［总工会、共青团（青联）、妇联］组长，邵秀俊任市政协第八界别活动组（医药卫生）组长，陈勇钢任市政协第十界别活动组（经济）副组长，免去王莉莉的市政协第四界别活动组［总工会、共青团（青联）、妇联］组长职务，免去王建军的市政协第八界别活动组（医药卫生）组长职务。会议决定，部分涉及政协专项业务性工作的制度文件，包括优秀委员名单、优秀提案获得者、政协提案先进承办单位、先进民主监督员小组、优秀文史协作单位和文史工作先进个人等，由常务委员会会议审议决定改为政协主席会议审议决定。

市政协十四届三次常委会会议于11月2日举行。会议专题协商“加快小微企业园高质量发展”工作暨“市长与政协委员面对面”活动。市经信局局长沈洪代表市政府作小微企业园建设情况通报。市政协经济委主任沈海良代表市政协专题调研组就“加快小微企业园高质量发展”调研情况进行汇报。市政协副主席沈幼锋作课题调研情况发言。7名政协委员围绕“小微企业园高质量发展”主题进行咨询资政，市委常委、副市长戴振和经信局、科技局、财政局、自然资源和规划局、金融发展中心、广陈镇进行现场答复。会议以举手表决的形式通过《关于加快小微企业园高质量发展的建议案》。

重要工作

【市委决策部署】 出台《全市政协系统助力推动高质量发展建设共同富裕示范区主题活动实施方案》，助推全省高质量发展建设共同富裕示范区首批试点等工作。围绕贯彻落实习近平总书记关于加强和改进人民政协工作的重要思想和中央政协工作会议精

5月14日，市政协新埭镇委员小组到旧埭村千亩花卉所在网格开展以“听花开的声音”为主题的政协委员进网格活动

（市政协　供稿）

神情况开展“回头看”，优化镇街道党领导政协工作考核评价指标，深化专门协商机构建设。

【委员读书】 年内，制订《2022年度“阅享当湖·书香政协”委员读书活动工作计划》，建立“一个平台、两份报纸、三本必读书籍、四次线上分享、五次线下活动、六个委员学习小组”委员读书学习体系，开设书法、油画、剪纸、跑团等学习兴趣小组。参与上级政协委员线上读书活动，组织开展“深入学习贯彻党的二十大精神　建功新时代　奋进新征程”政协委员读书等活动42场，参与1946人次。

【“三位一体”建设】 完成民生议事堂、委员工作室、社情民意信息联系点“三位一体”和“协商驿站”建设，建成9个镇街道委员工作室和6个界别委员工作室，“协商驿站”实现130个村社区全覆盖。推动设立《人民政协报》、人民政协网平湖市“民情联系点”。组织开展“助力勇当共同富裕新崛起典范专题协商议事月”活动，形成“政协委员进网格”民情联络服务闭环。曹桥街道、新仓镇、广陈镇协商案例获评嘉兴市政协2021年民生议事堂优秀案例、特色案例。共开展民生议事堂协商活动20场，参与498人次，提出并办理意见建议166条。经验做法在《浙江政协信息》上作交流。

【协商议政】 制订实施2022年度“请你来协商”工作计划，推动协商活动规范化开展。《建设校外青少年综合体，助推教育供给侧改革》获评嘉兴市政协2021年“请你来协商”优秀案例。6月10日，市政协围绕“推进城市防洪扩展工程建设，提升城市防洪排涝能力”召开对口协商会。6月14日，市政协举行“请你来协商·企业家说”活动，围绕“关注企业发展，共商对策建议”开展政银企专题协商。6月15日，市政协围绕“加快推进平湖中医药事业发展”召开专题协商会。6月16日，市政协围绕“加强和改进学校晚托服务　巩固和扩大‘双减’政策成果”召开专题协商会。6月29日，平湖市政协、青田县政协联合开展“建立平湖—青田农产品一体化机制，推动共同富裕”跨区域协商活动。7月29日，市政协围绕“重视老年人精神文化需求，健全全社会关爱体系”召开对口协商会。8月18日，市政协围绕“推进农产品产供销一体化建设”召开界别协商会。11月4日，市政协围绕“加强全域土地综合整治”召开专题协商会。11月16日，市政协围绕“羽绒服市场产品质量监管”召开对口协商会。制订实施《2022年度重点提案和重要提案办理协商工作计划》，围绕8个方面14件重点提案、9个方面12件重要提案开展办理协商。

【视察监督】 围绕“中心城区老旧小区改造深化扩面”开展主席会议专题视察活动。与市委市政府半年度工作督查联动，开展“数字化改革推进情况”三级政协联动专项集体民主监督。围绕《关于切实发挥“两海”优势大力发展港口经济　打造“重要窗口”中最精彩板块的重要增长极的建议案》落实情况开展主席

9月16日，市政协主席会议围绕“南河头历史文化街区保护与开发工作”专题协商成果采纳落实情况开展专项集体民主监督活动

（市政协　供稿）

会议专项集体民主监督。围绕2012年市政协关于“南河头历史文化街区保护与开发工作”协商建议采纳落实情况开展主席会议专项集体民主监督，获《联谊报》人文周刊头版关注、整版报道。围绕虹桥·平湖“壹号湾”高能级科创湖区建设推进情况开展专项民主监督活动2次。向市教育、科技等部门，对“腾笼换鸟”整治提升、未来乡村建设等工作，养老服务、道路改善等项目，派驻10个民主监督员小组、60名民主监督员，开展民主监督活动50余场次，提出《民主监督建议书》11份。

【提案工作】 完善具有平湖辨识度的提案工作制度机制，加快构建提案工作双向测评、提案办理工作民主评议、提案工作第三方评价“三位一体”评价体系。市政协十四届一次会议起，共收到提案196件，经审查立案188件，全部在规定时限内办复，提案办理态度、办理结果满意率（含基本满意率）均为100%。已解决或采纳150件，列入计划逐步解决36件，因条件所限未能采纳或留作参考2件。188件提案涉及办理事项共628项，当年推动落实事项571项，列入计划或因政策所限等原因暂不能解决57项。对市民政局、建设局开展提案办理工作民主评议。建立新一届政协提案工作第三方人员评价数据库，选取35件提案开展第三方评价。

【社情民意信息工作】 健全推进机制，畅通信息渠道，共收集和编写社情民意信息541篇，上报嘉兴市政协157篇，被嘉兴市政协采纳119篇，被省政协采纳8篇，被全国政协采纳3篇。其中，《嘉兴平湖市政协探索“三位一体”进网格助民解难促共富》《嘉兴平湖市政协全面试用“提案在线”应用推动提案工作赋能增效》2篇政协工作经验稿件被省政协《政协工作交流》采用。专报市委、市政府13期，转送有关部门229件。反映社情民意信息工作连续十年获嘉兴市政协考核一等奖。

【调查研究工作】 组织履职创新实践理论研究，开展优秀调研报告评选，理论研究文章《发挥政协制度优势 推动跨区域协同治理》被人民政协网登载。《关于加快小微企业园高质量发展的对策建议》在嘉兴市人民政协理论研究论文评选中获二等奖，另有2篇获三等奖。围绕“健全长期护理保险制度”开展调研，在省政协民生协商论坛作视频连线交流发言。围绕虹桥国际开放枢纽南向拓展带建设开展调研，形成嘉兴市政协全会大会发言，助力打造虹桥金南翼“领跑第一站”。围绕“双碳”背景下嘉兴的发展思路与建议、民营经济发展、持续增加农民财产性收入等课题开展联动调研协商。围绕公园城市建设开展调研协商。围绕中小企业惠企助企政策落实情况开展网络协商，提出意见建议427条。组织开展政协“助力百日攻坚、服务企业发展”活动，走访企业56家、委员企业家48名，收集交办问题建议61条。

【团结联谊】 出台《加强与各民主党派、工商联、无党派人士、人民团体和政协委员联系的意见》，各党派团体提交大会发言12篇，集体提案16件，反映社情民意信息229件。加强同党外知识分子、非公有制经济人士、新的社会阶层人士的沟通联络，加强与港澳台同胞和海外侨胞的联络联谊。做好“协进助学金”工作，为45名平湖及青田的贫困学生提供就学资助25.5万元。市政协书画摄影室联合临平区政协书画院举办“守正创新 笔随时代 平湖—临平喜庆二十大”书法作品联展。制作专题宣传片《一起拼》。召开市政府市政协联席会议、“一府两院”半年度工作情况通报会。支持政协之友活动小组开展活动。接待上级和外地政协来平调研考察39次。

【政协委员会客厅作用】 指导和保障健心服务、健康家园2个委员会客厅常态化运作。健心服务政协委员会客厅做靓“会客读书会”品牌，围绕“教师心理健康关爱”等开展调研协商。健康家园政协委员会客厅做优“春天里·温暖你”品牌，围绕“优化残疾人服务 助力共同富裕”开展特殊群体关爱活动，视察调研中医院迁建项目，开展相关协商活动。

【政协文史工作】注重存史资政，做好文史资料的收集、整理和编撰工作。部署开展政协系统抗击新冠疫情“三亲”史料征集，甄选68篇编辑出刊《战疫》文史资料专辑。编辑出版《平湖乡镇企业》，启动《平湖习俗》（暂定名）征编。完成省、嘉兴市政协《浙江城市名片》专题协作史料及《嘉兴文杰》陆维钊篇征集，选送5件作品参加“江南韵·运河情”书画篆刻作品特展并获嘉兴市文史研究馆永久收藏。加强文史研究队伍建设，选聘21名文史征集员。推动文史资料走进社会和大众，分发文史书籍4328册。

【政协宣传工作】改版升级政协门户网站，优化微信公众号栏目设置和内容管理。制作、播出《政协新时空》电视节目10期，刊登《政协之窗》专稿10篇，出版《平湖政协》期刊3期，“平湖政协”微信公众号及时推送各类动态信息。《加速“专精特新”助力“两个先行”——浙江省平湖市委书记牵头开展重点提案督办协商小记》《为了这张“金名片”，平湖市长与政协委员面对面共商》等98篇稿件在《人民政协报》《联谊报》等省级以上媒体刊发报道。

【政协工作科学化水平提升】在全市政协系统部署开展党建引领的学习型、服务型、创新型、智慧型、清廉型“五型机关”建设，打造动车型政协团队。《人民政协报》头版刊登《跑出“共富”加速度——浙江平湖市政协建设“五型机关”打造动车型团队记事》。健全市政协主席会议成员联系市政协常委，市政协主席会议成员和政协工作机构联系界别、委员活动组等制度。明确内设机构工作职责，规范各类评比表彰，制定、修订、重申、整理规范性文件和规章制度59项。设立平湖市政协信息服务中心，增加3名事业编制。

【委员履职服务管理】出台《政协平湖市委员会关于委员履行职责的若干规定》，优化相关履职测评办法。开展市政协领导走访全体委员活动。加强对委员活动组活动的组织协调和工作保障，在平湖的嘉兴市政协委员全员编入镇街道委员履职小组。统筹制订本届政协委员学习培训计划，举办新任委员培训班、委员履职能力提升培训班、骨干委员培训班。组织委员广泛参与政府项目督导、行风评议等，围绕“氢能产业及其应用场景”“走进博物馆感受平湖悠久历史”举办2次委员沙龙。实施界别活动组与镇街道委员小组结对联系、组团履职制度，开展跨界联组活动18场次。

【“数字政协”建设】围绕党建统领整体智治和“数字政协”建设，6个省市统建综合应用全面贯通，重点抓好先行先试和推广，面向委员开展专业培训、部署推进会10场。在全省县市政协层面率先启用“提案在线”应用场景，积极试用“履职在线”应用场景，承办嘉兴市“数字政协”建设工作例会、“提案在线”应用工作会。平湖政协提案数据在省政协“提案在线”上线仪式进行展示。“提案在线”应用相关做法在《浙江政协信息》《平湖信息·数字化专刊》作工作交流，获嘉兴市政协主要领导、分管领导及平湖市委主要领导批示肯定。

（邵立扬）

纪检监察

综 述

【概况】 截至12月，平湖市纪委、市监委机关（含下属事业单位）有纪检监察干部47人，派驻（出）机构11个，派驻纪检监察干部62人；8个镇街道纪委（纪工委）共有纪检监察干部24人。2022年，市纪委市监委获全省纪检监察系统先进集体，连续七年被评为嘉兴市纪检监察工作先进集体。

【市纪委十五届二次全体（扩大）会议】 3月5日，中共平湖市纪委十五届二次全体（扩大）会议召开。会议以习近平新时代中国特色社会主义思想为指导，深入贯彻落实党的十九大和十九届历次全会精神，按照中央纪委十九届六次全会、省纪委十四届七次全会、嘉兴市纪委八届七次全会和市第十五次党代会的决策部署，回顾平湖市2021年纪检监察工作，部署2022年任务。崔加晶代表市纪委常委会作题为《聚焦“三不”一体 监督提质提效 在勇开新局中迎接党的二十大胜利召开》的全会报告。

重要工作

【政治监督】 围绕党的二十大精神贯彻落实、长三角一体化发展首位战略、共同富裕示范区建设等重大决策部署强化监督，发现并督促整改问题177个，对作风不实、执行不力的67名党员干部进行追责问责。紧盯统筹疫情防控和经济社会发展、惠企政策落实、重大项目落地等开展明察暗访，推动整改问题825个，出台履职尽责“铁规五条”和容错免责“暖心五条”，形成《疫情防控纪律监督工作指引》。对42名镇街道和部门“一把手”开展任前廉政谈话。严把干部选拔任用政治关、作风关、廉洁关，回复党风廉政意见1149人次。

【惩贪治腐】 全市纪检监察组织共受理信访举报142件，处置问题线索317件，立案131件，党纪政务处分124人，其中科级干部10人，移送司法机关12人，严肃查办周玉根、肖杰、陈小平等严重违纪违法案件，挽回经济损失2200多万元。深化以案促改，发出纪检监察建议书63份，推动完善制度126项。加强警示教育常态化制度化建设，召开全市警示教育大会，开展新一届市四套班子“廉政教育日”活动，实施年轻干部“苗圃工程”，摄制警示教育片2部。落实“三个区分开来”要求，对116名受处分人员开展回访教育，澄清失实检举控告党员干部7名。

【“四风”纠治】全年，共开展正风肃纪检查357次，查处违反中央八项规定精神问题44起54人，通报曝光典型案例11起。靶向整治形式主义、官僚主义，深化治理贯彻上级重大决策部署空喊口号假执行、弄虚作假求政绩、慵懒拖沓不担当等突出表现，查处相关问题11起，党纪政务处分12人。持续纠治享乐主义、奢靡之风，紧盯违规吃喝、违规收送礼品礼金等顽瘴痼疾，紧盯不吃本级吃下级、不吃公款吃老板、“一桌餐”等隐形变异新动向、新表现，查处相关问题33起，党纪政务处分39人。深挖彻查酒驾醉驾背后的酒局饭局问题，党纪政务处分6人。

【巡视巡察】科学制订巡察工作五年规划，推动新一届市委巡察工作开局起步，接受嘉兴市委提级巡察，组织开展两轮市委巡察，共巡察党组织32个，市委巡察发现问题328个，提出意见建议80条，移送问题线索12件。协助市委开展中央巡视反馈问题省市县联动整改工作及十四届市委巡察反馈问题“清零清底”行动，推动上轮省委巡视反馈3个历史遗留问题完成整改，省委“七张问题清单”中的“重大巡视问题清单”指数排名全省十三、嘉兴第一，《以巡视整改推动“新仓经验”传承创新开辟帮农富农新路径》入选全省整改示范案例榜。

【社会民生福祉】开展漠视侵害群众利益问题专项治理，选择12个治理项目实时跟进监督，推动发现问题156个、查处74起81人、建立长效机制16项。首次举办专项治理成果发布会，广陈镇监督案例入选嘉兴漠视侵害群众利益专项治理十佳案例。深入实施基层监督“巩固深化年”活动，推进村级监察工作联络站规范化建设，开展村务监督实例大比拼大展示，钟埭、林埭2个镇街道创建成为嘉兴基层监督示范点。开展重复检举控告“清零”专项行动，出台处理化解重点检举控告十条意见和初信初访首办责任制暂行办法，实名举报反馈双满意率100%。

【改革创新成果】持续深化纪检监察体制改革，构建委机关与镇街道纪委、派驻机构“三驾马车”工作格局，镇街道纪检监察组织共立案67件，连续6年实现自办案件全覆盖；派驻机构共立案21件，为历年最高。开发建设并全省推广“浙车监督在线”应用，《人民日报》、中央纪委网站等主流媒体报道24次，省委办公厅、省委改革办刊发经验做法，先后在中央纪委数字化监督视频会、嘉兴市数字化改革推进会作演示交流。在全省率先探索规范村社区工作人员和编外用工受处分后待遇调整，有效提升基层纪律处分的权威性和严肃性。

【清廉建设】坚持把推进清廉平湖建设作为履行全面从严治党责任的重要内容，召开全市清廉平湖建设推进会，出台新的五年行动实施意见。打造一批清廉示范标杆，林埭派出所、华盛服饰有限公司、廉文化记忆馆等7家单位获评省、嘉兴清廉建设成绩突出单位。深入推进“9+5”清廉单元建设，选取21家有基础、有特色、有代表性的单位作为重点培育对象。构建亲清政商关系，出台《服务企业十必办、十不准》。在全省率先推行清廉民企标准化体系，推出全国首个20亿元“清廉贷”，在全省清廉民企现场会、清廉嘉兴建设推进会上作交流发言。

【铁军队伍建设】严格执行“第一议题”学习制度，深入学习领会党的二十大、习近平总书记重要指示批示等精神。出台加强市纪委常委会自身建设意见，落实意识形态工作责任制。加强机关党建和群团建设，完成6个党支部换届工作，成立机关青年工作委员会。市纪委、市监委机关接受嘉兴市委提级巡察，对反馈的25个问题制定整改措施76条，健全完善议事会议规则等内部制度12项。市监委首次向市人大常委会报告整治群众身边不正之风和腐败问题专项工作，主动向市政协党组和党外人士通报工作，聘请15名社会各界人士担任第二届特约监察员。

（郑姚峰）

民主党派·工商联·知联会

中国民主同盟平湖市基层委员会

【概况】 至年底，民盟平湖市基层委员会有盟员89名，其中，在职盟员70名，退休盟员19名。在职人员中具有高级技术职称的盟员比例为34%。具体界别为教育界35.6%，文化卫生界17.2%，科技界24.1%，其他界别23%。民盟平湖市基层委员会下设5个支部：嘉兴学院平湖校区支部、教育支部、文卫支部、经济社会支部和科技支部。

【思想建设】 组织盟员参加学习习近平新时代中国特色社会主义思想培训班，组织开展各类学习活动，学习习近平总书记在中央统战工作会议上的重要讲话精神；开展学习中共二十大报告等系列活动。牢记合作初心，积极与兄弟党派、其他基层委开展互学互鉴。基层委获评民盟嘉兴市委会2022年度思想政治建设工作先进单位、参政议政工作先进单位、反映社情民意信息工作先进单位。钟峨获评民盟嘉兴市委会2022年度思想政治建设工作先进个人。沈艳获评民盟嘉兴市委会2022年度盟务工作先进个人。顾军华、朱恩慧获评民盟嘉兴市委会2022年度参政议政工作先进个人。朱恩慧、燕燕、顾军华、喻晓霞获评民盟嘉兴市委会2022年度反映社情民意信息工作先进个人。

【组织建设】 注重组织建设和人才队伍建设工作，2022年，吸收2位新盟员加入，进一步优化盟员结构，增加盟内活力。组织10名代表参加全市首个党派团体发展对象培训班，吸收优秀人才入盟。发挥宣传信息委员会作用，依托微信等信息平台，编发各类学习文章、宣传报道。2022年，发布宣传信息177篇，被嘉兴市级录用50篇，省级录用6篇，国家级录用3篇。推选优秀盟员参加各类培训交流活动，朱立军参加民盟省委会新一届生态环境专委会会议，潘彩丽参加民盟省委会新一届文化专委会会议，朱恩惠、周旭楚2名盟员参加新一届浙江民盟企业家联谊会，顾军华参加民盟省委会新一届医药卫生专委会会议。

【参政议政】 围绕中心大局，发挥界别优势，提升参政议政水平和建言献策质量，浙江省副省长、民盟浙江省委会主委成岳冲到平湖开展中共浙江省委委托重点课题调研，基层委主委朱立军参加调研座谈。基层委主委、副主委带头组建课题组，组织基层委、专委会和广大盟员围绕“精准救助体系建设”“医卫人才队伍建设”“平湖、金山产城融合”等议题，成立6个调研小组，开展调研，承担民盟市委会调研课题1项。在市政协常委会、市长与委员“面对面”等协商活动中积极建言资政。撰写的《关于加快“专精特新”企业培育的建议》代表平湖市政协在嘉兴市政协常委会上作课题交流。全年，共报送社情民意72篇。“两会”期间，向政协大会提交大会发言1篇、集体提案4件，19名盟员人大代表和政协委员共提交人大议案1件、建议6件、政协提案15件。基层委提交的《关于加快“专精特新”企业培育的建议（第1号）》被评为重点提案，由市委书记仲旭东领办，获平湖政协2022年优秀提案。方臻明领衔提交的《关于加强精装修房装修质量监管的建议》获平湖政协2022年优秀提案。民盟平湖市基层委员会获评2022年度政协宣传信息工作先进集体。顾军华获评2022年度市人大代表活动积极分子。张婷婷、钟峨、喻晓霞、潘彩丽、燕燕获评2022年度优秀政协委员。徐卫卫获评2022年度文史工作先进个人。钟峨获评2022年度政协宣传信息工作先进个人。

【服务社会】 积极承担社会责任，开展多样化社会服务活动。利用“爱心萌芽”社会服务实践基地、当湖十局盟员之家及陆维钊盟友圈传统教育基地“3个阵地”，打造爱心萌芽社会服务品牌，开展“N项活动”，展现盟员良好形象。联合社会各方力量为特殊儿童提供公益服务，开展每两个月一次的“爱心萌芽”活动。以陆维钊书画院为载体，成立盟员专班，打造“陆维钊的盟友圈”，陆维钊书画院挂牌浙江省盟员传统教育基地、嘉兴多党合作示范精品教学线路民盟专线，省政协副秘书长、民盟浙江省委会专职副主委毛伟民到场揭牌并作讲话，陆维钊励志故事入选“嘉兴统战100微故事”。疫情防控期间，在嘉兴民盟公众号、平湖盟讯公众号，先后发布近20篇抗疫故事；沈艳夫妇创作歌曲《无名之“背”》致敬平湖一线抗疫勇士，浙报集团嘉兴分社在新媒体上独家首发，阅读量当日就超30万人次；积极帮扶受疫情影响的花农，减少花农经济损失。多名盟员在社会职务上展现风采，如盟员李咸伟获评平湖市“善行金平湖”十大慈善人物、平湖市“最美残疾人”，盟员李咸伟家庭被评为2022年浙江最美家庭；盟员钟峨获评平湖市2021年度优秀下村挂职干部；盟员周旭楚被评为平湖市“最美助残人士”；盟员朱恩慧获评平湖市最美拥军人物。同时，潘彩丽担任特约监察员，钟峨担任平湖市政协“政协专家团”成员，燕燕、陈静辉、李婷婷担任“益心为公”检察云平台志愿者，吴小娟、王毅担任平湖市人民检察院特约监察员，钱澄蓉担任平湖市法院特约监督员和市政协社情民意特邀信息员，陈玄昊担任平湖市监察委员会特约监察员，钱海英担任平湖市教育行风监督员。

（褚晰媛）

中国民主促进会平湖市委员会

【概况】 至2022年底，全市共有民进会员131名，其中，在职85名、退休46名，在职会员占比64.8%，平均年龄55岁；其中教育、文化出版界会员98名，占74.8%；本科以上93名，占70.9%，研究生以上10名，占7.6%。年内，吸收新会员6名。

【思想政治建设】 开展“矢志不渝跟党走、携手奋进新时代”政治交接主题教育，通过举办读书会和专题辅导报告、参观会史教育基地等方式，深入学习习近平新时代中国特色社会主义思想、中共二十大精神，开展嘉兴“两会”精神专题学习会，传达民进浙江省第十一次代表大会精神，全年，共开展各类会议学习25批次，共收到学习心得88篇。组织会员参加平湖市统一战线“同心学堂”主题学习活动。组织学习嘉兴市委会《关于进一步加强新闻宣传工作的实施意见》，邀请市传媒中心报刊部副主任做《如何写好时政稿》专题辅导，开阔宣传视野、提升宣传能力。以主委班子做表率，带头“月读一书”，阅读《中国共产党简史》《习近平在浙江》《朝鲜战争》等书籍，全年，共有会员78人次参与《开卷·明道》读书栏目，占在职会员的近50%。

【组织建设】根据《中国民主促进会章程》，结合实际，完善和优化《民进平湖市委会支部考核办法》，提高考核的规范性、科学性和权威性，形成创先争优的竞争机制和工作氛围。坚持“年轻化、精英化”理念，“保量提质”开展新会员发展工作，全年，共有6人加入平湖民进组织，会员的年龄结构、界别构成、学历结构进一步优化。组织新会员进行入会教育和培训，由分管组织的副主委给新会员们开展会史教育、民进章程学习。引导支部建好并用好开明嘉苑支部活动阵地，扩大开明嘉苑影响力，逐步把开明嘉苑打造成展示民进良好形象的重要窗口。办好会刊《平湖民进》，编纂2022年《平湖民进年鉴》，做好信息撰写，利用微信公众号等载体及时传递民进工作动态和有关情况，认真做好照片整理、资料收集工作。当高支部陈杰浩拍摄的民进十三大祝福语视频被民进中央公众号选用；市委会组织拍摄《正道如虹润民心》主题片，献礼中国民主促进会成立75周年。

【参政议政】2022年，平湖市“两会”上，26名会员分别作为市人大代表、市政协委员，提交人大建议9件、政协提案14件。其中，张晓玲委员代表民进平湖市委会作《精准扶持　科学监管　引领平湖直播电商产业行稳致远》的大会发言并转化为集体提案，获市长周军波点赞。坚持完善总课题+子课题群的年度课题调研机制，组织学习传达党委、政府重要会议文件精神，聚焦共同富裕、数字化改革、长三角一体化国家战略、乡村振兴等主题，经过支部申报、市委会统筹，结合政党协商、专项民主监督和建言直通车等重点任务，确定11个年度调研课题。组织召开宣传信息和参政议政会议，邀请民进嘉兴市委会副秘书长傅诚鹏作民进参政议政工作专题辅导。截至11月30日，共收到社情民意信息82篇，其中被民进嘉兴市委会录取17篇，民进浙江省委会采用5篇，《内地中职班学生升“本”不畅，基层建议增设“单招”本科计划，多向融通，满足内地中职班学生对于高质量教育需求》《新疆班学生医疗保险购买、报销上遇难题，基层建议国家要政策上打神经末梢》《“理”实“践”虚造成中小学科学实践性缺失，破解“实践缺失症”需要“软”“硬”兼施》三篇被民进中央录用；信息考核名列民进嘉兴市委会第一。《海河联运有瓶颈，建议从硬件、软件改造提升加快建设浙北高等级集装箱运输通道》《“双减”评价缺规范致变相“增负”，基层建议进一步优化相关评价体系》等20多篇信息上报嘉兴市政协。会员孟强牵头的《内地中职班学生升“本”不畅，引发学生及家长关注，基层建议增设“单招”本科计划》被全国政协采用。

【社会服务】积极开展社会服务，打造开明公益品牌。发挥界别优势，持续开展送教、送文化、送医“三下乡”活动。市委会连续三年到林埭中学开展送微心愿活动；卫生支部组织会员到林埭镇养老服务中心开展义诊活动；文化支部以“喜迎二十大·服务新居民·同行共富路”为主题，到乍浦镇利民子弟学校开展第五届“开明活动日”社会服务公益

10月14日，民进平湖市委会文化支部到乍浦镇利民子弟学校开展第五届“开明活动日”社会服务公益活动

（民进平湖市委会　供稿）

活动，开设《平湖西瓜灯雕刻》《我爱五星红旗》等一系列教学讲座，捐赠杂志500册及价值2000元的文体用品，为贵州遵义籍贫困学生张某某爱心捐款1100元、衣物12件；平师支部到广陈中心小学爱心班开展公益送教活动，并赠送一批文具。向市委统战部申报《发挥民进优势、展现民进担当 打造东西部协作共同富裕开明工作品牌》创新项目，开展一系列山海协作活动。在“山海联谊 千里书香”平湖·茂县两地学生共读一本好书活动中，向四川茂县七一民族中学和八一中学等6所学校共捐赠书籍600本，价值1.4万余元，两地学生交流读书体会105篇；在平湖·茂县“喜迎二十大、共绘山海情”主题绘画活动中，共收到学生作品118件，获奖作品在市文化馆展出；在“开明公益·同心共富”民进助学金发放活动中，民进企业家会员向茂县品学兼优的30名贫困学生发放2万元助学金；在“开明同心果园”活动中，民进会员共认购茂县受助学生价值约2万元的水果。

（陈叶）

6月，农工党平湖市基层委社会服务基地获评中国农工民主党浙江省委会社会服务基地　（农工党平湖市基层委　供稿）

中国农工民主党平湖市基层委员会

【概况】 至年底，农工党平湖市基层委共有党员124名，其中，在职72名、退休52名，平均年龄57岁。其中，医卫界64名，文化教育界30名，其他界别30名；具有中高级专业职称87名；担任副县处级1名，正科级2名、副科级5名，副院（校）长级以上9名；担任嘉兴市人大代表4名、政协委员2名，平湖市人大代表2名、政协委员26名。年内，基层委“东昇社会服务基地”被省委会授予嘉兴首家综合性省级社会服务基地称号；“同心议事厅”项目获评嘉兴市十佳“同心品牌”。基层委先后获省委会社会服务先进基层组织、宣传工作优秀集体，市委会参政议政工作先进集体、2022年度五星级基层组织，平湖市政协社情民意信息工作先进集体、宣传信息工作先进集体称号。

【思想建设】 组织开展“矢志不渝跟党走、携手奋进新时代”政治交接主题教育活动，举办贯彻中共二十大精神专题学习会等活动。坚持班子（扩大）会议领导带头学、每月20日支部学习跟进学、结合活动融合学等学习机制，党员提交各类学习感悟34篇。举办“同心议事”参政议政履职能力提升培训会，开展“同心议事话共富”系列活动8次。编好《平湖农工》季刊四期，讲好“农工党”平湖故事。开展“非凡十年 党员故事”征集活动，共收集上报征文7篇。全年，向农工党中央、浙江省委会、嘉兴市委会及平湖市政协、中共平湖市委统战部报送宣传信息70篇，其中农工党中央录用1篇、省委会录用4篇、嘉兴市委会录用53篇、“读嘉”平台录用16篇、平湖政协录用16篇、平湖统战录用60篇，其中李燕的援教事迹《从“心”出发 携爱“黔”行——一位基层政协委员和大山娃的暖心故事》被《人民政协报》和《浙江政协联谊报》录用。

【组织建设】 巩固“全国先进基层组织、省级先进基层组织、五星级支部”三大创建成果，进一步规范党员日常行为、履职行为，努力打造一支“会关注、善议政、会协商、能监督、乐服务”的党派铁军队伍。年内，发展新党员6名，优化队伍年龄结构和界别结构。鼓励党员岗位建功，全年，共有41人次获平湖市级及以上荣誉，17篇论文（课题、作品）发表或获奖。姚震峰、包俊磊分获省委会年度参政议政、反映社情民意信息工作先进个人、宣传工作先进个人称号；殳跃飞获省返乡入乡合作创业大赛二等奖、嘉兴市新时代中国特色社会主义事业优秀建设者称号、平湖市十大慈善人物奖；徐鲍培获评嘉兴市最美文艺志愿者、嘉兴市曲艺家协会优秀作者。

【参政议政】 26名两级人大代表、政协委员在平湖“两会”上提交人大建议、政协提案63件。其中，《关于加快我市“两高一低”企业整治助推产业结构调整的建议》被列为重点提案并被评为年度优秀提案；《加快县域中医药事业发展助力我市共同富裕健康平湖建设》入选市政协的大会口头发言，并被列为重要提案；13件提案入编市政协提案摘报。以同心议事基地建设为抓手，实现品牌项目成果转化和理论转化。《同心议事树品牌　凝心聚力建诤言——同心议事厅实践与探索》作为嘉兴唯一创新实践案例入编《省委会创新工作成果与案例选编》一书。全年，共提交社情民意67篇，其中全国政协、省政协分别录用3篇和1篇，农工党中央、省委会分别录用2篇和5篇。全年，完成调研课题9个并全部完成成果转化，其中《长三角一体化背景下，我市汽车产业发展的调研和思考》获平湖政协2022年度优秀论文，转化的社情民意信息获嘉兴市副市长倪沪平肯定批示。《数字赋能农业产业提档升级　致力打造乡村振兴平湖样板》转化的市委会集体提案获嘉兴市政协2022年度优秀提案，连同《发挥“海河联运”优势　抢抓“虹桥开放”机遇　形成全面融入长三角一体化的“钳形之势”》分获农工党嘉兴市委会2021年度优秀调研报告一、二等奖。

【民主监督】 履职民主监督，全年，共有5名党员参与政协组织的对市科技局、生态环境分局等部门和“腾笼换鸟”整治提升、道路改善、慢病一体化门诊等项目的民主监督活动。参与市委统战部“健康平湖”新典范专项民主监督活动，助推基层医疗卫生事业新发展，形成《关于引导公立医疗资源下沉　撬动康养事业发展的建议》报送《建言直通车》，获平湖市委副书记、市长周军波肯定批示。

【社会服务】 创新打造“五彩农工”（红色同心、金色共富、青色文化、绿色健康、蓝色桥梁）社会服务品牌，以东昇社会服务基地为主阵地，携手镇街道党委和村社区党组织共建，增设山塘村和曹桥社区2个社会服务延伸点。跨省合作取得新突破，与农工党上海金山区委签订《浙沪服务联盟协议书》，开展毗邻协商活动。全年，开展各类义诊、公益讲座等服务17次，参与党员65人次，直接服务群众1000多人次；文教支部全体党员开展图书馆“青·亲阅读”轮值馆长活动。围绕中心工作开展各类文艺作品创作表演，全年，创作文艺作品32件，参与文艺演出130余场，开展书画公益活动4次。持续开展精准扶贫结对帮扶活动，为8户东升社区困难家庭送去慰问和关爱；李燕连续第四年参加第九届“走进桃花源”西部支教活动。参与各类抗疫服务。

（褚晰媛）

平湖市工商业联合会（总商会）

【概况】 至年末，市工商联下属9个镇（街道、开发区）商会、4个异地商会、1个南市商务区楼宇商会、1个市新生代企业家联谊会和25个行业协会。各（街道、开发区）商会分别设立1个新生代企业家联谊会。2022年，市工商联被评为全国“五好”县级标杆工商联、全国工商联2022年度民营企业调查点工作先进基层单位，创新打造民营企业清廉建设管理体系做法获评省工商联服务“两个健康”最佳工作实践创新成果，两个专项工作获评省工商联服务“两个健康”最佳实践案例，一个专项工作获评省工商联服务“两个健康”优秀实践案例，1篇调研课题获全省工商联优秀调研成果三等奖，在嘉兴市工商联系统综合工作考核中获第一名，在平湖市级部门目标责任制考核中获优秀等次，实现“六连优”。

【参政议政】 在总商会大厦可为创客空间建立“亲清政商”委员工作室，明确工作室功能定位、工作内容、人员组成及驻点接待安排，推进委员常态化履职，发挥委员联系服务群众作用，形成政协工作常态化联动机制，扩大人民政协的政治影响力。联合独山港镇委员小组走进民营小微企业产业园区——新诚达智创园，开展“镇长与委员面对面”专题协商活动，第三界别活动组、独山港镇委组及相关部门负责人成立“政协专家团”，发挥委员界别优势，前移服务园区企业。与人民银行平湖支行联合开展“请你来协商·企业家说”活动，开展政银企专题协商，向市委、市政府了解行业情况，协调解决企业困难，制订政策措施，提供依据。全年，提交各类提案10件，上报社情民意35篇。

【典型宣传】 广泛宣传38家会员企业、协会事例。如浙江景兴纸业股份有限公司获“全国和谐劳动关系创建示范企业”称号，德耐尔能源装备有限公司获2022年第一批民营企业标准“领跑者”称号，企业凯阳新材料获评2021年度明星企业，嘉兴高正新材料入选“科创中国”系列榜单，景兴纸业股份打造共富企业做法等。疫情期间，工商联微信公众号做12期“抗疫进行时——平湖市民营企业助力疫情防控”和2期“同心守沪——平湖市民营企业助力上海战疫”专题报道，宣传130余家民营企业抗疫事迹。做好优秀民营经济代表人士举荐，冯晟宇、张天伦2名新生代企业家被评为“平湖市十大杰出青年”。市民营企业家冯荣华、李伟峰、李在林、朱恩慧、钱董杰获平湖市2022年度“最美拥军人物”称号。开展首届“平湖慈善奖”推荐工作，推荐4家慈善机构、2名慈善人物及1个慈善项目。

【思想政治教育】 落实“第一议题”制度，组织企业家深入学习习近平新时代中国特色社会主义思想和党的二十大精神，学习全省和嘉兴市民营经济发展大会精神。各级商会组织、行业企业组织企业家开展二十大报告等相关会议精神热议活动，坚定企业发展信心。利用微信群组织企业家学习《推动新时代民营经济实现新飞跃》等，夯实民营经济人士筑牢“四个自信”信念基石。向广大民营企业家发出“提振信心接续奋斗在推动全市经济稳进提质中展现民营企业家的责任和担当”倡议书。6月16日，带领10位企业家参加嘉兴市工商联举办的“禾商大讲堂”，聆听《学华为强信心——巨变时代中国企业的突围之道》主旨报告。

【教育培训】 打造“浙大名师进平湖”金品牌，1月20日邀请浙大教授到平湖为企业家讲授《中国制造业实现利润倍增的路径、方法和工具实践》；与嘉兴量子教育合作开设4期企业成长工程专题培训班，参与企业家33名；优化升级“浙大名师进平湖”课程内容与形式，将企业家能力打造提升向纵深推进。举办“平湖市新生代企业家助力共同富裕暨素能提升”主体班次培训。在微信公众号开设政策宣传栏，以税商企零距离对印花税新政、税务政策进行宣传，宣传中央、省、市及平湖发布的各类政策20余次。以企业需求为导向举办1期摄影技巧培训。组织全市民营企业家参加嘉兴市民营企业“创新赋能”培训班等上级组织的培训活动，全年，各类培训参与数达300人次以上。

【助企纾困服务】 落实全市经济稳进提质百日攻坚动员部署会议精神，发挥工商联和基层商协会的组织优势，部署开展助力全市经济稳进提质“八大行动”。开展助企纾困活动，共为5家企业协调解决困难问题，指导25家企业开展复工复产。与市税务局、人民银行、人力社保局、科技局、嘉兴市生态环境局平湖分局等涉企部门举办10期不同主题的“亲清直通车·政策直播间”活动，扩大政策的宣传力度与覆盖面。持续开展金平湖新崛起“一镇一企一示范”活动，聘请专业顾问团队，为9家企业开展“实战化”现场辅导，以点带面提升企业管理水平。与市司法局联合举办《中华人民共和国安全生产法》沙龙活动，宣传新颁布的《中华人民共和国安全生产法》。疫情期间，与市司法局联合发布《新冠疫情防控企业合同实务操作指引20条》，指导企业做好因疫情引发的合同纠纷处理；发布《疫情期间企业用工相关政策指引》，指导企业依法用工和薪酬发放。与人行平湖市支行召开以“金融助企纾困”为主题的政银企恳谈会，与市商务局召开以“稳外贸、拓市场”为主题的“亲清直通车·政企恳谈会”，与市税务局联合召开以“便民办税春风行动”和“春雨润苗”为主题的政企恳谈会。畅通“企业直通车”反映渠道，每月收集企业困难问题，对收集的65个问题全部给予协调解决。与市人社局、妇联联合举办“三八”妇女节“女性用工专场招聘会”，为妇女同胞和企业搭建用工对接平台。

【助企金融服务】 与浙商银行嘉兴平湖小微专营支行签订战略合作协议，为小微企业获得快速贷款提供便捷服务。利用平湖市工商联（总商会）十届二次执委（扩大）会议暨十届一次常委会会议召开之机，邀请招商银行嘉兴平湖支行和邮储银行平湖支行现场介绍惠企金融政策和产品。3月与9月，联合人行平湖市支行开展送金融入企业活动，与银行联合走访金融需求企业。聚焦保市场主体，加快小微信贷投放，推动贷款在实际工作中“应延尽延、应续尽续、应贷尽贷”，为市工商联商协会会员企业提供融资授信、“专精特新”培育支持、金融特色产品等金融服务。

【数字化改革】 发挥工商联及其商协会服务“两个健康”作用，解决企业产品和服务资源供应、需求等信息不对称的问题。在“企业互联共享平台”的基础上，升级开发“浙里总商汇”，被纳入省工商联“浙商服务在线”跑道，入选省工商联“浙商在线”应用子场景建设试点，8月在“浙里办”上架运行。至年末，已有2271家企业完成信息登记入驻，累计发布相关供求信息5587条。先后与杭州嘉兴商会和山海协作结对的青田县、对口支援的四川省茂县签订“浙里总商汇”共享协议，实现场景的跨区域应用。

【清廉民企标准化体系建设】 着眼“五个到位”“五个一体推进”要求，在全省首创以强化企业内控管理为主要内容的“民营企业清廉管理体系”，将清廉民企建设纳入标准化、体系化的轨道。由市纪委、统战部、工商联15个部门建立清廉民企建设专班，统筹协调合力推动。通过召开专题工作推进会、试点企业研讨座谈会等形式，收集反馈意见建议。至年末，已将体系更新至5.0版本。7月，《民营企业清廉工作研讨会在平湖召开。标准管理体系已完成编制工作，截至9月末，第一期已有16家企业完成导入，第二批100家企业正在申报筹备。举办三期“清廉民企大讲堂”，营造清廉民企建设氛围，累计参与听讲企业家及高管660余人次。与平湖农商银行联合举办“清廉贷”产品发布会暨授信仪式，推出20亿元授信额度的“清廉贷”产品，丰富清廉管理体系的动能。12月15日，在全省清廉民营企业建设现场推进会上做经验交流。

【法律维权】 与市人民法院在工商联和南市商务区楼宇商会成立“共享法庭”，聚焦民营经济领域矛盾纠纷预防与化解。与市司法局联合开展“百名律师进百企”活动，共同开展法律体检、风险预警研判，分析影响民营经济和行业发展的普遍性、倾向性问题，以司法建议、体检报告等方式进行风险提示，处理经济诈骗、诱骗赌博等10余类问题。聘请懂法律、懂经济、责任心强的58名专兼职人员担任商协会人民调解员，努力建设一支高素质的调解员队伍。推动市场主体轻微违法行为不予行政处罚落地落实，对《平湖市轻微违法行为不予行政处罚事项清单（2021年版）》进行动态调整和提质扩面，2022年，出台《平湖市轻微违法行为不予行政处罚和减轻行政处罚事项清单（2022年版第一批）》和《平湖市轻微违法行为不予行政处罚和减轻行政处罚事项清单(2022年版第二批)，共涉及免罚事项21个类别201项，减轻处罚事项14个类别51项，事项清单拓展到长三角毗邻地区城市管理综合执法领域。

【营商环境】 打响市工商联“商事纠纷商会解”调解品牌，通过33个人民调解工作站，建立横向到边纵向到底的商会人民调解工作网络，开展维权活动和矛盾纠纷调解，组织开展1期调解员网上培训，全年，调解处理各类纠纷30余起。与公检法司等部门联合开展“护航2022”助企惠企提升企业风险防范能力专项行动，维护企业合法权益。推动商会与律师事务所结对，形成“2+9+39+2977”（“2”是指工商联和律师事务所，“9”是指镇街道商会，“39”是全市所有基层商协会，“2977”是指为2977家民营企业提供各类法律服务）法律服务体系，为全市2977家民营企业提供各类法律服务，形成商协会服务企业新格局，打造民营企业法律服务新平台。

【公益慈善事业】 广泛动员民营企业参与乡村振兴事业，推动乡村振兴工作落地落实。6月，市工商联等部门到四川省屏山县、茂县开展对口支援考察交流；9月，青田县工商联到平考察交流；12月，市工商联带领部分企业家到青田县开展助力山区26个县高质量发展走访对接活动。深入开展“万企兴万村”行动，推动全市25个企业与四川茂县25个村保持结对关系，动员企业在年底前再为每个结对村捐赠2万元。发动10个基层商协会分别和10个村（社区）结对，打造“共富商会”。2022年，所属商会民营企业新（续）建乡村产业项目7个，涉及资金约1.23亿元；捐赠乡村公益资金332万元，捐赠乡村公益物资价值67万元。组织企业家参与“圆梦阿克苏　一万微心愿”2022爱心行动和“幸福的味道——爱心年货”大型公益活动。发动企业家开展消费帮扶，带动销售青田县10万元特色农产品，助力当地农民增收。3月初新冠疫情暴发后，广大民营企业家助力疫情防控，参与志愿活动，并捐款捐物合计900余万元。

【党组织建设】 增补2名党员进入工商联党组，强化领导力量，健全党的组织。完成党总支和机关党支部换届工作，培养发展一名企业家党员。5月，指导平湖市赣江商会成立功能型党支部，实现基层商会党组织全覆盖。制定印发《平湖市商协会功能型党支部工作实施意见》，以制度形式进一步规范商协会功能型党支部工作。丰富教育培训形式，组织两新党组织书记开展“书记读书会”等培训活动。

【自身建设】 建立《工商联平时考核干部职工工作实施办法》，每季度对干部职工履职情况进行考核。每月开展法纪警示教育，组织机关干部进行法律法规学习和网上考试，将法治意识贯穿机关干部服务企业全过程。组织全体机关干部参加“同心学堂”和“金平湖讲坛”主题学习等活动。支持1名干部挂职新埭镇旧埭村第一书记。

【中心工作】 开展垃圾分类、无烟日主题宣传；每月参与“文明出行”劝导志愿活动；组织全体干部职工参与文明巡察工作；先后到市政务数据办、市场监管局开展“善治平湖”新典范民主监督活动；多次到新埭镇旧埭村，开展网格大走访、“浙里网格连心”走访和“千名干部帮千户”活动。每月与挂钩的新埭镇旧埭村就网格化维稳工作进行走访与电话联系。参与疫情防控工作。

【党风廉政建设】 研究班子党风廉政建设情况，制定下发《市工商联关于2022年进一步推进落实党风廉政建设和反腐败工作的实施意见》。研究制定《市工商联关于规范领导干部廉洁从政从业行为“三张清单”》和《市工商联领导干部政商交往“三张清单”》，明晰工商联领导干部从政从业、政商交往界限及行为。班子成员、各科室负责人分别对应签署2022年度《平湖市工商联党风廉政建设责任书》，形成“一把手”负总责、一级抓一级、层层抓落实的工作格局。

（吴洁灵）

平湖市党外知识分子联谊会

【概况】 平湖市党外知识分子联谊会，简称知联会。截至年末，共有会员107名，其中男会员57名，女会员50名。担任副科级以上领导干部14人，其中副处级领导干部3名；平湖市人大代表2名，平湖市政协委员27名，嘉兴市人大代表2名，嘉兴市政协委员2名。经嘉兴和平湖两级认定的无党派人士62名。本科以上学历91名，硕士以上7名，博士1名。下设教育、卫生、经济科技和社会法制文体新闻4个小组。

9月13日，三届十二次理事（扩大）会议召开　（市知联会　供稿）

【思想建设】 以党的二十大精神学习为重点，在学深悟透做实上下功夫。在广大会员中开展读书活动，组织开展以中共二十大精神为核心的“学史明今”“学习领会党的二十大　寻根平湖谱写新篇章”等主题活动，开展学习《习近平谈治国理政》第四卷、习近平总书记关于共同富裕的重要论述等内容的交流活动12次。

【组织建设】 把加强队伍建设作为基础工程，新吸纳2名优秀会员进入理事会，优化调整班子分工，按功能新组建1个办公室和参政议政组、信息宣传组、组织发展组、社会服务组、联络联谊组5个专业小组。以优化会员年龄、专业结构为核心开展会员发展工作，拓宽会员选拔视野，新吸纳社会精英17名，7名会员被新认定为平湖市级无党派人士，有8名党外人士受聘首批特约检察员，推荐7名青年骨干力量进入省“青苗计划”库。

【参政议政】 秉持“求精、求实、求新、求专”的工作导向，搭建会员参政平台和活动载体。采用“集中命题、分头调研”的模式，组建课题小组，围绕“加快中小企业产业数字化转型”“加快汽车产业人才队伍建设”“加强未成年人性教育”等主题开展调研，形成调研课题3篇。利用大会发言、议案、提案、社情民意信息等渠道做工作，全年，由会员执笔撰写议案和提案16篇，其中由嘉兴市人大代表宋亚琴执笔的《关于加强全市控烟工作　助力嘉兴争创全国文明典范城市的议案》，是平湖市代表团参加嘉兴市九届人大一次会议代表中唯一的一份议案；《深化矛盾多元化解推进“无讼平湖”建设》在平湖市政协全会上作口头发言，集体提案《关于进一步提高公共文化空间利用率的建议》被列为重点提案并获评优秀提案。全年，撰写社情民意信息34篇，其中被嘉兴市录用8篇、平湖市录用16篇，齐正旺、顾慧、徐春艳、屠华中、曹伟忠、戴正秀等6名委员获评2022年度优秀政协委员。

【社会服务】 发挥人才荟萃优势，聚焦经济发展、民计民生、社会治理等经济社会各领域，在服务社会中彰显风采。助力疫情防控。参与社会服务，以“我的青春我负责”为主线，打造“知行合一”青春学堂品牌，全年，授课9期，280余名青少年参与其中；联合健康家园政协委员会客厅开展义诊咨询活动；联合梦想家公益服务中心，开展宝藏小屋八月暑期“公益送教”活动；到钟溪实验学校开展“智慧碰撞，共同发展”公益活动，向困难孩子进行爱心捐赠；依托餐餐乐在丽水松阳建立的山海农产品配送有限公司平台，联合新联会打造“知新服务　同心共富”品牌等。

（陈叶）

群众团体

平湖市总工会

【概况】 至年底，全市共有8个镇街道总工会，19个系统（局）工会，8个市直属工会，3个行业工会联合会。全市基层工会组织1615个，组建率98.8%。工会会员16.6万人，入会率94.5%。市总工会各项工作先后9次在《全总简报》《浙江信息》《省总简报》等专刊交流；获省人大常委会副主任、省总工会主席史济锡，省总工会党组书记、副主席吕志良等各级领导6次批示肯定，9次在省市重要会议作交流；《工人日报》《浙江工人日报》《浙江工运》等多次报道平湖工会工作，第二届全省工会改革创新项目展评活动在平湖举行。市总工会被评为浙江省“人民满意的公务员集体”，连续11年获平湖市部门目标责任制考核优秀和嘉兴市工会工作考核优秀。

【职工思想文化建设】 围绕学习贯彻党的二十大精神开展红色教育。2022年，全市各级工会共开展宣讲4509场，参与职工17.8万人次，工作经验在全省市县总工会党组书记研修班上作经验交流。举办第八届平湖市职工文化节，承办嘉兴市道德讲堂总堂活动、嘉兴市第三届职工运动会开幕式，全年，开展百场“文艺快享”进企业系列活动。用好“平工学堂”等平台资源，“平小工”直播间已为58.43万人次提供线上培训学习服务；“平湖职工之家”微信公众号连续153周列全省县市工会微信榜单前十，被评为全国网络正能量新媒体（微信组）区县级工会十佳账号第一名。

【典型示范引领】 推荐获评浙江省劳动模范1名、嘉兴市五一劳动奖章2名、嘉兴市五一劳动奖状1家，在全市打造8个高技能人才创新工作室，评选表彰十大职工先进操作法。深化《平湖市在职劳模履职报告制度》，成立劳模帮帮团助力徐家埭村基层党建示范点建设，推进“劳模工匠进校园”活动，打响平湖劳模服务志愿品牌。弘扬“匠人匠心，至诚至精”的金平湖工匠精神，精心策划最美职工、金平湖工匠评选活动。联合市委组织部开展金平湖“红色工匠”培育工程五年行动计划，组织2022年全市非公企业党员“三先工程”评选。持续推进工会“推优入党”工作，2022年，累计推优454人，共有352人被列入入党积极分子或发展对象。

【产业工人队伍建设改革】 召开推进新时代产业工人队伍建设改革协调小组第四次（扩大）会议，指导各镇街道和试点企业全部出台“一企一策”实施方案，在嘉兴率先实现产改镇级层面全覆

5月9日，市总工会发动基层企业广泛开展“守好红色根脉·班前十分钟活动”（市总工会　供稿）

盖。推进小微企业园区产改试点工作，探索“3+N”（“3”即聚焦试点先行、组建先行、服务先行；“N”即在产改企业推行“红船精神进企业”、党建服务中心建设、劳模工匠工作室和名师带徒制度、校企合作产教融合、企业技能人才自主评价，逐步实现“五个全覆盖”）模式，真正做到产改工作有组织、有阵地、有活动。全市规上企业产改覆盖面达100%，规下企业产改覆盖面达50%以上。产改经验被评为全省“推进非公企业产改十大样板”，在全省镇街道（园区）产业工人队伍建设改革工作现场推进会上作交流介绍。

【职工素质提升工程】聚焦重点项目建设，连续第18年举办全市职工职业技能竞赛，组织全市劳动关系协调员、消防技能比武等特色竞赛。联合市民生优享工程指挥部办公室开展2022年民生优享工程立功竞赛，围绕高品质民生服务供给，以一体化和数字化为总牵引，组织128个项目参赛，推动项目又好又快建设。市总工会被评为2022年度民生优享工程先进集体。开展职工素质提升大培训活动，三级联动推出109个子项培训活动，开展培训539场次，培训职工56144人次。开发“平工约课”网上平台，以“共享实训室”模式，为基层工会开展培训提供便利。2022年，共开展预约培训115场，参与3508人次，“平工约课”获评全总“网聚职工正能量　争做中国好网民”主题系列活动“专项微信小程序应用优秀案例”。连续第10年开展“双证制”培训，为1184名职工提供求学圆梦机会。推行技能等级评价工作，市总工会职工学校被评为全省工会唯一一家四星级社会培训评价认定组织。

【职工合法权益】深化新形势下工会群众性劳动保护监督检查工作，组织“开工第一课”系列活动，全年，开展区域内危险性较高行业企业班组长安全培训18场，947人完成线上线下测试。加强工会和谐劳动关系工作室、共享法庭等维权阵地建设，为依法维护劳动者权益开通绿色通道。深化和谐劳动关系构建，把开展集体协商作为维护职工权益的重要手段，在全市100家产改企业推行能级工资集体协商，推动技术工人以技提薪。工作经验先后在《浙江信息》《嘉兴信息》刊登，并在全省能级工资集体协商现场推进会上作介绍。深入开展“春风行动”就业服务，连续发布就业信息9期，发布岗位1284个。市总工会被评为全省新就业形态劳动者温暖行动试点单位。

【扶贫帮困服务职工】推行困难职工“七助”精准帮扶工作模式，创新“红黄绿”三色动态管理，加强对困难职工的探访关爱和精准施策。全省首创“虚拟岗位”帮扶，累计支付岗位待遇602万元，帮扶困难职工家庭1507户，并实现帮扶品牌在四川茂县等地的异地再植。该项工作以总分第一的成绩获评全省第二届工会改革创新十佳成果。职工医疗互助保障累计参保职工87.3万人次，发放补助金4169万元，通过数据分析，实现困难职工“主动发现、即时救助”。加强新就业形态劳动者服务保障工作，连续两年开展“平小工”伴你过大年系列活动，市镇企三级工会联动，累计发放慰问品1315万元。围绕共建共享，对全市135家金平湖职工服务驿站开展巩固提升，完善统筹动态管理机制，满足职工多元化需求。总商会大厦职工服务驿站等2家驿站被评为全国“最美工会户外劳动者服务站点”；“暖心驿站365”志愿服务项目先后被评为2022年平湖市、嘉兴市、浙江省最佳志愿服务项目，获第三届浙江省志愿服务项目大赛铜奖。“匠心服务365”获评嘉兴市机关服务品牌。

【基层工会改革】 落实《新时代非公企业工会建设规范》，以制度化巩固改革成果。深入开展非公企业工会工作者资格认证和工会主席分级管理，开展“3+X”（通过主打工会主席工作室、职工服务站点、职工活动中心“3”大阵地建设，组织非公企业工会结合自身特点实施各具特色的“X”工作项目，助推村社区联合工会、小微企业、新业态新就业群体领域工会开展品牌培育）筑家项目化建设。推行工会会员代表常任制，建强“代表常任、提案办理、履职评价”三项核心机制，开展优秀提案评选活动。实施基层工会巩固提升专项行动，着重推进行业、产业、区域及新业态群体建会入会，重点抓好25人以下“小”“微”单位及灵活就业人员兜底工作。全市百人以上企业全部依法建立工会组织，25人以上企业实现动态应建尽建。建立新业态新就业群体工会组建破难机制，成功推动平湖市抖音电商直播基地联合工会等8家新业态工会组建。发布平湖市模范职工之家与新业态基层工会结对共建制度，推动共享职工之家阵地建设，健全新就业形态行业工会经费专项补助机制。市总工会作为县级工会代表在全总调研浙江推进外卖配送员建会入会和维权服务工作视频会议上作交流发言。

【数智工会建设】 迭代升级“工享E家”数智工会平台。围绕拓宽职工参与全过程人民民主的有效途径，发布全省首个镇街道工会会员代表常任制“云履职”应用场景，为全市工会会员代表高效履职提供“一站式”“全流程”服务，该项工作被列为2022年浙江工会数字化改革地方特色创新项目，获评2022年度平湖市“十大改革创新”项目、2022年全省工会数字化改革创新应用成果，在全省工会数字化改革工作推进会上作典型交流，市总工会被省总工会确定为“工会干部培训”应用省市县（市、区）联建单位。

【助力中心服务大局】 围绕城乡秀美、文明创建，深化“星级五美”评创活动，加大爱国卫生、绿色生活等宣传引导力度，助推“品质平湖”建设。深化反诈宣传进企业活动，各级工会累计开展反诈进企宣传427场，参与职工15.2万人次，发放宣传资料12.59万份。联合市公安局开展“无诈企业”创建，设立企业“反诈部长”，引导职工时刻绷紧反诈防骗弦。市总工会获2022年全市反诈工作考核第一名。疫情期间，动员233批、12860人次职工志愿者参与志愿服务。深入开展为一线防疫人员送温暖活动，市总累计拨付疫情防控专项资金175万元。

【“县级工会加强年”工作深入推进】 开展“千名干部访万家”网格连心大夜访、工会干部赴基层蹲点活动，常态化开展“我是娘家人”主题活动，动员机关干部深入基层，砥砺初心、磨炼本领。做好工会经费“收、管、用”工作，不断提高工会财务工作标准化、规范化和集约化水平。全市机关事业单位及系统（局）下属基层工会、百人以上规上企业使用云财务平台率达90%，经审项目获全省工会优秀审计项目二等奖。市总工会党支部获评嘉兴市争创“建设清廉机关　创建模范机关”先进基层党组织；市总工会被评为2022年度“平湖铁军”先进集体、嘉兴清廉单元建设示范单位。

（姚心辉）

共青团平湖市委员会

【概况】 至年底，平湖市共有基层团委49个，团工委9个，团总支14个，基层团支部1112个，团员14199名。团市委直属团组织33个（包括镇街道组织8个，局办系统团组织20个，新兴领域团工委5个）。2022年，新承接共青团助力“双减”常态化托管志愿服务省级试点。获市级以上领导批示寄语2次。承办团省委活动1场，嘉兴市级活动1场。登上国家级报纸杂志12次，省级媒体9次，市级媒体18次。获评全国优秀共青团干部1名，省五四红旗团委、优秀共青团员各1个（名），浙江省成绩突出少先队员、辅导员、集体各1名（个），省青安岗1个，省青年文明号2个，嘉兴市十大杰出青年2名，嘉兴市青年岗位能手6名。

【理想信念教育】“青年大学习”每期12000余人参与，学习率达90%。引导少先队员参与“红领巾爱学习”活动，参与率达100%。依托青年之家、红领巾学院、“青阅沙龙”、“青联大讲堂”等载体深入组织学习中共二十大精神、建团100周年大会精神。面向各领域青年常态化组织开展理论学习和“浙里潮音”“青年大学习”等，帮助青年找准人生定位与奋斗目标，增强与党同心、跟党奋斗的坚定意志。拍摄《青春·百年》MV献礼建团100周年。

【百队宣讲影响力】各级团组织书记深入学校、田间地头等开展习近平总书记重要讲话精神和省十五次党代会、团代会精神宣讲，累计开展70余场。“平语·青年说”品牌走深走实，通过“党规青年说”“共富青年说”等活动，选拔40余名优秀的青年宣讲员纳入宣讲团。新组建青联委员宣讲队、家燕归巢宣讲队等。累计开展宣讲20余场，覆盖青少年3000余人次。金平湖小讲解，以家乡发展变化为主线，通过红领巾宣讲员选拔活动评选出31名优秀少先队员。

【主题活动教育引导】开展“百对银青”活动，组织团员青年、少先队员与老党员结对，共研党团史、赠青春寄语，推动党团队一体化政治培养。全塘小学“红领巾心向党　革命薪火代代传”登上《德育报》。抓住“五四”“六一”等重要节点开展主题团日、队日活动，选树“十大杰出青年”“百名新时代好少年”等青少年典型。线上组织“绽放青春力　追梦新崛起”云上团日活动，推出“平领·青风尚”等系列板块。广泛动员青年投身“浙江有礼·报本平湖”市域文明新实践。

【对口工作】举办“嘉兴—沙雅”融情夏令营，组织东湖小学少先队员为沙雅小朋友捐赠鼓号队乐器并开展书信手拉手活动，100余人次参与。贯彻落实“我在窗口写青春”浙江青年携手共同富裕先锋行动，组建青春帮共体，收集资源要素。团市委书记带队到青田学习交流，构建平湖·青田青企协合作框架，点亮100名青田孩子微心愿。“声情告白　共赴山海”诗歌音乐会团日活动获《人民日报》报道。

【志愿服务奋勇担当】各类志愿服务记录时长超37.6万小时，举行“志愿我先行　点亮文明城”2022年平湖市“3·5”学雷锋启动仪式，深入推进垃圾分类、环境整治等各项服务。参与疫情防控，依托青年塔群，社会组织骨干、青企协会员、外卖小哥等2600余名青年组建突击队参与10余类志愿服务岗位，捐献53100毫升鲜血、价值近200

3月5日，2022年平湖市举行“3·5”学雷锋启动仪式

（团市委　供稿）

万元的物资，解决300余个抗疫求助平台问题。小马哥的抗疫日记、青联“95后”志愿者张天伦的战疫vlog、少先队员抗疫作品分别登上《人民日报》《中青报》《博学红领巾》。2.9万人次青年志愿者常态化助力疫苗接种工作。抗击台风期间，青年突击队冲锋在前，累计发放防台防汛通知6800余份，转移群众482人。

【“双减”政策落地】 累计在各镇街道开展“流动少年宫”21场，覆盖6025余人次；组织新居民、快递物流行业子女公益冬令营。开展蔬菜盲盒、安全用电等公益课堂36期，参与青少年达2万余人次，带领青少年制作非遗版“冰墩墩”登上《浙江省教育报》等媒体。累计开展青年助力“双减”志愿服务60余场，服务时长1.3万小时。

【“家（海）燕归巢”暑期实践活动】 会同市委组织部、人力社保局持续深化开展“家（海）燕归巢”、名校优选、浙大青知计划等项目。搭建“学子·故乡”常态化联系桥梁，携手80余个单位发布岗位1500余个，创新发布“十大青春成长计划”并深化项目领办机制，启动职业体验月系列活动，吸引2000余名大学生。开展“校企大篷车”，组织各高校学生到平开展校地交流，推动专业对口人才与平湖的汽车、新材料等企业深入沟通和双向奔赴，促进青年充分就业。

8月12日，平湖市“家（海）燕归巢”“名校优生”“浙大青知”2022年暑期实践活动启动仪式举行　　（团市委　供稿）

【青年创业就业保障】 承办嘉兴市第一期青禾集市，打造全市首个“青耘中国”共青团直播带货样板，辐射带动各镇街道线上带货订单达2760多份，销售金额超过13.8万元。挖掘“青牛奖”候选人8名。分类培树青年工匠等身边典型，广泛吸纳优秀青年企业家、新兴青年成为青联委员，激励广大青年在各行各业开拓创新。将青年人才驿站建设纳入市民生优享工程，建设床位140余个，为到平湖求职实习、就业创业大学生提供政策咨询、培训宣讲、免费住宿等“第一站”“一站式”服务。深化“银团合作”，实施“平湖市青年创业金融扶持计划”，先后推出“创易贷”“易创宝”“志愿贷”等金融服务项目，累计支持青年创业创新超1000户，金额超5.7亿元。

【青年婚恋交友活动】 弘扬文明婚恋风尚，开辟“在平湖遇见你·青春专线”，以交友联谊、参观学习、身心疗养、趣味活动等主题，选出明湖公园、美郁农场、樱花小镇等10个亲青恋点位，发布城市恋爱地图，开发“青恋点位”、培育“青恋点长”、提供“邻家共青团服务菜单”，盘活亲青恋活动基地、美丽乡村等资源，开创具有地方辨识度的青春交友名片，开展“亲青恋”“集体婚礼”等活动50余场。

【共青团平湖市第二十二次代表大会】 12月22日，召开共青团平湖市第二十二次代表大会。总结市第二十一次团代会以来的工作，研究确定未来五年的目标任务，选举产生共青团平湖市第二十二届委员会委员32名、候补委员13名，常务委员会委员13名，挂职副书记1名、兼职副书记2名。

【少先队改革】 承办第三届浙江省“红领巾学院”思政微队课大

赛并获一等奖1名、三等奖1名。落实少工委双主任机制，分管领导任名誉主任。《寻访“火焰蓝”》再登央视少儿频道，少先队照片被国家发改委“砥砺奋进的五年”大型成就展录用。青少年宫课题获2018—2020年浙江省青少年校外教育科研成果一等奖。

【青联改革】 规范完成第五届青联换届，“强国志　青春说”青联大讲堂活动登上《中国共青团》杂志。青联委员杨宇朋自主发动风筝露营等公益项目，将公益所得捐入青平果基金。陆键跨越2000公里到贵州黔东南苗族侗族自治州进行自费公益支教，并为孩子们增设器乐课程。

（马易旋）

平湖市妇女联合会

【概况】 平湖市妇联下属有5个镇妇联、3个街道妇委会和23个直属系统妇委会，1个社会团体（平湖市各界妇女联谊会），1个事业单位（平湖市妇儿活动中心）。2022年，平湖市妇联围绕“共同富裕巾帼在行动”主题主线，开启助力共同富裕的“5+1”（“巾帼红”“巾帼创”“巾帼和”“巾帼家”“巾帼爱”+“巾帼强基”）跑道。平湖市妇联作为嘉兴市唯一的县市区妇联上榜2022《中国妇女》杂志宣传舆论阵地建设光荣榜，创新构建“e+”服务场景、清廉家风建设、巾帼助力共同富裕等多项工作信息登上《中国妇女报》，并被“学习强国”转载。平湖市儿童友好运动场馆建设项目入选浙江省妇女儿童发展规划示范项目，总商会大厦妇联获评省示范新领域妇联组织，野马村王家墙妇女微家获省示范妇女微家，钟埭村和徐家埭村获评省级美丽庭院特色村，“母亲援助工程”获评首届“平湖慈善奖”十大慈善项目，家家福服务品牌获评嘉兴市第十批机关服务品牌，妇联党支部获评市直机关先进党组织。

【思想引领】 开展“巾帼心向党　喜迎二十大”群众性主题宣传教育活动，组织开展“巾帼共富追梦人”“我奋斗·家国美”等主题宣讲活动。市妇联获嘉兴市“红船女儿·巾帼共富追梦人”微宣讲大赛·菁英赛优秀组织奖，3位选手获2个一等奖和1个三等奖，其中1位选手获评浙江省“红船女儿”宣讲团金牌宣讲员。组织开展平湖市庆祝“三八”国际妇女节112周年开展主题宣传、走访慰问等七大活动。组织参加“分类在嘉　巾帼助力”垃圾分类巾帼志愿者微宣讲主题活动、嘉兴微阅读分享活动等。开展以“二十大精神进万家”为主题的“东湖女儿大宣讲”活动，组建“东湖女儿”大宣讲团，开展“东湖女儿共富八说”系列宣讲，展现全市女性在新征程中勇挑重担、创造佳绩的时代风采。

【中心工作】 联合市委宣传部开展“守防疫家门、创无疫家庭”活动，推荐67户“无疫家庭”典型。联合市委组织部为全市参与一线抗疫人员及家属送上慰问信和价值13万元的慰问品。女企业家捐献医疗及生活保障物资等价值约50万元。各级“妇联帮帮团”帮助22家家庭农场网上销售蘑菇、芦笋等蔬菜70余吨。开展“安心陪伴”云服务情感关爱行动，累计受益3万人次。

【共富平台】 创建嘉兴市巾帼农创共富基地、嘉兴市巾帼云创共富基地，成立嘉兴市巾帼科技创新工作室。开展巾帼助企纾困“走亲服务”，召开“巾帼助企　稳进提质”座谈会、“聚力前行　共富未来”女企业家会议。举办“架金桥·求发展·促和谐”女性就业网上专场招聘会。开展女性创业小额贷款贴息工作，为39名创业女性提供贷款867.5万元。打造“妈妈的味道”山塘示范街、钟溪棹歌示范廊、南河头示范街区。推动“平金太”长三角毗邻地区妇联组织联动合作，联合举办“长三角新时代女性创新创业大赛”，启动“长三角科技女性联盟”。承办长三角G60九城市新兴产业菁英女性风采展示嘉兴场活动，女企业家李秀蓉获评“菁英女性”。打造“吉祥共富工坊”等来料加工基地。指导成功创建全国巾帼文明岗1个、嘉兴巾帼文明岗9个、平湖巾帼文明岗15个。组织开展“百岗助共富”主题实践活动，举

11月14日，平湖市举办巾帼共富新农人素质提升培训班
（市妇联　供稿）

办文明岗宣讲赛。发挥“东湖姐妹”巾帼志愿服务联盟作用，开展志愿活动300余场，服务2万余人次。

【“优美庭院”】完成3948户优美庭院示范户建设（嘉兴考核指标1100户）。指导新埭镇、林埭镇成功创建“新时代优美庭院示范镇”。钟埭村和徐家埭村获评省级优美庭院特色村。指导打造曹桥“碳为观智·桨领风华”美丽乡村精品线优美庭院巾帼线；钟埭村“钟溪樱姿”巾帼线路成为中国农民丰收节活动的主场拍摄地，获中央电视台等主流媒体的关注和报道。林埭镇“清溪人家”巾帼共富路线在嘉兴美丽经济现场会上亮相。组织妇联执委和巾帼志愿者进村入户“一户一策”精准指导，注重庭院建设与农业基地、民宿、文创等元素有机融合，利用“股份＋积分”、美丽超市等平台，推进庭院建设长效开展。

【“家门口驿站”】探索推行“1+3+N”（绘好1张蓝图：发布“行动方案”，设置“全覆盖＋零距离”目标，按照“一镇街一驿站，一驿站一特色”模式，制订“特色标准”，推动妇儿服务“一站集成”；完善3项机制：建立“三级包联＋组团服务”机制、建立“星级评创＋分类定级”机制、建立“线上线下＋双向联动”机制；订制N个项目）的“驿＋”服务模式，建设有温度的“家门口驿站”。年内，建成星级驿站24个（省级三星驿站1个，嘉兴市二星驿站3个，平湖市一星驿站20个），覆盖所有镇街道和14%以上的村社区，组织开展各类服务80余场次。举办妇女儿童服务项目资源对接会和公益慈善创投，收集梳理需求、项目、服务“三张清单”，实行“配送＋认领＋创投”模式。全市各级执委以个人或团队认领的订单项目达364个，争取慈善总会和2家基金会创投基金80万元，征集项目20多个。

【妇儿权益保障】打造妇女儿童普法暖心线，开展宣传活动20余场。联合市法院建设妇联特色共享法庭3个。针对责令接受家庭教育指导的涉罪未成年人家庭开展家庭教育指导。链接巾帼志愿服务队、女律师维权队、老舅妈家事工作室等志愿力量，组建“平姐姐”婚调菁英团队，举办“三色法”网格婚调员成长营，培育金牌婚调员，开展“家门口”婚调主题培训10场，覆盖33个村社区。开展平安宣传和法律服务活动100余场，发放普法宣传资料1.5万余份。开设“平姐姐说法”普法宣讲专栏。推动未成年人司法保护社会支持体系建设。“母亲援助工程”获评首届“平湖慈善奖”十大慈善项目。帮助670名低保家庭女性购买女性健康公益保险。开展“把爱带回家”寒假儿童关爱服务活动143场，走访慰问孤困、留守儿童187人。组织参与“童心童行·微爱圆梦”微心愿认领，帮扶孤困、留守等特殊群体儿童50人。走访关爱“两癌”女性和快递物流行业家庭及女性从业人员。夯实“110”处置家庭暴力案件联动机制和妇女儿童权益工作合作机制，全年，累计发放家暴告诫书171份，人身安全保护令1份。新增注册备案婚调工作室5家。依托“和睦e家”着重推动家暴案件的发现、处置、回访等工作闭环。“12338”热线和ODR等网上服务平台受理案

7月25日，"金平湖·法治里"妇女儿童普法暖心线上线
（市妇联　供稿）

7月15日，"家校社共育　携手向未来"平湖市家庭教育节启动仪式举行
（市妇联　供稿）

件77件，嘉家福"三色法"平台排查家事纠纷73件，"和睦e家"平台接收案件163件。独山港镇赵家桥研学基地入选浙江省首批公民法治素养观测点。

【家教家风建设】 编印《平湖市"十四五"家庭教育发展规划》，启动家庭教育节、家庭读书会等九大实事项目。建立家庭教育"136共育体"新模式，启动"社区+学校+单位"的"共育体"建设，形成"四联"工作法。设立首批10个家庭教育创新实践基地，组建家庭教育导师团，建立"1+1"（1名导师联挂1个创新实践基地）导师联挂和项目指导机制。举办家庭教育节，开展八乡联动"家教说·家年华"宣传月活动，开展科学家教城乡行活动150余场。推选绿色家庭12户，最美家庭12户，其中省级最美家庭2户。举办最美家庭文明建设活动2场。开展"清廉进万家·喜迎二十大"主题系列活动，举办领导干部家风主题教育等"十个一"活动。

【干部强基赋能工作】 完成镇街道妇联组织换届，开展基层妇联执委赋能培训。推进省妇联"浙里家·连心桥"数字化改革应用场景建设。发动各级妇联组织和千名执委下基层走访18172人次，收集和解决实际需求和困难13个，实现录入率、激活率、活跃率均100%。新成立全市首家家政行业迪邦保洁公司妇联、首个农贸市场妇联钟埭街道农贸市场妇联等，推动互联网等领域建立妇女组织13个，指导源源物流等3家企业落实组建妇女小组。加强商圈妇联、女性社会组织联盟的工作指导，开展"office扮靓进阶计划"，打造优美楼宇示范带。总商会大厦妇联获省示范新领域妇联组织，曹桥街道野马村王家墙妇女微家获省示范妇女微家。平湖两新妇女组织建设获省妇女干部学校校长陈步云调研肯定，并将服装城妇女组织建设做法写进教学课件。

（谢丽芳）

平湖市科学技术协会

【概况】 2022年，市科学技术协会（以下简称市科协）下属有9个镇（街道）科协，28个市级学（协）会，72个企业科协。市科协以"提质提效创示范，凝智助力奔共富"为主题，着力打造红色群团、品牌群团、为民群团、实干群团和数智群团，推进全市科协事业高质量发展。

【科学家精神】 引导广大科技工作者弘扬以爱国主义为底色的科学家精神，加强作风和学风建设。发掘和利用科学家精神教育资源，积极抓典型、树标杆，平湖市中国航天科普馆成功入选首批浙江省科学家精神教育基地。引导科学家精神教育基地以点带面、辐射引领，在全国科技活动周、全国科技工作者日、全国科普日等重要时间节点，面向科技工作者、社会公众特别是青少年群体广泛开展特色鲜明、形式多样的科学家精神系列教育活动。

【思想引领手段】 将政治思想引领作为灵魂渗透在科协有形工作之中。以对标对表的行动引领科技工作者，组织开展先进科技工作者选树及人才托举工作，做好上级科协科技工作者各类先进奖项的举荐推选，开展十佳科技工作者、十佳科技追梦人、十佳科技志愿者评选。汤伟获评2022年嘉兴市最美科技工作者。以积极向上的活动引领科技工作者，举办“全国科技工作者日”系列活动，发出《提质提效创示范凝智助力奔共富——致全市科技工作者的倡议书》，持续开展“凝智助力比拼赛”品牌，共实施20个比拼项目，涵盖数字赋能、农业创新、百姓健康等多个领域。在疫情防控中科协组织当好组织发动者、逆行相伴者，组织全市科技工作者投入疫情防控。

【柔性引才活力持续释放】 积极服务院士专家工作站建设，认真为企业开展申报“一站式”服务，新认定2家省级院士工作站，2家嘉兴市级院士工作站。由加拿大工程院院士杜如虚领衔的中科健齿华东创新中心项目签约落户，申报新建院士工作站。康普瑞汽车零部件有限公司院士工作站乔治斯院士全职参与到企业新产品开发中。推进博士创新站工作，浙江晨光电缆股份有限公司李春阳博士创新站、浙江景兴纸业股份有限公司安兴业博士创新站获评嘉兴市首批博士创新站。已建博士创新站13家。积极与市人才办进行沟通对接，出台嘉兴市首个县（市、区）博士创新站奖励补助政策。9月20日，联合中国海创联举办海智项目路演等品牌活动。经开区海智基地工作成效在省科协国际民间科技交流工作会上作经验介绍。

【会地合作路径持续拓展】 与上海机械工程学会签订《助力企业科技创新，促进共同富裕合作协议》，学会专家与市5家企业进行点对点沟通。浙江省自动化学会25位专家到平开展“万名专家帮万企”科技服务，助力企业数字工厂建设。引导学会以企业需求为导向，深度对接上级学会创新资源。发挥省科协科技服务团队的专家团队资源优势，助力企业解决创新发展瓶颈问题，强化企业创新主体地位。在省食品学会专家、浙江工商大学教授孟岳成的支持下，平湖红爪姜深加工产业化项目顺利推进。

【科技服务动能持续提升】 积极构建长三角一体化创新资源对接平台，深化科协数字化改革，“科协帮”共享技术服务平台成功上线，并实现长三角资源入网，有效服务企业和长三角地区创新资源沟通对接。进一步加强与上海市机械工程学会等机构的合作，组织开展院士专家平湖行活动。办好《科技工作者建言》，共完成建言9篇，其中8篇得到市领导的批示。发挥金桥工程科技服务品牌的作用，搭建产学研用合作平台，实施金桥工程项目64项，其中重点项目19项，推进科技创新和成果转化。

【创建任务合力攻坚】 成立市委书记和市长任双组长的创建工作领导小组，纳入30多个成员单位，科普经费获有效保障。市委书记仲旭东调研指导科协开展科普示范市创建工作，市政府召开创建工作推进会，实施“345”（“3”代表健全三大机制，分别为健全统筹协调机制、长三角合作机制、应急科普机制；“4”代表实施四大工程，分别为实施强基工程、场馆工程、场馆工程、志愿工程；“5”代表五大行动，分别为筑梦未来、农民共富、产业英才、银龄赋能、铁军领学）创建行动，先后通过浙江省和中国科协验收组评估检查。开设科普传播矩阵七大专栏，服务创建工作。在科技志愿服务信息平台

9月19日，平湖市“科协帮”技术共享服务平台发布

（市科协　供稿）

注册总人数2417人，已发布科技志愿服务活动130场。全市8个涉农镇街道建有农业专业技术协会14个，均已入驻智慧农技协平台。全市科普中国信息员人数为4834人，列嘉兴第一位。

【科普力作】 推广“科普万家”品牌，打响航天科普和“小小科学+”品牌。9月26日，成功举办“追梦航天　平湖情缘”30周年纪念活动暨神舟飞船返回舱特展，黄姑实验学校获评省首批院士科普基地。开展周末科普课堂、科普大篷车、科普夏令营等“小小科学+”活动211场次，受益2.38万人次。继续与长三角地区科协共同举办科普漫画大赛。针对新冠疫情，利用“科普平湖”微信公众号和科普短信等平台，开展应急科普工作，短信受众50多万人次，公众号推送33条。“银龄跨越数字鸿沟”科普专项行动在全市建有教学点140个，年内，已培训老年人2.4万人次。

【科普载体】 全省首创“政协委员讲科普”模式，创新开展“金平湖博士科普团”活动，“大博士”走进校园牵手“小博士”，结合专业领域辅导授课，不断打造社会化科普新引擎。通过“互联网+科普”，提升全媒体科学传播能力，建立“拥抱星辰　科普万家”云社区，7月28日上线起，社区浏览量408869人次，已报到（IP）19247人，发回帖数79590条，实现科普传播方式、组织动员、运营服务等创新升级。联合城投、园林等部门，完成以丰收路绿道“海绵城市”和“动植物知识”为主题的科普公园和平湖中学院士墙两个项目建设。

【市镇两级科协换届工作】 年内，完成镇、街道科协组织换届工作。筹备平湖市科学技术协会第十次代表大会，以市、镇街道两级科协换届为契机，优化科协干部队伍结构，支持引导以“三长”为代表的基层一线科技工作者在科协组织建设中发挥作用，实现镇街道科协“三长制”全覆盖。

【科协干部队伍建设】 抓好科协干部队伍作风建设和意识形态工作，加大干部培养力度，破解基层科协人手短缺问题，提升科协干部服务发展、服务民生的能力。完善科协机关内部科学、规范、细化的运行机制，制定《机

6月25日，政协委员为青少年开展汽车构成科普知识宣讲活动

（市科协　供稿）

关一般公务员平时考核工作实施办法》《镇街道科协工作考核办法》，营造想干事、会干事、干成事工作氛围。

【市委巡察组开展工作】 提高配合做好巡察工作的思想自觉、政治自觉和行动自觉，积极主动接受“政治体检”，认真研究梳理，建立问题清单，明确责任主体，确保完成巡察工作。

（孙晓静）

平湖市文学艺术界联合会

【概况】 2022年，市文联各直属文艺家协会共参与地区文联系统以上活动30余项，主办或协办活动40余项，作品在地区以上展演、刊发1100余次，出版各类作品集、刊物20余部。省级以上获奖30余次（项）。全年，各协会新增国家级会员3名，省级会员13名，地区级会员32名，本级会员44名。完成平湖市第十八届文艺“金平湖奖”（音乐、舞蹈、戏曲）评审，评选出金奖2名、银奖4名、铜奖5名、新锐奖1名。完成平湖市文艺人才和文艺创作扶持奖励评审工作（2021—2022），产生文艺人才16名，文艺创作15件。

【自身建设】 市文联组织机关及直属协会常态化推进党史学习教育，通过2次集中宣讲、1次知识竞赛、4次主题征文等，增强新时代文艺工作者的思想自觉和行动自觉。市文联党支部建立与协会党建联系制度，利用协会换届之际，将党建工作写入协会章程。2022年，选举产生新一届协会领导班子，完成各协会换届工作。重视文艺界意识形态工作落实，按照网络意识形态工作要求，及时做好重要节点的舆论监管。推动协会关注“浙江宣传”等主流媒体，以“互联网+文艺”，树立文艺为民的生动形象，宣传文艺正能量。

【文艺创作成果】 市文联重点举办省级以上具有影响力的重要文艺展演赛，努力开展有平湖辨识度的精品文艺活动。与嘉兴市文联主办的“童心向党”嘉兴市少儿舞蹈展演成功举办，与中国作协诗刊社签订战略合作协议，在首届叔同艺术季开幕式上启动“李叔同（国际）诗歌奖”征集，与省书法家协会联合举办首届“巨来之星”全国古典细朱文印作品展等。作协詹政伟的长篇小说《花蓝里花儿香》获第十五届嘉兴市“五个一工程”奖；长篇小说《天高云远》获第十三届嘉兴市文学艺术南湖奖。罗海玲的长篇小说《守边记》获浙江省和嘉兴市的重点扶持作品，正式出版。周卫红创作的故事《疫情中的商机》获浙江省第十六届新故事征文三等奖；诗歌《金家村农家乐》获浙江省第十三届“中国梦，故乡情”乡村诗歌大赛二等奖。曹海兵的作品《蝶变》获长三角网络文学大赛征文二等奖。平湖市民间文艺家协会获评浙江省民协“2022年度先进集体”，完成《首届“民间文化当代表达”论文（资料）集》编纂工作，张玉观的《民俗文化与调查研究》获嘉兴市第十二届“南湖”艺术奖铜奖。书协获由浙江省书协颁发的“2019—2022年度先进集体”奖，赵卫忠、许栋、何军作品入展由浙江省书法家协会主办的2022年“年度百家”书法遴选。美协的姚瑾、沈建江、汪新宇作品入选由省美协主办的“城市的调性”2022第三届浙江省城市美术双年展。沈建江作品入选浙江省第三届水彩粉画写生展和第四届中国粉画展。摄协侯彤彤的《派墨公路建设者》组照获由省文联、省摄协主办的“第19届浙江省摄影艺术展览”优秀奖，任之光的《鱼米之乡》入选由省摄协主办的“庆丰收·浙江摄影作品征集”活动。音协的沈国平、沈艳创作的抗疫歌曲《无名之“背”》刊发于中国新闻网、浙江新闻客户端等，王建军的《居山涵海的人》《时光里的明湖》分别发表于省级刊物《黄河之声》和《艺术大观》。舞协的少儿舞蹈《变变变》获嘉兴市首届少儿舞蹈大赛金奖。独山港镇文联与山海经杂志社签订合作协议，进行常态化交流。新埭文联的“泖河作家村”获评嘉兴市首批“文艺之家”并入选嘉兴首批“乡村悦心”艺术村落培育村。林埭镇文联的“龙舞村”获评嘉

11月18日，平湖市作家协会第十次会员代表大会召开

（市文联　供稿）

兴市首批“文艺之家”并入选嘉兴市首批“艺术乡建”工作培育村。广陈镇文联举办宋韵文化系列如《宋画与宋人审美》讲座、“宋韵话孟坚”理论研讨等活动。当湖街道文联编排创作多部舞蹈、小品、钹子书，如《春宴》《红船》《踏山赋》《百年征程新目标》等。

【文艺为民服务】全市文联系统恪守文艺初心，加大为民志愿服务力度。1月14日，组织开展“文化进万家·在平过个文艺年”系列活动。结合疫情防控要求，市文联勇担使命，开展疫情防控主题文艺创作活动。全市文艺界共创作抗疫类主题作品累计320余件，其中46件作品被读嘉、文艺嘉兴等市级平台录用，49件作品被浙江新闻客户端、浙江文艺等省级平台录用。为助力乡村振兴，积极开展“艺术乡建”。徐家埭龙舞村、泖河作家村成功创建嘉兴首批“艺助共富、润心在嘉”市级艺术村落。市作协深入开展“作家驻村”助力乡村振兴活动，第二批驻村作家到位，共开展系列活动7场（次），创作驻村主题文学作品100余件，并将续集出版“‘作家驻村’文学作品集”。

（高宏）

2022年平湖文联系统主要文艺作品一览表

表2

作品名称	作者	艺术门类	发表、出版、展演、获奖	主办、出版单位
长篇小说《守边记》	罗海玲	文学	出版	上海文艺出版社
传记《围棋与平湖》	邓中肯	文学	出版	山西出版传媒集团·书海出版社
书法	赵卫忠	书法	入展2022年“年度百家”书法遴选行书组	浙江省书法家协会
篆刻	许　栋	书法	入展2022年“年度百家”书法遴选篆刻组	浙江省书法家协会
篆刻	何　军	书法	入展2022年“年度百家”书法遴选篆刻组	浙江省书法家协会
书法	马国强	书法	入展“潘天寿杯”浙江省首届青年书法篆刻展	浙江省书法家协会
篆刻	周中伟	书法	入展“吴昌硕奖”第六届浙江省篆刻大展	浙江省书法家协会
篆刻	周冰川	书法	入选“吴昌硕奖”第六届浙江省篆刻大展	浙江省书法家协会
书法	马国强	书法	入选浙江省第六届“温泉杯”书法大赛	浙江省书法家协会
书法	赵卫忠	书法	入选浙江省第六届“温泉杯”书法大赛	浙江省书法家协会
书法	周中伟	书法	入选浙江省第六届“温泉杯”书法大赛	浙江省书法家协会
书法	顾子奇	书法	获第三届“朱彝尊奖”嘉兴市书法大赛优秀作品奖	嘉兴市书法家协会
书法	马国强	书法	获第三届“朱彝尊奖”嘉兴市书法大赛优秀作品奖	嘉兴市书法家协会
篆刻	姜晓晨	书法	获首届“巨来之星”全国古典细朱文印作品展获奖作品提名	浙江省书法家协会

续表 2

作品名称	作者	艺术门类	发表、出版、展演、获奖	主办、出版单位
篆刻	沈吕峰	书法	入展首届“巨来之星”全国古典细朱文印作品展	浙江省书法家协会
篆刻	钟　根	书法	入展首届“巨来之星”全国古典细朱文印作品展	浙江省书法家协会
篆刻	周中伟	书法	入展首届“巨来之星”全国古典细朱文印作品展	浙江省书法家协会
篆刻	周冰川	书法	入选首届“巨来之星”全国古典细朱文印作品展	浙江省书法家协会
篆刻	张翠丽	书法	入选首届“巨来之星”全国古典细朱文印作品展	浙江省书法家协会
书法	周中伟	书法	入展“沙孟海奖”第十一届全浙书法篆刻大展	浙江省书法家协会
书法	顾子奇	书法	入选“沙孟海奖”第十一届全浙书法篆刻大展	浙江省书法家协会
油画《风吟春草长》	姚　瑾	美术	获“美丽家园·嘉兴市女画家作品展”学术题名奖（最高奖）	嘉兴市美术家协会
油画《晚霞收尽碧波澄》	姚　瑾	美术	获“艺助共富　润心在嘉”嘉兴市运河水乡古词美术作品展优秀奖（最高奖）	嘉兴市美术家协会
油画《故园寻梦》	姚　瑾	美术	入选“城市的调性”2022 第三届城市美术双年展——浙江优秀美术作品展	浙江省美术家协会
油画《域外守护》	张剑浩	美术	入选由中国美术家协会，武警部队政治工作部主办的“忠诚向党·奋斗强军——喜迎二十大”庆祝建军 95 周年美术书法作品展	中国美术家协会
粉画《70 印记·二》	沈建江	美术	入选“第四届中国粉画展”	中国美术家协会
水彩《一家亲》	沈建江	美术	入选“浙江省水彩粉画写生展”	浙江省美术家协会
粉画《70 印记·一》	沈建江	美术	入选浙江省“第三届城市美术作品双年展”——浙江省优秀美术作品展	浙江省美术家协会
粉画《海湾》	沈建江	美术	获“苏州第五届国际粉画双年展”优秀奖	苏州美术家协会
粉画《70 印记·三》	沈建江	美术	入选“上海粉画作品展”	上海美术家协会
粉画《70 印记·三》	沈建江	美术	入选“浙江省第四届水彩粉画展”	浙江省水彩画家协会
粉画《尘封的记忆·二》	沈建江	美术	入选“浙江省第四届水彩粉画展”	浙江省水彩画家协会
版画《凝望》	张燕红	美术	入选“浙江省首届小幅版画双年展”	浙江省美术家协会
版画《路过人间》	顾天成	美术	入选“浙江省首届小幅版画双年展”	浙江省美术家协会
国画《猫趣》	何筱智	美术	获“美丽家园·嘉兴市女画家作品展”学术题名奖（最高奖）	嘉兴市美术家协会
版画《族相图谱·妻子》	覃道义	美术	入选“浙江省首届小幅版画双年展”	浙江省美术家协会
《鱼米之乡》	任之光	摄影	入选“庆丰收”——浙江摄影作品征集活动	浙江省摄影家协会
《派墨公路建设者》组照	侯彤彤	摄影	获“第 19 届浙江省摄影艺术展览”优秀奖	浙江省文学艺术界联合会、浙江省摄影家协会
词曲《无名之“背”》	沈国平 沈　艳	音乐	发表于“浙江文艺”公众号	浙江省文学艺术界联合会
作曲《居山涵海的人》	王建军	音乐	发表于《黄河之声》2022 年 5 月第 9 期	山西省文学艺术界联合会
词曲《时光里的明湖》	王建军	音乐	发表于《艺术大观》2022 年 8 月（上）	天津市文学艺术界联合会

续表 2

作品名称	作者	艺术门类	发表、出版、展演、获奖	主办、出版单位
少儿舞蹈《变变变》	范佳丹 张雯艳 王倩怡 潘　梦	舞蹈	获“嘉兴市首届少儿舞蹈大赛”金奖	嘉兴市文学艺术界联合会、嘉兴市教育局、嘉兴市文化广电旅游局、2022 中国·平湖西瓜灯文化节组委会
小品《红色油印机》	马其林	戏剧曲艺	获嘉兴市“福莱特杯”戏剧小品小戏征文大赛一等奖	嘉兴市戏剧家协会
新故事《你啥时候来搬家具》	李宝铭	民间文艺	入围第四届浙江民间故事会征文“浙江年度好故事”	浙江省文学艺术界联合会、浙江省民间文艺家协会
新故事《百合秦楼》	李宝铭	民间文艺	入围“全国乡村故事会征文”	浙江省民间文艺家协会
刮绒画《院士篇·刮绒画系列》	谢伟罡	民间文艺	在嘉兴文化馆举办个展	浙江省民间文艺家协会
民俗文化《民俗文化与调查研究》	张玉观	民间文艺	获嘉兴市第十二届“南湖奖”铜奖	嘉兴市人民政府
民间文学《浙江“筷子”谜语的艺术特色》	邓中肯	民间文艺	发表于《谜也者》第 21 期	“中国民间文学大系”编委会
民间文学《平湖“戏台”谜语的比喻性特质溯源》	邓中肯	民间文艺	发表于《谜也者》第 23 期	“中国民间文学大系”编委会

平湖市残疾人联合会

【概况】 2022 年，平湖市残联围绕残疾人共同富裕这一主题主线，以省首批低收入残疾人增收先行区试点为契机，深入推进“党建引领”“社会保障”“教培赋能”“就业增收”“精准康复”“无障碍建设”“文体乐享”“智慧助残”八大专项行动。全年，共核发各类残疾人基本生活补助 1960.33 万元，其中困难残疾人生活补贴 715.22 万元、重度残疾人护理补贴 1172.38 万元，低收入残疾人生活补助 42.83 万元、未成年残疾人生活补助 29.9 万元。发放各类社会保险 1681.55 万元，其中助学补助 26.65 万元、残疾人意外险 21.38 万元、城乡居民养老保险 30.14 万元、合作医疗保险 307.07 万元、灵活就业社保补助 1296.31 万元。

【残疾人服务保障】 落实残疾人基本生活保障，将残疾人纳入覆盖城乡居民的社会保障体系并予以重点保障和特别扶助，推进“单人保”政策落地落实，实现残疾人基本生活保障、社会救助、社会保险、社会福利、社会慈善和商业保险有机结合，全市“普惠 + 特惠”的残疾人基本保障再提升。修订完善地方性助残扶残政策，制定《关于明确低收入残疾人和未成年残疾人生活补助标准的通知》，率先把低保边缘户家庭残疾人和未成年残疾儿童纳入困难关爱补助，保障全市残疾人的基本权益。

【残疾人共富路径】 出台《平湖市残疾人共同富裕专项行动实施方案（2021—2025 年）》，市委、市政府“1+8+N”共富体项目实现低收入残疾家庭全纳入，“飞地抱团”低收入残疾人家庭持股增收项目覆盖低收入残疾家庭 1432 户，户均增收 5400 元；各镇街道共富项目优先倾斜低收入残疾人，开发“阳光共富”、众筹码头、共富大棚、“共富田”等一大批共富项目促进增收；残疾人就业增收持续向好，就业率达 70.5%。“共富车间”“共富工坊”“共富班组”“共富岗位”等一批共富项目在促进残疾人就业上助攻助力。

【残疾人就业】 持续开展残疾人职业技能培训，全年，共开展各类培训20场，参训338人次。搭建残疾人就业平台，举办线上线下残疾人专场招聘会、大学生专场招聘会等3场，提供就业岗位236个。依法推进残疾人按比例就业，努力稳定残疾人集中就业，鼓励和扶持残疾人灵活就业。推动党政机构、国企带头吸纳残疾人就业，市残联单招单考录用1名残疾人大学生。推进残疾人辅助性就业，新建1家“工疗型”残疾人之家，为334名就业困难残疾人提供了辅助性就业岗位；会同人社部门积极开发残疾人公益性岗位，全市残疾人公益性就业岗位已达61个。推进残疾人新业态就业，推荐3名残疾人参与“圆通圆梦”活动。

【一体化助残体系健全完善】 突出残疾预防，依托卫健系统发挥“关口前移”源头防控的倍增效应；开展精神病防治工程，对符合条件的精神病患者给予门诊补助和住院补助。突出教育康复，健全完善“轻度随班就读、中度在特殊教育学校或卫星班就读、重度送教上门”的模式，推动将残疾儿童少年教育纳入全市义务教育体系。全年，持证残疾儿童学前教育、义务教育入学率均达100%，高中阶段残疾学生入学率达89.8%。发放各类助学补助26.65万元。落实辅具适配政策，辅具适配率100%；提高残疾人家庭医生服务覆盖面，残疾人家庭医生签约率达98%。全年，残疾人基本康复服务率100%，残疾人精准康复率达98.28%以上，0—6周岁残疾儿童康复服务占比64.62%。突出托养庇护，推动市残疾人托养中心建设，启动与市精卫中心共建共享的残疾人托养中心建设，为老年残疾人、重度残疾人及精神（智力）残疾人提供康复照护和托养庇护，解决残疾人和家庭的后顾之忧。开展无障碍改造进家庭、进社区、进重点公共场所，为残疾人朋友打通融入社会的“暖心通道”。完成80户残疾人家庭实施无障碍改造，使残疾人日常生活需要能够得到最大需求的满足；独山港镇全公亭社区成功创建省级无障碍社区，提升社区无障碍环境建设水平；完成市行政服务中心、明湖景区等10处重要公共场所无障碍改造。坚持数智赋能，深度应用“浙里助残”，逐步建立起主动感知的“无感化”联办模式和精准采集、智能判断、事项秒办的闭环化管理体系。认真落实残疾人全周期“一件事”（助残关键小事）服务，残疾人人工耳蜗补助、残疾大学生学费减免等14项助残服务实现线上闭环办理。揭榜省残联数字化改革试点“基层组织建设（掌上残协）”应用的建设工作，开展持证残疾人基本服务状况需求采集。

【残疾人文体活动】 开展文化助残“五个一”活动，先后开展无障碍观影、活动，1300余人次的残疾人参与共享。持续开展康复体育进家庭活动，为40个残疾人家庭提供康复健身服务。承办嘉兴市第八届残疾人运动会开幕式和田径项目比赛等，组织选拔32名运动员参与比赛，共获金牌13枚、银牌10枚。选拔优秀选手参加各级文化体育赛事，配合省残疾人文化体育指导中心开展运动员选拔，为全省残疾人体育事业输送新鲜血液。

7月28日，平湖市承办嘉兴市第八次残疾人运动会开幕式与田径项目比赛

（市残联　供稿）

【助残宣传力度】 深化红色助残联盟，发布“一元众筹、爱心助残”公益项目，围绕全国助残日、国际残疾人日等残疾人活动日节点，精心设置载体，举办“爱接力·梦同行”平湖市第三十二次全国助残日活动，开展扶残助残“十个一”活动，开展国际残疾人日系列宣传活动。办好传媒中心、《南湖晚报》等媒体残疾人事业宣传专版（专栏）和每周一次电视手语新闻节目，利用主流媒体，加大残疾人事业宣传力度。发挥平湖残联微信公众号、政务网站等网络平台作用，积极宣传残疾人事业中的好声音和残疾人身上的好故事。

【残联组织建设】 根据《中国残疾人联合会章程》，完成市镇两级残联换届选举任务，切实增强基层残联班子的服务力。推进基层残疾人组织规范化建设，落实残联组织重心下沉、服务前移要求，建立起以市残联为主导、镇街道残联为中坚、村社区残协为基础、残疾人专门协会为补充的纵向到底、横向到边的基层残疾人组织网络，夯实组织基础。推动将残疾人工作纳入村社区工作清单，加强村社区残疾人工作专职委员队伍建设，实现村社区残疾人工作由过去主要依靠残疾人工作专职委员一人负责到发挥村社区和残协整体力量、统筹推进、融合发展的转变。推进社区阳光助残攻坚行动，打造村社区“金平湖·助残家”服务平台，深化残疾人“就业、康复、托养、出行”四大工程，畅通助残服务“最后一公里”。

（王锃栋）

平湖市红十字会

【概况】 2022年，平湖市红十字会落实省、嘉兴市红十字会工作要求，发挥红十字会作为党和政府在人道领域联系群众的桥梁和纽带作用，以关爱人的生命和健康为主线，完成全年工作目标任务。至2022年末，平湖市红十字会共有红十字基层组织181个，成人会员10674名、青少年会员12136名，志愿者组织234个、志愿者4948名。建有救灾备灾仓库1个，应急救援队伍1支，应急救护培训基地11个，注册师资144人。

【民事实事项目】 年内，完成政府实事项目——公共场所AED设置工作，在全市学校、商业综合体、景区、养老机构等人员密集公共场所设置AED 57台，培训相关人员850名。每个AED外柜旁都贴有操作牌直观提示救护员应用AED施救相关流程，将所有AED信息接入网络，通过微信小程序“AED设备导航”就可以搜索自己附近的AED，方便群众使用。

【救护培训工作有序推进】 推进救护员发证培训，新增红十字救护员5245人。在做好疫情安全防控的前提下，有序推进应急救护知识普及，开展普及培训28701人次。加强救护培训师队伍建设，新增省一级救护培训师1名、二级救护培训师23名。

【人道救助工作】 加强资金募集，共募集款物359.26万元。其中，资金295.46万元，同比增长49%；物资价值63.8万元，同比增长2.73倍。春节期间开展博爱送万家活动，慰问困难群众200余户，送去慰问资金26万

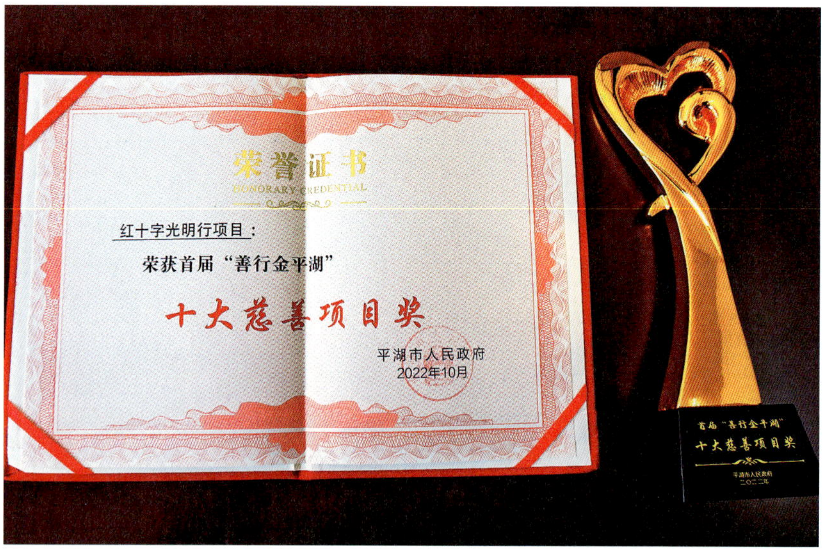

2022年10月，“红十字光明行项目”荣获首届“善行金平湖”十大慈善项目奖

（市红十字会　供稿）

余元。做好器官遗体捐献子女助学“小桔灯”项目，涉及3户5人，资助金额1.6万元。帮助2名白血病患儿申请中国红基会“小天使”项目补助8万元。继续实施“红十字光明行”项目，项目获评平湖市慈善奖十大项目。

【“三献”工作持续加强】 推进造血干细胞捐献志愿者入库工作，完成造血干细胞入库志愿者105人；实现造血干细胞捐献1例。器官及遗体捐献志愿登记627例，实现遗体（组织）捐献4例。做好无偿献血推动工作，成立无偿献血志愿服务队，加强对无偿献血的服务工作，无偿献血数量能够保障全市医疗用血需求。春节期间，开展对历年造血干细胞捐献者的走访慰问。

【自身建设不断加强】 年内，召开市红十字会第四次会员代表大会，选举产生新一届理事会、监事会，依法治会工作进一步加强。加强捐赠款物接受使用管理，公开公示，邀请会员、志愿者和社会各界参与走访慰问、捐赠物资发放等活动。秉持群团组织政治属性，打造红船旁的“红十字铁军”。完成机关党支部和工会换届工作。

8月30日，浙江卫星能源有限公司红十字会成立大会暨第一次会员代表大会举行 （市红十字会 供稿）

【基层组织更加完善】 强化村（社区）红十字组织动态管理，做好成人会员发展和会费收缴等工作。成立全市首家企业红十字会——浙江卫星能源有限公司红十字会。

【文化传播有效推进】 结合“3·5”学雷锋日、“5·8”世界红十字日、“5·12”防灾减灾日等重要节点，发动会员、志愿者组织形式多样的红十字文化传播活动。组织镇街道红十字秘书长开展交流互动，进一步提升宣传效果。认真落实《浙江省红十字会 浙江省教育厅关于加强和改进新时代学校红十字工作的通知》（浙红〔2021〕30号）文件精神，加强校内外阵地建设，继续推进“万名师生应急知识救护培训工程”，组织800余学生参加中国红十字总会举办的知识竞赛。

（张自力）

军　事

人民武装

【概况】 2022年，市人武部学习贯彻党的二十大精神，围绕有效履行职能使命和任务要求，统筹年度重点工作落实，形成齐抓共管局面。

市人武部规范党组织建设，完善年度日常战备方案，聚力备战推进军事斗争准备，提高遂行多样化军事任务能力，常态保持值班系统常“热备”，抓实民兵组织建设和兵员征集工作，推进国防动员走深走入。发挥桥梁纽带作用，提升应急救援能力，协同驻平湖部队单位与地方推进双拥工作。围绕“组织健全、制度落实、软件规范、硬件配套”的要求强化规范化建设，部机关被军分区评为“全面建设先进人武部”，“红船民兵”岗位大比武获评嘉兴市优胜单位，在征兵工作中获评嘉兴市成绩突出单位。9月，市人武部组织民兵开展任务行动训练暨重要目标防卫实兵演练，完成实兵演练任务。重视信息服务工作，注重军事工作成果转化、完成信息要讯报送工作。全年，人武部全年共上报信息服务20篇，被上级合用、采用3篇，在嘉兴五县两区中排名第三。组织民兵参与地方防疫防汛抗台任务。

【民兵工作】 2022年，市人武部把民兵建设作为主责主业推进，着力抓好民兵工作。市委、市政府联合成立民兵工作领导小组，深入贯彻上级民兵工作建设部署会精神，研究部署年度民兵工作和建设任务。2月，在开展民兵潜力调查基础上组织数据会审和对接编组任务。3—5月，依据编组方案对接地方和编兵单位，按编组要求、专业岗位对口落实等编实民兵队伍。对新编入队民兵进行体格检查、政治考核和组织入队训练，规范民兵队伍档案。完成全市应急力量、支援力量的基干民兵编组任务。加强民兵分队党组织建设，在民兵连建立党支部、民兵排建立党小组，任命民兵干部。市人武部制订基干民兵集合点验计划；5月底，军分区在民兵训练基地对平湖市基干民兵应急连、特种救援连、海防巡逻警戒连等进行集中点验，获军分区领导肯定。

【机关按纲施训】 2022年，市人武部首长机关训练按纲施训，抓好指挥技能训练，提高训练规范化和实战化水平。落实“月训四天、季考一次”和工作日体能训练制度，完成军事职业教育学习任务。1月4日，军官文职参加军分区开训动员，落实紧急出动演练。3月，参加师团两级动员指挥基础能力网上集训。4月，参加军分区国防动员工作基本情况、军事设施保护等有关问题介绍及业务辅导。9月，参加军分区实施军事行动区域战场管理、协调控制行动、组织筹划行动、组织开展政治工作、后装保障、组织行动保障工作等课目练习与考核，11月，参加省军区作战重难点问题研讨交流和首长机关训练考核。12月，市人武部组织现役军官、文职人员和专武干部进行年度理论考试、体能考核。

【军事训练】 2022年，市人武部开展民兵分队训练，完成后备力量军事训练任务。依托民兵训练基地，采取基地轮训、跨区联训、在岗自训和对口保障军兵种挂钩训练等形式，提升参训民兵的专业素质和应急应战能力。完善《平湖市非战争军事行动方案》等战备方案，规范战时紧急出动组织程序；依据《平湖市人武部机关营院安全防卫应急处置方案》，组织机关人员和值班分队进行多次防暴拉动演练，战备值班到岗到位。5月中旬，选派专武干部参加军分区组织的集训，市人武部同步组织专武干部和民兵连长参训。6月，组织基干民兵参加共同基础训练。7—8月，参加通信集训和操舟机2个专业跨区联训；组织民兵岗位练兵强训和参加嘉兴市民兵岗位比武活动。10—11月，组织民兵任务行动训练。

【兵员征集】 2022年，市人民政府征兵办公室贯彻军委国防动员部“一年两征”的要求，完成全年征兵任务。通过新闻媒体推送、公共电子显示屏滚动播放宣传片、制作征兵电子宣传手册等面向社会宣传，营造参军入伍氛围，《新老传帮带　逐梦演兵场》《好鞍配良驹　宝剑赠英雄》等4篇稿件在《浙江征兵》刊登，《练兵先练长，常为士卒先》在“钱塘兵事”刊登。面向重点群体宣传，市人武部领导进校园作国防教育报告、专武干部与适龄青年“一对一”“面对面”交流谈话。军地齐心协力抓实征兵工作，获评嘉兴市征兵工作成绩突出县（市）。

【安全管理工作】 2022年，市人武部落实安全管理制度，加强安全教育、安全训练和安全检查力度，抓实全年安全管理工作。开展“条令学习月”和“百日安全”活动。专题组织安全分析，开展风险防控和隐患排查；结合军分区综合安全检查，突出食堂、集会场所、办公区域等重点要害部位进行安全隐患排查和整改；结合安全教育训练，组织防暴反恐演练和消防演练，加强营区管理和人员车辆管控，常态组织酒精测试。在集中训练、防汛抗台等活动前，落实安全风险评估、应急预案制订、安全监管等制度。坚持安全自查与上级督导相结合，紧盯人车枪弹密等关键要素，形成严抓严管高压态势；坚持问题导向，以“四严四整”为抓手，加强“两个经常”和“禁酒令”等纪律规定落实及军队人员酒驾醉驾教育防范。加强部队安全管理工作，夯实安全根基保底，推进武装工作安全稳定环境形成。

【基层打实基础建设】 2022年，市人武部深化基层全面建设，营造风清气正政治环境，打实基层基础建设。部党委机关立足政治之年特殊要求，分片挂钩帮带各基层武装部，重点在服务基层、面对面帮带上下功夫、出实招，在解决“急难愁盼”问题等方面进行指导，帮助基层分析建设形势，厘清工作思路，结合整组、训练、征兵等大项任务，解决实际矛盾问题，抓好基层武装部、民兵应急连和民兵营（连）部不同类型基层规划化建设。结合召开专武干部例会，学习传达落实上级相关基础建设指示精神。依据正规化建设要求，各镇街道武装部整合场地库房，增添器材设施，接受军分区基础规范化建设检查考评。11月，组织军事科人员和专武干部到海盐县乡镇武装部现地参观见学，学习借鉴兄弟单位基层规划化建设经验做法，按照两个“要则”对民兵营（连）部进行换代升级。

【市党政军领导开展“军事日”活动】 11月30日，市人武部协助市委组织党政军领导干部开展“军事日”活动。市四套班子领导、市法院院长、市国防动员成员单位负责人和镇街道书记等60多人参加活动。

【"忠诚维护核心、矢志奋斗强军"主题教育】 2022年，市人武部强化思想政治引领，开展"忠诚维护核心、矢志奋斗强军"主题教育。围绕"两个确立"强化新时代辉煌成就学习，开展庆祝建军95周年系列活动和"学思想、铸忠诚、担使命"实践活动，推进"不忘初心、牢记使命"和"传承红色基因、担当强军重任"主题教育常态化。深化"争当红船传人、争做后备先锋"主题实践活动。组织党员观看党的二十大开幕会直播、党委中心组带机关"理论学习日"活动、重温入党誓词、开展党日活动；参与地方"最美拥军人物"和"最美退役军人"评选活动、发布"八一光荣榜"；到许明清烈士纪念馆、红色转角湾党支部纪念馆参观见学，参加施奇革命故事纪念馆启动仪式，参观平湖市博物馆等。

【市委议军会议、全市党管武装工作暨国动委国教会议召开】 5月12日，平湖市委召开议军会议、全市党管武装工作暨国动委国教会议，对党委进一步加强武装工作领导、深化国防动员和后备力量建设问题进行专题研究。听取镇街道党委书记关于党管武装工作口头（书面）述职报告，市人武部首长传达上级党委（扩大）会议精神、总结2021年武装工作和部署2022年武装工作任务。

【党管武装工作考评】 2022年，市人武部认真落实党管武装工作考评制度，衡量市镇两级党管武装工作落实情况，把考评结果列入党政考核体系。依照《平湖市2022年党管武装工作目标责任制考核表》，对市镇两级强化党管武装工作制度建设和健全国防动员组织机构听取汇报，落实党委议军、工作述职、军事日活动；加强专武干部队伍建设，创新武装工作特色；召开国防动员会和国防教育会；对抓民兵军事训练和保护国防设施等进行检查考评。开展党管武装工作考评，推进全市党管武装制度常态化落实。

【整风整训工作】 2022年，市人武部持续开展经常性教育活动，狠抓整风整训，形成风清气正政治生态氛围。市人武部制订《"整思想、严作风、除隐患、保稳定"教育整顿实施计划》，围绕"思想上不静心、工作上不精心、作风上不尽心、修养上不净心"进行对照剖析，严抓思想作风整改。落实党委书记、纪委书记上纪律教育专题党课，组织民主生活会进行自身剖析，教育整治突出用人、用车、用钱、征兵、保密等重点。紧盯军地交叉地带，制定安全保密规定，形成机制规范、刚性约束铁纪。在"条令学习月"活动中组织干部职工学习法规条例、开展队列训练、组织军容风纪检查。常态开展行为规范检查活动，通过每月党小组会进行思想汇报、定期和不定期组织酒精测试，抓住重要节点、重要部位、重点地域，彻纠"和平积弊"。引导党员干部和职工知敬畏、守底线，突出问责追责，加强党员干部职工"八小时以外"教育管理，坚决查纠基层"微腐败"和不正之风。

【各类专项清理整治落地落实】 2022年，市人武部坚持问题导向，深化整改和风险防控，推进各类专项清理整治落地落实。3—6月，按照军委国防部《关于加强微信群使用管理的通知》精神，开展清网行动，引导干部职工时刻紧绷网络安全这根弦；对接平湖市网监大队进行网上清理清查的协作会商，确立发现问题第一时间通报机制；对网赌网贷进行调查清理整治；借助手机检测仪器，对干部职工手机使用记录进行检测。4—5月，组织开展保密工作专项整治活动。5—9月底，组织开展"严抓政治意识、严防政治风险、严实政治担当、严格政治淬炼，整顿思想、整肃纪律、整饬作风、整治队伍"教育整训活动。10月，开展违规饮酒问题专项教育整顿活动。

【人才骨干队伍建设】 2022年，市人武部依照新时期人才队伍建设分类精准施策，深入推动人才骨干队伍建设。注重领导干部、文职人员、专武干部和民兵干部建设和培养，开拓军官队伍重在"动中建"、文职人员重在"扩中强"、职工队伍重在"减中稳"、专武干部队伍重在"用中管"、民兵骨干重在"编中精”等新路径上下功夫，坚持政治引领和岗位锻炼、坚持推荐参加上级集训和抓实资格认证考核工作。强化专武干部建设，每月召开例会、组织集训和军事理论考核、体能测试，年底进行工作述职；坚持“优进优出”原则，3名专武干部获提升使用。在民兵骨干中招录11名为专职民兵教练员。

【全民国防教育】 2022年，市人武部持续加大新时代全民国防教育宣传力度，营造国防教育氛围。着力在军民共建关心国防、支持国防、建设国防教育上创设新形式，整合辖区内抗击侵华日军登陆点、百人坑和抗战碉堡群等遗址创建为浙江省级国防教育基地，对接地方部门整合转角湾党支部、新仓经验毛泽东批示展览馆、乍浦古炮台等打造“红色精品旅游线路”；协调地方部门完成平湖革命烈士纪念馆重新修复和许明清烈士陈列馆新建，创建国防教育主题公园平湖军民抗战纪实——《铭记》宣传教育长廊。年内，先后多次到平湖师范学院、平湖技师学院、市委党校开展国防知识讲座、征兵宣传；协调主流媒体重点宣扬荣立三等功以上的现役军人事迹，与市退役军人事务局等把现役军人立功受奖光荣榜送到军人家中；清明节期间发动民众在网络上祭奠英雄烈士活动，在市国防教育主题公园组织“全民国防教育日”主题活动，在中小学开展“国防教育周”活动，平湖市黄姑实验学校被评为全国中小学国防教育示范学校。

【双拥共建活动】 2022年，市人武部加强拥军优属、拥政爱民工作，持续深化双拥工作成效。市委、市政府关怀驻地部队建设和平湖籍官兵家庭生活，构建完善“吸引入伍、激励在伍、服务退伍”的拥军优抚体系，加大对部队、军人家属走访慰问、困难帮扶、立功奖励等制度；协调落实3个事业单位工作岗位、国有企业至少安排10%的工作岗位招聘退役大学生士兵，以定向定岗形式下达岗位招聘指标；安置驻平湖的军人家属就业，安排军人子女入托入学。市人武部与驻地部队持续开展拥政爱民活动，投入新一轮“全国双拥模范城”创建，参加地方“双创”建设；组织近千名民兵参与地方网格化治理，组织基干民兵参与“网络心”“三服务”大走访活动和反诈宣传活动。积极组织部队官兵、民兵参与辖区抗疫任务。市人武部党委、机关持续做好参与驻地脱贫攻坚、乡村振兴等工作，援建杨庄浜村村民议事厅、一村一品等项目；开展社区帮困解难活动，结对帮扶1个社区5个贫困户。

【资产管理工作】 2022年，平湖市人武部组织开展资产累积性难题“两年攻坚行动”及资产打码贴签，集中解决资产账目盈亏、报废资产积压、军地产权纠纷累积性突出的难题。依据规定申请开立经费支出零余额账户和经费收缴零余额账户，完成资金集中收付改革零余额账户开立变更工作，推进资金账户监管措施安全落实。

【后勤重点行业领域整肃治理攻坚任务】 2022年，市人武部开展后勤重点行业领域整肃治理攻坚，完成后勤保障思想整肃和业务整肃治理攻坚任务。制订《持续深化后勤重点行业领域整肃治理攻坚任务实施方案》，抓好重点行业领域的整治。组织学习行业政策规定，开展行业廉政形势分析，开展爱岗敬业专题教育和廉政警示教育，开展军需能源行业的专项治理，集中整改军事设施建设领域方面的储备房地产项目；在采购行业进行问题积弊清理，加大对违规供应和评审监管力度；围绕后勤资产管理领域采取集中统筹、分类推进、行业联动的办法。

【保障工作】 2022年，市人武部做好首长机关按纲施训的保障工作，落实健身器材采购及管理工作。做好嘉兴军分区在平湖民兵训练基地举行2022年开训动员及紧急出动演练的后勤保障工作。落实1月的师团两级首长机关参加技能训练和考核、9月的参加军分区首长机关训练课目练习与考核、11月的参加省军区作战重难点问题研讨交流和首长机关训练年度考核等保障工作。持续加大机关营院和民兵训练基地整治力度，加快推进正规化建设步伐。加强营院基础设施和基地建设，推进民兵训练基地正规化建设，调整库房和整理物资、器材，增设体育健身器材、改造篮球场。做好民兵工作、军事训练和兵员征集的后勤保障工作。落实征兵工作所需经费和物资保障。做好训练场地、教案教材、弹药油料、装备器材、信息技术和网络安全等保障。

（高建华）

人民防空

【指挥通信】 推进平湖市人防指挥部常态化运行、制度化管理、实战化建设。基本指挥所、基层民防应急指挥中心、人防通信、警报等基础设施建设迭代升级，F0901工程平湖市基本指挥所达规范化建设要求。编实7人防专业队伍并组织集中点验。组织开展人防指挥部指挥长会议和成员单位联络员培训。下发年度指挥部工作要点。

【工程建管】 构筑平湖市（嘉兴港区）城市防护体系，推进人防规划融入国土空间总体规划。专项规划申报省级城市控规单元落实人防设施配置典型项目评选，9个镇街道完成控规编制评审。率先实现市域内人防工程标识标牌覆盖率100%，累计完成标识改造150套。

【平台升级】 挖掘节点特色宣传，与教育部门携手开展“五个一”国防实践；开展防灾减灾系列主题宣传，涵盖逃生演练、疏散演习等多项内容；创新开展“人防专题”研学活动，教学对象实现义务教育全覆盖；平湖市人防教育馆获评全省十佳；澳多奇人防教育基地获评浙江省市民终身学习体验基地；通过师资培训、应急救援、联训联演、综合信息智慧共享等模式，拓宽宣教工作区域一体化新路径；着力推进宣传教育体验馆、人防主题公园、主题广场等建设，加大向基层延伸力度，夯实基层宣传教育阵地。

【改革创新】 承办浙江省“人防工程质量监督数字化改革应用场景”试用培训会。持续深化人防工程产权制度改革，13个结建人防工程移交至平湖市交通投资（集团）有限公司。积极培育人防综合体项目，平湖市历史文化展示中心（博物馆项目）人防工程，已申报省级人防综合体创建项目和省级示范性人防工程项目评选，其与东侧已建的平湖市民文化中心人防工程实现互联互通。

（章华丰）

武装警察部队

【概况】 2022年，中国人民武装警察部队浙江省总队嘉兴支队执勤二大队平湖中队（以下简称武警平湖中队）顺应新编制、新体制、新使命要求，坚持以习近平强军思想为引领，深入贯彻落实《军队基层建设纲要》，进一步认清中队建设形势，明确建设总体目标，强化按纲建队意识，夯实自身建设基础，提高整体建设水平，努力实现“两个确保”，争创“四铁”先进单位目标。

【执勤战备】 2022年，武警平湖中队聚焦“两个维护”使命任务，牢固树立备战打仗意识，按照平战一体、战备训练任务一体的要求，战备教育经常，战备制度落实，战备秩序正规，装备物资齐全。中队持续推进执勤方式优化改革，2个哨位实现撤哨。中队探索建立《执勤工作手册》，每周汇总执勤情况，定期评比执勤标兵、执勤之星。抓好执勤警示教育，开展“撤哨为什么、撤哨怎么干”大讨论。部队规范化建设水平稳步提升，规范化建设获各级领导肯定；执勤招牌更加响亮，在智慧磐石工程基础上，结合新时代执勤安保集训精神，中队大抓执勤软实力提升，实现执勤软件的“更新换代”。全年安全无事故。完成党的二十大安保任务。加强应急班的编配协同训练和执勤方案演练，确保遇有突发情况能够第一时间出动。

【军事工作】 2022年，为促进按纲施训暨周期运行法集训成果落地生效，采取“教练员先学一步、集体授课辅导、督导个人自学”的方式，抓好新法规学习，推进军职教育“2+2+2”落地见效，于9月底完成学习任务。年内，军事训练总评成绩达良好以上，全年无训练事故；提高警官、警士队伍组训能力和指挥技能素质，努力实现教练员“四全”要求，培养出3名在支队范围内叫得响的训练尖子和教练员；加强针对性适应性训练，全年无偏训、漏训科目和训练事故，在支队组织的各项军事比武竞赛中，稳定进入前3名。参加支队分批轮训、预提指挥警士集训，获第三名。

【政治工作】 2022年，武警平湖中队始终把政治建设放在首位，通过落实制度、丰富内容、灵活手段、创新方式，着力提高思想政治教育的针对性、主动性、实效性。开展主题教育系列活动，先后开展小课串讲、微课辅导4次，交流辨析5次。邀请驻地退役军人事务局到队宣讲政策，采取“普及常识＋警示教育”方式开展涉网教育。结合小程序“二十大报告趣味答题”、微视频观看、训练间隙小演讲、原文解读等方式持续做好党的二十大精神学习宣传，组织开展“辉煌十年我来说”主题宣讲活动。

【后勤保障】 加强后勤保障。在回应官兵关切上，中队探索创新“心里话·码上说”小程序，累计收集意见70余条。在为官兵服务保障上，把“人心是最大的政治”理念贯彻始终，关心关爱官兵，组织足球友谊赛、音乐烧烤晚会、中秋赏月会餐等文体活动。坚持钱为兵所用，基层事务费主要用于为官兵购买书籍、餐具和卫生工具等执勤和生活用品，利用地方保障性经费对接待室、食堂进行改造，对减压宣泄室进行建设，跟进督导做好书香军营建设。

（莫振洋）

法 治

综 述

【概况】 2022年，市政法系统以除险保安为抓手，实施“五大工程”，一体推进平安平湖、法治平湖建设和县域社会治理现代化，完成党的二十大、省第十五次党代会等重大活动维稳安保任务，成功创建为全国法治政府建设示范市，夺取省平安县（市、区）创建“十七连冠”，获评省平安建设先进单位、嘉兴市平安创建优秀县市。市法院获评全省突出贡献法院，推动诉前纠纷化解率列全省第一。市检察院三个案例入选最高检典型案例，两项数字检察类案监督工作获省部级领导批示肯定。市公安局获评“全国公安机关执法示范单位”（全省唯一），被省委、省政府授予“全省模范公安局”称号。市司法局获评全省司法行政系统法治建设工作成绩突出集体，“金平湖·法治里”获评全省县乡法治政府建设“最佳实践”。

【政治建设】 贯彻落实《中国共产党政法工作条例》，举办政法系统政治建设学习研讨班，召开政治建设专题会议，开展政治轮训，狠抓理论武装。强化政法干警能力素质提升工程，常态化抓好岗位练兵、实战实训、技能比武，开展“青年先锋示范岗”评选活动，提升履职效能，涌现“红船卫士先锋”、办案明星等先进典型，获评嘉兴市级以上先进集体25个、先进个人46名。

【社会稳定】 市委、市政府主要领导定期召开除险保安推进会，市委副书记、政法委书记，副市长、公安局长定期召开平安维稳会商会议，压紧压实责任，确保平安稳定不出事。重要时段落实每日会商、零报告、指令交办等制度，创新“平安关注”“危驾管控”等机制，筑牢防风险保平安护稳定的铜墙铁壁。深入开展风险隐患“大排查大起底大整治”，稳妥化解处置涉商贸综合体、建设施工等领域30余起涉众涉稳事件，切实维护社会平安稳定。

【平安平湖建设】 细化平安考核责任体系分解，每月对平安指数、暗访督查、挂牌整治三项指标进行晾晒通报，常态化开展镇街道互查、市级部门联合检查、市领导无告知暗访检查，督促镇街道、部门及时整改。深化巩固“10+X”［在“平安宗教场所”“平安企业（国企）”“平安校园”“平安工地”“平安交通”“平安旅游”“平安医院”“平安食品（市场）”“平安金融”“平安家庭”等十大系统基础上，拓展“X”系统覆盖面］系统平安建设基础，打造平安示范系统（行业）3个、平安示范单位30

个、星级平安小区 30 个。开展扫黑除恶斗争，侦办恶势力犯罪组织案件 1 起、网络黑恶案件 6 起。推进打击整治养老诈骗专项行动，打处涉养老诈骗犯罪诈骗团伙 6 个，移送起诉犯罪嫌疑人 62 人，专项行动成效居嘉兴前列。全年，安全生产事故数、交通事故亡人数、火灾起数、电诈发案数同比分别下降 75%、23%、34%、14%，未发生亡人火灾事故。

【基层社会治理】 建成使用社会治理中心新办公大楼，着力构建“10+10+ N ”（第一个“10”为集“综治中心、来访接待中心、矛盾联调中心、心理服务中心、公共法律服务中心、诉讼服务中心、“12309”检察服务中心、劳动监察仲裁中心、行政争议调解中心、“12345”热线服务中心”等“十中心合一”物理集中、功能集成的“一站式”群众接待服务中心开展矛盾纠纷的调处化解；第二个“10”为集“基层治理平台、十情图综合指挥平台、微嘉园众治平台、长三角协同平台、市场监管平台、数智城管平台、应急指挥平台、警源智治平台、民呼我为统一平台、网络舆情监管平台”等“十台合一”综合分析、集成研判的智治中心开展社会治理运行监测、分析研判、协同流转、督查考核等工作；“N”为依托线上线下平台和数字化基础设施保障“应急指挥中心、防汛防台抗旱指挥中心、维稳安保指挥中心、疫情防控指挥中心”等 N 个统筹调度、统一指挥的战时指挥部）整体运行格局。优化调整网格 702 个、微网格 5332 个，按“1+3+N”（“1”即 1 名网格长，“3”即 1 名专职网格员、1 名包联干部担任的网格指导员、1 名兼职网格员，“N”即网格内的其他包联干部、基层党员干部、志愿者等）模式配备网格治理力量，开展专职网格员业务培训、网格大比武，处置各类网格事件 13.2 万件。弘扬陆稼书“息事无讼”文化，成立“息事无讼”研究中心，万人成讼率为嘉兴五县二区最低，民商事案件收案数与万人成讼率均实现连续五年同比下降。创新社会组织揭榜领办积案化解工作，成功化解 5 起，获省高院院长肯定。深化“四治融合 + 协商治理”，打造“林聚邻”“1955 幸福仓邻里”等一系列品牌。以全省第一的成绩通过全国农村社区治理试验区结项评估。

【数字法治系统建设】 数字法治年度考核评价列全省第 9 位。长三角社会治理、法交宝等 9 个应用被列入省数字法治系统“一本账 S3”。“食药环侦人力情报建设”“移民服务”“流调溯源”3 个项目入围省公安厅第一批揭榜挂帅项目子场景。搭建“公积金公益诉讼专项监督模型”“集装箱专用 ETC 收费监督模型”经验做法分别获副省长高兴夫和省检察院检察长贾宇批示肯定。《浅析诉权丧失案件的行政检察类案监督办理》《新形势下电信网络诈骗犯罪侦办探析》等理论成果在《中国检察官》《中国刑事警察》发表，形成 10 余项制度成果。探索长三角社会治理、跨省域“一支队伍管执法”新模式等做法成效在《浙江政法》刊发，并获《人民日报》报道。《党建引领毗邻区域协同治理改革》获省改革突破提名奖。

【跨部门跨领域突出问题专项整治】 深化司法责任体系改革和建设，出台《关于健全完善监督制约与协作配合机制促进审判监督工作的实施办法》等文件，完善明责、履责、督责、考责、追责制度体系。深化刑事诉讼庭审实质化改革，“四类人员”出庭率 59.73%，排名嘉兴第一。贯彻落实“少捕慎诉慎押”刑事司法政策，落实认罪认罚案件听取意见全程同步录音录像制度，认罪认罚案件办理质效达 98.%，居嘉兴前列。依法规范诉讼行为，查处 47 起虚假诉讼案件，查处万案比 56.88，排名嘉兴第二。全年，累计办理行政复议案件 86 件，审结 71 件，其中调解 33 件。行政机关负责人出庭应诉率 100%，全市行政诉讼实现“三连降”。开展打击拒执犯罪专项行动，犯罪线索移送率、成案率位列嘉兴第一。“判实未执、应收未收”人员全部收押清零。45 件涉企“挂案”清零。公安执法质量考评实现嘉兴全市“四连冠”。

（朱健）

公 安

【概况】2022年，市公安局坚持“四实导向”，以放心、强心、安心、连心、润心、净心“六心工程”为抓手，做好防风险、保安全、护稳定。全年，共接报刑事警情4493起，立刑事案件2102起，移送起诉1657人，“命案”案件发破1起，“两抢”案件零发生，侦破国督诈骗案件1起，国督跨境赌博案件1起，破获六部委督办侵犯著作权案件1起。首获“全省模范公安局”称号，连续两届获评“全国公安机关执法示范单位”，执法质量考评连续四年蝉联嘉兴全市第一，先后21次获评全省公安机关执法质量优秀单位，嘉兴综合实绩评估实现“三连冠、五连优”，以政府部门第一的成绩获评工作目标绩效优秀部门。当湖派出所获评“全省优秀公安基层单位”，林埭派出所获评“全省清廉建设成绩突出单位”，法制大队教导员姚俊杰获评“全省优秀人民警察”。基层单位有2个集体、2名个人立二等功，2个集体、22名个人立三等功，1个集体、66名个人获嘉奖，103名辅警获荣誉奖章。

【机构人员】2022年，市公安局内设情报指挥中心（办公室、科技通信科）、政治安全保卫大队（境外非政府组织管理办公室、警卫科）、经济犯罪侦查大队、治安监督管理大队（水上治安管理大队）、巡特警大队、刑事侦查大队（刑事科学技术室）、出入境管理大队、网络安全保卫大队、行动侦察大队、平湖市看守所、平湖市拘留所、交通警察大队、禁毒大队、警务督察大队、审计室、法制大队（行政审批科、行政复议室、信访室）、警务保障室、政治处（公共关系办公室）等18个职能部门，下辖当湖、独山港、钟埭、新埭、新仓、林埭、广陈、曹桥、水上等9个派出所。全局在职民警551人、职工3人、事业编4人、辅警1699人。

【党的二十大安保】2022年，平湖市公安局以党的二十大安保维稳为全年工作的主线，制订《平湖市公安局迎接党的二十大胜利召开安保维稳总体工作方案》，成立安保维稳工作领导小组，下设“一办十组”。配合党委、政府积极稳控住新埭进口商品城、钟埭箱包城等商贸综合体的涉稳群体，妥善处置劳资纠纷、房地产、土地征迁、涉众型投资等各领域公共涉稳风险。8月10日，出动100余名警力及时处置100余名进口商品城维权业主去省委巡视组办公地聚集滋事的事件。先后打赢冬奥会、各级“两会”、党的二十大、上海进博会、世界互联网峰会等一系列重大安保维稳硬仗，守住“平湖不出事、平湖人不惹事”的底线。

【护航经济社会发展】2022年，市公安局制定《全市公安机关护航“提质提效年”活动十八项举措》，为实现“六连优”目标保驾护航。制定落实《企业合规经营从宽处罚案件办案指导意见》《公安行政执法领域轻微违法行为不予处罚清单》，以“平安温度”护航企业发展“加速度”。后疫情阶段，聚焦“两手都要硬、两战都要赢”目标，制定出台《疫情防控期间护航企业复工复产八项举措》，服务企业复工复产，确保人流、物流、车流畅通，保障全市经济稳进提质。

【提升打击质效】2022年，市公安局聚焦打击主业，以全流程、全架构、全保障的体系建设夯实侦查中心实体化运作，从全局各单位抽调民警进行跟班轮训，提升全局打击质效。全年，抓获违法犯罪嫌疑人10073名，移送起诉1657人，人均移诉数位居嘉兴前列，其中刑管类835人（侵财551人）、治安类436人（黄赌182人）、涉毒类27人、交管类300人、经侦类59人。查获吸毒人员20人，责令社区戒毒10人，强制隔离戒毒2人。先后侦破国督覃某某被诈骗案、国督“2·20”跨境赌博案件等一批大案要案。

【反诈人民战争】2022年，市公安局推进落实反诈工作，在连续两年发案同比降幅超过10%的基础上，发案率再降13.52%，案损总额下降6.66%，实现电信网络诈骗案件受理数、损失数“两降”目标。组建9支专业反

9月16日，平湖市“反诈小智”发布会暨反诈达人秀短视频比赛颁奖仪式举行（市公安局 供稿）

诈宣讲团，累计开展各类宣讲2500余场次。发布专属IP“反诈小智”，并在中国版权保护中心登记，配套设计系列反诈漫画、反诈视频、反诈宣传物料，首创“反诈大富翁”桌游，开展反诈特色化品牌建设。创建“开工第一课”“开学第一课”“反诈夜市”“无诈企业”等，均获上级领导批示推广。组织开展“反诈骗 护万家——云上反诈达人秀”短视频创作比赛、全民反诈护航“共富路”创意海报大赛、“金话筒”反诈讲师评选大赛、“反诈小智”发布会等活动，营造“人人争当反诈知识宣讲员，人人争做反诈知识传播者”的宣传氛围。

【公安大脑建设】 2022年，市公安局融入数字化改革浪潮，以“全警动员、全警参与，大警种有大担当、小警种有大作为、冷门也能出彩”的思路，将“公安大脑”建设作为全局“一号工程”体系化推进。“食药环侦人力情报建设”“浙里移民服务”“流调溯源集成应用”等三个项目成功入围省厅第一批揭榜挂帅项目子场景，其中“浙里移民服务”项目获全省改革突破银奖；“车驾通”及“格式笔录”进入省政法委“一本账S2、S3”目录；六大创新指数获评省厅最佳指标指数，7篇理论调研文章被省级有影响力的期刊刊登，“一采通”项目获副省长、公安厅长王成国的肯定并以简报形式予以推广。在嘉兴市局综合实绩评估中“公安大脑建设”成绩位列嘉兴全市第二。

【禁毒工作】 2022年，市公安局着力夯实禁毒基础，加强人员管控，创新治理模式。吸毒人员社区戒毒、社区康复有效执行率均实现100%，前科人员复吸率为零。全市吸毒人员戒断率达95%，系嘉兴全市最高。创新实施“参加毒品预防教育 获新居民禁毒积分”项目被评为全省县域毒品治理十佳案例，由省禁毒委全省推广。社工费渊被列入全国禁毒师资库。与市邮政管理局联合开发“警邮联动”系统，创推“违禁品监管”模块，深化科技助力禁毒治理。全年，共立毒品犯罪案件6起，移诉毒品犯罪嫌疑人27名，其中6人以上团伙2个，查处吸毒人员20名，

11月7日，禁毒大队教导员现场解答新居民关于“参加毒品预防教育 获新居民禁毒积分”项目的问题（市公安局 供稿）

强制隔离戒毒2名，缴获各类毒品908.482克。

【云端专项行动】2022年，市公安局经侦大队在云端专项行动中成功发起3起数据协同和1起集群战役，抓获犯罪嫌疑人15名，战果成效列嘉兴全市第一。成功侦办“中林五旗”“翰林黄金”2起组织、领导传销活动案，抓获犯罪嫌疑人7名。年内，立合同诈骗、职务侵占、非国家工作人员行受贿等侵犯企业利益经侦案件22起，侦破11起，采取刑事强制措施15人，移送起诉8人。全年，共为企业挽回经济损失7000余万元。

【严打涉黄涉赌、“食药环知”、跨境赌博等违法犯罪】2022年，市公安局重拳出击，严打涉黄涉赌、“食药环知”、跨境赌博等突出犯罪活动。全年，共侦破黄赌刑事案件58起，采取强制措施149人，逮捕33人，移诉183人，打掉3人以上团伙11个，办理部督案件1起。侦破食药类案件10起，采取强制措施42人，移诉44人，办理集群案件2起，省标案件3起。侦破知识产权类案件17起，采取强制措施65人，移诉85人，办理部督案件1起，省标案件1起。侦破环境类案件27起，采取强制措施48人，移诉66人，办理省标案件1起。侦破跨境赌博刑事案件43起，采取强制措施168人，逮捕23人，移诉141人，治安处罚参赌人员255名，对139名涉嫌偷越国（边）境并进行赌博活动的犯罪嫌疑人进行出境管控，打掉涉案团伙20个。

【网络安全】2022年，市公安局破获122机制办国督案件1起，网安总队督办案件2起，成功侦办全省首起（NFT）盗窃案件；通过技术手段协助刑侦部门侦获37个诈骗网站后台数据，明确境外团伙12个，抓获回流团伙4个，破获网络水军案件1起，抓获犯罪嫌疑人2人；围绕数改项目，以数据安全为底线指导开展等级保护工作，共纳管二级以上等保系统107个，三级等保系统20个，纳管城市保障类企业32家，党政机关40家，夯实全市重要信息系统和数据安全。

【“珍爱生命、铁拳护航”交通安全大会战】2022年，市公安局持续推进交通安全大会战，完成21处挂牌点段治理和310个路口标准化建设，创新推出“交警联挂村（社区）和路段承包”机制，全年，查处交通违法52.1万余起，其中现场查处27.6万余起，办结深度调查案件3起，全年，路口守法率列嘉兴第一，疲劳驾驶查处量居全国县级大队第一，举办122“最美驾驶人”网络评选和颁奖典礼。辖区全年共发生亡人道路交通事故43起43人，未发生恶性、重大事故或2人以上亡人事故，全口径死亡人数同比下降23.2%，实现“四年连降”，道路交通事故同比下降11.8%，交警大队获评全省“减量控大”系列行动先进集体，立集体三等功1次。

【社会基本面管控】2022年，当湖、独山港、钟埭、新埭四个重点派出所完成轻装（PTU）队伍建设任务，“135”（在主城区接报重特大警情时，按照“1分钟圈、3分钟圈、5分钟圈”首批持械警力到达现场的时间要求。平湖市无1分钟圈）快速反应时

12月2日，平湖市“最美驾驶人”颁奖典礼举行
（市公安局　供稿）

间缩短30%，突发暴力警情处置及时率、成功率达100%。为维护安全稳定的社会政治治安环境，坚持打防治并举，以防为主、以打为要、以治为基，制订《平湖市公安局夏季治安打击整治“百日行动”实施方案》。细化“1+8+8”工作体系，即1个全局总方案，细化融冰、创稳、除险、创稳等8大行动方案，落实到8个派出所具体行动。实行日会商、周报告、月总结，同步配套二线局领导带班开展“下沉式”督察。行动期间，整改治安隐患300余处，采取刑事强制措施434人，形成社会治安严管严控氛围。

【多元力量展现实战效能】 2022年，市公安局开展民警辅警设卡培训、刀斧砍杀类警情处置培训20余次，有效提升队伍移动查控实操能力，路面临时卡点设置、查控勤务操作和常见警情处置等技能进一步夯实。全年，通过嘉兴市局培训考核新增无人机飞手6人，全局持证无人机飞手达17人；共开展无人机飞行演练3次，共计飞行时长535小时，参与疫情防控18次，反诈宣传48次；攻坚突击队民警10人、PTU民警11人通过嘉兴市局考核获资格证，持证率达100%，参与各类案事处置，成功率达100%；巡特警大队完成安全保卫任务18次，成功处置新埭进口商品城、钟埭箱包城、当湖67号地块、林埭佳源印象里等维稳事件23次。

【涉外领域专项治理】 2022年，市公安局深化“三非”外国人治理工作，推进“净海”行动、打击治理跨境赌博和集中打击妨害国（边）境管理犯罪“獴猎”行动—2022工作，全年，侦结偷越国（边）境刑事案28起，刑事打击80人，查处出入境行政案件50起，查获并处罚“三非”外国人19名，处罚非法聘用外国人单位5家。

【出入境管理工作】 2022年，市公安局揭榜“公安大脑”出入境领域核心应用项目“浙里移民服务”集成改革试点，迭代升级县域吸引海外引才的移民事务服务中心子场景建设，首创“常态+预约+第三方”运行机制，实现涉外管服线上线下一体化。创新研发“一采通”，打造公安政务窗口出入境、户籍、交管等跨警种、跨领域业务受理“一套设备”通用场景。7月22日，副省长、公安厅厅长王成国实地调研平湖市涉外管理服务中心时予以肯定。“浙里移民服务”集成改革被授予2022年度全省改革突破银奖、2022年浙江省数字化改革最佳应用称号。“一采通”在嘉兴全市“智慧公安我先行”基层技术革新比武中获第二名。平湖市出入境“莲心警苑”普法工作室获评嘉兴市第二批社会大普法“六优”培育行动计划优秀项目。

【政保、反恐、警卫工作】 2022年，市公安局狠抓政保基础建设，严厉打击邪教活动，夯实反恐防范基础，确保全市社会政治安全持续稳定。通过专案侦察，对1名邪教人员作出行政处罚。

【“云上公安、智能警务”建设】 2022年，市公安局以社会治安动态视频监控系统点位建设和社会治安防控体系建设“示范城市”创建为重点，继续推进社会治安动态视频监控系统点位建设，对人脸识别、车辆卡口、视频结构化等大数据智能应用模块进行升级扩容。建设“智安单位”，“智安小区”，“智安校园”。

【校园安保】 2022年，市公安局深化校园安保，开发“智安校园”应用场景，提升校园精准预警防范能力。累计推送预警信息2389人次，核查率100%，未发生重大涉校案事件。落实常态化“高峰勤务”，在全市64所学校设立101个“护学岗”，每日投入执勤警力202人次，群防群治力量682人次。

【“政务服务数字化”改革】 2022年，市公安局围绕“公安大脑”建设服务大板块，开展提升政务服务数字化改革“莲心”工程建设，评估成绩第四年蝉联嘉兴全市第一。建成公安政务网办中心，警力资源获进一步整合，减少审批环节、缩减审批时间，提升服务效能，全年，共受理6万余网办件，一网通办率达99.96%。推进与“平湖市企业服务直通车”平台的对接；共帮助企业解决难题724例。推动“监管一件事”落地见效；共参与跨部门“双随机”抽查任务29个，跨部门监管率100%，有效避免多头执法、重复检查、执法扰企。

【警网融合创新社会治理体系建设】 2022年，市公安局加强综合指挥室建设，建立《派出所综合指挥室“公安小脑”工作机制》，强化统抓统筹，为社区警务、打击治理工作做好支撑。完善社区警务运行机制，实施每周社区警务督导检查通报及每月社区民警考核、下发《社区民警工作清单》，健全“检查督、考评促、奖惩激”日常管理制度。建立“1+3”联系支撑机制，帮助解决警务区治理难题23个。林埭派出所依托丁秋美“三位”群众工作法的勤务机制改革及“零距离警务”品牌获省级“枫桥式公安派出所”称号。

【人口管理工作】 2022年，市公安局推进人口户籍管理工作，以网办中心建设为牵引，深化“无纸化审批”，优化服务流程，平均压缩审批时限72%。应用“一采通”设备，促使窗口办事效率、规范指数分别提升15%、20%。建立“疑难户口会商制度”，全年，解决疑难户口4例，成功落户流浪乞讨人员4人，助力返乡15人。是年，累计办理居民身份证34660张（其中异地居民身份证10609张）；临时身份证2579张，准迁证2260张，省内迁移审批358件，发边境证165张。至年末，全市（不包括乍浦）户籍人口登记在册总数为456530人，其中城镇人口数266895人，乡村人口数189635人。全市流动人口登记在册总数为260640人（其中未满16周岁携带儿童21268人）。

【执法办案机制】 2022年，市公安局通过数字化提升、体系化建设、精细化管理、常态化打造，持续推进高质量法治公安建设，再次获评“全国公安机关执法示范单位”，执法质量考评以嘉兴全市第一获评省优。办案模式数字化提升上，构建“格式笔录”公安大脑应用场景，被省委改革办列入全省重大改革“一本账S3”。执法机制体系化建设上，加强案件源头化解，构建“所、队、局”三级会商模式，全年，共集体研讨案件84起。执法监管精细化建设上，完善《执法精细化通报》，对全局“警、案、人、物、场所、卷宗”等实行全要素管理，全年，共发布巡查通报3861期。执法能力常态化建设上，打造法治文化“润心”工程，开展一系列全警学法练兵和普法宣传活动，19名民警通过2022年度国家法律职业资格考试客观题考试，通过人数位居嘉兴全市第一。

【公安队伍建设】 2022年，市公安局深入开展党史学习教育、“三能”主题教育实践活动和大练兵活动，持续巩固深化公安队伍教育整顿成果。推进“一支部一品牌”和“最红党支部”创建工作，抓好公安队伍政治思想、能力建设和党风廉政建设。年内，利用“平湖公安”微信公众号和“平湖—公安”新浪微博及“平湖公安”抖音、微信视频号制作公安正能量宣传视频或篇目3650余个；组织公安学堂全警集中学习10期；全年，共查办民警违纪案件2起，党纪轻处分2人，运用第一种形态问责9人（提醒谈话7人、诫勉谈话2人），5名中层领导因责任落实不到位被提醒谈话。在嘉兴市公安强“三能”法制实战大练兵活动中获集体第一名，林埭派出所和曹桥派出所被省公安厅评为省级第一批清廉公安建设示范试点单位。

【机关党建工作】 2022年，市公安局机关党委以“双建”工作为总牵引，围绕“党的二十大”“双建争先”“红色根基”“中心大局”四个方面，提升机关党建工作实效。强化“平小警”机关服务品牌建设，通过“警格+网格”机制，深入推进警企协作、服务群众。深入推进最红党支部建设，进一步提炼交警大队“平行线”、广陈派出所“毗邻党建”等多个党建品牌。林埭派出所获评全省清廉建设成绩突出单位。

【破获国督“2·10”专案】 2021年5月，平湖市公安局在工作中

8月5日，市公安局举办青年民警学“三能”主题沙龙

（市公安局 供稿）

发现，辖区内居民罗某、刘某奇等人搭建“犇犇支付”跑分平台，为境外赌博网站提供非法资金结算服务。后经侦查，分别于2021年12月和2022年9月，打掉“四方支付”总控平台，抓获包括平台老板、技术、运营代理、客服及跑分通道、虚拟货币兑换等多个环节共246人，冻结资金3800余万元，对该总控平台下2个帮信团伙实现全链条打击。查明该总控平台对接5000余个码商，为2500余个赌博公司提供资金结算，日均流水2亿元，为全国侦破的首起“四方支付”总控平台案件。该案被国务院“122机制”挂牌督办，并被省公安厅评为2022年度“双十经典案例”。

【破获国督“杀猪盘”专案】2021年5月，平湖市公安局接到覃某某报警称，其被案犯以交友方式诈骗11万元。该案经过深度研判于2022年初共抓获包括老板、管理层、直接诈骗人员、后台客服、财务、洗钱等6个环节88人，对整个诈骗集团从金主老板到最底层的直接诈骗人员实现全链条打击，且全部实现人案对应，并悉数提起公诉。明确犯罪集团先后使用新特能源、蚂蚁聚宝等6个作案平台，共串并案件1774起，涉案价值1.548亿元。该案获国务院部际联席办挂牌督办。

【破获车贷行业套路贷犯罪集团案】2021年12月，平湖市公安局经过两个月时间的研判经营，明确一个以陈某龙为首，盘踞在平湖，以公司名义对外实施“套路贷”犯罪的团伙。通过对该团伙统一收网，抓获涉案嫌疑人11名，并且查获该公司大量电子账单、财务报表、员工工资单等重要电子物证，经过一年的侦办，共查实该犯罪集团诈骗罪、敲诈勒索罪、虚假诉讼罪40余起，涉案金额100万余元，最后法院判处陈某龙有期徒刑七年六个月。本案为嘉兴市首个车贷行业套路贷犯罪集团案，获评2022年浙江省黑恶犯罪十大案例。

【破获六部委督办侵犯著作权案】2022年，市公安局与行政部门在情报信息共享共用会商时发现，有群众在“1688”平台北京某世图文化发展有限公司网店处购买到10套盗版剑桥少儿国际英语书。经深度研判，该公司自2015年起在未获权利人授权情况下，通过委托加工等方式，非法发行剑桥少儿英语图书、音像制品，并通过淘宝、拼多多、微信、QQ、“1688”及线下销售形式向全国批发零售，共计向培训机构、学生等群体销售20余万套，涉案金额高达3000余万元，涉嫌侵犯著作权罪。通过统一收网，抓获盗版书籍制造商赵某、销售商丁某建、印刷商邢某友、光盘制造商曾某等11名犯罪嫌疑人，现场查扣少儿剑桥英语成套书籍、英语光盘等共计10余万册（盘）。该案在2022年度被中央宣传部版权管理局等六部门列为联合挂牌督办案件。

（李旭芬）

检 察

【概况】2022年，市检察院积极打造平湖检察“125”工作体系，即锚定“全市冲三争二夺第一”一个总目标，以“数字化”和“一体化”为牵引，扎实推进新时代平湖检察“五大工程”，各项检察工作取得新进展。全年，共获嘉兴市级以上荣誉25项，3件案例入选最高检典型案例，8件案例获评省级以上精品（优秀）案例，2项工作获省部级领导批示肯定。

【除险保安护稳定】 贯彻落实《中华人民共和国反有组织犯罪法》，在法治轨道上常态化开展扫黑除恶斗争，依法办理相关案件3件16人。严惩非法集资等金融犯罪，办理平湖首例洗钱案件，切实维护金融安全。聚焦社会关切，提前介入重大敏感复杂案件17件，第一时间对一起以危险方法危害公共安全致1死3伤案提出检察意见，确保案件稳慎侦办。坚持和发扬新时代“枫桥经验”，耐心接待群众来信来访70余件次，领导包案化解刑事申诉23件。

【助企纾困保发展】 将服务优化营商环境融入检察办案全过程，开展涉企“挂案”清理行动，销号“挂案”45件，减轻企业诉累，增强企业经营信心。严厉打击侵害民营企业合法权益犯罪，依法办理职务侵占、合同诈骗等案件9件，涉案金额5200余万元。深入推进涉案企业合规改革，会同宁波鄞州区检察院开展异地中小微企业合规审查，通过联动考察、联合听证共促涉案企业落实整改、守法经营，避免办了案子、垮了企业。加强知识产权法治保障，从严从快办理最高检、国家版权局等六部门联合督办的赵某某等11人侵犯著作权案，推动少儿教材教辅图书盗版乱象整治。落实落细“两稳一保”，联合市司法局出台意见，合力破解涉企社区矫正对象经营性外出请假难题，实现涉企社区矫正对象既“出得去”又“管得住”。

【数字监督促治理】 深度融入省委数字化改革全局，聚焦社会治理现代化，实战实效推进“数字赋能监督，监督促进治理”法律监督模式变革。开展数字检察类案监督17项，研发数字监督模型14个，形成多跨制度成果9项，实现42类185万条执法司法信息数据共享，数字办案量列嘉兴第一，集装箱专用ETC诈骗类案监督获省检察院和平湖市委、市政府主要领导批示肯定，入选最高检典型案例、全省数字法治系统“一本账S3”、全省数字检察办案指引和全省检察机关精品案例。聚焦假证骗提公积金“黑灰产业链”，贯通“三查融合”与“数字检察”，开展假证骗提公积金数字监督，立案监督伪造国家机关证件罪9人，捣毁“黑中介”3家，查处司法工作人员滥用职权犯罪1人，及时制发检察建议推动公积金资金安全监管，获副省长批示肯定，工作经验在全省检察会议上交流。

【解决群众急难愁盼】 主动回应老弱病残、困难群体所急所盼，强化特殊群体权益保障，及时启动司法救助59件，发放救助金70余万元，确保应救尽救、应救即救，救助数嘉兴第一。努力解决群众操心事、烦心事、揪心事，依法起诉涉欠薪逃逸案件6件6人，妥善办理涉欠薪民事、行政、支持起诉等检察监督22件，为47名因案致困农民工发放司法救助金18.7万余元，以法治力量兜住民生底线。在办理一起退役军人刑事申诉案中，对申诉人司法救助3.5万元的同时，联合市社会治理中心、市退役军人事务局综合运用公开听证、支持起诉等方式，帮助其家庭全额追回被用工单位占用的91万元工伤死亡赔偿金，获省检察院领导批示肯定。会同安徽临泉县检察院签订“联合救助协议书”，共同帮助困境儿童任某获批慈善捐款2万元，司法救助3万元，并通过支持起诉将涉困儿童纳入当地“事实无人抚养儿童”保障体系，彻底解决其监护缺失问题。

【维护人民美好生活】 深入惩治养老诈骗犯罪，办理涉及老年人养生保健、艺术品收藏等诈骗案件5件45人，在办理一起利用迷信手段诈骗农村老年人案中，最大限度追赃挽损，诉前追回9名受害老人全部损失，获《浙江法治报》宣传报道。依法维护清朗网络空间，起诉利用电信网络实施诈骗、赌博、传播淫秽物品等案件292人，林某某等58人网络诈骗案入选全省“依法严厉打击电信网络诈骗犯罪”典型案例。加强对公民个人信息的司

6月22日，市检察院承办检察官向诈骗案件受害老人返还被骗款项

（市检察院　供稿）

法保护，依法起诉侵害公民个人信息案件5件9人。开展食药环领域专项惩治，依法起诉31人，平湖市生态环境损害赔偿与检察公益诉讼衔接机制写入嘉兴第九次党代会报告，获嘉兴市委、市政府发文推广。

【关爱孩子健康成长】 落实未成年人保护法、预防未成年人犯罪法和家庭教育促进法，批准逮捕侵害未成年人犯罪14人，起诉23人。聚焦监护侵害、未成年人犯罪记录封存、未成年人公共利益保护等领域，制发督促监护令及检察建议16份，推动家庭、学校、社会等多方形成保护未成年人合力。坚持“教育为主、惩罚为辅”，综合运用社会调查、人格甄别、家庭教育指导等方式，对17名涉罪未成年人开展精准有效帮教。积极打造长三角未成年人检察一体化保护实践基地，建立一站式办案、一体化救助、一揽子解决“三个一”工作模式，救助未成年被害人4人，开展心理疏导14人次，提供司法救助金4万元。发挥“涓涓护苗”工作室品牌效应，8名检察官走上法治副校长岗位，线上线下开展丰富多彩普法系列活动20余场。

【刑事检察提质增效】 依法打击刑事犯罪，全年，共受理审查逮捕案件156件226人，受理审查起诉案件1007件1641人，案件量同比下降22.16%。贯彻落实“少捕慎诉慎押”刑事司法政策，对罪行不重且无社会危险性的，依法不捕31人，对犯罪情节轻微的初犯、偶犯，依法不诉557人。落实认罪认罚案件听取意见全程同步录音录像制度，认罪认罚案件办理质效达97.55%，居嘉兴前列。会同公安机关实质化运作侦查监督与协作配合办公室，监督侦查机关（含港区，下同）立案25人，撤案24人，追捕追诉14人，纠正侦查瑕疵4件。加强刑事审判监督，提起抗诉2件均获采纳。加强刑事执行监督，推动收押“判实未执”罪犯52人。落实“派驻+巡回”检察，对平湖市看守所常规巡回检察案获评全省刑事执行检察精品案例。推进清廉平湖建设，依法公诉职务犯罪15件16人。

【民事检察合力见效】 践行双赢多赢共赢监督理念，依法开展民事生效裁判监督22件，民事审判活动监督4件，民事执行活动监督27件，支持起诉4件，监督意见采纳率100%。稳步推进司法网拍数字专项监督，联合市法院出台意见进一步规范司法网拍工作。与上海金山区检察院建立线索双向移送、调查协助、联合办案等十项工作机制，有效运用民事裁判智慧监督系统甄别跨区域虚假诉讼线索18件，相互移送线索12件，共同打造长三角毗邻区民事虚假诉讼监督协作示范品牌。

【行政检察精准高效】 统筹推进对行政生效裁判、审判和执行活动的监督，办理行政检察监督案件18件，发出检察建议18份，有效化解行政争议9件。坚持“穿透式”监督理念，依托大数据分析手段发现市场主体恶意“注销”逃避行政处罚行为，督促行政机关依法追加被执行人，促进市场公平，推动依法行政，助力“大综合一体化”行政执法改革稳步推进，获评全省检察机关行政检察精品案例。开展征收社会抚养费非诉执行检察监督，督促相关机关撤回未执行到位案件，解除对被执行人采取的强制措施，及时废止不合时宜的规范性文件，确保国家生育政策得以有效落实，获最高检《行政检察工作情况》刊发。

【公益诉讼检察力促长效】 立案办理行政、民事公益诉讼案件59件。借助“益心为公”检察云平台志愿者力量，开展线索提报、现场调查、公开听证等工作，办理督促整治涉海涉渔安全隐患行政公益诉讼案件，入选最高检安全生产领域检察公益诉讼典型案例。以办理省检察院、省安委办联合挂牌督办的加油站安全生产隐患公益诉讼案为契机，开展违规销售、使用非成品油专项监督，推动行政机关开展专项整治，消除群众身边潜藏的安全隐患。坚决捍卫英烈尊严，依法办理英烈保护行政公益诉讼案件，获评省检察院、省退役军人事务厅联合发布典型案例。

【政治统领】 把政治建设摆在第一位，政治建设与业务建设融为一体，加强理想信念教育，邀请浙江红船干部学院老师专题辅导，组织开展“检察青年说”、微党课宣讲等活动，以领导带头学、党员示范学、干警研讨学，推动学习宣传贯彻党的二十大精神不断走深走实。坚持以“党建红”引领“检察蓝”，以打造红船旁先锋检察院为目标，深入开展“双建争先”工程，扎实推进党支部标准化、规范化、科学化建设和“一支部一品牌”创建，开展“一党员一承诺、一党员一风采”等特色活动，入选平湖市“双建争先”示范点创建工作晾晒会先锋榜。实施“党建引领、人才培养”推进工程，迭代升级“求实课堂”，与浙江工业大学法学院签署检校合作协议，提升青年干警政治素能与业务素能。定期研判意识形态工作，积极开展相关教育、宣传，确保检察领域意识形态安全。

【清廉建设】 坚持严的主基调不动摇，压紧压实管党治检政治责任，严格执行“三个规定”及重大事项报告制度，落实落细《中国共产党政法工作条例》。全年，组织开展正风肃纪行动90余次，出台机制办法3个，开展干警谈心谈话80余次，有效运用监督执纪“四种形态”，对发现的13个苗头性、倾向性问题进行提醒堵漏，获评嘉兴市争创“建设清廉机关 创建模范机关”先进基层党组织。严格执行《党政领导干部选拔任用工作条例》，科学选拔任用干部，遴选员额检察官2名，提拔中层干部10名。对2019年起所有不捕案件开展案件质量专项评查，加强检察权规范行使“回头看”，守牢法纪底线。

【自觉接受监督】 主动接受人大监督和政协民主监督，认真做好市人大常委会对行政检察专题审议工作。重视人大代表、政协委员意见建议，制订责任分工方案，项目化推进26项意见建议落实，确保事事有回应，件件有着落。以公开促公正，以透明促高效，主动邀请人大代表、政协委员及社会各界代表走进检察机关，参加公开听证15件51人次，邀请人民监督员参与监督各项办案活动8件10人次，持续构建规范检察履职长效机制。联合市人大、市政协出台《关于建立代

7月1日，平湖市人民检察院与浙江工业大学法学院签署检校合作协议。图为签约仪式现场（市检察院 供稿）

表建议、委员提案与检察建议衔接转化工作机制的实施意见》，探索代表委员“全过程”参与检察监督工作模式，合力维护人民群众根本利益。“借力”“借智”强化法律监督，聘请8名党外人士担任特约检察员及14名行政机关专业人员担任特邀检察官助理。

【赵某某等11人侵犯著作权案】2019年8月至2021年7月，赵某某以营利为目的，在未经外语教学与研究出版社有限责任公司授权的情况下，从他人处进购盗版剑桥国际少儿英语系列书籍、新概念英语书籍进行销售，后又自行提供剑桥国际少儿英语印刷模板委托邢某某进行盗版印刷，邢某某再委托杨某某等人进行盗版印刷，共计印刷10万余册。同时赵某某委托陈某某印刷盗版国际少儿英语外包装盒2万余个，委托曾某某、马某某通过他人制作盗版剑桥国际少儿英语光盘5.5万张，经包装后通过线下、线上等方式销售给丁某某等人，非法经营数额达130余万元。丁某某等人购得盗版教辅书后又通过电商平台进行线上销售，非法经营数额达150余万元。2022年12月，一审法院以侵犯著作权罪判处赵某某等人有期徒刑10个月至3年，并处罚金5000元至65万元。

【假证骗提公积金数字监督】市检察院聚焦伪造国家机关证件骗提公积金犯罪问题，启动数字检察类案监督，调取购房提取公积金记录，搭建模型碰撞锁定38条假证骗提公积金人员线索移送公安机关立案侦查，并督促平湖公积金中心联合公安局发布《关于联合打击住房公积金骗提骗贷违法犯罪行为的通告》，责令12名本地违规提取人员限期全额退还，共计145万余元，将失信行为纳入监管记录。针对骗提公积金现象背后深层次问题，市检察院制发社会治理类检察建议书，切实推动公积金资金安全监管，实现“个案办理—类案监督—社会治理”法律监督模式变革。

（乐佳杰）

法 院

【概况】2022年，市法院共新收各类案件10326件，办结10742件，同期结案率104.12%，居全省法院第14位，一审服判息诉率、自动履行率等主要办案质效指标均实现同比优化。院集体被评为全省突出贡献法院。

【社会平安守护】开展除险保安百日攻坚行动，推进“立审执破”全方位风险评估防控，护航党的二十大胜利召开。

【稳预期保发展】依法平等保护各类市场主体权益，审结涉企纠纷2775件，同比增长11.04%，案件审理天数同比减少19.11天。主动研判梳理疫情期间复工复产法律风险和堵点，向市委、市政府报送《关于顺利推进复工复产若干事项的建议》。妥善处理疫情影响下生产经营中的各类涉法涉诉问题，审结买卖合同纠纷案件964件。推进重点行业领域案件快审快结，审结涉服装等加工承揽合同纠纷案件281件、建设工程领域纠纷案件271件，同比分别增长23.25%和24.31%。防范化解金融风险，促进金融服务实体经济，审结金融纠纷案件1185件，同比增长14.16%。发挥破产审判“积极拯救”和“及时出清”功能，审结破产案件13件，超三年长期未结破产案件实现“动态清零”。

【生态环境护航】对环境资源案件实行刑事、民事、行政“三合一”归口审判模式，妥善审理环资类案件123件。依法追究生态环境损害赔偿责任，统筹适用刑事制裁、民事赔偿、行政监督和生态补偿修复责任方式，一案例入选全省法院环境资源审判典型案例。强化生态环境保护法治宣传，开展院长开庭、普法讲座、海岛巡护、增殖放流等活动，在九龙山国家森林公园设立环境资源特设“共享法庭”。

【基层治理】主动延伸审判职能，围绕物业管理服务、未成年人安全保障等方面反映出的社会问题，向相关行业、主管部门发出司法建议34条。发挥“数助决策”功能，每季度向各镇街道发送区域收案态势分析报告，向

6月2日，市法院组成七人合议庭开庭审理并当庭宣判一起非法狩猎野生动物刑事附带民事公益诉讼案件（市法院　供稿）

基层提供持续性的司法参谋服务。积极响应“一编三定”进村社服务要求，84名党员认领104个岗位，13人认领楼道长，开展困难帮扶、反诈宣传等各类服务，1名干警被评为“优秀微网格长”。

【依法惩治违法犯罪】 新收刑事案件685件，结案688件。坚持当严则严、该宽则宽，共判处罪犯926人，其中三年以上有期徒刑124人，适用缓刑518人。保持惩治腐败高压态势，审结贪污、贿赂等职务犯罪案件16件17人。开展“提质增效、除险保安”刑事审判质效大提升“百日攻坚”专项行动，深入推进扫黑除恶常态化、防范打击电信网络及养老诈骗，审结“美女主播”诱骗被害人“打赏”“刷礼物”、“算命大仙”利用“通灵菩萨”诈骗老人钱财等系列案件，1个案例入选全省法院打击治理电信网络诈骗犯罪八大典型案例。深化刑事诉讼庭审实质化改革，“四类人员”出庭率位列嘉兴法院第一。发挥典型案例警示教育作用，审结嘉兴首例行人交通肇事入刑案、嘉兴首例打击报复证人案、醉驾袭警案、高空抛物案等，获《法治日报》《人民法院报》及中国法院网等媒体广泛报道。

【民生保障】 新收一审民事案件4806件，结案5052件。深入开展民商事质效大提升“百日攻坚”专项行动，贯彻实施《中华人民共和国民法典》《中华人民共和国家庭教育促进法》等，发出全省首份《责令接受家庭教育指导令》，获评平湖市家庭教育创新实践基地。统筹推进家事纠纷综合治理，审结婚姻家庭、继承纠纷案件376件，发布《婚姻家事审判工作白皮书》。依法保障劳动者合法权益，审结劳动类纠纷案件225件，同比增长81.45%，劳动争议案件服判息诉率同比提升24.35个百分点，一案例入选全省法院依法打击拒不支付劳动报酬犯罪十大典型案例。依法保障人民安居乐业，审结房屋租赁合同纠纷145件，同比增长9.85%。坚决维护司法权威，开展打击虚假诉讼专项行动，查处虚假诉讼案件48起。畅通司法救助“绿色通道”，为33名困难当事人发放司法救助金55万余元，救助人数及金额均为历年最高。弘扬社会主义核心价值观，强化司法裁判的规则引领作用，审结网络主播被欠薪案、“凶宅”撤销合同案等，获“浙江天平”“平安鼎”等媒体广泛报道。

【监督支持依法行政】 新收行政案件59件，结案54件；办理行政非诉审查案件59件，结案59件。行政诉讼案件调撤率63.41%，高于全省均值30.3个百分点。强化行政争议多元化解，攻坚化解行政争议“骨头案”11件，推动化解衍生案件35件、信访积案8件，获省高院领导批示肯定。化解多起涉违法建筑拆除、涉农地征收征用等领域行政争议纠纷，三级法院联动一揽子化解某涉土地征收系列案件。设立大综合一体化“共享法庭”，为行政执法改革工作提供司法支撑，化解某“未经批准非法占用土地”行政争议纠纷。助力法治政府建设，发布《行政案件司法审查报告》，行政机关负责人出庭应诉率持续保持100%，出庭应诉效果不断增强。

7月15日，市法院聚焦涉民生、涉中小微企业案件开展夜间集中行动（市法院 供稿）

【提升执行成效】 新收执行案件4536件，结案4619件，执行到位金额5.19亿元。深化案件分段集约执行改革，构建以质效提升、权力制约为核心的“1+1+5”（以执行指挥中心为枢纽统一分派、流转案件，1名承办法官负责主导各节点办理，下设事务集约、执行实施、财产处置等5个团队，实现分段集约执行）办案新模式，实现指挥中心统一分派、各大团队高效协作及对承办法官全程监督。运用执行“一件事”平台，实现省内不动产、车辆等查解封事项“一键办理”，发起执行协查6008次。开展执行质效大提升“百日攻坚”行动，常态化实施夜间集中执行、失信名单曝光等措施，执行案件同期执结率101.83%，同比提升6.56个百分点，案件平均执行天数52.14天，较全省均值少3.7天。开展助企纾困保民生专项执行行动，保障企业健康发展，涉民生案件执行到位金额7945万余元。开展集中整治拖欠农民工工资问题专项行动暨根治欠薪冬季行动，帮助269名工人领回工资617万余元。开展打击拒执犯罪专项行动，向公安机关移送拒执犯罪线索55件57人，判决拒执犯罪16件16人，同比分别上升139.13%和100%，移送率、成案率位列嘉兴第一。

【“共享法庭”建设】 在全市开通“共享法庭”164个，实现镇街、村社全覆盖，涌现出消保、劳动争议、环资保护等一批成效扎实、特色明显的特设“共享法庭”。有序推进“共享法庭”实效运行，制定《庭务主任管理实施细则》，不断加强专业化队伍培养。通过“共享法庭”连线等形式开展纠纷指导调解845次，调解培训、普法宣传570次。

【“网格连庭”品牌】 深入实施“网格+共享法庭+法官（团队）”的“网格连庭”工程，全院法官、法官助理组建9个“天平行动”工作组，与各镇街道、村社区网格长、专职网格员、网格老娘舅等建立线上线下联络机制，助力矛盾纠纷化解在基层、消弭在萌芽。持续深化诉源治理，推动诉前化解纠纷4721件，诉前纠纷化解率96.43%，位列全省第一，民商事案件收案数与万人成讼率均实现连续五年同比下降。

【数字化改革落地见效】 深化“医疗纠纷一体智治”改革，加快建设为医疗纠纷当事人提供在线咨询、调解、取证、鉴定及诉调对接等“一站式”服务的纠纷治理综合应用，入选全省数字法治系统“一本账S3”。实施“法护营商 善企智查”项目，探索完善企业经营状况信息精准研判机制，靶向攻坚司法强制措施审查中的必要性、合理性问题，系全省法院系统中唯一围绕审慎保全设计开发的数字化项目。开发“基层无讼共治”应用，绘制矛盾纠纷多维图谱，数智赋能基层调解力量，让涉及矛盾纠纷各数字化应用贯通到基层时“多根线一针过”，在基层治理系统中实现矛盾纠纷治理的“条抓块统”。迭代“征迁财产全周期执行”项目，破解征迁领域执行“老大难”问题，自运行起已线上线下联办54件次，涉案金额2616万余元，入选全省数字法治系统“一本账S3”，入围全国政法智能化建设创新案例评选，获省高院领导批示肯定。

【审判管理改革】 深化重点项目领办，院党组领衔推进“共享法庭”建设、新仓法庭办案大楼新建工程等十大重点工作项目，各内设部门统筹推进27个攻坚项目和16个创新项目。深化案件繁简分流、快慢分道，实施民商事案件类型化繁简分流改革、立案庭和简案团队改革及环资审判彻底化改革，各主要案由的平均审理时间同比明显减少，一审服判息诉率90.76%，同比提升0.7个百分点。

【政治建院】 深入学习贯彻党的二十大精神，在全院上下开展“两个确立”主题教育，通过“三会一课”、党支部夜学、“法官面对面”讲堂等组织干警定期学、集中学、自主学，提高“政治三力”。保持站稳人民立场的政治自觉，深入开展“为群众办实事示范法院”创建活动。

【党建强院】 坚持抓党建带队建促审判，深入推进党支部建设规范化、标准化，将全院86名在职党员干警按所属庭室编入15个党支部。做精做优“一支部一品牌”，各党支部结合自身特色开展规范用权初心行动、社会治理融合行动、行家里手奋进行动等“党建＋八大行动”，并分别与市矛调中心、公安局、教育局等业务相关度高的单位党组织开展结对共建。坚持以党建带群建、以群建促党建，实行群团重点项目申报制和党建项目揭榜协同制，院团支部获评嘉兴市五四红旗团支部。

【从严治院】 强化院庭长监督管理和履职担当，严防外部干预、内部过问和不当接触交往，严格记录报告“三个规定”信息，加强“四类案件”监管、案件评查和八类案件督查。围绕补短防漏、正风肃纪，建立健全《纪律作风督查办法》等规章制度，实施民商事案件、诉讼保全案件等4个专项监督项目，每月编发《纪律作风清单》，实时发送督察提醒89件次。始终保持法院风清气正，用足用好“四种形态”，适用“第一种形态”17人次。

【人才兴院】 坚持正确的选人用人导向，不讲论资排辈，突出能力为先，新选拔任用5名中层干部。抓实干部教育培训，组织干警参与各类培训80批次1500余人次。牢固树立勇争一流工作导向，实施“青年先锋示范岗”行动，开展最佳裁判文书、“三个能手”、办案标兵等先进评选，举办“三行诗歌献给党”、微党课竞赛、青年干警沙龙等主题活动。3名干警入选全省法院调研人才库，18人次干警获评嘉兴法院“质效之星”“办案之星”，多篇学术论文、案例分析获省级荣誉。

【接受各界监督】 主动接受人大政协监督，向市人大常委会专题报告人民法庭建设工作情况，向代表委员通报半年度工作情况，常态化邀请代表委员参加会议、旁听庭审、见证执行等各类活动。发挥镇街道人大代表联络站“共享法庭”作用，相关经验做法获《人民代表报》点赞。依法接受检察机关法律监督，邀请检察长列席审委会6次，办理检察建议57件。广泛接受社会公众监督，推进司法公开，完善法官与律师互评机制，选聘首批特约监督员。

（陆晶晶）

司法行政

【概况】 2022年，市司法局紧扣提质提效推进法治建设和司法行政“12510”[（聚焦创建全国法治政府示范县（市、区）“首要目标”，聚力司法行政系统数字化、法治化改革“两项牵引”，突出“法助共富·法护平安”专项行动“两个抓手”，深入推进法治建设提质提效“五大专项”行动，重点打造培育具有平湖辨识度和影响力的“十大法治硬核成果”）]目标任务，深入实施“五大专项”“十大硬核成果”行动。以创建全国法治政府示范市为引领，推进“法助共富、法护平安”建设，深入开展“在‘浙’里看见法治中国·平湖”实践。“息事无讼”基层治理创新获全省有辨识度有影响力法治建设成果，“金平湖·法治里”获评全省县乡法治政府建设“最佳实践”，“法交宝”应用场景被列入2022年全省数字化改革重大应用“一本账S2、S3”、全省司法行政数字化改革应用建设试点清单，已上线“浙里办”。全市诉前纠纷调解成功率列全省第一，行政诉讼实现“三连降”。

【法治引领】围绕创建全国法治政府示范县（市、区）目标，精细落实创建指标任务，成功创建为全国法治政府建设示范市。出台“两意见一计划”(《平湖市关于深入推进法治社会建设的实施意见》《律师行业高质量发展实施意见》《公职律师发展三年行动计划》)，不断强化法治基层基础的保障，推进党政主要负责人履行推进法治建设第一责任人职责。市委书记仲旭东作为县市区代表进行口头述法，53位市级部门、镇街道党政“一把手”实现委员会会议上专门述法。组织开展镇街道法治化综合改革，推进试点先行、全域共创。推进大综合一体化改革，积极开展行政执法联合督查，实现交叉评查执法单位案卷全覆盖，组织镇街道开展赋权后承办案件评查，共评查案卷764件。创新开展行政执法案件数字化监督，累计抓取线索156个，整改案件156件。

【提升效能治理】加快“法交宝”应用场景建设，在全省首创律师服务交通事故处置“四级工单”和“四色预警”制度，完成归集1450余条人伤交通事故纠纷，获新华网、人民论坛等央媒专题报道。建成平湖市首个大型法治文化园，推动建成新仓1955法治小镇、“钟溪棹歌·隐世田园”法治乡村精品线。沈家弄村获评第九批“全国民主法治示范村”，石龙村等13个村（社区）创成省级民主法治村（社区），省级以上占比达58.7%，列嘉兴第一。发布疫情防控“企业合同实务指引20条”“企业用工操作指引20条”。打造“民生法援”品牌，受理法律援助案件1731件，法律帮助案件1090件。深化市场主体法律顾问服务网格化全覆盖，开展“千所连千会”“百名律师联百企”活动，为企业提供法治体检2000余次。律师万人比从2.44增至2.99，列嘉兴五县市首位。

【服务中心工作】开展党的二十大等重大活动（会议）期间除险保安工作，成功调处纠纷7057起，其中疑难复杂案件278件，金额超过3亿元。不断优化法治化营商环境，健全轻微违法行为不予行政处罚或减轻处罚执行机制，出台首违免罚及减轻处罚事项清单2批共233项，涉及14个部门。累计办理行政复议案件86件，审结71件，其中调解33件。行政机关负责人出庭应诉率100%，全市行政诉讼实现“三连降”，败诉率低至1.59%。紧抓全省合法性审查与行政裁决“最佳实践”培育试点，以思维导图系列助推合法性审查标准化建设，审查政府文件及行政合同142件次、市政府常务会议议题154个、部门和镇街道备案40件，发布行政规范性文件36件。

【品牌提升】创新挖掘“新仓经验”法治价值。成立全省首个“息事无讼”研究中心，发布“息事无讼·平和调解”品牌。建立窗口直接引调、诉前引调分流制度。市矛调中心专职调解员受理调解2671件，成功化解1684件。指导4家省级金牌调解工作室、“息事无讼”省级“金口碑”区域人民调解创建申报。引入第三方运维，用好“金平湖·法治里”平台阵地，开展“普法365，月月有精彩”活动，推出“非遗普法”“亲子普法”“侨助共富·法润未来”等专项活动60余场。发布“法治里·说法”微视频36期。启动“金平湖·新少年”法治素养提升专项行动，推出“少年有想‘法’、法治夏（冬）令营”活动40余次。创新建立“精准矫正”机制，加强社区矫正对象教育管控，770余名矫正对象应矫在矫、1600余名刑释帮教对象回归。

【锻造“平司先锋”】落实从严治党，接受新一届市委巡察，落实整改反馈的三个方面24个问题58条举措。从严管理干部队伍，围绕党的二十大、省第十五次党代会等会议精神，开展党委理论学习中心组和干部集中学习57次，组织“法韵学堂”11期。助力东西部协作和对口支援工作，向四川茂县司法局捐赠社区矫正用车一辆。独山港镇专职调解员孙金明获评2022年浙江省“人民满意的公务员”、全省“最美司法行政人”。

（许欢欢）

农 业

综 述

【概况】 2022年，平湖市实现农业总产值26.66亿元、增速2.8%，增加值18.34亿元、增速2.6%，农村居民人均可支配收入46573元、增速6.1%，城乡居民人均可支配收入比缩小至1.60∶1。承办全国绿色农机化新技术培训班暨“设施日”活动、全国乡村生态振兴论坛。

【先进荣誉】 年内，先后获评全国县域农业农村信息化发展先进县、全国农产品产地冷藏保鲜整县推进试点县、浙江数字乡村“金翼奖”十佳县、全省深化“千万工程”建设新时代美丽乡村（农村人居环境提升）工作优胜县、浙江省第四届“河姆渡杯”粮食生产先进市银奖、省级特色产业农业“机器换人”高质量发展先行县，在嘉兴市乡村振兴（统筹城乡）考核中实现“七连冠”。秸秆离田增值利用实践入选农业农村部第一批农作物秸秆综合利用典型案例，“飞地抱团”相关工作入选全省强村富民乡村集成改革典型案例。

（孙家政）

美丽乡村

【未来乡村】 2022年，出台《平湖市未来乡村建设实施方案（2022—2025年）》，明确未来乡村目标任务。5月，沈家弄村获评全省首批优秀未来乡村，相关经验做法获嘉兴市副市长王慧琳批示肯定，获评全省数字乡村“金翼奖”百优村。龙萌村、徐家埭村通过第二批省级验收，其中徐家埭村入选全省首批“未来乡村实践基地”。11月，大齐塘村等5个村申报创建第三批省级未来乡村。放大多村联建组合效应，钟埭街道打造嘉兴首个未来乡村典范片区，经验做法入选《浙江共同富裕现代化基本单元规划建设集成改革实践成果》。旧埭村等16个村入选嘉兴市级未来乡村创建名单。

【乡村风貌】 2022年，完善“通报+整治+回头看”的闭环管理机制，累计暗访检查11次，下发整改通知88份，总分位列嘉兴暗访第二。开展薄弱村组专项整治，累计整改房前屋后乱堆放、建筑垃圾乱倾倒、污水直排等问题9000余处。实施“碳为观智·桨领风华”风景线建设，全长15.4公里、总投资1.3亿元，11月24日代表平湖参加嘉兴市级比拼赛，以现场得分第一获优胜奖。围绕平原水乡精品“高峰”，做到示范引领全市，全年，建成省美丽乡村示范镇1个、省特色精品村3个、省新时代美丽乡村达标村10个，旧埭村等5个村被列入重点村、整治村整治提升名单。

【民生实事】2022年，围绕农户源头分类准确率和资源化站点规范化运行，黄家浜村等6个村创成省级高标准农村生活垃圾分类处理示范村，创建省星级易腐垃圾处理站点1座（平湖市临港易腐垃圾处理站点），完成农村资源化站点技改提升1座（港中村资源化处理站），农户源头分类准确率达92.62%。对接嘉兴市政府民生实事项目，提档基础设施，提升农村公厕服务质量。全年，农村公厕完成改造提升16座，创建省级星级公厕14座，其中示范性2座，打造乡村驿站1座。注重以文塑形，丰富农民业余生活，独山港镇运港杜布馆、新埭镇陆稼书纪念馆等10家特色展馆入选全省乡村博物馆名单，钟埭村北庄浜成为2022年中国农民丰收节晚会主会场。

（陆也好）

农村改革

【迭代升级"广陈模式"】围绕农开区产业发展定位，建成高能级农业开发平台，做强做大3平方公里国际科技农业合作示范区。"1324"现代农业产业体系整体提升，佳莓农业、福纳瑞园艺等一批高质量产业项目建成投产，四季水产成为平湖首家"品字标浙江农产"品牌企业，徐家埭村获评2022年中国美丽休闲乡村。市农开区成功创建省级现代农业园区，并成功创建首批省级农村一、二、三产业融合发展示范园。全年，完成固定资产投资3.77亿元。相关工作情况在全省稳进提质助农攻坚行动推进会上作交流发言。抓项目推进，举办"抱团共富·农创未来"第六届农洽会，签约农业项目33个、总投资额30.18亿元，已开工23个、完成投资3.53亿元。全市13个项目被列入省级农业农村重大项目实施计划，全年，完成投资5.36亿元，完成率105.8%。组织实施毗邻党建引领共富体示范建设，计划打造平湖糟蛋生产技艺展示共富基地、智联植物工厂共富项目及共富码头等试点项目。举行明月山塘共富草莓园揭牌仪式，项目与农业农村局合作开辟线上应用功能，探索企业、村集体、农户三方共富模式。

【强村富民乡村集成改革】以强村富民乡村集成改革为抓手，创新构建"1+8+N"共富体系，重点培育壮大"1"个市级强村公司，打造"飞地抱团"等"8"个领域共富体，构建"N"个数字化场景。建设的"1+8+N"共富体系获评嘉兴市高质量发展建设共同富裕典范城市最佳实践案例。全市行政村集体经营性收入全部达120万元以上。深化"三位一体"改革，在市级层面创新组建"三位一体"强村公司，注册资本3亿元。由村集体经济组织、供销集体企业和市国资公司共同出资成立市级强村公司，围绕实业投资、物业租赁、物业服务、农旅开发、农产品销售等开展经营活动。全市已培育市级强村公司1家、镇级强村公司9家、村级强村公司41家。建立村富带民富利益联结机制，创新打造"村""民"共富体模式，重点建设"飞地抱团"、众筹经营、农房盘活等8个领域共富体，盘活农民的房、地、人、钱等要素，增加农民土地流转收入、劳务收入、补贴收入、农房租金收入、善治分红收入，实现共赢增收。全年，全市完成共富体项目入库60个，已启动34个、总投资7.6亿元。深化"飞地抱团"，推进第五轮强村富民工程6个物业项目建设，竣工3个、分红4个，分红金额达909万元。打造"抱团富"大脑+应用的强村富民数字化应用大场景，开发"飞地抱团"、众筹共富、农房盘活、乡村劳务、善治积分等5个共富子场景，着力盘活土地、农房、资金、劳力等要素资源。通过经营收益、投资收益、发包及上交、财产转移支付、耕地保护费等5个维度精准分析集体经济发展情况，让集体蛋糕越做越大。"抱团富"已上线试运行，入围嘉兴共同富裕最佳实践。

【"股份分红+善治积分"乡村治理模式】推广"股份分红+善治积分"乡村治理模式，实现积分管理、股金分红、普惠金融等功能数字化，行政村覆盖率和农户乡村治理参与率均达100%。深化"股份分红+善治积分"集体收益分配模式，激励农户乡村治理行为与村集体经济发展成果共享挂钩，分红资金达3665万元。推进“飞地抱团”项目低收入家庭持股增收计划，截至2022年底，分红2793户、覆盖率达96.03%、分红金额1538多万元，户均增收5507元/年。

【产权制度改革】 强化农村集体“三资”管理，深化农村产权制度改革，助推集体经济迈上新台阶，实现农民农村共同富裕。出台第六轮《平湖市坚持党建统领　高质量推进强村富民支持政策（2022—2025年）》，市财政预算资金6000万元左右，镇街道配套资金1000万元左右。启动建设市级“飞地抱团”项目1个，并已投产运行，总投资2.26亿元；建成镇级“飞地抱团”项目3个。指导第五轮强村项目按10%固定收益分红，其中广陈、独山港、林埭3个项目已分红，分红金额1425万元。实施全国首个“飞地抱团”低收入家庭持股增收项目，每年10%固定收益保障低收入家庭。全市入资持股低收入家庭2793户，持股率达96.75%，项目累计惠及低收入家庭4021户，累计实现分红7615万元，低收入家庭户均累计增收18790元。开展“清廉村居示范村”创建活动，制定《平湖市清廉村居建设评价指标体系实施办法（试行）》，协同市纪委、政法委、民政局等7个部门构建清廉村居五大类30条量化评价指标，建立起可遵循、操作、评价的清廉村居建设标准，形成清廉村居建设规范。到2022年底，清廉村居指标体系基本建立，全市培育1个标杆村、15个示范村。从机制创新、风险防控、权益保障、政策扶持、强化服务等方面加强土地承包管理引导，规范土地流转行为，健全土地流转服务体系。全市新增土地流转面积129.67公顷，累计土地流转面积15.67万公顷，流转率85.77%。加强土地流转主体前置准入审核工作，2022年，全市已完成联审568宗，涉及面积5180公顷。建立土地纠纷仲裁调解机制，完善农村土地承包经营纠纷调解仲裁工作体系，做好土地承包及流转纠纷，确保农村社会和谐稳定。

【农村宅基地改革】 稳步推进农民住房改善，启动编制农民住房改善三年行动规划，深化宅基地管理数字化改革，应用农民建房“一件事”信息化管理系统，推广农房“浙建事”全生命周期综合管理服务系统。全市启动建设公寓房2348套，新社区集聚714户，自然村落保留点审批建房615户。加快闲置宅基地和闲置农房盘活利用速度，探索开展“新乡邻”公寓房建设。继续推动低收入农户医疗补充政策性保险，纳入2022年度市政府民生实事项目，完成新一年度保险方案确定、协议签订，惠及低收入农户3966名，保费79.32万元，并为2022年退出的264人投保至2022年底。全年，完成理赔110人次，23.66万元。

【稻田退水“零直排”治理】 推进农业面源污染治理，扩面提速稻田退水“零直排”工程，立项开工2773.33公顷，其中完工2553.33公顷。开展嘉兴地方标准编制，成功举办全国乡村生态振兴论坛。稻田退水“零直排”建设纳入乡村振兴目标责任制考核指标，嘉兴市对平湖市考核任务为1466.67公顷，年底完成嘉兴任务数174.1%。开展嘉兴市地方标准编制工作，发布《稻田退水“零直排”工程建设规范》。7月23日，在平湖举办乡村生态振兴论坛，并在CCTV-17频道、中国网、中国农村网、人民日报客户端、《浙江日报》、浙江新闻客户端、读嘉App等多个媒体平台宣传报道平湖市农业绿色发展和稻田退水“零直排”治理模式，获全国各地院士专家好评。

（陆珠琴）

种植业

【概况】 2022年，全市农作物播种面积4.02万公顷，同比减少0.13%。粮食播种总面积2.89万公顷，同比增加1.6%，亩产438公斤，总产18.94万吨。其中，水稻播种面积1.58万公顷（其中早稻22公顷），同比减少0.42%，亩产545.3公斤，亩减产12.3公斤，总产12.96万吨；小麦播种面积1.2万公顷，同比增加3.63%，亩产312公斤，总产5.62万吨；大麦播种面积56公顷，同比减少49.7%，亩产

335 公斤，总产 0.028 万吨；油菜播种面积 626.67 公顷，同比增加 2.18%，亩产 190.0 公斤，总产 0.18 万吨。蔬菜复种面积 9706.67 公顷，同比减少 4.03%，亩产 2187 公斤，总产 31.85 万吨。西瓜种植面积 253.33 公顷，同比减少 24.0%，亩产 2303 公斤，总产 0.88 万吨。甜瓜种植面积 134 公顷，同比减少 14.11%，亩产 1950 公斤，总产 0.39 万吨。食用菌总产量 0.72 万吨，同比减少 22.58%。棉花种植面积 84 公顷，同比减少 5.97%，亩产 86 公斤，总产 109 吨。

【种子生产与储备】 2022 年，根据《中华人民共和国种子法》，开展种子生产经营网上备案管理工作，全年，备案网点 21 个、审核备案单 151 份。2022 年，繁育订单水稻良种面积 234.13 公顷，交售常规水稻良种 161.7 万公斤。农作物救灾储备水稻应急种子 15 万公斤、油菜种子 300 公斤。

【各项惠农补贴政策兑现到位】 2022 年，发放粮食生产补贴资金共计 10437.23 万元，其中耕地地力保护补贴涉及农户 15871 户次，补贴面积 1.37 万公顷，每亩 177 元，发放补贴资金 3636.97 万元；规模种粮补贴（稻麦复种 3.33 公顷及以上）涉及大户 541 户次，复种面积 2.47 万公顷，每亩 125 元（其中省财政补贴 120 元、地方财政补贴 5 元），发放补贴资金 4638.57 万元；旱粮规模种植补贴（一季种植 3.33 公顷以上）涉及农户 31 户，补贴面积 240 公顷，每亩 120 元，发放补贴资金 43.75 万元；规模种植油菜（一季种植 0.33 公顷以上）涉及农户 9 户，补贴面积 47.33 公顷，每亩 130 元，发放补贴资金 9.24 万元；规模种粮动态补贴（2022 年省新增规模种粮补贴动态调整机制——农资涨价等因素）涉及 581 户，补贴面积 2.5 万公顷，每亩 22 元，发放补贴资金 825.85 万元；粮食生产贷款贴息涉及 132 户，发放补贴资金 178.06 万元；实际种粮农民一次性补贴涉及农户 15795 户，发放补贴资金 1021.86 万元；订单水稻良种奖励共签订订单并交售水稻良种农户 12 户，符合订单水稻良种数量为 138.80 万公斤，发放奖励资金 81.92 万元。

【水稻高产创建活动】 建立省级水稻示范方 5 个、面积 340.73 公顷。开展水稻高产竞赛，攻关田经测产，杂交稻产量最高每亩 913.5 公斤，常规稻最高每亩 773.2 公斤。

【小麦单产刷新浙江农业之最纪录】 5 月 25 日，由浙江农业之最委员会办公室组织专家组对平湖市钟埭街道得稻家庭农场申报的浙江农业之最小麦百亩方和攻关田进行现场测产量收，其百亩方单产达 542.25 公斤、攻关田单产达 577.04 公斤，刷新浙江省农业之最小麦高产纪录。

【“西瓜振兴”初见成效】 平湖市天露西瓜研究所育成“天露小黄”获评 2022 年浙江省十大优秀西甜瓜品种，“天露 3 号”入选 2022 浙江种业博览会西瓜推介品种。9 月，制定发布《平湖西瓜生产基地建设规范》《平湖西瓜绿色生产技术规程》2 个省级团体标准。“平湖西瓜文化系统”入选浙江省第一批重要农业文化遗产资源名单。

【“美丽农场创建”再创佳绩】 浙江大印农业科技有限公司（美丽菜园）、浙江绿迹农业科技有限公司（美丽菜园）、平湖市妙农家庭农场（美丽果园）、平湖市一代特种水产养殖基地（美丽渔场）通过 2021—2022 年度嘉兴市美丽农场创建验收。

【平湖优质农产品斩获多项奖项】 2022 年，全市组织本地果蔬种植户参加浙江精品草莓、精品食用菌评选，其中平湖市云飞蜜蜂专业合作社“蜂舞”牌“红颜”草莓获 2022 年浙江精品草莓评选金奖；平湖市海沣农业科技有限公司“八下里河”牌“W192”Ⅰ双孢蘑菇和平湖市洁云食用菌专业合作社“洁云”牌大球盖菇获 2022 年浙江精品食用菌银奖。

（龚佩珍）

畜牧业

【概况】 2022 年，全市畜牧业产值 3.09 亿元，占农业产值的

11.57%。全市规模猪场2家，年末生猪存栏2.74万头，其中能繁母猪0.25万头；累计出栏生猪2.12万头，生猪养殖规模化率100%。年末家禽存栏53.26万羽，同比增加0.5%,其中鸡43.73万羽、鸭7.64万羽、鹅1.37万羽；全年，出栏家禽131.37万羽，同比增加0.1%。年末存栏羊1.05万头、兔1.09万只；年内出栏羊1.01万头、兔2.55万只。实验小白鼠全年出栏297万只，同比增长12.52%，全年，销售产值1.45亿元，同比增长13.18%。年末全市蜜蜂养殖68户，蜜蜂存栏4200群，同比减少430群；蜂产品产值1272.59万元,同比增加233.64万元。2022年，全市肉类总产量4336吨、禽蛋产量1142吨，同比分别减少21.8%、5.5%；蜂蜜产量167.6吨、蜂王浆产量29.36吨、蜂花粉产量52.38吨,同比分别增长80.99%、5.69%、64.47%。

【生猪稳产保供】 2022年，多措并举确保生猪稳产保供。抓好金桥一期稳定生产，推进金桥二期的收尾和试投产。强化生猪增产保供政策扶持，落实兑付省级生猪增产保供综合奖励预拨资金、规模猪场贷款贴息省级补助资金、生猪增产保供实绩财政奖励资金合计1064.51万元。坚持生态优先发展理念，加强日常监管、严控养殖总量、提升改造治臭设施，指导属地开展新建万头猪场“双月攻坚”行动，推动金桥一期完成整体移交、污水第三方委托处理。制订“一场一策”畜禽养殖污染治理方案，落实排污设施改造、种养结合和生态消纳等措施，试点实行畜禽粪污资源化利用计划备案和台账使用。

金桥牧场 （市农业农村局 供稿）

【动物疫病防控】 组织开展牛羊布鲁氏菌病防控“双月攻坚”行动，摸清牛羊养殖情况，共排查养殖村57个，566家，总存栏1.08万头，完成采样监测行政村48个，覆盖率84%；监测养殖场（户）88户次，检测血清样品919份，结果均为阴性。推进血吸虫病防治工作三年行动计划，以存螺区为重点，开展牛羊血吸虫病风险监测，未发现阳性样品。铺开动物疫病强制免疫“先打后补”。全市2家规模养殖场申报2022年强制免疫“先打后补”资格,并通过审核备案。累计平台上线各类疫苗35.9万毫升。开展春秋季重大动物疫病专项免疫行动。全年，累计共免疫禽流感127.64万羽次，羊口蹄疫3.24万头次，小反刍兽疫2.72万头次。开展全市一般管理区域秋冬季犬狂犬病免疫集中免疫行动，累计免疫犬27886只。开展春秋防飞行检测和日常动物疫病抗体监测，累计完成禽流感1907份、新城疫477份、口蹄疫341份、小反刍兽疫320份、猪瘟100份、猪蓝耳100份抗体监测。非洲猪瘟病毒134份，未发现阳性。

【特种产业持续健康发展】 实施特色畜牧精品工程，拥有SPF级实验用鼠生产基地1个，在产品系10多个，年供应实验用鼠200余万只。依托市养蜂协会，推动蜂农、种植户、技术专家三方聚合的空中农业新模式，推广发展意蜂大棚授粉技术，建立以平湖市云飞蜜蜂授粉专业合作社为核心的意蜂养殖和大棚授粉基地，2022年，参与意蜂授粉蜂农32户，累计出售授粉蜂群2400群，产值86万元,股份分红37.6万元,该模式在中国农民丰收节晚会上获CCTV-17频道专题播出。

（冯高乐）

2022 年畜产品、饲料市场行情一览表

表 3

项目		一季度			二季度			三季度			四季度		
		2022 年	2021 年	增长	2022 年	2021 年	增长	2022 年	2021 年	增长	2022 年	2021 年	增长
畜产品价格动态（元/公斤）	二元苗猪价格	—	—	—	—	—	—	—	—	—	—	—	—
	三元苗猪价格	—	—	—	—	—	—	—	—	—	—	—	—
	二元肉猪价格	—	—	—	—	—	—	—	—	—	—	—	—
	三元肉猪价格	13.9	34.2	-59.36%	15.7	17.14	-8.40%	20.1	16.35	22.94%	24.5	17.6	39.20%
	猪肉统货零售价	19.10	53.8	-64.50%	21.35	27.8	-23.20%	30.66	28	9.50%	32.57	22.34	45.79%
	放养黄羽肉鸡		—			—			—			—	
	圈养黄羽肉鸡	13.4	15	--10.67%	12.7	10.53	20.61%	12.5	15.13	-17.38%	17.5	17.01	2.88%
	快大型肉鸭	14.4	12.4	16.13%	13.6	12	13.33%	17.4	13.5	28.89%	15.3	12	27.50%
	鸡蛋		—			—			—			—	
	鸭蛋		—			—			—			—	
饲料价格动态	地产仔猪料（元/包）	144.8	150	-3.47%	154	150	2.67%	156.9	150	4.60%	164.8	150	9.87%
	地产中猪料（元/包）	142.4	140	1.71%	151.6	140	8.29%	154.4	140	10.29%	162	140	15.71%
	地产肉鸡料（元/包）	153.5	145	5.86%	159	145	9.66%	158.7	145	9.45%	163	145	12.41%
	地产肉鸭料（元/包）		—			—			—			—	
	玉米零售价（元/吨）	3014	3200	-5.81%	3095	3193	-3.07%	3097	3173	-2.40%	3149	3066	2.71%

注：1.调查日期：每季度的第二个月25日前后。

2.调查地点：选择代表性的1—2个点，取平均值。地点确定后保持相对稳定。

渔 业

【概况】 2022 年，全市水产养殖面积 920 公顷，实现水产品总产量 2.23 万吨，渔业产值 3.64 亿元。

【尾水治理长效管理】 制定《平湖市 2022 年水产养殖尾水治理长效管理考核办法》，将长效管理情况纳入“五水共治”工作考核，列入市城乡秀美工程排名战考核指标，每月抽查尾水处理设施运行情况。

【健康养殖示范创建】 支持有条件的养殖主体改进养殖管理、规范生产操作，创建省级水产健康养殖示范场 6 家。创建嘉兴市级美丽渔场 1 家。

【稻渔综合种养提质扩面】 发展稻渔综合种养 466.67 公顷，创新集成“一稻两虾”综合种养模式，并在嘉兴市稻渔综合种养工作推进会上作典型交流。承办第四届嘉兴市龙虾王争霸赛。

【渔业科技创新应用】 遴选渔业主导品种 5 个、主推技术 6 项，牵头制定“跑道鱼”养殖嘉兴市

稻渔综合种养　　（市农业农村局　供稿）

级地方标准《草鱼池塘内循环流水养殖技术规范》。

【水产品质量安全监管】 建立省级养殖用药减量示范点2个，完成水产品质量安全抽检168批次。做好3个南美白对虾养殖病害测报点监测工作。

【渔业行业管理服务】 为减轻“3·13”疫情对水产养殖生产的影响，开通水产养殖生产物资进入平湖“绿色通道”，协助采购虾苗1.43亿尾，饲料等物资96吨，有效解决养殖户的燃眉之急。组织申报中央渔业发展补助资金项目（水产品加工设施设备）1个，总投资795万元、申请中央财政补助资金238万元。

（王甘翔）

农业产业化

【园区建设】 搭建高能级农业平台，市农开区成功创建省级农村一二三产业融合发展示范园、第二批嘉兴市农业创业创新孵化园，省级现代农业园区正式授牌，省级农业科技园区提前三年验收并高分通过。林埭镇徐家埭村成功获评2022年中国美丽休闲乡村。

【农业“双招双引”】 成功举办“抱团共富·农创未来”第六届平湖农业经济洽谈会，签约农业项目33个、总投资额30.18亿元。加快招商项目落地，全年，完成固定资产投资3.77亿元、农业招商引资到位资金6.47亿元。举办“农创新天地·共富兴未来”第四届长三角田园五镇农业农村创业创新大赛，共收到国内外参赛项目84份。

【农产品品牌推广】 开展宣传推介和产销对接，“京东特产平湖馆”上线试运营。“临沪农庄”葡萄获评嘉兴名牌农产品，“妙农缘”葡萄、“煲正香”稻米通过复评。“芦川”无花果获2022浙江农业博览会优质产品新产品金奖。全市共有“金平湖”农产品区域公用品牌集体商标许可使用主体41家，评选首批5家“金平湖”品牌示范基地。

【长三角一体化】 与浙江省农业科学院植物保护与微生物研究所、浙江省海洋水产养殖研究所、浙江大学动物科学学院等开展院地合作。联动区域发展，成立浙沪“农家乐”民宿共富联盟。平湖市推进长三角一体化发展标志性工程——长三角草莓种源研发中心项目、荷兰福纳瑞园艺中国种源研发中心一期建成投产。

（沈佳滢）

农业科技

【农业科技项目】 2022年，完成平湖市丰收计划项目21项、金桥工程项目3项、科技项目申报3项。获嘉兴市农业丰收计划一等奖1项（平湖市稻田退水“零直排”工程建设与示范推广）、农业丰收计划二等奖1项（“股份＋积分”收益分配模式推广应用）、农业丰收计划三等奖1项（麦田封闭型除草剂示范及推广应用）；获平湖市农业丰收计划一等奖3项（麦田封闭型除草剂示范及推广应用、虾类养殖用药减量技术集成与应用、千亩优质“扬麦28”高产技术栽培示范推广）；获平湖市农业丰收计划二等奖5项（万亩水稻全产业链建设项目、万亩水稻全生育期低磷配方肥示范应用、农村绿化管护质量提升示范推广、平湖“米香”振兴集成技术示范推广、农产品全程数字化冷链物流配送销售技术示范）；获平湖市农业丰收计划三等奖8项（“三权”改革增收模式推广、稻田数字化管护示范推广、淡水鱼绿色健康养殖技术推广、万亩耐迟播优质小麦品种“扬麦25”示范推广、高品质水稻绿色生产集成技术示范应用、蔬菜多元化栽培技术示范推广、秸秆炭基肥施用社会化服务示范推广、数字农业工厂示范应用）。

【院地合作】 支持农业科研单位、涉农企业、农业产业化经营组织、农民合作社等参与农业技术推广服务，培育多元化推广体系，加快先进农业科技成果引进和人才培养，提升现代农业科技发展水平。2022年，开展院地合作项目10项，分别与浙江省农科院签订4项、浙江农林大学签订2项、浙江工商大学签订1项、浙江大学签订1项、浙江省海洋水产养殖研究所签订1项、浙江大学城乡规划设计研究院签订1项。

【产业团队建设】 2022年，建立调整由首席专家为首的农业产业技术创新与推广服务团队9个共202人，其中粮油团队45人，蔬菜团队23人，食用菌团队17人，水果花卉团队19人，水产团队23人，畜牧团队23人，农村经营管理团队17人，生态循环团队18人、农机与数字化团队17人。各产业团队和团队专家密切联系科技示范基地、科技示范户，组织开展农业生产情况调查、春耕备耕“三联三送”、科技下乡等服务活动，服务农户2200余人次。

【科技示范推广】 围绕粮油、蔬菜、食用菌、林果四大主导产业，按照公开、公平、公正和自愿的原则，经农户自愿申请，村民委员会择优推荐，镇街道农技推广部门审核，共认定科技示范户250户，其中粮油150户、蔬菜35户、食用菌20户、果品（花卉）20户、水产25户。局农业干部和农技专家，采用上门走访、科技咨询、座谈交流、实地指导、现场培训等多种形式，组织开展送政策解惑、送技术解难、送帮扶解困“三联三送”活动，全年，共开展农业实用技术培训18期，培训1225人次，赠送资料850份。

【品种技术推介】 引导广大农民应用先进适用技术和优良品种，推进农业科技推广应用，推动农业产业转型升级。组织遴选2022年农业主导品种95个、主推机具34项、主推技术68项。

【高素质农民培育】 按照“科教兴农、人才强农、新型职业农民固农”战略要求，面向全市农业生产经营主体，围绕产前、产中和产后发展关键环节，分主体、分类型开展高素质农民培训。全年，按产业类别分别开设果蔬、粮油共2个培训班，参加培训学员205人。

【农村实用人才队伍建设】 推进千万农民素质提升工程、“六型双千”实用人才培养计划，培育开发具有地方特色的乡村人才品牌。实施农业产业人才素质提升计划，重点加强对农业龙头企业、家庭农场、农产品经纪人、农民专业合作社负责人等培养。2022年，全市共完成农村实用人才培训660人。

【基层农技人员知识更新培训】 2022年，组织农业绿色发展、农机化机械化技术、特色水果技术等24批154名农技人员，到浙江大学、浙江农科院等院校参加为期5天的知识更新培训，举办新时代乡村产业振兴研讨省级高研班，参训人员116人，开展专业技术人员继续教育线上培训344人次。

【第四届农创大赛】 开展以“农创数智汇·赋能乡村兴”为主题的平湖农商银行杯第四届长三角“田园五镇”农业农村创业创新大赛，参赛项目84个，其中创新组46个，创业组38个。

【全国绿色农机化新技术培训班】 7月13—15日，举办全国绿色农机化新技术培训班暨“设施日”活动。通过网络直播，观摩农业大棚设施、物联网技术应用，拣石、整地、起垄、深耕、精量播种、移栽、叶菜收获等设施种植全程机械作业演示。

【智慧农业发展】 建成平湖市农机社会化服务智慧管理中心，实现农机数据采集、烘干机安全监测、农机化生产管理、农机合作社管理、农机质量监管、农机补贴查询分析、农机监理查询分析、农机物联网监控管理、农机化社会服务等功能。累计安装北斗农机管家483台，其中拖拉机310台、插秧机173台；联合收割机保有量75台，植保无人驾驶航空器保有量304架。平湖仓禾现代化农事服务中心被列入全省首批创建名单，新埭农心粮油、独山顺天粮油2家合作社获评嘉兴市首批十家农事中心。

（韩凯东）

数字乡村

【农业农村数字化改革持续推进】 2022年，按照全省数字化改革“两年大变样”总体目标，聚焦高质量发展勇当共同富裕新崛起典范，坚持“数字引领、变革重塑”，围绕农业产业、乡村建设、农民共富三大领域，统筹推进农业农村数字化改革和数字乡村建设。加快推广“四个一批”（试点一批、迭代一批、谋划一批、贯通一批）场景应用，理论制度体系进一步完善，重点推进“浙农优品”“浙农险”“浙农码”等一批省级试点应用落地见效，“浙农补”“善治宝”等一批特色应用迭代升级，助推“三农”高质量发展。平湖市推行党建统领“抱团富”模式打造全省共富新样板获省委副书记黄建发批示肯定；市委网信办、市农业农村局获评2022年浙江省数字乡村建设工作成绩突出集体；连续四年获评全国县域数字农业农村发展水平先进县。

【国家数字乡村建设高质量验收】聚焦农业高质高效、乡村宜居宜业、农民富裕富足三条跑道，依托数字化改革助推数字乡村高质发展，打造农业农村现代化先行地。构建金平湖“1+1+N”数字乡村“大脑”，把乡村数据全量“管起来”“聚起来”“用起来”。出台《数字农业农村发展“十四五”规划》《平湖市国家数字乡村试点市建设方案》《平湖市农业农村局数字化改革工作方案》等。依托全省首批乡村振兴产业发展示范建设县、省级乡村振兴集成创新示范建设县两个试点项目，聚焦生产管理、流通营销、行业监管、公共服务、乡村治理五大领域推进数字乡村建设。

【农业农村建设成果宣传】加强与《浙江日报》、凤凰网、读嘉等各级媒体合作，注重常态化宣传；依托农业经济洽谈会、农民丰收节等重大活动为载体，加大宣传推广力度。截至年底，先后在省级及以上媒体报道126篇次。“平湖三农”微信公众号共推送微信410篇，上报省级网站信息58篇（其中录用54篇）。

（马奕琳）

农业行政执法

【执法工作成效】2022年，累计出动执法人员2802人次，检查各类生产经营主体1883艘次，农业投入品、农产品质量抽检1059批次，办理各类案件72起，共处罚没款33.88万元，移送司法机关案件24起，移送涉案人员30人。全年无错案、无行政复议和行政诉讼案。

【执法抽检】2022年，抽检农业投入品145批次，其中农药110批次、肥料12批次、种子8批次、兽药5批次、饲料与饲料添加剂10批次，其中，1个批次的农药不合格，合格率99.31%。监督抽检农（水、畜）产品361批次，7个批次的农产品不合格，合格率98.06%。

【检疫防控】2022年，检疫水稻面积240.73公顷、种子1650吨，西瓜0.27公顷、种子20千克，签发植物调运证15个、产地检疫证书16个。春季全市加拿大一枝黄花发生面积85.31公顷，其中轻发生面积65.15公顷，秋季全市加拿大一枝黄花发生面积50.37公顷，其中轻发生面积37.04公顷。两季总防除面积135.67公顷。

【事故调处】2022年，成功调处农业生产事故8起，挽回农户经济损失25.51万元。

【渔业安全监管】2022年，推进涉海涉渔领域安全生产系统治理三年行动，开展“春雷”“伏休整治攻坚”“除险保安”“海上平安护航”四大行动，完成压减淘汰渔船142艘、海上“千万工程”整治42艘、安全隐患及“船证不符”“船图不符”专项排查133艘等攻坚任务，销号办结“七张清单”问题4个，有效化解海上渔船安全生产重大风险，确保渔民生命财产安全。

【非法捕捞打击】2022年，响应长江十年禁捕决策部署，加强渔业执法与公安、海事、海警等涉海涉渔职能部门的联勤联动，形成管控合力。组织开展“亮剑”“铁拳”“清港”等专项执法行动，共处置渔业警情491件，清理涉渔“三无”船舶6艘。针对禁渔期非法捕捞水产品案件，加强渔业资源及生态环境损害赔偿，联合市检察院办理刑事附带民事公益诉讼13起，收缴水生生物和水生野生动物资源损害赔偿款24万余元。

【渔业资源增殖放流】 2022年，根据“五水共治”行动和浙江“渔场修复振兴”工作要求，结合全市水生生物增殖放流实施方案，开展水生生物资源增殖放流项目，举办“世界环境日”“全国放鱼日”同步增殖放流活动，全年，在平湖市内陆外荡水域投放花白鲢（夏花）、青鱼鱼苗共计1465万余尾。

【动物卫生监督】 2022年，畜禽及其产品网上调运备案报验2243批次其中生猪调入992批次，134608头，调入动物产品肉品1206吨，副产品998.6吨。屠宰生猪176188头，产地检疫生猪205批次22659头，检疫实验鼠及家禽等动物1647466头（只、羽）；出具动物检疫AB证1362张，动物产品检疫17492.46吨，出具产品检疫AB证9427张，合计出具检疫证11162张。无害化处理病（死）猪养殖环节3238头、屠宰环节693头，合计3931头。

【动物诊疗行业专项整治行动】 2022年，关停平湖市安安宠物医院有限公司1家。出动执法人员38人次对平湖市5家动物诊疗机构开展专项整治行动。严格落实5名执业兽医师备案制度和年度执业报告制度。5家动物诊疗机构的年度报告制度。新增2家兽药经营企业。

【畜产品安全监督】 2022年，开展生猪瘦肉精批检，共抽检3765个批次，63930个样品。送检猪肉、猪肝、鸡肉、鸡蛋等畜产品198个样品进行瘦肉精、抗生素残留等检测。检测全部合格。

（邵宏海）

绿色发展

【“三品一标”管理】 2022年末，全市拥有无公害农产品基地124个，无公害农产品178个，绿色食品46个，其中绿色食品年内新增27个。

【高品质绿色科技示范基地创建】 2022年，创建嘉兴佳莓农业科技有限公司、平湖市绿野果蔬专业合作社2个省级高品质绿色科技示范基地。基地开展技术展示示范、农民教育培训等均达4次以上，主导品种及优良品种推广覆盖率均达100%，落实化肥定额制和农药实名制，示范带动作用明显。

【秸秆“双禁”和综合利用】 推进秸秆综合“五化”利用，开展2022年度秸秆台账样本户调查，开展技术推广。2022年，全市秸秆产量15.6万吨，其中肥料化利用8.25万吨、基料化利用4.24万吨、原料化利用0.51万吨、饲料化利用0.13万吨，秸秆商品化出售1.94万吨，秸秆综合利用率97.62%。开展市级巡查172天，出动315人次，开展部门联合巡查4次，市综合执法局共办理秸秆露天焚烧案件7起。

【农作物重大病虫害监测与预警】 以粮食作物病虫为重点，兼顾蔬菜、特色优势作物，加强田间调查监测，及时分析和掌握田间主要病虫发生动态，分析病虫发展趋势，为决策防治提供科学依据。2022年，已建立9个智能虫情监测站，发布《病虫情报》12期，短期预报准确率95%以上，做到早发现早预警早防控。

【化肥农药减量】 2022年，全市不合理施用化肥减量524吨，农药减量4.8吨。主要农作物配方肥和按方施肥1.45万吨，推广面积2.67万公顷。全年，免费取土测土730个，测土配方覆盖率达94.47%。主要农作物病虫害绿色防控技术应用面积为1.47万公顷，水稻农作物病虫害统防统治应用面积1.29万公顷。

【乡村振兴生态论坛】 7月23日，举办以“绿色保振兴·生态向未来”为主题的乡村振兴生态论坛，中国科学院院士刘昌明通过视频参会讲话，院士朱永官参会并发表主题演讲，农业农村部人力资源开发中心、中国农学会，中国农科院，北京、山东、河北等省农科院及南京农大、华南农大等高校共60余人参会，平湖市农业生态治理路径与实践获各级领导支持肯定。

（韩凯东）

水　利

综　述

【概况】 2022年，市水利局围绕“提质提效、项目推进、争先创优”总目标，按照“12357”（1个目标任务、2项改革创新、3项重大工程、5项重点工作、7大能力提升）工作密码，补短板、强监管，谋划构建“平湖水网”，提升水治理体系和治理能力。全年，累计完成水利建设投资4.52亿元，被列入全国典型地区再生水利用配置试点城市、全省水利数字化改革试点，平湖市衫青港连片水系获评省级美丽河湖。获全省农业水价综合改革绩效评价第一名，省水利厅、嘉兴市水利局综合考核双优秀（嘉兴第二）。

【重大水利工程建设】 平湖市城市防洪扩展工程被列入省重点项目。2022年，推进前期工作，涉及用地“三区三线”获自然资源部正式批复。平湖塘流域水系综合治理工程被列为2022年省政府民生实事，其中黄姑塘东段治理工程一期、黄姑塘东段治理工程二期、林埭项目区一期、曹桥项目区一期等4个项目完成年度目标任务。

【水资源管理】 加快实施国家节水行动，完成《平湖市节水行动2022年度实施计划》编制并印发实施。落实规划项目水资源论证和节水评价制度，开展《平湖市水资源节约保护和利用总体规划》编制并印发。推进农业节水攻坚三年行动，钟埭街道、曹桥街道等镇街道开展农田水利物业化管理和合同节水试点建设。

【再生水试点】 平湖市是嘉兴市唯一入选全国典型地区再生水利用配置的试点城市、全省6个试点城市之一。完成《平湖市再生水利用配置试点实施方案》并获省水利厅批复，平湖市东片污水处理厂再生水利用（二期清排提标）工程基本完成。

水利建设

【农村圩区建设】 林埭镇新皇圩区项目竣工，完成投资540万元；广陈镇红征圩区完成初步设计评审；独山港镇跃进圩区完成部分提档升级工程建设；曹桥街道野马圩区完成提档升级设计方案编制。

【河道综合整治】 2022年，完成河道整治29.3公里，河道清淤疏浚122.8公里，河湖库塘清淤71万方，均超额完成任务指标。创建平湖市级美丽河湖9条，嘉兴市级6条，杉青港连片水系成功创建为省级美丽河湖。曹桥街道、新仓镇创建成为水美乡镇。

钟埭嘉善塘美丽河湖（市水利局 供稿）

水旱灾害防御

【概况】2022年，梅雨期短，梅雨量偏少，第11号“轩岚诺”和第12号“梅花”两个台风影响平湖，平湖站汛期总降雨量803.0毫米，比常年同期偏少9.6%，月平均雨量114.7毫米。各月分布不均匀，5—8月、10月降雨明显少于常年，4月受强降雨影响比常年偏多三成以上，9月因台风“轩岚诺”“梅花”影响，降雨量最大，占汛期总雨量的33.4%。

【汛前检查】2月中旬，下发《关于开展2022年度水旱灾害防御汛前大检查的通知》，部署汛前检查和准备工作，各镇街道及相关水管单位开展自查。累计参与自查334人次，自查470处，发现隐患62处，在汛前整改到位。3月上旬，市水利局负责对全市8个镇街道及城市防洪工程、水文设施、海塘工程、圩区工程、在建水利工程开展实地随机抽查，共抽查水利工程35处，实地参与检查174人次，发现隐患16处，入汛前全部整改到位。

【防汛应急演练】开展城市防洪工程应急演练，模拟应对城市防洪工程一字门故障、供电线路故障、水泵排涝故障等险情，检验水利工程应急专项预案可行性和可操作性，提升应急救援队伍抢险救灾实战能力。

【防汛应急保障】成立专业水利抢险队伍，与相关单位签订协议确保大型机械设备第一时间到达抢险救援岗位。加强防汛物资储备和管理，储备麻袋3.1万条、编织袋5.35万条、土工布500平方米、移动水泵90台、救生衣（圈）470套、橡皮艇38艘、块石1400立方米、木材260根、合金网兜750张、铁锹244把等，物资均在使用年限内并保存完好。

水利管理

【水资源管理】推进农业节水攻坚三年行动，开展浙江省农业水价综合改革“五个一百”创建活动，创建5座农业灌溉优秀典型泵站、5个优秀典型改革灌片、2家优秀典型农民用水管理主体和1家优秀典型基层水利站所。兑现2021年度农业水价综合精准补贴资金451.39万元，节水奖励资金112.67万元，完成《南方平原河网区稻田节水减排技术指南》编制工作。

【水土保持监管】落实水土保持管理工作，年内，开展生产建设项目水土保持方案技术审查10件，现场检查生产建设项目215个评级430人次，实现全覆盖。配合省市开展卫星遥感扰动图斑复核工作，完成图斑复核60个，做好信息录入。

【河道管治】利用卫星遥感、无人机航拍等现代科技手段，采用水陆并进现场踏勘方式，加强河湖水域岸线保洁检查巡查力度，每月进行河道保洁考核通报，保证河道保洁长效化监管。依托“河长制”平台，完善综合执法、联合执法机制，全年，开展专项执法检查和不定期突击巡查检查50余次，完成问题整改115个。加大违法案件曝光力度，曝光违法涉水案件10余起，涉事主体均受到相应行政处罚。

【水行政审批】 坚持规范审批，按照“最多跑一次”和“放管服”改革精神，立足优化营商环境总要求，完善水行政许可审批工作机制，全年，累计完成水行政审批项目135件。完善全过程监管机制，落实审批事项事后复核验收，确保批后监管工作程序规范，形成闭环，推行企业信用分级分类监管，对失信主体在行业准入、项目审批等方面依法予以限制。

【水行政执法】 深化“双随机、一公开”监管，年度检查事项认领率、覆盖率均达100%的考核要求。累计开展行政检查任务20个，其中涉及“双随机”抽查任务4个。完成水利行业抽查检查事项全部计划任务7项，开展专项检查任务7个，即时检查任务9个。注重涉水动态变化常态化监管，依托专业技术手段，开展每年两次卫星遥感图斑比对和筛选，强化全市生产建设项目水土保持与河道动态变化的信息化监管。

【水利工程运行管理】 开展水利工程“三化”改革，平台数据准确率完整率100%，规模以上水利工程产权登记率69.8%，物业管理覆盖率97.4%。全年，海塘工程完成一、二线海塘日常巡查219人次，组织常规检查3次，专项检查8次，做好海塘视频监控系统、自动化观测平台、标准化管理平台等日常维护工作。城市防洪工程累计运行7次33天，防洪包围圈巡查共39次、85人次，城防工程水泵共运行22次，累计运行水泵507台次，总计711小时，排水量6745680立方米。运行期间，控制内河水位在1.00—1.20米，外河于9月15日7点达最高水位2.09米，内外河最高水位差1.06米。南河头小包围圈每天8小时水泵换水调节水质；南河头水泵防洪排水共334次，控制内河水位在0.60—1.00米。全市27个农村圩区工程正常运行，保护面积15800公顷。

【水法宣传】 第三十届“世界水日”、第三十五届“中国水周”期间，紧扣宣传主题，利用广播电视媒体、微信公众号、农民信箱、广场公园宣传屏、公交站点显示屏、道路灯箱广告屏、市民公园宣传标识牌等载体，“线上为主、线下为辅”两相结合开展宣传。下发宣传口号30条，宣传面覆盖全市114个村（社区），累计印发宣传海报及水法律法规知识、节水小知识折页、手册3000余份，制作各类宣传品1000余份，水周期间推出微信公众号专题报道6期，发布节约用水宣传短视频1个，制作农业节水灌溉技术宣传短视频1个，推出保护地下水资源主题H5图文报道1期，开展1次保护地下水为主题的有奖竞答活动，通过网站、微信、广播、短信等平台发布节水公益短信1万余条。结合水资源保护利用、碧水河道建设、农业节水、美丽河湖创建、数字圩区等工作开展水利成果展示宣传。

（张依依）

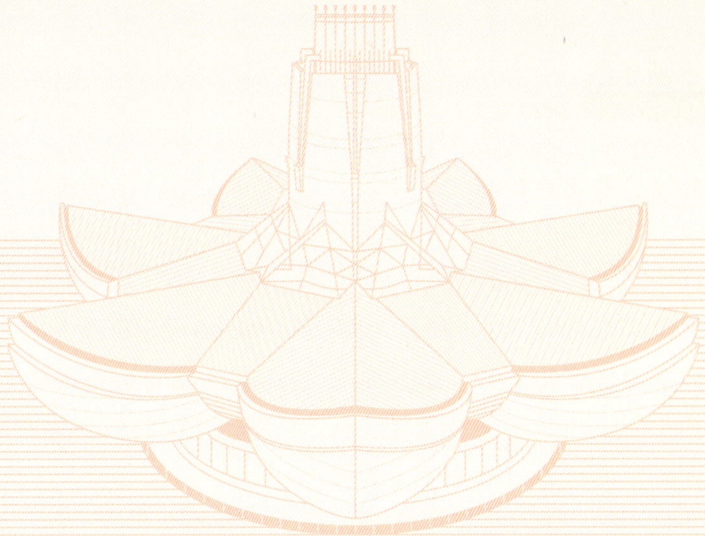

工　业

综　述

【概况】 2022年末，平湖市（不含嘉兴港区和嘉兴电厂，下同）共有工业企业5905家，其中私人控股5572家、国有企业17家、集体控股8家、外资298家、其他10家。2022年，全市共有规模以上工业企业777家，规上工业产值1724.8亿元，同比（下同）增长6%，实现规上工业增加值346.2亿元，增长5.5%。按登记注册类型划分，各类型企业产值中私营企业产值774.5亿元，增长15.4%，增长幅度排名第二；港澳台投资企业产值144.7亿元，增长3.1%；外商投资企业产值623.7亿元，下降4.4%；有限责任公司产值133.0亿元，增长26.4%，增长幅度最大；股份制企业产值65.2亿元，增长11.4%。全市规模以上企业实现营业收入1775.41亿元，增长6.5%；实现利税总额135.8亿元，同比（下同）下降17.3%，实现利润79.2亿元，下降30.8%。全年，规模以上工业企业完成出口交货值269.0亿元，下降0.9%。

数字产业是平湖的先导产业，凭借以日本电产集团为代表的一批电子信息企业招商引资带动，逐渐形成以微电机、汽车电子等为特色的产业链条。2022年，全市（不含嘉兴港区和嘉兴电厂，下同）130家规模以上企业实现产值386.4亿元，同比增长11.1%；实现增加值77.1亿元，同比增长2.7%；实现利税23.6亿元，同比增长22.2%；实现利润19.8亿元，同比增长20.6%。产值、增加值、利税、利润分别占全市的22.2%、22.3%、21.6%、27.6%。

【有效投入持续扩大】 推动企业加大技术改造力度，鼓励造纸、服装、箱包等传统产业通过淘汰落后产能，引进先进技术、工艺和装备，实施智能化、数字化改造等方式提升传统产业附加值和竞争力。2022年，“1212”产业［按照平湖市“十四五”制造业高质量发展规划，重点打造1个先导产业（数字产业）、2个主导产业（高端装备制造和新材料）、1个传统优势产业（时尚智造产业）、2个未来产业（生命健康和新能源）］完成工业投资90.9亿元，下降18.4%，占全市投资额的79.3%。制造业投资101.7亿元，增长22.8%，技改投资41.9亿元，增长35.1%，制造业高新技术产业投资64.9亿元，增长52.0%，数字经济核心产业投资33.3亿元，占比29.0%，增长58.3%。强化招商选资。突出高端装备制造、数字经济、新材料等重点产业项目招引，备案项目中重点产业项目数量占比70%以上，数字经济产业项目数量占比60%以上。全年，累计引进“1212”产业项目111个，计划总投资589.5亿元，当年形成固投57.3亿元。引进数字经济项目58个，到位资金19.5亿元。全年，备案亿元以上内资项目58个，备案总投资284.5亿元，其中百亿项目1个，为浙江卫星能源有限公司年产4万吨氢气/90万吨丙烯/80万吨多碳醇/8万吨新戊二醇化学新材料及氢能利用一体化项目。新增工业用地124.59公顷，其中内资用地110.01公顷，新增工业用地内资备案投资额198.6亿元，增长72.7%。重点抓好大项目、智能技改项目的实施，实现质、量双增。在建项目388项，完成投资114.61亿元，下降13.4%。其中，97项重点工业项目完成投资82.4亿元，新项目开工率为76.3%；独山能源年产400万吨PTA及210万吨智能化、功能性差别化纤维一体化项目年内完成投资13.7亿元；华能浙江平湖海上风电有限责任公司华能嘉兴2号海上风电项目年内完成投资5.9亿元。

【新动能聚集发展】 引导企业加大创新投入，新认定省级企业技术中心1家（浙江卫星能源有限公司），新认定嘉兴市级企业技术中心13家；新认定省级装备制造业首台（套）4项［项目为浙江宝绿特环保技术工程有限公司的瓶到瓶（B to B）食品卫生级高效清洗成套装备、纳狮新材料有限公司的全自动PVD离子镀膜设备、平湖市华海造船有限公司的全铝双体新能源动力水上巴士、浙江丞士机器人有限公司的水面救援机器人］；嘉兴市级首台（套）装备产品9个。至年底，全市共有国家级服务型制造示范企业1家，省级服务型制造示范企业（平台）10家，省级重点企业设计院1家，省级工业设计中心（企业、园区）9家，嘉兴市工业设计中心9家。加快传统产业提升。围绕做精做强全市的传统特色产业目标，加快新技术、新工艺、新模式、新业态在传统制造业中的推广应用，抓设计创新、品牌创新、渠道创新、平台建设、活动举办和资本化转型，打造传统制造业改造提升2.0版。完善企业梯度培育。建立完善优质企业梯度培育体系，围绕“稳进提质”主线，聚焦精细化培育，促进资源要素集聚，持续优化中小微企业营商环境。至年底，已累计培育国家级专精特新“小巨人”企业10家，省级“隐形冠军”企业2家，省级“专精特新”中小企业63家，省级创新型中小企业121家。2022年，先后推动68家企业升规纳统。把工业设计及服务型制造发展作为产业转型升级的重要抓手，抓规划引导、抓平台建设、抓活动举办、抓品牌培育。完善政策环境，加强工业设计人才支撑和知识产权保护，营造工业设计发展良好氛围。2022年，纳狮新材料有限公司入围第六批浙江省服务型制造示范企业。

【绿色发展】 鼓励企业节能改造，指导企业技术节能，推进企业节能改造、产品和工艺提升，组织编制两批年度重点节能项目，全年，20家企业实施节能减碳技术改造项目23个、总投资11905万元，年节能2.6万吨标煤，为企业带来直接经济效益超5300万元。推进企业清洁生产和节水型企业创建，完成清洁生产审核验收12家，通过节水型企业水平衡测试5家，其中2家企业获省级节水型企业称号。推进光伏应用，兑现2021年三四季度企业光伏补助934万元，2022年一、二季度企业光伏补助资金611万元，2022年第三季度部分光伏补助184万元。推广新墙材应用，严格新墙材行政执法工作。完成年度新墙材推广应用和认定行政检查任务。完成22家工业企业绿色化改造诊断任务，完成诊断报告。

【工业平台能级提升】 加强全市工业园区统筹管理。重点发展以政府开发为主导的小微企业园，同时引导民营资本、村集体经济和其他社会投资开发建设园区，形成政府、企业、“飞地抱团”、村集体、工业地产等五大开发建设模式，推动小微企业园规模化开发建设。依托低效用地、闲置用地，改建并举，同步推进高质量园区建设和企业改建园区建设。全年，新开工小微企业园7个（含分期建设），新开工建筑面积53万平方米，新（改、扩）建小微企业园7个（含分期建设），竣工面积38.6万方米，新增省级数字化示范园区1家。推进生产性公共服务平台建设。平湖服装文化创意园获“国家级纺织服装创意设计试点园区”“中国羽绒服创新示范基地”“中国纺织人才建设示范单位”“省级工业设计中心”“省级小企业创业示范基地”等国家、省、市级称号，国内知名度日益提升。综合体入驻企业99家，已孵化小微企业100家以上，服务企业2000家以上，年服务收入2亿元以上，累计签约设计师1400多名，已签约引进与合作中国服装设计最高奖“金顶奖”等行业内专业机构平台，本地原创品牌ChristropherRaxxy成为国内第一个登上长城发布的原创设计师品牌，LeviaYu为省十佳设计师品牌（平湖首位省十佳设计师）。浙江省平湖汽车零部件产业创新服务综合体是“长三角汽车产业创新联盟”的发起单位之一，至年底，综合体入驻研发设计、检验检测、科技中介、国内外贸易等各类专业汽车零部件研发和检测等机构48家，入驻企业注册资本达2.3亿元。

【工业领域改革】 坚持规上规下全覆盖，规上企业全部实施单独评价，规下占地企业全部评价。坚持优化评价办法，2022年度在嘉兴率先将企业碳效指数、亩均利润指标纳入评价体系。持续规范工作机制。按照省亩均办统一数据口径，制订平湖取数规范。坚持公开公示，建立企业评价结果反馈通道，依托平湖市企业服务平台，以“线上+线下”方式实现企业预评价结果100%知晓，反馈意见100%处置。坚持结果应用，及时与职能单位共享评价结果，严格施行扶优惩劣，推进实施差别化用水、用电、信贷、排污等政策，有效构建从综合评价到结果应用的工作闭环。精准指引“腾笼换鸟”。规上工业亩均税收33.4万元，同比增长15.7%，实现规上工业亩均增加值192.3万元，增长16.9%。深化工业项目全生命周期管理。开展工业投资项目全生命周期管理，“事前”建立以亩均税收等为指标体系的准入评价和“标准地”出让制度，“事中”根据亩均税收、能耗、环境等指标进行达产复核，“事后”根据每年工业企业综合绩效评价结果分类施策，“亩均论英雄”理念贯穿工业投资项目生命全过程，形成单位资源产出最大化的发展导向。2022年度，新准入工业投资项目31项，承诺达产后亩均税收109.2万元，投资强度达592.4万元/亩。

【数字经济发展】 推进数字产业化，项目招商持续发力。创新招商洽谈方式，建立完善线上“云”招商、海外招商、基金招商、推介会招商等多种招商模式，加大数字经济招商引资力度。举办数字经济发展专题研讨班，提升各镇街道、市级部门业务负责人产业招商和培育能力。制订全年数字经济招商计划，坚持高质量外资、高科技内资两手抓。全年，新签约数字经济项目39个，计划总投资达181.7亿元，其中10亿元以上项目7个，招引上海富创得、御辰东等多个数字经济重点项目。推进产业数字化。工业互联网平台规模不断壮大，新增荣晟环保、独山能源、星越包装省级工业互联网创建平台3个，10个省级工业互联网创建平台累计共接入各类企业数5000余家，“5G+工业互联网”融合发展创新活跃，平台发展态势良好。实施企业数字化改造项目37项。宏利汽车、方向实业等14家企业成功通过工信部“两化”融合贯标认证，截至年底，全市贯标企业已达41家。

【高耗低效企业整治提升】 成立“腾笼换鸟、凤凰涅槃”攻坚行动工作专班，推进高耗低效企业整治提升专项行动，按照“改造存量、依法整治、退散进集、退低进高”的思路，推动全市高能耗、高排放、低产出企业整治提升。加大低效用地腾退力度，突出重点领域、重点区块，推进土地集约节约利用，促进全市存量资源利用效益提升。2022年，完成低效用地腾退235.55公顷，收回面积占全部低效用地腾退面积的65.3%，其中可复垦土地涉及企业40家，可复垦面积24.63公顷。完成高耗低效企业整治1569家，关停淘汰企业807家。

【营商环境优化】加大企业减负力度，2022年，全市落实各级降本减负政策，合计为企业减负38.9亿元。推动惠企政策直达快享，提高惠企政策落实效率。依托“嘉兴市惠企政策直通车”，加快项目申报政策拆解和流程配置，推动市发改、经信、人社、商务及生态环境等15个部门422个申报项目上线，受理18981条申报数据，兑付政策资金22.7亿元，惠及企业9300多家。推进“免报即得”模式，以“企业不用报、资金直接到”的无感兑付模式兑付资金超过11.17亿元。

【先进表彰】2022年，市委、市政府重点表彰功勋企业与功勋企业家，分别是平湖石化有限责任公司、津上精密机床（浙江）有限公司、浙江欧迪恩传动科技股份有限公司及其主要经营者。斯泰必鲁斯（浙江）有限公司等11家企业及其主要经营者被评为2022年度明星企业和明星企业家，津上精密机床（浙江）有限公司等10家企业被评为2022年度“亩均英雄”先进企业，嘉兴京东云计算有限公司等10家企业被评为2022年度数字经济优秀企业。

高端装备制造业

【概况】高端装备制造业是平湖市的主导产业，主要包括汽车及零部件和智能制造装备两大领域。平湖高端装备制造业依托国家火炬计划光机电产业基地、中国汽车零部件制造基地，以日资、德资、内资企业为骨干，重点发展汽车及零部件和智能制造装备等产品。2022年，全市238家规模以上企业实现产值554.3亿元，同比增长6.3%；实现工业增加值130.3亿元，同比增长5.8%；实现利税45.6亿元，同比下降11.9%；实现利润34.7亿元，同比下降16.7%。产值、增加值、利税、利润分别占全市的31.8%、37.6%、38%、44.8%。汽车及零部件产业已形成外资、国资和内资发展的企业构架，拥有一批行业龙头骨干企业。当年，全市95家规模以上企业实现产值291.3亿元，同比增长14.6%；实现工业增加值69.9亿元，同比增长15.5%；实现利税11.2亿元，同比下降30.7%；实现利润5.1亿元，同比下降53.9%。智能制造装备以现有日资、台资企业为骨干，以精密机械及其装置、自动化装置、数控加工设备、数控机床、印刷机械、大型机械等产品为主导，产品具有很强的差异性和竞争优势。2022年，全市143家规模以上企业实现产值263.0亿元，同比下降1.6%；实现工业增加值60.4亿元，同比下降3.1%。实现利税34.5亿元，同比下降3.4%；实现利润29.6亿元，同比下降3.1%。

【平湖市“中国汽车零部件制造业基地”通过中汽协复评】9月20—23日，中国汽车工业协会副总监兼中国汽车及零部件基地负责人王振龙率专家组一行6人到平湖开展中国汽车零部件制造基地调研和复审工作。10月11日，中汽协公布《关于保持浙江省平湖市“中国汽车零部件制造基地”称号的决定》（中汽协函字〔2022〕533号）。

新材料产业

【概况】新材料产业是平湖市的主导产业，主要包括新型材料及C3基础化工及其延伸产业。2022年，全市30家规模以上企业实现产值503.2亿元，同比增长12.0%；实现增加值74.4亿元，同比增长11.8%；实现利税26.0亿元，同比下降47.1%；实现利润16.5亿元，同比下降59.1%。

【巴斯夫贺利氏铂族贵金属资源综合利用项目签约】2月11日，巴斯夫贺利氏铂族贵金属资源综合利用投资项目签约。本项目计划在独山港经济开发区成立一家铂族贵金属资源回收再利用合资企业，从废旧催化剂中回收铂族贵金属。项目总投资约7500万美元，注册资本2500万美元。项目将引进巴斯夫的全球领先贵金属提纯工艺，打造循环经济，完善贵金属上下游产业链。该项目有助于战略性地减少中国的贵金属进口依赖，为清洁能源、5G、航空航天、环保、医药产业提供高纯的贵金属原材料。

【优沃德黏合剂项目正式开工】10月20日，优沃德（中国）黏合剂有限公司年产9000吨高端项目在独山港举行奠基仪式。本项目计划总投资1.06亿元，占地1.73公顷，新建厂区建筑面积约14000平方米。德国优沃德集团是一家拥有100多年历史的专业生产工业黏合剂的企业，在世界黏合剂和密封剂制造行业处于全球领先地位。

服装产业

【概况】服装产业是平湖传统优势的时尚产业。2022年，获评纺织行业中小企业公共服务国家级示范平台（中纺联），平湖服装内外贸一体化改革试点产业基地（省商务厅）。平湖羽绒服装区域品牌获评2022重点培育纺织服装百家品牌（工信部）。2022年，全市73家规模以上企业实现产值67.3亿元，同比下降7%；实现增加值17.5亿元，同比下降9.2%；实现利税3.2亿元，同比增长1.2%；实现利润1.1亿元，同比下降4.6%。

【服装产业时尚热度再创新高】2022年，浙江依爱夫游戏装文化产业有限公司获评2022年“两化融合”管理体系贯标企业（国家级）、浙江省纺织行业新模式新业态十大典型案例（省级）；时尚中心举办中国平湖秋冬新品现货采批节暨平湖时尚中心周年庆典活动；平湖·中国服装城举办2022平湖·中国服装城原创款式订货会、第四届采购节等活动；时尚公园联合抖音举办抖音818好物节、中国好羽绒等线上直播活动。

箱包产业

【概况】箱包产业是平湖传统优势的时尚产业。2022年，全市47家规模以上企业实现工业总产值33.5亿元，同比增长40.5%；工业增加值7.1亿元，同比增长26.0%。

【箱包产业“内外贸一体化”改革】提升品牌知名度：央视财经频道《正点财经》《经济半小时》《经济信息联播》及国际电视《今日世界》先后报道平湖箱包；通过“线上线下展览平台”抢抓机遇：举办平湖网上交易会日韩专场、中国（平湖）国际时尚生活产业夏季博览会，组织参加广交会“跨国企业供采对接周”——美国必乐透（Biglots）专场；加强标准化建设：由协会牵头会员单位参与制定的《儿童箱包通用技术规范》正式发布；健全预警机制：平湖市箱包行业对外贸易预警点获评2022年度浙江省对外贸易优秀预警点。

新能源产业

【概况】新能源产业是平湖重点突破的未来产业。已涵盖风力发电、太阳能发电、太阳能电池片生产、电池组件集成和分布式太阳能光伏发电工程设计与工程安装的产业链。2022年，全市5家规模以上企业实现产值31.0亿元，同比增长185.7%；实现增加值7.5亿元，同比增长153.9%；实现利税6.2亿元，实现利润5.2亿元。

生命健康产业

【概况】生命健康产业是平湖市重点发展的未来产业，主要发展方向包括医药化工、生物科技、医疗装备等方面，依托现有高端人才项目和生物医药（食品）产业优势，各类项目不断涌现，一批高质量项目相继竣工投产。2022年，全市5家规模以上企业实现产值11.4亿元，同比下降5.9%；实现增加值3.9亿元，同比下降12.9%；实现利税2.9亿元，同比下降28.4%；实现利润2.3亿元，同比下降25.7%。

（沈金伟）

地方电力

【概况】2022年，全市（不含嘉兴港区、嘉兴电厂）共有地方发电企业8家，其中3家热电联产企业、3家风力发电企业、1家余热发电企业、1家垃圾发电企业，合计发电380122万千瓦时，同比上升41.5%。3家热电联产企业中，弘欣热电55854万千瓦时，同比下降4.4%，荣晟环保发电24317万千瓦时，同比下降1.4%，荣成环保发电28971万千瓦时，同比下降12.7%；3家风力发电企业中，大唐风电7505万千瓦时，同比下降5.4%，浙能嘉兴1号发电75525万千瓦时，同比增长322.3%，华能嘉兴2号发电74179万千瓦时，同比增长440.2%；1家余热发电企业，独山能源发电99560万千瓦时，同比增长1.7%；1家垃圾发电企业，临港能源发电14211万千瓦时，同比下降4.0%。

（盛鸿志）

【滨海地方】 2022年，平湖地区全社会用电量246364万千瓦时，同比增长19.34%；工业用电量228611万千瓦时，同比增长21.97%；供电量132278万千瓦时，同比增长4.19%；售电量130102万千瓦时，同比增长3.16%。平湖片区有220千伏变电站1座、110千伏变电站4座、35千伏变电站1座，分别为220千伏新华变（180+180+180兆伏安）、110千伏黄姑变（50+50兆伏安）、110千伏金沙变（50+80+80兆伏安）、35千伏全塘变（16+16兆伏安）、110千伏虹霓变（40+50兆伏安）、110千伏衙前变（50+50兆伏安），变电总容量1072兆伏安。共有20/10千伏出线83回，其中公用线路73回、专线10回。

（何凌云）

浙江浙能嘉兴发电厂

【概况】 2022年，浙江浙能嘉兴发电厂认真学习贯彻党的二十大精神，落实集团公司“三转型三优化”和“4568”一流战略工作部署。浙能嘉兴电厂四期2×1000兆瓦机组扩建工程项目获省发改委赋码。公司获2022年度华东电网最佳调度运行管理奖，1号机组、8号机组获“全国发电机组可靠性对标标杆机组”称号。

【能源保供】 把能源保供作为首要政治任务来抓，制订能源保供工作方案，克服煤价高、负荷高、煤质差及疫情反复等困难，完成北京冬奥会、冬残奥会、党的二十大等重要时期的能源保供任务。全年，累计完成发电量276亿千瓦，接卸煤轮272航次，合计1192万吨。面对历史罕见高温，月发电量、月卸煤量创月度历史新高，分别达34.8亿千瓦时、143.6万吨；日发电量、日卸煤量创单日历史新高，分别达1.2亿千瓦时（机组当日平均负荷率94.48%）、7.2万吨。7—8月，全厂发电量达65.6亿千瓦时，其中连续35天日发电量“破亿”，缓解社会用电紧张局面。

【企业管理质效攀升】 组织编制“提质增效、成本领先”实施方案，不断探寻公司开源节流、降本增效的潜力点。完善废旧物资回收处置管理，降低生产、经营及工程成本，废旧物资处置收入447万元。强化预算管理，科学调配资金，降低财务成本。针对煤价高、资金流紧张的问题，向银行申请低息贷款总计6.4亿元，保障企业正常生产经营工作。优化库存结构、实现清仓利库，库存同比减少62万元。

【经营管理能力提升】 研读电力市场化改革相关政策，加大市场营销力度，通过双边协商、集中竞价、挂牌交易等方式，做好市场化签约工作。与23家批发大用户和6家售电公司签订年度长协合约，共签年度合约电量240亿千瓦时，其中签约110千伏批发用户数量占全省50%。做好碳市场相关工作，开展碳配额置换前期准备，努力实现公司利益最大化、履约成本最小化、碳资产价值最优化。参与双边现货市场调电（不结算）试运行，做好签约大用户的指导和协助工作。

【队伍建设】 公司各项技能竞赛获较好成绩，公司职工获省部属企事业叉车职业竞赛第一名、焊工技能大赛第二名；集团人力资源管理知识竞赛第一名；公司选手包揽浙能电力集控值班员技能竞赛300兆瓦、600兆瓦等级个人和团体第一名;1名职工被授予“电力行业优秀技能选手”称号；1个班组项目获全国电力行业优秀QC成果特等奖。宋振明劳模创新工作室被命名为第二届长三角地区劳模工匠创新工作室。2名职工获评2022年度“浙江工匠”。

【推进转型升级】 浙能嘉兴电厂四期2×1000兆瓦机组扩建工程确定以“1+1”（一次核准，分批建设）为建设模式。四期扩建项目已被纳入浙江省“能源绿色低碳发展和保供稳价工程”“千项万亿”工程重点项目。全年，完成光伏发电4006万千瓦时，风力发电1182万千瓦时。新增供热用户2家，供热营业收入突破5亿元，实现利润2247万元。签订污泥处置合同3份，污泥处置营业收入1273万元。开拓区域综合能源市场，促进未来城市综合发展与绿色低碳节能有机融合，与周边政府及企业签订战略合作框架协议5份。

【党建工作】 学习贯彻党的二十大精神和习近平总书记到浙能集团调研视察时的重要指示精神。落实集团基层党建“三强”建设，完成所有支部换届选举工作。突出党建与生产经营深度融合，制定发布2022年党建“双融四强”工程16个重点项目。完善落实党建党风廉政建设责任制，下达三级对标指标和领办、创新、攻关项目28项，党员实事项目478项。

（郑友协）

电力配送

【概况】 2022年，全市全社会用电量43.75亿千瓦时（不含滨海新区），同比增长7.45%（同口径比，下同），最高日负荷86.29万千瓦，同比增长4.83%；售电量34.76亿千瓦时，同比增长5.27%；综合线损率2.49%，同比下降0.16个百分点；综合电压合格率99.836%，同比下降0.06%；全口径供电可靠率99.9874%；全员劳动生产率149.82万元/人·年。截至年末，国网平湖市供电公司管辖范围内有220千伏变电所2座，主变总容量99万千伏安/5台；110千伏变电所14座，主变总容量152万千伏安/30台；35千伏变电所1座，主变总容量5万千伏安/2台。110千伏线路216千米/34条；35千伏线路23千米/3条；20千伏线路180千米/32条；10千伏线路2582千米/290条。累计安全日达6378天。公司推动数字化牵引新型电力系统省级示范区县域样板建设，百万机组海上风电在平湖正式并网，光伏发电量渗透率全省第一，成为本地最大光伏运营商。“共富共享”新型能源系统获评“直通乌镇”全球互联网大赛特等奖；迭代完善源网荷储一体化“虚拟电厂”“三个一键”核心功能，平台入选国家科技部重点研发计划。空调柔控补贴、精细用电方案等多项政策机制走在全省前列。公司基础管理稳进扎实，“获得电力”指标列全省第一档第一名；供电所精益化指标在嘉兴领先。公司工作获国网公司主要领导、分管领导批示肯定3次，获平湖市委、市政府主要领导批示肯定6次。省司法厅一级巡视员，嘉兴市委副书记、政法委书记先后到现场调研。

【保供服务】 率先成立县级负荷管理中心，创新“一中心四战区”保供模式，实施“移峰填谷”负荷转移策略，在供需极限平衡中实现全社会用电量同比增长率五县第一。全省首例有序用电方案“一键编制”在平湖开展试算，试点开展空调负荷柔性直控，可调负荷完成率达110%。创新“碳融贷”金融产品，推广分布式光伏“无纸化结算”，以优质电力金融服务加速企业资金回笼，公司服务经济稳进提质相关举措获省政务信息刊录。科学防御台风“轩岚诺”“梅花”，创新“智慧大脑”开展预警监测，故障工单

10月25日，嘉兴市空调负荷柔性管控能力建设现场会在平湖召开

（市供电公司　供稿）

和跳闸线路数量均实现大幅压降。完成党的二十大重大保电任务。

【安全生产平稳有序】 制定实施19项安全生产重点工作任务，逐级拧紧责任链条。完成专项整治三年行动等专项检查，157项问题隐患全部整改。率先成立电力安全委员会，联合执法质效实现新突破。深化工作负责人"驾照式"分级机制，个人月度津贴差额可达2000元。承办省公司应急技能竞赛。推广配网三级故障隔离体系，建成配电自动化"调试工厂"，带电作业次数同比提升10.7%，取消B类网格计划停电，93.3%变电所实现全停全转，架空线路配电自动化有效覆盖率达100%。

【电网发展提档升级】 滚动完善"十四五"电网规划。稳步推进220千伏平成变站址路径审查等前期工作，标准化开工110千伏平北变——国网模块化试点工程，完成220千伏张江变、110千伏南市变等重点输变电工程增补纳规和"三区三线"申报。开展沪平电网互联互通工程前期谋划。全年，投产中低压线路145.64公里，投产配变容量2.99万千伏安。强化政企联动，编制航天基地、沪平盐铁路等重大市政迁改项目方案。自主完成35千伏秀溪变综自改造工程。三率监测创新做法纳入国网投资统计优秀成果集。深化策源研究，发布《能源电力系统动态》等研究报告16期。

【服务水平提升】 促成政府出台电力接入工程分担机制。发布充电网络"十四五"规划和充电设施建设管理流程，落地车位分时共享机制，有效化解电动汽车倍增下的报装压力。设立农电综合管理事业部，迭代升级供电所多维价值贡献评价体系，实现所内、所间资源统筹。落地数智融合仓和智能移动仓，开展"电力爱心超市"国网试点，"基于客户画像的精准服务样板间"项目入选省公司数智化供电所重点项目。率先完成农村地区表后服务站全量接入"浙里办"，打造8个新时代电气化村。高质量落地能效提升工程，促成政府出台光伏补贴政策，编制《碳绩效蓝皮书》，发布全市首个用能权确权方案，推动政府出台用能预算管理办法，落地嘉兴首例空压机节能改造项目，完成全市33家高碳企业的碳绩效评估诊断。

【改革创新深入推进】 建成"电平安"社会治理平台，以电力大数据助力安全监管和执法检查，累计排除问题300余项。建成能源互联网运营中心，构建首席制数字管理体系，公司高层级荣誉屡创新高，1项国家标准正式获批发布，1项科技成果获中电联创新奖一等奖；7项科技成果获省公司及以上奖项，1项管理创新成果获省公司和省企联一等奖，2项QC成果获省质协、省行协奖项，1个班组获省质量信得过班组一等奖。预置式电缆井等多项群创成果在基层推广应用。

（骆炎）

2022年全社会用电量及构成一览表

表4

类别	用户数(个)	年累计		结构变化	
		年累计(万千瓦时)	增长(%)	同期年累计比重(%)	比重增长(%)
全社会用电总计	272189	437455.7490	7.45	100.00	0.00
A. 全行业用电合计	52459	372337.2146	4.76	85.11	-2.18
第一产业	2350	2640.8649	32.79	0.60	0.12
第二产业	8269	310291.6037	3.81	70.93	-2.49
第三产业	41840	59404.7460	8.96	13.58	0.19
B. 城乡居民生活用电合计	219730	65118.5344	25.92	14.89	2.18
城镇居民	96627	28146.4149	11.36	6.43	0.23
乡村居民	123103	36972.1195	39.84	8.45	1.96

续表 4

类别	用户数（个）	年累计		结构变化	
		年累计（万千瓦时）	增长（%）	同期年累计比重（%）	比重增长（%）
全行业用电分类	52459	372337.2146	4.76	85.11	−2.18
一、农、林、牧、渔业	4360	3431.5905	35.20	0.78	0.16
二、工业	6768	305350.2556	3.92	69.80	−2.37
（一）采矿业	1	11.0037	−2.99	0.00	−0.00
（二）制造业	3681	284526.9814	3.65	65.04	−2.39
（三）电力、热力、燃气及水生产和供应业	3086	20812.2705	7.76	4.76	0.01
三、建筑业	1543	5074.2163	−1.24	1.16	−0.10
四、交通运输、仓储和邮政业	184	2858.1996	20.62	0.65	0.07
五、信息传输、软件和信息技术服务业	12200	4055.3779	28.62	0.93	0.15
六、批发和零售业	16266	23494.9894	5.73	5.37	−0.09
七、住宿和餐饮业	589	5127.2893	4.89	1.17	−0.03
八、金融业	106	811.5382	7.84	0.19	0.00
九、房地产业	323	714.8314	12.00	0.16	0.01
十、租赁和商务服务业	219	2330.6130	−12.03	0.53	−0.12
十一、公共服务及管理组织	9901	19088.3134	10.79	4.36	0.13

经济开发区

平湖经济技术开发区

【概况】 2022年，平湖经济技术开发区（以下简称平湖经开）实现地区生产总值215.05亿元，可比增长3.1%。258家规上工业企业实现产值648.03亿元，同比增长5.3%；实现营业收入680.75亿元，同比增长5.7%；实现利税、利润总额52.61亿元、37.09亿元，分别降低12.6%、20.4%；实现出口交货值154.5亿元，同比增长3.4%。全区全年实现财政总收入34.05亿元，完成调整预期的113.5%；一般公共预算收入17.32亿元，同比下降7.5%。城乡居民人均可支配收入分别达7.42万元、4.65万元，同比增长3.4%、6.1%。

年产值超亿元以上企业113家。全年41家汽车零部件企业实现产值192.5亿元，同比增长16.8%，45家规上工业数字经济企业实现产值236.6亿元，同比增长7%，122家外资企业实现产值477.5亿元,同比增长1.5%。全年，新开工超亿元项目18个，竣工超亿元项目18个。完成固定资产投资82.34亿元，同比增长7.5%，工业生产性投资39.68亿元，同比增长48.6%。

全年，完成合同外资2.78亿美元，实到外资2.1亿美元，其中高新技术产业占比76.27%；实到内资12.65亿元。认定招大引强项目6个，其中世界500强项目3个、行业龙头项目2个、超亿美金项目1个。全年，新增引才计划建议人选到岗数8人，国家、省两级“引才计划”嘉兴审核通过43人，两级“引才计划”入选数再创新高，申报省海外工程师25人，新增青年博士12人。全年报批内外资项目62个。引进数字产业项目43个，总投资17.29亿元。

全年，累计完成规上工业研发经费14.9亿元，同比增长19.6%，新认定国家高新技术企业34家，新认定国家级专精特新“小巨人”4家、省专精特新企业21家，新增嘉兴市技术中心7家、嘉兴市首台套5家，创建省级工业互联网平台1个，新认定2022年浙江省知识产权示范企业4家，平湖高新技术产业园区通过省厅验收。打造毛军发院士专家工作站、平湖波汇通信科技有限公司院士专家工作站。新建博士后“两站一基地”4家，市级院士专家工作站1家，新注册落户高层次人才项目7个，C类以上高端人才在库36人。

完成三区三线第三轮划定成果上报，产城融合核心区城市设计通过专家评审。编制“钟埭—新埭”富美水乡、数字创想县域风貌样板区创建方案。编制重要节点交通提升专项规划、永兴路科创走廊交通专项研究，东方大道、上海塘路、永兴路（上海塘桥）工程加紧建设，完成35个路口标准化改造提升。2022年，建成安置房662套，交付人才公寓1111套，小桥人家安置房小区顺利完工，北墅花园、龙口小区一期、新群东区二期等安置房项目加快推进。人才公寓三号一期结顶，全年，新建（在建）标准厂房65.8万平方米。

街道主要河流水质保持在三类水，建设碧水河道2公里，新增平湖市美丽河道3条。成功创建“污水零直排区”标杆街道。对305家企业开展VOCs核查，关停涉气企业7家，低效设施改建高效企业4家，完成源头替代企业6家，对23家挥发性有机物排放企业开展错峰生产工作。2022年，环境空气优良率88.8%，PM2.5平均浓度24微克/立方米。固废平台纳网企业达538家，危废利用处置率100%。完成全区72个小区147套智能运行垃圾分类投放设备迭代更新，全年生活垃圾资源回收利用率100%。

【日本电产机床平湖项目云签约】1月21日，日本电产机床平湖项目云签约仪式举行。该项目是平湖引进的又一个机床整机项目，由日本电产新宝株式会社投资设立，是日本电产新宝收购三菱重工机床株式会社后将其产业投资落地的第一个项目，也是日本电产集团提升新能源汽车产业竞争力的重要战略布局。项目一期计划用地面积3万平方米，总投资约4400万美元，注册资金约1800万美元，主要生产用于加工新能源汽车驱动核心零部件的机床。该项目可实现与平湖市驱动总成生产企业的上下游联动，解决新能源驱动系统变速箱的核心部件，强化关键零部件本地化配套力度，提升产业链发展水平。

【德库威勒平湖项目签约落户】3月25日，德资数字经济项目——德库威勒平湖项目以“云签约”的方式落户平湖经开。德国德库威勒集团是一家家族企业，成立于1955年，核心产品主要为超纯净不锈钢管道及配件系统，主要用于半导体、生物医药、新能源汽车等领域，其中半导体和生物医药领域的业务量占集团业务总量的90%。德库威勒平湖项目由德国德库威勒集团投资设立，一期总投资2500万美元，注册资本1200万美元，用地2.33公顷，主要用于半导体领域的超洁净不锈钢管件及组件的生产。

【日本JFE商事车载马达铁芯项目签约落户】4月1日，日本JFE商事车载马达铁芯项目签约落户。该项目是区内老牌日企——浙江川电钢板加工有限公司的增资项目。项目注册资本1666万美元，总投资3400万美元，占地约1.85公顷，主要为区内的日本电产汽车马达配套生产新能源汽车用驱动马达铁芯和电动动力转向马达铁芯。

【长城汽车入选省“未来工厂”试点企业】4月26日，浙江省经济和信息化厅公布2022年省“未来工厂”试点企业名单，长城汽车股份有限公司平湖分公司入选，成为嘉兴市仅有的3家试点企业之一。长城汽车落户平湖后，抓住全省数字化改革契机，提升数字化管控、智能化生产和敏捷化研发三大能力，打造“未来工厂”。除生产过程的自动化、智能化，长城汽车“未来工厂”还通过人工智能、大数据等技术，实现对生产、品质、人力、设备等的数字化管控。

【长城汽车首台新能源汽车下线】6月10日，长城汽车平湖分公司首台新能源车正式下线。自5月初启动改线起，长城汽车平湖分公司用20余天完成新能源产线的布线工作，按照数字化、自动化理念打造而成的柔性产线平均每198秒即可生产一辆新能源汽车。此次在平湖工厂下线的新能源车是长城旗下品牌欧拉的一款纯电动汽车，整车融入“复古未来主义”理念，自带复古气质，极具潮流未来之感。车辆采用2021NCAP的安全标准，结合自动驾驶、智能网联技术，将为用户带来安全、智能、便捷的体验。目标定位是城市中追求个性、年轻时尚的人群。

【日本电产理德半导体封测设备项目落户】6月30日，日本电产理德半导体封测设备项目签约落户平湖经开。日本电产理德机器装置（浙江）有限公司是一家专业生产5G通信检测设备、电子测量仪器及半导体封测设备的企业，生产的检测装置核心零部件20—25微米治具在中国市场占有率为100%。此次投资的新项目总投资2500万美元，注册资本1000万美元，将进行半导体封装检测设备、新能源汽车驱动检测设备及附属设备的研发和生产等。

【信易电热机械有限公司获中国专利奖】 中国专利奖是中国专利领域的最高奖项。7月，国家知识产权局第二十三届中国专利奖结果公布，浙江省共56项专利获奖。位于平湖经开的信易电热机械有限公司是此次平湖市唯一获国家级称号的企业，其研发的“一种风机送料粉尘分离器”专利技术获优秀奖。

【国家级专精特新“小巨人”企业新增4家】 8月，工信部公布第四批国家级专精特新“小巨人”企业名单，位于平湖经开的浙江比例聚合科技股份有限公司、博格隆（浙江）生物技术有限公司、嘉兴富瑞邦新材料科技有限公司、嘉兴高正新材料科技股份有限公司等4家企业获评国家级专精特新“小巨人”企业。

【两家公司入列首台（套）产品工程化攻关项目】 8月，省经信厅公布2022年度浙江省制造业首台（套）产品工程化攻关项目名单公布，平湖经开两家企业上榜。纳狮新材料有限公司上榜的首台（套）产品工程化攻关项目为全自动PVD离子镀膜成套装备。平湖市华海造船有限公司上榜的首台（套）产品工程化攻关项目为节能型沿海99客电动客渡船。

9月7日，盈智热管理科技（嘉兴）有限公司投产

（平湖经开　供稿）

【盈智热管理科技（嘉兴）有限公司开业投产】 9月7日，新能源汽车热管理关键零部件企业——盈智热管理科技（嘉兴）有限公司投产。盈智热管理科技（嘉兴）有限公司作为未来盈智热管理的总部和上市主体进行推进，注册资本3000万元，总投资5000万元，主要生产新能源汽车热管理核心部件电子水泵和电子机油泵、多通道流体阀等产品。

【科技创新公司债券发行】 9月15日，平湖经济技术开发区投资发展集团有限公司成功簿记发行2022年第一期科技创新公司债券。本期债券发行规模2亿元，期限3年，票面利率3.05%，全场倍数3倍，是嘉兴市首单、浙江省第二单成功发行的科技创新公司债券。本次科技创新公司债券资金将用于当地科技创新领域的精准支持，有助于缓解中小科技创新企业“融资难”问题，聚焦服务国家科技创新战略。

【11个项目集中签约】 9月22日，中国·平湖西瓜灯文化节开幕式暨投资贸易洽谈会开幕。平湖经开成功签约韩国SK集团、德国德默菲、德国斯泰必鲁斯等11个项目，总投资超60亿元，主要涉及数字经济、智能装备制造、新材料等多个不同领域。在签约的11个项目中，超亿美元项目2个，世界500强项目1个，行业龙头项目3个，总部型项目1个，隐形冠军项目2个；外资项目占6个，总投资3.5亿美元，合同外资1.3亿美元；内资项目占5个，总投资35.5亿元，均来自汽车电子、高端装备等主要发展方向。

【9个重大投资项目集中开竣工】 9月23日，平湖市西瓜灯文化节重大项目集中开竣工活动暨

9月23日，平湖市西瓜灯文化节重大项目集中开竣工活动暨日本电产汽车马达新能源汽车驱动电机旗舰工厂项目开工仪式举行
（平湖经开　供稿）

日本电产汽车马达新能源汽车驱动电机旗舰工厂项目开工仪式举行。此次参加集中开竣工仪式的重大投资项目共有9个，总投资47.2亿元，从行业类别看，工业项目占8个，建筑业总部楼宇项目1个。从项目体量看，总投资1亿元以上项目9个，其中3个超5亿元、1个达25亿元。

【两家企业入围省级内外贸一体化“领跑者”企业名单】 9月，省商务厅正式公布第三批省级内外贸一体化“领跑者”企业名单，平湖经开浙江依爱夫游戏装文化产业有限公司和浙江欧迪恩传动科技股份有限公司2家企业成功跻身省级内外贸一体化“领跑者”企业名单。

【省级重点工业互联网平台新增1家】 9月，省经济和信息化厅公布2022年省级工业互联网平台创建名单，其中，荣晟环保纸基新材料工业互联网平台上榜。荣晟环保纸基新材料工业互联网平台主要包括订单管理、采购管理、生产管理、质量管理、库存管理、设备管理和生产过程自动化，通过集成ERP、DCS、QCS、WMS、OA、数据化生产运营云平台等专业管理软件，消除信息孤岛，实现生产透明化、能源精细化、数据实时化、质量系统化，为提升生产管理效率、帮助稳定产品质量、降低成本决策提供数据支撑。

【省级院士工作站新添2家】 10月20日，浙江省院士专家工作站建设协调小组办公室下发《关于公布2022年度浙江省院士工作站和重点支持的院士工作站名单的通知》，平湖经开2家单位获评2022年浙江省院士工作站，分别是平湖波汇通信科技有限公司院士专家工作站、上海交大平湖智能光电研究院毛军发院士工作站，实现经开区省级院士工作站零的突破。

【尼得科艾莱希斯电子（浙江）有限公司入选省外国专家工作站】 12月，浙江省科学技术厅公布2022年度省外国专家工作站拟设站单位名单，全省共9家单位入选。其中，平湖经开区尼得科艾莱希斯电子（浙江）有限公司成功上榜，是嘉兴市唯一入选单位，也是平湖市首家省外国专家工作站。尼得科艾莱希斯电子（浙江）有限公司是一家国家高新技术企业，拥有一批能够突破关键技术、带动新兴学科和高新技术产业发展的外国高端人才和团队，具备较完善的人才科研支撑条件和服务体系。公司设有省级高新技术企业研究中心，拥有专利26项，省级新产品19件，累计引进海外人才30余人，其中11人入选浙江省海外工程师。

【杭州电子科技大学平湖数字技术创新研究院成立】 12月15日，杭州电子科技大学平湖数字技术创新研究院揭牌仪式在平湖经开举行。研究院以解决平湖市现有产业发展中的技术、人才等需求为目标，遵循“产、研、教三位一体”原则，依托杭州电子科技大学在数字经济等领域的学科和智力优势，重点围绕5G、汽车电子、大数据应用、人工智能、网络安全等数字经济领域，与企业合作开展技术攻关、科技服务、成果转化、人才引进、教育培训、创业孵化等方面工作，为平湖市改造提升传统产业、培育发展新兴产业、提高自主创新

12月15日，杭州电子科技大学平湖数字技术创新研究院揭牌仪式举行
（平湖经开　供稿）

能力、实现数字化转型发展提供人才和技术支撑。

（华颉）

独山港经济开发区

【概况】 2022年，独山港经济开发区实现生产总值164.2亿元，同比增长1.2%，154家规上工业企业全年实现工业总产值681.88亿元，占平湖市总量的39.1%，同比增长8.1%，工业增加值113.3亿元，增长6.8%。加快培育“专精特新”企业，新增国家级专精特新“小巨人”企业1家，纳入省专精特新培育库企业10家。深入实施“凤凰行动”，本土企业晨光电缆成功上市，新增市级拟上市后备库企业8家。聚焦“化工新材料、智能装备制造、现代物流”三大主导产业，开展精准招商，2022年，共签约项目22个，总投资158亿元，引进世界500强、国际行业龙头、超亿美元项目5个，实到外资1.1亿美元，增长22.1%。深化聚才引智，打造人才培育样板区，申报国、省“引才计划”23名，入选国家级“引才计划”建议人选5人。建立全生命周期项目跟踪服务制度，全力推进纳微、松川等43个重点产业项目。加快推进独山能源、卫星能源两个百亿项目和巴斯夫贺利氏、纳微科技等重点外资项目，全年，竣工项目46个，新增入库项目65个，其中亿元以上项目13个，有效投资稳步扩大，完成固定资产投资80.8亿元，其中完成制造业投资38.5亿元。实施城乡融合聚变共富三大行动，全域土地综合整治完成秀平桥区域整体搬迁，签约率98.8%，“腾笼换鸟”腾退土地45.87公顷，累计完成土地复垦16.33公顷，建设用地复垦立项73.33公顷，供地80公顷。城市有机更新加快，完成建筑面积拆迁15.5万平方米，国有土地征收16.96公顷。深化“筑巢”行动。新诚达智创园、浙大之光、浙江长三角生命健康产业园建设加快推进，工业园区功能配套进一步完善，污水厂三期和再生水二期即将投入使用，现代物流园区被列入省服务业创新发展区。海河联运体系建设加快推进，A7、A8等7个码头泊位正式对外启用，成功签约总投资59.8亿元的海港一体化项目。路网结构不断优化，完成汇港路一期、凤舞路大中修工程，启动创业路三期、翁金线提升改造等路网改造提升项目。

【独山能源三期PTA项目开工】 1月4日，独山能源三期PTA项目开工仪式暨全市“大抓项目”出征仪式在独山港浙沪新材料产业园内举行。浙江独山能源有限公司是新凤鸣集团股份有限公司的全资子公司，主营范围为对苯二甲酸（PTA）的生产和销售，此次开工的独山能源三期PTA项目总投资53.3亿元，用地约35.87公顷，项目采用国际最先进的KTS P8++工艺，建设自动化、智能化厂区，运用数字化的管理体系，向绿色低碳、智能化、数字化新材料产业迈进。

【纳微科技独山港纳米新材料项目签约】 1月4日，纳微科技独山港纳米新材料项目签约仪式举行。项目投资方苏州纳微科技股份有限公司成立于2007年，于2021年在上交所科创板上市，是一家专门从事高精度、高性能和高附加值纳米微球材料研究、生产、销售的国家高新技术企业及国家级专精特新“小巨人”企业。纳微科技独山港项目总用地

1月，独山能源三期PTA项目开工　（独山港经济开发区　供稿）

面积8.53公顷，总投资13亿元，主要从事硅胶微球、聚苯乙烯微球、聚丙烯酸酯微球、琼脂糖微球及葡聚糖微球层析介质等纳米微球材料的研发、生产及销售。项目分两期建设，其中一期项目用地面积4公顷，总投资6亿元，注册资本2亿元。

【独山港2022年高质量制造业项目集中签约】 5月28日，在平湖市2022年高质量制造业项目集中签约活动中，独山港经济开发区结合“面对面”与“屏对屏”、“现场签约”与“云上签约”等多种方式，共签约卫星化学新材料、独山能源绿色节能PTA扩产项目、柯贝尔电气成套装备、工业机器人系统集成制造等6个项目，总投资约33.25亿元。

【独山港经济开发区7个泊位对外启用】 6月10日，独山港经济开发区A7、A8、B27、B28、D1、D2、D3泊位通过省口岸办、杭州海关、浙江出入境边防检查总站、浙江海事局的联合验收，正式获对外启用资质。随着本次7个泊位对外启用通过验收，独山港区对外启用泊位达15个。

【浙江嘉兴（平湖）LNG应急调峰储运站项目库区工程投产】 9月23日，省重点民生项目浙江嘉兴（平湖）LNG应急调峰储运站项目库区工程投产仪式在独山港举行。该项目包括库区工程和配套码头工程、配套外输管线工程。项目投资建设LNG应急调峰储备库、码头、管道、办公等设施，主要从事LNG进口、储运、气化和销售，是省天然气三级储备体系的重要组成部分。陆域储备库选址于独山港区通港路西侧、平湖石化南侧、新海塘北侧，面积约15公顷。

【浙大之光数字经济产业园项目开工】 9月23日，浙大之光数字经济产业园项目开工仪式在独山港经济开发区举行，是平湖—青田“产业飞地”园区启动开工建设的首个项目。浙大之光平湖数字经济产业园项目总用地面积7.13公顷，建筑面积约17.7万平方米，总投资10亿元。项目以数字经济发展为导向，重点发展高端装备制造、电子信息、智能网联汽车等数字产业及配套产业。

【优沃德年产9000吨高端黏合剂项目奠基】 10月20日，优

9月23日，平湖—青田“产业飞地”园区启动暨浙大之光数字经济产业园项目开工仪式举行　（独山港经济开发区　供稿）

沃德年产9000吨高端黏合剂项目在独山港举行奠基仪式。该项目计划总投资1.06亿元，占地1.73公顷，新建厂区建筑面积约1.4万平方米。德国胶王独山港项目公司是德国胶王集团在全球设立的第七大生产基地，也是在中国区的第一个区域总部、研发中心、生产基地，将引进世界最先进的生产设备和工艺技术，并结合百年的历史经验和技术诀窍，打造面向中国和亚太地区，服务于全球的绿色、环保的生产基地和研发中心。

【巴斯夫贺利氏铂族贵金属项目开工】 11月22日，巴斯夫贺利氏铂族贵金属项目开工仪式及巴斯夫凯密特尔项目投产仪式在独山港经济开发区举行。本次开工的巴斯夫贺利氏铂族贵金属项目项目总投资约7500万美元。本次投产巴斯夫凯密特尔年产8.9万吨表面处理配方工厂建设项目总投资约1亿美元，固定资产投资4.5亿元，用地面积6公顷。

（吴驰）

张江长三角科技城平湖园

【概况】 2022年，张江长三角科技城平湖园深入实施“四大工程”，开展“六大攻坚”，打造“全市经济发展新增长极”。全年，实现生产总值49.4亿元，同比增长4.8%；100家规上工业企业实现总产值83.47亿元，同比增长20.6%；工业增加值18.3亿元，同比增长10.9%，增速均排名全市第一。实现财政总收入4亿元、一般公共预算收入2亿元。

招商引资实现新突破。坚持招商引资“一号工程”，围绕电子信息、智能装备和数字服务业产业定位，深入开展产业链招商、基金招商、以商引商。全年，招引落地轻蜓科技、御辰东、银盾云等项目20个，其中内资项目18个，总投资80.1亿元；外资项目2个，总投资2.2亿美元。引进超亿美元项目2个，世界500强项目1个，完成实际利用外资1662万美元。

数字经济释放新动能。全年，34家数字经济规上企业实现产值27.6亿元，增长28.1%，占规上工业总产值比重超过1/3。数字经济核心产业增加值6.1亿元，增长10.7%。完成数字经济投资10亿元，增长41.4%。数字经济项目推进高效有力，润泽一期实现通电投运，奉天电子、国冶星、巨传电子正式投产，安诺逻辑主体结构结顶。

产业转型展现新活力。电子信息、装备制造两大主导产业实现产值40.3亿元，占规上工业总产值的48.9%。建立健全升规培育库，新增规上工业企业8家、限上服务业2家。加快推进企业股改上市，新增2家拟上市（挂牌）后备库企业。深入推进数字化改造，3家企业数字化改造项目纳入市信息化重点项目，完成数字化车间改造3个。服装箱包等传统产业稳步回升，实现产值24.7亿元，增长29.1%。

平台建设迈出新步伐。开展“筑巢行动”，长三角科技城（平湖）虹桥创新中心、职工公寓（一期）完成建设并投入使用，科创大厦（A幢）竣工验收，人才公寓、科创园（一期）、大族集团长三角科技园加快推进，科创园（二期）开工建设。有效保障项目用地，完成土地供应16宗。持续推进“腾笼换鸟”，全年，腾退土地40.37公顷，完成建设用地复垦18.03公顷。创新租赁厂房全生命周期管理，获《浙江日报》报道。

要素保障取得新成效。科学划定“三区三线”，新增建设用地规模201公顷，完成土地供应16宗34.06公顷。全域土地综合整治不断深化，全年，完成建设用地复垦18.03公顷，完成垦造耕地4.44公顷，旱改水1.88公顷，加速推进800公顷“万亩方”永久基本农田集中连片整治项目规划方案。强化资金保障，进一步强化融资能力，谋划储备专项债项目9个、总需求26亿元、年度需求6亿元，其中全域土地综合整治项目已通过省发改委审核。持续做好能耗“双控”，万元增加值能耗下降2.6%。

【新能源锂电池高端装备项目签约落户】 2月19日，新能源锂电池高端装备项目签约落户张江长三角科技城平湖园。项目主要从事锂电池生产设备产品的研

2月19日，新能源锂电池高端装备项目签约仪式举行

（张江长三角科技城平湖园　供稿）

发、生产和销售，总投资约10亿元，注册资金2亿元。

【张江长三角科技城入选《科技城百强榜（2022）》】 5月16日，赛迪顾问联合发布《科技城百强榜（2022）》，由平湖和上海合力打造的张江长三角科技城上榜位列百强榜第18位。张江长三角科技城位于平湖市新埭镇与金山区枫泾镇的交界处，以数字经济为核心，以半导体、机器人为主导产业方向，是全国第一个跨省市合作的先行先试实践区，创造跨区域合作发展的新模式。

【3项目集中签约全市高质量制造业】 5月28日，平湖市高质量制造业项目集中签约仪式举行，张江长三角科技城平湖园成功签约3个项目，总投资达26亿元。高端半导体设备项目由上海大族富创得科技有限公司投资建设，总投资20亿元，注册资金1亿元，计划用地6.33公顷。主要从事半导体领域的机器人及自动化设备等产品的研发、生产、测试和销售。半导体专用设备项目由互喜控股（深圳）有限公司投资建设，总投资5亿元，注册资金4500万元，先行租赁5300平方米，计划用地2公顷。主要从事半导体领域自动化设备的研发、生产、测试和销售。新能源设备项目由费籁电气（上海）有限公司投资建设，总投资1亿元，注册资金5000万元，计划用地0.93公顷。主要从事研发、生产和销售新能源设备。

【汉粤净化设备（浙江）有限公司年产8500台智能压缩气体净化设备项目投产】 6月18日，汉粤净化设备（浙江）有限公司年产8500台智能压缩气体净化设备项目投产仪式在张江长三角科技城平湖园举行。项目总投资1.3亿元，固定资产投资1.11亿元，项目用地1.37公顷。产品已达九大类、1000多种型号，业务范围覆盖半导体、新能源、石化、化纤、钢铁冶金、机械制造等各行各业。

【大族集团长三角科技园项目开工】 6月29日，大族集团长三角科技园项目在张江长三角科技城平湖园正式开工。大族集团长三角科技园项目总投资约15亿元，总用地10公顷。一期项目总投资8.4亿元，用地5.58公顷，计划建设14栋建筑，其中生产厂房12栋，配套辅助房1栋、门卫消控室1栋，总建筑面积15万平方米。浙江国冶星智造技术有限公司、浙江汉和智能智造有限公司等大族集团旗下智能装备项目已签约入驻。

【唯酷光电年产80万片柔性无级变光液晶膜建设项目列入示范性重大产业项目实施类名单】 8月31日，省发展和改革委员会、省自然资源厅发布《浙江省发展和改革委员会、浙江省自然资源厅关于印发2022年浙江省重大产业项目名单的通知》，张江长三角科技城平湖园唯酷光电年产80万片柔性无级变光液晶膜建设项目被列入示范性重大产业项目实施类名单。柔性无级变光液晶膜由唯酷光电自主研发，能实现0.1秒无极快速变光，具有调光范围广、成本低的特性，可以有效运用于汽车玻璃、建筑物幕墙等领域。

【5个项目在平湖西瓜灯文化节上签约】 9月22日，2022中

国·平湖西瓜灯文化节开幕式暨投资贸易洽谈会开幕，张江长三角科技城平湖园共签约5个项目，项目涵盖新能源、半导体、智能装备等多个新兴产业领域。新能源电池集流体项目由宁波鸿翼新材料有限公司投资建设，总投资10亿元，计划用地2公顷；主要从事新能源领域的新型集流体技术的研发、生产和销售。智能装备项目由德蒙（上海）压缩机械有限公司投资建设，总投资1.5亿元，计划用地1.33公顷；主要从事高端智能空气压缩机等设备的研发、生产及销售。德耐尔节能装备二期项目由德耐尔节能科技（上海）股份有限公司投资建设，总投资1.5亿元，计划用地1.33公顷；主要从事节能设备的研发、生产及销售。新能源光伏设备总部项目由汇耀品尚能源科技有限公司投资建设，项目总投资3000万元；投资建设新能源总部项目，主要从事预应力悬索柔性光伏支架系统的研发、制造、销售及分布式光伏电站的运维服务。电子半导体检测设备项目一期总投资3000万元，主要从事电子半导体3D+AI自动光学检测设备的研发制造，将在平湖设立上市公司主体，并布局完善研发、生产和销售。

【弗登智能装备（浙江）有限公司智能控制装备项目开工】 9月23日，弗登智能装备（浙江）有限公司智能控制装备项目在张江长三角科技城平湖园正式开工。项目总投资2.5亿元，用地2.53公顷，建筑面积60966平方米。

9月23日，弗登智能装备（浙江）有限公司智能控制装备项目开工
（张江长三角科技城平湖园　供稿）

【德耐尔能源装备有限公司获评国家级专精特新“小巨人”企业】 10月，工信部公布第四批国家级专精特新“小巨人”企业名单，德耐尔能源装备有限公司上榜。公司成立于2018年3月，专业从事压缩机（产品领域）的研发与生产，掌握多项高端节能空气压缩机设计和生产技术，其超国标一级能效的永磁变频双级喷油螺杆空压机系列产品技术和高端大功率无油螺杆空压机系列产品技术，均达国际领先水平。

【费莱（浙江）科技有限公司电气设备建设项目开工】 11月1日，费莱（浙江）科技有限公司电气设备建设项目在张江长三角科技城平湖园开工。项目总投资1亿元，用地0.93公顷，建筑面积24376.6平方米，形成年产13200台电能质量治理设备、5000台绿电储能逆变器及能源路由器的生产能力。

【银盾科技云计算项目签约落户】 12月11日，银盾科技云计算项目正式签约落户张江长三角科技城平湖园。项目是润泽科技培育孵化的大数据应用项目，拟在园区建立云计算中心，并将上市主体设立在园区。项目总投资约15亿元，其中一期总投资约5亿元、固定资产投资约4.5亿元。浙江银盾云科技有限公司主要致力于打造中国云计算领域高可靠的公有云、私有云平台，平台提供弹性计算、分布式块存储和软件定义网络（SDN）等核心技术和产品，以及在线迁移等功能。

（王亚莉）

交通运输·邮政

综　述

【概况】 2022年，市交通运输部门推进经济创新、城乡秀美、民生优享、铁军打造“四大工程”，开创平湖交通运输行业系列首次。3月，市交通运输局被省交通运输厅定为全省数字化改革“数字路政”应用场景试点单位；5月，全省第一个县级交通运输行业党委成立；8月，平湖市华海造船有限公司被工信部评为国家级专精特新“小巨人”企业；9月，平湖历史上第一条金山至平湖市域铁路开工；12月，市交通运输局“数字路政”被省交通运输厅评为2022年交通数字化改革基层和社会“最佳实践”。全年，市交通运输部门完成全社会交通建设投资25.37亿元。全系统办理行政审批案件61045件，其中行政许可2791件，实施行政处罚810件，罚款241.86万元。全市交通运输行业安全态势平稳，未发生交通运输死亡事故。

5月17日，平湖市交通运输行业综合党委正式成立并授牌

（市交通运输局　供稿）

【首个县级交通运输行业党委成立】 5月17日，全省首个县级交通运输行业党委——平湖市交通运输行业综合党委成立，9月7日更名为平湖市交通运输行业党委。围绕“新业态、新就业群体”，发挥行业党组织组织力、战斗力和凝聚力，做好新就业群体指导服务工作，确保交通运输“主动脉”畅通。7月29日，嘉兴市交通运输行业党建工作现场推进会在平湖召开，与会人员到平湖市亚太物流有限公司和嘉兴市源源物流有限公司现场观摩两企业党建工作开展情况，平湖、秀洲、海宁交通运输行业党委分别作交流发言，推动嘉兴市交通运输行业党建工作高质量发展。

12 月 12 日，嘉兴市交通运输行业党委批复同意平湖市创建交通运输行业党建示范县。

【党群服务中心成立】 8 月，平湖市交通运输行业党委启动平湖市交通运输行业党群服务中心筹建工作。该中心建设面积 1500 余平方米，设置暖心服务、展示展览、教育培训、应急救援、便民服务五大功能，兼具出租车服务中心功能，是一个为行业主体、基层组织、党员群众提供一站式行业服务的行业党建综合性服务平台。年末，该中心建成。

【首家交通运输行业国家级专精特新“小巨人”企业成立】 8 月，平湖市华海造船有限公司被工信部评为国家级第四批专精特新“小巨人”企业。该公司是集研发、建造、修理、售后服务于一体的专业化造船企业。2015 年 9 月，该公司全国首艘内河 LNG 双燃料动力公务船建造下水。2016 年 2 月，全国首艘采用超级电容 + 锂电池为动力的绿色环保旅游客船在该公司船台开工，2018 年 7 月下水。2022 年 5 月，该公司建造的 2800 吨旅游船下水。

【首条市域铁路开工】 9 月 28 日，金山至平湖市域铁路（独山港至海盐段）开工。该铁路起自上海市与浙江省省界，向西经平湖市独山港镇、乍浦镇、林埭镇、当湖街道、海盐县开发区（西塘街道），终至海盐县武原街道。新建正线全长 41.65 公里，设独山港东站、独山港西站、乍浦站、林埭站（预留）、平湖南站、海盐开发区站、海盐东站 7 个车站，均为高架站。新建海盐东存车场 1 处，并预留动车所条件。设计速度为 160 公里 / 小时。项目概算总投资 127 亿元。其中，平湖段起自独山港 DK10+470 处，终于乍浦镇 DK39+880 处，全长 29.41 公里。

9月28日，金山至平湖市域铁路（沪平盐城际铁路）浙江段开工仪式举行
（市交通运输局　供稿）

交通建设

【交通工程新建】 嘉兴至平湖快速路射线工程（一期）：6 月 28 日开工，按一级公路兼顾城市道路标准建设。工程（一期）起点始于平湖曹桥街道章桥村北侧新 07 省道处，终点止于南湖区新 07 省道与三环东路交叉位置，概算总投资 546899.58 万元。线路全长 18.67 公里，其中平湖段长 3.89 公里，2022 年完成概算投资 32000 万元。平湖至安吉公路平湖新仓至曹桥段工程：2019 年 10 月开工，按一级公路标准建设，长 30 公里，路幅宽 32.4 米，概算总投资 213810 万元，2022 年完成概算投资 77260 万元，累计完成概算投资 190724 万元。

【交通工程改建】 嘉善至永嘉公路平湖新埭俞家滨至大齐塘改建工程：2019 年 12 月开工，按一级公路标准建设，长 10.6 公里，路幅宽 28 米，连接线长 5 公里，路幅宽 28 米，概算总投资 114684 万元，2022 年完成概算投资 50711 万元，累计完成概算投资 109900 万元。新埭镇新兴路（平兴线至镇南路段）改造提升工程：2022 年 12 月开工，按四车道二级公路标准改造，长 2.87 公里，路幅宽 28.5—36 米。概算总投资 12959 万元，2022 年完成概算投资 506 万元。302 省道与 525 国道平改立工程：2022 年 12 月开工，302 省道下穿 525 国道交叉口改造，概算总投资14123万元，2022年完成概算投资2320万元。228国道平湖独山港至林埭段改扩建工程：2022年8月开工，按一级公路标准改造，长19.64公里，路幅宽36米，连接线长3.2公里，路幅宽27米，概算总投资361826万元，2022年完成概算投资3920万元。浙北高等级航道网集装箱运输通道建设工程（平湖）：2020年12月开工，改造三级航道3.9公里，桥梁5座，概算总投资169567万元，2022年完成概算投资38843万元，累计完成概算投资70068万元。

【公路大中修】 完成全市5个公路大中修工程，概算总投资6908万元。其中，2022年平廊公路大中修工程，2022年8月开工，12月完工，概算总投资1427万元；2022年平廊公路六平申大桥维修工程，2022年9月开工，12月完工，概算总投资699万元；2022年九场线南段白改黑工程，2022年8月开工，12月完工，概算总投资1477万元；2022年平善大道北段部分大中修工程，2022年8月开工，10月完工，概算总投资1851万元；2022年翁金线大中修工程，2022年8月开工，10月完工，概算总投资1454万元。

【公路养护】 开展公路日常小修养护，公路沿线基础设施维修、公路长效保洁、公路绿化日常管养等，提升公路管养水平。全年，共清理公路两侧及中间绿化带1750公里，清理路肩581公里，清理桥下空间95座，清运各类垃圾1446吨，修复公路路面坑槽、沦陷及车辙等34086平方米，修复窨井168套，处理积水点154处。

【“四好农村路”建设】 2022年，市交通运输局统筹各乡镇街道继续推进“四好农村路”发展，完成农村公路改造提升53公里。依托曹桥街道桥边故乡、低碳绿色等特色优势，串联沈家浜、丁店桥、墙楼浜、王家墙和西窑浜等精品节点，打造出一条长15.4公里，集产业、人才、文化、生态于一体的创新型美丽乡村公路。全年，全市农村危旧桥梁拆除重建66座，维修加固49座，完成概算总投资6330万元。

【公路路口规范化改造】 针对全市部分路口存在交通设施不全、视线不良、交叉口角度过斜等问题，市交通运输局自3月起，组织对平湖310个道路路口进行规范化改造。通过车道渠化改造、交通管理方式优化、标志标线完善、安全设施提升等措施，改善城乡道路路口识别度、通透度、照明度、斜坡度，最大限度实现路口安全隐患“动态清零”，提升道路路口本质安全水平及通行效率。9月，改造工程完工，完成概算总投资5200万元。

【省内首个内河生态码头建成】 4月14日，全省首个内河生态型码头——平湖市新路新材料科技有限公司年产30万吨沥青混凝土配套码头工程通过交工验收。码头位于乍嘉苏航道虹霓大桥南侧，建设500吨级泊位2个（水工结构按1000吨级设计），装卸机械采用2台16吨固定式起重机，设计年通过能力80万吨。市港航管理部门秉承“生态优先，绿色发展”理念进行设计和建设。码头配备各类船舶污染物接收设施、岸电设施和港口视频监控设施，实现“数字化、信息化、智能化”监管要求，采用先进料斗布袋除尘、全地下管廊输送、封闭式存储等工艺，降低货物装卸、运输过程中扬尘污染。地下管廊地上面积，布置大面积绿色，美化生态环境。

【技术交流会召开】 9月7日，嘉兴市重载路口应用高性能抗车辙半柔性路面技术（简称SFP半柔性路面技术）交流会在平湖市举行。嘉兴市公路与运输管理中心、嘉兴市公路与港口学会、嘉通集团及五县两区公路与运输中心等相关单位参加交流会。SFP半柔性路面技术具有抗车辙性能好、耐磨抗腐蚀、抗水损害性能优异、养生时间短、节能环保等优点，适用于交通流量大、车辙病害明显路段。2022年，市公路与运输管理中心将该技术首次在平廊公路大中修工程中应用。与会代表在平廊公路稼书路口观摩该技术关键工序水泥灌浆施工。

【智慧交通建设】 3月1日，市区公交车安装“防疫管家”试运营，市民乘公交车时须验证浙江健康码，以保障疫情期间公交运营的安全、有序。12月7日，平湖疫情防控新十条发布，“防疫管家”停止运营。3月18日，市交通运输局被省交通运输厅列为全省数字化改革“数字路政”整体场景试点单位,为全省推广“数字路政”应用积累经验。12月6日，平湖“数字路政”整体场景被省交通运输厅评为2022年交通数字化改革基层和社会“最佳实践”。4月1日，杭平申线航道平湖段启用水上交通电子技术监控设备，加强水上交通管理，保障水路运输安全、有序。4月26日，“金平湖人才码”在“浙里办”App上线服务,成功申领“金平湖人才码”的市民可扫码免费乘坐平湖市内公交车，是平湖交通运输部门为拓展数字赋能，提升公交服务品质，更好服务各类人才的新举措。6月9日，市交投集团“石灰土（厂拌）路基施工全过程管控”项目被省交通厅列为“浙路品质”2022年项目基层应用场景试点。9月15日，市交通运输局开发全平台数据应用系统——平湖治超精准布控应用系统上线，该应用系统利用多平台物联数据及时发现并精准定位目标车辆，对违法超限运输行为分类管理，进行精准治超。实现超限预警、实时推送、精准拦截三个100%。执法效率提升超过100%，由无差别拦截变为精准导向拦截，原平均单车拦截出动10人次，耗时180分钟，变为现平均单车拦截出动3人次，耗时18分钟。11月16日，浙江省港航管理中心印发通知，确定在平湖内河航区开展内河航运智控应用污染物全链条管控场景（“浙船E行”）试点应用。为做好“浙船E行”试点工作，平湖市港航管理服务中心10月11日即组织开展“浙船E行”应用培训。省、嘉兴、平湖各级港航管理中心有关领导、应用开发单位及平湖辖区、船舶污染物接收单位有关人员共48人参加培训。11月，市交通运输局建成“驾驶员安全预警”和“数字转运”两个系统。“驾驶员安全预警”系统通过设立信息、出车、信用、规范、守法、健康6个方面数据，对驾驶员形成数据画像，为驾驶员考核评定、任务派发提供数据依据。年内，对全市5个公交公司共计606名驾驶员进行监测预警。

交通管理

【交通行政执法】 7月1日，市交通运输执法队举行换装宣誓仪式，全体执法和执法辅助人员完成换装。并申领使用全国司法行政执法证。交通运输行政执法实现基础体制、内在资质、外表形象“三统一”，进入现代化、规范化发展阶段。全年，市交通运输执法队共处理违法案件810起，罚款241.86万元。继续推进轻微违法承诺制，处理告知承诺制案件57起，处理公安移交案件4起，移交法院强制执行案件1起，无行政复议、行政诉讼案件。全年，水上累计开展巡查827次、8496.2公里，出动执法人员3799人次，登船检查288船次，船舶现场监督748次，拆除航道沿线扳罾网88个，参与交通管制65次，完成全年水上交通管制任务。并借助船舶自动识别系统（AIS），水上电子技术监控等现代科技手段，强化水上运输监管，全年，AIS违章处罚19起。全年，陆上累计检查道路运输企业589户次，发现并责令整改各类安全隐患63起，责令停业整顿企业1户。检查维修企业299户次，下发违法违章行为通知书45份，立案查处1户。查获无证营运网约车8辆。结合“迎亚运公路三化一平整治”，全年，公路累计巡查237天，出动执法人员2491人次，查改问题931处（个），整治6座桥下空间，清理桥下乱堆物512立方米，劝离临时摊位252个，维修损坏交通安全设施501处。全年，交通工程监督在建项目20个，协助市质安中心管理项目4个，共出动检查人员315人次，检查整改问题224个，实施行政处罚7起，罚款10.7万元。另委托检测单位检测项目20个，合格率96.3%。

【交通运输安全监管】 9月28日，国务院安委会督导组到平湖市汽车客运中心和天龙汽运公司进行安全督导检查。年内，市交通运输管理部门推进危化品道路运输安全专项整治，全年，检查危险货物运输企业21户次，检查危险品运输车辆489辆次，查获危险品运输违章28起，罚款11.03万元。开展精细化管控，整合“低小散乱”危险品运输企业1户。利用“浙运安”智控平台，加强重载货车监管，50辆及以上道路货运企业车辆动态监控平台使用覆盖率100%。采取线上发现、线上处置、线上巡查方式，重点查处客运班车站外上客、客货混装、驾驶员不规范作业、司乘人员违反防疫规定等行为。做好重大活动维稳安保，强化监督检查，督促企业严格落实客货运实名制、客运站封闭管理、旅客行包安检等行业安保措施。开展以“百吨王”为重点超限超载货车专项整治行为，年内，走访检查企业30户，全市普通公路超限率低于2%。利用非现场执法监管网络体系，实现执法“机器换人”，年内，累计检测车辆393.76万辆次，处理违章车辆393辆，处罚金额165.2万元，其中非现场违章车辆376辆，占比95.67%，现场处理违章车辆17辆，卸载超限货物412.63吨。督促港口危货码头持续整改，年内，4户水上加油站点注销危货作业资质，辖区港口危货企业（码头）减至3户，均完成安全生产标准化二级达标、注册安全工程师配备和安全生产责任保险投保。推进平安交通创建工作，拟定“东湖—明湖航线”“X501平兴公路K0+000—K20+760”“平湖市汽车客运中心”为嘉兴市交通运输局、平湖市委平安办平安示范建设单位。强化部门联动机制，以省、嘉兴市第三方安全巡查为契机，全年，累计开展检查97次，出动人员223人次，检查港口企业（码头）240户次，发现问题隐患175个，100%完成整改。做好海洋渔业船舶“船证不符”“船图不符”专项整治工作，联系协调渔政部门，完成全市133艘海洋渔业船舶船、图、证三相符实船核查。

【全省公路运输应急演练举行】7月7日，浙江省公路运输突发事件应急演练在平湖成功举办，演练由省公路与运输管理中心主办，嘉兴市交通运输局、平湖市人民政府、嘉兴市交通投资集团有限责任公司联合承办，各地市交通运输部门相关单位参加观摩演练，参与演练各部门围绕启动应急预案、开展紧急处置、人员疏散救护、危险货物转运等环节，开展实战条件下公路运输救援演练活动。

【码头跃升现场会召开】11月14日，嘉兴市内河港口码头生态环境蝶变跃升现场会在平湖召开。2020年起，平湖市港航管理部门以第二轮中央生态环境保护督察“举一反三”整改为契机，破不合规码头关停“难点”、抓老旧码头环境提升“重点”、出平湖码头示范建设“亮点”、优深化码头监管“机制”，持续开展新一轮内河港口码头环境整治提升工作。2022年，25家普货码头完成技术状况评定或水工结构检测评估，在嘉兴全市率先完成此项工作。23家码头完成码头环境“蝶变跃升”，保持嘉兴全市第一。内河码头按要求完成智能生活污水接收设施、岸电设施安装各22套。实现码头环保、安全和整体形象“三提升”。

【“互联网+监管”行政检查事项全覆盖】监管事项覆盖率是衡量“互联网+监管”水平重要指标，2022年，市交通运输队将涉及公路路政、道路运政、水路运政、地方海事、工程质量等交通运输执法领域多个监管对象的507项行政检查类事项纳入浙江省“互联网+监管”事项目录清单动态管理系统。通过合理整合检查事项、及时下发任务清单、明确覆盖时间节点、组织应用系统培训、进行实例操作演示等方法与措施，年内，实现对交通运输执法领域行政检查类事项“互联网+监管”全覆盖。

【全省执法比武获佳绩】9月，平湖市交通代表队参加浙江省交通运输厅举办的2022年度全省交通执法比武，获全省法审项目嘉兴市团体第一名，为嘉兴交通代表队夺得全省第二名作出平湖贡献。参赛5人均通过各分项目考核“红线”，是嘉兴市交通6支代表队中唯一全员过关参赛队伍，其中1人列全省前30名，3人列嘉兴全市前10名。10月，获嘉兴市交通运输系统执法记录仪使用现场模拟比武团队第一名、执法记录仪比武陆上组第一名。

运输业

【概况】 2022年，全市共有营运货车6401辆、98023吨，营运客车375辆、7435客位。其中，班线客车16辆、601客位，出租车224辆、1120客位，旅游包车135辆、5714客位。公交营运线路68条，营运线路总长度1432.15公里，营运公交车371辆，其中新能源公交车357辆，占比96.2%。全年，完成道路货运量4557万吨，货物周转量35.26亿吨公里，完成道路客运量74万人次，旅客周转量1.17亿人公里，完成公交客运量1106.1万人次。全市拥有营运船舶369艘、载重量30.61万吨，全年，完成水路货运量1478万吨，货物周转量20.93亿吨公里。

【旅游公交专线开通】 6月30日，平湖旅游公交（游1路）专线开通。游1路专线利用“旅游+公交”模式，将平湖城区至俞家浜（棒球小镇）景区旅游资源进行串联，方便沿线百姓出行，满足城乡旅游发展。专线长约14公里，投入2辆氢能源公交车运营。

【放心消费环境创建】 平湖交通自2020年开展“交通运输领域放心消费创建三年行动”起，围绕“营造安全放心的交通运输消费环境”目标，通过“点对点”指导，提升经营者创建“放心消费”意识，及时处理投诉、源头化解纠纷，促进交通运输领域服务水平提档升级，创建工作取得阶段性成果。2022年末，市交通运输领域实现放心消费创建工作全覆盖。汽车驾培、出租车行业创建率100%，汽修行业创建率97.1%。市高桥汽车修理有限公司、市万里汽车大修厂、浙江平湖天龙汽车运输有限公司保修厂、平湖市天龙汽车出租有限公司4家企业成功创建成“放心消费先进示范单位”。

【公交站场变迁】 12月1日，曹桥公交首末站启用。12月20日，因平湖市人民医院扩建需要，东方路公交首末站临时搬迁至三港新城公交首末站。

【省级“巾帼文明岗”】 3月29日，市公交公司7路班组被省妇联授予“巾帼文明岗”称号。作为平湖城市公交女职工的一面旗帜，公交7路班组始终践行“我的服务·伴您一路”宗旨，为市民提供安全、准点、舒适、快捷出行服务，用真诚、真心筑成平湖公交线路上的巾帼之花。

（许福林）

【物流业】 2022年，全市完成货物周转量56.2亿吨公里，比上年下降15.5%。其中，公路货物周转量35.3亿吨公里，下降21.9%；水路货物周转量20.9亿吨公里，下降1.9%。完成旅客周转量1.2亿人公里，下降10.9%。嘉兴港乍浦港区、独山港区共完成货物吞吐量11876万吨，增长6.8%；完成集装箱吞吐量284.8万标箱，增长28.2%。

（郭羽婷）

邮　政

【概况】 中国邮政集团有限公司浙江省平湖市分公司下辖22个邮政支局所，分布于9个镇（街道）。共有6个部门，分别为综合办公室、市场营销部、金融业务部、渠道平台部、集邮与文化传媒部、寄递事业部，其中寄递事业部下设市场部和运营监控部。全公司员工515人。2022年，全公司完成业务总收入1.91亿元，收入规模位列全省各县市分公司前十五强第十，同比增长17.27%。

【服务品质提升】 2022年，普遍服务总体运行平稳，普遍服务达标综合排名列地区前列，四项基本业务开办率和网点正常运营率均达100%，条码平信在途率、给据邮件信息断点丢失率、建制村打卡、普服时限率等指标均走在地区前列并获评全省服务质量先进单位。保质保量完成机要邮件收、投工作，未发生机要通信失泄密事件和保密安全突发事件，实现机要通信无失密丢损“四十七连冠”。保障党报投递时效，重点乡镇党报党刊全部实现当日见报，《人民日报》当日见报率达100%。

【寄递业务发展质效提升】 以“突出重点，发展标快业务”“规模优先，稳定推进电商包裹业务”为发展策略。全年，实现寄递业务总收入6563.3万元，同比增长 19.3%。做好保供保通畅工作，累计组货 10 万套，涉及 10 余种套餐，累计向上海发运保供物资近 100 车次、2000 吨，新华社等中央媒体进行报道。

【金融业务发展提升】2022 年，实现金融业务完成收入 9584 万元，列全省各县市第二，同比增长 24.31%，列全省各县市第二，排名同比提升 51 位，入选全省“十强十快”。价值余额规模达 56.75 亿元；保险发展持续领先，完成标准保费 3.25 亿元；智慧场景商户 8 户，已覆盖餐饮、酒店、旅游、商超、医疗、校园六大行业；抢抓第三代社保卡，投放制卡机 11 台，网点覆盖率达 50%，累计制卡 2.48 万张。全年，未发生资金案件和风险事件，未发生业内案件、重大风险事件、重大监管处罚和重大负面舆情。

【农村电商发展质量提升】2022 年，增加农产品交易额 643 万元；融资 E 贷款净增额 2806 万元，打造支局同心圆生态圈，落地“网点 + 站点”工作，活跃站点达标 390 个，优质站点达标 238 个。打造工业品下乡生态圈，完成批销额 1251 万元，820 万大单品通过邮政渠道直达农村商超。以“幸盔邮你”活动为抓手，开展金融网点、邮掌柜支局同心圆活动 49 场，电动车上牌 100510 辆，中邮简易险完成 6267 笔，保费 94 万元，完成率 313%，业务规模和完成率均列全省第一位，“警医邮”3.17 万笔，列全市第一位。

【网运、投递能力持续优化】2022 年，网运和投递工作围绕“加快邮件经转、增加投递有效时间”对作业流程进行梳理和管控，通过加大基础数据的维护、加快邮件经转的时限考核、加强作业流程的管理，确保邮件发运与投递。2022 年，出口邮件突破 1568.95 万件，进口邮件投递量达 911.09 万件。2022 年，循环中转袋使用率达 95%。

【和谐企业建设推进】2022 年，公司成立足球、篮球、太极及摄影兴趣小组，通过小组活动激发基层员工活力。10 月，工会策划组织喜迎党的二十大，踏红色足迹、悟红色精神的大型户外文体活动。开展日常送温暖活动和节假日（春节、端午、中秋）慰问，发放慰问品价值约 34.6 万元，慰问约 1600 人次；职工重病医疗互助保障体系日益健全，共有 326 人入会，住院、重（大）病补助 7.11 万元，补助员工 15 人；组织和参与 11 场丰富多彩的文娱和体育活动，开展员工思想动态大调研、“守好红色根脉 · 班前十分钟活动”、“温情生日面”等特色工作；升级改造工会活动室。

【基层建设推进】公司有党员 68 人，6 个党支部，开展“喜迎党的二十大　争当平邮先锋”党建系列活动。开展形式主义和官僚主义突出问题专项整治、“党支部领题破题”工作、党支部共建联创活动、“一月一事、消灭最差”、“三个至少走一遍”活动等。强化创先争优秀。做好保供上海工作，成立临时党支部，用实际行动展现行业“国家队”的责任与担当，累计组货 10 万套，涉及 10 余种套餐，累计向上海发运保供物资近 100 车次、2000 吨。通过“三亮三比三评”“比学赶帮超”“本月我当班”等活动，累计开展志愿服务 400 余人次。全面从严治党深入推进，围绕党风廉政建设 70 项工作责任清单，用好模块模板化工具，切实履行好主体责任，狠抓各项任务落实。

【社会责任落实】稳步推进各项疫情防控工作，保证党报党刊、机要邮件、防疫生活物资运输通畅。严格落实好收寄、交通、作业、消防、机要、金融、信息网络、外包等八大安全制度，持续开展“雷霆行动”安全大检查、大排查活动，加大通报考核力度，2022 年，未发生重大金融风险和重大生产安全事故，未发生重大负面舆情。

（邓松朋）

邮政快递业

【概况】2022 年，全市邮政快递业务快速增长，寄递渠道平稳畅通，安全事故零发生。全市邮政快递法人企业（含在嘉分公司）7 家、分支机构 51 家、末端网点 35 家。邮政快递行业业务总收入 116661.6 万元，同比增长 37.8%，业务总量 17041.4 万元，同比增长 5.9%。其中，邮政寄递业务总量 2857.9 万件，同比下

7月21日，平湖市第二届邮政快递行业（快递员）职业技能竞赛举办
（市邮政管理局　供稿）

降2.5%，业务收入4313.6万元，同比下降2.8%；快递业务总量14183.5万件，同比增长7.8%，业务收入112348.0万元，同比增长40.0%，增幅分别列嘉兴县（市、区）第三、第一。

【党建引领】 打造"平邮先锋·一路'邮'我"行业党建品牌，新建基层党组织1个，培育党建示范点1个。开展关爱快递小哥"双十一"系列行动，举办第二届邮政快递行业职业技能竞赛等活动。市快递行业党群服务中心建成启用。引领行业力量同心抗疫，展现担当，快递物流行业党委获嘉兴市第一批战"疫"红船先锋基层党组织。

【高质量发展】 出台《平湖市邮政快递业高质量发展行动方案》，实施六大工程、15项任务，推动建设布局完善、安全高效、管理规范、绿色环保、技术先进、业态丰富的市域邮政快递服务体系。推动邮政快递基本公共服务落地，完成"快递进村社区"民生实事项目，新增、改造快递共享驿站101个，城乡快递末端网络进一步完善。

【抗击疫情】 组织参加市防疫机动先锋队、街道防疫应急储备队奋战抗疫一线，开展志愿服务。帮助协调解决企业防疫物资配备、车辆"通行证"审批等问题，助力复工复产和保通保畅。

【寄递安全】 开展执法检查，问题整改率100%，确保冬奥会、"两会"、党二十大等重大活动期间寄递渠道安全。办理各类违法案件10起，办结9起，处罚金额67.29万元。健全应急预案体系，修订《平湖市邮政快递业突发事件应急预案》《平湖市邮政快递业重大活动期间突发事件应急预案》。开展《中华人民共和国安全生产法》（新修订）及禁毒、反恐、反诈、扫黄打非等宣传，发放各类宣传资料3000余份、宣传品1000余份。

【规范提升】 提升服务质量，妥善处理申诉投诉900余件，处理率100%、用户满意率99%。提升12家处理场所、78个网点邮件快件处理规范。严把准入关，现场核查通过法人企业2家、分支机构13家、末端网点15家。更新快递专用电动三轮车314辆，新增新能源汽车77辆。

【数字智治】 完善邮政快递行业监控平台。动态调整监控点位，共接入摄像头228个，实现法人企业、分支机构、末端网点监控100%覆盖。"警邮联动"应用系统建成上线。搭建线索来源、线索核查、协同处置等应用场景，行业监管实现线索来源从单一向多元、发现问题从被动向主动、处置问题从单兵作战向多部门协同转变。应用系统被列入省委深改委基层治理"一件事"集成改革"平安寄递一件事"子场景。

【绿色发展】 实施"9917"工程，推动可循环中转袋、快递箱使用，实现全市各网点快递包装绿色回收箱配置全覆盖。开展绿色寄递专项检查行动，推广45毫米以下瘦身胶带、环保袋（箱）、免胶带封装箱等绿色包装应用，实现使用符合标准包装材料、电子商务类邮件快件不再二次包装、规范封装操作三个100%。

（范佳艳）

通 信

中国电信股份有限公司平湖分公司

【概况】 2022年，中国电信平湖分公司坚持诚信经营、实施千兆光改、建设精品网络、保障安全生产，推进企业高质量发展。全年，主营收入累计完成2.25亿元，年度完成率和同比增长率均列嘉兴本地网第一。平湖分公司被授予浙江公司2022年度十佳单位及区县分公司跨越奖，被平湖市委、市政府评为2022年度工作目标责任制考核优秀部门（单位）。总经理谢作炮被评为浙江公司2022年度优秀经营管理者。

【党建统领】 党委理论学习中心组每月召开学习例会，结合企业实际，学习习近平总书记重要讲话精神、对电信行业的重要指示精神等。发挥党支部战斗堡垒作用和党员先锋模范作用。坚持强基固本，推动党建工作提效升级。推进党员发展工作，指标向基层一线倾斜，年内，共发展党员2名，全部来自一线业务骨干。准确把握党支部的功能和定位，持续做实“支部建在支局上”，7月，把原来的5个横向党支部，通过选举新成立4个纵向党支部，及时增补选举支部书记、支委。

【业务提升】 以客户为中心，始终坚持“用户至上、用心服务”理念。开展“放心消费在浙江”活动，公司内部发布五期《平湖分公司2022诚信视角看问题通报》，扎实练好内功，切实做好用户服务工作。针对所有投诉及咨询，做到件件有答复，件件有落实，不留一件积压。以“筑基行动”为统领，推进诚信经营。全员上下树立正确价值观，严禁弄虚作假，勇于担当，杜绝各类违规行为；做好业务质态的常态化治理整治，建立长效监督跟踪机制，根据谁发展谁负责的原则，落实数据到个人，做好二次满意交付；持续开展反诈与骚扰电话整治，从源头上把好入网关，落实专人跟踪处理，积极响应参与平湖市反诈人民战争，配合市政府开展反诈宣传活动4次，帮助社区居民安装“国家反诈中心”App，将反诈宣传和业务发展有机结合起来，在反诈骚扰专项考核中成效明显。

【网络建设】 优化和维护有线网络。根据市场需求，积极开展千兆光网建设，全年，完成城区重点小区、重点楼宇、锁定网格等专题建设任务，共完PON口建设割接1800余个；完成51局交流电源系统改造，启用1250千伏安干式变压器和高低配系统；完成智慧机房项目监控安装，传输阿尔卡特等老旧设备退网，转供电改造等工作。优化和建设无线网络。全年，新增 5G 基站 72 个，共开通 5G 基站 450 个，初步覆盖平湖城区、乍浦港区和各乡镇区域；调整布局完成 4G 基站 30 个，基站规模总数达近 500 个；加快室分共建共享工作，降低投资成本。加强客户支撑与装维服务。成立专业团队，提高障碍抢修效率，装移修履约率、时长等指标均处于嘉兴先进行列。

【队伍建设】 全年，做好人员管理工作，完成合同制人员岗位调动、外包员工岗位调动、校招入职、员工劳动合同新签续签等工作；评选外包员工初级骨干、中级骨干和高级骨干；定向招聘合同制员工选拔；完成本年度退休人员的社会化移交；加强干部队伍建设，提任督办、招聘部门经理、经理助理、选任支局长、副支局长、支局长助理等共计 20 余人；加强人员培训，制订 2022 年度培训计划，建立平湖分公司员工资格证书激励制度；开展 2022 年春秋两季校园招聘工作，根据导师制度为新进大学生配备导师。推进美丽家园建设。全年，投入 50 多万元对南市、东湖、新仓支局进行家园改造；新建独山港支局及乍浦支局食堂并投入使用，协调支局配置食堂工作人员。根据美丽家园建设达标验收标准，逐条对照，查漏补缺，组织开展一家人团队建设、落实各项基础管理制度，实现新时期职工小家建设的升级。做好员工关怀关爱。常态化落实五必访五必贺和困难帮扶工作；组织一年一次的在职及退休员工体检；完成地方总工会在职职工医疗互助入会工作，入会率 100%；根据本地实际情况，重点做好疫情期间的集中（或居家）隔离人员、抗疫志愿者等各类人员的慰问，合计慰问 580 人次，慰问金额 30 余万元。完成各项防疫保障和志愿者服务工作，公司获平湖市第七批“一线防疫先锋”称号。

（吴蕾）

中国移动通信集团浙江有限公司平湖分公司

【概况】 2022 年，中国移动平湖分公司下设综合、市场、政企、网络 4 个部门及当湖、乍浦、经开、新埭、独山港和新仓 6 个网格。营业厅 11 家，在职员工 111 人，全年，实现运营收入 6.27 亿元。

【经济创新工程】 以数字化改革助力数字经济“一号工程”。积极响应创建省级低碳县号召，协助建设屋顶光伏发电项目，赋能智慧城市“双碳”目标管理。承建的海外工程师全周期服务场景应用，为省科技厅数字化改革试点项目，获嘉兴市数字经济系统应用大赛三等奖。承建的乡镇工会会员代表云履职应用场景项目，以“1+8+6+N”（市总 1 个平台 +8 个镇街道 +6 个模块 +N 个特色模块）为整体架构，重塑履职质效的综合评价体系，形成务实管用的改革制度成果，在全省工会数字化改革第二次推进会上进行现场展示。在社会智治领域，承建渣土非法倾倒一体化执法协作平台、“浙车监督在线”公车大数据监督应用等项目，积极与本地数字经济企业紧密合作，以信息化项目助力数字经济“一号工程”。以数字化防疫为全市经济和社会发展保驾护航，面对常态化疫情防控工作，移动灵瞳、防疫管家等通过移动数字化手段助力各单位、企业、园区、交通等落实疫情防控相关举措。积极协助政府发送各类防疫短信，快速向全市发布疫情防控的最新信息，为全市经济和社会发展保驾护航。

【民生优享工程】 持续夯实千兆接入能力，提升宽带服务品质。累计完成 23 套万兆 OLT 入网，新增 0.25 万 COMBO PON 端口，完成 64 个小区无限制千兆接入，已实现平湖全市范围内千兆宽带接入能力。持续开展家宽质量诊断专项工作，完成质量诊断工单 1.5 万份，联动市场和网格开展社区惠民进驻活动，成功举办 60 余次。聚焦千兆、机顶盒老旧、工信部调研低满等重点用户，安排金牌装维主动关怀修复，有效提升重点用户感知，增强人民群众对互联网使用的获得感和幸福感。优化套餐内容，持续提速降费。针对中小企业，开展小微宽带提速降费活动，对其使用的企业宽带、互联网专线给予特殊优惠；针对广大居民，面向72个主要小区推出家庭宽带的路由器以旧换新活动，为老百姓免费更新设备，提升宽带服务品质。提升营商和人居环境。大力宣传，推动反诈宣传和网格运营融合。借助“嘉兴移动、平湖移动”官微，合计线上宣传40余次；助力“反诈小智”发布会线上直播，在线人数超1万人；终端销售环节指导用户下载“国家反诈中心”App500余户；基层网格人员密切联合公安局、派出所等开展反诈宣传进社区、进校园、进企业、进乡村活动，全年，联合各类反诈宣传活动500余场，惠及群众2万余人；全市机伶小程序用户达22万余户，累计为移动客户拦截骚扰电话1900万余次。

【城乡秀美工程】 推进农村线路整治，助力美丽城镇和乡村建设。配合市政府及各乡镇工作要求，推进农村废杆拆除工作，完成拆除工作进度领先。源头管控，巩固美丽乡村及老旧小区改造成果。建立美丽乡村弱电整治攻坚小组及弱电线路管理长效机制，聚焦新拉线路检查与整改督办，源头把控分纤盒破损、箱门不关和线乱拉等典型不规范问题，积极配合政府对新埭镇等区域进行整治，共完成3500余次分纤盒整治，主动修缮光交67个，进一步改善市容环境，改善居民群众生活环境，消除安全隐患。

【铁军打造工程】 永葆“为民服务”初心，强化党建引领，积极协助平湖志愿者协会开展适老化关爱服务系列活动，暨平湖市志愿者协会“长者学堂”公益培训项目。在曹桥成校、广陈成校等多个校区、村（社区）开展以“中老年智能机使用方法”为主题的公益宣讲，覆盖8个村（社区），服务300多名老龄长者。践行“为民谋福”使命，参与共建、结对、现场服务等公益活动260余场，以实际行动践行社会责任。参与疫情防控。2022年，平湖移动建立一支快速响应的网络应急保障队，共完成央视丰收节、平湖西瓜灯节、新埭援沪物资中转站等多个应急保障任务，共出动应急通信车10次，紧急扩容16个站点，应急开通宏微站7个，保障通信网络安全。参加年度反恐怖应急第一响应力量拉练活动1次。

【5G网络建设工程推进】 持续推进5G新基建建设，深挖潜力，外拓产能，加快机房配套建设，在嘉兴率先启用第三骨干机房。开展新建小区5G建设，提升用户5G体验。全年，平湖分公司新建5G站点320个，其中2.6G基站开通106个，700M开通99个，室分开通115个。已实现全市行政村5G全覆盖，推进“数字平湖”建设。2022年，平湖分公司在5G建设进度上全市领先，其中5G四期一阶段宏站和700M二期第二期全市率先完成。

（王健）

中国联合网络通信有限公司平湖市分公司

【概况】 中国联合网络通信有限公司平湖市分公司（平湖联通）下设5个部门，5个网格，有各类员工81人，在全市开设营业厅8家。2022年，公司围绕“1+9+3（1个战略规划纲要+9个行动计划+3个指导意见）”战略规划体系，坚持标准化动作落实，做真做实政企项目，规范各类基础工作，全年，完成主营业务收入7478万元。年内，配合嘉兴市分公司党委微巡察组对平湖市分公司的微巡察工作。

【多场景融合营销】 年初，各网格积极对接辖区内镇、街道派出所、综治办等政府机构，因地制宜地开展营销，在返城市场和后返城市场期间持续推进“地推场景常态化储备”。当湖网格结合疫情开展志愿者活动，发展用户678户，结合小区反诈进行宽带宣传，每月小区宽带稳定发展在50线以上。开发区网格与辖区派出所、警务站等达成长期固定的反诈合作，每周参与派出所在各个社区举办的反诈入户宣传活动。新埭网格安排网格人员每天驻店宣传营销。乍浦网格通过核酸检测点协助现场秩序维持、开展反诈答题活动等，发展用户200多户。政企及商企网格，成功与50家企业建立联系。

【过程管控】 疫情期间，积极对接政府相关部门，助力政府住建办复工复产。与市人社局、镇街道建立协作，开展送温暖活动，协助政府解决企业用工难问题，同时积极进行联通业务嵌入，在独山能源、日本电产等几个规上企业发展中高端手机用户近千户。

【各类项目精准做实】 在楼园市场方面，配合市发改局规划区县级楼宇经济平台，先后签约华舟建设楼宇智慧化管理项目、港建大厦信息化集成项目和维克斯大厦智能化配套项目。在企业宿舍宽带拓展方面，加大推介应用秒开业务，签约华晨制衣、美德箱包、华阳电子等厂园宿舍宽带1325线。在校园领域方面借助合作方投资拉动，在平湖市交通学校安装智能门锁，带动发展沃派校园卡200余户。与平湖市职业中专学校精学党支部联建，发展新疆班学生校园卡60余户。与嘉兴学院后勤党支部开展廉洁文化结对。年内，与张江长三角科技城平湖园签署5G战略合作。

【网络覆盖面扩大】 年内，在移动网络方面，新开通4G宏基站10个，新建小区室分32个，新增5G L900站点78个。在固网建设方面，新建小区项目2个，新增宽带端口9792个，新增覆盖用户52155户，涉及小区89个，商务楼宇18个，企业用户68家。同时完成平湖3个重要环路光缆双路由改造工程，处理线路隐患21处。

【中台赋能助力发展】 中台人员细化分工，配合网格做好各项工作落地。社区场景方面，围绕社区经理、智家工程师能力提升，开展社区经理装机实操培训、智家工程师业务知识培训，通过“以赛代训”营销大赛，磨合两支队伍配合协同能力，提升整体发展能力，实现“0占小区”清零，打造千兆标杆小区49个。聚类市场方面，每月持续做好商铺拜访摸排及信息收集，完成4条示范商街的打造。加强营业厅“以店包片”工作的推进，6家营业厅均已建立“一区一表”台账，每月按时更新营销进度及营销产能。

（胡耀明）

国内贸易

综　述

【概况】 2022年，全市（不含港区）实现服务业增加值306.43亿元，可比增长2.4%，五县两区排名第一，排名均上升2位。分行业看，金融业增加值增长10.5%，拉动服务业增加值增长2个百分点；营利性服务业增加值增长7.5%，拉动服务业增加值增长1.7个百分点；批发和零售业增加值增长3.6%，非营利性服务业增长2.6%，住宿餐饮业增长0.1%。全市实现服务业税收收入39.55亿元，同比下降25.9%，占全市税收收入的36.5%。从总量看，超过1亿元的行业有：房地产业（14.23亿元，同比下降52%）、信息传输、软件和信息服务业（8.7亿元，同比增长41.9%）、金融业（7.41亿元，同比增长29.9%）、批零业（4.50亿元，同比增长3.0%）、租赁和商务服务业（2.31亿元，同比下降28.6%）。全市（不含港区）社会消费品零售总额230.91亿元，增长4.2%，增速列五县两区第二，其中批发零售业零售额211.7亿元，增长4.3%；住宿餐饮业零售额19.3亿元，增长2.8%。当湖街道、平湖经济技术开发区（钟埭街道）、林埭镇分列2022年度嘉兴市镇（街道）服务业高质量发展竞赛第2位、第19位、第23位。

【盐务管理】 2022年，盐业管理继续完善食盐生产批发区域管理制度及专营制度，加强盐业管理专业培训及宣传，完善应急机制及食盐储备体系建设。根据《关于切实做好商务、盐业执法事项划转加强监管执法协作的通知》文件，继续做好盐业执法事项划转工作。3月，因平湖市盐业公司腾退搬离，无执法对象，未开展相关盐业行政检查工作。

（沈金伟）

【政策规划】 加大对服务业领域纾困帮扶力度，4月，出台《关于进一步加大服务业惠企纾困帮扶力度的若干意见》。全年，服务业发展资金共受理申报项目332个，核定322个、资金33772.85万元。第一批服务业专项资金兑付83个项目，共计资金1270万元，其中包含省补物流园区补助项目2个，资金140万元；第二批兑付150个项目，共计资金1146.55万元。

【招商引资】 2022年，全市（不含港区）服务业实际利用外资12763.24万美元，引进市外内资24.63亿元。市外内资上，长三角平湖润泽国际信息港项目、平湖市东片污水处理厂三期工程、研发中心项目、LNG应急调峰储运站项目库区工程、智能物联网数据平台建设项目、嘉兴洛林科技有限公司、浙江嘉兴（平湖）LNG应急调峰储运站气化外输保供管线工程7个项目实到内资13.66亿元，占比47.9%。全年，签约项目32个，总投资80.42亿元。

【项目推进】 2022年，全市（不含港区）完成服务业投资227.18亿元，同比增长18.3%，占固定资产投资的比重为66.0%。其中，服务业产业类项目投资61.71亿元，同比增长11.1%；房地产业投资120.91亿元，同比增长8.3%；交通和公共设施等政府投资项目完成44.56亿元，同比增长79.8%。入选市“3+1”服务业重点项目78个，完成投资147.05亿元。入选嘉兴“百项千亿”的项目完成投资29亿元。

【楼宇经济】 2022年，全市（不含港区）19幢纳统楼宇总商务面积48.80万平方米，入驻率81.9%，入驻企业注册率达94.9%，实现税收26.72亿元，单位面积产出5476元/平方米。建工大厦A幢被列入嘉兴市五星级培育名单，总商会C座、总商会D座、建工大厦B幢、国际箱包城一期旅行箱包之都大厦、平湖服装文化创意产业园被列入嘉兴市四星级培育名单，温州商会大厦A座被列入嘉兴市三星级培育名单。

【企业培育】 2022年，全市（不含港区）新增规（限）上服务业企业60家。全市373家规（限）上服务业企业实现营收575.96亿元，增长5.6%。当湖、独山、经开规（限）上营收总量位列前三，分别是240.47亿元、138.16亿元、88.13亿元，新埭、曹桥、新仓规（限）上营收增速位列前三，分别是35.5%、35.0%、26.0%。平湖大润发超市和平湖吾悦广场分别入选夜间经济购物名店、夜间经济特色街区。

电子商务

【概况】 2022年，全市（不含港区）累计实现网络零售额237.5亿元，同比增长23.5%，增速保持嘉兴五县两区第一。

【成效】 创建电商专业村25个，省级示范村5个，省级数字生活新服务特色镇1个，省级公共海外仓1个。在重点监测第三方电子商务平台上共有各类活跃网络零售网店3000余家，相当于注册零售网店总数的34%，活跃网络零售网店总数在嘉兴市排名第五，在全省排名第43。电子商务就业创业氛围良好，直接解决就业岗位8600余个，间接带动就业岗位2.2万余个。

（张亚芸）

供销合作

【概况】 至年末，全市供销系统共有基层供销社9家，社有参控股、管理公司21家。全系统固定资产原值2.15亿元，净值1.48亿元，综合效益1632.94万元，上交税费617.93万元。全年，市供销社（农合联）获浙江省供销社综合业绩考评优秀单位称号、浙江省供销社山海协作与结对帮扶优秀单位称号、嘉兴市供销社综合业绩考评特等奖、嘉兴市供销社山海协作与结对帮扶先进单位称号。“浙农服”在省领跑者刊发，获省委副书记黄建发批示肯定，新仓现代化农事服务中心被列入浙江农业“双强”十大重点突破试点单位、首批省级现代化农事服务中心创建名单，平湖—松阳农产品跨域产销一体化案例获评浙江省高质量发展建设共同富裕示范区最佳实践（第一批）。平湖市被列入全省首批深化农村“三位一体”改革实施县。

【基层组织发展壮大】 指导新仓供销社有限公司等3家基层社开展股权投资、农产品营销业务实现“消薄”提升。规范提升村级综合服务社，评定平湖市级示范性综合服务社8家，累计改造提升20家。推进农事服务中心建设，打造新仓农事服务中心示范点，新建农事服务中心2家，改造提升2家。新建成立草莓产业农合联，吸收会员20个。

【共富项目加快建设】 成立由村集体经济组织、供销集体企业和市国资公司共同出资的市级强村公司——平湖市兴村为农实业投资有限公司，谋划推动投资粮食综合应急保障物流中心、长三

8月1日，"茂农服"数字为农平台正式上线

［市供销社（农合联） 供稿］

角农博汇（二期）、粮食全产业链等项目。新仓粮食全产业链项目加快推进，流转土地800公顷，产值1400万元。加快推进"长三角农博汇"项目，完成项目整体设计。

【数字赋能深入推进】加快"浙农服"推广应用，迭代优化智慧农资等子场景，推进建设"云上农机"子场景，与"浙里担"合作，以数字化整合农资"下行"、农产品"上行"、金融支农"横向"等服务资源。加快"浙农服"省外推广应用，8月，与四川茂县合作共同成立四川农合数字科技有限公司，"茂农服"数字为农服务平台正式落地启用。"浙农服"平湖注册用户超6万人，日活跃度超85%。

【生产合作紧密联结】建立完善覆盖农业生产全周期和农产品供应链各环节的数字化农业服务体系，深入基层开展技术培训推广。启动建设新仓农事服务中心，计划总投资8000万元，规划占地2.4公顷，与高标准农机数字共享中心、农田管护监测中心、农事服务中心、人才强农中心、数字化农田监测中心共同形成"一平台五中心"粮食全产业链服务平台示范点。全年，组织开展3次专技人员线上培训，参训368人次。启用新仓农事服务中心（一期），装备农机设备超70台（套），服务面积超1333公顷。

【供销合作迭代升级】完成《平湖市农产品冷链物流发展"十四五"规划》编制，启动建设总投资6800余万元新埭、新仓、独山港等3个镇级农产品存储保鲜冷链设施。深化跨域"产—供—销"一体化供应链体系，平湖—松阳山海公司实现销售额6680.03万元，同比增长22.82%。培育壮大农业龙头企业，强化供应链体系建设，社属企业服务合作基地120余家，2022年，销售额1.75亿元，同比增长34.97%。增强联农带农、服务民生能力，疫情期间组织自产自销农户入市交易700余吨，完成"三区"生活物资配送7万余份，帮助滞销农民销售本地农产品990.2吨，减少农民损失超560万元。

【信用合作创新深化】指导农村资金互助会、资金互助社做好金融服务工作，参与财金协同省级试点工作，协助完成"浙农服"与"浙里担"的数据共享和业务互通，以数字化赋能金融惠农服务。2022年，资金互助会为农户提供担保金额1033.5万元，资金互助社发放贷款2250万元。浙江农信担保代办点完成担保额5226万元。开展政银担项目试点，设立省农担平湖办事处，推荐担保贷款2008万元。

【生态服务持续开展】推进基本农药零差价配供、农药废弃包装物、废旧农膜的回收处置工作，协同市农村局共同推进"肥药两制"和配方肥替代平衡肥行动，推动农业农村绿色可持续发展。2022年，全市基本农药零差价销售920.15万元；回收农药废弃包装物69.3吨，回收率116.2%，无害化处置率129.4%；废旧农膜回收329.06吨，回收利用率96.78%。

【品牌战略加快实施】8月25日，金平湖冠名高铁上海虹桥首发，加快品牌文化在长三角地区的传播。完善品牌标准体系建设，发布草莓、红爪姜品牌农产品团体标准，累计完成7项。着力保护提升品牌价值,加快“金平湖”集体商标全类注册，2022年，完成3类商标注册，成功注册“平湖西瓜”地理标志证明。培育“金平湖”农产品区域公用品牌主体，新增授权11家，评选示范基地5家。完善线上线下流通体系建设，组建“金平湖”电商公司，组织开展32场线上展示展销活动，品牌农产品销售超6亿元。

（孙香）

粮油购销

【概况】 2022年，平湖市委、市政府落实粮食安全党政同责，获嘉兴市粮食安全责任制考核第一、嘉兴市粮食物资条线考核第一；推动出台《平湖市粮食安全应急预案》《平湖市订单粮食预购定金发放办法》《平湖市促进粮食产业发展扶持政策(试行)》助推全市粮食全产业链发展；通过持续推进粮食购销领域腐败问题专项整治，粮食政策性收购逐步规范，有效应对新冠疫情及恶劣天气对政策性粮食收储的影响，地方储备新增任务到位，小包装储备粮油计划按比例落实，粮油物资应急收储保供能力有效提升。

【粮油购销】 2022年，国有收储公司经营粮食9.4万余吨，其中，粮油购入4.3万吨，出库5.1万吨，平均储存量6.8万吨；全社会粮食产业实现产值30.3亿元，同比增长8.6%；实现地产粮食依质论价收购，向农户兑现等级加价167万余元，同比增加4.3倍；规范发放订单粮食预购定金9户175万余元。

【五优联动】 推进扩面提质，确定优质稻品种为“秀水121”和“秀水6127”，落实五优联动订单大户138个、优质稻订单1.7万余吨；落实单收单储订单大户36个，订单0.76万吨；实行优质加价政策,助农增收169万元。

【粮食监管】 抓牢风险关口前移，完成扦样小麦34份、晚稻67份，持续开展水分仪、容重器统一强制检测工作，送检29台，保障入库储备粮食安全；抓牢执法监督，坚持问题导向，对国有粮食企业、社会粮食企业、辖区内央储企业、镇街道共实施各类指导监督和执法检查82次，共发现问题55个，推动落实问题整改55个，规范粮食收购市场行为。

【粮食宣传】 开展世界粮食日和粮食安全系列宣传活动,聚焦“五进”活动，助力深化家庭储粮、节粮爱粮意识；举办“好味稻”评选大赛，促进全市稻米产业发展，推进“米香振兴”，培育优质稻米品牌。

【数字化改造】 市粮食收储有限公司投入132万元，建设以“收购储备”为核心的“浙江粮仓”“两智慧两智能”数字化协同应用平台，率先贯通应用；加快省应急物资保障综合管理信息平台应用试点建设，投入47万元，实现平湖市应急救灾物资储备库与省级平台的互联互通。

【物资储备】 委托市农产品展销配送有限公司代储冻猪肉储备任务，规范轮换，实施2批次共86吨投放促进稳市保供；投入137.5万元公开采购入库12类1.48万件救灾物资,2022年，疫情防控期间投入126万余元急采4.47万件救灾物资，紧急投送物资14类2.36万件。

（唐建军）

烟草专卖

【概况】 2022年，市烟草局共查获卷烟违法案件340起，同比增长16.44%；查获违法卷烟5.12万条，同比增长44.4%；总案值773.54万元，同比增长25.71%。

【党建实践】 开展2次主题月活动。聚焦“打造红色发展、党业融合的先锋”特色发展课题，组织全体党员参与党员承诺亮诺活动。细化“党支部+项目”工作机制，升级完善“嘉烟党建积分银行”项目，深化数字党建生态建设。落实全面从严治党主体责任情况谈话共15次，签订全面从严治党责任书12份。开展纪律作风专项整治工作，各部门召开专题学习4次、警示教育4次，谈话6次，全员签订纪律作风承诺书。2名党员获评2022年度平湖市直机关优秀党员，1名党员获评平湖市年度“学习强国”学习之星。

【终端建设】 加强现代终端建设，2022年，完成终端层级调整157户次，辖区内双屏机覆盖率达27%。打造42户“香溢红色驿站”，不断推进“5+X”暖心服务，推进加盟终端进农网活动，重点打造黄姑、曹桥农网商圈。深化与中石油、中石化合作，联合打造10家合作终端，持续拓展覆盖范围。

【市场监管】 卷烟打假破网工作持续推进，市场监管力度不断加强，其中“8·18”案件查获假私烟8850条，案值达164万余元，为平湖烟草成立起查获的最大规模专车运输假私烟案件。与边检、海警等部门联合开展海上巡逻检查12次。线上处理预警1034个，启动异常处理程序116个，发出降档停供协同7次，发出《内管预警通报》3次、《监督建议书》2次；有序开展电子烟许可核发及市场监管，受理并核发电子烟零售许可证23份。强化许可证后续监管，许可证总量较年初净减少47份，同比下降1.74%。

【基础管理】 聚焦“攻坚 聚智 赋能”三维度，开展“一图两单三库”工作，激发基础管理新动能。“揭榜挂帅”，发挥优秀创新人才引导优势，推进QC课题《自动化免扫码操作数据采集设备的研制》。在企管采购流转时长方面攻关破题，开发应用数智化采购管理看板，提升管理实效。依托央媒主阵地与融媒体手段讲好平烟故事，释放平烟“香溢芬芳”，2022年，共在央媒发表文章60余篇。

【公益活动】 投身“国企＋村镇”包联防疫工作，成立驻芦湾村服务站临时党支部，被评为市“防疫先锋”团队。聚力打造“香溢”志愿服务队伍，参与“路长制”巡路、“文明劝导”服务、“千名干部访万家”网格连心大夜访等志愿活动。全年，共出动143人次，总服务时长870小时，向平湖市慈善总会捐赠善款15万元，在“慈善一日捐”“千名干部帮千户”活动中共捐赠4580元，在无偿献血服务中共献血2500毫升。

（潘璐瑶）

8月18日，市烟草专卖局联合市公安局拦截一辆运假烟专车

（市烟草局 供稿）

经济技术协作

【山海协作和对口支援】 2022年，平湖市以全省高质量发展建设共同富裕示范区首批试点单位的使命担当，聚焦平台共建、产业共兴、项目共引，深化实施对口支援和山海协作工作。5月，以打造山海协作高质量发展升级版入选全省首批共同富裕最佳实践案例。

深化平台合作，以飞地经济筑牢共富基底。深化“消薄飞地”建设。平湖青田山海协作“消薄飞地”园于2018年3月启动建设，2019年12月竣工，总投资1.47亿元，园区已招引康迈尔、尼得科为代表的高科技型企业等4家，2022年实现产值12亿元。累计为青田265个村集体增收4406万元，每村年均增收5.54万元。加快“消困飞地”建设。青田累计筹得“低收入家庭帮扶资金”2.02亿元入股平湖—青田飞地产业园二期“消困”项目。

2022年9月项目启动建设，该模式获国家扶贫办推广并获全国脱贫攻坚奖提名。启动“产业飞地”建设。平湖—青田“产业飞地”规划总用地面积100.07公顷，其中平湖经济技术开发区69.13公顷、独山港经济开发区30.93公顷。首个启动项目浙大之光数字经济产业园于8月开工，占地7.13公顷，计划总投资10亿元，包含18栋高标准厂房、研发大楼、人才公寓、停车楼等。2022年，实现投资5550万元。

深化价值转换，以乡村振兴架起共富通道。打造精品示范。2022年，落实山海协作援建资金280万元，重点建设农村基础设施。精品打造青田高市乡东源口村、北山镇张坪村2个乡村振兴示范点，东源口村成功创建丽水市级美丽乡村示范村、青田县级美丽乡村精品村，2022年，村集体经济达160.37万元。打造特色品牌。授权2个“金平湖”农产品区域公用品牌合作基地（平风寨杨梅和小舟山山茶油），为青田销售农特产品800余万元。从资金、技术、人才等多维度支持高市乡东源口村建设丽水首个草莓数字工厂。采用高架无土栽培种植系统，运用大数据“云平台”，实现数字监管全程可视化。

合力共推文旅产业。立足青田山水、石雕、侨乡等资源，双方共同投资生态旅游文化产业园。2022年，产业园完成投资3.08亿元，其中，政府性投资0.38亿元；社会性投资2.7亿元。平湖青田联合举办文旅融合业务培训班，共同推进两地文化旅游体育产业互利双赢。

深化全域合作，以民生共享拓宽共富领域。开展“组团式”教育帮扶。2022年，平湖嵊州青田三地教育部门启动“跨地区教共体建设”，共同结对学校27所。平湖提供校舍改造、教学设备等专项资金400万元，累计向青田送教、培训1250人次，受益教师6000余人。推动优质教育资源跨县域共享。搭建平湖—青田联合域外孵化器平台，促进平青科创交流，带动产业提升。开展“组团式”医疗帮扶。自公济山海联盟成立起，三方累计选派骨干医师互访交流110余人次，开展危重症会诊和手术1139台次，成功组建上海—青田医学交流专家中心、夏术阶教授国家名医工作室等。深化“组团式”培训交流。常态化开展专技人才培训活动，通过举办专题培训、现场教学、互动交流等形式，开展培训班10期，培训专技1131人次。多样化开展青年干部“三”交活动，通过业务培训、现场教学、座谈研讨等形式，为青田干部开展联合教学活动4次，进一步深化两地的人才交流与合作。

深化资源互通，以数字赋能创新共富机制。加快产销合作。与松阳全省首创农产品产供销一体化县县合作模式，共同投资成立农产品配送有限公司，与浙南山区80多个农产品基地、110家农产品流通供应商开展合作，为102个机关、企事业单位和社区生鲜门店提供优质的食材配送服务。2022年，公司实现销售额近6000万元。这一创新举措在2022年初全省共同富裕大会上获省委书记袁家军肯定。借助侨企力量。依托侨联、海创会等社会组织，引导民营企业参与消费帮扶工作。平湖海创企业家王钰自创助农共富品牌“尝仙”，在青田、缙云、龙游等11个乡镇建立共富基地，通过订单式农业采购模式，以新型互联网+线下实体店的运营模式，为山区26个县农特产品精准消薄。10—12月，采购各类农副产品3万公斤，价值近200万元。带动模式升级。平湖“浙农服”数字平台通过“一地创新，全省共享”的模式，帮助青田等山区26个县构建农业生产、产品供销、信用惠农“三位一体”的数字化为农服务体系。以视频监控系统、小气候观测站等“四小项”智能化物联网设备实现农业生产从“粗放型”向“规范化”转变。对口支援工作。“线上+线下”助力消费帮扶。依托浙农服数字化应用，结合四川茂县实际，建立“茂农服”数字化应用。8月，平湖、茂县共同成立四川农合数字科技有限公司，组建专业化开发、运营技术团队。融合智慧农资数据，对茂县61家农资企业、销售网点进行数字化改造，对全县农资库、农资店、实名库、农资销售等数据进行实时管理、统计、监管。以“茂农服”数字平台为依托，通过数字化管理、订单式运作等举措，开拓“线上+线下”双向营销渠道，2022年，帮助茂县销售青脆李、花椒、苹果等农副产品4000万元。“茂农服”数字化应用相继得到新华社、中国网、《浙江日报》、四川电视台、川观新闻等国家级、省级媒体报道。“结对+捐赠”打造特色专科。建立以呼吸系统疾病诊疗为特色的独立专科，由平湖市挂职医师牵头，以“一对多”的形式，与6名茂县内科医生师徒结对，组建呼吸系统疾病诊疗小组。该技术团队共同查房1000多次，病历质控2000多次，救治危重疑难患者100多人次。由平湖卫健部门出资26万余元支持无创呼吸机、肺功能仪、制氧机等一批设备，由浙江莎普爱思药业股份有限公司出资5万余元捐赠一批氟替美维吸入粉雾剂。“数字+联户”织密防返贫网。在茂县成功建立四川首个数字化防返贫监测系统，以“两联一进”工作为载体，探索以“数字赋能+联户联情”双机制，织密“线上+线下”两张网。对脱贫不稳定户、边缘易致贫户、突发严重困难户、异地搬迁户及其他等五大类2019户7445人作为监测户。将市人力社保局、民政局、乡村振兴局、林草局、医保局等16个部门32类防返贫及民生信息进行归集汇总，形成集重点监测户基本信息、经济状况、务工就业等于一体的防返贫监测信息库。

“选派+服务”增进交流合作。向茂县选派领导干部2人，其中县处级1人、科级1人；专技人才14人，其中帮扶1—6个月6人、7—12个月6人、12个月以上2人。举办乡村振兴干部培训班31期，培训干部2287人次，举办专业技术人才培训班21期，培训专业技术人才2409人次。在平湖建设平茂劳务协作站，设立“一站式”服务窗口，打造异地便民中心，完成稳岗补贴申领57人，补助资金80300元。举办茂县2022年浙江省对口支援暨省内对口帮扶招聘会，组织平湖116家企业提供优质就业岗位1700余个，1000余人次进场求职。

（陶嘉颖）

【长三角一体化】 2022年，全市上下坚定实施长三角一体化发展首位战略，锚定“虹桥金南翼浙江第一站”定位，聚焦聚力“四个一批”建设，在融合发展中奋勇前行。抢抓虹桥战略机遇。出台嘉兴首个县市区级建设方案，明确“12050”推进路径，即确立“虹桥金南翼浙江第一站”的总体定位，建设20个平台载体和50个总投资超1000亿元的标志性项目。“二区一港一城（AAAAA级景区城国际商务协同区、“壹号湾”科技创新活力区、数字贸易信息枢纽港、海河空铁联运开放之城）”建设加快推进，成功创建省级全域旅游示范市，抖音电商羽绒服直播基地获评省级直播电商基地，虹桥·平湖“壹号湾”核心区明湖国际科创岛完成方案设计，独山港区新开放A7、A8等7个泊位。平湖元素频频亮相虹桥主题活动，“平湖—金山共推田园五镇建设”入选虹桥国际开放枢纽建设一周年创新实践案例，金山至平湖市域铁路合作备忘录在虹桥国际开放枢纽建设工作现场会上签约，2022虹桥国际开放枢纽南向拓展带平湖项目合作推进会在上海虹桥成功举办，“金平湖”农产品区域公共品牌冠名高铁在上海虹桥站首发。

10月26日，2022浙江·平湖（上海）新材料新能源产业专场推介会举办

（市发改局　供稿）

聚焦平台能级提升。张江长三角科技城平湖园列赛迪发布的2022全国科技城百强榜第18位，园区数字经济核心制造业产值占规上工业产值比重从1.41%上升到33.44%，启动科技城党建联建首批“十大合作项目”。独山港经济开发区新签约巴斯夫贺利氏等新材料项目11个，总投资约75亿元，实现新材料产业规上工业产值495.3亿元，同比增长12.4%。农开区（广陈镇）获评省级农村一、二、三产业融合发展示范园，山塘驿·毗邻服务中心功能获提升，完成“湾区食谷”、非遗大厦等毗邻强村项目，南北山塘AAAA级景区创建启动申报并完成资源评估申请。打好招商引资主动仗。在沪举办汽车产业、生命健康产业、新材料新能源、半导体、高端机床5场产业专场推介会，累计邀请客商150余人次，签约项目8个。举办中国·平湖线上投资环境说明会，中科纳米产业集团等6个项目进行路演。全年，共引进长三角地区内资项目127个，其中上海地区项目79个，到位资金分别为66.57亿元、27.33亿元，实到内资占全市比重为81.1%、33.3%。从长三角地区引进外资项目26个，其中上海地区项目19个，到位资金分别为33545万美元、29528万美元，实到外资占全市比重为81%、71.3%。

畅通城市出行脉络。金山至平湖市域铁路（沪平盐城际铁路）开工建设，沪乍杭铁路完成预可研报告。嘉兴至平湖快速路射线工程、228国道先行段、525国道与302省道平改立启动建设，浙沪省际干道202平湖段全线贯通。独山港区Ⅲ号内港池区、外海B13、14码头通过验收。加快内河公用码头建设，建成全省首个绿色生态码头。优化310路、315路2条毗邻线路，在6条省际毗邻线路的公交车身两侧及后部喷涂统一的“长三角省际毗邻公交客运”标识。正式启用新仓客运中心，共享毗邻场站站点、充电桩等资源。

9月25日，2022中国·平湖西瓜灯文化节长三角西瓜灯雕刻创意大赛在金平湖广场拉开序幕　（市发改局　供稿）

密切科技人才交流。推进“海外工程师全周期服务”、外国人来华“一件事”联办服务，“长三角（G60）全球科创路演中心场景”在嘉兴“智汇长三角·筑梦G60”联合路演活动上场景正式发布，并向长三角九城市推介。加快推进孵化平台建设，平湖实验室和浙工大研究院获嘉兴市A类重点实验室认定，已有嘉兴市级以上孵化器11家。举办上海留学生企业协会平湖行、浙工大新材料博士平湖行等各类线下人才活动10场。与上海市闵行区、金山区建立人才服务联系机制，上述两地符合条件的高层次人才到平湖可享受免费游览景区、住宿享受人才专享优惠价格等服务。提质公共服务资源。新增长三角教育合作项目7个，平湖中学与杭州学军中学合作签约，拉开两校紧密型合作办学的序幕。邀请上海、杭州等长三角城市教育专家到平开展各类调研指导、专题报告、特色课教学展示活动30余场。新增医院合作项目3个，全年沪杭大医院专家到平门诊接诊、会诊病人及手术2.6万余例，选赴沪杭等地三甲医院进修，培训590人次。开发升级平湖市医保结算系统，实现接入长三角异地就医直接结算平台。举办长三角西瓜灯雕刻创意大赛、长三角龙舞邀请赛等主题文体活动20余场。以“资源共用、演员共享、精品共造”的方式，在大型多媒体史诗剧《转角湾》的基础上与上海团队再次联手，打造原创现代话剧《明月山塘》。

推进跨区域协同治理。在全国首创建立跨省联合执法队（张江长三角科技城“平湖市—上海金山区”联合行政执法队）和“555”标准化工作机制，推进“首违免罚”政策落地。完善提升长三角社会治理协同应用，整合“1+3+N”平湖、金山毗邻网格服务体系，累计处置矛盾纠纷等各类社会治理事件758件，事件处置效率提升60%。建立交界区域地表水国控断面协同治理、石化化工挥发性有机物协同治理“三统一”机制。加强交界区域环境污染防治，有效管控交界区域VOCs排放和环境综合治理，常态化开展联合走航、联合执法、联合监测。

创新体制机制破难。全球科创路演中心场景改革试点等5项被列入嘉兴市破难清单，其中创新突破类2项，复制推广类3项，均解决。探索4项跨区域破难事项，建成并安全运行浙江省援沪防疫物资平湖中转站，累计安全中转保供车辆264辆，转运物资4847.2吨，为特殊时期实现跨区域保通保畅和预防疫情外溢提供平湖智慧，获《人民日报》和央视新闻点赞。率先探索跨省违规购买或销售特殊管理药品处置全流程闭环处置模式，平湖市“云药通”应用与金山区特殊药品监管系统正式对接，实现两地200余种特殊管理药品跨1167平方公里的联合管控。

（周皓天）

成品油经营

【概况】 2022年，全市已建成投入使用的加油站（点）共48个，管理公司1个。其中，路上加油站35个，中石化22个，占62.86%；中石油3个，占8.57%；浙石油3个，占8.57%；民营7个，占20%。加油点13个，中石化1个，占7.69%；中石油1个，占7.69%；民营11个，占84.62%。2022年，全市销售成品油21.47万吨，同比下降1.96%，其中汽油零售10.57万吨，同比下降4.6%，柴油零售10.89万吨，同比增长0.6%。

【成品油价格调价】 2022年，全市成品油价格严格按照国家发改委调价通知执行，对成品油价格作出24次调整。

（朱海彬）

住宿餐饮

【概况】 2022年，住宿餐饮业累计实现零售额19.25亿元，占社零总额的8.3%，增速为2.8%，拉动社零总额增长0.2个百分点。

【圣雷克大酒店】 平湖市唯一一家五星级涉外旅游饭店，国家银叶级饭店。有国际化标准设备的大小会议室9个，接见厅1个，客房总数346间（套），床位553个，餐位2000个，员工235人。2022年，实现营业收入6970万元，营业额同比下降960万元,同比下降12.1%。秉持“科学、高效、务实、创新”的管理理念和“让服务成为艺术、让服务创造价值”的服务理念，承担着平湖市各类大型会议团队、重要商务散客、政府重要活动的接待任务。

【白金汉爵大酒店】 有客房总数622间（套），床位848个，餐位2069个，高档会议厅10间，棋牌包厢53间,员工660人。2022年,实现营业收入12604.12万元，同比减少13.7%，实现税收142.11万元，同比减少56.43%。酒店设计以中式典雅结合欧式尊贵建筑风格为特色，以大型高档餐饮、大型精品客房、大型高档娱乐三大业务为主营项目，集住宿、餐饮、娱乐、休闲于一体，自主品牌哪吒捞海火锅等。2022年度酒店获“嘉兴市服务业领军型企业”“嘉兴市党政机关会议培训定点饭店”“无诈示范企业”“百县千碗　金平湖十六味，特色美食示范店”等称号及“服务业‘兴平工程’规模奖”。

【绿阳大饭店】 三星级酒店，客房总数368间（套），床位368个，餐位431个，员工144人。2022年，实现营业收入3750万元，同比增加3.4%，实现利税737万元，同比减少5.1%。饭店以接待外籍客人，特别是日籍为主，做到日语无障碍交流，提供特色日本料理。饭店与携程旅行网开展合作，积极开拓市场。重视教育与培训，开展1次2人设备高压复训，1次1人食品安全管理员考试，1次1人企业安全生产管理人考试，1次2人天然气安全培训。拥有一名嘉兴市级星评员。

【平湖华侨饭店】 君澜华侨饭店，是君澜酒店集团布局嘉兴地区的第六家酒店，由莱恩达集团投资兴建，客房211间，配备有5个豪华餐饮包厢、豪华自助餐厅（澜餐厅）。有客房总数211间，床位313个，餐位200个，高档包厢5间，员工68人。2022年，实现营业收入1148万元。

【平湖卓越铂尔曼酒店】 有客房总数300间（套），床位420个，餐位525个，高档会议厅14间，员工205人。2022年，实现营业收入4906万元，实现税收24万元。获第十三届外滩设计酒店大奖——“年度风格酒店”奖；第三届门墩儿奖——最佳设计酒店&最佳婚礼场所酒店；“Journey+2022-2023酒店奢选大赏-年度地标酒店”大奖2022年度环旅行大奖——年度MICE酒店等。炙·海鲜牛排馆获第八届中国誌大奖——“最时尚餐厅”奖。荟集年度人气口碑度假酒店称号（2022年）等。

【平湖万怡酒店】 有客房总数80间，床位140个，餐位300个，高档会议厅3间，包厢8间，员工80人。2022年，实现营业收入2017.2万元，实现税收13.84万元。平湖万怡酒店位于平湖明湖景区，临近市政府、购物中心、娱乐场所。配备健身房，是集中餐、西餐、酒吧、宴会于一体的庄园式酒店。

大中型商场（超市）

【平湖大润发超市】 经营范围：食品、百货、大小家电、服饰鞋帽、图书、化妆品、音像制品等3万余种质优价廉的商品。2022年，实现营业收入3.08亿元，同比下降1.5%，实现利润300.22万元，同比下降34.78%。坚持“一站式消费理念”，采取“店中店”的经营模式，一楼商业街有服装店、餐饮店、饰品店，二、三楼的超市商品种类齐全、蔬菜水果新鲜、购物环境舒适，并配有400个停车位的地下停车场及大面积的广场停车区域。2022年，组织开展消防安全演练4次，参与460余人次，礼貌用语培训6次，参与340余人次，专业知识培训60次，参与620余人次。

【上海华联超市嘉荟城店】 上海华联超市嘉荟城店位于平湖开发区恒隆嘉荟城二楼。超市购物环境舒适并配有500个停车位的地下停车场。经营范围：生鲜、食品、百货等，涉及商品2万余种。2022年，实现营收532万元，净利润-18万元。2022年组织开展消防知识培训及演练8次，参与30余人次，礼貌用语培训8次，参与30余人次，专业知识培训4次，参与30余人次。

【华润超市南都景苑店】 经营范围：食品、百货、大小家电、服饰鞋帽等。2022年，实现营业收入2750万元，同比增长6.4%，实现利润-108.9万元。在节假日如中秋、国庆、春节等开展节日畅销品类满送活动，增加万余件商品5折起等促销活动。2022年，组织开展消防安全演练4次，参与59余人次，礼貌用语培训12次，参与60余人次，专业知识培训28次，参与200余人次。

【华润超市银河苑店】 经营范围：食品、百货、大小家电、服饰鞋帽、图书、音像制品等。2022年，实现营业收入3908.4万元，同比下降5.4%，实现利润-71.7万元，同比下降3379.2%。加强民生商品管理，对重点客户、商圈进行细化经营，组织开展“支付宝折扣”“档期满送”“品类折扣”等促销活动。正式工员工人数62人，小时工8人，重视员工队伍建设，组织新员工入职培训4次，参与12人次，员工业务培训30余次，参与800多人次。

【平湖物美超市】 经营范围：生鲜、食品、百货、小家电、化妆品等1.2万余种质优价廉的商品。2022年，实现营业收入3000余万元，利润200万元。超市坚持“科技化、专业化创新”理念，采取“线上线下一体化”的经营模式，线上“多点”购物平台，可实现三公里送货上门，线下“自由购”平台可实现超市内购物无人自助付款。超市购物环境舒适，并配有1700个停车位的地下停车场及大面积的广场停车区域。2022年，组织开展消防安全演练8次，参与300余人次，礼貌用语培训12次，参与600余人次，专业知识培训12次，参与600余人次。

【永辉超市】 经营范围：生鲜，食品，百货，小家电，化妆品，等3万余种质优价廉的商品。2022年，实现营业收入7254万元，亏损303万元。超市坚持“融合共享，成于至善”理念，采取“线上线下一体化”的经营模式，线上永辉生活购物平台，可实现五公里送货上门，线下永辉超市平台可实现超市内购物无人自助付款。超市商品种类齐全，购物环境舒适，并配有1300个停车区域。2022年，组织开展消防安全演练12次，参与680余人次，服务礼仪培训12次，参与300余人次，专业知识培训24次，参与800余人次。

平湖市区超市（商场）基本情况表

表5

超市（商场）名称	营业面积（平方米）	员工人数（人）	开业时间	营业收入（万元）
上海华联	3500	63	2019年10月	532
华润银河苑店	7836	96	2003年4月	3908.4
华润南都景苑店	3600	58	2004年9月	2750
大润发	23000	302	2008年7月	30800
物美超市	3300	102	2017年10月	3000
永辉超市	4300	102	2018年9月	7254

（倪逸平）

平湖市个体私营经济协会

【概况】 2022年，平湖市个体私营经济协会积极推进协会事业发展，融入平湖经济社会发展大局，坚持“抓党建、促发展”，扎实做好各项工作。

【个体私营服务指导】 开展企业主体活跃度调查，先后完成3批次、143家市场主体活跃度调查。开展“个体工商户服务月”活动，走访吾悦广场商圈近500家个体工商户，发放近千份宣传手册，提高政策知晓度和惠及面。统筹安排红立方“党员志愿服务日”活动，全年，开展12期志愿服务，53名党员参与志愿服务。推动建立全省首个花卉产业“小个专”红色联建机制，助力绽放“美丽经济”。

【党的二十大精神学习】 学习贯彻党的二十大、省十五次党代会精神，推动学习融入日常、抓在经常。先后开展“小个专”党建培训5场次，交流讨论60场次，参与数1500余人。11月25日，在党校举办“小个专”领域学习宣传贯彻党的二十大精神专题培训班，全市“小个专”党员代表等50余人参加。

【“小个专”党建】 推动“小个专”党建与市场监管融合发展。推动党的组织和工作覆盖，在8个基层所分局成立“小个专”党建工作指导站，选派党员干部担任党建工作指导员。开展私营企业排摸，动态采集、管理小个专党组织和党员数据，完成核实、录入党员信息1403个、党组织信息159个。开展“三亮三创”，推动专业市场、10大商圈党员经营户“亮身份、亮职责、亮承诺”全覆盖。培育“诚信小微企业、工商户”嘉兴市级18家、平湖市级56家，创成“党员先锋岗”“党员示范岗”“党员诚信岗”30家。开展“红色志愿”服务，参与志愿服务2000余人次，捐款捐物60余万元。

【“两新”组织党建】 推进嘉兴“小个专”党建“一业一品”示

范点，即平湖中国服装城党建试点创建，出台《加强市场党建凝聚中国服装城发展新动能》创建方案。在专业市场打造红色示范商圈，排摸党员经营户、流动党员109名，建设12楼党建阵地。立足市监职能，深化红色商圈治理，打造“红盾赋能”品牌，上门指导服务经营户近50户，解答经营户相关问题100余个，开展各类培训200余人次。相关工作获国家市场监管总局“小个专”党建工作领导小组办公室专职副主任金树泳肯定。10月31日，该项目作为嘉兴市“小个专”党建现场会参观点位进行展示。

【新业态新就业群体党建】 走访调研排摸，掌握辖区外卖行业党员数量、党建情况，美团、“饿了么”两大平台在平湖的骑手有1100余人，其中党员3名，推行“先锋小哥码”，完成党员小哥到所在村或社区报到，纳入网格治理。关心关爱服务，在骑手集聚的商圈楼宇、市场、社区等区域布点“骑士加油站”，牵头在北门农贸市场红立方筹建“骑士加油站”。走访美团和“饿了么”两大外卖配送站点，送上50余份防暑降温清凉包。

（吕琦）

对外及对港澳台贸易

综　述

【概况】 2022年，市商务局（不包含嘉兴港区和嘉兴电厂，下同）完成合同外资及港澳台资78045万美元，实际外资港澳台资41414万美元，引进世界500强投资项目、全球行业龙头企业投资项目和超亿美元项目18个，经评审认定跨国公司地区总部和功能性机构3个。实现市进出口总值559.3亿元，同比增长7.1%。全市备案境外项目和机构共6家，其中增资1家，境外投资总额970万美元。克服经济发展下行压力，统筹疫情防控和经济发展，不断提升扩大开放水平。

【对外经济技术合作】 全市新备案对外直接投资项目6个，其中新设项目5个，增资项目1个。完成境外直接投资970万美元，同比增长14.12%。全年，全市完成外经营业额1707.7万美元，同比增长333.43%，其中境外承包工程营业额1651.13万美元，对外劳务合作营业额56.6万美元。全市现存经备案境外投资（并购）企业和机构35家，其中对外直接投资（并购）企业33家，境外承包工程企业1家，境外劳务合作企业1家。累计对外直接投资额7.3亿美元，分布于东南亚、欧美、大洋洲、非洲等地的20多个国家和地区。

利用外资及港澳台资

【概况】 全年，全市共新增合同外资项目59个，其中新设项目41个，增资转股项目18个。实际外资在嘉兴五县二区中列第三位。

2022年全市外商及港澳台商投资项目情况表

表6　　单位：万美元

项目名称	国别（地区）	总投资	注册资本	合同资金	备注
华媒创纪文化创意（浙江）有限公司	中国香港	280	200	200	
尼得科机床（浙江）有限公司	日本	4370	1748	1748	
法电优能（平湖）新能源有限公司	香港	285	200	200	
德默菲管理咨询（平湖）有限公司	德国	45	32	11	
楠嘉德传感技术（平湖）有限公司	德国	8	8	4	
德库威乐管道系统（浙江）有限公司	德国	2500	1200	1200	

续表 6

项目名称	国别（地区）	总投资	注册资本	合同资金	备注
嘉兴市新胜贸易有限公司	中国香港	3000	3000	3000	
平湖康达智精密技术有限公司	日本	0	2760	2760	增资
翰诠特种纺织品（平湖）有限公司	英属维尔京群岛、日本	563	689	689	增资
嘉兴智甄生物科技有限公司	美国	15	15	13	
嘉兴合易企业管理合伙企业（有限合伙）	中国台湾	141	141	141	
浙江川电钢板加工有限公司	日本	0	1666	1632	增资
嘉兴市世耀贸易有限公司	中国香港	2966	2966	2966	
嘉兴市华鑫宝贸易有限公司	中国香港	2966	2966	2966	
萨泰克斯管道修复技术（平湖）有限公司	德国	0	950	950	增资
日本电产汽车马达（浙江）有限公司	日本	30000	10000	10000	增资
嘉兴汉禧微电子技术有限公司	德国	73	73	12	
日本电产理德机器装置（浙江）有限公司	日本	2500	1000	1000	增资
平湖康达智精密技术有限公司	日本	150	107	107	增资
三星精密不锈钢（平湖）有限公司	韩国	0	-1500	-1500	减资
川浦（浙江）科技有限公司	中国香港	-7500	-1800	-1800	减资
特吕茨施勒纺织机械（嘉兴）有限公司	德国	0	200	200	增资
特密科（嘉兴）新材料有限责任公司	德国	49	35	27	
新冰野生物科技（浙江）有限公司	日本	1400	1400	1300	
嘉兴贝果供应链管理有限公司	加拿大	1	1	2	增资
嘉兴汉禧微电子技术有限公司	德国	0	0	38	增资
迈克普兰检测设备（平湖）有限公司	意大利	-65	-45	-45	减资
浙江宝绿特环保技术工程有限公司	英属维尔京群岛	-8901	-2300	-2300	减资
汉林（浙江）科技产业发展有限公司	中国香港	10500	3500	3500	增资
嘉兴金氟微电子材料有限公司	日本	571	450	14	
浙江中科安齿生物科技有限公司	中国香港	363	363	4	
嘉兴松翔生物科技有限公司	韩国	141	141	139	
嘉兴商羽科技有限公司	中国香港	2000	2000	2000	
嘉兴群鹿科技有限公司	中国香港	200	200	200	
弗港智能科技（浙江）有限责任公司	中国香港	1200	500	255	
浙江润信医疗器械有限公司	中国香港	2500	1000	1000	
恒阳永合科技（浙江）有限公司	中国香港	1250	500	500	
泊信雅（浙江）科技发展有限公司	中国香港	10000	10000	10000	
嘉兴言恒新材料有限公司	中国香港	3000	3000	3000	
格深（浙江）贸易有限公司	中国香港	12000	4500	4500	
平湖市圣剑新材料科技有限责任公司	日本	6900	2300	2300	增资
嘉兴鹭芯岛科技有限公司	中国香港	1127	563	563	
浙江未来之星科技发展有限公司	美国	139	139	25	
欧迩凯化学材料（浙江）有限公司	韩国	2000	1200	1200	
巴斯夫贺利氏金属资源有限责任公司	德国	7253	2418	2418	
美凯威奇（浙江）新材料科技有限公司	新加坡	4550	1517	1517	
科莱恩特种化学品（嘉兴）有限公司	瑞士	1600	640	640	增资
优沃德（中国）粘合剂有限公司	德国	1579	745	745	

续表 6

项目名称	国别（地区）	总投资	注册资本	合同资金	备注
嘉兴市奥氧健康科技有限公司	中国香港	7	7	1	
平湖易兴仓储服务有限公司	中国香港	0	700	700	增资
华谌人工智能科技（浙江）有限公司	中国香港	2000	2000	2000	
浙江迪克东华精细化工有限公司	日本	–2234	600	600	增资
浙江承龙复合材料有限责任公司	中国香港	128	128	128	
浙江承龙复合材料有限责任公司	中国香港	1408	1408	1408	增资
琦光新材料科技（平湖）有限公司	日本	0	300	300	增资
华谌人工智能科技（浙江）有限公司	中国香港	2000	2000	2000	增资
浙江律通复合材料有限公司	中国香港	–256	–256	–256	减资
平湖市圣剑新材料科技有限责任公司	日本	5100	5000	5000	
嘉兴浙山新材料有限公司	中国香港	2800	2800	2800	
中建国际投资（嘉兴）有限公司	中国香港	–4397	–1548	–1548	减资
平湖市锦宇金属材料有限公司	马来西亚	–180	–135	–135	减资
平湖谦牧新材料科技有限公司	中国香港	2500	2500	2500	
平湖市鑫楷人力资源有限公司	中国台湾	1	1	1	
平湖市皓华新材料科技有限公司	中国香港	700	700	700	
嘉兴九章环保科技有限公司	英国	1800	1800	1800	
嘉兴市坤舆塑料有限公司	中国台湾	14	14	6	
合计		115109	79406	78044	

2022 年全市外商及港澳台商投资项目资金到位情况表

表 7　　单位：万美元

企业名称	国别（地区）	本期实际到位	到位时间
丹尼斯冠食品（中国）有限公司	丹麦	784	2022 年 1 月
嘉兴博集医疗科技有限公司	中国香港	439	2022 年 1 月
斯泰必鲁斯（浙江）有限公司	卢森堡	176	2022 年 1 月
川浦（浙江）科技有限公司	中国香港	350	2022 年 1 月
浙江圆通新材料有限公司	中国台湾	37	2022 年 1 月
中津精密机床（浙江）有限公司	中国香港	2301	2022 年 1 月
曼氏（中国）香精香料有限公司	法国	201	2022 年 2 月
萨泰克斯管道修复技术（平湖）有限公司	德国	44	2022 年 2 月
先导光电科技（平湖）有限公司	中国香港	8	2022 年 3 月
蒙塔纳锐驱动技术（浙江）有限公司	中国香港	32	2022 年 3 月
睿迈通讯设备（中国）有限公司	瑞士	25	2022 年 3 月
川浦（浙江）科技有限公司	中国香港	70	2022 年 3 月
尼得科机床（浙江）有限公司	日本	437	2022 年 3 月
浙江新合发联宾包装科技有限责任公司	中国香港	363	2022 年 3 月
日本电产汽车马达（浙江）有限公司	日本	5311	2022 年 3 月
博格隆（浙江）生物技术有限公司	加拿大	756	2022 年 3 月
川源（中国）机械有限公司	英属维尔京群岛、中国台湾	259	2022 年 5 月
法电优能（平湖）新能源有限公司	中国香港	10	2022 年 6 月

续表 7

企业名称	国别（地区）	本期实际到位	到位时间
尼得科智能研究院（平湖）有限公司	日本	0	2022 年 6 月
平湖康达智精密技术有限公司	日本	100	2022 年 6 月
丹尼斯冠食品（中国）有限公司	丹麦	1582	2022 年 6 月
日本电产汽车马达（浙江）有限公司	日本	1504	2022 年 6 月
平湖康达智精密技术有限公司	日本	98	2022 年 7 月
汉希科特半导体技术（平湖）有限公司	德国	7	2022 年 7 月
寅家电子科技（浙江）有限公司	中国台湾	15	2022 年 7 月
德马吉森精机制造技术（平湖）有限公司	德国	522	2022 年 7 月
威克诺森机械设备（中国）有限公司	德国	611	2022 年 7 月
德马吉森精机制造技术（平湖）有限公司	德国	306	2022 年 9 月
川浦（浙江）科技有限公司	中国香港	120	2022 年 9 月
浙江川电钢板加工有限公司	日本	1632	2022 年 9 月
平湖康达智精密技术有限公司	日本	93	2022 年 9 月
法电优能（平湖）新能源有限公司	中国香港	63	2022 年 9 月
尼得科机床（浙江）有限公司	日本	1323	2022 年 9 月
平湖康达智精密技术有限公司	日本	1599	2022 年 11 月
翰诠特种纺织品（平湖）有限公司	英属维尔京群岛、中国台湾、日本	692	2022 年 11 月
帝柯贸易（平湖）有限公司	中国香港	46	2022 年 11 月
浙江吉瑞弗科技有限公司	英属维尔京群岛、中国香港	231	2022 年 1 月
浙江吉瑞弗科技有限公司	英属维尔京群岛、中国香港	46	2022 年 3 月
浙江宝绿特环保技术工程有限公司	英属维尔京群岛、中国台湾	200	2022 年 3 月
嘉兴怡宝三协新材料科技有限公司	中国香港	18	2022 年 3 月
嘉兴怡宝三协新材料科技有限公司	中国香港	5	2022 年 4 月
浙江全晟汽车内饰材料有限公司	中国香港	65	2022 年 6 月
嘉兴西而贸易有限责任公司	马绍尔群岛	10	2022 年 6 月
嘉兴怡宝三协新材料科技有限公司	中国香港	18	2022 年 7 月
浙江全晟汽车内饰材料有限公司	中国香港	24	2022 年 7 月
浙江全晟汽车内饰材料有限公司	中国香港	13	2022 年 7 月
嘉兴怡宝三协新材料科技有限公司	中国香港	46	2022 年 8 月
嘉兴怡宝三协新材料科技有限公司	中国香港	32	2022 年 9 月
嘉兴华丽非织布制品有限公司	日本	1098	2022 年 1 月
龙旺宠物用品（浙江）有限公司	中国香港	470	2022 年 2 月
龙旺宠物用品（浙江）有限公司	中国香港	50	2022 年 3 月
浙江晋昇科技发展有限公司	中国香港	83	2022 年 3 月
雷恒广智能科技（嘉兴）有限公司	中国台湾	5	2022 年 6 月
龙旺宠物用品（浙江）有限公司	中国香港	150	2022 年 6 月
娜莱博生物科技（浙江）有限公司	中国香港	13	2022 年 6 月
嘉兴远郑仓储有限公司	中国香港	16	2022 年 6 月
浙江晋昇科技发展有限公司	中国香港	19	2022 年 6 月
浙江晋昇科技发展有限公司	中国香港	15	2022 年 7 月

续表 7

企业名称	国别（地区）	本期实际到位	到位时间
龙旺宠物用品（浙江）有限公司	中国香港	100	2022 年 9 月
浙江晋昇科技发展有限公司	中国香港	7	2022 年 9 月
浙江意中航空产业发展有限公司	中国香港	354	2022 年 2 月
泊信雅（浙江）科技发展有限公司	中国香港	200	2022 年 6 月
嘉兴言恒新材料有限公司	中国香港	1009	2022 年 9 月
鑫宸（嘉兴）创业投资有限公司	中国香港	100	2022 年 10 月
湛新科技材料（嘉兴）有限公司	荷兰	1412	2022 年 1 月
平湖易兴仓储服务有限公司	中国香港	300	2022 年 2 月
浙江奥泰智能技术有限公司	中国香港	511	2022 年 3 月
浙江宙辉电器有限公司	萨摩亚、中国香港	185	2022 年 3 月
美馨卫生用品有限公司	英属维尔京群岛	915	2022 年 3 月
罗德尔生物制药有限公司	中国香港	179	2022 年 3 月
平湖易兴仓储服务有限公司	中国香港	900	2022 年 3 月
皮埃尔葛安（嘉兴）生物工程设备有限公司	法国	49	2022 年 3 月
开拓药业（浙江）有限公司	中国香港	500	2022 年 5 月
罗德尔生物制药有限公司	中国香港	100	2022 年 6 月
皮埃尔葛安（嘉兴）生物工程设备有限公司	法国	28	2022 年 6 月
基诺控股（浙江）有限公司	英属维尔京群岛、新加坡	78	2022 年 6 月
平湖易兴仓储服务有限公司	中国香港	400	2022 年 6 月
浙江奥泰智能技术有限公司	中国香港	852	2022 年 6 月
平湖博远仓储服务有限公司	中国香港	497	2022 年 6 月
巴斯夫贺利氏金属资源有限责任公司	德国	2418	2022 年 6 月
美馨卫生用品有限公司	英属维尔京群岛	301	2022 年 7 月
欧迩凯化学材料（浙江）有限公司	韩国	200	2022 年 7 月
美凯威奇（浙江）新材料科技有限公司	新加坡	783	2022 年 7 月
浙江奥泰智能技术有限公司	中国香港	150	2022 年 7 月
基诺控股（浙江）有限公司	英属维尔京群岛、新加坡	5	2022 年 7 月
优沃德（中国）粘合剂有限公司	德国	47	2022 年 7 月
科莱恩特种化学品（嘉兴）有限公司	瑞士	640	2022 年 8 月
浙江奥泰智能技术有限公司	中国香港	52	2022 年 8 月
浙江彩皇精细化工有限公司	日本	500	2022 年 8 月
美馨卫生用品有限公司	英属维尔京群岛	20	2022 年 9 月
平湖易兴仓储服务有限公司	中国香港	185	2022 年 9 月
优沃德（中国）粘合剂有限公司	德国	163	2022 年 9 月
湛新科技材料（嘉兴）有限公司	荷兰	591	2022 年 9 月
嘉兴浙山新材料有限公司	中国香港	2029	2022 年 9 月
平湖谦牧新材料科技有限公司	中国香港	53	2022 年 7 月
平湖绿峰能源科技有限公司	中国香港	10	2022 年 6 月
福纳瑞园艺（浙江）有限公司	荷兰	49	2022 年 6 月
合计		41414	

【"一盘棋"招商格局构建】开展"双招双引 五百行动""双招双引 百日攻坚行动"，建立稳外资和招大引强两个攻坚专班，梳理"三张清单"，细化分解全年目标任务，压实主体责任。定期召开招商引资例会，及时协调解决项目在洽谈、推进过程中遇到的困难和问题。发挥考核"指挥棒"作用，制定出台外资（招大引强）考核办法，修订出台新一轮开放型经济政策，加大增资扩股、招大引强等奖励力度，全市增资项目合同外资 2.9 亿美元，占全市比重达 37%。

7月26日，平湖市电子商务公共服务中心正式启动
（市商务局　供稿）

【"多元化"招商路径探索】发挥市级"云招商"会议室作用，采用"云洽谈""云签约"等方式开展项目推介和洽谈，全年，开展"云招商"180余次，与中介机构等开展"云洽谈"31次。在符合疫情防控要求情况下，以"请进来"和"走出去"相结合方式谋划各类招商活动，先后在上海举办汽车产业、生命健康、新材料新能源、半导体、高端机床等产业专场推介会 5 场，举办全市高质量制造业项目集中签约仪式，2022 中国·平湖西瓜灯文化节开幕式暨投资贸易洽谈会。组团到日本招商，累计拜访企业 16 家，达成意向投资项目 4 个，意向投资额 1.75 亿美元。深化与国际知名中介、投资机构等合作，通过基金招商引进金兆新材料和臻驱电控两个项目。

9月22日，平湖驻德招商点揭牌仪式在2022西瓜灯节经贸签约仪式上举行
（市商务局　供稿）

【"高质量"外资导向坚持】坚持"链式"思维，紧盯"1212"重点产业关键企业开展精准招商、配套招商，全市招引二产重点项目 21 个，合同外资 2.3 亿美元，占工业引资额的 92%，全市制造业实际外资占比达 78%，高技术产业实到外资占比达 75%，均高于全省平均水平。发挥中日产业园、欧洲（德国）产业园两大国别园区优势，在日本、德国分别设立招商联络处，全年，引进日本及欧美发达国家项目 27 个，合同外资 3.5 亿美元，占比 44.6%。

【"全方位"招商服务优化】以"三服务"为抓手，深化为企服务。强化项目全流程跟踪服务，全年，商务窗口办件数 522 件。深入外资企业开展走访服务，帮助 30 多家外资企业协调解决 300 余人次外籍高管、专家入境事项。鼓励外资企业提升科技创新水平，津上精密机床和欧迪恩传动科技 2 家企业获评全省首批符合进口税收政策的外资研发中心。加大重点外资项目支持力度，帮助湛新等5个重点外资项目向上争取预支奖励用地指标，帮助林德项目向上争取能耗单列，加快项目推进。

对外及对港澳台贸易

【概况】 据海关统计，全年，全市累计实现贸易559.3亿元，同比增长7.1%。其中，输出313.97亿元，同比下降0.8%；输入245.34亿元，同比增长19.3%。

【政策加码增信心】 出台《平湖市应对疫情冲击支持稳外贸政策》《关于金融助力外贸稳定发展的若干意见》《平湖市持续推动开放型经济稳定发展的若干政策意见》，鼓励企业开拓国际市场、加强汇率避险、扩大新出口主体、提质增效，提出对出口50强企业实行月度考核奖励。加速政策兑现，先后完成涉及中央、省和市8批次项目资金拨付，全年，兑现金额5300万元，惠及企业222家次。强化政策宣讲，举办商务促进政策线上线下培训活动14场，重启全市8个镇街道政策巡回宣讲活动，基本实现政策宣讲“全覆盖”。

【建路搭桥拓市场】 鼓励企业参加各类展会和贸易对接活动，发布各类线上线下交易会、代参展项目信息150多条，主办网上交易会2场，一对一匹配线上洽谈238次。即时跟踪和更新展会服务，组织150多家企业参加日本大阪展、英国伯明翰展、海南消博会、深圳跨交会等17个线下和代参展项目。引导企业充分利用RCEP累积原产地规则，启动平湖原产地证签证点服务，累计为近100家企业签发一般原产地证书近1600份，证书自主打印率超过75%；主办RCEP背景下关税减让和原产地规则线下专题培训4场，参与企业270余家次。

【深化服务暖企心】 建立出口重点企业“即时”服务机制，集中力量开展外贸企业走访调研，全年，实地走访重点企业86家，联系企业277家，开展座谈会13次，帮助企业解决信保、物流、融资等问题21条。推进外贸回归和招商引资工作，加快项目洽谈和对接推进，洽谈协商项目35个，推动威克诺森外贸回归超3亿元。深入推广“陆改水”模式扩渠道，加强宣传引导和资源对接，举办推介会8场，物流资源对接专场2场，推动新增“陆改水”模式应用企业80余家，节约成本20%以上，帮助30多家外贸企业进一步优化物流资源配置。

【预警监测防风险】 常态化推进“订单＋清单”、商务运行监测、产业损害调查等预警监测系统工作，及时发布风险预警、做好行业自律和信息互通，平湖箱包行业对外贸易预警点被评为2022年度省对外贸易优秀预警点。推动政府统保项目扩面提量，提高一般模式投保补助限额至500万元，2022年，政府统保企业数同比增加11家。推进落实省金融助力稳外贸措施，推动嘉兴市首笔政府性担保汇率避险业务——“远期增信宝”落地平湖，出台金融扶持和汇率避险工具政策，提升企业风险意识和应对能力。

2022年平湖市出口前50位企业情况表（不含嘉兴港区）

表8　　单位：万元

序号	企业名称	出口实绩
1	日本电产汽车马达（浙江）有限公司	142906.86
2	日本电产芝浦（浙江）有限公司	126802.61
3	平湖石化有限责任公司	104362.56
4	津上精密机床（浙江）有限公司	103954.04
5	平湖华城茂麓制衣有限公司	77994.69
6	浙江上方生物科技有限公司	67753.83

续表 8

序号	企业名称	出口实绩
7	日本电产理德机器装置（浙江）有限公司	67435.05
8	日本电产三协（浙江）有限公司	66814.2
9	平湖浦鹏国际贸易有限公司	59084.89
10	浙江依爱夫游戏装文化产业有限公司	58679.03
11	日本电产新宝（浙江）有限公司	57354.47
12	康迈尔机电（嘉兴）有限公司	53776.64
13	浙江嘉特保温科技股份有限公司	52054.14
14	浙江欧迪恩传动科技股份有限公司	51889.21
15	浙江独山能源有限公司	44468.42
16	浙江宙辉电器有限公司	37436.05
17	美馨卫生用品有限公司	26834.83
18	日本电产科宝（浙江）有限公司	25812.3
19	好侣（中国）有限公司	24282.58
20	嘉兴德永纺织品有限公司	23828.21
21	浙江新秀箱包营销有限公司	23282.9
22	嘉兴新诚达时装有限公司	23024.16
23	平湖亿隆旅游用品有限公司	22310.08
24	平湖市拓扑针织有限公司	22260.86
25	浙江宝绿特环保技术工程有限公司	20465.83
26	浙江省平湖市对外贸易有限责任公司	19526.14
27	平湖市昌正箱包营销有限公司	19338.42
28	威克诺森机械贸易（平湖）有限公司	19225.56
29	浙江莱织华贸易有限公司	19025.37
30	南六企业（平湖）有限公司	18195.57
31	日本电产京利机械（浙江）有限公司	17376.21
32	平湖华盛进出口有限公司	17250.67
33	平湖陈达仓储办公股份有限公司	17043.91
34	嘉兴华悦包装用品有限公司	16714.64
35	日本电产（浙江）有限公司	16369.07
36	日本电产增成机器装置（浙江）有限公司	15627.45
37	平湖必益清洁设备有限公司	15183.09
38	嘉兴广越服装有限公司	15089.3
39	日本电产东测（浙江）有限公司	14944.85
40	嘉兴新日美服饰有限公司	14795.36
41	平湖市华杨旅游制品有限责任公司	14544.77
42	宏昌生物医疗科技（平湖）有限公司	14273.19
43	浙江得盛实业股份有限公司	13304.34
44	浙江鑫方德新材料股份有限公司	13200.66
45	尼得科艾莱希斯电子（浙江）有限公司	13014.66
46	平湖市友利对外贸易有限公司	12722.88

续表 8

序号	企业名称	出口实绩
47	平湖市嘉丰工艺品有限公司	12712.83
48	平湖市穗轮进出口贸易有限公司	12673.27
49	斯泰必鲁斯（浙江）有限公司	12440.77
50	平湖市新悦服装股份有限公司	11754.81
小　计		1771216
全市合计		3139661

2022 年全市贸易输出主要市场情况表（不含嘉兴港区）

表 9

市场名称		出口实绩（万元）	同比增长（%）	占全市比重（%）
所有国家或地区		3139660.88	−0.79	100.00
日本		570453.72	5.56	18.17
美国		543382.67	−4.76	17.31
韩国		189609.76	−3.79	6.04
德国		159817.23	4.13	5.09
印度		110878.64	−2.62	3.53
墨西哥		104997.97	−25.39	3.34
越南		89044.30	15.82	2.84
英国		85439.40	9.80	2.72
澳大利亚		73579.37	36.89	2.34
中国台湾		71877.51	−8.03	2.29
法国		71442.33	4.71	2.28
加拿大		68722.86	7.67	2.19
泰国		68445.86	10.65	2.18
荷兰		63553.46	−4.60	2.02
比利时		62040.98	4.40	1.98
意大利		57375.26	9.71	1.83
俄罗斯		50440.28	−15.54	1.61
波兰		50251.49	32.94	1.60
印度尼西亚		43372.74	−6.53	1.38
马来西亚		41903.22	59.34	1.33
菲律宾		40691.74	−8.73	1.30
土耳其		34440.50	−50.46	1.10
巴西		33811.70	5.26	1.08
新加坡		31222.65	212.23	0.99
匈牙利		28677.20	21.60	0.91
其中	“一带一路”共建国家	1014211.23	2.69	32.30
	欧盟	563527.01	6.41	17.95
	东盟	349796.55	15.11	11.14
	RCEP 国家	1188835.19	8.05	37.87

2022 年全市进口主要市场情况表（不含嘉兴港区）

表 10

市场名称		进口实绩（万元）	同比增长（%）	占全市比重（%）
所有国家		2453382.12	19.30	100.00
韩国		515516.05	8.84	21.01
日本		508735.54	-1.10	20.74
美国		299234.62	19.58	12.20
中国台湾		229925.57	45.80	9.37
德国		145372.32	42.12	5.93
卡塔尔		135805.20	134.73	5.54
印度尼西亚		92967.27	118.20	3.79
阿联酋		68777.05	145.66	2.80
马来西亚		65913.95	60.83	2.69
越南		59412.57	26.31	2.42
中国		46293.15	179.56	1.89
意大利		32079.73	140.66	1.31
印度		31612.96	-12.32	1.29
沙特阿拉伯		26905.23	126.82	1.10
泰国		22453.37	-69.52	0.92
匈牙利		19467.68	1423.98	0.79
尼日利亚		14585.66	-30.14	0.59
智利		12007.00	-9.63	0.49
安哥拉		11622.73	28.39	0.47
科威特		11467.71	-51.63	0.47
巴西		9378.21	131.94	0.38
瑞典		8963.42	34.39	0.37
瑞士		8321.55	-22.65	0.34
文莱		7693.56		0.31
奥地利		5297.76	-7.29	0.22
其中	“一带一路”共建国家	1085862.06	24.00	44.26
	欧盟	213526.93	34.83	8.70
	东盟	262318.83	17.55	10.69
	RCEP 国家	1287884.62	5.42	52.49

2022 年全市主要输出商品情况表（不含嘉兴港区）

表 11

商品名称	出口实绩（万元）	同比增长（%）	占比（%）
机　电	1449882	-7.77	46.18
服装及衣着附件	373518	-15.73	11.90
旅行用品及箱包	312942	45.76	9.97
童　车	76040	-39.61	2.42
农副产品	116888	27.10	3.72

续表 11

商品名称	出口实绩（万元）	同比增长（%）	占比（%）
化学工业及相关产品	146948	-52.95	4.68
其　他	663443		21.13
合　计	3139661	-0.79	100.00
其中：高新产品	257729	12.65	8.21

2022 年平湖市主要输入商品情况表（不含嘉兴港区）

表 12

商品名称	当月进口实绩（万元）	当月同比（%）	当月占比（%）	累计进口实绩（万元）	累计同比（%）	累计占比（%）
机　电	25865	-28.97	16.35	535593	11.19	21.83
矿产品	20874	49.12	13.20	563318	37.84	22.96
化学工业及相关产品	80564	48.18	50.93	912033	16.95	37.17
纸浆及废纸	9551	33.85	6.04	105681	9.54	4.31
纺织原料及纺织制品	3314	-46.36	2.09	48580	-18.33	1.98
农副产品	10406	56.40	6.58	138870	47.84	5.66
其　他	7601		4.81	149307		6.09
合　计	158175	15.68	100.00	2453382	19.30	100.00
其中：高新产品	8570	-22.55	5.42	154909	19.50	6.31

（陈雯怡）

旅　游

综　述

【概况】 2022年，全市接待外地游客350万人次，旅游综合收入52.5亿元，同比分别增长9.4%、16.7%。AAAA级景区镇实现全覆盖，创建率居嘉兴第一。新增2家省AAAA级景区镇、2家省AAA级景区村庄、1个省级工业旅游示范基地、2家银宿级民宿、1家文化主题民宿、2个省级旅游驿站，AAA级景区村庄旅游发展指数测评连续12个季度位居嘉兴第一。

【旅游设施接待】 主要旅游景区（点）19个，其中省级旅游度假区1个（九龙山旅游度假区），AAAA级旅游景区（点）1个（东湖景区），AAA级旅游景区（点）13个［莫氏庄园、澳多奇农庄、中国虫草博物馆、伊佳林开心梦工场、金稼园景区、莲塘景区（法华禅寺）、金丝娘农庄、国际游购小镇、明月山塘景区、凯宇农庄、美郁花园农场、棒球乐园、光机电小镇］，AA级景区（点）4个（非遗中心、嘉兴百玫农业生态科技园、平湖毛泽东同志新仓批示展示馆、平湖市九里亭红色民间展览馆）。省AAA级景区村庄16个（广陈镇山塘村、龙萌村；新仓镇三叉河村、杉青港村；乍浦镇马家荡村；新埭镇兴旺村、泖河村；林埭镇徐家埭村、祥中村；钟埭街道钟埭村、沈家弄村、大力村；独山港镇赵家桥村、优胜村；当湖街道金家村；曹桥街道马厩村）。2022年，继续推进AAAAA级景区创建工作，主城区融合文化资源，完善文旅接待设施，丰富文旅产品和业态，提升文旅经营管理能力，强化文旅服务保障，主城区文旅消费环境进一步优化。

（杨旸）

九龙山旅游度假区

【概况】 2022年，九龙山旅游度假区全年接待游客26.23万人次，实现旅游收入0.67亿元。

【工作推进】 2022年，九龙山管委会继续推进破难攻坚工作。浙江九龙山开发有限公司（下称开发公司）的母公司海航创新股份公司于4月退市，九龙山管委会与开发公司签订的开发建设框架协议于9月30日到期后，函告开发公司终止合作开发；委托浙江天册律师事务所和浙江中铭会计师事务所开展法务和财务尽调，推进清算工作；与各类投资商会谈，谋求新一轮发展。

【管理职能回收】 9月30日，九龙山管委会代表政府接管九龙山旅游度假区的整体开发和运营管理；平湖市旅游投资有限公司出资成立平湖九龙山景区运营管理有限公司，负责度假区综合协调管理，具体负责度假区绿化保洁、工程维修、传达保安、运营保障等综合管理工作。

【形象改善】 投资800多万元完成西大门景观提升、通天桥停车场改造、星海湾公共厕所提升以及九龙山大道一期工程道路修缮等基础设施提升工程。

【安全生产】 2022年，九龙山度假区总体形势平稳，未发生重大安全责任事故。年初，九龙山管委会与区内经营单位签订安全生产责任书，明确安全生产目标，落实安全生产责任。定期开展安全专项督察检查，督促经营单位落实应急预案，指导区内企业开展员工消防安全培训工作，提高员工消防安全意识，确保度假区运营安全。

（郭海滨）

东湖景区

【概况】 2022年，东湖景区以提升景区旅游环境和服务品质为工作重心，助力“5A级景区城”创建，通过国家AAAA级旅游景区评定性复核，获省2022年度第二批未来社区、第三批城乡风貌样板区、“高品质示范街区”等12项称号。

【旅游设施提升】 引进绣球花670平方米，打造案山晓翠景区特色花卉景观带。整形修剪乔灌木3.6万株、色块绿篱草坪等约22万平方米，完成绿植覆绿6500平方米。修缮维护三元桥、龙湫水榭、水上宴厅等景观建筑，提升海盐塘桥灯光亮化，全年，落实零星维修145批次，340处。叔同公园被纳入景区网格化管理，重新规范设置各类标识牌120块，重塑入口花箱景观，更新古树名木“树牌”，做到“建档立卡”。开展“污水零直排”“回头看”、水生态修复及长效管护等年度整治任务6项。完成游船码头设施设备维护、运营船舶的港航年检及保养，建立水路客运企业安全生产标准化二级体系，为水岸交融游线运营提供硬件保障和安全保障。

【旅游市场推介】 推出水上船宴、水上研学、水上党课等产品；开展“拾年味 闹新春”、西瓜灯文化节特色航班等水上节庆活动；

9月22日，市民游客在市案山晓翠露天电影广场观看中国农民丰收节晚会 （市城投集团 供稿）

8月9日，水上安全综合应急演练开展 （市城投集团 供稿）

拓展水上团建、商务会务、聚会派对等定制化水上旅游服务，全年，实现水岸交融游线游客接待量近1.8万人次。运用500盏仿西瓜灯、“明月”景观小品等点亮西瓜灯文化节“共富路上·勇当典范”主题，景区成为2022年“中国农民丰收节晚会”外景拍摄地之一，并在CCTV-1、CCTV-17播出。全年，当湖十局举办2022年“浙江平湖·当湖十局杯”CCTV电视围棋快棋赛等赛事15场，围棋公益课堂90余次。

【旅游服务管理】 强化员工队伍素质，组织开展礼仪、讲解培训6次，获“东湖女儿共富说”文明宣讲赛二等奖；组织开展安全生产培训、反恐防暴演练、水上安全综合应急演练10次。做好安全巡查和秩序维护，安全“随手拍”及劝导不文明行为5600多起；开展景区内业态消防安全、疫情防控等“网格化”监督检查16次。巩固全国文明城市创建成果，全员参与“文明劝导巡查、环境整治”700多人次。全年，累计接待游客约180万人次，其中接待讲解参观、调研等团队691批，约18500人次。

明湖景区

【概况】 2022年，明湖景区以“公园城市”示范区建设和省AAAAA级景区城创建工作为重点，强基蓄力、凝心赋能，打造设施完善、环境优美、服务到位、旅游安全、形象良好的优质景区，获嘉兴市十大“市民终身学习体验基地”、平湖市垃圾分类示范国有企业等4项称号。

【旅游设施提升】 围绕“五水共治”工作要求，完成明湖景区游船码头水下森林建设。局部更新《平湖城市展示馆——城市模型片》短视频。地下车库环氧地坪及入口坡道提升、市民文化中心地块三、雨水管道排查及疏通等工程24个。开展零星维修1600余次，展馆设施维保172次，对南市灯光、音乐喷泉、消防等配套设施维保128次，维修200次。完成补植苗木40棵、草坪及花草约16700平方米，集中清理水生植物800余平方米。

【旅游市场推介】 完成2022年春节、西瓜灯文化节、国庆节等重要节日氛围布置，其中创新布置胜利路两侧56组“银杏叶云纹”特色灯饰。全年，举办、承接活动37场，其中开展手工DIY、手绘布包、包粽子等节日特色活动11场；持续开展音乐喷泉播放工作,全年播放280次，不断集积景区人气。加强景区宣传力度，发布各类信息66篇，接受媒体采访17次。利用景区电子屏、南市商务楼宇灯光等手段宣传疫情防控、文明城市形象等中心工作，凸显景区在城市宣传中的作用。

【旅游服务管理】 组织员工外出学习考察3次、业务技能培训13次、讲解技能考核46次，强化员工旅游接待水平。加强保安、保洁、绿化养护等外包服务单位监督管理，落实考核评价制度，督促优化工作机制，提高外包服务工作质量。科学编制《明湖景区防汛防台抗旱应急预案》，新增抽水泵、救生圈等安全物资；开展水上救援、消防安全、反恐防暴安全演练，增强员工应急处置能力和协同作战能力，筑牢旅游安全防线。扎实推进“湖长制”，开展巡湖32次，常态化劝阻钓鱼、笼网捕鱼等不文明行为。全年，接待游客约75.2万人次，其中展馆接待团队372批次，共14095人次。

历史文化街区

【概况】 2022年，南河头历史文化街区坚持保护建设、业态导入和运营管理并驾齐驱，着力建设传统与现代交融的生活街区，重点推进南河头历史文化街区后续开发地块文保及历史建筑修缮补白、基础设施提升、环境风貌整治、水系治理改善等工作。获评省“高品质示范街区”及市第一批爱国主义教育基地。

【旅游设施提升】 结合房屋保存状况及环线打通需求，南河头历史文化街区二期工程正式开工建设；启动三、四期范围内69幢文保及历史建筑修缮工作，其中43幢完成竣工验收，累计修

7月22日，市城投集团主办暑期“趣营生活节”（市城投集团　供稿）

缮面积约1.6万平方米；建国路沿线西侧5幢保留建筑完成加固整治，后续根据结构适配业态，部分商业利用。改造完善周边配套，勤俭路一期I标段、勤俭路南侧临时停车场完成建设并向社会开放；环城东路泵站项目完成建设并于主汛期前投入使用；完成南河河道驳岸加固及整修约1022米、清淤约5479平方米、新建驳岸85米。街区一期常态化开展消防设施维修及房屋零星维修，确保街区安全运营。

【旅游市场推介】2022年，街区通过减免商户租金、发放活动消费券、举办暑期“趣营生活节”等方式，不断提振商户信心和街区人气，实现营业额1880万元，客流量约50万人次；平湖廉文化记忆馆举办“记忆中的平湖”展览、手绘清廉扇、品廉韵刻瓜灯等活动共38场；接待各类参观团队70余批次，参观人数逾2.3万人次，通过新增书法写作、围棋对弈趣味电子设备，不断提升与游客互动性。

【旅游服务管理】通过签订安全生产责任书、搭建商户自治组织、开展安全演练培训等方式，提升街区安全生产能力和商户自治能力。全年，开展消防安全演练4次、垃圾分类培训3次、安全隐患排查30次；组织10家租期到期小商户通过自愿续租＋退出拍租结合形式平稳过渡疫情阶段。通过建立“安保、消防、保洁”三支队伍、完善大型活动保障机制和场地租赁等制度，同时加强与市交警、公安、综合执法和卫生防疫等部门的沟通联动，确保活动零事故。全年，累计接待游客121万人次。

（钱斌燕）

莫氏庄园陈列馆

【概况】2022年，莫氏庄园陈列馆接待中外游客2.21万人次，其中接待团体观众400余批次。年内，实施建筑保护项目有屋面扫漏补瓦，部分墙面的修理粉刷，朽木更替，门窗修缮、地板等木构件更换油漆，以确保文物古建筑安全；参与第46个国际博物馆日、第12个中国旅游日、第6个“中国文化和自然遗产日”宣传活动，参与全国文明城市复检各项工作，参与并宣传平安平湖建设；开展文化遗产的活化利用，组织展览和社会教育活动；邀请浙江农林大学古树名木保护专家对莫氏庄园内的古树名木开展体检和会诊；完成莫氏庄园地下水位监测，组织召开破难会议，系统谋划解决困扰多年的地下水位过高造成古树名木及古建筑病害的问题，加强白蚁防治工作，升级监测装置，定期巡查，及时发现并处理病虫害。完成消防报警系统维护和提升，确保装置正常运行；完成陈列区域内导视牌更新换代，优化提升观众参观体验；通过省社科联对省级社会科学普及基地——莫氏庄园评估工作；完成莫氏庄园陈列馆库房文物藏品搬迁工作；完成2022年度莫氏庄园文物建筑养护工程。

【队伍素质提升】为加强陈列馆人才队伍建设力量，注重全馆人员专业技术职能的培训工作，对讲解员进行多轮次专业业务培训，组织业务骨干参加线上全省博物馆系统业务培训，选拔优秀青年参加“共同富裕·青年说”理论宣讲大赛，组织员工参加浙江文化干部网络学院学习。

【导视系统完善】1月起，为提升莫氏庄园景区游客导览服务，按照《关于对全市范围内文化、旅游、体育等建筑和场所无障碍设施建设进行专项排查整治的通知》，在莫氏庄园景区区域提升导视系统相关标识标牌。5月，莫氏庄园陈列馆完成指示牌更换工作，分别更换标志牌31个，导览图4张，景点介绍牌29个，警示牌10个，指示牌18个。

【公益性展览和活动】1月，举办“2022龙腾虎跃寅新春”老干部挂历书画作品展；2月，举办“迎新春·猜灯谜”活动和“党群一家亲 欢乐闹元宵”——多彩活动迎佳节活动；4月，举办“迎五一，抗疫情”老干部书画展；5月，与南河头社区开展“艾香端午邻里和粽叶飘香传文明”活动；9月，举办平湖西瓜灯文化节精品瓜灯展和“弘扬传统文化厚植家国情怀”中秋活动；10月，举办“翰墨浓情筑梦共富迎二十大”书画展。

【社会效益与经济效益双赢】莫氏庄园陈列馆首先着眼于社会效益，2022年，在对老年人、离休干部、归侨、劳模、教师、学生、残疾人等特殊群体实行免费参观和优惠购票等措施的基础上，为体现文物资源人人共享理念，在“三八”妇女节、“六一”国际儿童节、“国际博物馆日”、“中国文化遗产日”、“中国旅游日”、“西瓜灯文化节”等重要节日和节点对观众免费开放，免费接待观众近万人次。

【库房文物搬迁】4月中旬，完成莫氏庄园库房内文物藏品、古籍、参考品的清点、整理和打包，8月5日，博物馆工作人员核对正确后，莫氏庄园库房892件文物藏品和374件参考品完整搬迁至市博物馆新馆库房。

【开展消防安全工作】重视馆内消防安全工作，开展安全宣传、培训、演练活动，树立安全防范意识、落实安全职责责任、提高安全自救技能，做好文博场所安全工作。做好单位微型消防站建设，每月开展一次演练活动。做好每日消防安全巡查和每月一次消防安全检查，做好消防器材维护保养和更新替换工作，做好安全用电，开展日常排查，及时更新电气设备，确保用电安全。开展反恐培训和演练，增加反恐装备，提高反恐反制能力。

（杨云珩）

李叔同纪念馆

【概况】2022年，李叔同纪念馆除疫情时期暂停开放，其余时间均免费对外开放，全年，共接待观众5.7万余人次，其中接待团体观众和免费讲解156批次，策划举办展览7个，志愿者服务时长累计542小时。恢复正常开放后，接待各级领导考察调研和学校研学团队参观学习、开展馆际文化交流。年内，纪念馆获平湖市首批“合和报本”乡贤文化教育基地等称号。

【基础设施建设】2022年，纪念馆项目化推进李叔同纪念馆基本陈列改造，解决基本陈列改造项目存在的历史遗留问题，完成概念方案修改。金平湖智慧书房——叔同书院及社教中心基建项目于3月12日竣工，7月25日启动试运营，8月27日正式对外开放。

【书画展陈】2022年，纪念馆临时展厅先后举办7个临时展览，包括“虎虎生威”——平湖青少年宫问印社虎年肖形印展、“诗与远方”——吴浩然画展、“一叶一菩提”——弘一大师手书嘉言展、“书心坊”教师书法社·“小梅花”学生书法社作品联展、“叔同美学”——市中小学生书籍封面设计大赛优秀作品展、“以扇绘事·一捻引秋”——团扇展、“月传心印”——李叔同佳句格言篆刻作品邀请展。

【品牌宣传】2022年，李叔同纪念馆利用网络平台，拓宽文化宣传途径。以微信公众号为载体，推出“展览在线”“文化精品——《护生画集》系列”“莲馆月纪”等专题栏目，扩大馆情动态传播面，拓展宣传渠道，年末，累计订阅“粉丝”数4652，向社会各界宣传李叔同艺术成就、人格精神及纪念馆馆藏文物。年内，完成第18期《莲馆弘谭》的编纂刊发，馆刊通过《嘉言懿行》

《弘苑拾英》《史事钩沉》《艺苑求真》《芳草长亭》等栏目展示李叔同研究成果及相关史料，为研究者提供交流平台。

【馆校共建】 李叔同纪念馆发挥教育职能，探索馆校共建模式，推进“第二课堂”建设。先后接待多个考察参观交流研学团队：1月25日，《南湖晚报》小记者到馆开展研学活动；1月28日，市青少年宫组织学生到馆开展寒假研学；6月25日，浙江旅港青年会一行到馆文化交流；7月4日，嘉兴学院师府林青年人才班学生团队到馆研学；7月11日，平湖市壹起来公益发展中心组织学生到馆暑期研学；7月22日，平湖移动分工会到馆开展暑期亲子活动；7月22日，长红国学幼儿园学生到馆参观；7月30日，湖州师范学院师生一行到馆文化交流；8月1日，“小小石榴籽·共筑中国梦”嘉沙青少年融情夏令营新疆学生团到馆研学；8月4日，宁波市海曙区学生合唱团一行到馆学习交流；8月11日，上海交通大学学生到馆学习交流；8月28日，文涛中学师生到馆开展“走浸叔同故里”研学活动；11月2日，文涛中学2022秋外派师生团队到馆参观学习；11月18日，江西吉安工程学校师生一行到馆学习交流。

【文化共承】 李叔同纪念馆发挥文化传播职能，通过馆际交流、参与举办文化活动，传播优秀名人文化。1月4日，市博物馆新任讲解员一行到馆学习交流；6月17日，省自动化学会一行到馆文化交流；7月22日，广东省人民政府文史研究馆一行到馆文化调研；8月9日，市委有关领导陪同杭州学军中学校长邱月灵一行到馆调研和调阅真迹；9月22日，绍兴市上虞区驿亭镇党委委员张兴校一行来馆调研考察，并举办“绍兴·平湖”叔同文化交流座谈会；9月22日，“华枝春满·天心月圆”2022平湖市李叔同音乐会举行，由2022中国·平湖西瓜灯文化节组委会主办，市文化和广电旅游体育局承办，市文化馆、李叔同纪念馆执行承办，李叔同音乐艺术研究会和浙江交响乐团合作演绎；9月25日，西泠印社副秘书长、上海市书法家协会副主席孙慰祖一行到馆文化交流；10月14日，北京理工大学校长助理、长三角研究院常务副院长王伟，北京理工大学长三角研究院副院长（人力）侯爱军，北京理工大学长三角研究院副院长（综合）张俊雄，北京理工大学长三角研究院副院长（科研）杜宁，北京理工大学长三角研究院院长助理、综合计划部副部长金林剑一行来馆调研；10月21日，浙江省文史研究馆馆员、中国美术学院教授卓鹤君一行到馆文化交流；12月12日，杭州临平区文联一行到馆调研。

【叔同书院及社教中心投入运营】 金平湖智慧书房——叔同书院及社教中心是平湖首个文化名人主题书房。从李叔同艺术成就和研究方向出发，书房融入名人文化图书专柜、李叔同文创专题陈列等彰显平湖优秀名人文化元素，弘扬平湖名人文化。叔同书院设置两个可容纳50人的多功能厅，作为公共图书馆有机体，着力叠加文化功能，通过图书分享、艺术导赏、文化体验、艺术沙龙等多载体、多形式文化活动，在拓展延伸图书馆主体服务的同时创设知识共享、信息交流、文化互动新空间。

【叔同书院揭幕仪式暨叔同艺术游园会举办】 8月27日，叔同书院揭幕仪式暨叔同艺术游园会在叔同公园举行。仪式邀请李叔同挚友姜丹书之子姜书凯夫人；李叔同挚友夏丏尊重孙夏光；李叔同学生丰子恺外孙杨子耘及夫人；丰子恺外孙女崔东明；杭州李叔同纪念馆馆长胡玲玲；天津李叔同故居纪念馆党支部书记贾国永及来自上海、天津、杭州、厦门、泉州及平湖的李叔同研究学者出席活动。

【成蹊课堂开办】 “成蹊课堂”在2022年举办“平湖小作家、小诗人走进叔同书院”“小扇引微凉·悠悠夏日长——手绘扇面”“处暑的记忆——手绘明信片”“乡音传文脉·东湖育千载”等四期“书院一夏”系列社教活动及“方寸之间见天地”青少年篆刻培训班。品牌社教活动内容涉及写作、绘画、篆刻和本土历史等方面，紧扣人文关怀、立足本地文化。

【叔同书院系列文创品】 叔同书院系列文创作品由笔记本和帆布袋组成，结合叔同书院实景设计画面具有水墨淡彩风格的插画作为文创元素，选用金平湖智慧书房门头、书院内景等具有李叔同名人文化特色的景致作为画面主体绘制图样，将传统文化元素与现代设计有机结合创作出带有平湖名人文化认同感的文创品。

【领导到馆调研视察】 3月5日，中国工程院院士程泰宁及其建筑设计团队到平考察；6月7日，副省长卢山一行到馆考察；6月18日，文化和旅游部公共服务司司长李宏、省文化和旅游厅公共服务处处长仲建忠一行到馆实地考察；10月2日，省委第五巡视组组长万亚伟一行到馆调研；10月12日，联合国世界旅游组织专家、教授、博士贾云峰一行到馆考察；11月10日，全国人大宪法和法律委员会副主任委员江必新，中国行为法学会副秘书长郑成建，省高级人民法院副院长兼浙江法官进修学院院长朱新力，省高级人民法院四级调研员孙鸣东，嘉兴市中级人民法院党组书记、院长涂冬山一行到馆调研；12月5日，省妇联党组书记、主席佟桂莉一行到馆调研。

（孙心悦）

旅游开发

【全域旅游示范市创建】 3月29日，省人民政府发布《浙江省人民政府命名第三批浙江省全域旅游示范县（市、区）的通知》，命名平湖为全域旅游示范市。

【景区镇开发与建设】 12月28日，嘉兴市文化广电旅游局发布《关于认定秀洲区王店镇等5个镇为浙江省AAAA级景区镇和南湖区新丰镇等4个镇为AAA级景区镇的通知》，平湖曹桥街道、独山港镇认定为省AAAA级景区镇（街道）。各镇街道着力培育乡镇旅游业态，整合人文资源，创新运营模式，牵引文旅产业融合发展，实现全市AAAA级景区镇全覆盖。

【采摘旅游体验基地新增】 11月22日，省旅游协会《关于命名2022年度“浙江省采摘旅游体验基地”的通知》，平湖市千岁农庄、百玫生态果园采摘体验基地入选。

【临港能源创成省工业旅游示范基地】 12月2日，省文化和旅游厅、经济和信息化厅联合发文《关于认定双枪科技股份有限公司等19家单位为2022年浙江省工业旅游示范基地的通知》，平湖临港能源有限公司创建成省工业旅游示范基地。

【全域旅游发展】 9月18日，平湖市文化和广电旅游体育召开乡村旅游高质量发展暨全域旅游线路发布会。会议围绕平湖乡村旅游发展现状，对标省共同富裕示范区建设要求，邀请专家学者、企业主体、乡村干部为平湖乡村旅游发展把脉支招、建言献策，共同探讨新思路、新理念、新业态，推动平湖乡村旅游向高品质、高质量、高效益健康发展，同时推出城市文化观光游、乡村田园生态游、家庭亲子研学游、滨海

9月18日，2022平湖市乡村旅游高质量发展暨全域旅游线路发布会举行

（市文旅体局 供稿）

运动休闲游、乡愁记忆探索游等五条主题旅游线路。

（杨旸）

旅游行业管理

【概况】 2022年，全市旅游接待国内外总人数350万人次，同比增长9.4%，旅游总收入52.5亿元，同比增长16.7%。2022年全市共有本地旅行社27家（其中，星级旅行社11家，四星级3家，三星级8家），新增旅行社1家。星级酒店、绿色饭店3家，A级旅游景区19家。

【旅游服务业发展专项资金兑现】 优化“平湖市旅游业发展专项资金奖励补助”兑现手续，拨付2022年服务业发展专项资金327.34万元。完成旅行社旅游质保金暂退工作，共计127万元。

【全市导游讲解员素质提升班举办】 根据上级《加强导游队伍建设和管理工作行动方案（2021—2023年）》要求，6月20日至21日，举办全市导游讲解员素质提升班，各旅行社导游部负责人、专职导游、兼职导游，各相关单位讲解员，共140余人参加。

（胡立松）

6月20日，平湖市2022年导游讲解员素质提升培训班举行

（市文旅体局　供稿）

休闲观光农业

【林埭镇徐家埭村入选全国乡村旅游重点村】 2022年度第四批全国乡村旅游重点村出炉，林埭镇徐家埭村入选全国乡村旅游重点村。徐家埭村以打造“棒球第一村”为牵引，做大棒球赛事产业，以繁荣农文旅为抓手，推动乡村旅游高品质高质量发展。

【民宿新突破】 2022年，广陈镇墨兰居、当湖街道满亭芳客栈被评定为银宿级民宿，林埭镇吾庐民宿获非遗主题民宿称号。按照省《民宿基本要求与评价》地方标准及《浙江省民宿评定实施意见》《浙江省民宿评定细则（试行）》要求，全市3家民宿提高服务水平，提升经营管理能力，为游客提供周到细致服务，首次获省级称号。

【AAA级景区村庄新增2个】 12月29日，嘉兴市文旅局、农业农村局联合发文《关于公布2022年嘉兴市AAA级景区村庄的通知》，新仓镇杉青港村、林埭镇祥中村2个村入围省AAA级景区村庄。

（杨旸）

城乡建设

国土空间规划

【概况】 2022年，全市国土空间规划工作践行习近平生态文明思想，顺应新时代国土空间治理新要求，按照全域统筹、保护耕地、绿色生态、以人为本、集约高效原则，构筑国土空间开发保护新格局，为平湖打造长三角城市群重要中心城市璀璨明珠贡献规划力量。

【国土空间规划报批加速】 立足新发展阶段，贯彻新发展理念，按照“多规合一、坚守底线、空间重构”要求，以“摸清底数、做优底盘、划定底线、彰显底蕴”为抓手，科学精准编制国土空间总体规划。完成过渡期城镇开发边界划定修编方案和“三区三线”两轮正式划定上报，“三区三线”划定方案于9月30日获自然资源部批复并正式启用，划定永久基本农田2.15万公顷，城镇开发边界1.43万公顷，生态保护红线1.23万公顷。同步高标准推进各镇级国土空间规划编制，加强市级规划对乡镇级规划传导，结合各镇自然资源禀赋、人文特色和发展定位，在乡镇层面深化落实约束性指标、土地用地性质等，基本形成国土空间“一张蓝图”。

【全域城市设计体系构建】 强化各类专项规划支撑，完成《平湖市低效工业用地整治提升规划》，将全市低散乱污工业用地上图入库，科学制定清退整合和布局提升目标。推进《平湖市中心城区完整街道品质提升专项规划》《平湖市慢行系统专项规划》编制，营造尺度宜人街道空间，彰显街区自然人文特点，打造品质怡人慢行交通系统。深化城市设计研究，推进《平湖市明湖科创湖区（平湖“壹号湾”）整体规划方案和核心区城市设计》编制，提出“科创未来策源地、人才汇聚江南城、创新消费梦想园、全维服务智慧坊”四大定位，构建“一湾双廊四岛”总体空间结构。完成《平湖市城西门户（曹桥街道）城市设计》《当湖路西延方案》等重要城市节点设计研究，实现城市空间和品质“双提升”。

【空间规划精细管控】 以品质营城和美好生活为导向，加强控规精细化管理，推进城市整体空间布局优化、城市功能完善。落实中心城区控规实施评估工作，在控规实施评估报告“控规编制、控规实施、控规管理、控规前瞻”四大评估结论基础上，有序推进中心城区02、09单元控规编制和13个单元控规局部调整。推进村庄规划按需编制，在村庄规划“一评估两提升三覆盖”基础上，推进乡村全域管控，合理确定详细规划编制单元和时序，做到应编尽编、有序推进。完成新埭镇鱼圻塘村、林埭镇徐家埭村实用性村庄规划编制，保障高品质城乡建设行稳致远。

（徐子成）

城乡建设

【概况】 2022年，市建设局聚焦一体化和数字化两大历史机遇，以“经济创新、城乡秀美、民生优享、铁军打造”四大工程为抓手，实施“标准建设”提升专项行动，推动住房和城乡建设事业高质量发展。全年，获评“新时代富春山居图样板区”称号1个（东湖城市新区风貌区），省级未来社区1个（东湖未来社区），创建省级美丽城镇3个（独山港镇工业特色型美丽城镇样板、新埭镇都市节点型美丽城镇样板、林埭镇美丽城镇达标镇），获美丽宜居示范村省级优秀1个（新仓镇杉青港村），入选全省首批“强社惠民”集成改革试点、农房“浙建事”全生命周期综合管理系统省级试点、申报中国人居环境奖（范例）项目2个（“美丽金平湖　宜居真江南”美丽宜居示范村建设项目、平湖市城区滨水绿道项目），省人防办4个应用场景试运行试点，获评嘉兴市优化营商环境“十佳案例”（工程建设项目监管验收集成改革），嘉兴市“南湖杯”园林绿化建设（养护）优质工程7个。“60小时建成省援沪防疫生活物资中转站”获《人民日报》、新华网、中国新闻网等国家级媒体点赞；智慧园林数字化系统经验做法获住建部宣传报道；承办全省首个“强社惠民”现场会，无物业管理清零工作在省现代社区建设领导小组会议上作经验交流；完成“浙江金盾—22（嘉兴·平湖）”人民防空实战化演习任务。学习贯彻习近平新时代中国特色社会主义思想、党的二十大精神等，组织各类学习教育18场次、900余人次，安排局党委会开展专题学习交流18次；完成14个基层党支部换届选举工作，发展预备党员1名，预备党员转正11名，常态化开展“千名干部访万家”网格连心大夜访活动，组织全体党员众志成城抗击台风“轩岚诺”“梅花”，组织赴结对村帮扶困难户7户，走访慰问困难党员30余名，授牌“红色工地”62个；引进人才9名，举办“建设学堂”12期，荐评嘉兴市“城乡建设拔尖人才”1名，组织行业人员中级以上职称申报104名，组织青年干部参与一线破难，选拔任用年轻干部4名，轮岗干部2名，完成85项年度重点目标任务；加强垃圾分类、办公用房和公车管理等方面综合督查整改，制订《平湖市纵深推进清廉工程“清韵”专项行动方案》，完成3份监察建议书整改，构筑清廉政治生态。

9月22日，2022年全省强社惠民集成改革试点工作现场推进会在平湖召开　　（市建设局　供稿）

【人大建议和政协提案办理】 2022年，市建设局继续完善人大建议政协提案办理机制，出台《平湖市住房和城乡建设局2022年建议提案办理工作方案》，以文件形式交办任务，明确办理内容和办理要求，承办人大议案、建议和政协提案44件（其中人大建议闭会件3件），通过前期上门意见征求，中期办理反馈，后期召开通报会形式，提高办结率。2022年，分别被市人大和市政协评为议案建议和政协提案先进承办单位。研究制定《2022年建设系统信访工作要点》，多举措实现矛盾纠纷总量下降和信访积案清零，处置房地产领域各类矛盾和协调农民工劳资纠纷，全年，化解处置各类矛盾纠纷2700余起，解决群众关心关注问题，全市建设领域平安稳定得以保障。

【美丽宜居示范村建设】 指导杉青港村完成项目建设，于6月通过省级验收，获优秀村庄称号。指导沈家弄村、钟埭村、周家圩村、大齐塘村加快推进建设进度，邀请驻镇规划师、规划设计单位开展技术服务支持。新埭镇星光村、广陈镇三红村被省厅确认为2023年度省级美丽宜居示范村试点。截至年底，全市有22个省级美丽宜居示范村试点村庄，其中完成项目建设的16个村均一次性通过省级考核验收，获评国家级美丽宜居村庄示范1个、国家级美丽乡村1个、省级美丽宜居示范村优秀村庄10个，通过率、优秀村庄数量均居嘉兴前列。

【农村危旧房治理改造】 深化农村危旧房治理改造，及时发现农房安全隐患，采取解危和改造治理措施，全年排查鉴定发现农村困难家庭危房36户（其中C级危房35户，D级危房1户），均按期完成改造治理。实行“两个必须”强化改造施工管理，即完成改造的房屋必须通过竣工验收，对通过维修加固方式解危的，必须进行房屋安全复核鉴定。制订《平湖市自建房安全专项整治实施方案》开展自建房安全专项整治工作，对全市城乡自建房开展排查整治。

【农房建设管理】 在建农房工地统一设置“平湖市农民建房公示牌”和“安全警示牌”。施工现场设置围挡实行封闭管理，提升农房工地整体环境和安全水平。强化农房施工管理“三支队伍”建设，定期开展农房工地安全检查，保障施工质量和安全，被列为省农房“浙建事”全生命周期综合管理服务系统应用第二批试点，是嘉兴市唯一试点单位。成立试点工作领导小组，制订印发《平湖市农房“浙建事”全生命周期综合管理服务系统落地应用实施方案》，组织各镇街道、行政村操作人员和市级专班工作人员培训学习系统应用知识。定期收集整理“浙建事”应用问题反馈，提交省厅，促进系统不断完善和迭代升级。“浙建事”系统在全市各镇街道各行政村实现全覆盖，农村建筑工匠数据和农房图集信息全部录入系统，推进农房在线审批，全市录入农房审批信息2389户，居全省各试点单位前茅。

【历史文化保护】 完成平湖市第三批历史建筑测绘建档、图则编制和第三批历史建筑标志牌挂牌。对第一批、第二批历史建筑和历史文化街区标志标牌开展日常巡查维护，破损标志牌及时更换和修缮。会同市文旅体局、自然资源和规划局、消防大队，对全市各镇街道历史建筑保护工作进行联合专项检查，进一步规范管理措施，消除安全隐患，切实保障历史建筑安全。完成广陈镇三红村、新仓镇杉青港村等5个传统村落保护和发展规划编制。与市农业农村局联合申报嘉兴市历史文化传统村落10个。

【农村生活污水治理改造】 先后制订出台《平湖市农村生活污水治理攻坚行动方案（2021—2025年）》《平湖市农村生活污水治理攻坚行动项目建设资金管理办法》。成立农村生活污水治理攻坚行动工作推进组，建立推进组成员单位联席会议制度，先后召开联席会5次，协调解决重大问题20余个。收集新一轮农村生活污水治理项目97个涉及141个标段，总投资4.3亿余元，在全省率先推行农污驻镇工程师全过程监管，制订《平湖市农村生活污水治理管理方案》，构建“市级队伍定期督导、镇级队伍日常巡查、专业队伍驻镇监管”三级管理体系。制定农村生活污水治理设施建设质量评估细则，确保新一轮农村生活污水治理项目保质保量完成。新建农村生活污水治理项目实现竣工即移交，形成一体化运维新格局，覆盖全市行政村（其中自然村落全覆盖），设施水质排放达标率98.72%。完成处理设施标准化运维全覆盖，分获浙江省、嘉兴市2022年度考核优秀。

（全峰正）

城市建设

【概况】2022年，市城投集团围绕金平湖高质量发展勇当共同富裕新崛起典范目标定位，深化“四大工程”总体部署，推进“公园城市”示范区建设，获全市工作目标责任制考核奖优秀部门（单位）、2022年度荣誉和“平湖铁军”先进集体一等奖、平湖市项目推进先进集体等多项荣誉和称号。嘉兴王店至平湖公路（新07省道至乍兴公路段）二期两侧绿化及配套工程获南湖杯园林绿化建设优质工程奖，怀橘路（梅园路—长胜路）Ⅱ标段工程获南湖杯奖（优质工程），平湖水岸交融绿道（一期）获评嘉兴市最美生态绿道，南河头历史文化街区二期工程获市2022年度“红旗项目”称号。

12月11日，明珠路东侧文丰路两侧安置房完成建设
（市城投集团　供稿）

【基础设施建设】全年，131个城市建设项目累计完成固定资产投资55亿元，其中国有公司项目9.69亿元、房地产项目45.69亿元。市政路桥方面，广福路、钟灵路（毓秀路—怀橘路）、华家路等4条道路及3座桥梁完成建设，建成道路总长约2公里；稼书路南延伸段二期、稚川路（东田路—毓秀路）等加快推进。景观绿化方面，新增绿化面积近13.33公顷、绿道2.6公里，东方公园Ⅰ标段、水岸交融绿道二期建成开放，原新三伍地块街头公园、丰收路西侧绿化、城区桥梁绿化景观等完成建设；原公安局地块口袋公园开工建设。明丰嘉苑568套安置房完成建设；毓秀雅苑2092套安置房加快建设；环北二路北侧城北路东侧240套安置房开工建设；学舟锦庭、名瑞华府等完成交房526套。公建配套方面，顾家廊下幼儿园、毓秀路幼儿园、毓秀路友邻中心稳步推进，北河溇幼儿园、文桥里幼儿园启动建设。历史文化展示中心对外开放，社会治理综合指挥服务中心完成移交，人武部营院道路改造工程完成建设。

12月，原新三伍地块街头公园完成建设　（市城投集团　供稿）

【招商引资】全年，引进市外内资7924万元，实现合同外资6251.75万美元，实到外资2029.34万美元，被授予全市“双招双引”先进集体二等奖。项目招引方面，南河头历史文化街区后续招商稳步推进，完成街区前期策划定位方案及建国路西侧沿街业态招商方案，提前谋划推进

酒店民宿、文旅餐饮等高品质主力业态策划招商，储备项目资源，嘉兴地区首家文和里美食文旅综合体项目启动内部结构改造；梅园路友邻中心完成第三方招商运营团队招商比选、商务洽谈并启动业态招商。项目谋划方面，先后到上海、苏州、杭州等地开展招商考察活动，加快推进南市商务楼宇、明湖国际科创岛、彩虹广场等重点项目招商，对接储备东浩兰生、科大讯飞、银泰等一批优质客商。项目推进方面，落实"一对一"项目跟进服务机制，完成南市新区3宗住宅地块出让前期事宜；南市新区邦芒科技大厦完成主体封顶，解放路北侧商业中心主体结构完成40%，全年，16个产业项目完成固定资产投资44.75亿元。

（钱斌燕）

"三改一拆"工作

【概况】 2022年，平湖市以"防违控违"为主线，推进"三改一拆"工作，获2021年度省无违建县（市、区）及无违建创先争优示范县（市、区）称号。

【主要过程】 2月9日，召开全市三级干部大会暨"提质提效年"动员大会，发布2022年城乡秀美工程动员令，对"三改一拆"工作进行专项部署。5月6日，召开2022年"三改一拆"工作部署暨涉安违建专项整治行动推进会，推动全市涉安违建整治行动，深化"无违建"创先争优工作任务。6月28日，省"三改一拆"办到平进行违法建筑数据质量现场核查工作，并对平湖"三改一拆"工作给予肯定。平湖以全省（108个县市区）综合评价第四的成绩创建成省级"无违建"示范县（市、区）。8月11日，召开"三改一拆"暨除险保安促整改工作推进现场会，进一步统一思想，明确工作重点。11月23日，省三改一拆办宣传组副组长路雄英带领《中国经济报》、新华社等媒体到平开展"无违浙里·2022媒体集中采风活动"，并为平湖点赞。12月2日，召开全市"三改一拆"创先争优工作部署会议，明确任务，压实责任。

【主要做法】 加强组织领导，建立健全工作机制。先后出台《2022年度平湖市"三改一拆"工作要点》《2022年度镇街道"三改一拆"工作考核办法》《进一步完善工业企业违法建筑补办工作的通知》等文件，通过建立考核鞭策、分类处置、长效监管等一系列工作机制，为防违控违工作保驾护航。紧盯考核目标，推进拆改任务。细化分解各镇街道违建销号完成率、拆改任务完成量、精准拆违完成率排名战及15项年度重点工作，持续打好防违控违组合拳。全年，共完成违建销号点位1278个，拆违面积40.36万平方米，三改面积317.17万平方米。压实工作责任，推进示范创建。依托"无违建"治理评价指数，对8个镇街道进行治理成效评价，形成红、橙、黄、蓝、绿等级动态"五色图"，并多次到8个镇街道抽取违建点位现场核查。加强部门联动，开展违建治理。先后召开涉安违建专项整治行动推进会、除险保安促整改工作推进现场会，聚焦安全隐患突出问题，对存在违建企业进行集中攻坚整治，全年，完成高耗低效企业整治1528家，关停淘汰企业772家。推进存量违建分类处置，组织相关职能部门对申报企业进行集中联审，并对2家通过联审企业落实补办工作，进一步盘活存量资源。敢于攻坚克难，统筹推进杆线整治。参与组建市农村杆线整治工作专班，全市8个镇街道共计排摸废杆6988根，上报杆线整治示范点24个。全年，拔除废杆6901根，完成21个示范点整治，进一步改善农村空间秩序，提升农村人居环境质量。发挥监管作用，助推清廉治违建设。做好拆违领域"公权力"大数据监测试点工作，深化"无违建"治理场景应用，建立七项应用子场景驾驶舱，增设监督数据库，便于随时查询重点监督对象违法建筑处置过程和结果。研究制定《平湖市违法建筑查处规范化指引》，推进完善问题线索移送机制，做到实时监测、智能预警、及时纠错。做好涉及违建问题信访事项化解工作，严格"受理、交办、处置、反馈、回访"流程，确保件件有回音、事事有着落。

（潘虹霞）

建筑业

【概况】 2022年，践行“创新、协调、绿色、开放、共享”发展理念，转变建筑业发展方式，深化建筑领域“放管服”改革，规范建筑市场秩序，加强质量安全管理，推动科技创新，促进建筑业转型升级，推动全市建筑业高质量发展。实现建筑业产值（不包含港区，下同）94.52亿元，同比增长2.1%，其中省内产值86.15亿元，同比增长3.98%。着力打造精品工程，南市医疗服务中心项目获评“全国建设工程项目施工安全生产标准化工地”，全市在建项目获评钱江杯2个、省标化工地2个、南湖杯7个（其中建筑工程5个，市政工程2个）、市标化工地9个、当湖杯23个，获评高星级绿色建筑示范工程1个。

【建筑业市场】 建筑业市场稳步提升，房屋建筑施工面积654.31万平方米，新开工面积244.13万平方米。进入建筑业统计报表企业60家，签订建筑业合同总额207.12亿元，同比上涨2.07%，其中2022年新签合同额97.59亿元，同比上涨5.4%；实现利润总额1.18亿元。

【市场管理】 建筑业领域移送处罚案件共45起，结案45起，处罚金额457.04万元。协助审核上报2021年度全市建筑业财政专项资金补助21项，确认下达291.29万元。在工程招投标方面，对围标串标行为零容忍。会同相关单位强化中标后监管，对人员变更频繁项目和企业进行重点关注，区别化管理，加大排查频次，深挖潜在线索。通过规范招投标市场，强化合同履约管理，常态化管理关键岗位人员，净化建筑市场秩序。率先在嘉兴地区全面推行关键岗位人员人脸考勤，至年底，全市累计办理考勤的规上项目836个，累计办理考勤人员887085人。累计形成专项通报31期，对未及时办理考勤及考勤率较低企业全市通报并集中约谈，相关人员依法依规处理。加强建筑市场诚信机制建设及建设工程质量安全管理，落实企业主体责任，确保建设工程关键岗位人员到岗履职尽责。

【工程质量监管】 开具质量整改通知书257份，人防整改通知书46份，消防整改通知书173份。监督检测项目122项，抽查原材料参数51项。完成人防工程竣工验收项目15个，出具14份人防质检报告。完成消防验收和复查51个，竣工验收消防备案项目126个，竣工备案检查24个。实行市政道路项目每月必查制度和道路工程挖验制度，实现每个项目每结构层验收必经实体监督检验。深入实践人防防护工程“逢验必检”制度，加大人防工程监督抽检力度。

【绿色建筑】 完成新开工装配式建筑161.58万平方米，其中完成新开工装配式住宅59.27万平方米，完成既有公共建筑节能改造面积2.19万平方米、既有居住建筑节能改造面积6.6万平方米，可再生能源建筑应用面积45.73万平方米，完成高星级绿色建筑1个，超低能耗建筑面积2.3万平方米。召集相关镇街道、市城投集团、自然资源和规划局等召开建筑工业化、住宅全装修、绿色建筑高星级项目实施推进座谈会，并形成绿建工作问题类材料报市府办。开展绿色建筑专项规划修编及建筑领域碳达峰行动方案编制工作。

【平安建设】 开具安全生产整改单343份，其中责令停工项目25次，局停26次，限期整改项目292个，对21个安全生产管理混乱、现场较差的项目进行通报。委托上海建科院开展建筑起重机械专业监督抽检，共抽查项目14个，合计抽查塔吊27台，人货梯23台，吊篮8台，检出并整改问题314项。创新管控措施，推广新技术应用，先后出台《关于进一步加强建筑起重机械安全管理工作的通知》《平湖市预防建筑工地高处坠落专项整治方案》《平湖市建设工程质量安全检测机构管理评价办法（试行）》，重点建立建筑起重机械租赁、安拆、维保、检验检测等相关单位的统一信用管理机制。

【智慧云监管平台】 依托省工程建设数字化管理系统、市建筑业智慧监管云平台等管理服务平台改造升级市全域安全监管系统，强化深基坑工程管控，优化实名制模块,实现在建工程“实名制”管理智能考勤系统覆盖率100%。优化运用欠薪预警系统，推进造价2000万元以上在建工程施工总承包单位配备专职劳资专管员，实现全年建筑领域劳资纠纷信访总量和群体性劳资信访同比下降，助推“无欠薪金平湖”城市品牌建设。

【建筑工地扬尘治理】 开展多部门联合检查21次，将扬尘治理费用列入工程造价。推进控尘新技术应用，下发文件推行视频监控和扬尘在线监测安装管理，安装率被纳入各乡镇五气共治考核。截至年底，接入扬尘监测规上项目359个，自动形成全市当日、每月PM2.5、PM10监测数据排名前十、后十项目，其结果直接作为全市文明工地红黑榜评判依据之一，将监控监测安装情况纳入平湖标化、嘉兴标化等评优评先要求。

【“无欠薪”建筑业】 接待处理信访件134起，涉及人数3796人，调处民工工资金额约1.02亿元。推行《平湖市建筑领域劳资纠纷专项整治行动方案》，成立涵盖镇街道、相关部门建筑领域劳资纠纷专项整治工作专班，制订专项整治行动方案，进一步细化属地镇街道对拖欠农民工工资矛盾的排查和调处具体工作要求。稳步推进造价2000万元以上在建工程施工总承包单位在工程项目部配备专职劳资专管员工作制，促使企业履行无欠薪主体责任。优化市建筑业智慧监管云平台欠薪预警系统，对全市规模以上在建项目在业务申报时自动进行专户资金缺口金额及比例核查，使欠薪治理由事后查处向事前预防、事中监管转变，由末端治理向前端治理转变。实行分级管理，对全市房地产项目和发生过讨薪行为项目重点监管，排摸民工工资专户使用情况、缺口比例和支付比例，联合约谈制度落实严重不到位项目主体，保障平安建设及无欠薪示范市考核。

房地产业

【房地产市场实绩】 完成房地产开发投资额120.91亿元，同比增长8.3%。商品房新开工面积37.87万平方米，竣工面积55.51万平方米，商品房预销售备案面积42.21万平方米，其中住宅销售面积38.94万平方米。

【房地产行业管理】 落实房地产调控新政，因城施策。放宽限购、限售条件，完善商品房销售管理、深化房地产市场秩序治理等16条政策措施；落实二孩、三孩购房补贴政策。核发商品房预售许可证14张，新纳入预售资金监管项目12个，协议监管资金约57.09亿元。商品房预销售备案合计4221套（间），备案面积42.21万平方米，备案金额65.97亿元，其中住宅备案3676套，备案面积38.94万平方米，备案金额62.67亿元，住宅备案均价16093.74元/平方米（网签数据）。全年，办理二手房交易申报3703件，建筑面积37.99万平方米，交易金额39.13亿元。定时跟踪安全排查排摸，共检查维修各类公房215户，巡查155人次，其中，大修18户，中修13户，小修117户，合计面积11109平方米。全年，完成租赁备案登记30件，营业房管理上，全年，因疫情对营业房租金减免涉及86户非国有服务业小微企业和个体工商户，减免租金134.25万元。完成经营性房产移交工作，中心城区5批次165处房产移交城投管理。

【住房保障】 发放公共租赁住房租赁补贴1034户次、343.29万元，发放经济适用住房货币购房补贴4户、81.2万元，覆盖至城镇中低收入住房困难家庭、新就业无房职工、稳定就业外来务工人员及公交、环卫行业一线职工,完成20套实物配租房源“简装”举措，住房保障受益覆盖率提升至28.50%。落实公租房政策全省统一，完善准入条件、资格认定和审批程序，保障资格确认时限进一步压缩至20个工作日,《公共租赁住房清退服务规范》成为全省首个地市级地方标准。完善保障性租赁住房政策体系，建立市级保障性租赁住房工作领导小组，明确发展保租房目标任务、工作原则、保障标准、审批流程及土地、财政、金融、税费等支持政策，累计筹集实物房源7250套；在全省率先落实7020万元央补直达资金补助，建立央补资金、税费减免和民用水、电、气等优惠政策落实及银行业金融机构贷款授信支持“双机制”。持续推动和追踪城镇棚户区改造项目进度，累计开工建设棚改安置住房15090套，竣工15090套，竣工率100%，交付14729套，交付率97.61%。

【白蚁防治】 受理登记新建房屋白蚁预防公共服务项目143件，建筑面积458万平方米，发放白蚁预防证明96份。开展新建房屋白蚁预防监测控制技术应用，完成预防施工项目104个，面积371.64万平方米，安装监控装置10065套；完成监控项目检查维护54个，面积439.74万平方米，装置数量18406套。完成药物屏障项目回访复查41个，面积247.44万平方米，处置蚁害24户；应对白蚁纷飞，妥善处置群众蚁情蚁害咨询服务110起。

【危旧房治理】 城镇危旧房工作重点从加快危房实体改造转为常态化监管，着力构建“动态清零”机制，开展全市第三次城镇房屋调查登记工作，共计21844幢，其中新增丙类危房19幢；城镇国有土地自建房专项整治行动排查3725幢，其中新增危房4幢，均落实人员撤离、硬隔离措施，确保人员无回流。

（全峰正）

住房公积金管理

【概况】 2022年，嘉兴市住房公积金管理服务中心平湖分中心秉承“以人民为中心”的服务宗旨，以“扩面提质优服务、金银共建促发展、铁军打造争先锋”三大行动为抓手，在深化改革、提质提效、强化监管、优化服务等方面出实招、办实事、谋实效，推进住房公积金高质量发展。全年，新增住房公积金缴存单位287家，净增缴存职工6802人，累计缴存住房公积金单位3371家，实际缴存职工120882人；全年，归集住房公积金21.70亿元，提取公积金金额15.47亿元，累计归集余额47.73亿元。审批办理职工个人住房公积金贷款2261笔，发放公积金贷款10.19亿元，同比增加6.15%，回收个人住房公积金贷款5.16亿元，同比增加7.72%，年末贷款余额47.34亿元，逾期贷款率为0，存贷比达99.19%。通过对住房公积金合理运用，全年，实现增值收益7774.42万元。

【制度扩面】 加强公积金业务网办、掌办宣传，在微信公众号及时编制发布业务办理“微视频”四期，发放宣传材料6000余份。提升上市企业公积金建缴水平，8家（含港区）上市企业平均缴存基数均不低于缴存下限，为上市和拟上市企业开具无违规证明34份。召开“惠民公积金　幸福一家人”企业座谈会，向重点企业发放公积金政策及催缴函，全年，推进规上企业建缴开户14家，规上企业建缴率44.9%。通过修订受托银行考核办法和资金竞争性存放招标，将公积金资金竞争性存放招标与银行公积金扩面实际净增人数及服务情况直接挂钩，调动银行扩面积极性。做好灵活就业人员缴存，开通5家受托银行办理灵活就业缴存，全年，灵活就业人员新增开户数360户，完成率、总数均位列嘉兴各县市第一。

【住房消费】 贯彻落实“房住不炒”“租购并举”总体要求，全年，发放公积金贷款金额同比增长6.1%，其中，首套房占比82%；提取占归集金额71%，住房类提取占比达85%以上，租房提取金额达1.98亿元。强化助企纾困，对受疫情影响的困难企业，实行公积金缓缴减压政策，3家企业申请缓缴，缓缴总金额158676元。提高首房首贷公积金贷款额度，受理首房首贷上浮贷款1180笔，金额5.43亿元。受理保底贷款上浮额度140笔，金额5646万元。助推人才安居，为符合人才政策的550户家庭办理公积金贷款，贷款总额3.1亿元，平均每户贷款额达55万元。加大对保障性住房建设支持，向全市提供城市廉租住房建设补充资金2166余万元。

【数字化改革】 通过“网办、掌办”办结提取、单位网上业务等80692笔，线上受理新居民积分查询核验320多笔。完善业务办理流程，在“浙江省一体化数字资源系统”提交3条建议被省厅采纳。助力长三角一体化建设，受理享受长三角人才贷款政策34笔，发放11笔。开展长三角区域范围内业务办理、协查，异地转入2151笔，金额1217.85万元，异地转出918笔，金额854.54万元。通过长三角政务服务“一网通办”协查127笔，通过“跨省通办”协助外中心查询房产真伪12笔,办理提取19笔。持续推进“一件事”办理，实现“贷款全周期”线上服务，贷款一件事办理率达100%。累计完成公务员、事业单位“一件事”、法院查询“一件事”等各类“一件事”办理5868笔。与市人民法院联合发文建立住房公积金执行联动机制，推进公积金在执法领域最多跑一次和数字化改革。

【公积金风险防控管理】 完成机关事业、企业公积金年度调基数工作。委托市公共资源交易中心，开展4亿元住房公积金增值资金竞争性存放项目公开招标，最终评出8家中标单位，存期12个月。加强楼盘准入管理，严格执行结顶放款政策和抵押放款制度，防范楼盘交付风险。开展数据清理，编制缴存单位基本信息完善流程,完善单位信息3598家。打击公积金骗贷行为，与市公安局联合发布《关于联合打击住房公积金骗提骗贷违法犯罪行为的通告》，形成打击住房公积金骗提骗贷违法犯罪整体合力。

【队伍建设】 制订出台《公积金中心党组理论学习中心组2022年学习计划》，先后组织开展学习18次，讨论交流8次。开展意识形态专题学习11次，专题会议研究意识形态工作4次，开展廉政警示教育13次。开展“三讲四看”主题党日、反邪教等主题党日和“喜迎二十大、政银同发展”“暖心送政策，助力企业发展”等党建共建活动，把党的二十大报告、新修订《中国共产党章程》等作为必学内容，以党建促业务发展。开展锻造“唯实惟先、善作善成”公积金铁军专项行动，推进干部上挂下派，选派1名分管领导参与全市征收指挥工作，2名班子成员参与隔离点点长工作，1名班子成员担任卡点临时党支部书记，累计派出干部职工130余人次参与全市疫情防控工作。组织干部职工到组团包联村曹桥村和包联社区洁芳社区开展“大夜访”、环境卫生整治、垃圾分类、反诈宣传等活动，锻造优秀“金小二”服务团队。

（骆琰）

市政公用事业

【概况】 加快城区主要道路综合性改造，提升中心城区城市形象。完成城市道路改造投资1025.02万元，改造道路0.38公里、1.15万平方米；市政道路养护投资850万元。

【市政道路养护】 完成市政设施零星维修工程28项。完成市政设施提升工程10项，累计维修沥青路面约9300平方米。完成平湖市标准化路口建设工程，提升当湖路供电局路口等20个路口道路交通安全水平。完成省民生实事项目——道路起伏不平等病害点段整治1.34公里，“桥头跳车”桥梁整治两座。完成嘉兴、平湖省民生实事项目——人行道整治提升两条。完成城区积

7月8日，平湖公积金中心召开2022年度全市住房公积金管理工作会议，表彰先进单位 （市公积金中心 供稿）

水点改造两处。完成市区雨水管道疏通养护31公里。

【道路改造】 城南路（建国路—平善大道）道路改造工程获2022年度钱江杯优质工程。完成城南东路改造工程，城南东路段西起建国南路，东至环城东路，道路全长382米，该项目沿线所有监控、交通指示牌、道路路牌全部与路灯共杆。

【燃气行业管理】 开展城镇燃气安全隐患排查整治工作，实施“百日攻坚”行动并组建燃气工作专班，建立联席会议制度，实行分片联挂镇街道工作机制，完成管道燃气特许经营评估，开展第三方专业安全检查，启动全市非居民燃气用户“一户一档”安全信息公示上墙工作，集中开展专项排查24次，安全教育25次，用气培训16场，上门宣传110次，安装公示牌2265块，发放宣传单4万余张，推送短信46.8万余条。深入开展天然气“三进”行动，进农村新社区8个，瓶改管50家，新增天然气居民用户8555家，非居民用户79家，完成管道燃气设施新建20.5公里、改建6公里，开展燃气管道占压专项整治行动，排查全市283个小区440.3公里的管道，处置架空管道微漏45处，登高管锈蚀107处，标志标识问题205处，完成瓶装燃气“2个储配站+7个标准化供应站”布点，以旧换新免费更换皮管19万余根、减压阀15.2万余个。组织安全执法检查63次，立案查处14件，处罚金20.04万元，督促指导25次，约谈2次。

【路灯管养】 处置市民报修、市长热线、数字城管等路灯报修，共修理路灯1995盏，年度平均亮灯率99.87%；对中心城区道路路灯开展夜间巡修工作共计667人次，处理路灯设备故障险情161起。对完成的环东湖道路路灯改造工程“回头看”，根据合同支付工程款；照明规划通过规委会专题会议及全体会议，公示草案并上报市政府待批复。接收东田路、文秀路等6条道路共193套268盏路灯；南市青影、凝萃嘉苑绿道等8条绿道494套3215盏灯，东方路下穿道口景观亮化灯762盏，共移交接收道路亮化灯3977盏。

物业管理

【概况】 截至2022年底，全市共有物业服务企业79家，实施物业管理项目308个，服务面积1976.78万平方米，成立业委会170个，行业从业人员7560余人。东湖雅苑、万家花城家和苑、福臻小区、绿洲花苑4个项目被评为省级“红色物业”项目；玫瑰湾、万孚尊园等17个项目被评为嘉兴市“红色物业”项目；归集物业专项维修资金11.9亿元，2022年，归集8个项目共0.65亿元，共审批使用维修资金42个小区合计315.25万元；收缴住宅物业保修金9个项目合计0.47亿元，审核使用保修金7个项目合计344.54万元。完成老旧住宅紧急维修五批次维修共计113户，涉及维修资金129万元，完成2021年度资金补助75万元。

平湖市物业服务企业情况一览表

表13

序号	企业名称	法人代表	注册资金（万元）
1	平湖市众和物业管理有限公司	陈烁宇	100
2	浙江中能物业服务股份有限公司	沈　燕	1000
3	嘉兴市鼎辉物业服务有限公司	陈烁宇	600
4	嘉兴元盛物业服务有限公司	虞攻兵	300
5	平湖市物业管理有限公司	姚伟杰	50
6	嘉兴市银都物业管理有限公司	杨引观	50
7	平湖市豪群物业管理有限公司	倪水根	50
8	嘉兴佳源星洲物业服务有限公司	芮　萍	50

续表 13

序号	企业名称	法人代表	注册资金（万元）
9	平湖市纪元物业管理有限公司	沈雨松	50
10	平湖市宏建物业管理有限公司	李金其	50
11	平湖市富丽雅物业管理有限公司	叶道根	50
12	平湖市大地物业管理有限公司	陈华峰	401
13	浙江久安物业服务有限公司	邱新锐	1000
14	平湖市美联园林建设有限公司	谢国强	1000
15	平湖市科来华物业服务有限公司	陈　望	1000
16	嘉兴中力物业服务有限公司	赵建江	50
17	平湖箱包城商业物业管理有限公司	蒋庆兰	50
18	嘉兴广浩物业服务有限公司	倪　健	50
19	嘉兴市朗杰物业服务有限公司	过奇峰	300
20	平湖市通用电气安装有限公司	潘白浪	8000
21	平湖市渠成物业管理有限公司	倪水根	50
22	平湖市尚家优服物业管理有限公司	周　芳	100
23	嘉兴中信物业管理有限公司	陆海云	50
24	平湖市齐家物业管理有限公司	陆保余	50
25	平湖信业物业服务有限公司	徐　明	50
26	平湖市经济技术开发区物业管理有限公司	沈水良	50
27	平湖市当湖物业管理有限责任公司	张莹璐	10000
28	平湖市中瑞商业物业管理有限公司	张　丽	50
29	平湖市勤达物业服务有限公司	俞小兰	380
30	平湖世博汇物业管理有限公司	蔡嘉伟	2000
31	平湖市安洁物业管理有限公司	殷洪君	300
32	嘉兴鑫乐物业服务管理有限公司	底　宏	1000
33	平湖市梦海物业管理有限公司	王桂友	600
34	嘉兴市重望物业服务有限公司	李　英	150
35	嘉兴市宏历物业有限公司	马伟燕	100
36	平湖市全胜物业管理有限公司	谢国强	50
37	平湖市龙湫物业管理有限公司	薛仲景	10
38	嘉兴市皇都物业有限公司	金中利	100
39	联美智慧城市服务（嘉兴）有限公司	谢国强	50
40	嘉兴市中鸿物业管理服务有限公司	李　玲	50
41	嘉兴勤博物业管理有限公司	杭　程	150
42	平湖市汇景物业服务有限公司	祁沃灿	500
43	平湖禧美物业服务有限公司	楼越明	10
44	招商局物业管理有限公司	赵　肖	10000
45	浙江平湖新天地资产管理有限公司	支晓燕	100
46	平湖市景兰物业管理有限公司	胡行民	50
47	平湖市天桦物业服务有限公司	陈佩芳	50

平湖市物业管理小区情况一览表

表 14

序号	项目名称	建筑面积(平方米)	幢数(幢)	户数(户)	备注
1	东湖雅苑	115515.29	13	810	
2	万孚尊园	198000	30	1082	
3	玫瑰湾	159635.59	18	1131	
4	御珑湾	442089.09	43	3942	
5	春风江南里(一期)	4409	35	35	
	春风江南里(二期)	31492.36	24	200	
	春风江南里(三期)	51889.08	30	249	在建
6	东望樾府	59342.57	16	293	在建
7	锦宸府	65702.11	12	846	在建
8	金色港湾	395568.48	52	3079	
9	恒大名都花园	202858	13	1695	
10	桂月湾	116962.51	13	1062	
11	蔚蓝锦苑	204324.99	13	1802	在建
12	星悦里	74562.32	12	956	在建
13	万家花城家和苑	114949.83	14	1149	
14	万家花城翠湖苑、御湖苑、锦湖苑	355087.51	126	3295	
15	万家花城兴和苑	287918.64	20	2598	
16	万家花城万和苑	232878.9	14	2063	
17	万家花城庆和苑	63209.22	10	584	
18	君品美寓	183644	17	1732	在建
19	东望书香园	27957.19	15	87	在建
20	尚品美寓	49292.24	8	328	在建
21	锦绣庄园	133576.99	100	768	
22	金领银座	—	1	378	
23	上城幸福家园	41532	21	512	
24	景乐雅苑	78932	22	695	
25	玉湖湾	26880.99	3	224	
26	金色华庭	185326.19	42	1540	
27	马尔贝拉度假城一二期	112101.95	8	1905	
28	绿洲花苑	206334.26	46	1522	
29	星湖嘉园(赞城)	51088	5	590	
30	龙吟花苑、龙吟南区	180345.62	63	1910	
31	尚珑花苑	29626.31	8	291	
32	文丰花园	230000.02	39	1606	
33	建工大厦	—	2	—	
34	泛华东福城	242747.54	26	2060	在建
35	江南景苑	57683.94	14	498	
36	时代福臻	156465.79	23	1471	
37	北国之春	141481.45	23	1321	
38	温州商会大厦	—	3	—	

续表 14

序号	项目名称	建筑面积（平方米）	幢数（幢）	户数（户）	备注
39	龙盛蓝郡	120266	20	852	在建
40	怡水嘉苑	269086.57	73	2713	
41	龙吟南区 13–15 幢	22941.65	3	312	
42	新仓朝阳路商业房	—	1	—	
43	南苑世贸花园	49122	8	662	
44	星河湾 7—16 幢	40759.9	10	506	
45	新叶苑 4–19 幢	41657	16	401	
46	仓盛嘉苑	17442.29	6	182	
47	星河湾新晨园	8452.88	4	143	
48	东方甸园	54903.3	8	636	
49	金鹏大都汇	21710	1	312	
50	东湖商贸城（铂晶馆）	42000	5	269	
51	开元悦都	61619.46	8	546	
52	城南新村 71—73 幢	5292.12	3	25	
53	平湖市总商会大厦	—	4	—	
54	御景花苑	306345.20	46	1856	
55	佳盛公寓	9436.6	5	81	
56	银沁苑	14100	5	96	
57	鑫龙公寓	11262	7	81	
58	卡都花苑	36000	10	202	
59	九龙花苑	46000	22	406	
60	洁芳东区	60000	31	742	
61	洁芳小区	177971.4	68	1760	
62	阳光嘉苑	171080	45	1835	
63	景乐丽都	14503	4	175	
64	三港嘉苑南区	168572.69	46	1525	
65	三港嘉苑北区	168180.78	42	1519	
66	东湖明珠花园	86511.1	15	684	
67	广玉楼一期	—	1	—	
68	九龙建材市场	—	28	456	
69	香堤绿都	126867.99	22	1078	
70	湖景花苑	84478.36	9	800	
71	星洲东湖花苑	133215	41	1119	
72	佳业花苑	31500	12	270	
73	银都景苑	33141.94	19	216	
74	新梅园	23000	9	130	
75	明悦府	58096.71	11	718	
76	滨水广场	22674.01	6	226	
77	梅兰苑	110919.1	60	740	
78	湖滨花园	30431.26	7	180	
79	锦湖花苑	68500	23	341	
80	锦城春天	92744	14	576	

续表 14

序号	项目名称	建筑面积（平方米）	幢数（幢）	户数（户）	备注
81	世纪名苑·郡湖	46273.6	22	336	在建
82	龙湫湾	224290	84	1454	
83	中南花苑	190000	27	1072	
84	白马堰小区	63062.01	16	436	
85	解放丽都	34165	5	254	
86	学舟锦庭	30336.22	6	253	
87	维克斯大厦	—	1	—	
88	新埭城市客厅	—	1	—	
89	世纪名苑一、二期	130000	55	1300	
90	富嘉苑	20668	8	168	
91	金龙佳苑	18470	6	230	
92	名悦华庭	28699.87	6	301	
93	新新小区	42000	13	600	
94	新叶苑 20—25 幢	22094.12	6	273	
95	碧海家园	8100	2	72	
96	新叶苑 29—31 幢	8757	3	85	
97	大胜庭院	18680	8	130	
98	金茂花苑	18550	8	160	
99	新叶苑 26—28 幢	15200	3	145	
100	百花东村 21—24 幢	8254	4	118	
101	君悦名都 3—5 幢	5068.01	3	146	
102	长胜半岛	5459.5	13	15	
103	景乐花苑	91180	25	712	
104	平湖国际进口商品城一期	—	27	—	
	平湖国际进口商品城二期（一、二标段）	—	5	—	
105	北城丽景	63230	13	503	
106	望湖名园	21965.82	8	153	
107	春熙苑	29069.93	4	369	
108	东湖前街	—	5	—	
109	长胜小区	42151	18	470	
110	三港新村	155001.04	52	1448	
111	鑫家苑	47010	7	316	
112	吉祥小区	84800	28	698	
113	安浜小区	41260	25	450	
114	大润发东侧商业用房	—	2	—	
115	启元新村	163153	51	1198	
116	东湖半岛	21153.73	52	84	
117	香弄商城	—	5	—	
118	松风台商城	—	8	—	
119	南都景苑	42433	12	241	

续表 14

序号	项目名称	建筑面积（平方米）	幢数（幢）	户数（户）	备注
120	银河苑	9430.81	4	67	
121	龙湫桂香	—	12	—	
122	百乐苑、百花苑	25901	11	197	
123	玫瑰庄园	11973.97	10	61	
124	松枫新村	42000	30	658	
125	金平小区	48115	29	652	
126	油车头小区	12298	4	99	
127	新华东村 1—3 幢	15903	3	241	
128	金鹏小区	4063	2	33	
129	园乐新村	112453	129	1119	
130	梅园南区	40420	24	635	
131	景都佳苑	12636.22	3	159	
132	世纪商业中心	—	1	—	
133	京都圣汇	13614	2	210	
134	清波公寓	84677	28	759	
135	金苑小区（北区）	18248.77	6	270	
136	汇银大厦	5902.56	1	206	
137	康乐小区	17750	8	152	
138	湖畔家园	117087.46	40	1354	
139	西林寺小区	82200	38	1086	
140	龙腾家园	41389.76	4	450	
141	海德城	326918.85	55	2403	
142	碧水云天	79858.81	21	668	
143	朝阳嘉苑	69731.17	17	578	
144	彩虹广场	54159.81	8	491	
145	百花西村 8 幢	2283.95	1	56	
146	油车头 1 幢 / 城南东路 296—418 号	2328.32	2	46	
147	百花东村 14 幢	2458.36	1	69	
148	虹桥佳苑	22790.6	4	270	
149	新桥嘉苑	41778.31	5	372	
150	星洲阳光城	109921.41	33	906	
	星洲阳光城三期	22170.44	14	155	
151	新华西村 1、2 幢	5343.2	2	123	
152	龙晟家园	23919.52	8	336	
153	名门雅苑	54212.64	18	526	
154	名璟花苑	111230.97	19	994	
155	名瑞华府	138028.09	12	1145	
156	花漫里	88358.03	7	880	在建
157	振港苑二期	7303.85	3	75	
158	新富嘉园	38566	7	420	
159	邻湖嘉园 1—8 幢	43560	8	496	
	邻湖嘉园 9—14 幢	22909.01	6	283	在建

续表 14

序号	项目名称	建筑面积（平方米）	幢数（幢）	户数（户）	备注
160	嘉和花苑	45230	16	484	
161	港乐苑	14377	3	146	
162	月亮湾	49960	9	345	
163	尚锦花园	126304	28	1124	
164	圩中公寓	2986	2	34	
165	佳美雅苑（中荟城）	52095.71	7	576	
166	鑫港花苑	9021	1	96	
167	东湖新城	—	4	275	
168	中国·服装城	—	2	3868	
169	平湖国际箱包城一期	—	9	—	
	平湖国际箱包城二期	—	20	—	在建
170	景洲苑	15234.96	4	117	
171	东湖绿舟	23191	15	154	
172	韩家埭商城	—	3	—	
173	中瑞国际广场	—	13	—	
174	名都佳苑	51759.51	15	524	
175	龙泰苑	11730	7	113	
176	春泉里 168 弄 1—2 幢	7888.4	2	111	
177	金苑小区（南区）	9393.07	3	68	
178	宏兴南区	25101	10	229	
179	宏兴北区	20255.4	12	209	
180	宏兴东区	32028.89	10	292	
181	昌盛公寓	13202.2	7	130	
182	红建花苑	213600	97	2220	
183	花园小区	129037	254	1243、自建房 165	
184	福臻小区	95000	97	自建房 372、880	
185	阳光庭园	11100	6	98	
186	兴平一路 183 弄（小桥人家）	17806.41	2	162	
187	凤凰新村	36512.8	24	392	
188	南阳新村	57496	29	556	
189	永丰新村	111980	40	1100	
190	如意新村	68542	45	718	
191	庆丰新村	181074	83	1732	
192	凝翠嘉苑	148109	68	1564	
193	华家新村	96164	34	980	
194	东升南区	229421	84	2094	
195	池海小区	136950	44	1120	
196	华丰新村	101283	52	1290	
197	施家坟	37370	12	150	
198	新华园	11208.5	8	159	
199	兴阳花苑	138693.93	71	1400	
200	香榭丽都	64344	26	656	

续表 14

序号	项目名称	建筑面积（平方米）	幢数（幢）	户数（户）	备注
201	曹杨小区	15390	58	56	
202	滨湖广场新滨湖	136191.95	53	1298	
203	园丁新村	25244.64	13	384	
204	东方绿洲	226599.57	63	2288	
205	广福园	107283	269	1306	
206	新华西村	19618.69	15	251	
207	新华东村	38000	29	397	
208	百步桥新村	34000	22	410	
209	三北新村	53939	80	242	
210	金湖小区	48115	17	432	
211	祥和小区	26560	9	332	
212	朝南埭新村	14250	8	171	
213	东升东区	16356		168	
214	三港新村自建房	19170	—	—	
215	东升新村	53963	—	296	
216	广场新村 13—21 幢	20000	9	78	
217	百花东村（东区）	20810	13	341	
218	曹金小区	63020	—	—	
219	当湖小区	33442.9	13	350	
220	大桥小区	33921	—	—	
221	梅园西村	80200	82	731	
222	和合花苑（一期）	23723.4	—	—	
223	通界花苑 97—101 号	15519.42	5	120	
224	宏源花苑 1—7 号	19400	7	188	
225	兴钟商住楼	17600	4	54	
226	阳光公寓	2100	1	20	
227	和盎小区	22028	9	141	
228	广陈镇广苑新村	8623	4	56	
229	黄姑镇文化街	9547	3	61	
230	广陈振广路商住楼	2019	1	12	
231	虹霓 2 幢	3689	2	25	
232	黄姑建设路商住楼	3900	2	19	
233	新枫苑 6、7 幢	7800	2	40	
234	黄姑韩家庙商住楼	4752	2	34	
235	林埭林金路 2 幢	6035	2	28	
236	钟埭街道富丽雅公寓	12136	6	356	
237	游艇湾办公楼、商业	—	1	250	
238	海滨公寓	99405.5	28	1378	
239	翡翠花苑	69857.83	10	638	
240	梅园北村 1、2、16 幢	26522	3	128	
241	紫金华庭	46954.88	7	345	
242	嘉福大厦	—	1	—	

续表 14

序号	项目名称	建筑面积(平方米)	幢数(幢)	户数(户)	备注
243	育才新村 17 幢、23 幢	6419.56	1	78	
244	君悦名都 1—2 幢	19079	3	234	
245	美景华庭	26476.19	10	303	
246	福泰花苑	58800.08	23	565	
247	星河湾 1—6 幢	12876.56	6	155	
248	同乐苑	8629.79	1	72	
249	同泰苑	7039.62	1	69	
250	华新广场	14521.76	1	192	
251	新元住宅楼	6380.88	1	38	
252	星湾家园	21734	3	216	
253	永乐里北侧	19500	25	230	
254	永乐里南侧				
255	龙吟南区 16—18 幢	19910.43	3	262	
256	江南悦府宜园	36369.5	10	297	
257	江南悦府致园	32446.8	4	280	
258	江南悦府畅园	20458.5	2	181	
259	江南悦府臻园	37986.9	5	325	
260	海越华府	137820.7	18	1407	
261	吾悦华府	187155	15	1372	
262	新城悦府	131285.77	24	1333	
263	吾悦广场	—	4	—	
264	新城华庭	33418.33	8	444	
265	文鼎苑	75059.18	9	881	
266	春江郦湾	66504.84	5	724	
267	春江悦府	89194.27	11	807	
268	紫辰华府	146997.42	9	1450	
269	盛唐景苑	83971.32	11	828	
270	茂悦府	145360.42	15	1456	
271	卓越雅苑	169996.24	11	1126	
272	明湖熙园	38792.72	8	304	
273	明湖雅苑	137752.82	14	1252	
274	明湖璟园	136833.72	22	908	在建
275	南平花苑	38332.34	11	282	
276	熙景诚品苑	96666.35	14	1034	
277	熙和诚品苑	65397.14	8	870	
278	星洲城市花园	93893.77	12	799	
279	印象里	66358.7	8	728	在建
280	南辰名都	48686.99	7	533	
281	湖畔景园	37104.06	12	379	在建
282	蓝庭景园	124021.13	9	1510	在建

续表 14

序号	项目名称	建筑面积（平方米）	幢数（幢）	户数（户）	备注
283	四季华庭	71571.51	19	478	在建
284	漫悦湾	55032.78	16	777	
285	世博汇	—	1	—	
286	嘉悦名都	45066.57	7	587	
287	华美雅轩	31451.04	4	345	
288	鼎仁·东湖里	34728.28	10	258	在建
289	悦湖里	95158.03	18	1096	在建
290	云栖湾	159317.76	13	1777	
291	汇景悦湖（幸福里）	59498.07	6	594	在建
292	新仓美树商业中心	—	3	—	在建
293	沐阳东区、西区	145794.46	86	1357	
294	香林人家	15685	14	112	
295	百合嘉苑	35898.23	8	315	
296	悦宸里	143503.38	15	1469	在建
297	悦宸庭	38545.96	6	428	在建
298	林语湖院	100739.56	11	967	在建
299	东湖留庄	48171.17	18	293	在建
300	书香悦府	47237.36	5	596	在建
301	宜家园	6762.32	2	84	
302	北宸里	99903.49	33	1098	在建
303	传承樾府	90509.68	31	345	在建
304	云境府	131476	14	1502	在建
305	春泉街 106 弄 1—4 幢	9401.39	4	120	
306	元景苑	15852	2	129	
307	胜利广场	—	3	1514	
308	嘉荟商业广场	27487.14	5	442	

【行业监管】 对 56 家物业服务企业和 245 个物业服务项目进行年度考核。举办行业业务培训 3 次，现场演练 3 次，“红色物业”业委会座谈交流会 2 次；召开全市物业企业安全生产会议 4 次，开展安全生产、防汛防洪、防疫大检查 6 次，对全市 90 个高层住宅项目进行检查。完成 2022 年度省物业服务企业信用平台申报工作，其中 28 家审核通过信用平台，398 个物业项目录入平台。浙江中能物业服务有限公司获 AAA 级信用等级，嘉兴市鼎辉物业服务有限公司、平湖当湖物业管理有限责任公司获 AA 级信用等级。

【强社惠民】 制订《“强社惠民”集成改革专项工作方案》，确定经济基础体系、惠民服务体系、支撑保障体系等三大改革 32 项改革任务，开展固本强基、发展壮大、服务提升、统领保障四大攻坚 17 项具体行动，成立工作专班专项推进。形成资产资源底图，共排查出社区用房 316 处、面积 9.25 万平方米，规划新建“一老一小”设施 135 处。全市 5 个镇街道共建立强社公司 8 家，其中钟埭街道“社区＋国企”抱团共富形式成立社区经济组织为全省首创。

【无物业管理住宅小区清零】 制订出台《无物业管理住宅小区清零和农村物业管理破冰攻坚行动专项工作方案》，明确巩固基础服务、拓展服务领域、构建基层治理新模式三个维度，具体实施 13 项举措。组织开展浙里物业监管平台数据上报和落图工作，共上报住宅小区312个、零星住宅87个，落图率均为100%。启动业主委员会全过程管理标准编制工作；镇街道共组建直属物业服务企业5家，物业管理覆盖农村新社区3个；运行全市“物业＋养老服务”党建联建机制，在绿城物业和御珑湾小区分别实施企业和项目试点。

【红色物业】完善“智慧红巢”数字应用平台；印发《创新打造“数智小区”红色物业3.0版攻坚行动专项工作方案》，明确建设目标任务；打造“御珑湾”数智小区示范点，完成150个场景建设和系统对接工作；开办先锋训练营，完成3次培训，共300余人参加，举办现场演练3次，参与人数269人。智慧红巢公众号随手拍板块受理业主投诉建议4700件，解决4681件。市物业纠纷人民调解委员会调解物业纠纷938起，调解成功539起，累计调解物业纠纷3323起，调解成功2123起。

【既有住宅加装电梯】新修订《平湖市既有住宅加装电梯指实施办法》，简化既有住宅加装电梯办理流程，强化既有住宅加装电梯矛盾纠纷协调，成立1家民办非社区组织和1家社区下属社区组织加梯“帮帮团”，构建物业企业、业主委员会、第三方组织、加梯“帮帮团”以及志愿者队伍共同组成的加装电梯基层自治体系。完成加装电梯方案联审26台，开工26台，建成交付使用12台，完成资金补助99.59万元。

（全峰正）

水务事业

【概况】2022年，市水务集团继续完善水务基础设施，加快项目推进，新建、改造供水管网16.8公里，污水一级管网6.1公里。全年水务集团完成取水量5402.26万吨（含嘉兴港区），售水量5209.74万吨，污水入网量5245.4万吨。

【水务基础夯实】做好优质水调试。做好“饮用水提质”“后半篇文章”，加强优质水运行实时监测，健全古横桥水厂、广陈水厂和港区亭子桥水厂之间生产协调机制，确保高低峰供水期间优质水量合理分配，保障水质安全，100%满足优水优用需求优化城区供水网络。注重规划引领，统筹谋划“十四五”期间集团给排水重点基础设施项目库。不断优化全市供水规划编制，完成市政管网、小区切换点47个，完成北市河以南企业管网切换233个，确保“优水优用”，助力节水型城市创建。加快民生工程推进。完成新仓、独山港一级管网，安吉公路拓宽二期给水管网翻建等工程，共计新建、改造供水管网16.8公里，提升全市供水保障能力。完成首批30个小区二供设备标准化改造，保障高层用户安全供水“最后一公里”。

【经营管理强化】提升经营业绩。全年，集团合并营业收入4.29亿元。盘活存量资产，完成新一轮供水收费权资产证券化发行准备，创新完成管网融资租赁，扩大融资储备。拓展经营板块。加强顶层设计，成立排水运维公司，并进入标准化运维，年内，签约97个项目，受益农户8400户。继续开展农村生活污水治理，年内，承接项目48个标段，完成验收39个。推进“智慧水务”。以推进全省“污水管网一张图”试点工作为契机，围绕“系统智治、共治共管”目标，打造“智水管家”系统平台，提升综合调度水平和效率。升级地表水质自动监测站平台系统，开展全市主要河道水质时测日报。用好污水管网水质数字化管控平台，实时监测水质情况。优化地理信息系统，持续做好管网数据更新、复核。健全保障机制。充实集团招投标领导小组，建立工程项目全流程和财务预算管理制度，优化内部考核。完善防汛防台抗旱应急预案，开展各类应急演练，落实设备设施常态化巡查、更新和维护，及时做好抢修工作。全年，完成修理7400次，出动11000余人次。

【项目攻坚聚力】扩大有效投资，推进业务用房及应急抢修物资中心、供排水管网建设等重大项目，夯实水务基础设施，18个投资建设项目累计完成投资3.8亿元。推动重点项目破难，主要领导带班，完成“石化产业园污水收集能力提升"市级驻点破难项目，改扩建污水管网9公里，破解独山港新材料产业园污水外排瓶颈。东片污水处理厂三期和再生水项目进入设备调试阶段，全市工业污水处理能力实现质的提升。组建专班、细化方案、反复推演，推进污水处理费调价工作。强化生态治理，完成三港新城到南环线污水管道、广陈3号泵站改造提升、景兴纸业外排复线等工程建设，新建、改造污水一级管网6.1公里，疏通管网40公里，城市污水处理率97.10%。加快污水泵站除臭项目建设，落实运行除臭设备气体日常监测机制。

【民生福祉改善】 持续优化营商环境，线上线下深度融合，全新打造水务数字服务平台，完成镇街道便民服务中心业务入驻全覆盖，优化手机端、PC端、窗口端和自助端"四端协同"供水服务体系，上线24小时"96390"服务热线，重塑流程，实现一号呼入、闭环处理。深化"三服务"活动，先后完成长三角·平湖润泽国际信息港项目、蓝城春风江南小镇和新凤鸣平湖基地人才公寓项目等重大项目接水工作。落实非居民用户"欠费不停供"，污水处理费缓交等纾困政策，累计惠及逾万家。做优志愿服务品牌，深化党团联动机制，提升"水管家""绿水帮"等志愿服务品牌，深入企业、社区开展供水管网配套建设、水压水质检测、污水管疏通清淤等服务。贯彻落实上级相关政策，继续落实"两保户"免费用水政策和低保户装表优惠政策。

（金泽）

城市绿化

【概况】 围绕公园城市目标，新增城市绿化15.25公顷，《平湖市城市绿地系统专项规划（2021—2035）》通过专家评审并完成城规委上报稿编制工作。中心城区公共绿地养护二标等5个建设项目、2个养护项目获评2022年嘉兴市"南湖杯"园林绿化建设（养护）优质工程，其中平湖市"钟溪棹歌·隐世田园"美丽乡村精品线工程设计施工总承包、嘉兴王店至平湖公路（新07省道至乍兴公路段）二期两侧绿化及配套工程、东方大道工程（独黎公路—东方大桥）—（东方大桥—永兴路）两侧绿化工程获省"优秀园林工程"银奖，平湖中心城区公共绿地养护（东湖以东、东湖大道以西、平廊公路以北）二标获省"优秀园林工程"养护奖。万家花城万和苑、明湖雅苑获评嘉兴市园林式居住区，万家花城兴和苑、江南景苑获评省级园林式居住区。截至年底，建成区绿地率37.3%，绿化覆盖率41.26%，人均公园绿地面积16.07平方米，公园绿地服务半径覆盖率89.55%，城市绿地总面积达1792万平方米。

【绿化管养】 城区公共绿地面积330多万平方米，其中市场化养护面积达322万平方米。以《全国园林绿化养护概算定额》为标准，为精细化养护打好基础。中心城区更换草花115万余盆，绿化隔离带、色块进行多次修剪，施用有机肥、复合肥共90多吨。完成对胜利路、东方路、新华路、解放路、当湖路、环城东路、案山路、三港路、城南西路、东湖大道、长胜路等主要道路行道树、乔木疏剪、整形。

8月9日，《平湖市绿地系统规划（2021—2035年）》评审会议召开
（市建设局　供稿）

【绿道建设】 新建市域绿道19.5公里,其中中心城区绿道6.3公里，包括南市青影生态绿廊四期绿道1.4公里、东方公园一期绿道0.8公里、嘉善塘东侧（茂悦府代建段）绿道0.3公里、鲁家埭（平成路—永兴路）绿道0.7公里、六里塘绿道（东湖未来社区段）0.8公里、丰收路西侧绿化工程绿道0.25公里、松枫港东侧（环北二路—松枫港路）绿道0.3公里、嘉兴塘（金平小区西侧）绿道0.1公里、南城河（建国路—环城东路）绿道0.35公里、兴曹公园及新城金樾代建绿道1.15公里、南辰名都南侧代建绿道0.15公里。各镇街道对43条绿道完成标识标牌完善工作，对居住小区周边8条绿道（居民享用度较高的绿道）开展亮化工作。全市已建市域绿道286.4公里，其中中心城区绿道92.4公里。市区水岸交融绿道一期获评嘉兴市“最美生态绿道”。

【品质提升】 完成东方公园一期、南市青影生态绿廊四期建设，新建平廊公路加油站西侧、东方路洁芳东区围墙外等10处口袋公园，继续开展古树名木复壮工作，完成当湖公园塑胶园路改造。

【智慧园林】 智慧园林三期1月通过验收，启动园林数字化应用场景建设试点项目，11月通过验收。《公园城市　智慧园林平湖不仅有美景更有场景》被省级主流媒体（浙江在线）刊发录用。《平湖市打造“智慧园林”数智应用为精雕城市“容颜”下足“绣花功夫”》被住房和城乡建设部报道。启动和浙江农林学院合作《城市绿地碳中和率计测及增汇研究》课题。

【园林镇创建】 2022年，林埭镇完成省级园林城镇创建工作，全市五镇全部获省级园林城镇称号，平湖成为嘉兴市首批全域完成省级园林城镇创建工作地区，实现全省首批省级园林城镇创建满堂红城市。

房屋征收

【征收概况】 国有土地上房屋征收启动梅园北村地块、百花西村地块和南河头新村3幢地块。其中梅园北村地块涉及被征收户355户，建筑面积约2.52万平方米，土地面积约2.92公顷；百花西村地块涉及被征收户255户，建筑面积约3.29万平方米，土地面积约2.27公顷；南河头新村3幢地块涉及被征收户24户，建筑面积约0.2万平方米，土地面积约0.08公顷。百花西村地块因被征收人同意改建率未达98%而暂缓实施征收工作，梅园北村、南河头新村3幢地块于12月28日作出房屋征收决定。推进城镇征迁更新专项行动，完成征迁建筑面积102.07万平方米，完成征迁土地126.3公顷，完成征迁858户。

【城市房屋征收管理】 起草修订《2022年度市区国有土地上房屋征收补偿和补助奖励标准》，拟定市区各征收地块房屋征收补偿方案以及自行购置新建商品住房补助办法等征收政策，指导国有土地上房屋征收地块程序依法推进，保障被征收户合法利益。

（全峰正）

环境保护

综　述

【概况】 平湖市空气质量综合指数3.14、PM2.5平均浓度23微克/立方米、PM10年平均浓度44微克/立方米，三项指标位列嘉兴第一；空气质量优良率88.2%、臭氧浓度158微克/立方米，两项指标位列嘉兴第二，环境空气质量连续四年达国家二级标准。交接断面水质考核良好，13个市控以上断面Ⅲ类水比例首次达100%，广陈塘饮用水水源地水质达标率100%。城市区域噪声平均值为53.4分贝，达声功能区标准。生态环境公众满意度为87.52分，列全省第37位。获评2021年度美丽浙江考核优秀县，美丽嘉兴考核第一。国家生态文明建设示范区创建被列入公示（备选）名单。

【环保宣教】 完善“线上+线下”普法服务和宣传教育，组织开展企业各类培训10次，涉及企业1300家次，精选20个环境违法案例，编写第二版《以案说法宣传册》和《省生态环境保护条例》手册，共印刷7000册，由各镇街道向企业送发，进行普法宣传教育。通过“平湖生态环境”微信公众号策划“平小环说法”系列环境普法宣传文章，包含以案说法和法条解读，推送12期，动员企业广泛学法。编印《常用生态环境法律法规汇编》发至全体执法人员及生态环境部门有关科室。完成生态环境满意度集中宣传工作，市、镇、村三级层层签订宣传责任书，共实施开展32种宣传方式，其中创新6种宣传方式，线下宣传完成入户问卷调查1.6万份，发放各类宣传品50万份等，形成生态环境工作宣传氛围。组织策划“6·5”环境日、生物多样性日、世界海洋日等主题宣传活动。生态环境公众满意度87.52分（省排37位）。

（吴诗谣）

“五水共治”工作

【概况】 2022年，平湖市深入打好水污染防治攻坚战，以“重点断面专项整治”、“污水零直排区”建设、“碧水行动”、“美丽河湖”等重点工作为抓手，统筹水环境治理、水资源保护、水生态修复，开展全域水生态保护和修复，交接断面水质考核良好，市控以上断面水质Ⅲ类水占比达100%，17条县级河道水质16条达Ⅲ类，广陈塘备用水水源地水质达标率100%。

【农村生活污水治理】 实施农污治理项目83个，涉及131个标段11556户农户，完成115个标段，农村生活污水治理行政村覆盖率为98.8%（任务

80.2%），水质达标率97.9%（任务89.6%）。

【城镇“污水零直排”提质增效】完成城镇“污水零直排”提质增效专项规划评审，钟埭街道创成嘉兴市“污水零直排区”标杆镇，推进独山港镇创建省级示范样板镇及独山港经济开发区石化产业园事故废水防控系统建设、排水设施标准化运维进程。提升污水收集处理能力，平湖市东片污水处理厂三期扩建（8万吨/日）和再生水利用（二期清排提标）项目完成土建进入设备调试。

【稻田退水零直排】创新提出“田—沟—河—圩”升级版，获省生态环境厅肯定，率先在全省取得先行示范效应，累计建成稻田退水零直排3640公顷。

【水生态保护修复】出台《平湖市碧水绕城实施方案》，开展广陈镇“碧水绕镇”和15个行政村“碧水绕村”碧水河道建设，完成碧水河道40.58公里、7公里生态缓冲带建设（目标4.5公里），完成广陈塘重点流域生态修复项目一期工程，开工二期工程。放港河流域生态修复项目列入中央水污染防治资金补助项目库。曹桥街道、新仓镇被评为嘉兴市水美乡镇，新仓杉青港连片水系创成省级美丽河湖，8条河道成为平湖市级“美丽河湖”，其中6条为嘉兴市级。

【河（湖）长制提档升级】建立市级河（湖）长制工作联席会议制度，河长办保持持续稳定，发布总河长令，开展县级河（湖）项目化治理，制订实施“一河一策”巩固提升治理方案，重点建设211个治理项目，完成率100%。深化“绿水币”制度，“绿水币”注册人数23879人，月均活跃度4%以上，均达或超过预期目标。

（徐卫杰）

生态建设

【生态文明建设示范区创建】围绕“打造生态文明高地”目标和“生态文明建设先行示范”要求，聚焦绿色发展，坚持山水林田湖草绿一体化保护和系统治理，不断推进降碳、减污、扩绿、增长。完成省级生态示范区指标自查。围绕国家生态文明建设示范区创建标准，上报国创申报材料，并根据省美丽办、省生态环境厅反馈意见补充完善台账资料，9月，完成国家创建平台申报。7月12—14日，举办市生态文明建设专班培训，加快形成共建共享共治生态文明理念，持续巩固生态文明建设示范区创建成果。

【区域环境一体化发展】召开金嘉平“两山”议事堂第三次议事会议，建立交界区域地表水国控断面协同治理、石化化工挥发性有机物协同治理“三统一”机制。成立共同富裕七大专项行动生态文明建设先行示范专项行动工作专班，制订专项行动方案，完成市生态环境保护“十四五”规划。实施2021年度广陈生态补偿，补助金额2211.75万元。与南湖区、海盐县分别开展平湖塘流域、盐平塘流域上下游横向生态补偿，共同维护流域生态环境安全。

7月12日，金嘉平“两山”议事堂第三次会议在线上召开

（市生态环境分局 供稿）

平湖20年再现记录鸟类——普通朱雀（市生态环境分局　供稿）

【生物多样性】 出台《2022年生物多样性保护工作实施方案》，启动市域生物多样性野外调查，为平湖史上第一次实施范围最广、调查内容最全的生物多样性调查工作，共记录植物、鸟类、昆虫等物种1350余种，发现国家一级保护动物1种、二级保护动物39种，浙江新记录鸟类1种、嘉兴新记录鸟类9种、平湖新记录鸟类6种。未发生破坏野生生物栖息、繁衍、生存地（区域）及生物多样性受破坏、野生生物资源下降情况。

环境管理

【大气环境治理】 推进PM2.5和臭氧"双控双减"、VOCs和氮氧化物协同治理，打好臭氧和PM2.5专项攻坚战，完成15家VOCs源头替代任务，35家VOCs企业低效设施整治提升任务。在全省率先开展源头替代补助，获省级奖补资金620万元。继续实施VOCs重点排放企业错峰生产，确定列入错峰生产重点企业116家，共发布错峰提示35期，错峰39天，依靠准确研判为企业赢得65.5%的生产日数。建成全市餐饮油烟在线监控系统，完成100套在线监控点位安装并实现数据联通。常态化开展移动源联合检查检测，开展检查检测25次。非道路移动机械新能源替代26台，完成率118%。

【水环境治理】 开展卫八路桥、漕廊公路桥等重点断面水质情况深度排查和专项整治，专题进行风险点排查，形成问题清单30个。实施工业园区"污水零直排区"建设提档升级，组织开展"找寻查挖"，推进问题整改216个。加快推进广陈塘重点流域生态修复和新仓放港河重点流域生态修复项目，广陈塘流域生态修复项目一期工程完成建设，放港河项目列入中央水污染防治资金补助项目库。加强入海河流独山干河项目化治理，全年总氮、总磷指标完成控制目标。开展排口治污、岸滩治乱、海域治违专项行动，完成入海排口监测溯源。

【固废污染防治】 推进"无废城市"创建工作，新增建设50个"无废细胞"。推进一般固废统一收运体系蝶变升级，在一般固废收运体系镇街道全覆盖基础上，发布《平湖市一般工业固体废物统一收运体系提升方案》。提升固废管理信息化程度，完成年产废量100吨以上的50家重点企业安装视频监控并使用浙固码，全年，审核企业基础信息1290余条，审核企业固体废物管理计划1180余条，发起转移联单7450余条，涉固体废物企业上网率达100%。规范危险废物管理考核，推进危废实现"动态清零"。成立医疗废物应急处置专班，监督指导医废处置工作，累计收集医疗废物13万箱，约891吨。全年，危险废物利用处置率达100%，一般工业固废综合利用率达99.8%，未发生固废跨境倾倒等污染环境事件。

【土壤污染治理】 开展土壤修复管控，加强对土壤重点排污单位危险废物规范化管理检查，开展48家重点监管企业自行监测，完成7家新增土壤重点排污单位隐患排查。加强污染地块安全管控，完成耕地污染集中区域"源解析"招标，污染地块安全利用率达100%。开展地下水污染防治，督促完成平湖经济开发区生物医药产业园和独山港化工园区的地下水监测。

【减污降碳】 指导发电行业编制好碳排放报告，开展企业碳排放报告质量达标创建指导，督促开展问题整改。推行碳评价纳入规划环评和项目环评体系，将碳排放指标纳入工业投资项目综合评价打分，“推行碳评价纳入环评体系”改革试点方案纳入省厅批复嘉兴市的“两高行业减污降碳协同管理”场景建设试点，完成碳评改革试点方案和碳排放强度指标等数据测算，完成737家规上企业2021年度碳排放量测算。推进污染物减排，以氮氧化物和挥发性有机物为重点，开展重点行业减排潜力分析，排定年度和“十四五”重点减排项目，完成氮氧化物和挥发性有机物减排目标。指导、督促东片污水处理厂再生水利用、荣成环保科技热电节能减煤等重点减排项目加快推进。结合“腾笼换鸟”，完成高排放企业整治20家、强制性清洁生产企业9家。全市完成生态投资4.02亿元，同比增长542%。加快发展绿色低碳建设，独山港经济开发区被列入省级减污降碳协同试点，曹桥街道被列入低（零）碳镇（街道）试点。推进龙萌村、沈家弄村列入省第一批低碳村试点建设。配合推进低碳试点县建设，完成嘉兴市“两高”行业减污降碳协同管理场景应用涉及平湖试点内容。

【环评与排污许可制度推进】 完成建设项目环境影响评价审批及备案267份，16个项目享受“区域环评+环境标准”降级审批改革红利。办理排污许可管理271个，新增排污权交易27笔，交易金额194万元，排污许可发证单位执行报告提交率和审核率均为100%，任务完成数位居嘉兴前列。回购6家关停企业排污权指标，回购总量674.98吨，回购金额645.90万元。完成全市230家工业排污单位“十四五”初始排污权续购工作，涉及续购金额3355.04万元。严格项目准入，否决不符合环境标准和空间管控要求项目25个，涉及投资额4.88亿元。深化“最多跑一次”改革，推行“多评合一”改革，臻驱半导体项目成为全市首个“多评合一”项目。

环境监测

【概况】 2022年，获手工监测数据16332个，同比上升14.43%。共检测样品2117个，同比上升3.62%，其中水样1210个，气样230个，声样178个，辐射499个。出具报告326份，同比上升13.19%。依托67个水质监测站、18个空气监测站和97个污染源在线监控监测点，实现主要河道、镇街道自动监测全覆盖，全时段监控环境质量和超过80%的污染物排放量。

【环境质量监测】 完善环境监测制度体系，根据上级防人为干扰工作部署，每周做好水质自动站站点周边及上下游、空气自动站站点周边巡检工作，定期对自动站运维工作进行质量检查。开展环境空气质量监测，完成全年城市空气质量、酸雨、降尘等的监测、分析工作。开展地表水5个国控断面、8个市控断面、5个县控断面每月监测，完成饮用水水源地33项季度监测任务和全指标年度监测任务，完成东湖明湖每月监测、农村环境质量地表水季度监测任务，完成66个农村生活污水终端年度监测任务。开展城市声环境质量监测，完成7个功能区噪声、28个道路噪声和101个区域环境噪声常规监测工作。

【污染源监测】 完成1家集中污水处理厂、8家涉重金属企业、1家生活垃圾焚烧厂、3家热电企业，15家核发排污许可证企业年度执法监测任务。开展自行监测，235家发证企业自行监测联网率达100%，完成率99.5%。开展VOCs移动监测，2022年，出具走航报告200份，固定站模式监测报告12份。

【调查监测】 开展全市水域水质调查监测，同比上升62.3%，完成3家企业周边土壤及地下水调查工作。参照2022年平湖市辐射监管工作单位名录，对47

家重点企业开展监督性监测工作，其中3家企业因关停等原因未进行监测，其余44家全部按时完成相关监测任务。

【监测数据预警】 编制巡河水质整理分析等材料23份，为全市科学治水治气提供数据支撑。参与县级城市环境空气预报试点工作和省空气质量预报会商，根据省中心及嘉兴预报结论并结合平湖本地实际完成平台空气质量预报结果填报。重视气象数据应用，密切联系气象部门，关注气候变化对臭氧本底值变化的影响，做好气象要素与臭氧相关性分析，同时落实臭氧污染情况实时预警机制。

环境执法

【概况】 2022年，共查处生态环境违法案件102起，罚款545万元，查办严重违法案件6件，其中办理环境刑事案件3件、行政拘留案件3件，对2件生态环境损害案件予以追究民事赔偿责任（赔偿金117万元）。实施轻微违法容错机制，对10件违法情节轻微案件不予行政处罚，免去处罚金额93.84万元。

【生态环境执法】 作为生态环境行政处罚办案系统应用试点县市，专人负责嘉兴市系统培训，1月10日，嘉兴市生态环境局平湖分局率先在迭代升级的新系统上完成全省首个案件办理，实现案件全过程线上办理。开展“绿剑2022”、跨区域交叉执法、集中打击危险废物、自动监控弄虚作假违法犯罪等专项行动，打击偷排、漏排、固废异地倾倒等主观恶意环境违法行为，1个案件被生态环境部通报表扬列为典型案例，2个案件被省厅列为典型案例，1个案件入选全省年度优秀案卷。分局获2022年度全国生态环境执法大练兵表现突出集体称号。

【执法机构规范化建设】 由编办正式发文并制订三定方案，按照“本级+5个片区分队+1个机动分队”的模式完成下沉至镇街道的执法分队上收。2名执法队在编人员回流至执法岗位，实现应持证人员持证率100%，完成新式制式服装和标志配发，现场执法统一着装。对照规范化队伍建设指导标准，配备标配装备191件，选配装备49件。执法用车从原有3辆增加到9辆，保障一线执法用车。通过重新选址或装修，所有分队均配有档案室、执法装备室、调查询问室等基本用房，并全部按照创建标准完成办公场所统一形象标识建设。市生态环境保护行政执法队以嘉兴五县两区最高分创建成省生态环境保护机构规范化建设示范单位。

【环境督察整改落实】 推进二轮中央生态环境保护督察反馈意见整改落实，部署省委生态环境保护专项督察。省“生态环境问题发现·督察在线”贯通乡（镇、街道）第一批试点工作建设完成，实现镇街道全覆盖，平台内374个问题全部完成整改，1案例被纳入系统示范红榜，获省厅厅长郎文荣批示。组织开展全市范围内突出生态环境问题大排查大整治专项行动，发现并整改突出环境问题14个。“七张问题清单”重大生态环保问题管控力指数排名嘉兴第三。

【环境风险防范化解】 开展三年安全生产、长江经济带生态环境问题排查整治百日攻坚、除险保安等专项行动，推动平湖经济技术开发区、独山港镇应急物资储备库建设，启动独山港经济开发区石化产业园事故废水防控体系建设，提高应对突发事件处置能力。全年，开展生态环境安全隐患排查5轮次，完成突发环境事件应急演练40次，未发生较大以上突发环境事件。注重信访矛盾化解，环境信访总量382件，同比减少115件，同比下降22.68%，实现七年连降，累计下降幅度达74.04%。

环境质量公报

【空气环境质量】 2022年，全市有效监测365天，空气质量AQI优良率为88.2%（优120天，占32.9%；良202天，占55.3%），同比下降5.5个百分点，达二级标准。轻度污染40天，占11.0%，中度污染3天，占0.8%，未出现重度及以上污染天气。空气质量综合指数3.14，在全省县级城市中排名第39，首要污染物为臭氧。

【降尘】 全市2个降尘监测点，分别设于行政服务中心楼顶和东湖空气自动站。2022年，全市年均降尘量1.9吨/平方公里·月，同比持平；在全省县级城市中排名第24。

【降水】 全市有1个降水监测点，设于行政服务中心楼顶，监测项目为降雨量、pH值、部分阴离子及阳离子。2022年，全市降水pH年均值5.95，同比上升（改善）0.18。降水中硝酸根离子所占比重最大，占总离子量的34.4%，其次是硫酸根离子，占总离子的18.3%。从降水化学成分看，主要致酸物质是硝酸盐。

【总体水质】 2022年，全市地表水总体水质为优，同比有所好转。全市19个监测断面中，Ⅲ类以上断面占94.7%，Ⅳ类断面占5.3%，无Ⅴ类、劣Ⅴ类断面，功能区达标率94.7%；同比Ⅲ类以上断面占比上升5.2个百分点，功能区达标率上升5.2个百分点。13个市控以上断面中，Ⅲ类以上断面占100%，功能区达标率100%；同比Ⅲ类以上断面占比上升7.7个百分点，功能区达标率上升7.7个百分点。

【各河流水系水质】 2022年，全市地表水各河流水系水质状况除乍浦塘同比有所下降外，其余河流水系均无明显变化。上海塘水质为良好，青阳汇、大齐塘2个断面Ⅲ类，均达功能区要求；广陈塘水质为良好，小新村、广陈水厂、半路桥、北三家村4个断面Ⅲ类，均达功能区要求；黄姑塘水质为良好，卫八路桥（嘉兴金桥）、人民桥、海港路桥3个断面Ⅲ类，均达功能区要求；放港河水质为良好，澧廊公路桥、向阳桥2个断面Ⅲ类，均达功能区要求；嘉兴塘水质为良好，荒田浜（万盛桥）、白马水泥厂2个断面Ⅲ类，均达功能区要求；盐平塘水质为良好，古横桥水厂、淡水桥、斜桥3个断面Ⅲ类，均达功能区要求；独山干河水质为良好，新兴大桥断面水质Ⅲ类，达功能区要求；东湖水质为良好，东湖断面水质Ⅲ类，达功能区要求；乍浦塘水质为轻度污染，主要污染指标为总磷；虹霓桥断面水质Ⅳ类，未达功能区要求。

【水质单指标评价】 2022年，全市地表水总体无超Ⅲ类水标准的污染指标。

【小微水站情况】 为实时掌握水质状况，全市设置55个小微水站，覆盖8个镇街道，主要监测pH值、高锰酸盐指数、溶解氧、氨氮、总磷等基本指标。根据监测的基本指标评价，2022年度，全市55个小微水站中，水质类别Ⅲ类的站点38个，占69.1%，水质类别Ⅳ类的站点17个，占30.9%。

【饮用水水源地水质】 2022年，全市生活饮用水主水源地为太浦河饮用水水源地，位于嘉善境内。备用水水源地为广陈塘饮用水水源地，位于广陈镇。全年，两水源地达标率均保持100%。

【近岸海域水质】 全市设两个近岸海域监测断面，分别为009号断面和013号断面。009号断面（30.651° N，121.2282° E）所在海域属于独山四类功能区，执行《海水水质标准》（GB3097—1997）第四类标准；013号断面（121.1524° E，30.5832° N）所在海域属于九龙山三类功能区，执行《海水水质标准》（GB3097—1997）第三类标准。2022年，全市两个近岸海域监测断面水质均为劣Ⅳ类，均未达所在海域功能区要求。009号断面主要污染指标（超Ⅳ类标准）为无机氮。013号断面主要污染指标（超Ⅳ类标准）为无机氮和活性磷酸盐。009号断面无机氮平均浓度为1.05毫克/升，同比下降27.1%。013号断面无机氮平均浓度为1.26克/升，同比下降14.9%；活性磷酸盐平均浓度为0.060克/升，与上年持平。

【区域声环境质量】 全市共设101个区域声环境监测点位，按照《环境噪声监测技术规范 城市声环境常规监测》（HJ 640—2012），全年，开展1次昼间噪声监测，每个点位监测时间为10分钟。评价标准依据

《声环境质量标准》(GB3096—2008)执行。2022年，全市区域环境噪声平均等效声级53.4分贝，同比上升0.2分贝；区域环境噪声等效声级值在45.1—65.8分贝。在影响城市声环境各类噪声源中，社会生活噪声源占45.4%，交通噪声源占40.6%，工业噪声源占12.9%，其他占1%。交通噪声源和生活噪声源是全市主要噪声源。工业噪声平均声级最高，交通噪声次之。2022年，全市城市区域环境噪声总体水平等级达二级。

【道路交通声环境质量】 全市共设28个道路交通声环境监测点位，分布在兴工路、独黎公路、永兴路、昌盛路、福臻路、环北二路、环城北路、城南西路、案山路、当湖西路、东湖大道、胜利路、东方路、平廊公路、南环路、平善大道、兴平一路、平兴公路、新华路、环城西路、S202等21条交通干线，监测道路总长14.463公里。按照《环境噪声监测技术规范 城市声环境常规监测》(HJ 640—2012)，全年，开展1次昼间噪声监测，每个点位监测时间为20分钟。评价标准依据《声环境质量标准》(GB3096—2008)中4a类标准执行。2022年，全市城市道路交通噪声平均等效声级65.1分贝，同比上升0.3分贝；城市道路交通噪声强度等级为一级，所有路段交通噪声均在70分贝控制值内。

【功能区声环境质量】 全市共设7个功能区声环境监测点位，分别为市档案馆、星洲东湖花苑、钟埭街道办、东湖明珠、日本电产轴承公司、浙江一就生物医药公司、永丰新村，每季开展1次24小时连续监测。评价标准依据《声环境质量标准》(GB3096—2008)执行。2022年全市城市功能区定点噪声昼间、夜间达标率均为100%。

【工业“三废”】 根据对全市(不含嘉兴港区)334家重点工业污染企业的统计，2022年全市工业企业废水排放量2509.699万吨，化学需氧量排放805.365吨，氨氮排放6.128吨。工业废气排放635.09亿立方米，二氧化硫排放542.803吨，氮氧化物排放1994.524吨，烟(粉)尘排放432.438吨，挥发性有机物(VOCs)排放3734.806吨，一般工业固体废物产生量73.539万吨，危险废物产生量7.183万吨。

(吴诗谣)

气　象

【概况】 2022年，全市年平均气温较常年(1991年至2020年30年平均值，下同)偏高，降水量较常年偏少，总日照时数明显偏多。季度特征：冬季平均气温略偏高，雨量略偏多，日照偏少；春季气温明显偏高，雨量明显偏多，日照明显偏多；夏季气温显著偏高，雨量显著偏少，日照显著偏多；秋季气温偏高，雨量明显偏多，日照偏多。年内，气象灾害主要有台风、暴雨、强对流、寒潮、酷热高温等天气过程。总体来说，2022年气候条件属一般年份。

【主要气候要素】 气温：年平均气温17.5℃，较常年偏高0.8℃。气温的月份分布为2月、5月、9月、10月、12月较常年偏低，其余月份均偏高。平均气温较常年偏高1.0℃及以上的月份有6个月。年极端最低气温-4.7℃，出现在12月19日。年极端最高气温39.9℃，出现在8月23日。终霜日出现在4月3日，初霜日出现在12月6日，全年无霜期246天。

连续5天日平均气温≥10℃的初日出现在2月28日(进入春季)，连续5天日平均气温≥22℃的初日出现在5月30日(进入夏季)，连续5天日平均气温≤22℃的初日出现在10月5日(进入秋季)，连续5天日平均气温≤10℃的初日出现在11月30日(进入冬季)。

冬季(1—2月)平均气温5.6℃，较常年偏高0.3℃，同比偏低1.8℃。其中，1月平均气温5.9℃，较常年偏高1.4℃；2月平均气温5.2℃，较常年偏低1.0℃。

春季(3—5月)平均气温16.1℃，较常年偏高0.9℃，同比偏低0.5℃。其中，3月平均气温12.8℃，较常年偏高2.9℃；4月平均气温16.1℃，较常年偏高0.9℃；5月平均气温19.4℃，较常年偏低1.0℃。

夏季（6—8月）平均气温28.9℃，较常年偏高1.9℃，同比偏高1.8℃。其中，6月平均气温25.5℃，较常年偏高1.5℃；7月平均气温30.5℃，较常年偏高2.0℃；8月平均气温30.7℃，较常年偏高2.4℃。夏季气温≥35.0℃高温天气出现35天。

秋季（9—11月）平均气温19.1℃。较常年偏高0.5℃，同比偏低0.8℃。其中，9月平均气温23.7℃，较常年偏低0.4℃；10月平均气温17.9℃，较常年偏低0.7℃；11月平均气温15.8℃，较常年偏高2.7℃。

12月平均气温5.3℃，较常年偏低1.6℃。

降水：年降水量1159毫米，较常年偏少190.1毫米，同比偏少381.5毫米。降水量的月份分布为：1月、3月、4月、5月、9月、11月较常年偏多，其余各月均较常年偏少。降水量最大偏多月份为9月，较常年偏多132毫米，最大偏少月份为8月，较常年偏少164.2毫米。年雨日141天，较常年少33.5天。

冬季降水量160.1毫米，较常年偏多4.8毫米，同比偏多87.4毫米。其中，1月降水量96.7毫米，较常年偏多16.6毫米；2月降水量63.4毫米，较常年偏少11.8毫米。季雨日29天，较常年多1.8天。

春季降水量434.5毫米，较常年偏多120.4毫米，同比多101.1毫米。其中，3月降水量152.6毫米，较常年偏多42.8毫米；4月降水量155.8毫米，较常年偏多64毫米；5月降水量126.1毫米，较常年偏多13.6毫米。季雨日33天，较常年少15.8天。

夏季降水量185.8毫米，较常年偏少385.3毫米，同比少621.5毫米。其中，6月降水量100.7毫米，较常年偏少127.2毫米；7月降水量47.3毫米，较常年偏少93.8毫米；8月降水量37.8毫米，较常年偏少164.2毫米。季雨日37天，较常年少12.4天。

秋季降水量350.7毫米，较常年偏多100.4毫米，同比偏多27.1毫米。其中，9月降水量249.2毫米，较常年偏多132毫米；10月降水量23.7毫米，较常年偏少42.1毫米；11月降水量77.8毫米，较常年偏多10.6毫米。季雨日34天，较常年少3.3天。

12月降水量27.9毫米，较常年偏少29毫米。月雨日8天，较常年少3.7天。

年内，日降水量≥25.0毫米的大雨降水出现10次，日降水量≥50.0毫米的暴雨降水出现3次，日降水量≥100.0毫米的大暴雨降水出现1次。

日照：年日照时数2345.3小时，较常年偏多414.8小时，同比偏多23.6小时。按季节分布：冬季较常年偏少，其他季节较常年均偏多。日照的月份分布为：除1月、2月较常年偏少外，其余月份均偏多。全年，光照条件属偏好年份。

冬季日照时数218.9小时，较常年偏少11.3小时，同比少108.4小时。其中，1月日照时数111.3小时，较常年偏少2.3小时；2月日照时数107.6小时，较常年偏少9小时。

春季日照时数606.2小时，较常年偏多122.3小时，同比多82.6小时。其中，3月日照时数187.9小时，较常年偏多47.9时；4月日照时数207.3小时，较常年偏多42.2小时；5月日照时数211小时，较常年偏多32.3小时。

夏季日照时数832.5小时，较常年偏多238.1小时，同比多193.4小时。其中，6月日照时数232.6小时，较常年偏多95.1小时；7月日照时数304小时，较常年偏多74.1小时；8月日照时数295.9小时，较常年偏多69小时。

秋季日照时数539.2小时，较常年偏多48.7小时，同比少82.3小时。其中，9月日照时数203.2小时，较常年偏多24.9小时；10月日照时数198.3小时，较常年偏多23.7小时；11月日照时数137.7小时，较常年偏多0.2小时。

12月日照时数148.5小时，较常年偏多18.5小时。

2022 年气象要素一览表

表 15

要　素	单　位	数　值
年降水量	毫米	1159
年雨日	天	141
年雪日	天	9
年日照时数	小时	2345.3
年平均气温	摄氏度	17.5
年极端最高气温	摄氏度	39.9
年极端最低气温	摄氏度	-4.7
年无霜期	天	246
年平均风速	米 / 秒	2.6
年平均相对湿度	%	77
年平均最高气温	摄氏度	21.4
年平均最低气温	摄氏度	14.2

【重要气候事件】 2022 年，平湖极端天气多发，灾害性天气影响程度较往年相对较重，台风、短时暴雨、雷雨大风、寒潮等灾害性天气给人民生产生活带来不利影响。主要事件有：

年平均气温偏高，位列历史第四。2022 年，全市年平均气温 17.5℃，较常年（16.7℃）偏高 0.8℃；同时全年平均降水量 1159 毫米，较常年偏少一成半（常年平均 1349.1 毫米）。

年初持续低温雨雪，日照时数显著偏少。1 月 21 日至 2 月 23 日全市出现持续低温雨雪寡照天气，主要阴雨（雪）时段出现在 1 月 22—30 日和 2 月 7—13 日。其间，累计雨量 155.3 毫米，是常年的 1.9 倍，为历史同期第五多；雨日 20 天，较常年偏多 7.4 天，为自建站起第四多；总日照时数仅 67.6 小时，较常年偏少 5 成，为历史同期第四少。

入春明显偏早，3 月气温异常偏高。2 月 28 日入春，较常年（3 月 14 日）明显偏早，为历史第 3 早入春的年份。3 月，全市气温异常偏高，月平均气温 12.8℃，较常年偏高 2.9℃，为历史最高。月极端最高气温 29.4℃，系历史第二高。

梅期仅为常年的一半，梅雨量显著偏少。6 月 10 日入梅，接近常年（6 月 8 日），6 月 26 日出梅，较常年（7 月 9 日）偏早 13 天；梅期仅 16 天，较常年偏少 15 天。梅汛期雨量 44.3 毫米，显著偏少，仅为常年（336.9 毫米）的 1 成多。其间以过程性降水为主，主要降雨过程出现在 6 月 12—13 日和 24 日。

夏季持续酷热高温，强度历史最强。夏季出现历史罕见持续高温酷热天气，综合考虑高温日数、极端最高气温和最长高温持续日数的影响，强度为历史最强。全市 35℃以上高温天数 35 天，高温天数列有气象记录起第二位（2013 年 36 天）；极端最高气温 39.9℃，平历史最高纪录；最长连续高温日数达 14 天，超过 2013 年（10 天）。

强对流天气频发，突发性极端性强。全年，共出现 21 次短时强降水、雷雨大风、冰雹等强对流天气，其中 4 月 13 日、5 月 29 日、6 月 5 日、7 月 30 日全市出现局地暴雨到大暴雨天气；6 月 24 日钟埭街道、广陈镇出现 10 级雷雨大风，最大钟埭街道 10 级（27.0 米 / 秒）；8 月 17 日钟埭街道出现短时冰雹。

台风影响时间偏晚，影响较重。台风影响时间较晚（常年为 7—8 月），但影响时间集中，影响严重。9 月 2—5 日、12—15 日先后受 11 号台风“轩岚诺”和 12 号台风“梅花”影响，全市出现暴雨到大暴雨天气；其中 12—15 日受台风“梅花”影响，最大累计雨量独山港镇 219.4 毫米，最大小时雨强林埭镇41.0毫米。全市出现8—9级阵风，共有3个镇（街道）达9级，最大乍浦镇23.9米/秒（9级），沿海海面36.8米/秒（12级）。

强寒潮影响，降温剧烈伴明显雨雪。受强寒潮影响，11月28日至12月2日，全市出现一次剧烈降温和明显降雪过程。全市24小时降温幅度达9.9℃，过程日平均气温降温幅度达15.9℃。11月30日至12月1日出现明显降雪天气，主要道路无积雪，部分草坪、车棚、屋顶等有积雪。11月30日入冬后，寒潮冷空气影响频繁，全市气温持续走低，平均气温较常年同期偏低1.7℃；0℃以下低温日数12天，为常年的2倍。

【气候对农业生产影响】 1月冷空气影响频繁，下旬起出现持续低温雨雪寡照天气。其中28日白天出现雨夹雪，夜里转小雪，29日8时积雪深度为1厘米，未出现明显的低温冻害，此外低温积雪可杀死越冬虫卵，利于抑制后期病虫害的发生。总体来说：1月上、中旬温高光足，天气较干，下旬多阴雨，补充田间土壤水分。月内的气象条件，对油菜、大小麦等田间作物的生长较有利，但下旬持续的低温阴雨寡照天气，对大棚类作物的生长不利。2月多低温、阴雨雪、寡照天气，其间共有3次明显的阴雨雪过程，出现不同程度的积雪，大部地区土壤墒情偏湿，部分低洼地带出现不同程度的积水湿渍，油菜叶片偏黄并出现病害，通风不良的设施作物出现病害，露天蔬菜出现叶黄、轻度烂根等现象。24日之后，天气晴好，温高光足，土壤墒情一定程度上得到改善，利于各类作物恢复生长，及施肥、喷药、除湿、除病叶等农事活动开展。3月上半月温高光足，气温异常偏高，有利于各类作物的生长发育。下半月冷暖交汇频繁，全市出现一段降水集中期，其中20日8时至23日8时降水量达80.9毫米，由于土壤墒情偏湿，部分低洼地带出现不同程度的积水湿渍，对油菜开花结荚、大小麦拔节孕穗都有所不利，露天蔬菜出现叶黄、轻度烂根等现象，通风不良的设施作物出现一定程度的病害。4月上中旬温高雨少天气有利于各类作物生长发育和田间管理。下旬过程性降水增多，尤其是25日受江淮气旋影响全市出现较大范围雷雨大风、短时暴雨等强对流天气，强降水造成部分低洼和排水不畅地带出现积水湿渍，雷雨大风等对部分设施和作物造成机械损伤，农事活动短暂受阻。5月上中旬雨水偏少，对作物生长发育和农事活动开展比较有利。下旬降水明显增多，其中29日暴雨过程，造成部分低洼田块积水；月内其他大部天气总体适宜农业生产和夏收夏种有序开展。6月梅雨不典型，受雨带南北摆动影响，全市以过程性降水为主，梅雨量显著偏少，月内强对流天气多发，共出现5次强对流天气过程，对设施农业影响较大，但暴雨过程明显少于常年，有利于成熟期大小麦收割和南美白对虾等水产养殖。7—8月平均气温较常年显著偏高，降水异常偏少，持续性的高温晴热天气对正处于分蘖期的单季稻影响较大，无效分蘖明显增多；部分田块受旱，部分蔬菜植株遭受日灼或枯死。高温干旱对处于果实膨大期及采收期的水果影响较大，如葡萄、梨、晚熟桃等，易造成果实早熟，颗粒较小，且产生日灼病等生理性病害。香菇也处于养菌关键时期，持续高温天气的影响下，导致香菇菌丝死亡、菌棒烧菌腐烂。9月分别受台风“轩岚诺”和“梅花”影响，雨量较常年显著偏多，但台风主要风雨影响时段较短，防御得当，损失可控，且有利于缓解7—8月持续清热高温干旱对农业生产造成的不利影响，总体天气条件对各类作物生长和各项农事活动开展比较有利。10月副热带高压势力偏强，月内降水明显偏少，且降水过程偏弱，其中10—25日连续16天无降水，气象干旱有所发展，晴好天气有利于晚稻秋收工作的前期准备，适宜作物的光合生长；但有效降水较小，对油菜的播种、移栽不利。11月上旬晴多雨少、温高光足，总体利于秋收冬种的开展；中旬起阴雨天气增多，冷空气活动趋于频繁，给晚稻收晒带来不利影响，秋收进度明显放缓；但前期干旱得到缓解，土壤墒情得到改善，油菜播种进度有所加快。12月影响全市的冷空气次数较多、强度强。其中，受11月末寒潮天气影响，12月1日出现明显降雪，1—2日最低气温达0℃—1℃；11—15日受多股冷空气影响，气温持续下降；16—18日受寒潮影响，出现剧烈降温、大风和低温冰冻天气；22—26日受较强冷空气影响，出现连续晴冷天气。多次冷空气过程利于加强越冬作物的抗寒锻炼，加上防寒措施及时，蔬菜瓜果花卉等未出现明显冻害。月内降水分布不均，上旬多阴雨（雪）天气，降水量占全月降水的9成，中下旬晴多雨少，较常年偏少9成，晴好天气利于秋收晾晒、水果采摘等各类农业生产的开展。

10月22日，林埭小学徐埭校区学生参观平湖国家基本气象站（市气象局　供稿）

【气象防灾减灾保障服务】 面对2022年复杂多变的天气形势，市气象局围绕“监测精密、预报精准、服务精细”要求，做好监测预报预警，开展精细化到乡镇的预警服务，及时叫应防汛成员单位及各镇（街道）负责人，做好“梯次化”五段式预报预警服务，将灾害性天气对平湖的影响降到最低。全年，共发布各类预警信号106次，各类气象服务短信200余万条，准确预警时间提前量90分钟。发布《重要天气报告》《气象信息内参》《强对流天气风险提示单》等服务材料406期。夏季高温期间，共发布高温橙色预警19次（含继续发布），高温红色预警5次，并向市委、市政府、市防指、市应急局和电力公司等相关部门提供决策气象服务，发布内参18期，提醒各部门注意防范连续高温天气对水电供应、交通运输、农业生产、食品安全、户外作业等方面的不利影响。台风“轩岚诺”和“梅花”期间，密切监测台风发展，及时启动Ⅰ级应急响应，制作发布台风报告单共64期，并提出防御建议。联合市传媒中心、应急局以现场采访、连线直播等方式，向广大市民介绍“梅花”最新动态及对全市可能造成的风雨影响，科普台风防御知识。从各站监测实况总体看，两次台风过程风雨预报与实况基本吻合。1人被市委组织部评为“防汛防台破难先锋”暨“担当作为好干部”。1人和平湖市气象台分别获平湖市人民政府个人嘉奖和集体嘉奖。在“3·23”世界气象日、“5·12”防灾减灾日，以广场宣传咨询、开放日接待、参观、展览、微信平台“有奖问答”等宣传模式，采取“线上+线下”方式同步开展科普知识宣传，增强人民群众气象灾害防御意识和自救互救技能。入驻群团助力“双减”平台，注册成为基地，发布气象科普特色活动，助力平湖市创建全国科普示范市。

【生态农业气象服务提升】 气象介入美丽乡村建设，深入挖掘平湖优质生态气候资源，助力广陈镇龙萌村成功入选平湖首个“浙江省气候康养乡村”。深化气象为农服务工作，以服务粮食安全为重点，建立乡镇为重点、延伸到村、服务到田的气象为农服务体系。在春耕春播、夏收夏种期间，多渠道发布各类气象为农服务产品68期。全年，联合市农业农村局共开展6次实地调研活动，其中麦收期间，落实1家农业主体（钟埭街道得稻家庭农场）开展示范服务，针对5月下旬起雨水偏多的情况，先后10余次开展点对点、直通式气象服务，指导农户抢抓农时，助力小麦收获，确保夏粮颗粒归仓。指导7个村社区开展省级气象防灾减灾标准化村社区创建，并通过省气象局验收。深化“美丽平湖”建设。为打赢“蓝天保卫”和“六稳”“六保”两大攻坚战，聚焦臭氧污染前体物治理，协同减排挥发性有机物（VOCs），继续整合气象、生态骨干力量，加强臭氧和颗粒物空气污染气象条件客观预报技术研究，深化联合会商机制，为市开展企业错峰生产等防控措施提供科学决策，形成一项业务化的生态服务产品。全年，开展臭氧气象条件联合会商 52 次，总体预报准确率达 86.4%，根据气象决策安排企业正常生产的有 74 天，为有关企业赢得 65.5% 的生产日数。为打赢“蓝天保卫”和“六稳”“六保”两大攻坚战贡献气象力量。聚焦数字化改革，深化“农合联 + 气象”合作项目，做好各类气象为农服务产品在“浙农服”数字平台的制作发布工作，面向各农业实体及时发布各类预警信号。

【气象事业高质量发展】 推进完善气象防灾减灾体系，积极推动市防指将气象暴雨预警补充纳入防汛应急响应条件，建立健全以气象暴雨预警信号为先导的暴雨预警响应应急联动工作机制。推进建立以气象预警为先导的“五停”“六断”机制。推动市委、市政府修订印发《平湖市气象灾害应急预案》，进一步提升气象灾害防御部门对于气象灾害综合防御和处置能力，完善“政府主导、部门联动、社会参与”的气象防灾减灾应急协作机制。进一步完善气象综合观测网络，推进监测预报能力提升工程，率先建设完成微波辐射计、激光云雷达垂直廓线协同观测，加密建成 3 套区域自动气象站，增设 1 套辐射站。7 月 5 日，《平湖国家气象观测站探测环境保护专项规划（2022—2035）》颁布实施，根据平湖国家气象站的等级、性质和布局等特点，确定保护范围、内容和重点，对在气象探测环境保护范围内进行的各种建设活动和行为进行科学、严格的控制和保护。开展“气象 + 海河联运”行动。聚焦长三角海河联运枢纽港建设，新建港航气象监测站 1 套，升级改造全域气象监测站点，实现气象数据“分钟观测”“秒传输”，推进“海河联运”精细化气象服务。与海事部门合作构建海洋气象防灾减灾联动体系，更新全市 389 名船上作业人员，“点对点”推送气象信息、预警短信等 7.2 余万条。开展“气象 + 轨道交通”行动。织密铁路沿线气象监测站，在当湖街道黄家浜建设完成 1 套交通气象监测站，铁路沿线共布有 4 个自动气象站，探索开展轨道交通专项气象服务，为城际铁路建设提供气象支撑。开展“气象 + 平安交通”行动。强化高速公路数字化气象监测预报预警服务，在高速公路沿线建设完成 3 套全天空仪和 1 套能见度监测站。提升恶劣能见度天气的监测预警水平，降低交通安全事故的发生概率，助力平安平湖建设。开展“气象 + 电力”行动。运用网格化气象要素，开展配网日负荷预测现状分析，形成基于气象要素分析的精准负荷预测工具，为平湖市电力负荷预测及调度提供科学性、精细化服务产品。部门联合，共同开展《平湖市负荷预测与气象要素相关性研究》课题研究。

【气象社会管理依法强化】 聚焦“平安平湖”建设。积极谋划服务企业举措，深入推进企业“防雷安全风险码 2.0”工作，5 月，率先完成全市 113 家防雷重点单位防雷安全风险码 2.0 申请率 100% 和绿码率 100%，同时结合“双随机”监管要求，对出现的问题及时进行督促整改，切实降低企业易燃易爆防雷安全风险。融入“大综合一体化”行政执法新格局，将 35 项行政处罚事项全部划转至平湖市综合行政执法局行使。聚焦“最多跑一次”改革。所有事项进驻市行政服务中心，实现无差别全科受理，将“防雷设计审核和竣工验收”行政许可纳入在线审批监管平台。行政许可即办率 100%。全年，共办理 34 件，其中防雷装置设计审核 23 件、防雷装置竣工验收 11 件。

（陈韩）

嘉兴港区（嘉兴综合保税区）

综　述

【概况】 2022年，全区实现地区生产总值212.9亿元，规上工业总产值1026.7亿元，同比增长6.9%，首次突破千亿元大关，规上工业增加值171.5亿元，一般公共预算收入11.9亿元，城乡居民人均可支配收入分别为7.49万元、4.62万元。中国化工新材料（嘉兴）园区综合实力连续第五年列全国前十（第九），单位面积产值列全国第三，成为全国化工园区的亩均效益领跑者。五个百亿元项目推进顺利，全年，完成投资43亿元；省市重大项目超额完成年度投资任务；固定资产投资增速连续6个月，排名全市第一。乍浦港区货物吞吐量增长8.5%，集装箱中转量增长22.8%，“海河联运”集装箱中转量增长67.4%，绝对值均创历史新高。

【嘉兴港区规上工业总产值超千亿元】 2022年，港区完成规模以上工业总产值1026.7亿元，同比增长6.9%，首次突破千亿元大关。规上工业总产值突破千亿元大关。

【招商引资】 年内，签约项目17个，总投资约140亿元。引进超亿美元项目1个，完成世界500强项目认定1个，完成全球行业龙头项目认定5个。

【转型提升】 年内，国鸿氢能总部基地项目落户港区，氢能科技园、加氢站等基础配套设施不断完善，部级氢能储运装备安全重点实验室开工建设，成功举办2022中国（嘉兴）氢能产业大会。

【要素保障】 年内，华泓二期等14个重大项目能评全部获批；保障房建设获央补资金2114万元；永久基本农田核减200公顷，规划新增建设用地166.67公顷；腾出低效用地35.13公顷。

【民生改善】 2022年，滨海中央公园正式对外开放，嘉兴港航广场、港建大厦等推进顺利，汤山美食街启动建设，中山大桥正式通车。与杭州、上海等优质资源深度合作，中高考成绩创历史新高，平湖二院院士工作站成功升为浙江省院士工作站。嘉兴港区城市展示馆正式对外开放。地表水水质持续改善，改善率同比提升7.05%。

【嘉兴综合保税区跨境电商运营中心项目开工】 1月17日，嘉兴综合保税区跨境电商运营中心项目开工仪式举行。嘉兴综合保税区跨境电商运营中心项目，总投资约4亿元，总用地面积约6.7万平方米，总建筑面积约8万平方米，该项目主要建设两栋双层坡道物流库及一栋生产辅助用房，是集仓储、生产、办公于一体化的大型跨境电商综合平台。

【浙江飞驰汽车首台氢能重卡下线】 5月28日，嘉兴港区举行氢能重卡示范运行交付暨浙江飞驰汽车首台氢能重卡下线仪式，标志着嘉兴、嘉兴港区氢能产业发展又迈出一步。此次交付使用的是飞驰牌49吨标载燃料电池牵引车，该车以氢气作为动力来源，搭载110千瓦大功率氢燃料发动机和永磁同步电机+4挡AMT变速箱，动力强劲、续航里程长。同时搭配氢气泄漏检测及报警装置等高效的管理系统，确保氢气不外泄，保障车辆行车安全。

【嘉兴港乍浦港区D3、E4泊位通过对外启用验收】 6月10日，由省口岸办、杭州海关、浙江边检总站、浙江海事局等单位组成的验收专家组就嘉兴港乍浦港区D3、E4泊位对外启用开展验收。乍浦港区主要码头已全部建成并实现对外开放。E4泊位是嘉兴港区三江化工EO/EG、华泓新材料丙烷脱氢二期等多个投产项目的配套码头，开放后乍浦港区化工品接卸能力将提升60%。D3泊位开放后，D区11个集装箱及散杂货泊位将全部开放，与后方内河港池、航道形成乍浦港区海河联运发展新优势，助推全市外向型经济发展。

【中波国际物流（嘉兴）有限公司开仓仪式在港区举行】 6月15日，中波国际物流（嘉兴）有限公司开仓仪式在港区举行。嘉兴港区以建设长三角海河联运的“最佳特色港”为目标，建设长三角国际化现代新港口，发展现代港口物流服务产业。中波国际物流（嘉兴）有限公司现代化高标准智能库正式投入运营，将进一步改善港区的物流基础设施，进一步提升嘉兴港区的物流服务能力。

【氢能行业产业大脑获批浙江省工业领域行业产业大脑建设试点】 7月上旬，浙江省经济和信息化厅发布第二批工业领域行业产业大脑建设公示名单，由嘉 兴港区牵头建设的嘉兴氢能行业产业大脑位列其中。氢能行业产业大脑是利用云计算、大数据、人工智能等先进的现代化支撑技术，实现面向产业生态的跨领域、跨行业高效协同，最终实现产业数据共治、共享、共用，推动氢能产业生产方式、产业形势、商业模式、企业形态的变革。

【磐动（浙江）电气科技有限公司投产】 7月28日，磐动（浙江）电气科技有限公司在港区正式投产，磐动（浙江）电气科技有限公司是一家专注于燃料电池系统核心零部件产品开发的优质企业，其正式核心生产基地已落户嘉兴港区。

【滨海文体中心启用】 8月20日，滨海文体中心正式启用，中心大剧院举行首场演出。滨海文体中心包含大剧院、游泳馆、篮球馆等设施。

【嘉兴港全球100大集装箱港口排名上升】 8月下旬，英国《劳氏日报》公布2021年全球100大集装箱港口排名，嘉兴港位列全球第83，较2020年上升6位。1—7月，全港累计完成集装箱吞吐量161.64万标箱，同比增长29.16%，增速全省第一；海河联运集装箱吞吐量41.71万标箱，同比增长81.98%。其中,1—7月，乍浦港区完成货物吞吐量3689.5万吨，比增长1.26%；完成集装箱吞吐量133.93万标箱，同比增长20.09%。

【嘉兴港区举行航天恒嘉博士后工作站揭牌仪式暨博士后开题报告会】 9月8日，浙江航天恒嘉数据科技有限公司浙江省博士后工作站揭牌仪式暨首次博士后开题报告会举行，与浙江师范大学正式开启校企合作。会上，博士孙亚新以《智慧化工园区视频监控系统研究》为题，详细汇报博士后科研课题研究背景、选题意义、研究内容和进度安排等，同时也阐述研究课题的解决方案和创新性。与会专家小组听取开题报告，经讨论同意开题。

【瑞华泰项目入选省引领性重大产业项目】 9月中旬，2022年浙江省重大产业项目名单公布，嘉兴瑞华泰薄膜技术有限公司高性能聚酰亚胺薄膜项目入选省引领性重大产业项目。嘉兴瑞华泰高分子新材料项目总投资115亿元，拟用地约42公顷，总注册资本20亿元以上，包括1个光电材料研发总部项目和4个产业项目。

【马士基项目“开仓运作”】 10月17日，马士基项目正式开仓运作。该项目以综保区外贸平台为基础，运用综保区出口集拼模式，即国内集中采购货物入区仓储，先入先退（退税），区内进行包装、分拣、简单加工等，再出口到国外，为贸易商提供货物集散、出口退税及增值服务，降低物流成本，提高周转效率，为周边特色产业发展提供新的增长点。

【嘉兴港区列入省级减污降碳协同试点创建单位】 10月27日，省碳达峰碳中和工作领导小组办公室发文公布减污降碳协同试点创建单位名单，嘉兴港区被列入全省12个创建单位之一。嘉兴港区树立和贯彻创新、协调、绿色、开放、共享的发展理念，锚定碳达峰碳中和目标，积极探索化工园区“双碳”实施路径，依托国家级生态工业示范园区的平台优势，积极部署，推动能源结构性优化调整，构建低碳产业体系，开展绿色低碳科技创新，先行先试争创省级减污降碳协同试点，推动水、气、固“上下游协同、全要素共治”。

【2022中国（嘉兴）氢能产业大会举办】 11月23日，由嘉兴市人民政府、中国电动汽车百人会共同主办的2022中国（嘉兴）氢能产业大会在嘉兴举行。大会以“持续优化区域产业生态　开启氢能合作新篇章”为主题，旨在分享全球氢能产业发展趋势，加强区域氢能产业生态建设、政策协同和产业链合作，合力推动氢能产业高质量发展。会上共举办六项合作与签约仪式，共同促进和推动氢能产业发展。

【嘉兴港区举行首届农民丰收节活动】 12月15日，“喜迎丰收·共话富裕”嘉兴港区首届农民丰收节活动在乍浦马家荡村举行。旨在体现港区乡村振兴，弘扬悠久的农耕文化，展示农村发展的喜人成就，激发广大农民的积极性、主动性和创造性，提升获得感、幸福感和光荣感，为建设共同富裕典范城市提供强大动力。活动现场，绿茵科技等园区企业作为劳务合作社首批合作单位举行签约仪式。

【嘉兴港区中山大桥建成通车】 12月下旬，浙北高等级航道网集装箱运输通道建设工程（嘉兴段）嘉兴港区一标段第一座桥梁——中山大桥建成通车。中山大桥按二级公路标准建设，西起乍王路，东至建港路，路线全长715米，桥长433米，桥宽45米，双向六车道，设计时速60公里。

（汪叶锋　刘润哲）

嘉兴（乍浦）港

【概况】 2022年，嘉兴港完成货物吞吐量1.32亿吨，同比增长4.33%；完成外贸吞吐量1398.5万吨，同比减少2.74%；完成集装箱吞吐量285.4万标箱，同比增长28.44%。港口货物吞吐量、集装箱吞吐量、外贸吞吐量三项主要生产指标均居全省沿海港口第二位，集装箱吞吐量增速居全省沿海港口首位。全年，完成水运基础设施投资14.9亿元，同比增长8.3%。4个海河联运作业区开工、建成，开工海盐港区Ⅰ号港池、Ⅲ号港池、独山港区Ⅱ号港池、建成乍浦港区Ⅱ号港池；推进10个沿海万吨级泊位建设，开工独山港区B25、B26泊位，A5、A6泊位，B21、B22泊位，加快海盐传化智慧海港前期，建成独山港区B13、B14二个万吨级泊位。鱼腥脑航道签订多方建设协议并完成项目立项。全年，累计检查港口企业205家次，其中危货企业143家次，共出动检查人员615人次，发现问题隐患1245个，复核整改1021个，整改率82%；危险货物港口作业4221批次，安全作业港口危险货物1747万吨，危险品集装箱2572标箱。

（包叶群）

【海河联运加速推进】 4月，嘉兴市交通建设和管理工作委员会办公室印发《嘉兴市建设长三角海河联运枢纽港实施方案》；7

月22日，全省海河联运建设现场会在嘉兴召开，副省长高兴夫对海河联运工作作部署；12月，市政府常务会议审议并通过《加快建设长三角海河联运枢纽港实施方案》。2022年，完成海河联运量3788.15万吨、集装箱海河联运量77.6万标箱，同比增长9.06%、67.42%，分别占全省的82.50%、99%。嘉兴海河联运船舶运力从82艘增加到140余艘，总运力达5040标箱。拓展东南亚、东北亚两大近洋航线，开通“凤阳—乍浦—宁波”和“乍浦—温州”集装箱航线及“乍浦—泰国”近洋航线。央视《朝闻天下》播出嘉兴港海河联运保物流。

【全省首个“海河联运在线”应用平台上线】 8月31日，全省首个“海河联运在线”应用平台上线，打造“海河联运一体化数据平台”，通过港口码头、航线航道、船舶、海关、海事、气象、水利等N个系统的融合与集成，实现海河联运全要素协同和智慧化服务，入选省数字政府系统优秀应用案例、全省事业单位数字化改革第二批重点应用清单，获嘉兴市数字化改革“金点子”。

【海上“国门”守护】 落实海港口岸疫情防控和船员换班工作，自2020年疫情发生起完成船员换班49航次、701人次；2022年救助船员上岸7人次（外轮中国籍船员6人、内贸船员1人），国际航行船舶中国籍船员换班累计完成4航次、52人次。

（吴可珍　吴婷竹）

嘉兴海关驻乍浦办事处

【概况】 2022年，乍浦办事处入库税收75.30亿元，同比增长（下同）20.44%；审核进出口报关单12.00万份，增长6.17%；监管进出口货运量1224.27万吨，增长0.26%；监管出入境船舶2050艘次，增长7.22%，内支线船舶2151艘次，下降0.28%；监管进出境集装箱36.45万标箱，增长1.92%；监管出入境人员36498人次；签发各类原产地证书1.84万份，签证金额11.65亿美元。综合保税区A区开征税款4.97亿元，下降3.30%；审核进出口报关单2.54万份，增长2.68%；一线监管货运量12.02万吨，下降37.25%。

【税收征管工作】 强化税收征管力度，确保工作质量，做到“应收尽收、及时入库”，入库税收75.30亿元。做好属地纳税人服务工作，协助辖区内6家企业建立属地纳税人底账，完成纳税遵从度评估，帮助企业用足用好进出口优惠原产地政策。开展区域性原产地优惠政策、原产地自助打印改革等宣传推广，引导企业用足用好各类优惠政策，共举办在线形式培训班3期。综保区A区内促进一般纳税人试点推广，2022年，根据区内制冷剂灌装企业需求，在辅导后由管委会、税务、海关联合同意其成为增值税一般纳税人资格试点企业，将实现出口和内销双循环发展。

【口岸监管工作】 在口岸货物查验监管中，2022年，截获进境植物有害生物92批次，204种次，其中检疫性有害生物48种次；关区首次截获小蠹科 *vicinus* 种和星吉丁属一种；查获并退运一批禁止进境疫区原木。根据嘉兴

7月，嘉兴海关截获外来有害生物

（嘉兴海关驻乍浦办事处　供稿）

港海关监管作业场所实际情况，指导和支持场所经营人开展监管作业场所功能区划改造和内河港建设，提升嘉兴港海河联运接卸通过能力。

【地方经济发展服务】 坚持节假日预约通关制度，加班加点，为企业进出口货物及时办理通关手续，提升口岸通关效率；做好进口燃料油消费税政策性退税及对美加征关税商品市场化采购商品排除的政策宣传和指导，全年，共办理燃料油退税32票，退税额2.48亿元，同比增长149.76%。继续推动“两转并一转”工作在嘉兴及周边地区的应用，并推进“两转并一转”电子化进程，信息化系统已顺利上线。推动进口转关“离港确认”模式改革在乍浦落地，完成该模式下杭州关区与宁波关区间首票业务及杭州关区内首票水运乍浦—德清的离港确认业务。利用口岸优势，持续深入推进进口货物“船边直提”和出口货物“抵港直装”业务试点，建立进口“船边直提”长效化机制，做好与码头和企业的沟通协调工作，在完善一票单箱报关单抵港直装模式后，探索一票多箱报关单的“抵港直装”可行性。通过关企业务群、现场宣贯等方式，宣传各优惠自贸协定政策，为出口企业服务，提供专业指导，确保出口企业原产地证书应签尽签，尽享关税优惠。

10月30日，嘉兴海关关员在菜鸟跨境电商嘉兴基地对进口商品进行检查　　　　（嘉兴海关驻乍浦办事处　供稿）

1月1日，成功签发嘉兴海关首份RCEP优惠原产地证书，1月10日，成功签发杭州海关首份“中国—柬埔寨”自由贸易协定原产地证书，8月30日，成功签发综保区首份“加工装配证书”。利用信息化优化海关业务流程，在货物放行、装船等方面推行相关作业数字化改革，实现通关过程中单证电子化流转，进一步推行删改单、转关、结关、出证等业务的数字化办理，使企业足不出户即可全流程办理海关通关业务。参与并推进嘉兴综保区高质量发展，推进新业态发展。在重启科技入境打印机保税维修项目推进顺利实现入境—维修—离境闭环生产基础上，根据企业需求和申请，在管委会牵头下制订境内入区维修监管方案，推进入区维修业务。

【综合保税区业务】 2022年，区内加工制造业和物流分拨业稳步发展，上市公司克明面业华东总部基地已完成部分免税设备进口，全球隐形冠军西克传感器成功打造成为精密传感器亚太物流中心。菜鸟、京东、亚马逊三大平台入驻，其中菜鸟跨境电商嘉兴基地签约一个月开通业务、亚马逊华东出口集拼仓成功开展入区和离境闭环业务、京东项目苹果公司展示柜业务回归嘉兴。进一步复制推广自贸试验区改革试点经验，根据实际为企业量身定制“入区预检验，出区分送集报”政策，促进西克传感器亚太物流分拨中心项目落地。2022年，跨境电商1210企业实现一线进口2.4亿元，二线内销7000万元，出区包裹13万个，电商企业从原来1家增加到6家。

（戚昱）

财政·税务

财　政

【概况】 2022年，全市财政总收入133.32亿元，下降15.8%；一般公共预算收入80.72亿元，下降16.4%，扣除增值税留抵退税因素后下降0.4%，其中税金收入73.21亿元，下降17.4%。全市一般公共预算支出120.21亿元，增长14.5%。全市财政收支平衡。

【财政收入】 夯实收入结构。一般公共预算收入占地区生产总值的8.4%，占财政总收入的60.5%。税收收入占一般公共预算收入的90.7%。深化收入研判。加强宏观经济形势分析，强化收入预期管理，提高收入分析质量。规范非税收入征管。加强票据日常管理，推进财政票据电子化改革。推广统一公共支付平台。全年，电子缴款43万笔，收缴资金6.61亿元。全年，组织非税收入101.75亿元，下降1.1%，其中纳入一般公共预算管理的非税收入7.51亿元，下降5.5%。

【服务稳经济】 深化稳经济政策引导。建立市域"5+4"稳进提质政策体系，制定扎实稳住经济一揽子政策措施的财政政策清单，推动出台《平湖市抗疫情稳增长的若干政策意见》等20个稳经济政策。加大增值税留抵退税政策力度，全年，增值税留抵退税42.77亿元。用足用好专项债券。向上争取政府专项债券资金22.57亿元，支持全域土地综合整治、"腾笼换鸟"整治提升、城镇有机更新三大专项行动。落实助企纾困政策。加快财政专项资金兑付

7月18日，平湖市举行基层政策性农业信贷担保签授仪式
（市财政局　供稿）

进度，同比提前4个月完成专项资金的应兑尽兑，全年兑付资金11.15亿元。加大政府采购支持中小企业力度，加大稳岗支持力度。出台支持农业信贷担保服务政策，农业信贷担保规模新增3543万元。

【民生事业】 全年，民生支出95.57亿元，同比增长13.0%，占一般公共预算支出的79.5%。支持乡村振兴战略。全年，农林水支出10.09亿元，增长20.4%，涉农资金统筹整合规模4.55亿元，土地出让收入用于农业农村占比6.2%。制定出台新一轮强村富民政策，构建“1+8+N”［打造“1”个新型强村公司共富体、“8”个要素抱团共富体（“飞地抱团”、农房盘活、众筹经营、乡村劳务、产业联结、土地股份、景区村庄、文明善治）、“N”个“抱团富”应用场景］共富体系，支持飞地抱团、党建统领+产业发展等共富模式。推进教育事业均衡发展。全年，教育支出20.67亿元，增长2.8%。提高中小学教师待遇，提高义务教育生均公用经费，落实民办教育改革资金。支持文旅事业发展。全年，文化旅游体育与传媒支出1.87亿元，增长2.4%。完善公共文化服务体系，加强历史文化遗产保护传承利用，推进体育场所改造、历史文化遗址保护等项目建设。保障卫生健康支出。全年，卫生健康支出15.55亿元，增长101.6%。新冠疫情防控直接支出5.81亿元。支持“健康平湖”建设，深化县域医共体和“三医联动、六医统筹”，推进两慢病分级诊疗改革，实现慢病一体化门诊全覆盖，创新出台参保居民同质同标健康管理办法。完善社会保障体系。全年，社会保障和就业支出12.03亿元，增长12.9%。落实困难群众和特殊群体政策保障，启动困难群众基本生活价格补贴发放。支持育儿友好型社会建设，出台3岁以下婴幼儿照护服务普惠项目建设实施方案。提升城市品质底蕴。保障道路改善、学校扩容、农村危桥等民生实事项目，安排预算7900万元。加快交通基础设施建设，安排预算3.29亿元。推进“美丽平湖”建设，提升人居环境质量，全年，安排预算2.50亿元。

【财政改革】 深化预算管理改革。完善支出预算标准体系，加强市级部门预算项目库管理，实行项目预算全生命周期管理，建立专项转移支付定期评估和退出机制。推进部门整体绩效评价试点，健全涵盖预算编制、预算执行、监督全过程的闭环整体绩效评价机制。完成省级试点任务。开展财政金融协同支农数字化改革和“浙里基财智控应用”2个省级数字化改革试点，构建“省市协同、政银担合作”财金协同支农体系，实现市、镇管理网络互联互通、“一站监管”。支持数字化改革。全年，安排经费7000万元保障全市数字化改革项目。推进预算一体化、财政决策分析、“惠企直通车”平台等财政数字化系统应用和迭代升级。

【财政监督】 深化财政支出管理。推进建立政府过紧日子长效机制。全年，开展四轮压减，共压减支出3.63亿元。做好地方债务风险管理。完成存量隐债化解总量的23.6%，累计完成94.1%。保证财政资金运转。强化库款保障水平，把握资金拨付节奏和进度，保障库款处于安全水平。防范化解社保基金风险。健全社保基金运行风险监控机制，牵头做好企业职工养老保险全国统筹和当年度收入任务预测完成情况影响分析专报。强化财政监督检查。全年，完成检查项目19项，纠正违规金额558万元。建立“财审联动”机制，与审计部门联合开展专项检查4项、专项调查1项。强化政府投资项目监管。全年，结算审核项目96个，审定金额10.56亿元，净核减0.79亿元，核减率7.0%。

【队伍建设】 深入学习宣传贯彻党的二十大精神，开展“七个一”活动，深化“金平湖财政学堂”、“生才有道”青年沙龙、“财悦读”等平台运用。推进“清廉财政”建设，构建完善资金管理、源头治腐和财政监督体系，打造“清心”清廉文化品牌。制订变革型财政组织建设年度重点任务，开展变革型财政组织创建试点。全年，完成“创新破难”重点工作任务16项。建立“上学”“下炼”“外派”“内循”“四位一体”锻炼平台，落实青年干部成长导师制，完善干部轮岗交流制度。2022年，市财政局被市委、市政府评为工作目标责任制考核优秀部门。

（刘欣）

税　务

【概况】 2022年，国家税务总局平湖市税务局以“五彩党建”行动为抓手，抓好党务、干好税务、带好队伍，推动各项税收工作，接受国家税务总局和省局党委第七巡察组常规政治巡察。2022年，市税务局获评落实全面从严治党先进部门、经济建设先进集体，连续14年获评市工作目标绩效考评优秀部门。

【税费收入】 2022年，组织各项税费收入200.21亿元，同比增长5.73%。其中，税金收入108.38亿元，同比下降14.53%，扣除留抵退税因素后，税金收入135.86亿元，同口径增长0.5%；社会保险基金收入49.8亿元，同比增长1.44%；非税收入41.68亿元，同比增长217.33%。

【税费政策落实】 推动新的组合式税费支持政策特别是大规模留抵退税政策“快稳准好”落地落细。完善精准宣传、精准落实、精准管理、精准统计“四精”机制，确保政策红利直达快享。2022年，全市累计新增减税降费及退税缓税缓费47.95亿元，其中，办理增值税留抵退税4285户次，留抵退税金额27.48亿元，增长227.98%，留抵退税办理时间压缩至46.63小时，退税户数、总量、速度均突破以往；新增减税降费7.37亿元；办理缓缴税费13.10亿元。办理出口退（免）税37.95亿元，审批出口退（免）税申报5901批次，出口退税时间压缩至0.65天。深化纳税信用管理，加强“银税互动”工作，累计授信1930次，授信额度14.59亿元。

【办税缴费服务】 继续落实深化“放管服”改革和优化营商环境五年方案，推进营商环境“无感测评”。深入开展“便民办税春风行动”，推出五大类20项95条便民办税缴费措施，其中平湖特色做法5条。联合市工商联继续开展“春雨润苗”专项行动，建立小微企业“税直达”涉税诉求联动响应机制。联合市经信局等七部门发起平湖市“专精特新”服务联盟,为“专精特新”中小企业培育提供全方位、个性化服务。开展“一把手”走流程活动，抓好纳税服务满意度调查工作。全年，累计梳理走访纳税人任务16批，完成走访27000余户次，实现100%全覆盖。打造“办问协同”税费服务新模式，提升咨询热线接通率。深化“非接触式”办税缴费，加大电子税务局、浙江税务App等“非接触”办税缴费途径推广力度，全年，综合网上办税率达99.25%，居嘉兴市第二。加快推广掌上办税，综合掌办率6.96%，同比提升193.67%。完成新埭税务所办税服务厅智慧化改造。扩展“税小二e站”服务功能，在银税合作的“税小二e站”实现“问办”一体远程协同，提升“五分钟办税圈”办税体验感。累计开展线上直播、线下培训40余场次，参与达3.4万余人次，扩宽税收政策宣传辐射面。对高频咨询业务制作直播或点播课程，依托征纳沟通平台实现政策精准送达。

【税务法治】 落实税收法定原则，推动《中华人民共和国印花税法》平稳落地。持续优化执法方式，推行“三项制度”，推进说理式执法。深化网格化内控机制建设，防范税务执法风险。做好行政复议案件相关工作。坚持和发展新时代“枫桥经验”，新埭税务所创建成省局首批“枫桥式”税务所。主动对接市委、市政府“腾笼换鸟”中心工作，推进“低小散乱”企业征迁，被评为2022年度全市经济创新工程类先进集体。

【税费征收管理】 加大《关于进一步深化税收征管改革的意见》落实力度,参与省局“揭榜挂帅”项目，其中，挂帅项目“跨境利润水平监控”，牵头制订全省国际税收基础管理四项指引，探索形成关联交易申报审核创新措施,获国家税务总局国际司肯定，并通过国家税务总局深改落实办评审，成为浙江省唯一被确定为国家税务总局2022年上半年贯彻落实《关于进一步深化税收征

7月12日，市税务局承办全省揭榜挂帅跨境利润水平监控推进会
（市税务局 供稿）

管改革的意见》复制推广的创新措施；参与项目"进一步深化'亩均论英雄'应用"，完成对现行《平湖市人民政府办公室关于深化调整城镇土地使用税政策促进土地集约节约利用工作的实施意见》修改。推进数字化电子发票受票扩围试点工作，涉及受票企业349户。推广"浙里办票"应用，计注册用户270户，发票下载43.7万份，发票调用12万次。

【大数据和风险管理】 数据"智治"场景2022年新上线需求53项，建设7个应用子场景，涉及疑点指标87项，清理疑点数据11782条。迭代升级"个体工商户全流程管理"场景，对3.97万户个体工商户进行全流程闭环式管理，自动监控，扫描发现申报疑点610户，补缴税款186.32万元，相关指标被省局采纳推广。2022年，共应对省局出口征税核查风险任务、政策落实风险、留抵退税风险分析、货物和劳务税司成品油消费税风险排查等各类任务103批436户次，查补税款3148.74万元、加收滞纳金223.13万元。强化增值税留抵退税跨部门、跨岗责、跨环节风险应对闭环管理，推送增值税留抵退税风险任务81批次、1000余户次，发现问题企业180余户，收回增值税留抵退税8329万元，增值税进项税额转出和调增销项税额合计超2亿元。

【党建工作】 领悟"两个确立"，践行"两个维护"，落实"纵合横通强党建"机制制度体系。2022年，党委会议"第一议题"学习38次；落实"第一主题"，召开党委理论学习中心组会议12次；落实"第一任务"，青年理论学习小组组织学习100余次。巩固拓展党史学习教育成果，推进服务保障中心工作。树牢"税务机关首先是政治机关"意识，抓好新时代思想政治工作，落实意识形态和网络意识形态工作责任制，加强宣传舆论引导，掌握并研究解决队伍思想新动态新情况新问题。探索创新政治家访，搭起家税双向沟通桥梁。制订2022年《平湖市税务局五彩党建行动方案》，实施"三强化三提升"暨深化执行力建设年活动，以重点项目领办制推进执行力建设。党委书记领办基层党建项目"红色引擎+精准服务"助推减税降费红利落地。组织开展"万名党员进万企 领导干部下基层"为民办实事专题实践活

8月25日，全市首个纳服活动税收志愿服务团成立并向首届成员颁发聘书
（市税务局 供稿）

动，发挥“党员工作室”“劳模工作室”作用。

【税务纪检】稳步推进纪检监察体制改革，循序推进纪检监察体制改革“2+2+N”配套制度。制定实施《党委与党委纪检组提升定期会商质量实施办法》，开展专题研究2次、提出意见建议7条、交换意见7次、通报情况10次。把推进一体化综合监督体系作为强化监督、压实责任关键环节，统筹推进纪检“四支队伍”监督工作。强化政治监督，加强对“一把手”和领导班子监督。开展重大决策部署落实情况监督、“两权”运行监督、新的组合式税费监督、精细化项目监督等各类专项监督共计27项，发现问题45个，发出《监督检查问题移送单》21份，《监督检查工作建议函》10份。执行中央八项规定及其实施细则精神，开展“铁腕除隐患 带队保平安”攻坚行动，制发《国家税务总局平湖市税务局工作纪律专项整治方案》。全年，开展正风肃纪常态化督查7次，纪律作风专项监督3次，发现问题38个，按期通报并落实整改。强化“四种形态”运用,运用监督执纪“第一种形态”进行提醒谈话15人次、批评教育12人次、责令作出书面检查8人次。深化“家庭助廉”，制订《干部入职廉政教育工作方案》和《税务人员“八小时外”活动监督管理办法》，建立健全立体式警示教育机制。

【人事管理】发挥绩效管理和数字人事作用，营造干事创业良好氛围。健全选人用人机制，全年，选拔3名副股级干部和1名正股级干部,对4名正股级干部、6名副股级干部和28名一般干部进行岗位调整，在分局（所）中配备3名专职纪检员、3名兼职纪检员。新招录公务员15名，按时完成事业人员岗位等级首次聘用工作，平稳完成2022年职级晋升工作。制订全局2022年教育培训计划，做到领导干部能力提升培训、专业化骨干培训、一线干部岗位技能培训全方位发力。参加“岗位大练兵、业务大比武”活动，2名干部入选嘉兴市局前十名，1名干部获省局比武个人第二名。

【税务文化】丰富“税悦同心”文化品牌内涵，落实好“税悦同心聚合力”关心关爱机制，做好各类走访慰问。坚持党建引领，做好统战和群团工作，激发党群共建新活力。修订市局《精神文明创建规划（2020—2022年）》，提升文明创建层次和水平。开发区分局办税服务厅获评2020—2021年度省青年文明号；局工会获评2020—2021年度嘉兴市先进职工之家；新仓税务所团支部获评嘉兴市五四红旗团支部。市局获评2022年度平湖市工作目标绩效考核奖优秀部门（单位），实现地方考核十四连优，被评为2022年度全面从严治党先进集体。

（于璐）

2022年度缴纳税金前10位纳税企业一览表

表16　　单位：万元

序号	纳税人名称	税收收入
1	平湖石化有限责任公司	88945.8
2	邦芒服务外包有限公司	85891.21
3	平湖滨江房地产开发有限公司	61773.56
4	津上精密机床（浙江）有限公司	46914.28
5	浙江卫星能源有限公司	39079.62
6	尼得科泰科诺电机（浙江）有限公司	18463.59
7	浙江景兴纸业股份有限公司	18460.1
8	浙江平湖农村商业银行股份有限公司	16373.38
9	德西福格汽车配件（平湖）有限公司	16043.8
10	平湖市卓骏房地产开发有限公司	15552.18

金　融

综　述

【概况】2022年，全市金融系统发挥金融通畅经济循环作用，加大稳经济政策执行力度，运行实现“总量增、结构优、价格降、风险低”态势，为承托经济大盘发展、推动经济稳进提质提供金融支持。

【信贷总量充足】银行业运行稳健。银行业存贷比指标区域领先，资金利用率高。12月末，全市银行业金融机构余额存贷比119.29%，列五县（市）第一，较同期提升9.77个百分点，其中新增部分存贷比186.95%，列五县（市）第一，较同期提升22.66个百分点，资金利用率再次提升。2022年末，贷存差额282.72亿元，贷款净投放不断加速。存款增长较好，增速在五县（市）领先。全市金融机构本外币各项存款余额1411.93亿元，同比增长14.43%，比年初新增178.08亿元。与嘉兴五县（市）相比，平湖本外币存款余额、增量列第四位，同比增速列第二位。贷款增速快。全市金融机构本外币贷款余额1705.37亿元，较年初新增323.91亿元，同比增长23.45%，完成年初设定的全年300亿元贷款新增目标。与嘉兴五县（市）相比，平湖本外币贷款余额列第四位，增量列第三位，同比增速列第二位。

【信贷投向精准】资金投向重点支持领域，从资金投向行业看：房地产贷款较年初增加7.53亿元，类平台政府贷款（租赁和商务服务业，水利、环境和公共设施管理业）较年初增加132.58亿元，制造业贷款较年初增加71.04亿元，住户经营贷款较年初增加34.70亿元，批发和零售业贷款较年初增加16.19亿元，电力、热力、燃气及水生产和供应业贷款较年初增加7.38亿元，交通运输、仓储和邮政业贷款较年初增加13.86亿元，建筑业贷款较年初增加14.83亿元等。从资金投向结构看：对公贷款各项指标均高于对私贷款。全市对私贷款较年初增加50.37亿元，同比增长9.73%，占各项贷款新增的15.30%，新增占比较同期下降27.26个百分点。对公贷款较年初增加285.94亿元，同比增长33.53%，占各项贷款新增的82.70%，新增占比较同期上升25.28个百分点；从对私贷款内部结构看，中长期消费贷款增速明显回落，同比增长3.09%，较同期下降13.07个百分点。中长期经营贷款保持高速增长但增速不及同期，同比增长34.34%，较同期下降33.98个百分点。关注重点市场主体的表现，监测经济发展动向。政府平台（基建）类贷款快速增长。全市政府平台类贷款余额458.68亿元，同比增长40.66%。房地产贷款增速放缓，增长潜力较大。全市房地产贷款余额456.06亿元，同比增长1.68%，较同期下降13.27个百分点；个人购房贷款余额386.75亿元，同比增长3.24%，较同期下降11.26个百分点。

【信贷结构优化】 全市金融机构持续加大对制造业、民营经济、小微普惠、绿色低碳、科技创新、乡村振兴等重点领域的信贷支持。制造业信贷支持有力：12月末，全市制造业贷款余额365.88亿元，同比增长24.09%，比年初新增71.04亿元，新增占比20.55%；普惠金融惠及面稳步加大：全市小微企业贷款余额546.80亿元，同比增长32.34%，比年初新增133.62亿元，新增占比38.65%。金融支持科技创新力度较大：全市科技企业贷款余额198.64亿元，较年初增加34.84亿元，同比增长21.27%。

【融资成本稳中有降】 年内，LPR改革红利持续释放。响应政策号召，贷款利率跟降LPR，助企降低融资成本：全市各项贷款、民营企业贷款、小微企业贷款、制造业贷款加权平均利率分别为4.41%、4.45%、4.96%、4.19%，全市各项贷款、小微企业、制造业贷款利率分别较年初下降29个、8个、26个基点，实体经济融资成本稳中有降。七家（工、农、建、招商、光大、华夏、杭银）银行机构各项贷款加权平均利率在4%以下。

【金融风险防控扎实】 银行业运行总体平稳，全市不良贷款余额3.78亿元，较年初增加0.14亿元；不良贷款率0.22%，较年初下降0.04个百分点。累计处置不良贷款2.52亿元，其中累计核销1.03亿元，现金清收（拍卖）1.39亿元。不良贷款余额和不良贷款率总体平稳，金融风险水平处在可控区间。

【金融生态环境优化】 金融管理和服务质效持续提高。支付利民成效显著，累计为企业减免利息11023万元；各银行为企业免除各类结算、账户等附加费用共计约554万元。推动融资创新应用，指导督促金融机构加大融资对接，激励金融机构优化信贷结构，增强政策的叠加效应，精准滴灌绿色发展、科技创新等领域。嘉兴首笔“取水权”质押融资、平湖首笔分布式光伏发电固贷项目、嘉兴首笔设备更新改造贷款成功落地。外贸外资稳步推进，做好政银企精准对接，办理嘉兴首笔政府性融资担保汇率避险业务，有效缓解企业在办理远期结售汇业务时保证金占用压力。存保宣传应宣尽宣，持续开展存款保险宣传活动，到平湖市职业中专等开展“存款保险知识进校园”活动，开展存款保险电影下乡的活动，共计开展85场，基本涵盖平湖城镇社区与乡村，持续推动建设“存款保险宣传示范村”。人民反诈多管齐下，排查并对11501户风险账户采取控制措施，辖内银行成功劝阻客户77个，拦截、挽回被骗资金人民币592.73万元，累计下发企业开户风险提示函128条。首次成立平湖市金融反诈联盟，探索反诈防骗新模式；移送公安机关可疑线索49条，提供反诈有力金融证据；协办反诈活动、制作反诈视频，加大对民众的反诈宣传。

2022年平湖市金融系统机构和人员一览表

表17

金融机构	一、机构（个）	行司（个）	一级支行（个）	二级支行（个）	分理处（个）	社区支行（个）	储蓄所（个）	二、在册人员（人）
人民银行	1	1						24
银保监组	1	1						3
工商银行	9	1		8				179
农业银行	13	1		12				239
中国银行	8	1		7				134
建设银行	9	1		8				186

续表 17

金融机构	一、机构（个）	行司（个）	一级支行（个）	二级支行（个）	分理处（个）	社区支行（个）	储蓄所（个）	二、在册人员（人）
农发银行	1	1						14
农商银行	38	1	12	3	22			614
中信银行	1	1						33
嘉兴银行	7	1		3		3		92
交通银行	1	1						26
浦发银行	1	1						14
工银村镇银行	2	1		1				45
邮政储蓄银行	3	1		2				72
兴业银行	2	1				1		35
平安银行	1	1						8
湖州银行	2	1		1				25
华夏银行	1	1						17
泰隆银行	4	1		3				73
绍兴银行	2	1		1				44
招商银行	1	1						18
民泰银行	1	1						33
台州银行	1	1						21
光大银行	1	1						14
浙商银行	1	1						19
宁波银行	1	1						34
杭州银行	1	1						24
稠州银行	1	1						13
中国人寿	4	1		3				42
人保财险	5	1		4				78
太平洋保险	2	1		1				17
中华联合	1	1						16
中信证券	1	1						29
银河证券	1	1						14
财通证券	1	1						10
东吴证券	1	1						9
安信证券	1	1						5
浙商证券	1	1						13
康泰小额贷款	1	1						7
安信小额贷款	1	1						10
合　计	135	40	12	57	22	4	0	2303

中国人民银行平湖市支行

【概况】 2022 年，支行围绕“喜迎党的二十大”主题，深入推进党史学习教育常态化、长效化机制，锻造坚强有力基层党组织，淬炼忠诚干净担当的党员干部队伍，实现党建工作与业务工作“双融合双促进”。

【货币政策传导】 货币政策工具滴灌持续精准。做好央行再贷款政策资金到期后的排摸与续办工作，年内，已累计办理 1 万亿元额度下的再贷款接续合计 20.8 亿元，资金全部用于支持辖内小微企业、民营企业及个体工商户；做好两项直达货币政策工具的接续转换工作，辖内两家法人金融机构获普惠小微支持贷款支持工具合计1304.49万元的奖励资金，进一步激励银行加大普惠小微信贷投放并降低企业融资成本，普惠小微企业信用贷款支持计划纳入支农支小再贷款管理；推动信贷资金不断流向货币政策工具支持领域，已投向“碳减排支持工具”支持领域5.82亿元,投向“科技创新再贷款”支持领域17.16亿元，投向“交通物流专项再贷款”支持领域1.8亿元，政策成效逐步显现；推动嘉兴地区首笔央行设备更新改造贷款快速精准落地，指导辖内3家制造业企业向上申报央行设备更新改造再贷款，两家企业共获批10.4亿元，获批额度为嘉兴五县两区最多；助推政策性开发性金融工具落地，指导农发行平湖市支行投放4.193亿元用于支持金山至平湖市域铁路（独山港至海盐段）项目，该笔业务是全省首笔铁路农发基础设施建设基金。出台多项指导性意见方案，力促金融运行“量增、质优、价降”。出台《中国人民银行平湖市支行关于金融高质量发展促进共同富裕的指导意见》《平湖市“助企纾困暖企心——百名行长进千企”实施方案》，推动地方经济的质量发展。

疫情防控期间，以创新方式开展信贷管理工作。加大信贷产品“线上”宣传力度。让客户能及时通过手机银行、微信银行和网银查询信用报告、归还到期贷款、获取信贷资金或是办理其他业务。累计接收客户咨询565笔；创新调查方式，保障信贷资金及时到位。对小额贷款，加强线上调查应用，在充分把控风险前提下，办理展期及续贷396笔，金额5.74亿元。建立“绿色通道”，对涉及疫情防控的信贷业务，特事特办、急事急办，有效满足紧急融资需求共计105笔、5.05亿元。加大对重点企业信贷支持力度。满足保障民生的农产品生产、加工、流通、销售等环节融资需求，完成保障类企业授信17户，实现信贷投放2895万元。

【金融工作稳定】 开展重点领域风险防控工作。持续开展房地产领域风险防控工作。做好恒大御景湾项目风险处置工作，共对放贷银行开展5次一对一约谈，主持召开3次处置对接会议并实地查看该项目施工进度，推动项目于6月30日交付。强化商品房预售资金监督管理，会同市住建、银保监组等部门对平湖市8个商品房项目预售资金监管情况进行现场检查，对涉及项目及相对应的监管银行制发监管提示函，要求其限期内完成整改。参与平湖市防范和处置非法集资工作领导小组办公室各项防范化解金融风险工作，共对4家提交申报投资类企业进行会商，并现场查处一家不合规投资类企业。开展企业风险监测。按月开展出险企业风险监测，按季对大型民营进行企业风险监测。建成并启用嘉兴辖内首个存款保险主题公园。为实现存款保险宣传常态化，在城区中心葛家塘绿道喷泉广场，支行于5月27日建成启用嘉兴辖内首个存款保险主题公园。周边有大型小区及多所学校，形成集存款保险知识宣传、知识学习、休闲娱乐于一体的文化空间。开展密集有序的存款保险宣传活动。推动建设两个存保宣传示范村，拍摄方言式存款保险问答视频、互动式抖音小视频和地方特色视频，开展吸引400人参与的存款保险直播，到平湖市职业中专开展“存款保险知识进校园”活动，开展存款保险电影下乡活动,以及持续深化“五进”宣传。

【征信工作扩面】 开展“征信修复”乱象专项治理工作。完成“征信修复”整治工作。1月，针对辖内纳入征信市场治理机构监测名单内企业进行电话沟通，了解详细情况。2月，到企业办公场所，查看企业营业执照，了解企业经营范围，并依据文件要求指导企业整改。4月，完成“征信修复”整治工作。签订合作备忘录，与市发改局、市场监管局、公安局、网信办，就打击征信修复乱象工作达成共识，于4月26日联合签订《平湖市征信市场乱象治理监管合作备忘录》。随后基于该合作备忘录，由市市场监管局对辖内注册名称和经营范围中包含“征信”等类似字样企业进行系统排查。聚焦公众征信查询服务需求，2022年，新设征信自助查询机7处，分布于各乡镇，基本实现征信自助查询机布放全覆盖。深化征信教育实践基地。建立“嘉兴市征信教育实践基地”，探索建立一套人民银行、商业银行和学校之间完备的征信教育体系。6月8日，到稚川中学开展“诚信有约”主题活动。6月9日，会同工商银行平湖支行在嘉兴学院平湖师范学院举行第五所“嘉兴市征信教育实践基地”授牌仪式。开展应收账款、动产和权利担保统一登记工作。支行开展动产融资工具创新，推动嘉兴市首笔“用能权”“取水权”质押融资在平湖落地，指导发放平湖首笔“活体抵押贷款”。

【调研参谋决策作用呈现】 2022年，支行参与政府相关部门及上级行相关调研工作，编写《金融工作提示》《金融工作参阅件》，其中，《我市环境权益融资取得新突破（嘉兴综合用稿）》《金融“开门红”助力经济“开门稳，开门好”》《三大短期因素扰动制造业贷款走低　但中长期因素更值得关注》《政府平台类与制造业为我市信贷扩张最大贡献点》等多项研究成果均获市领导批示。

【反诈反洗钱】 支行会同平湖市反诈办、金融机构揭牌成立平湖市金融反诈联盟，共同签署平湖市金融反诈联盟“盟约”，由银、证、保共同参与的反诈联盟形式是嘉兴市金融系统首创。组织银行开展反诈宣传活动。支行协办、反诈办主办“云上反诈达人秀”短视频比赛活动，组织银行支持参与，支行获优秀反诈组织奖。被平湖市反诈人民战争领导小组办公室评为2021年度“全市反诈人民战争先进单位”。与当湖派出所、宁波银行平湖支行联合开展“防范诈骗　守护平安”反诈直播，推动金融机构全员安装国家反诈中心App。加强与公安、银行的警银联系，依托警银反诈工作联络群，加快银行涉诈风险审查表流转及工作交流；督促银行加大拦截挽损力度，辖内银行成功劝阻客户89个，拦截、挽回被骗资金人民币608.32万元，累计下发企业开户风险提示函147条，移送公安机关涉赌涉诈可疑线索49条，其中3名人员被公安机关以网络赌博名义进行行政处罚。成功推动2起洗钱罪宣判，对杭州银行、稠州银行、村镇银行、财通证券、人寿保险5家机构开展监管走访，指出不足及整改意见，提升义务机构履职能力，邀请嘉兴中支对辖内银证保机构开展培训。

【国库工作】 围绕嘉兴市国库“强基固本、提质增效”行动年活动方案要求，增强国库人员制度意识、规范意识和风险防控意识，梳理岗位职责，建立制度学习清单，已开展7期“国库制度青年说”活动，建立国库制度学习常态化机制。强化商业银行国库代理业务管理，对工行、建行、农行及平湖农商行国库经收及集中收付等业务开展现场走访调研，反馈相关意见建议，8月，组织召开平湖市财税库银联席会议，对存在的相关问题进行通报，提升国库业务规范性，保障国库资金运行安全、平稳、高效。加大国债下乡宣传力度，联合邮储银行乍浦支行开展国债下乡镇企业宣传。紧盯退税政策落实，秉持“特事特办、急事急办、即来即办”原则，确保所有合规业务“划转不隔夜，资金零在途”，做到退税信息即来即办，保障纳税主体享受政策红利，2022年，完成各类退税27.72万笔，金额89.17亿元。

【外汇管理工作】 全省首办“高新技术和‘专精特新’企业跨境融资便利化”试点业务。6月1日，为川源（中国）机械有限公司办理全省首笔高新技术和“专精特新”企业外债便利化额度试点业务登记，签约登记金额3000万元，提高企业借用外债的灵活性和便利性，缓解企业扩大境内生产经营资金紧张情况。相关做法在央视《朝闻天下》、总局公众号报道。落地嘉兴首笔政府性融资担保汇率避险业务。1月28日，指导平湖农商银行为平湖浦鹏国际贸易有限公司办理政府性融资担保汇率避险业务，签约金额达80万美元，着力缓解企业在办理远期结售汇业务时保证金占用压力。落地嘉兴首笔个体工商户汇率避险业务。8月23日，指导中国银行平湖支行成功为个体工商户平湖市新仓镇宝华服装厂办理一笔10万美元，为期一个月的汇率避险远期锁汇业务，协助经营外贸业务个体工商户锁定利润空间。相关做法获今平湖 App、禾点点、平湖电视台、《经济导报》等媒体报道。落地嘉兴首笔个体工商户政府性融资担保汇率避险业务。9 月 29 日，指导农商行，联合嘉兴市小微企业信保基金融资担保有限公司在一个工作日内为平湖市新仓镇宝华服装厂办理远期结汇 100 万日元，政府性融资担保支持小微企业汇率避险政策覆盖面进一步扩大。落地平湖市首笔跨境疫情捐赠业务，简化捐赠资金汇入业务流程和手续，为企业快速办结 48614.49 元捐赠资金入账。

【品牌创建工作】 创建平湖“小金伞”金融志愿服务队，提升文明单位创建品牌意识。8 月 18 日，成立“小金伞”金融志愿服务队，志愿者们聚焦主责主业，宣传金融知识，拓宽志愿服务路径，做到金融为民，靠前服务。创建支部“星火融惠”品牌，助推“一支部一特色一品牌”创建活动，确定支部品牌为“从‘T’到‘π’星火融惠”，从单纯业务履职转变为政治属性与业务履职并举并重。

【反腐倡廉工作】 创建“清廉金融云课堂”，推动清廉金融文化建设品牌。支行纪检组会同银行机构纪检部门共建东湖旁廉政讲坛——清廉金融云课堂。开讲《廉洁自律好》及《合规谨记心》两课云课堂。同时将云课堂微视频拍摄与金融青年团建等工作有机结合，增强金融青年对反腐倡廉的感性认识。持续深耕“廉政讲坛”品牌建设，形成“脱俗向真、化腐为廉、抑浊扬清”良好文化氛围。全年，举办“廉政讲坛”12 期，140 余人次参与主讲，受众 2200 余人次。

（胡国栋）

嘉兴银保监分局平湖监管组

【概况】 2022 年末，平湖辖内共 26 家银行业金融机构、27 家保险公司（其中，财险公司 16 家、寿险公司 11 家）。从银行业经营情况看，2022 年末，银行业各项存款余额 1465.93 亿元，同比增加 14.44%；各项贷款余额 1748.65 亿元，同比增长 26.65%。不良贷款余额 3.78 亿元，比年初增加 0.14 亿元；不良贷款率 0.22%，比年初下降 0.04 个百分点。辖内银行业整体经营稳健、风险可控。从保险业经营情况来看，全年，保险业保费收入 23.32 亿元，同比增长 6.5%，其中财险市场累计保费收入 9.13 亿元、寿险市场累计保费收入 14.19 亿元；共支出赔款 6.74 亿元，同比减少 14.04%，其中财险市场累计赔款支出 4.77 亿元、寿险市场赔付支出 1.97 亿元。

【金融助力实体经济高质量发展】 加大重点领域信贷投放力度。截至 2022 年末，平湖市银行业制造业中长期贷款余额 153.97 亿元，同比增加 67.51%；普惠型小微企业贷款余额 307.78 亿元，同比增加 16.38%。同时，用好“灵活贷 + 连续贷”贷款模式，截至 2022 年末，平湖市银行机构无还本续贷余额 118.36 亿元，同比增长 41.55%。配合市政府及相关部门出台平湖市抗疫情稳增长、服务业惠企纾困帮扶、扶持个体工商户纾困发展、金融助力外贸稳定发展等政策意见，督促各银行保险机构提高政治站位，结合“三员”服务机制和平湖市“千名干部助千企”精准服务活动，强化政策宣传落实，提升政策落地的主动性和执行力，确保各项惠企政策落地生根。截至 2022 年末，全市各银行保险机构年度走访企业 8123 家次，开展稳经济政策宣讲 1326 次。

（林振威）

国有政策性银行

【中国农业发展银行平湖市支行】 至年末，支行贷款余额 40.90 亿元，较年初增加 0.42 亿元；日均贷款 42.25 亿元，较年初增加 2.12 亿元；存款余额 11.90 亿元，较年初增加 8.45 亿元；日均存款 6.28 亿元，较年初增加 0.71 亿元，实现年末存贷指标双升。主动谋划，支持项目开工建设。紧抓政策红利，积极向上争取资金支持当地建设，为当地政府提供融资融智服务，走访财政、发改、人行等职能部门，做好农发行政策优势宣讲。全年，共获批各类贷款 10 个，授信金额 46.15 亿元，审批个数和审批金额创历史新高，其中支持“碳为观智、桨领风华”全国首个“低碳 + 运动”

主题乡村风景线农发基础设施基金1笔，金额12.45亿元，为平湖市首笔，是农发行浙江省分行首笔铁路基金。加大投放，助力稳住经济大盘。全年，累计发放各类贷款13.30亿元，同比多投放81.45%。发挥政策性银行职能作用，累计投放购销储贷款1.59亿元，保障粮食资金供应；支持小微企业3家，金额1470万元，助力企业生产经营；疫情期间发挥政策性金融优势，累计获批疫情贷款2笔，授信金额1.95亿元，保障平湖疫情防控资金需求。做好巩固脱贫攻坚工作，累计投入无偿帮扶资金0.37万元，购买贫困地区农产品1.27万元，帮助销售贫困地区农产品48万元，引入无偿帮扶资金10万元。优化渠道，提升金融服务质效。优化服务，开户时间缩短至40分钟，为平湖市粮食收储有限公司成功办理全市系统首笔资金归集的业务。落实减费让利政策，全年，新发放贷款加权平均利率仅4.65%，减免手续费、工本费等20个收费项目金额约11.17万元，普惠企业59家。开展共建15分钟反诈宣传圈、反诈法落地实施等宣传工作，结对社区和网点周边商铺，提升全民反诈意识，助力营造良好的金融环境。

（汤丽君）

商业银行

【中国工商银行股份有限公司平湖支行】 支行把握金融支持地方经济转型发展主线，以“奋斗＋方法＋落实”工作要求，打造经营新亮点，激发转型新动力，为区域经济平稳向好发展提供金融支撑。

拓面挖潜并举，经营实力不断提升。构建精准营销获客机制、到期资金承接管理机制、及时准确通报管理机制、高效有力工作指导机制，拓展存款来源，提升稳存能力和储蓄存款竞争力；深化规上企业客户大走访，强化招商引资和网格化等获客源头建设，落实“一个客户一本账”管理工作。2022年，平湖区域内18户500万美元以上招商引资企业，支行落户10户，落户率55.55%；对接财政及乡镇平台争取到年度土地指标费清缴资金4.3亿元；实现新开对公账户1249户，四行占比第一。年末，支行本外币各项存款日均余额174.26亿元，日均存款比年初新增6.08亿元。

支持实体经济，国有大行担当显著。围绕全行经营发展大局，联系区域经济、金融业实际，支持当地实体经济和小微企业发展。全年，本外币各项贷款余额239.66亿元，比年初新增59.25亿元，创历史新高。制造业贷款新增10.13亿元，同比提升5.48%；同比多增4亿元，同比增长65.25%。加大民营企业贷款投放，全年，贷款新增13.37亿元，完成率262.24%，系统贡献15.45%，同比提升6.73%；同比多增4.81亿元，同比增长56.19%。普惠贷款新增5.99亿元，增长29.46%。同业占比23.02%。发展绿色金融，年末绿色贷款余额40.74亿元，新增30.27亿元，增长289.11%。到年底，战略性新兴贷款余额22.33亿元，较年初新增11.61亿元，同比增长108.20%。

做精做强国际业务，持续保持领先优势。实施挂牌营销策略，分区划片，落实责任人，落实进度。加强融资及资金产品营销和运用，打开业务发展新渠道，形成“贸易融资＋跨境人民币”良性业务链，中间业务、国际结算量、跨境人民币三项指标齐头并进。全年，实现国际结算34.85亿美元，同比增加9867万美元，同比增长2.91%；实现跨境人民币业务量32.83亿元，四行排名第一，同比增加9.74亿元，增幅42.20%。

量质并举提效益，资产质量保优良。以经济效益为中心，抓产品增收，确保中收保持领先优势。全年，实现中间业务收入1.38亿元，同比增加42万元；实现拨备前利润5.97亿元，同比增加7182万元。资产质量优良，无不良贷款。

党建与业务融合，助力乡村振兴。加强乡村振兴金融服务创新，联合广陈镇召开2022年乡村振兴产品发布会，成功揭牌“兴农通”普惠金融服务点，与平湖农开区管委会签署推进共同富裕《战略合作协议》。主动对接种植户及农企，向农户及农企提供便捷、高效、低成本金融服务。全年，累计投放兴农贷3932万元，其中农户e贷（含其他场景农户）2837万元，农企e贷695万元，农社e贷400万元。

数字化金融创新，服务民生领域。响应市政府数字化经济改革和政府重点工作要求，推进智慧政法项目、落实教培监管、民政慈善信托和社区发展基金等项目。依托省行涉众案件管理平台，协助平湖人民法院处理涉众案款发放，成功发放“饭饭金服”案1.15万人次、5000多万元的涉众案款。配合全国教培资金监管平台、账户体系开发建设和客户服务工作，在已上线的监管账户中占比50%以上。做好民政慈善信托业务和社区发展基金协助开户、发放等工作，联合市民政局启动“身后‘逝’无忧”公益信托项目。配合财政部门及相关预算单位做好财政一体化系统改革上线工作。助力做好平湖市根治欠薪相关工作，做好“无欠薪平湖”宣传。配合人社、城建等主管部门，做好民工工资专户开户服务、资金发放及监管，全年，开户数和民工工资发放人数在全市各金融机构名列前茅。协助公积金中心，响应最多跑一次，做好银行延伸网点和浙江政务网网上支取业务受理和推荐引导工作，获评2022年度住房公积金考核先进银行、公积金年度扩面先进银行。

（陈瑛）

【中国农业银行股份有限公司平湖支行】 2022年，支行坚持党建业务两手抓，推进党建与业务深度融合，推动党建工作和业务目标同向发力，各项经营业绩稳步推进。2022年末，平湖支行存贷总量540.92亿元，增量90.41亿元。各项存款、贷款余额实现242.17亿元、298.75亿元，分别新增30.40亿元、60.01亿元，四行占比36.80%、33.86%。不良率0.098%，较年初下降0.01个百分点，低于全市0.722个百分点。存贷总量、增量均居四行第一。连续三年蝉联平湖市“工作目标绩效考评优秀部门（单位）”，获评平湖市银行业金融机构综合评价A等行、外汇业务合规与审慎经营评估A类行，反诈工作优胜集体、支付结算业务先进集体，国际业务量排名全省前列。

多措并举，服务地方实体经济。主动对标地方实体经济发展要求，在重大项目的营销支持上出实招求实效，纵深推进科创领域、乡村振兴、普惠金融信贷支持投放力度，在“两个先行”中展现头雁风采。2022年末，实现制造业贷款余额64.47亿元，新增15.38亿元；运用普惠政策和线上优势产品，支持小微企业稳定发展和优化升级，普惠贷款余额17.66亿元，新增3.15亿元，增幅21.71%；客户数484户，新增69户，增幅16.62%；配套“嘉科通”“科技e贷”等专属产品，为辖内科创企业提供专项支持，年末科技贷款余额197.23亿元，增量6.87亿元。响应国家落实稳经济一揽子政策措施，成功办理全省首笔高新技术和“专精特新”企业跨境融资便利化试点业务，受央视关注。

服务“三农”，助力乡村振兴战略。至2022年末，涉农贷款比年初增加43.52亿元，总量达242.98亿元。围绕美丽城镇、美丽乡村建设，持续推进“村集体流动资金贷款”投放，全年，发放18笔，金额6450万元。打造“惠农e贷”服务品牌，擦亮“农”字招牌，累计建立农户信息档案1.12万户，让农户贷款更为便利，“惠农e贷”余额实现15.93亿元，比年初新增3.11亿元。完成营业中心、乍浦、东湖、城南4家营业网点更新改造，智慧网点数量系统前列。新设钟埭惠农服务站，曹桥支行乔迁新址，将服务的覆盖面向空白区域深入延伸。

用心用情抓好金融工作。汽车抵押、不动产抵押全程线上操作、企业注册开户“一网通办”，实现业务办理“加速度”，百姓“最多跑一次”。深入贯彻落实“减费让利”政策，以“真金白银”让小微企业体会到实实在在的优惠，全年，降低企业交易、融资成本共计6998万元，惠及613家企业。深入农村、社区、企业开展普惠金融宣讲、反诈宣传，2022年，共开展各类金融宣传活动47余次，成功堵截各类诈骗57起，金额333.78万元，守护群众“钱袋子”。

（姜夷）

【中国银行股份有限公司平湖支行】 2022年末，支行实现营业收入3.63亿元，同比增长

10.27%。其中，净利息收入3.19亿元，同比增长11.9%；非利息收入4340万元。拨备前利润3.13亿元，同比增长11.75%；净利润1.96亿元。

坚定不移抓存款，存款份额有突破。截至12月末，支行本外币存款余额83亿元，较年初新增7.43亿元，四大行市占率较年初提升0.24%，本年新增额和市占率提升列四大行第二。其中对公本外币存款时点余额48.82亿元，较年初新增3亿元，四大行市占率较年初提升0.19%；个人本外币存款余额34.36亿元，较年初新增4.44亿元，四大行市占率较年初提升0.25%。是四大行唯一一家实现对公和个人市占率均较年初提升的银行。积极寻求新的存款增长点，成功中标平湖国控2022第一期和第二期公司债2亿元债券投资资金，成功开立本年首个债券资金监管专户，沉淀发债资金1.8亿元。成功中标国控招标资金2.26亿元。积极参与当地政府专项债的投标，并成功中标新仓政府专项债，总投资为9.48亿元，三季度到位0.95亿元。成功开立平湖市某学堂零余额账户，成为县支行首家落地国库清算业务的支行，并开立学校食堂账户。中标港区财政统一公共支付平台非专户行代收渠道代理清算银行项目。

持续有力抓投放，助推绿色金融、实体经济发展。截至12月末，本外币贷款余额143.65亿元，较年初新增7.64亿元。其中：对公本外币贷款余额95.09亿元，较年初新增5.04亿元；个人零售贷款余额48.82亿元，较年初新增2.6亿元，增幅6.19%。

截至12月末，支行两增两控普惠金融贷款余额13.13亿元，较年初新增5.6亿元，完成率排名全辖第二，且无不良贷款，普惠客户数542户，较年初新增239户，其中对公普惠客户数新增列当地四大行第一。其中，对公普惠余额9.11亿元，较年初新增3.25亿元，完成率排名全辖第二；个人普惠余额4.02亿元，较年初新增2.35亿元，完成率117.29%，其中线上普惠贷款余额1.33亿元，完成率133%。截至12月末，公司贷款规模较年初新增5.04亿元。积极调整支行信贷结构，加大对实体经济、绿色信贷的支持力度。针对实体经济企业，根据自上而下的“保、挖、抢”清单、“专精特新”清单及白名单清单、设备改造中长期贷款清单，逐户排摸走访，同时结合支行的科技金融、普惠等产品为实体企业提供授信贷款支持，截至2022年底，制造业项下贷款余额31.35亿元，较年初新增4.99亿元；同时加大对节能环保、清洁生产、清洁能源、绿色交通、绿色建筑等领域的授信支持，提高绿色信贷资产占比，截至2022年末，平湖支行绿色金融信贷项下授信余额28.2亿元，较年初新增13.65亿元。

多措并举，加强外汇金融服务能力。2022年，累计完成国际结算量13.28亿美元，市占率18.18%，比年初下降4.05%；累计实现外管实收实付全口径下业务量18.4亿美元，市占率16.26%，市场份额当地排名第三。截至12月，累计完成跨境人民币结算业务20.79亿元，市占率20.5%，比年初下降1.29%，市场份额排名同业第二。支行针对不同客户需求及市场形势，适时将各类产品组合创新，在满足客户需求的同时，提升业务量。续做《浙江分行中小微企业防范极端汇率风险方案（试行版）》方案项下嘉兴全辖首笔买入期权35万美元；为某公司办理支行首笔单卖期权配套t+0购汇组合产品200万美元，该集团已在支行办理该产品21293.45万美元，实现中收（含奖励）88.17万元；成功落地嘉兴全辖首笔政府担保远期结售汇业务，积极落实政府新政；成功落地嘉兴市首笔个体工商户汇率避险业务。做好外汇服务指导。通过“横向强化、纵向联动”构建服务体系，组建外汇联络员队伍，为企业外汇业务提供帮扶和指导。已走访外贸企业近百家。组建支行15人的金融顾问团，由1名金融顾问，14名金融骨干组成，设立4个服务小分队，对企业进行分组走访，为企业提供专业化、专职化的金融服务。累计为客户解决10.53亿元的资金需求。

举办外汇避险宣讲会。联动当地政府和监管部门，举办外汇避险宣讲、客户研讨会，借力营销进出口客户，擦亮中行外汇业务金字招牌。协同平湖经开区共同举办欧美俱乐部交流会，26家欧美企业的董事长参会，加强与经开区及欧美企业的联系。与人行平湖支行、外汇局、商务局联合举办主题为“促便利　助纾困”外汇政策宣讲会，做好客户需求对接，为参会的8家企业投放贷款1.2亿元，为1家企业联动海内外分行牵头组建集团授信。2022年支行获当地外管颁发的外汇业务合规与审慎经营评估A类行，平湖市“本外币协同均衡管理”劳动竞赛优秀组织奖。

2022年，支行获评年度工作目标责任制考核优秀部门（单位），平湖市银行业金融机构综合评价A等行。

（陈瑶）

【中国建设银行股份有限公司平湖支行】 2022年末，中国建设银行平湖支行一般性存款时点余额156.7亿元，新增5.6亿元。各项贷款余额200.29亿元，新增53.08亿元。2022年度，支行获平湖市2022年度工作目标绩效考评优秀部门，嘉兴港区金融系统考核第一、平湖市反诈人民战争考评先进单位称号。

精准发力服务国家建设。重大项目投放，全年，批复项日储备12个、51.75亿元，累计投放项目贷款32.21亿元，推进地方重大项目和民生工程建设。服务实体经济，成立设备更新改造再贷款专班，全年，制造业贷款新增24.12亿元，增速88.75%。发展绿色金融，年末，绿色信贷余额39.97亿元，比年初新增25.53亿元，增速143.17%。支持科技型企业，年末高新技术企业贷款余额34.48亿元，较年初新增16.82亿元，列系统第一。推进住房租赁战略，全年，为5个人才公寓项目发放13.3亿元贷款，为住房租赁市场提供金融活水。助力乡村振兴，审批全省建行首笔乡村振兴贷款1.6亿元，专项用于“金平湖”稻米全产业链建设，成功投放0.9亿元。

精细管理防范金融风险。强化风险防控主体责任落实，筑牢业务发展合规底板，加强对重点业务、重点人员、关键岗位人员合规管理，推动风控数字化管控，加强信贷客户识别能力，提高授信业务真实性管理能力。反诈工作取得阶段性成果。全年，共成功堵截电信诈骗案件15起，为客户挽回经济损失共274.53万元；2件有价值线索移送公安机关，获人行表扬函、平湖市“反诈标兵”。多管齐下抓安全稳定。落实主体责任，确保重点时段、重要节日等特殊时期安全稳定；做好不稳定因素排查、化解工作，未发生越级事件；做好重大活动安全保障，完善警银联防机制，全年，无重大群体性事件。

精心经营提升国际竞争力。全年，完成国际结算量21.91亿美元，同比增长3.14亿美元，增速16.7%，列四行第二。结售汇8.05亿美元，同比增长2.18亿美元，增速达37.14%，增幅四行排名第一。传统国际业务信贷客户数22户，利率类衍生产品客户数7户，交易量8.75亿元，均列嘉兴建行系统第一。

推进“我为群众办实事”。成功办理平湖市首笔二手房“带押过户”业务，实现二手房交易“一次申请，全部搞定”。向社会公众提供安全高效、灵活便捷的个人信用报告查询服务，以数字化手段探索征信服务新模式，在嘉兴港区投入首台个人征信查

9月9日，建行平湖支行深入社区普及金融知识

（建行平湖支行　供稿）

询机，以科技赋能打通征信服务“最后一公里”，结束嘉兴港区无征信服务的历史。

（朱蕾）

【交通银行嘉兴平湖支行】 2022年，交通银行嘉兴平湖支行立足平湖经济发展现状，支持地方经济建设，提升市场占有率和金融服务实体经济质效，各项经营业务开展有序。截至2022年底，人民币各项存款26.83亿元，较年初增加8.1亿元；其中对公存款时点余额19.33亿元，较年初增加6.8亿元；储蓄存款时点余额7.49亿元，较年初增加1.3亿元。人民币贷款余额27.45亿元，较年初增加3.07亿元。

找准定位，稳内争外，提高负债业务综合效能。利用支行产品撬动负债规模提升，调整存款结构，构建资产与负债互动增长机制，全年，对公低成本负债、个金、同业存款实现稳步提升。

深度挖潜，抢抓投放，激发信贷投放能动性。2022年，支行推进信贷资源优化调整，加强对实体经济特别是制造业、普惠小微企业的支持力度。截至年末，支行人民币贷款较年初增加3.07亿元，其中制造业贷款增量1.37亿元，涉农贷款增量2.46万元，战略新兴贷款新增3.17亿元。

强化外拓，加深融合，稳步推进客户倍增。建立“一把手抓客户、全行拓客户”营销机制，明确市场定位，加大业务拓展力度，优化客户结构。推进“金融指导员”“百名行长进千企”稳经济政策宣传活动。全年，共计走访服务企业217家、327次，解决融资金融61414万元，提升有效客户83户，新增企业类授信客户11户。

创新思路、敢于开拓，延伸客户服务触角。拓展创新业务，成功办理支行首笔网银开证业务。创新客户服务渠道，成功落地全辖首户普惠类“蕴通e智”信息咨询服务，帮助企业获取宏观经济、金融市场、行业研究、政策分析报告资讯，助力企业掌握第一手信息资源。

压实案防，守住底线，抓好风险防控。落实高质量发展要求，推动服务实体经济和风险防控两手抓，提升风控能力。开展一系列合规教育活动，强化忧患意识和底线思维，提高预见预判能力。注重贷后管理及全流程风险防控，确保支行信贷资产质量保优。做好员工职业道德教育和案防培训，强化员工异常行为管控，压实案防责任，提升支行金融支持实体经济的可持续性。

（杨霞）

【中信银行嘉兴平湖支行】 截至年底，各项存款余额44.42亿元，其中，对公存款余额25.43亿元，个人存款余额18.99亿元；各项贷款余额62.47亿元，其中对公贷款余额41亿元，个人贷款余额21.47亿元。全年实现无案件、无重大责任事故，无重大违规案件的管理目标。

资产业务发展创新高。截至年底，支行对公贷款余额较年初增加7.34亿元（若还原配合市财政提前归还的5亿元隐债贷款，则实际新增12.35亿元），增量排名嘉兴系统内第二。在政府大力投资基础设施建设的背景下，支行积极走访对接，宣传支行乡村振兴绿色固贷特色政策。自3月末获批系统内全省首笔乡村振兴项目贷款2.5亿元并在当月实现投放；又先后获批2笔合计5亿元乡村振兴绿色固贷项目和系统内全省首笔绿色光伏发电项目5600万元。

支持实体力度升级。支行学习指导文件、制定走访企业目标库，用好政策窗口期，拓展一批优质企业，支持当地实体经济发展。到年末，支行已有授信及在报授信客户共计152户，较年初新增27户。

零售业务持续稳步增长。支行管理资产和个人存款总量均保持嘉兴辖内领先地位，管理资产和个人存款时点增量和年日均增量均居嘉兴辖内首位；支行深化存量客户提升、抓准拆迁营销、做深代发客户经营，截至12月末，支行贵宾客户数同比增长103户，达2175户；富裕客户数本年增长447户，达6763户；两项客户数指标均为支行历史新高，增量在嘉兴辖内均居前列。

（全晓红）

【浦发银行嘉兴平湖支行】 2022年，支行积极推进各项业务发展。截至12月末，一般存款余额18.89亿元，比年初增加5.25亿元。

其中，对公存款余额16.76亿元，比年初增加3.21亿元；储蓄存款余额2.13亿元，比年初增加0.43亿元。各项贷款余额19.90亿元，比年初减少0.12亿元。其中，对公贷款（含商票贴现）余额9.04亿元，比年初增加1.26亿元；零售贷款余额10.86亿元，比年初减少1.26亿元。

坚持党建引领，夯实存贷业务总量。通过利多多通知存款B、协定存款、结构性存款、市场化活期利率报价等现金管理类产品和国内信用证福费廷、商票保证保贴等贸易融资产品运用，做大存款总量；通过项目贷款、商票贴现、国内证自持等产品运用，消化存量贷款因结构调整及提前还款不支用下降，促使支行贷款总量保持平稳，维持支行贷款总量在平湖当地市场份额。

防控金融风险，规范操作流程。贯彻市委、市政府和监管部门关于防控金融风险相关要求，强化“前瞻精准、慎行知止”风险观，严守风险底线，抓好风险管理，组织开展各类自查、排查，加强实地走访查看，掌握第一手信息，规范操作流程，发现问题及时进行整改。全年，公司零售业务不良率控制在合理范围内，贷款不良率低于上级行平均水平。

强化各项管理，优化金融服务。完善消保服务管理，提高员工服务意识，推进网点优质文明规范服务，促进支行服务水平不断提高。争取上级行政策支持，开展小微企业及个人经营贷无还本续贷业务，解决小微普惠融资难、周转难问题，降低贷款利率，让惠客户，不断优化金融服务。围绕市委、市政府中心工作，组织存款、加大贷款投放，提升金融单位对全市国家经济总值贡献。做好消费者权益保护、金融知识普及月、打击治理电信网络诈骗等宣传活动。

（赵忠良）

【兴业银行嘉兴平湖支行】 2022年，支行各项存款余额18.45亿元，其中，公司存款9.51亿元，个人存款8.94亿元；贷款余额39.62亿元，其中公司贷款28.29亿元，个人贷款11.33亿元。

加强金融供给，提升市场活力。2022年，支行围绕当地政府基础设施、美丽乡村、河道整治等工作，做好金融信贷供给。响应服务实体经济号召，加大对上市公司、民营企业、科创企业支持力度，累计新增民营授信客户12户，合计金额1.76亿元，其中科创型企业10户，合计金额1.24亿元。落实普惠社会责任，开展以亲子、体检、品茗为主题的特色私行沙龙12场，财富沙龙36场，实现普惠贷款余额3.35亿元，较年初新增0.63亿元。

发力数据平台，打造智慧社区。2022年，成功签约兴e家智慧物业网点，落地5个社区，服务覆盖3650余户，成为嘉兴系统内第二家签约支行。

加强内部管理，提前防范风险。定期开展学习会，传阅学习监管部门下发的相关文件及行内内控文件；关注员工行为管理，开展员工家访活动，全年，共走访28名员工家庭，了解员工8小时以外行为动态；抓好反洗钱工作，对个人客户开户流程重点关注，5月，成功堵截一起电信诈骗案。

（金菊芳）

【平安银行股份有限公司嘉兴平湖支行】 2022年，支行以总行“专业创造价值”新价值文化为引领，以终为始，依托科技创新优势，推动服务与客户需求高度契合。整体经营稳健向好，资产质量指标保持平稳态势。2022年末，嘉兴平湖支行本外币各项存款余额4.43亿元，各项贷款余额0.265亿元。

2022年，支行持续推进零售转型，贯彻零售业务“3+2+1”经营策略，即发展“基础零售、私行财富、消费金融”3个业务模块，提升“风险控制、成本控制”2个核心能力，构建“1个生态圈”驱动融合。零售业务方面，积极构建基础零售团队和私财团队，践行服务民心的初心使命，发挥金融服务和科技赋能优势，加大零售产品营销力度，配合各类私财产品开发。公司业务方面，进一步做精做强“AUM+LUM+平台”经营模式，利用KYB体系（中小企业大数据金融智能服务平台），通过全新流程化服务，借助发票贷、税金贷、产业链融资等产品，助力中小企业融资发展。其中，数据信用贷模式更为破解中小微企业融资缺乏抵押物难题开辟新融资途径。经营管理方面，加强内部管理，突出风险排查，防范各类风险。同时深入贯彻党风廉政建设，严明组织纪律，强调道德及经营风险零容忍，强化执行力和底线思维，真正做到合规经营、高质量发展。

（王晓）

【中国邮政储蓄股份有限公司平湖市支行】 2022年，支行各项存款余额77.76亿元，较年初增长15.81亿元，支行各项贷款（不含公贷）余额63.22亿元，较年初增长14.86亿元。截至12月末，支行贷款质量总体良好，不良率和逾期率在行内排名第一，全年未发生案件、重大风险事件和舆情事件。

2022年，支行围绕“五化转型”“六种能力”战略自我提升，提高科学决策、民主决策水平；加强“党建+发展”理念，发挥基层党组织战斗堡垒作用，成立党员模范冲锋队，将具有发展潜力的年轻干部放到经营一线锻炼，激发年轻员工潜力，营造干事创新氛围。

支行履行国有大行责任担当，围绕地方经济发展、乡村振兴建设、科技创新重点领域发展等工作，助推新发展理念，加快产品推进和服务转型升级，促进金融服务高质量发展。支行坚持“一县一业、一行一品”打造特色产业贷，建立“网格化”地推模式推进客户走访，加强与创新型中小企业、专精特新“小巨人”等企业信息对接，同时利用好“邮e贴”“乡农e贴”等线上智能化产品，加快农村普惠金融大数据平台建设，为客户提供更为便捷的服务体验。截至12月末，支行小微企业贷款同比增长44.31%，制造业贷款同比增长55.09%，涉农贷款净增8.48亿元。

提升网点服务质量，优化网点服务体系，营业部获“集团公司服务示范窗口”称号。支行员工获“反诈宣传大使”称号。

（张荻）

【浙江平湖农村商业银行股份有限公司】 2022年末，平湖农商银行本外币各项存款余额386.21亿元，比年初增加57.91亿元；各项贷款余额307.63亿元，比年初增加42.41亿元；国际结算量9.55亿美元；缴纳各类税收1.75亿元。2022年，先后获“平湖市纳税大户”“平湖市工作目标责任制考核优秀部门”“平湖市首届慈善奖”“平湖市金融消费者权益保护工作优胜集体”“平湖市金融科技工作先进集体”“嘉兴市党务公开最佳实践单位”“2021年度浙江省民企最满意银行”等荣誉和称号。

平湖农商银行贯彻落实稳经济一揽子政策，设立50亿元专项纾困资金额度，实施金融支持市场主体专项行动，精准助力实体经济稳健发展，累计走访小微企业和个体工商户1.9万多家，支持近4000家市场主体获授信106.31亿元。推广“连续贷+灵活贷”创新机制，缓解企业筹资压力和担保难题。2022年，为2318家中小微企业办理延展期、无还本续贷、还旧借新等业务78.67亿元，新增小微企业信用贷款余额17.95亿元，支持61家承担疫情防控和应急运输任务的物流企业获贷款1.7亿元，累计为中小微企业和个体工商户减免利息1.25亿元。疫情防控期间向平湖市慈善总会捐赠100万元。加强小微园区建设金融支持，设立5亿元专项信贷资金用于满足园区重大投资、重大项目资金需求。截至12月末，共支持13个园区主体获得授信10.43亿元，用信8.06亿元；支持189家园区内企业获得授信20.98亿元、用信13.28亿元；累计为64家企业发放项目贷款12.24亿元。

平湖农商银行发布《“优服务稳增长助力共同富裕示范区典范城市建设”行动方案》，依托“共富”系列产品，“共富”驿站增强金融“造血”功能，加强与美丽乡村示范乡镇、精品村、四新主体对接，支持村级经济和新型农业经营主体发展壮大。推进强村富民工程，累计支持“平湖智创园工程（一期）”“浙江独山港经济开发区高新技术产业园创业创新中心”“四村联建集体经济公共用房工程项目”及广陈、新埭、林埭、独山港镇等多个共富项目。2022年末，村级经济组织贷款余额达4.56亿元，新型农业经营主体贷款余额5.85亿元，强村公司贷款余额2.6亿元。

对接“科技金融示范区”及“打造全面接轨上海示范区”等

6月16日，“清廉贷”授信仪式举行　（平湖农商银行　供稿）

6月8日，“数字化改革便捷停车项目”正式启动
（平湖农商银行　供稿）

重大改革战略，以科技为载体，做优特色金融业务。2022年末，科技企业贷款余额54.10亿元，比年初增长4.13亿元。支持制造业尤其是先进制造业加快发展和转型升级。全年，新增制造业贷款8.63亿元，增长7.37%。与市经信局等7家单位联合成立平湖市“专精特新”服务联盟。2022年，共支持5家国家级、13家省级“专精特新”企业获贷款2.73亿元。做好“碳达峰碳中和”金融支持工作，全年，新增绿色贷款1.19亿元，成功发放嘉兴市首笔“取水权质押”贷款。

深化民生工程建设，助推基层治理，做好三代社保卡发卡工作，落实人员驻企、驻村、驻点送卡上门。2022年末，三代社保卡发卡22.66万张，总发卡量达65.23万张，人口覆盖率128.36%。助力未来社区（乡村）建设，与安桥未来社区、东湖社区、沈家弄村等签订战略合作协议，保障周边居民基本金融服务。推动与市市场监管局在放心消费领域双向融合，开展放心消费在我“嘉”云社区创建工作。同时发挥“一云社区多共富员”服务机制，为放心消费商户提供专属金融产品和全方位金融服务。与市综合执法局合作，启动“数字化改革便捷停车项目”，年内，在平湖城区新增ETC停车场17个，城区停车场无感支付泊位新增7000个。

加大国际业务产品创新，落地全省首笔合作掉期业务，嘉兴市首笔政府性担保增信汇率避险业务，办理嘉兴农商银行系统首笔国内证福费廷二级市场买入业务。创新美元业务投资，成为全省农商银行系统第三家开展中资美元债投资的行社。推广网银远期结售汇、网银自助交单、关贸E贷，区块链秒贷等产品，落实新型离岸国际贸易政策，办理平湖农商银行首笔新型离岸贸易，为企业提升产业链供应链完整性、实体经济创新发展提供跨境金融服务支持。实施跨境人民币“首办户”行动，支持外贸企业使用人民币结算，激发市场主体“走出去”活力。年末，跨境人民币结算量40996.34万元，同比增长40.92%。

（山红梅）

【嘉兴银行股份有限公司平湖支行】 2022年，嘉兴银行平湖支行落实总行“优结构、强管理、提服务、促发展”精神，融入平湖经济建设，灌溉“金融活水”，各项工作稳健开展。

聚焦发展“第一要务”，经营业绩可圈可点。截至2022年底，支行各项存款余额63.93亿元，增幅18.46%，其中储蓄存款余额32.14亿元，增幅28.15%。支行各项贷款余额59.70亿元，增幅26.66%，其中两增两控贷款余额17.07亿元，增幅24.06%，科技贷款余额13.51亿元，增幅37.02%。支行不良贷款余额860万元，不良率0.14%。支行各项存款规模（经营业绩）在平湖26家同业中位于第七，市场占比4.24%，各项贷款规模排名第八，市场占比3.51%。2022年，支行多项业务成功破“零”。完成支行首笔债券投资业务、首笔“阳光嘉”贷款、首笔远期结售汇业务，成功开立支行首个NRA账户、外汇资本金账户。“百日攻坚”活动期间共走访小微企业客户215户，个体工商户3668户，核验客户共完成授信49户，授信金额10448万元。

聚焦人才“第一资源”，队伍建设日益壮大。运用“网格连青”机制，通过定期团建、座谈会等方式关心青年员工，谈心谈话、家访覆盖率100%。通过岗位流转、竞聘提拔等形式锻炼青年员工。鼓励青年骨干、优秀员工向党组织靠拢，做好党员发展工作。

聚焦学习“第一本领”，党建攻坚实施有力。2022年，支行确立“打造可持续成长的‘学习型’队伍”党建攻坚项目，采取“1124”的工作举措，支行内部形成“思想高度统一、行动高度一致、成绩有目共睹”氛围。“东湖讲堂”累计开展培训50余场，开展外出实践教育活动10余次，开展清廉相关学习及实践活动逾25次，助力全行员工走好职业生涯的每一步。

聚焦结果“第一导向”。2022年，支行获浙江省银行机构反假币知识与技能竞赛团体第五名、市金融系统青工技能比武大赛第五名2021年度银行业金融机构综合评价A类银行称号、市公安局反诈能手称号、“金融为民办实事”云路演活动“最勤服务蜜蜂奖”等20多项荣誉。

（刘玲）

【浙江平湖工银村镇银行】 2022年，工银村镇银行坚持稳字当头，稳中求进，围绕三年发展规划目标，践行普惠金融服务，按照监管要求和董事会确定目标推进各项工作。

存贷余额稳步增长。年末，各项存款时点余额22.42亿元，较年初新增1.01亿元，其中储蓄存款年末余额10.09亿元，较年初新增1.12亿元，储蓄存款首次突破10亿元关口，年末余额占比45.01%，较年初提高3.11%。年末各项贷款余额20.17亿元，较年初新增0.54亿元。

信贷结构加快调整。全年，新拓信贷客户520户，新客户累计发放贷款4.09亿元，同比增长38.9%。普惠贷款连续三年实现监管“两增两控”目标，全年，新拓普惠贷款客户129户，新发放普惠贷款3.10亿元，同比增长34.85%。年末普惠贷款余额9.71亿元，较年初净增0.79亿元，增速8.84%，较全部贷款增速高6.08%。全行涉农贷款占比89.31%、户均贷款余额49.72万元，均优于监管要求，“支农支小”定位进一步凸显。

风险控制持续向好。2022年末，全行不良贷款余额3289万元，较年初下降342万元；不良贷款率1.63%，较年初下降0.22个百分点，连续六年实现“双降”。年末拨备余额15831万元，拨备覆盖率481.4%，同比提升84.96%。资本充足率21.45%，流动性比率59.05%，流动性匹配率157.17%，流动性缺口率72.91%，均优于监管要求，风险抵御能力增强，经营质态向好。

创新助力乡村振兴。工银村镇银行以“小而优，精而美”为目标，围绕“农业强、农村美、农民富”探索创新金融产品及服务模式。先后推出兴商易贷、科创易贷、新市民积分贷、善治积分惠农贷、农户建房装修贷等金融产品。2022年，继续选择3个村共3495户农户家庭推进整村授信工作。同时，探索创新担保方式，破解小微企业和新型农业主体“融资难”问题，先后尝试农业大棚抵押、农业财政补贴收益权质押、农村土地流转经营权质押、种养殖活体抵押等多种担保方式，解决“三农”融资难题，助力推动乡村振兴和共同富裕。

（叶卫忠）

【湖州银行嘉兴平湖支行】 2022年底，支行各项存款余额8.35亿元，比年初新增0.97亿元。各项贷款余额20.1亿元，比年初新增1.8亿元。

聚焦发展大局，推进党建与业务深度融合。坚持业务下沉，推进“强村贷”落地；发展普惠金融和供应链融资，为小微企业融资提供特色产品和有效平台，“两增两控”贷款、制造业贷款较快增长。开展“我为群众办实事”“我为基层送温暖”活动，增强基层服务群众、服务员工意识。

融入地方，深耕本源，稳健发展。支行第五次获平湖市工作目标责任制考核优秀部门。支行狠抓项目审批，将抓审批效率作为重点工作来抓，做实做优金融服务。对支行权限授信业务，提高响应速度，随到随批。对上报总分行项目，在每个审批节点上做好跟踪和反馈，提升放款效率。年初，支行在调查摸底后，制订贷款投放计划、客户结构和业务结构优化调整方案，抓大不放小，坚持信贷投放多维度持续发力。截至年末，平湖支行制造业贷款余额4.46亿元，同比增加0.81亿元，两增贷款余额6.73亿元，同比增加1.67亿元。截至12月，绿色贷款余额9.76亿元，同比新增2.09亿元。助力民营经济，大力发展首贷户，截至12月末，支行共完成首贷企业入驻户数6户，余额8285万元，有效解决客户融资需求。推进嘉兴市金融信用信息共享平台运行，落实专人每日登录金融信用信息共享平台进行相关操作。

坚持从严从细，强化支行内部管理。支行重视内部员工合规经营行为，抓好员工行为管理包干制工作落实。严禁员工参与民间借贷、集资等违法行为。坚持从严治行，强化内部管理，加大风险点检查督导，确保各项业务健康平稳运行。

（张静）

【绍兴银行嘉兴平湖小微企业专营支行】 2022年，各项存款余额15.58亿元，各项贷款余额平湖27.01亿元，上级行直贷10.03亿元，存贷款规模达42.59亿元。（以下数据均含上级行直贷余额）

2022年，支行围绕重点项目、重点企业、乡村振兴、普惠金融，致力于服务地主经济和中小微企业。截至12月末，政府平台贷款余额9.99亿元；普惠全口径贷款余额6.99亿元，较年初新增0.79亿元，个人贷款客户数近1056户；制造业贷款余额10.81亿元，较年初新增1.68亿元；科技金融重点服务企业贷款余额5506万元，较年初下降2458万元；为减轻企业成本，推动减费让利政策落地，2022年，全年累计无还本续贷3.73亿元，帮扶企业73家。

加强合规教育培训，提升内控合规能力。全年，共开展5期全行性“合规大家谈”培训，逐项剖析存在问题、学习案例，提高内控管理水平。组织4次飞行大检查，受检查人数58人次。落实“平安金融”创建工作，重视安保、反诈、反洗钱等工作，建立月度分析制度，查找薄弱环节，明确和落实案防工作重点和要求，全年无事故。坚持落实账户反诈防控工作，全年未发生涉诈账户。消保工作扎实推进，完善“枫桥式”消保站建设和进一步固化“美好厅堂”建设成果。评获总行级2022年度优质文明服务示范网点。进村入社开展金融知识宣传活动11次。开展“我为企业解难题”活动3次，解决问题2个。

（王欢）

【浙江泰隆银行平湖支行】 截至2022年末，支行本外币各项存款余额15.7亿元，比年初增长3.7亿元，增幅30.85%；各项贷款余额19.28亿元，较年初增长3.43亿元，增幅21.63%；实现利润总额0.76亿元。

坚持服务小微企业和“两民”定位。支行通过推进社区建档、客户建档和整村授信努力实现“人人可贷”的普惠金融服务。坚持社区化商业模式，对作业区域进行网格化专人管理，客户经理深扎社区和网格，提供专属金融服务。

推动“沃土计划”，助力乡村振兴。支行加大涉农市场主体融资力度，开展农村“人人可贷”普惠金融服务，践行“产业兴旺、生态宜居”乡村振兴战略，推动“沃土计划”示范村项目落地，共谋乡村振兴，助力共同富裕。

提供专项资金支持，助力企业复工复产。支行贯彻落实四大方面16项助企纾困举措，针对疫情期间到期贷款，采取延期还款、分期还款、展期等措施，合理设置还款宽限期。推广“接力贷”产品，实现无还本续贷，降低借款人的财务成本和筹资压力，支持企业复工复产。

优化“融资融智”服务，积极对接企业。支行落实知识产权等补贴政策，帮助科技企业降低融资成本；开展与企业项目签约、百日大走访、金融顾问走访等活动，累计走访企业268家，外贸客户86家。

深化“嘉有泰隆联盟”，打造品牌效应。支行开展“行长推荐”“公益联盟”等活动，联合商户助农助销，提升服务能力，打造拳头品牌。

（屠方园）

【华夏银行股份有限公司嘉兴平湖支行】 2022年，支行加大对制造业、战略性新兴产业、绿色低碳等重点领域支持力度，克服疫情冲击等超预期因素影响，稳中求进，各项经营管理工作稳中向好。截至2022年末，支行制造业贷款余额6.2亿元，较年初新增2.5亿元，增速68%。存款规模时点突破19亿元，创支行成立起新高。支行一般性存款余额13.58亿元，较年初增加2.7亿元，增幅为25%，增量及增幅均在系统内名列前茅。一般性存款日均14亿元，较年初增加6.4亿元。其中，对公存款日均10.5亿元，较年初增加5.8亿元，增幅达123%；个人存款日均3.6亿元，较年初增加0.6亿元。支行推进“降旧控新”工作，做到标本兼治，资产质量保持稳中向好态势。2022年度，支行未新增逾欠贷款。

坚持把内控合规建设放在突出位置，牢固树立“合规是底线，责任重于山”风险理念，筑牢全行高质量发展根基。加强督查问责力度，严格执行员工差错及违规积分制度。提升洗钱风险防控能力。合规文化氛围愈发浓厚，将合规理念根植于支行经营管理全过程，实现全年“零案件”。

（肖宗元）

【台州银行股份有限公司嘉兴平湖支行】 2022年，台州银行嘉兴平湖支行各项存款余额31421.96万元，同比增加18082.37万元，存款规模增长率135.55%；各项贷款余额29538.52万元，同比增加5936.34万元，贷款规模增长率25.15%；不良贷款余额75.19万元，不良贷款率0.25%。落实稳经济一揽子政策，制造业贷款余额13287.61万元，新增1390.91万元；科技型企业贷款余额1855万元，新增385万元；无还本续贷贷款余额5933.64万元，新增5633.64万元。聚焦小微金融服务，“两增两控”普惠贷款余额18842.49万元，增速12.59%；企业信用贷款余额8182.66万元，增速227.44%；涉农贷款余额17791.5万元，增速12.82%。与嘉兴信保基金签订“共同富裕专项贷合作协议”，在保贷款余额5421万元。推出“生意圈”供应链金融平台，累计注册核心企业数63户，下游企业授信户数105户，贷款余额2169.57万元。

（金阳）

其他金融机构

【新当湖农村资金互助社】 平湖市当湖街道新当湖农村资金互助社成立于2011年3月。该社为社员提供方便快捷金融服务，在帮助社员生产经营和提高收入方面发挥积极作用。随着银行机构服务下沉、普惠金融全面覆盖、银行业充分竞争等原因，该社已无法适应当前经济金融环境，难以满足社员多样化金融服务需求。6月15日，平湖市当湖街道新当湖农村资金互助社召开社员代表大会，决定解散。8月3日，该社收到中国银保监会浙江监管局《关于平湖市新当湖农村资金互助社解散的批复》，该社清算小组正式成立。清算小组完成债权债务处置、社保清缴、税务清算、银行账户注销等一系列工作。平湖市当湖街道新当湖农村资金互助社于11月24日完成工商注销登记。

（林振威）

保险公司

【中国人民财产保险股份有限公司平湖支公司】 2022年，人保财险平湖支公司以党的二十大精神为指引，深入落实“卓越保险战略”，立足守正创新，践行“人民保险、服务人民”初心使命，稳中求进、进中求新，全年，实现保费收入3.41亿元，同比增长17.3%。同时在支持重大项目建设、推动科技创新和绿色发展、服务农业稳定、保障基本民生、加大消费支持等方面创造和输出公司价值，加大保险产品、保险服务和保险科技创新力度，在服务平湖市争当共同富裕新崛起典范进程中，担起国有骨干保险央企职责使命。

人保财险平湖支公司致力于服务国家战略和民生福祉，经营管理研究把握“承保+减损+赋能+理赔”新保险逻辑，对接区域经济社会运行重难点和地方政府需求，发挥保险服务平湖发展保障功能。挖掘车险业务发展内生增长动力，推进业务发展增效提能。参与海上风电、医共体保险、建设工程IDI等重大项目；聚焦基本民生需求，为全市残疾人、老年人、青少年、城镇居民提供风险保障；围绕企业实际需求开发推广企惠保、安责险、出口信用险等项目；围绕服务乡村振兴开拓地方特色险种，农险在助力农民增收、农业发展、农村稳定上创新服务，护航农业生产，助力共同富裕。先后同多个乡镇签订战略合作协议，政企携手服务社会管理。为推动交通安全发展，继续以“警保联动”模式、党建共建及战略协议为载体参与电动车集中整治、“一盔一带”安全守护等活动。

全年，共处理各类案件25790件，其中车险23447件，非车险案件2343件，同时积极打造在线查勘、科技定损、快速理赔、“心服务站”等高效服务模式，凭借服务网络和运营体系，为客户提供“安全、便捷、高效、温暖”保险服务。

（过明磊）

【中国人寿保险股份有限公司平湖市支公司】 2022年，支公司围绕“抓党建、强队伍、稳增长、树标杆、优服务、控风险”总体工作要求，统筹队伍驱动战略和制度变革。全年，实现总保费7.25亿元，同比增长1.41%，其中首年新单保费2.04亿元，同比增长12.54%，全年，赔付3887.54万元，满期给付3693.24万元，年金给付4618.83万元。公司有销售人员558人。

在经营管理方面，坚持以稳增长、强队伍、高质量发展为主线，高目标引领，板块化推进，团队化运作。各大条线板块协同推进，个险渠道紧抓业务节奏，强化周单元经营，推动产品转型，提升内涵价值，实现寿险首年期交保费1.07亿元。团险渠道围绕村民小额，男、女性安康等农村四项小额保险深入推动、扩面增量，提升学生平安保险服务水平，发展企业员工福利法人业务，拓展新增法人客户，完成短期险保费3958万元。公司治理及架构进一步强化，优化网点服务布局，2月，支公司乍浦镇营销服务部完成乔迁与改造升级；7月，支公司新埭镇第一营销服务部完成乔迁与整体改造升级。

在民生服务方面，支公司发挥“国之大者”应有风范，结合

8月26日，“小新走嘉兴 喜看民生新气象”大型公益活动现场

（人寿平湖市支公司　供稿）

保险营销特色，承担社会责任，公司开展常态化招募工作。全年，创造收入6574.41万元，纳税434.23万元，销售队伍人均年收入达11.78万元。强化消费者权益保护工作，处理客户理赔，提升理赔时效，倡导重疾一日赔。全年，赔付3887.54万元，赔付7000余件。

加强日常依法合规教育，宣传防范保险诈骗、非法集资和洗钱等，提高群众防范意识；联合新埭交警中队在新埭镇政府广场设摊宣传交通安全知识、保险金融知识及非法集资、常见诈骗手段等知识，提升居民风险防范意识。

（陈中跃）

【中国太平洋财产保险股份有限公司平湖支公司】 2022年末，支公司实现保险业务收入1.15亿元，跨入亿元公司行列，市场排名位居第三。

支公司把渠道建设放在重要位置，力求每个渠道平稳发展。加强过程指标管理，抓优质服务，快速理赔，以“五心服务”打造品牌核心竞争力。每年定期开展承保企业和防灾重点客户的梳理走访，降低风险隐患。面对“梅花”“轩岚诺”台风，支公司成立领导小组，走访企业150余家指导抗台。

支公司以高度的责任和服务意识，助力乡村振兴、支持共同富裕。承接政策性农险，承保水稻等农作物1.33多万公顷，面对“梅花”、“轩岚诺”台风，对全市已承保大棚农户和水稻种植大户，进行灾前走访，防灾防损，指导农户落实防台各项措施。做好低收入农户医疗补充政策性保险承保、理赔工作，帮助低收入农户享受政策性红利。支公司践行社会责任，参与平湖文明城市建设和文明劝导等活动。

（方雅萍）

综合管理

发展计划管理

【综合计划管理】 2022年，制订国民经济和社会发展计划，编制《关于平湖市2021年国民经济和社会发展计划执行情况及2022年国民经济和社会发展计划草案的报告》《关于平湖市2022年上半年国民经济和社会发展计划执行情况及下半年工作的报告》，并通过市人代会、人大常委会审议。推动“十四五”规划落地实施，抓实抓细《平湖市国民经济和社会发展第十四个五年规划和二〇三五年远景目标纲要》主要目标、重大任务等的分解，加强五年规划、三年行动计划和年度计划的目标任务衔接。统筹各牵头部门，加快“十四五”专项规划编制进度，35个专项规划全部发布实施。加强经济运行监测分析，聚焦主要指标、重点任务、关键节点预测和重点领域研究，形成月季度经济形势、指标运行情况、重点行业监测等分析材料数十篇，为市委、市政府决策提供参考，助力全市经济稳进提质。稳妥有序推进开发区（园区）整合提升，推动平湖具体方案落地实施，形成2021年度整合提升工作评估报告。

【经济创新工程管理】 2022年，制订出台《经济创新工程实施方案》，聚焦6项主要指标、“135”九大方面80项重点工作任务，统筹协调各牵头部门按时序进度推进，按季梳理汇总主要指标和重点任务进展情况。印发《镇街道“十项指标”红旗赛考核办法》，组织实施三个季度镇街道“十项指标”红旗赛排名评比。强化以督查促落实，编制重点督查项目清单，常态化开展专项督查并编印督查通报。

【项目管理】 2022年，实行市四套班子领导挂钩联系重大项目制度，195个重大项目被纳入全流程管理。1月、6月和9月集中开展重大项目开工月活动，推动401个项目开工入库，计划总投资495亿元。7个省“4+1”重大项目、5个省重点建设项目、34个省“六个千亿”项目、41个嘉兴市“551”重大计划项目、278个平湖市“3+1”重点项目均超额完成年度计划投资。4个项目获评嘉兴市红旗项目，2个项目获评嘉兴市领跑者项目。深化“最多跑一次”改革，建立规范高效的政务服务体系，实现从赋码到竣工验收全流程审批“最多80天”。开展企业投资低风险小型项目审批“最多15工作日”改革试点，简化企业投资项目审批模式。出台《平湖市政府投资管理办法》《平湖市国有企业投资建设项目管理办法》，进一步规范项目投资管理。

（倪芳芳）

自然资源管理

【概况】2022年，全局贯彻落实市委、市政府和上级自然资源部门决策部署，聚焦任务目标，立足主责主业，推进规划引领、要素保障、全域整治、生态保护、深化改革、民生服务等重点工作，落实经济稳进提质各项措施，为平湖高质量发展勇当共同富裕新崛起典范提供可靠自然资源和规划保障。2022年，获平湖市工作目标责任制考核优秀部门及嘉兴市县（市、区）局综合评价考核优秀单位和浙江省湿地保护修复工作成绩突出集体、林业科技工作成绩突出集体、省域空间治理数字化平台“最佳节点”等称号。

【要素保障实现新突破】全年，争取新增建设用地指标335公顷、补充耕地指标52.8公顷，有效落实全省百大项目浙沪天然气工程及沪平城际铁路、独山泊位等省重点项目用地。全年，供应国有建设用地184宗370公顷，确保独山PTA、卫星能源等百亿级项目落地。顺应农民建房需求，落实保障农民建房用地88.8公顷，支持乡村振兴产业项目落地。提升海洋经济保障服务能力，推进独山港区B21.B22.B25.B26泊位开发建设，保障项目用海面积84公顷。

【生态保护彰显新面貌】落实耕地保护田长制，推进“耕地智保”贯通应用，完成5个“千亩方”和1个“万亩方”项目建设，年内，发放2021年耕地保护以奖代补资金共计5200万元，蝉联嘉兴市耕地保护目标责任制考核“三连优”。完成建设用地复垦102公顷，完成量创历年最高。广陈镇龙萌村全域项目获1000万元省级补助资金，林埭镇陈匠村全域项目获评嘉兴优质工程。推动市镇村三级林长制落地见效，印发《平湖市林长制市级会议制度》等5项配套制度，全年，新建改造提升绿化109公顷。聚焦海洋生态保护，开展海上增殖放流，投放各类苗种5.66亿单位。完成海洋生态预警监测年度实施方案，提升海洋灾害防御能力。

【执法监管展现新格局】严格落实遏制耕地“非农化”，防止耕地“非粮化”。完成耕地保护图斑核查等上级督查任务。深化“无违建”精准治理，建立考核鞭策、分类处置、长效监管等工作机制，以全省第四、嘉兴第一的成绩成功创建省级“无违建”创先争优示范县（市、区）。建立平湖市陆生野生动物保护工作联席会议制度，构建市镇村三级野生动物保护巡护体系，严厉打击乱捕滥猎、非法交易等违法犯罪活动，累计出动巡护人员1300余人次，核查森林1733公顷。全年，答复举证行政复议13件、行政诉讼29件，已审结案件无败复、败诉。

【改革创新开拓新局面】聚焦服务民生、服务经济，不断推进数字化改革全面贯通、集成突破，打造晓海讯、测管家等具有辨识度、贡献度和影响力标志性改革成果，获评省域空间治理数字化平台2.0“最佳县级节点”。优化营商环境，首创推出不动产“无感知”清贷解抵一件事服务，获评嘉兴市优化营商环境“十佳案例”。创新调查手段，推广无人机“智飞”系统应用，获评省自然资源系统改革创新优秀案例。推进集体土地所有权确权登记更新，完成曹桥街道集体土地所有权确权登记试点工作。

（徐子成）

市场监督管理

【概况】2022年，市市场监管局围绕“四大工程”决策部署和省局、嘉兴市局重点工作任务安排，咬定“三级优、四连优”工作目标，聚焦聚力“稳进提质、除险保安、塑造变革”，推进市场监管各项工作。截至年末，全市实有市场主体69020户，注册资本（金）1997.48亿元。2022年，市市场监管局获平湖市工作目标责任制考核优秀部门称号，在市场监管系统、嘉兴市场监管考核中获优秀。

【“双五”竞赛】3月，省市场监管局“五新月赛、五星月晒”竞赛活动启动，平湖市市场监管局紧盯目标、重点破难，创新“三会两破三晒”工作法，以日保周、以周保月、以月保年抓竞赛，推动每月 100 项指标落实、各大应用平台落地。6 次夺取省市场监管条线综合“五星”，三次获全省前 10，嘉兴首位；获全省市场监管系统“五新月赛、五星月晒”竞赛活动一等奖，“双五”工作获平湖市市长周军波、嘉兴市局局长章澜的批示肯定。

【数字化改革】 落地落细省系统 15 个数字应用，入选全国数字化试验区建设数字执法试点，争取“浙里药店”、集餐配和电梯质量提升 3 个省级试点，获省药监局领导批示肯定。推进自建项目创新创优，探索“浙里配餐”数字改革项目；“云药通”上线浙里办，实现长三角跨省特殊管理药品联合智控，“小微数字社区”获市委书记仲旭东批示肯定。

【营商环境】 抓实帮企纾困。建立扶持个体工商户发展部门联席会议和纾困发展专班，出台扶持个体工商户纾困发展 24 条政策，减免各类税费 3.85 亿元，发放贷款 3525 户、96.86 亿元，落地嘉兴首笔个体户汇率避险业务，获省市场监管局领导批示肯定。抓主体培育。推进市场主体全生命周期“一件事”改革，集中登记，全年，共办理“最多跑一次”许可事项 39562 件，新增市场主体 9147 户，发出全省首张社区抱团经济组织营业执照。推进歇业备案“一件事”落地见效，减免企业开办费用 60 余万元。

【质量提升】 连续 7 年获嘉兴市质量工作考核 A 级，新增质量奖企业 6 家、“浙江制造”标准 7 项、“品字标”品牌企业 14 家、绿色产品认证企业 7 家。申报浙江省首批绿色认证先行示范区，汽车零部件列入全省百个特色提升产业，3 家企业启动汽车安全沙盒监管全国试点。承办省小微企业质量管理体系认证提升现场会工作获省局领导批示肯定。完成质量提升、标准化奖励资金兑现 1369 万元。

【“放心消费”建设】 培育“放心消费”单位 3777 家，无理由退货承诺单位 1385 家，放心工厂 389 家，放心示范商圈（街区）4 个，放心美丽乡村 2 个，建设村级维权站 32 个。强化“共享法庭”运用，全年处理投诉举报 4176 件，挽回损失 382.56 万元。创新开展放心消费在我“嘉”云社区试点建设，进群放心消费商户 3200 余户。成功承办嘉兴市放心消费在我“嘉”云社区工作现场推进会。

【食品安全监管】 2022 年，平湖市获嘉兴市食品药品安全工作评议考核第一名，实现考核“六连优”，成功创建省食品安全示范市。开展“治违禁、控药残、促提升”“守底线、查隐患、保安全”等专项行动，完成食品定量抽检（含质量监测）3376 批次，办结食品安全行政案件 481 起，罚没款达 170 余万元。推进食品安全领域整体智治水平，建成“阳光工厂”44 家、“阳光化”小作坊 12 家。51 家食品生产企业、2000 余家食品经营单位激活使用“浙食链”系统，749 个地产食品完整上链并赋码。73 个农村家宴厨房实现“阳光厨房”全覆盖。依托浙食链、CCP 点位智控等数字化手段，借力行业团体标准，探索建立集体用餐配送长效监管机制，嘉兴市集体用餐配送单位质量提升工作现场会在平湖召开。常态化推进科普教育，举办各类食品安全宣传活动 70 余次，发放科普宣传资料 15 万余份。

【药品安全监管】 开展药品安全专项整治暨打假治劣“药剑”行动、医疗器械质量安全风险隐患排查整治、涉疫产品质量和市场秩序专项整治等专项检查，检查生产经营企业和医疗机构 1839 家次。开展药械化各类质量监督抽样 188 批次，基本药物抽检合格率为 100%。上报药品化妆品不良反应和医疗器械不良事件 1305 例。推进民生药事服务站提质扩面，新增三星 3 家。成为省执业药师监管新机制和“浙里药店”应用建设试点单位，在全省首推执业药师多点执业政策，获评省数字药监“最佳应用”。

【产品质量安全监管】 开展生产及流通领域产品质量监督抽查 212 批次，涉及羽绒服装、电动童车、电动自行车等 40 余种产品，不合格产品处置率达 100%。

实施工业产品生产许可告知承诺制，加强工业产品生产许可企业事中事后监管，完成3C生产企业全覆盖检查。开展全域块状产业产品质量风险排查行动，对童车、箱包产业企业重新摸底入库，开展童车行业、箱包行业专项整治，开展电动自行车、油品、塑料购物袋等重点工业产品专项整治。牵头开展电动自行车提前淘汰置换行动，累计淘汰28.2万余辆，发放财政补贴910万元。

【特种设备安全监管】 严守特种设备安全底线。开展大排查大整治，累计出动1538人次，检查835家次，发出安全监察指令书149份、立案31件，未发生特种设备事故。推进电梯改革试点，1423台安装物联感知、接入浙江特种设备在线平台，电梯扫码维保率100%。加强基层安全监察人员培训考核和持证人员能力提升。全年，新增基层特种设备安全监察人员9名，全系统已有持证安全监察员69名，其中A证3人。

【价格监督检查与服务】 围绕水电气公用事业，对本市范围内4家供气、供电、供水企业收费情况开展检查，对转供电主体价格行为"回头看"，检查43家。对7家行业协会商会收费行为进行检查，退还违规收费14.7万元。开展行政审批中介服务领域涉企收费自查自纠工作，规范涉企收费。强化重点民生价格监管，加强重要民生商品、疫情防控药品和物资等市场价格监管，严厉打击未明码标价、价格欺诈等价格违法行为。

【市场秩序监管】 牵头全市"双随机、一公开"监管，开通掌上执法人员1840人，开展掌上执法13173次，其中"双随机"抽查5439次，"双随机"抽查事项覆盖率100%。完成企业年报18692户、申报率98.23%；个体户年报39461户、申报率93.88%；农专社年报448户、申报率98.90%。开展市场主体出清，完成企业吊销130家，农民专业合作社吊销1家，依职权注销个体工商户727家，吊销未注销企业强制注销208家。

【市场秩序维护】 强化网络直播等漠视群众利益行为整治，立案36件、罚没款24.64万元。加大市场违法打击力度，全年立案940件、罚没款717万元，移送公安28件，在省局会议上作知识产权执法经验交流。连续破获17起涉刑大案，扣押假冒侵权羽绒服装6.4万件、涉案货值8780余万元。27个案件被总局、省局和嘉兴市局评为典型案件。

（徐琳琳、朱敏敏）

知识产权

【概况】 2022年，全市指导申请商标1440件，核准注册1101件，专利授权3584件，其中发明授权293件，每万人发明专利拥有量达46.22，每万人高价值发明专利拥有量达14.55，PCT专利申请9件。成功注册"平湖西瓜"地理标志证明商标，成功入选首批国家知识产权强县建设试点县。

【知识产权服务管理】 开展知识产权强企"头雁计划"行动，做好优质企业梯度培育工作，浙江荣晟环保纸业股份有限公司获评国家知识产权优势企业，6家企业获评浙江省知识产权示范企业。信易电热机械有限公司"一种风机送料粉尘分离器发明专利"获二十三届（2022）中国专利优秀奖。兑现2021年度专利专项资金449.50万元。

【知识产权质押融资】 开展知识产权入园惠企行动，搭建金融对接服务平台，扩大知识产权金融服务范围。截至12月底，71家企业获得融资，融资金额达18.43亿元，其中专利质押17.07亿元，商标质押1.36亿元，有效缓解企业资金压力。

【知识产权保护】 严厉打击知识产权假冒行为，查处知识产权侵权行为，切实保护企业知识产权。市场监管局探索开展专利侵权纠纷行政裁决工作，作出机构改革后首例专利侵权纠纷行政裁决，是嘉兴市首例发明专利侵权纠纷行政裁决。该案例获2022年全省优秀案例。聚焦高质量发展，开展打击不以保护创新为目的的非正常专利申请工作。

【优化知识产权环境建设】打造红盾赋能知识产权沙龙培训服务品牌，加大企业知识产权专业人才培养力度，联合浙江省知识产权保护中心、知识产权研究与服务中心等专业机构，面向企业高层管理人员、知识产权管理人员、知识产权实务人员，开展分级分类培训7期，培训企业250余家，提高全市知识产权创造、运用和保护整体水平。

（胡郸平）

农贸市场

【概况】2022年，平湖市在册且经营的农贸市场19家，其中城区农贸市场6家、乡村农贸市场13家。全市所有农贸市场已实现星级全覆盖，其中四星级市场7家、三星级市场8家、二星级市场2家、一星级市场2家，省放心市场15家、“五化”市场9家。

【长效机制建设】2022年，持续深化五大机制推进农贸市场长效管理。政策激励机制，由市政府出台《关于进一步完善全市农贸市场长效管理机制的实施意见》，明确对星级文明规范市场、放心农贸市场、“五化”市场、年度“十佳农贸市场”分别给予相应的补助或奖励。示范引领机制，将国资市场确立为全市农贸市场典范，将新埭、全塘等市场先后确立为乡镇农贸市场的典范，以先进市场的管理创建经验为示范标杆，提升农贸市场管理人员的理念和水平。部门联动机制，联合市综合执法局、农业农村局、创建办、卫健局等部门，建立联动协作机制，明确部门分工，发挥各部门的职能优势，定期开展现场督查和联合检查，对现场检查中发现的问题由相关部门立即落实整改，发挥最大监管合力。考核奖惩机制，依托第三方测评机构，每月对全市所有农贸市场及便民交易点开展考核，考核成绩作为年终评先评优、“十佳农贸市场”评选的依据。在各市场内部建立市场举办方对市场管理员考核制度，市场管理员对经营户考核，以信用红黑榜、悬挂小红旗、罚扣保证金等奖惩方式推进长效管理。人文关怀机制，围绕政治上关心、心理上疏导、生活上照顾、感情上慰藉这四个方面推行一系列行之有效的人性化管理措施，如端午节包粽子、春节年夜饭、困难经营户募捐等，增强经营户的荣誉感、归属感，形成共治共赢、长效管理的局面。

【放心创建】北门农贸市场、南市菜场、林埭镇徐埭综合农贸市场、广陈镇前港农贸市场、东升农贸市场、当湖街道通界农贸市场被浙江省市场监管工作联席会议认定为2022年度浙江省放心农贸市场。至此，全市共有南市菜场、南门菜场、北门农贸市场、三号桥菜场、新仓农贸市场、新埭集贸市场、钟埭农贸市场、全塘综合市场、林埭农贸市场、新庙农贸市场、广陈镇农贸市场、东升农贸市场、广陈镇前港农贸市场、徐埭综合农贸市场、通界农贸市场15家市场先后被认定为省放心农贸市场。

【文明创建】林埭镇徐埭综合农贸市场、南市菜场、北门农贸市场创建为浙江省四星级文明规范市场（2023—2025年）；当湖街道通界农贸市场、广陈镇前港农贸市场、东升农贸市场创建为浙江省三星级文明规范市场（2023—2025年）。至此，全市共有四星级文明规范市场7家（北门农贸市场、南市菜场、钟埭农贸市场、新埭集贸市场、新仓农贸市场、广陈镇农贸市场、徐埭综合农贸市场）、三星级文明规范市场8家（南门菜场、三号桥菜场、东升农贸市场、新庙农贸市场、全塘综合市场、前港农贸市场、林埭农贸市场、通界农贸市场）、二星级文明规范市场2家（曹桥农贸市场、宏建农贸市场）、一星级文明规范市场2家（东湖农贸市场、黄姑镇综合市场）。

（马慧兰）

物价管理

【概况】2022年，市价格行政主管部门贯彻落实全省价格工作相关要求，聚焦省委、省政府关于推进价格机制改革确定的目标任务，推进重点领域价格改革，开展清费减负工作，维护市场价格基本稳定，努力为全市经济持续健康发展和社会和谐稳定营造良好价格环境，保障群众价格权益。

【非居民天然气价格调整】 根据《省发展改革委关于天然气省级门站价格等有关事项的通知》文件精神，调整非居民天然气最高销售价格。2022年4月1日至10月31日，平湖市天然气公司非居民天然气最高销售价格为4.69元/立方米（含税）；2022年11月1日至2023年3月31日，非居民天然气最高销售价格调整为4.619元/立方米（含税）。平湖独山燃气有限公司2022年4月1日至10月31日，非居民天然气最高销售价格为4.21元/立方米（含税）；2022年11月1日至2023年3月31日，非居民天然气最高销售价格调整为4.39元/立方米（含税）。做好省发改委不再核定天然气省级门站价格后，制定相关价格联动机制的相关准备。

【价格审批调整】 对全市教育、公共服务（包括停车收费，政府投资的公共体育收费），景区门票，殡葬行业，天然气等做好价格核定审批工作。调整出租车夜间补贴收费区间，制订图书馆停车收费标准，根据九龙山管委会报告变更其景区收费主体。

【重大事项启动准备】 启动千岛湖引水定价相关工作。该项目报为市政府重大事项，针对供水民生重大事项，千岛湖引水起，平湖作为第一个启动县市，经与相关单位磋商，形成初步方案报市政府讨论。启动全市污水处理费调整工作。针对独山污水处理厂3期项目投入使用导致污水处理成本变化，弥补水务集团长期污水处理收入支出倒挂亏损，解决污水处理收入成本平衡，全市启动全市污水处理收费标准调整工作。

【房地产价格调控与价格备案】 与市规划建设局等部门建立新建商品住宅预售价格管理工作联席会议，审核新建楼盘预售申报均价。加强房地产市场价格调控作用，规范市场价格销售行为。对全市幼儿园、技校、职业中专等10余所学校进行暑假培训班保教费、伙食费及代收费的价格审核备案。

【价格监测】 完成日常价格监测信息采集和上报工作。监测和上报重要商品价格，为政府科学决策提供市场一线数据和相关信息。加大对粮油、禽蛋、肉类、蔬菜、瓶装液化气等大宗商品价格监测力度，每月定期上报并对外发布价格监测相关数据和情况。分析对比价格监测数据和资料，预测市场价格波动和走势，进行市场价格分析和预警。疫情期间对全市主要农贸市场、超市进行检查，对大米、肉类及蔬菜，口罩、消毒液防疫物资等重要商品价格变动情况进行每日监测，要求经营者不哄抬价格，价格大幅波动必须提前上报。开展民生商品价格公布制度工作。全年，民生重要商品价格信息共公布12期，实施猪肉、禽蛋、水产品等价格监测和预警，共发布信息12期。

【涉价检查考核】 配合进行教育“双减”工作。课外学科类培训收费纳入政府定价范围，推动省、嘉兴相关政策落实。会同市教育局、市场监管局开展春季教育收费专项检查，涵盖各类型主体。做好审定考核工作，配合市建设局做好用水基数调整工作，配合市交通运输局做好交通客运考核补贴工作，与市建设局节水办推进再生水利用定价工作。配合市商务局做好粮食收储考核相关工作，参与现场督查，配合制订稻谷、小麦收购方案。组织开展中秋天价月饼价格管理，牵头做好市场月饼价格管理，强化市场巡查，关注销售单价超过500元月饼，对问题月饼及时下架。

【价格补贴发放】 会同市民政局、人力社保局等做好价格补贴工作。执行价格补贴等相关制度，关注CPI相关数据，及时联系各个部门，确保按月及时足额将补贴发放到达到补贴条件群众手中。根据浙江省低收入居民基本生活费用价格总水平变动情况，部署相关补贴发放工作，7—10月连续4个月按时足额发放全市价格补贴。全市民政条线困难群众基本生活价格补贴资金发放18242人次、113.5万元。全市人社条线失业领金人员补发物价补贴14009人次、81.8万元。军人事务局优抚对象基本生活价格补贴发放9127人次、58.2万元。全市共发放价格补贴253.5万元。

【涉企收费自查清理】 牵头组织开展全市涉企收费自查自纠行动。根据《浙江省涉企违规收费专项整治行动方案》精神，组织全市各部门对交通领域、水电气领域、财经领域、金融领域、行业协会、行政审批中介等进行自查自纠，规范收费行为，落实相关企业减负工作内容，并形成相关报告上报。

【猪肉投放】 牵头做好猪肉市场投放工作。根据上级安排部署，会同市商务局制订方案，在中秋、国庆期间投放政府储备猪肉，第一阶段投放22.9吨，第二阶段投放31.1吨，共计投放54吨。

【成本监审和农产品成本调查】 根据《政府制定价格成本监审办法》《浙江省定价目录》有关规定和省物价局浙价成〔2007〕267号文件精神，按照调整后成本监审目录，结合工作实际，开展对商品和服务价格成本监审。搞好农产品成本调查工作，按照省成本分局对农产品成本调查工作要求，开展对稻谷等作物的成本调查及向上汇报工作，做好粳稻成本直报调查、常规调查及农民种植意向、存售粮、农资购买等专项调查工作。

【涉案物品价格鉴定】 价格认证中心执行国家发改委关于印发《价格认定规定》等15个新的文件精神，规范认定工作行为，依法办案，确保公平公正高效，提高办案法治化水平。为市纪委、公安局、市场监管局、综合执法局、农经局等部门做好涉纪、涉刑、涉行政案件价格认证工作，全年，共办理各类价格认证案件296件，同比减少9件，下降2.95%，涉及价格认定物品2046件，同比增加766件，增长59.84%，认定总值7169.16万元，同比增加162.22万元，增长2.32%。其中，办理涉嫌刑事案件财物价格认定260件，标的金额6694.40万元；涉嫌违纪案件财物价格认定5件，标的金额178万元；行政案件涉案财物价格认定31件，标的金额296.76万元，办结率100%。

（彭凯军）

统　计

【概况】 2022年，全市统计工作贯彻全国、全省和嘉兴市统计工作会议精神，围绕市委、市政府工作中心和“提质提效年”工作部署，按照“凡事认真、勇猛精进、勇争一流”要求，以推动高质量发展为主题，夯实统计基层基础，加强统计法治建设，提高统计数据质量，提升统计服务水平，为平湖高质量发展勇当共同富裕新崛起典范提供统计支撑。市统计局在市委、市政府工作目标绩效考核中连续7年被评为优秀部门，连续20年获嘉兴市统计工作综合考核评比一等奖。

【统计分析服务工作】 发挥统计优势，服务好平湖高质量发展，重点抓统计分析服务质量，为市委、市政府和社会公众提供准确及时的统计信息和优质服务。编印统计资料。编印完成《平湖市2021年国民经济和社会发展统计公报》、《数据平湖2021年（简要本）》、年度主要经济指标卡片、《月度数据》每月上（下）册等资料。强化改版后“数说平湖”微信公众平台建设，加强统计数据解读服务，推送实时统计快讯。提升服务质量。坚持“一月一快报、一季一分析”工作要求，以“需求、价值”为导向，提升统计精准服务质量。编印统计分析报告38篇（其中调研报告8篇，专刊8篇），信息快报51篇。上报市委、市政府两办信息98篇，其中31篇被两办录用或转报上级，创历史新高。做精专题分析和制度研究，开展市十四次党代会以来经济社会分析、党的十八大以来平湖经济社会发展专题分析，并围绕统计制度方法开展研究，撰写科技创新与产业提升双联动统计监测研究。利用专题调查数据开发调查分析，如《平湖市快递服务业调查分析》《新冠疫情对农民工就业及收入影响的调研报告》《平湖市新能源汽车消费的乐与优》等。服务党政领导需求。围绕各级领导关心问题和一个时期中心工作，撰写多篇分析报告供市领导及有关部门参考。在市委主办的创新学堂上，作《十年春秋“数”华章　笃行致远启新航》报告，以统计数据展示党的十八大以来平湖经济社会发展成就。

7月，平湖市统计能力提升年活动启动仪式举行

（市统计局　供稿）

【统计基层基础建设】 持续深化统计能力提升年活动。2022年，突出“大学习、大培训、大练兵、大提升”主题，成功举办“乘风破浪　数海争锋”统计能力提升年活动启动仪式，对钟埭街道、独山港镇两个示范点地区进行授牌，举行统计讲师团成员受聘仪式，12名统计讲师团领取聘书。集中1个月左右时间，到镇街道开展精品统计课堂大巡讲，采取菜单式服务为镇街道提供上门统计培训，有针对性地对镇街道各级干部和统计人员开展统计知识培训。“精品统计课堂”大巡讲已服务全市所有镇街道，通过开展统计组团进镇街道服务月活动，有效提升基层统计业务能力和水平。加强业务培训辅导，开展全市统计业务培训，做到镇街道统计办、村（社区）统计人员及统计调查对象统计业务轮训全覆盖。常规业务培训，突出小班化、专题化等特点，开展各类培训69期、3460人次参加；开展联审辅导35期、423家企业参加。开展统计机构星级评价。重点抓好机构建设、队伍建设、业务建设和统计服务等四个方面工作，开展新一轮镇街道统计机构星级评定工作。2022年，推荐上报4个四星级、五星级镇街道统计办接受嘉兴市局的现场考评，全部合格。

【统计法治工作】 强化统计局政治机关意识。树立“统计无小事，数数连政治”理念，落实党组“第一议题”制度，加强政治理论和统计法律法规学习。提请市政府常务会议学习习近平总书记关于统计工作重要指示批示精神、《国家统计局关于督察浙江省防范和惩治统计造假弄虚作假情况的反馈意见》和《防范和惩治统计造假、弄虚作假重要文件汇编》等有关统计工作重要文件讲话。做好统计督察迎检和整改落实工作。贯彻落实《嘉兴市统计督察工作实施办法》，做好省对地市统计督察迎检准备。省对嘉兴市统计督察意见反馈后，市委办、市政府印发《平湖市落实省统计督察嘉兴市反馈问题整改工作方案》，按照时间节点和要求部署和安排、整改落实统计督察反馈问题。加大统计执法检查、核查力度。年内，完成对55家调查对象统计稽查，行政处罚8家单位，罚款金额4.45万元。联合市市场监管局对5家调查对象开展联合执法。完成对钟埭街道和市科技局统计巡察并反馈巡察意见。

【统计改革创新工作】 2022年，重点在农业统计现代化改革和数字化改革方面做好改革创新工作。开展农业统计现代化改革试点工作。主要是以农业经营主体调查为核心，实现统计方法从单一“村级全面统计”向“规模大户＋散户”转变。通过摸底调查，并开展无人机航拍测绘，抓全规模户，建立完整的农业统计名录库，实现从无到有；通过重新设计农业生产制度，制订科学抽样方法，实现化繁为简；起报点从“村”向“农业经营主体”转变，通过大户直报加散户抽样调查，实现农业基层基础数据分户上报，精准溯源。有序推进统计数字化改革。走访镇街道、企业，围绕企业在统计工作开展中遇到的困难、迫切需要解决的问题做专题调研，寻找数字化改革突破口，并对企业报表重复上报多个部门问题进行深入了解。召开数字化改革座谈会，倾听企业在数字化转型方面的经验做法和意见建议。开展培训，做好“一键”报表推广应用。截至年底，平湖市累计应用“一键报表”企业已达937家。开展调研走访，听取基层需求，精准高效落实，扎实推进基层统计网格智治应用推广工作。建成网格71个，网格覆盖率达100%，1349家企业覆盖率98.3%，建成统计之家15个。

（沈高峰）

审　计

【概况】 2022年，平湖市审计局完成审计项目20个，查出问题金额276963万元，其中违规金额74382万元、管理不规范金额202581万元，提出审计建议75条，出具审计报告、专项审计调查报告和结果报告共34份。移送纪检监察机关处理事项1件，移送处理人员1人；以前年度移送案件被判刑4人、受党纪政务处分33人。2022年，获评“平湖铁军”先进集体，连续第十二年获平湖市工作目标责任制考核优秀部门，连续第十三年获平湖市“落实全面从严治党主体责任考核优秀”。审计条线2022年度优秀审计项目评比，获评嘉兴市优秀审计项目3个、优秀审计报告1个。

【政策跟踪审计】 完成农业高质量发展情况审计、科技创新政策落实情况审计、家宴服务中心建设及运营情况审计和信息化项目建设情况审计。农业高质量发展情况审计报告被省厅引用问题3个，省厅综合报告获省委书记袁家军肯定。配合开展“5+4”稳进提质政策落实情况专项审计调查清单核查工作，共完成核查任务4批次17项内容，包括城镇土地使用税减免、直达资金拨付、专项债券使用、科技创新政策落实、专项转移支付等相关方面。

【财政审计】 完成财政同级审、市级部门预算执行审计、科技局和人社局预算执行审计，及当湖街道、新埭镇财政决算审计。抽调人员到海盐县开展审计署同步组织的2022年度税收审计。在财政审计中，以“核心＋专题”方式设置项目库管理、预算绩效管理、财务报告编制等方面专题审计，提升审计覆盖面和影响力。在部门预算执行审计中加强与财政部门工作协同，出台《财政与审计协同监督实施办法》，联合开展公务支出、水电费支出、劳务派遣定点管理、农业高质量发展等4个专项检查，共发现问题184个、纠正违规资金495万元。

【投资及民生项目审计】 完成美丽乡村精品线预算执行审计、智创园建设情况审计、河道清淤疏浚整治情况审计和镇街道“四位一体”环卫保洁资金使用情况审计。重点关注投资绩效，首次出具《投资项目常见问题风险提示单》，对投资审计中发现的普遍性问题，供各部门参考借鉴，助力降低投资管理风险。

8月5日，市政府召开审计工作报告反映问题交办会

（市审计局　供稿）

【经济责任审计】 完成10个单位10名领导干部经济责任审计（其中1个单位同步开展自然资源资产离任审计）。重点关注领导干部任职期间在其管辖范围内贯彻执行党和国家经济方针政策、决策部署情况，规范权力运行，促进责任落实。1月，召开2022年经济责任审计工作联席会议，通报2021年度经济责任审计工作。8月，两办发文对2021年度领导干部经责审计工作开展情况、审计中发现的典型性、苗头性、普遍性问题进行通报并提出相关工作要求。联合市委组织部、纪委对2个单位的经济责任审计结果进行整改督查。办理领导干部离任交接9次。

【审计质量管理】 坚守审计质量"生命线"，组织开展项目质量互查，4个审计项目获嘉兴市局优秀表彰。出台《关于落实经济责任审计"五审五评"工作要求的实施意见》，立足五个维度客观评价领导干部经济责任履行情况。开展研究型审计，强化"经济体检"成果整体分析和综合运用，及时对典型性、普遍性、苗头性问题进行整理分析，进行跨领域、跨部门、跨层级、跨年度深度提炼，综合报告《扶持村级集体经济政策落实情况综合报告》获市长周军波批示肯定。

【审计成果运用】 审计课题《内审业务协同的路径思考》获结项，《基层深化经济责任审计结果运用的实践与思考》《数字经济产业基金审计探索与实践县级实践——基于研究型审计角度》获立项，《基层审计实施部门预算审计全覆盖的实践与思考》入选中国审计学会"深化预算执行审计"论文集。年内，共提交审计专报9篇、审计建议6篇，获领导批示34篇次；撰写各类信息94篇，其中省厅录用12篇次、嘉兴市局录用10篇次，信息《审计反映基层残疾人康复服务存在三方面问题》获嘉兴市市长、分管副市长批示。

【大数据审计】 2022年度，被列为省审计厅"审计知识智能推荐模块建设"首批试点单位和"审计整改系统"第二批试点单位，年内，建设完成审计整改一体化智能管理系统试点运用，实现与被审单位贯通协同。推进"重大审计问题清单"等模块应用，实现问题管理、结果汇总、对账销号、报告分析等"一网通办"。结合财政同级审、残疾人保障、水务业务等大数据审计项目，实施文本挖掘、数据挖掘等审计大数据技术方法体系迭代更新，大数据审计案例《利用Python检索、提炼"元素"快速锁定水务物资采购案件线索》被推荐上报省厅评比。《采购程序合规性——超合同期限、合同单价以及从非入围单位采购》大数据审计方法获省厅优秀表彰。

【审计整改】 完善审计查出问题整改长效机制，形成《关于进一步加强审计整改工作的报告》，出台《平湖市审计局审计整改方案报送审核制度》《平湖市审计整改约谈办法》等制度。推动与人大专项监督，政府重点督查，整改联席会议联动督办，行业主管部门协同监督等联动监督模式，将审计整改纳入镇街道年度考核。以"七张问题清单"为抓手，推动重大审计问题清单建设，梳理8个问题主动上报纳入嘉兴市级清单，指导督促整改责任单位开展举一反三、建章立制。2022年，挂销号管理的347项问题年度内完成整改319项。

【内部审计】 首次将内审工作纳入镇街道年度考核，在市政府常务会议领学新修订的《浙江省内部审计工作规定》。深化国家审计与内部审计协同机制，与各镇街道内审机构同步实施"四位一体"环卫保洁资金使用情况审计。开展内审片组交流4次。参加嘉兴市内审协会组织评比，3家单位获评先进集体，2人获评先进工作者；3个项目获评优秀，1个项目获表彰；5篇论文和3个案例获评优秀。省内审协会组织评比，3个项目获评优秀，1个项目获评表彰；1篇论文获三等奖。

（沈健）

安全生产与应急管理

【概况】 2022年，全市累计发生生产安全事故15起、死亡6人，同比分别下降28.57%、14.29%，未发生较大及以上事故。自然灾害方面，加强日常准备、加密预报预警、加速灾后恢复，有效抵御汛期和台风“轩岚诺”“梅花”等自然灾害。

【工作职责有效压实】 完善“一贯到底”安全生产责任体系，梳理市、镇两级安委会和各专委会组织架构，明确各村社区安全生产责任人，逐级、逐部门编制安全生产责任清单，健全横向到边、纵向到底安全生产责任网。立足安全生产风险普查成果转化，针对全市八大领域37177个风险点，压实安全生产主体责任和属地、行业监管责任。结合“七张问题清单”，牵头市公安、建设、交通、市场监管、消防救援大队等部门出台工贸、危化、道路运输、建筑施工、特种设备、消防六大领域五十条严管措施，为全市各重点领域安全监管提供助力。

【重点领域攻坚推进】 危险化学品领域：持续开展危化品安全风险集中治理、危化品三年专项整治行动、危化品全生命周期安全整治和非法违法“小化工”等一系列排查整治行动。做好危化园区整治提升、高危细分领域整治、企业人员达标、重大事故隐患清零等工作。提升辖区企业风险管控能力和精细化安全管理水平。工矿商贸领域：聚焦25项整治任务清零、重点行业工业企业防范火灾爆炸事故、三类“园区、企业、设施”安全专项、高温熔融金属作业、海绵生产企业等安全专项整治行动，联合专家开展清单式检查。部署推进第一轮“厂中厂”租赁企业安全专项整治，初步建立基本信息数据库。

【事前执法加大力度】 2022年，全市应急管理系统累计检查企业513家，发现隐患2002个，完成隐患整改1989起。累计办理非事故行政执法案件134起，罚款402万元，同比上升148%、52.3%，其中罚款5万元以上案件36起、罚没款234.38万元，同比上升50%、19.9%。办理2起行刑衔接案件，5名倒卖国家证件嫌疑人移送公安机关采取强制措施。行政拘留13人，停产整改企业7家。

【安全生产优化服务】 印发《关于做好疫情防控期间安全防范工作的通知》，敦促各镇街道、各有关部门履行安全生产属地、行业监管责任。针对性开展疫情防控期间企业安全生产服务指导，指导企业落实复工复产准备措施，开展复工前安全排查和培训教育，做到先安全再生产，实现全市疫情期间安全生产事故零发生。做好工贸、危化领域安全服务，创新重点领域安全生产专家服务模式，强化安全生产第三方机构监管。

【应急管理数字赋能】 完成自然灾害综合风险普查省级试点工作，创新开发“城市防内涝智能应用”，汇集各部门普查成果数据及数据资产，实时掌握全市135个避灾场所、609个物资储备库等减灾资源、1600段路段、1294座桥梁149个重点隐患，实现对雨情、水情、灾情、民情全市域全时段智慧感知、整体掌控，在“轩岚诺”“梅花”台风期间，提前识别并改造23处隐患点。成功举办全国自然灾害风险普查第二次成果应用交流会，平湖市作为唯一一个县级城市代表作经验介绍，试点成果获应急管理部副部长郑国光、应急管理厅副厅长吴晓荣批示肯定。

【防灾减灾能力提升】 推动“‘救’在身边”防灾减灾能力提升改革，加强市级试点建设，新增15家规范化管理的避灾安置场所，健全规范安全避险体系和抢险救援能力。构建以综合性消防救援队伍为主力、专业救援队伍为协同、社会力量为辅助应急救援力量体系，全市共建设镇级及以上防汛抢险队伍42支2438人，各镇街道均建设1支30人以上综合性应急救援队伍，各村社区均建设1支20人以上防汛防台抢险小分队。

【宣传教育力度加强】 通报安全生产违法行为典型案例4批次23例。组织开展“安全生产月”“防灾减灾日”“国际减灾日”等各类宣传活动，围绕安全生产、自然灾害、消防安全、自救互救、应急避险，推进安全宣传“五进”工作。通过《应急聚焦》电视专栏、建设安全宣教阵地、发放宣传资料、知识

12月2日，平湖市“‘救’在身边”防灾减灾能力提升改革现场会与会人员一行实地观摩钟埭社区应急救援点　（市应急管理局　供稿）

竞赛等方式，提高全社会应急安全素质和技能。开展平湖市企业万名员工安全大培训，共培训204场次、32871人次，推动高危和危险性较高行业技能人才队伍建设，开展特种作业人员培训，班组长培训937人次、特种作业培训3527人次。

（裴琳珺）

消防救援大队

【概况】 平湖市消防救援大队下辖当湖消防救援站、特勤二站、三港路消防救援站和钟埭消防救援站，大队共有人员144人，其中消防救援人员117人（干部15人，消防员27人，政府专职消防员75人），消防文职27人。各类执勤消防车22辆，其中灭火类消防车13辆、救援类消防车2辆、举高类消防车5辆、泡沫输转车1辆、宣传车1辆。辖区共有5支政府专职消防队，共12车95人。2022年，大队共接警出动777起，其中火警325起，同比下降7.4%，未发生亡人火灾事故，消防安全形势平稳可控。

【消防铁军锻造】 2022年，团结带领全体指战员坚持以人民至上、生命至上为第一责任，连续9年未发生较大及以上火灾。连续5年获市平安建设和社会治理突出贡献集体。成功处置“8·21”宇嘉汽车零部件有限公司火灾，完成党的二十大、冬奥会、世界互联网大会、全国“农民丰收节”、第五届进口博览会安保等工作任务，市委书记仲旭东、市长周军波等主要领导先后5次对消防工作批示肯定。2022年，大队被省消防救援总队评为先进基层大队，大队所属当湖消防救援站、钟埭消防救援站被评为先进基层消防救援站，当湖消防救援站党支部被评为先进基层党组织，1人被评为优秀团员。在嘉兴市消防救援支队第三届“火焰蓝”执勤岗位练兵比武竞赛中大队获团体第一名。

【执法为民除隐患】 强化党委对火灾形势的研判，结合工作形势及中心任务主要方向目标，通过“双随机、一公开”系统深入辖区各类场所提供专业化、优质化指导服务，以“隐患零容忍”态度，开展火灾隐患排查整治工作，以增强社会单位“四个能力”为目标，深入检查指导。联合市教育、民政、建设、公安等行业部门共同开展“双随机”监督检查单位467家，其中联合市文旅体局、市场监管局、民政局等6个部门检查单位31家，排摸检查自建房2369家，发现隐患1972处，督促整改隐患1972处，查处整改未备案单位8家，组织对12家火灾高风险单位及“不放心”场所的消防安全负责人、管理人进行警示约谈，落实1000余名一般企业、规下企业消防安全负责人和管理人接受消防安全培训。

【宣传教育】 2022年，大队深入开展“敲门入户”活动，组织52个“微型消防车小喇叭”、71个“村村通小喇叭”深入自建房集聚点、工业企业、老旧小区等地开展消防流动式宣传。全年，累计开展消防宣讲培训580余场次，发放宣传资料5万余份，完善健全“1小时警示圈”体系，发送各类消防提示短信20万余条，并联合平湖联通公司，深入村社区出租房张贴宣传海报8000余份。创新微信闯关竞答形式，开展“平湖消防安全常识知晓率答题”活动，整个活动持续20天，参与群众20余万人。联合金平湖19楼等媒体组织开展“‘5·12’防灾减灾日——汽车冒烟起火模拟实验”等主题直播活动。对接平湖市CBD中心、时尚中心，在玻璃外墙开启“119”消防主题灯光秀活动并通过支队抖音账号进行现场直播，加大网络消防宣传力度。

【基础训练】大队坚持聚焦实战，创新熟悉模式，对园区化工企业实施驻厂轮训制度，编辑制作作战辅助图，明晰危化企业的工艺流程，储罐、装置的危险源及相对应的处置措施和注意事项。开展驻厂轮训10家，制作辅助图10份，新增42米高喷车、泡沫输转车各1辆，采购化工专业装备100余件（套）和泡沫20吨。大队挑选精干力量16人组建水域救援突击队，年内，8人参加省市两级水域救援培训，培养专业舟艇驾驶员2人，配备水域救援装备五大类200余件套，成功处置水域救援事故13起。严格落实《多种形式消防队伍规范化建设达标创建指导意见》，规范政府专职消防队“四个秩序”，建强“四支队伍”。2022年，政府专职消防队各类保障经费1400万元，新建新仓政府专职消防队营房，购买器材装备300余件（套）。举办多种形式消防队伍职业技能竞赛2次，常态化开展督导检查8轮次，共发现、解决问题127个，联合演练15次。利用电话抽查微型消防站2285家、实地开展微型消防站拉动607家次，培训624家次，培训3120人次。

（钟盛茂）

招投标交易管理

【概况】2022年，中心交易平台共完成建设工程、政府采购、要素交易等交易项目659个，成交金额258亿元，节约增资18.23亿元，资金节约率6.82%。其中，建设工程项目235个，预算金额96.56亿元，中标金额85.43亿元，节约资金11.13万元，资金节约率11.52%，政府采购项目83项，其中集中采购项26个，预算金额15225万元，中标金额14047万元，节约资金1177万元，资金节约率7.73%。2022年，完成“三统一”分散采购项目53个，成交金额84.5亿元；政府定存项目4个，成交金额51.07亿元；土地交易完成25宗，挂牌价为30.41亿元，成交价34.5亿元，增收资金4.09亿元，增收率13.45%；产权交易完成65批次，交易额4319万元，增收资金145.13万元，增收率为3.48%；用能权、排污权交易、海域使用权共251宗，交易金额3563万元。

【“交易平台标准化”建设】按照嘉建办〔2021〕128号文件要求推行建设工程招标文件范本，推进招标文件的标准化，提高招标文件编制质量，减少招标文件倾向性和人为可操作性，规范评标办法，促进招标公开、公平和公正。出台《平湖市公共资源交易平台服务规范》，规范交易服务内容、推行见证服务标准化、改造服务场所及设施等。推进全流程监督标准化，实施全流程监督管理标准化，评标专家进行标准化管理，招标代理机构采取日常动态管理，每个项目开标评标过程行业主

平湖市公共资源交易中心不见面开标　　（政务数据办　供稿）

管部门到场监督，实现开评标全过程监管。

【“数字化招标”系统上线】 10月，交易中心“数字化招标”系统上线。“数字化招标”实现开标大厅虚拟化，实现从“面对面”到“键对键”转变；实现投标文件线上解密，提高开标效率，降低交易成本；系统开发的“评标慧管控”模块利用比对招标文件实现评分点智能核验，提升评委评审质效，推进评审辅助向智慧化和数字化发展，实现评标智能化管理新模式。

【远程异地多点评标】 推进全省远程异地建设工程多点评标系统“平湖模式”。2022年，中心对评标场地、远程异地评标设备、门禁等完成软硬件安装调试，建设工程和政府采购项目均实现远程异地评标。6月22日，兴平三路（兴禾路至城西路）改造建设工程项目首次实现远程异地多点评标，评标委员会分别由义乌市、丽水市、海宁市、衢州市及平湖市各1名远程异地评标专家组成，形成以平湖为主场、多点为副场分散评标的“1+N”多点远程异地评审模式，评审全过程主副会场专家“云上”沟通、同步评审、在线打分，最终完成整个项目评标流程。5月20日，政府采购南湖实验室综合物业管理服务项目评审工作在嘉兴和平湖两地公共资源交易中心完成，评审专家组由项目所在地嘉兴市公共资源交易中心2名本地评标专家、1名采购人代表及平湖2名远程异地评标专家组成。评审全过程主副会场专家通过政采云平台音视频沟通、同步评审、在线打分、电子签名等方式完成整个项目开评标流程。

【“平小招”建设深化】 2022年，交易中心依托“平小招”交易系统，房建、市政、水利等工程建设项目全流程线上交易，开发公共资源全要素交易系统，根据产业性质划分“建设、租赁、产业、合作、服务”等五大交易类别，推进政府采购项目、国有资产租赁、农村土地流转等资源线上交易系统集成，实现全市公共资源要素一网汇集，有效破解国有资产租赁、土地经营权（使用权）流转等交易方面存在的不足，提升公共资源全要素治理能力。

（钱镇平）

国有资产管理

【概况】 2022年，平湖市国资监管办坚持优化资产管理，加快数字化改革，深化投融资体制改革，推动国有资产管理工作高质量发展，国企改革三年行动收官，全年，国资运行情况良好，国资监管体制更加完善。

【国有资产管理】 开展资产管理规范化专项整治行动，解决问题23个，涉及金额5.53亿元。开展国资低效无效资产专项整治行动，下发《平湖市国资国企低效无效资产处置专项行动实施方案》，全年，处置行政事业单位低效无效资产70项，国有企业95项。开展违规建设楼堂馆所专项整治行动，排摸各类房产数据1239条，整改落实楼堂馆所数据36条。开展国资清查盘点专项检查工作，完成行政事业单位资产清查工作报告178家，国有企业55家。落实疫情期间国有房屋减租工作，印发《平湖市财政局关于促进服务业领域困难行业恢复发展、做好疫情期间国有房屋租金减免工作的通知》，全年，全市国有企业共减免1119户承租户承租金额1407万元；全市行政事业单位共减免149户承租户承租金额333万元。加强市镇国企资产一体化管理，推进国有资产监管向镇属国企延伸，优化平湖市国有企业综合管理信息化平台镇属国企资产管理功能，将镇属国企纳入快报范围，实现网络版国有资产月报、年报市镇两级全覆盖。开展市级行政事业单位房产集中统一管理全面清查分类处置工作，完成权证办理权籍调查界址确认1612条；土地测绘278条；房屋质量安全鉴定411条；消防验收16条；清退无偿占用资产6处；完成房产权证办理166处；移交存量资产186处。提升国有资产依法监管水平，完善国有资产管理情况报告制度，完成市属国有企业专项报告和国有资产综合报告的汇报工作。

【国有企业加强监管】 首次向市人大专题汇报市属国企资产管理

11月9日，全市国企领域数字化改革延伸扩面工作推进会召开
（市财政局　供稿）

情况。开展市属国企工资总额执行情况专项审计和工程款支付专项审计，防范违规发放和拖欠账款行为。修订市属国有企业管理办法和资金存放管理办法，防范资金存放安全风险和廉政风险。规范市国资委议事机制，加强国资国企工作审议监督。完成年度国企招聘，为市属国企招聘员工 54 人。上线 NC 系统二期人员管理和预算管理模块。推进国企领域数字化改革，嘉兴全面深化改革考核列县（市、区）第一。调整市属国企基层党组织隶属关系，在市财政局党委下设城投集团党委、水务集团党委、交投集团党委等 3 个市政府直属国企二级党委。截至年底，纳入国有资产快报范围市镇两级国企资产总量 1447.99 亿元、比年初增长 35.1%，其中市属国企 1297.61 亿元，同比增长 29.1%；所有者权益 466.07 亿元，同比增长 17.5%，市属国企 436.14 亿元，同比增长 15.3%；营业总收入 26.57 亿元，同比增长 50.1%，市属国企 24.73 亿元，同比增长 45.0%。

【投融资改革】 完善金融产品注册与发行。发行 3 期超短融债券，完成 25 亿元私募公司债券备案，启动 15 亿元私募公司债券注册。完成 2023 银行间产品（非金融企业债务融资工具）比选，启动不超 40 亿元过 MTN 和不超过 30 亿元 SCP 产品以接续银行间产品到期额度。做好投融资业务内训。邀请中国银行、农发行、宁波银行推介产品，对各平台投融资负责人与经办人员开展银行信贷产品内部培训，组织参加“惠誉看中国”、第 15 届中国城市建设投融资论坛等高水平线上培训会议。推进评级提升工作。辅导下属经开集团获中诚信国际信用评级公司 AA+ 主体与债项评级，成为平湖第三家 AA+ 主体，平湖成为嘉兴下辖首个拥有三家真正国内 AA+ 主体和 BBB——国际评级主体的县市。推广全辖统一负债台账并开发尽调支持数字化系统，完成第一版软件，压缩注册时间。落实项目建设资金。历史文化展示中心项目、历史文化展示中心陈列布展和南市医疗中心项目完成竣工验收。截至年底，国控（通达、顺达、平兴）累计共投资建设 31 个项目，投资总额 34.31 亿元，已完成财务决算项目 22 个，投资额 8.10 亿元。

（刘欣）

综合行政执法

【概况】 2022 年，平湖市综合行政执法局坚持“城市管理”和“综合执法”双轮驱动，发挥好城管办和综合执法办两个平台效用，推动执法改革再深化、城管品质再提升、队伍建设再优化，各项工作成效明显。

【“大综合一体化”行政执法改革】 挂牌实体运作市综合执法指导办、各镇街道综合行政执法队，形成市综合执法、市场监管、生态环境、交通运输、文化市场、农业农村、应急管理、卫生健康“1+7”市域执法队伍架构，下沉执法人员 387 名，占比 68%，同时成立 8 个镇街联合党（总）支部。构建“综合执法 + 专业执法 + 镇街执法”三张清单，整合 1832 项行政执法事项，其中 118 项赋权至镇街道。122 项执法事项实现“零唤醒”，普通程序案件同比增长 71%，赋权事项占同期案量93%，镇街办案实现“零”突破。综合执法交由镇街行使的行政处罚案件593起。出台26项镇街道专属保障制度，其中市本级11项，镇街专属15项，镇街规范化建设标准入选《浙江省改革配套制度摘编》予以推广。镇街道运作机制形成“七个一”平湖改革路径图，全域打造“一体化智能办案中心”；完成两个省建系统平台开通入驻及权力事项库认领、双主体执法证更换，“城市慧治”入选省数字法治系统“一本账S3”。成立“平湖市—上海金山区”联合行政执法队，办理联合执法案件80余起，改革经验被《浙江政法》刊发，多项工作获《人民日报》、新华社、央视、《浙江日报》等主流媒体报道。

【城市精细化管理】 筹建实体化工作专班，配套工作机制，印发《2022年平湖市城市精细化管理方案》，制定《2022年度镇街道城市精细化管理工作考核办法》，完成2022年市精细化城市管理目标绩效考核任务，获嘉兴市对各县（市、区）城市精细化管理考核优秀。围绕全国文明城市巩固提升，印发实施《打造城市精细化管理示范街方案》，健全城市管理长效机制。东湖街区获评2022年度省“高品质示范街区”，兴钟路创成省级“街容示范街”，打造当湖路（南市路—如意路）、解放路（建国路—孟家桥）2个管理样板街区（路）和少年宫广场、南村书堆2个“席地可坐”城市客厅示范点。

市容环境整治　　（市综合行政执法局　供稿）

【市容管控】 便捷停车民生实事项目与市农商行、市数据资源管理有限公司、市移动公司签订四方战略合作，新增20个ETC停车场，无感支付泊位覆盖面达10920个；开放更多“绿色车位”“共享停车场”，“平易停”微信小程序上线5处“错时共享停车场”预约功能，持续推进“城警联动”工作机制，联合印发的《平湖市临时停车场设置方案（试行）》获嘉兴市肯定。常态治理城市顽疾，规范夜间市容、夜间施工秩序，保障“户外经济”有序运行。主城区共清理流动摊5800余起，规范越门经营近2600起，清理建筑垃圾600起，暂扣物品382起，规范乱占道、乱晾晒、乱挂横幅、乱张贴等“四乱”现象6300余起。开展全市养犬底数再排摸工作，用好“嘉兴犬管”平台，持续开展“犬只办证、免疫、年审”一站式服务活动，共收容犬只1199只，发布犬只认领公告345份，捕捉流浪犬1418只，处罚养犬违法行为165件，办理犬只准养登记508件、年审2223件、注销1006件。推进户外广告审批备案制，系统共录入户外广告（包含大型户外广告和其他户外广告）1184个、招牌9544个，拆除违法户外广告256块、招牌86块。基本完成全市户外广告和招牌底数全面排查，做到信息全入库、违规全清理、隐患全排查和风貌全适配。

【数字化管理】 新增智慧管控街区5条，“一户一档”平台录入经营户4745家。城市管理指挥中心共处理案件23万余件，80%案件实现自动流转结案，数字城管市级平台事件类问题应解决数1.7万余件，处置率达98.40%。迭代升级“城市慧治”应用，小程序功能上架“浙里办”；正式上线渣土非法倾倒一体化执法协作平台，实现城市建筑垃圾核准勘察—审批—监管智慧管理，系统自动预警5100余次。开展政务服务2.0平台审批，共作出各类行政许可决定1045件，其中予以许可决定中建筑垃圾处置核准624项，户外广告15项，建筑物、设施上张挂、张贴宣传品等10项，从事城市生活垃圾经营性清扫、收集、运输、处理服务审批2项，临时占道394项。接受中小型广告备案320件。网上受理率达100%。

【执法办案】开展执法办案“百日竞赛”活动和“零唤醒、促提升、争先进”执法办案比拼赛，案件数质双提升。全年，（不含镇街）共立案查处普通程序案件2524起，作出行政处罚决定2508起，罚没款789.41万元；简易程序行政处罚决定1168起，罚没款56262元；处理机动车人行道违章停车29908起，罚没款321.34万元。综合执法普通程序办案在平湖区域普通程序办案总数占比突破40%，队员人均办案量33.5件，同比上升117.5%。建立61个“监管一件事”场景，开展“综合查一次”执法检查2411户次，掌上执法率100%，涉企检查同比减少52%。对烟花爆竹、生活垃圾、建筑垃圾、秸秆禁烧、迎亚运城市环境整治、人行道非法停放非机动车及城市道路电动车“飞线”充电行为等领域开展专项执法检查，在发展改革、体育、林业、消防等多个新划转处罚事项所属领域实现案件“零”的突破。

【规范执法】落实行政执法公示制度、执法全过程记录制度和重大行政执法决定法制审核制度。组织召开国土案件审理会议6次，组织召开案件审理委员会会议10次，对建筑垃圾、违法建设、建筑施工、燃气保护等31起案件进行专项审理。践行行政负责人出庭应诉制度，依法参与行政复议、行政诉讼案件。被行政复议2起，被行政诉讼4起，已作出复议决定2起、诉讼裁决2起，处罚决定得到维持，无一确认违法；申请法院强制执行12起，申请市政府强制拆除1起，均准予强制执行。探索“首违不罚”统一标准，对首次轻微违法行为作出不予处罚决定173起。持续做好企业信用修复工作，企业信用修复率达100%。

【环卫保洁】实行“一路一册”精细化环卫保洁，严格执行“三冲两扫两洗”高标准作业，“日扫夜洗”“人休机器不停”作业模式成效显著。城区投入作业车辆576辆，道路保洁机械化率达85.2%。各类项目工程改造有序完成。生态能源项目运行稳定，全年，共处理垃圾35.8万余吨，日均981.55吨，其中处理餐饮垃圾3万余吨，厨余垃圾2.5万吨；新增一条易腐垃圾百吨/日处理能力生产线；第三方运营监管定期组织联合检查12次，发现并整改各类问题342件。资源综合利用项目一期、二期工程改造顺利进行。补齐市政设施短板，完成5座公共卫生间服务提升，完成1座中转站改扩建，完成广陈、林埭2座中转站数字化改造，新增10座“温暖嘉”驿站建设。

【垃圾分类】加强处置餐厨垃圾、有害垃圾、大件垃圾、建筑垃圾的统一收运和规范处置。加强建筑垃圾治理，完成市级渣土、泥浆消纳场建设，建设2个源头减量示范项目、5个“无废工地”示范点，评定装修垃圾示范小区36个、示范村4个。全年，产生建筑垃圾227.73万吨，同比减少23.87%；平湖市建筑垃圾综合资源化利用194.38万吨，利用率达85.36%。持续做好“撤点建站”，建成“市—街道—社区”三级监管体系，垃圾分类信息监管系统实现8个镇街道全接入，覆盖42个社区、310个小区、620个投放站，对接情况位列2022年度嘉兴第一。装修垃圾资源回收利用率达91.73%。规范有害垃圾收集处置，共计入库有害垃圾近6万吨，大件垃圾统一收运至资源综合利用项目处置。

【铁军打造】从严治党带动从严治队，在政治上、能力上、作风上纯洁队伍，打造忠诚干净担当铁军形象。常态化开展机关作风“体检”，不定期开展督察，深入自查自纠，落实谈心谈话制度、“包保”责任制工作等，共签订承诺书187份；按照党管干部、公开公平、基本稳定、综合评价四项原则，完成中层干部竞岗和执法队员交流轮岗；完成2022年局党组织、工青妇换届选举工作。推进执法中队规范化创建，9个执法中队均已成功创建文明规范公正基层分队，实现创建任务"满堂红"。强化执法业务培训，选树各条线先进典型，杨可心、马亮获评嘉兴市"最美综合行政执法人"。

【人大政协提案回应】 承办市十六届人大一次会议代表建议15件，其中主办件7件，协办件8件；市政协十四届一次会议提案8件，其中主办件2件，协办件6件。主办件内容主要涉及停车管理、垃圾分类、餐饮油烟等方面。成立由局长任组长的局建议提案办理工作领导小组，落实代表、提案人集中关注有关工作，用好"平湖数字人大"等数字化平台，及时接收领办建议提案，定期更新沟通联络情况和办理进度，按时上传办理结果，"一屏"展示办理过程和成效。参与市人大常委会、有关代表小组对"大综合一体化"行政执法改革、《浙江省综合行政执法条例》贯彻实施情况、便捷停车民生实事项目推进等方面视察调研活动，按照市人大常委会和人大代表的意见改进工作。

【信息公开】 主动公开政府信息1025条，其中公示公告582条，工作信息440条；公开重点领域信息1项。市综合执法局微信公众号（平湖城管）共发布信息482条，阅读量达201961人次，"粉丝"51058人。公开政策文件1条。发挥"来信、来访、网络、电话""四位一体"信访举报受理平台作用，接待受理各类信访件704件，同比下降125件，信访件办结率100%。收到依申请公开信件1件，并对所有依申请公开件予以答复，未发生因政府信息公开引起行政复议和行政诉讼情况。

（范依蔚）

能源管理

【概况】 2022年，全市（不含嘉兴港区和嘉兴电厂）综合能耗242万吨标煤，上升12.8%。其中，全社会用电量68.4亿千瓦时、增长11.5%，工业用电量53.4亿千瓦时、增长10.9%。规上工业企业综合能耗175.2万吨标准煤、增长8.0%，其中电力消费47.1亿千瓦时、增长3.8%。单位GDP能耗上升8.0%，其中规上企业万元工业增加值能耗上升2.4%。

【能源"双控"】 合理分解全市能源"双控"任务，印发《关于下达2022年能耗双控目标任务的通知》，明确全市年度能源"双控"目标，分解各项节能降耗任务指标。强化预算化用能管理，印发《关于公布我市年综合能耗1000—5000吨标准煤企业2022年度用能预算核定结果的通知》、转发《关于公布年综合能耗5000吨标准煤以上重点企业2022年度用能预算核定结果的通知》，对33家5000吨以上重点用能单位及131家1000—5000吨用能企业核定年度用能预算，落实重点用能企业用能情况月度通报制度，制定出台《平湖市重点用能企业用能预算管理办法（试行）》。重点推动能源工作落实，市委领导多次组织能源"双控"工作部署会和推进会，9月，制订实施《2022年全市能源"双控"攻坚行动方案》；10月，召开全市能源"双控""攻坚"行动推进会议。

【能源管理】 加强全社会用电分产业、分镇街道运行分析，监测重点用能单位预算化用能进度情况并实行月度通报。严把能评项目审批，落实专家评审制度，2022年，平湖完成审批1000吨以上节能评估项目29个，除1个危废处置项目和2个能耗平衡项目，另外26个工业项目单位增加值均能耗在0.52吨标准煤/万元以下，低于全市规上工业单耗水平。

【节能监察】 开展节能执法监督检查，对6家重点用能企业和3家公共机构单位进行节能监察，对企业用能、设备、单耗、限额等情况进行检查，对3家公共机构、4家重点用能企业存在使用落后电机或变压器问题下达责令整改通知书。组织全市33家重点用能单位上报2021年度能源利用状况报告并依法落实能源审计。邀请嘉兴节能专家对全市工业企业进行节能诊断，形成10

份节能诊断报告并分别反馈至企业，推动企业开展节能技术改造。开展高能耗行业整治提升行动，完成 29 家企业节能技改或用能淘汰，合计腾出用能空间 6.6 万吨标煤。

【新能源应用】 推进整县分布式光伏建设，2022 年，新增光伏装机容量 7.49 万千瓦，现有光伏装机容量 49.5 万千瓦，全年光伏发电 5.2 亿千瓦时，占全社会用电量 7.5%。风电累计装机容量为 63.4 万千瓦，全年，年风力发电量 15.7 亿千瓦时，同比增长 297.5%。全市可再生能源占全社会用电比达 30.5%，同比提升 17.9 个百分点。

【能源保障】 会同平湖供电、滨海供电分别印发《关于修订 2022 年全市需求响应与有序用电方案的通知》《关于修订 2022 年有序用电方案的通知》，全年，未发生大面积停限电事故。开展高后果区“一区一案”工作，做好天然气管道第三方施工工程审查，多次召开油气管线工程协调会推动浙沪天然气联络线二期工程等重点工程建设进度，加强规范化管理和分级管控，抽查管道方风险管控落实情况，确保域内油气管道安全运行。

（盛鸿志）

【节能项目建设】 组织编制两批年度重点绿色制造项目 23 个，提高“项目是本”的认识，指导督促推进绿色制造项目，推广应用节能新技术新设备，推进企业节能改造、产品和工艺提升，推进落后电机变压器淘汰更新。组织实施省补资金浙江景兴纸业股份有限公司年产 12 万吨天然抗菌高品质生活用纸项目建设。全年，开工项目 20 个、竣工项目 16 个，节能量 2.6 万吨标准煤。

（胡永华）

教　育

综　述

【概况】 2022年，平湖教育工作坚持以习近平新时代中国特色社会主义思想为指导，坚持立德树人根本任务，深化教育领域综合改革，以建设面向共同富裕的教育改革发展试点县市为统领，以“全国义务教育优质均衡发展市”和“国家学前教育普及普惠市”两项争创为抓手，重点推进省教育厅规范民办义务教育试点县市、幼小衔接试点县市、劳动教育试点县市3项试点工作，提升教育治理数字化水平，激发创新活力，加快推进教育现代化，打响“优学平湖”品牌。在省政府教育督导委员会开展的县市区教育现代化水平监测中，平湖得分持续上升，2022年继续进入全省达成度超80%的A档标准县市区第一方阵。职业教育连续第六年全省考核优秀，为嘉兴县市唯一。年底，通过创建“全国义务教育优质均衡发展市”“国家学前教育普及普惠市”省级督导评估，成为嘉兴市唯一“两项创建”均通过省级评估的县（市、区）。平湖教育共富改革试点、数字化改革、劳动教育、心理健康教育、山海协作等工作在中国教育新闻网、《中国教育报》、《德育报》、《浙江教育报》、浙江新闻、教育之江、学习强国、浙江教育在线等主流媒体报道。

【教育共富改革深入推进】 2022年，作为全省唯一面向共同富裕教育改革试点县市，构建“学校后”终身教育体系。对22.26万人开展学历和技能提升需求调研，根据需求和供给清单，创新开发“增财实学”学历＋技能双提升应用，在浙里办上架。推动出台《平湖市“学历＋技能”双提升若干政策实施意见》，完善面向新居民家庭、企业、社会人员等群体政策激励措施。全市学历和技能提升人数大幅增长，在全省县市均处于领先水平。相关工作获省委、嘉兴市委领导肯定，《浙江教育报》等省市主流媒体作专题报道。

【“双减”政策落实】 2022年，继续开展以棒球、足球、击剑、赛艇、台克球、小主持人六大体艺项目为主要内容的学校课后服务，投入637.85万元，共计40个点位，涉及22个小学校区，11个初中校区，惠及全市4.9万名中小学生。与相关部门联合印发《平湖市非学科类校外培训机构参与学校课后服务遴选办法（试行）》，着力丰富课后服务课程。2230名学生享受到暑期托管服务，参与学校增加至20所，同比翻一番。义务教育阶段起始年级1.15万名中小学新生，全部实施“均衡编班”。平湖成为省义务教育阶段作业改革实验区，通过问卷星分布的4.3万份有效调查问卷显示，义务教育学生作业负担减轻。

基础教育

【概况】2022年，全市有幼儿园41所。共有598个班（含托班），在园幼儿17270人，幼儿园三年入园率为98.37%。

全市有小学20所（包括九年一贯制小学部）。在校学生36773人。全市小学入学率为100%，巩固率为100%。继续实行6周岁入学。

全市有初中14所（其中九年一贯制学校4所、另加1个完全中学初中部），在校学生14910人。初中入学率100%，巩固率100%。小学升初中比例100%。

全市有普通高级中学7所（其中完全中学1所），178个班，在校学生7060人。

初中升高中段比例99.54%。2022年，全市共有1948人报名参加普通高考，1913人被普通高校录取，录取率为98.20%。

全市有全日制中等职业教育学校4所，其中中职班1个。在校学生总数7986人，其中中职类5189人，技工类2797人。

全市有特殊教育学校1所，特殊教育在校学生84人。义务教育阶段小学随班就读学生50人，初中随班就读学生20人。7—15周岁三类残疾儿童少年完成义务教育年巩固率100%。

【学前教育】5月，平湖幼小衔接视频案例在省级平台展播，6月，承办嘉兴市“多元互动　双向互通——遇见幸福的童年”幼小衔接展示活动。出台《平湖市幼儿园教共体建设实施方案》，普惠性幼儿园在园覆盖率达97.69%，位列嘉兴市第一。全年新增省一级幼儿园1家，省二级幼儿园6家，优质园覆盖率达87.10%。

【义务教育】2022年，深入推进“双减”工作，贯彻“五项”管理。通过举办“校长论坛、教学研究专题会议、德育工作调研”活动，组织开展“双减”政策学习宣传。通过“四不两直”、调查问卷等方式对全市义务教育学校“双减”工作进行专项检查。借助嘉兴市作业申报监测平台，每天对全市义务教育阶段学校书面作业内容、时长进行监测，全市每日申报率和达标率均位列嘉兴大市前列。鼓励学校以“控总量、提质量、强能力”为目标，实施自编作业。课后服务继续确保4个100%，即课后服务全市中小学100%覆盖、课后服务“5+2”100%到位、课后服务特需托管晚于当地机关事业单位下班时间100%到位、初中晚自修开出率100%。有序推进初中学生综合素质评价改革工作，完善学生综合素质评价制度，促进学生多种素质能力均衡发展。推进小学生综合评价改革试点工作。推进初中强校工程，提升城乡初中教育共同体项目绩效，加大新优质学校培育力度。

【普通高中】建立健全“分类办学、专业发展”机制，促进普高学校多样发展、特色发展、规范发展。鼓励高中学校创新课程管理模式，探索与其他学校、单位合作模式，深化平湖中学与上海华师大二附中合作办学机制，加强平湖中学与杭州学军中学办学合作，助力“县中崛起”。强化高考选科和备考研究，深化考试管理。规范普通高中招生秩序，严格实行“属地招生、公民同招”。完善基于初中学业水平考试成绩、结合综合素质评价的高中阶段学校招生录取模式，依据不同科目特点，完善考试方式和成绩呈现方式。2022年，规范落实优质普通高中招生指标分配到区域内初中的比例不低于60%。

【德育工作】3月21日，《德育报》报道城关中学《将“作业”回归到“生活”，将“个人”融合到“网格”》德育实践作业经验；2022年第11期《班主任之友》刊登城关中学李洁老师《成长中的委屈？委屈中的成长！——心理视角下的初中班会课》一文；6月15日，《中国教育报》报道乍浦小学《崇孝尚礼承传统　自强自立育新人》；乍浦小学《基于国家德育课程的孝敬主题德育活动》入选2022年省中小学“基于道德与法治课程的学校德育活动”典型案例；9月1日，“中国辅导员”“读嘉”

报道新仓小学“开学第一课”；12月2日，“平安浙江”报道新仓小学职业体验之小交警活动。持续完成与中国教育报刊社的家庭教育工作合作项目，推进家庭教育示范区建设。承办嘉兴市“幼小衔接　双向奔赴”家庭教育大讲堂直播活动，嘉兴市五县三区幼儿园、小学低段家长参与现场与线上活动。举办第二期“家庭教育高级研修班”，遴选30名教师作为种子选手参加培训，为全市家庭教育培养一批优秀指导师。2022年，实现义务教育阶段数字家长学校全覆盖，5名教师获嘉兴市家庭教育指导师证书，18项家庭教育微视频、8个家庭教育案例分别在嘉兴市获奖，1名教师成为嘉兴市家庭教育工作室主持人。

【劳动教育】6月，4所学校获嘉兴市小学劳动教育实验学校；7月，开展市中小学“校内优秀劳动教育实践基地”评选活动；10月，浙江新闻客户端报道东湖中学西瓜灯雕刻劳动育人成果；11月，在省劳动教育实践基地平湖市百玫园举行平湖市第一届中小学生劳动技能大赛；11月，组织开展平湖中小学劳动实践基地（第二批）暨学农基地评比；12月，开展劳动教育优秀学校评比活动；继续组织全市五年级、七年级全体学生，分批到澳多奇实践基地开展为期两天的实践活动。12月，浙江“非遗”微信号报道东湖中学《瓜灯艺术之百年剔》获“海宁杯”省传统工艺短视频大赛优秀奖。12月，印发《平湖市中小学“劳动周”主题实践活动实施方案》和《平湖市中小学劳动教育清单实施方案》。

【科技教育】举办市青少年科技创新大赛，组织参加省创新大赛；青少年科技教育协会参加市科协凝智聚力项目获优秀项目奖。参加省科技创新作文大赛，市教育局获优秀组织奖。组织博士科普团到6所学校开展科普宣传。组织123名学生参加上海市金钥匙科技竞赛，10名选手获三等奖，1位老师获优秀指导奖，5位老师获上海市科普宣传先进个人奖。组织4名高中学生参加嘉兴市科协举办的“英才计划”。组织举办市青少年科技创新大赛，参加嘉兴市和省青少年科技创新大赛。

【体育教育】实行大课间体育活动制度，确保“每天锻炼一小时”，组织开展室内大课间活动评比，推荐优秀课例参加嘉兴市比赛，获一等奖1个，二等奖2个。每校每年召开达标和秋季田径运动会，举办第十一届青少年学生阳光体育运动会，开展田径、篮球、排球等八大赛事。加大体育项目引入，投入600多万元，引入棒球、足球、击剑、赛艇等运动项目，布点19个校区，普惠学生1.4万多名。林埭小学棒球项目，2022年获国家级、省级冠军奖杯7座。落实学生体质健康情况公示制度，2022年中小学体质合格率高于98%，优良率超过60%。落实视力防控十六条，2022年近视率下降1.43百分点。嘉兴“市长杯”足球比赛中，小学组获一等奖1个，二等奖7个。全国足球特色学校、特色幼儿园15所，省级足球特色学校、特色幼儿园9所。全市39个校区体育设施免费对外开放，为市民健身提供良好环境。

【艺术教育】分别与陆维钊书画院、文联、市博物馆联合举办2022“微昭杯”平湖市中小学生书画比赛、“叔同美学”平湖市中小学生书籍封面设计大赛和中小学生美育大赛，举办优秀作品展。组织开展省中小学生艺术节平湖赛区有关项目评选和选拔工作，383件作品分获美术类作品一、二、三等奖，有24件作品获省一、二、三等奖，稚川学堂获省优秀组织奖。11月，组织开展市中小学校园文化艺术节文艺展演活动。落实《中小学生艺术素质测评办法》，开展中小学生艺术素质测评工作和2022年度学校艺术教育自评工作。

【特殊教育】以两头延伸为重点，认真做好适龄残疾少年儿童入学评估和教育安置，通过普通学校随班就读，特殊教育学校及卫星班（乍浦为特教班）就读、送教上门和残疾儿童康复机构康复等安置方式，本市户籍在册持证残疾儿童学前三年入学率和义务教育段入学率均达100%。推进残疾人高中教育，残疾学生高中入学率达91.11%。开展市融合教育示范学校评比活动，评出一批融合教育示范学校和融合教育培育学校，林埭小学入围嘉兴市融合教育示范学校创建学校。组织参加嘉兴市资源教师基本功比赛，三位教师获嘉兴市一等奖并代表嘉兴参加省赛。由嘉兴特殊教育指导中心、平湖特殊教育指导中心和新仓小学合作的融合教育教学优秀案例被省厅推荐参加教育部融合教育教学优秀案例遴选。

中等职业教育

【概况】 2022年，全市共有中等职业学校3所，其中地方教育部门办2所，民办1所，在校学生总数7986人，专任教师552人，其中专业课教师301人。中职学校招生2457人，毕业2128人。

【校企合作项目】 2022年，深化“工学结合 校企合作”人才培养模式改革，立项“物联网技术应用（专业开发补助）”等27个项目，全年奖补资金189.65万元。

【新专业设立】 2022年，根据职业学校专业对接产业需求，统筹调整专业设置与招生规模，职业中专新增专业1个（精细化工技术），技师学院新增专业2个（虚拟现实技术应用、工业互联网与大数据应用）。

【产教融合工程】 职业学校在立足自身优势、专业特色、对接产业基础上获评嘉兴市产教融合“五个一批”项目8个，平湖市数字信息产教融合示范基地、嘉兴交通职业教育集团、数字化制造产业学院、合盛硅业股份有限公司、市农产品展销配送有限公司、双向赋能、融合共生——校企携手共建长城汽车产业学院实践基地、校企合作的“融合式”课程体系改革、基于产教融合的匠心育人项目。3个案例成果入选2022年教育部组织的产教融合校企合作典型案例，分别为职业中专《校企融合·多层递进：中职学生现代职业素养的培育》和《共融共建，构建“一体四面”的“三元育人”模式》，技师学院《指向职业素养的中职“层进式”育人范式创新——现代学徒制培育典型案例》。3个案例入选2022年全省职业教育改革典型案例，分别为职业中专《跨域叠融——“双高”背景下中职教师教学创新团队建设的实践与探索》和《打造现代职业教育“3541”三全育人新模式》，交通学校中职旅游专业《乡村振兴“四度导向”人才培养模式探索》。职业中专《“院校企”深度融合，构建“三元育人”教育共同体范式》获评2021年省职业教育改革优秀典型案例。省学徒制典型案例3个，分别为职业中专《协同融合，构建“三段五共”的一体化学徒育人模式》，技师学院《“双元六共”：探索培育长三角一体化高技能人才新样态》，交通学校《中职汽修专业产教融合促进现代学徒制发展的实践研究》。技师学院获评国家技能人才培育工作突出贡献单位。

【职业学校高考】 在2022年单考单招中，全市三所职业学校869名学生参加省普通高职（单考单招）招生考试，上线837名，上线率96.32%。职业中专有84名同学上本科线，本科率同比增加11.4%，是全省平均的2.72倍，其中1位学生位列商业大类第二，4位学生进入省各专业大类前10名，39名学生进入全省各专业前100名。新疆班学生，27人参加省单独招生考试，1人获省第一名，并包揽前3名，5名学生进入省前10名；53人参加新疆维吾尔自治区单独招生考试，2名学生进入新疆地区前20名，9名学生进入前100名。

【学生职业技能竞赛】 国家级一等奖4项、二等奖4项、三等奖1项，省一等奖5项、二等奖14项、三等奖13项，嘉兴一等奖46项、二等奖65项。嘉兴市中职学校第十七届技能节一等奖21项、二等奖37项、三等奖39项。

【教师教学技能竞赛】 国家一等奖1项，省一等奖1项、二等奖3项、三等奖5项，嘉兴一等奖120项、二等奖179项。

【职业学校专利】 职业中专实用新型专利4个，软件著作权3个；技师学院国家发明专利1项、计算机软件著作权登记证书2个；交通学校专利1项。

【平湖市、嘉兴市首席技师、技能大师工作室评选】 职业中专姜晶、技师学院崔凯冬为第九批平湖首席技师；职业中专沈张迪（化工）工作室被列入第九批平湖技能大师工作室。技师学院崔凯冬技能大师工作室被列入2022年嘉兴市技能大师工作室建设项目名单；职业中专沈张迪、技师学院程磊焱、交通学校周春辉为第五批嘉兴市首席技师。

成人教育和社区教育

【概况】 2022年，开放大学平湖学院招收各层次各类型学历教育学生1524名，其中开放教育本专科1438人、浙江开放大学单考单招专科16人、网络教育本专科共64人、其他网院6人。毕业学员1271人，其中开放教育本专科918人、网络教育本专科345人、其他网院8人。在籍学生4627人，其中开放教育本专科3840人、浙江开放大学单考单招专科16人、奥鹏网络教育学生738人、其他网院33人。开放大学（含社区学院）共有教职工26人，其中专任教师24名。2022年，学院获国家、省、市、县各项集体荣誉10项：教育部职业教育与成人教育司第三批“智慧助老”优质工作案例（《平湖市智慧助老“百千万”专项行动》）、社区教育“能者为师”特色课程首批推介名单、国家级优秀课程资源（《老年“智生活”助手》）、2021—2022年度全省开放大学办学业绩突出单位、浙江开放大学2021年度市县电大业务工作考核A等、浙江开放大学2021年度招生工作先进单位、2021年度嘉兴电大系统办学综合先进县（市）学院、市先进学校、嘉兴市2021年度社区教育工作者专业化建设先进单位、嘉兴市十大“终身学习品牌项目”（《平湖市老年人智能技术日常应用普及“百千万”专项行动》）、市十大“终身学习品牌项目”（《平湖市老年人智能技术日常应用普及“百千万”专项行动》）。全市有镇街道成人文化技术学校9所，专职教师39人，全部达省级标准化成人文化技术学校标准，独山港成校和钟埭成校创建为省现代化学校。全市建立社区教育中心9个，设立社区教育工作站133家。

社区学院被遴选为2022年度省服务终身学习相关项目（社区教育示范基地）。新仓镇成人文化技术学校被评为省现代化学校（社区学校）。钟埭街道成人文化技术学校《项目统领、全域推进，提高家庭教育实效》被省社区教育指导中心评为社区（村）家庭教育优秀工作案例。张天鑫被评为2022年浙江省“百姓学习之星”。《小小志愿者》（作者：沈怡廷）获第三届全省社区居民漫画大赛一等奖；浙江老年开放大学平湖学院《江山就是人民》（作者：钟志鸿）获全省老年教育书画教学成果展三等奖。社区学院《平湖市老年人智能技术日常应用普及“百千万”专项行动》、钟埭街道新群社区《新群悦心读书会》被评为嘉兴市十大“终身学习品牌项目”；张天鑫（新仓镇杉青港村）、朱家麟（当湖街道水洞埭社区）被评为嘉兴市十大“百姓学习之星”；

11月19日，平湖市举办全民终身学习活动周开幕式
（市教育局 供稿）

钟埭街道西林寺社区、新仓镇安桥社区被评为嘉兴市十大“学习型社区”；平湖城市展示馆、新仓1955城市客厅被评为嘉兴市十大“市民终身学习体验基地”；当湖街道沈中卫家庭、新仓镇张中林家庭被评为嘉兴市十大“学习型家庭”。

【全民终身学习活动周】2022年，市全民终身学习周活动以“深化全民学习　助力‘两个先行’”为主题。11月19日，活动周总开幕式在新仓镇举行，主要内容包括宣传和展示全市成人继续教育发展所取得的成果、表彰先进及文艺表演等活动。活动周期间，社区教育成员单位、各镇（街道）社区教育中心、工作站、企事业单位围绕主题精心策划、组织、开展系列学习活动。

【老年教育工作】全市老年开放教育多层次、多类型开展教学，依托全市社区教育三级网络，通过线上线下相结合，依托构建的“1+9+3”老年开放教育服务体系（平湖学院本部教学点，镇街道教学点，退教协会教学点、平湖绿康教学点、平湖市供电公司教学点），以“按需办班”为原则，实体办学，多样化、分层次开展老年教育。市老年开放大学与职业中专新疆部开展合作与共建，共同举办迎新联谊活动、联合研学活动、讲座等，结对项目为老年人关爱下一代，年轻人尊老、敬老，服务社会提供更多平台。

【老年人智能技术日常应用普及工作】市社区教育工作领导小组办公室、市教育局发布《关于全市老年人智能技术日常应用普及实施“百千万”专项行动的通知》，开展“百千万”（以百名教师、千名志愿者服务万名老年人）专项行动。专项活动由全市社区教育网络组织体系、职业类学校、企事业单位共同参与。主要依托项目策划设计、网络组织、课程建设与推广、专业化师资等多元力量与途径，帮助平湖老年人提升智能手机应用水平与能力，更好融入智慧社会。

【社区家庭教育工作】市教育局与市妇联联合发文《关于设立平湖市社区家庭教育指导服务中心和社区家庭教育指导站的通知》，在社区学院设立“社区家庭教育指导服务中心”，在9个镇街道社区教育中心设立“社区家庭教育指导站”，推动社区家庭教育向全市镇街道延伸。11月19日，在平湖全民终身学习活动周开幕式上，为全市社区家庭教育服务体系授牌。

【学分银行工作】2022年，完成学分银行平湖分中心成果存入工作，全年度学分银行平台存入培训信息307277条，非学历教育成果303203条，职业培训成果1879条，学历教育成果2195条。9月22日，长三角地区开放教育学分银行2022年度工作会议在平召开，平湖介绍全市学分银行建设与应用情况。

民办教育

【审批工作】完成民办学校终止事项1件（育新小学）、名称变更事项2件（枫叶幼儿园、枫叶学校），办学层次、类别变更事项1件（稚川实验中学），终止事项1件（叔同实验小学），办学许可证注销17件（学科类培训机构），举办者变更事项1件（钟溪实验学校），学科类培训机构变更、转型事项2件。对枫叶学校和卡迪夫高中校长变更事项备案。配合市科技局、文旅体局，开展非学科类校外培训机构准入审核，审批科技类培训机构5家，文化艺术类机构5家，体育类机构2家。累计办理教师资格定期注册事项2729件（幼儿园269人，小学1392人，初中1068人）；教师资格认定事项603件（其中，初级中学教师资格认定45件，小学教师资格认定287件，幼儿园教师资格认定271件）；教师资格证书补发换发事项43件；义务教育学历证明书办理40件；优化行政服务中心窗口服务和接待，累计接待各类事项现场、电话咨询446人次，网上学历证明、教师任教三十年教龄等办件处理、咨询603件；接听、接待家长投诉学校、老师3起，接待关于学生中考、退休教师、培训机构等问题咨询37人次；教师资格证办理咨询20人次。

【监管工作】开展寒暑假专项整治工作。寒假期间，组织开展规范经营突击检查，检查各类培训机构6家；组织开展校外培训机构落实“双减”政策巡查60人次，巡查培训机构140家次，查处学科类培训2家，无证无照学科类培训机构1家。暑期，检查“托管班”“幼小衔接”“小升初”“初升高”等违规开展学科培训事项，“高考志愿填报”等名义进行虚假宣传、夸大宣传、高额收费，累计出动29人次，巡查各类培训机构59家次。规范办学行为。根据《浙江省教育厅办公室关于开展义务教育阶段学科类校外培训治理“回头看”工作的通知》，开展培训机构落实“双减”政策专项治理，累计出动485人次，检查各类培训机构1119家次，累计整改消防安全、疫情防控等问题隐患38个。开展广告和招牌设施专项整治。根据嘉兴市“双减”工作专班《关于开展校外培训机构广告和招牌设施专项整治工作的通知》，先后出动检查人员103人次，检查培训机构82家次，拆除违规户外广告8处，招牌14处。开展校外培训材料和从业人员专项排查。根据《浙江省“双减”工作专班转发教育部关于组织开展校外培训材料和从业人员专项排查的通知》，市“双减”工作专班科技、文旅体等行业主管部门对文化艺术、体育和科技类校外培训机构培训材料开展专项排查，公安部门对从业人员名单进行违法犯罪情况核查，共检查校外培训机构115家，审核培训材料293册，核查从业人员389人。强化疫情防控举措。检查机构测温登记、戴口罩、扫嘉行码、查两码、“1米线”设置、员工健康档案等相关防控措施落实情况。强化信访处置。教育部门共受理涉及隐形变异学科类培训等市长电话或信访举报件42件。教育、市场监管两部门联合对新埭镇一家非学科类机构未经授权擅自发布招生广告行为予以行政处罚。

【“最多跑一次”改革】 做好平台信息维护、权力事项库办事指南信息完善、培训机构信息审核21条次；行政许可市级清单认领5项。平湖一窗平台年度累计异常办结量125件。“最多跑一次”事项办件量全年累计116380件。秋季招生服务实行“入学入园一件事”，家长网上和掌上报名办理。累计完成义务教育阶段小学入学报名11823件，幼儿园入学报名4965件。

（钟叶红）

嘉兴学院平湖校区

【概况】 2022年，嘉兴学院（平湖校区）平湖师范学院坚持以习近平新时代中国特色社会主义思想为指导，落实立德树人根本任务，把党的政治建设摆在首位，坚持党建工作与推动校区、学院发展同谋划、同部署、同推进，团结带领师生员工，围绕学校“1358”战略部署，聚焦“升师申硕”主题主线，抢抓机遇、勇开新局，奋力谱写百年师范高质量发展新篇章。截至2022年底，平湖师范学院教职工118人，其中正高6人，副高24人，博士24人，省学科带头人1人，校“勤慎学者”1人、“百青人才”4人；设有小学教育、学前教育、体育教育3个本科专业，学前教育（3+2）、服装与服饰设计、会计、商务英语、应用日语5个专科专业，在校生2043人。

【基层党建工作】 加强政治建设，提升工作水平。坚持把党的政治建设摆在首位，着力提升政治判断力、政治领悟力、政治执行力，将“两个确立”“两个维护”落实到立德树人、教学科研、社会服务等工作中去，推进党的创新理论“三进”，深入学习宣传贯彻党的二十大精神。校党委书记卢新波为学院师生作党的二十大精神宣讲，凝心聚力抓党建，抓好党建促发展，推进基层党建全面建强、整体跃升。强化师生师德教育，突出师德考核、养成、规范、建设，以理论滋养初心、引领使命，“立德铸魂、传承育人”，营造有师范特色的思想政治工作体系。加强组织建设，提升工作战斗力。强化基层党组织建设，发挥各党支部战斗堡垒作用，选优配强支部班子，争创“一支部一品牌”，艺术教研部教工党支部获评教育部第二批全国高校党建工作样板支部，1个支部获评新一轮校级党建特色品牌。开展学院“两优一先”评选、“红船论坛”理论征文活动，在学校“红船论坛”理论征文中分获一、二等奖，2022年立项校级党建等研究专项课题5项，获学校“红船杯”理论知识竞赛一等奖，学院党委获优秀组织奖。在学校第十二届学生党员宣讲会上，获“优秀宣讲人”一等奖、最佳组织奖。入选学校第二届教职工文化品牌建设项目和培育项目各1项。传承优良传统，推进“清廉师院”建设。以师德规范建设为抓手，细化年度党风廉政建设工作任务，召开全面从严治党暨“清廉师院”创建与师德师风建设推进会，专题部署并细化“清廉二级学院”示范点创建工作责任清单，层层签订党风廉政建设与意识形态工作责任书。以清廉二级学院示范点创建为契机，传承百年平师优良传统，加强校园廉政文化环境建设，促进廉政文化与校园文化深度融合。深入开展“百年平师　同心育人”师德教育清廉文化品牌建设，重点推进融合师德教育和廉洁文化元素“一室一馆一廊一讲堂”，形成“一系（部室）一品”清廉教育局面。组织“学习贯彻党的二十大共话清廉铸师魂”师生书法大赛和书画展，营造风清气正、干事创业良好氛围。在校“诗说清廉”诗歌作品大赛中获一等奖4项、二等奖6项、三等奖9项，在“图说清廉”漫画大赛中获一、二、三等奖4件。立项校纪检监察研究课题1项。

【师资队伍建设】 建立健全师德激励机制，坚持师德师风第一标准。注重培养青年教师和学术带头人选拔，实施专业教师发展学校锻炼管理办法和教师进修培养实施办法，3位教师到国内外高校访学进修，7人在读博士，外派挂职2人，推荐参加“浙江省高校领军人才培养计划”青年优秀人才评选1人。加强内培外引，引进博士4人，持续提升师资队伍质量。

【学科科研工作】 推进硕士学位点培育建设工作，坚持对标对表、坚持问题导向，组建申硕专班，定期召开分析会，出台相关激励政策，补齐教育硕士学位点申报短板。强化与地方基础教育部门合作，获省教学成果奖一等奖和二等奖各1项，与秀洲区7所学校合作基础教育研究。立项2022年度省哲学社会科学重点研究基地课题1项、规划年度课题和专项课题3项、教育部人文社会科学重大攻关课题子课题1项。

【专业课程建设】 突出师范特色，加强专业和课程建设。以师范专业群建设为抓手，推进新增“体育教育”本科专业建设工作。完成小学教育师范专业教育部二级认证。修订人才培养方案，深挖思政元素，将思政教育融入课堂教学、贯穿人才培养全过程。学院教师获省高等教育学会2022年度高等教育研究课题、学校“红船精神+”课程思政教学研究项目等各级各类教学改革项目立项30余项。新增省级一流课程11门，线上一流课程7门，深化基层教学组织建设，17项入选校基层教学组织。启动教师教育实验实训中心整体改造和文化提升项目。深化教学改革，推进实践育人。深化产学研融合，助力师范专业建设，以新师范和新文科建设为契机，建成高校、地方政府和中小学幼儿园三方协同的教师发展学校，获批省教师教育创新实验区建设项目2项，新增杭州绿城育华教育集团、平湖中学等教师发展学校8所。与海盐教育研究中心、海盐齐家小学等多家单位共建大中小学课程思政一体化课程实践基地，构建起支撑师范生培养的校外实践教育体系，形成“校内+校外”联动机制。

【学生管理工作】 坚持思想政治教育主线。开展“喜迎二十大、永远跟党走、奋进新征程”主题理论知识学习13次、“赓续五四精神，谱写青春华章”团日活动、“五四”主题教育实践等大型集体活动20余次，与市关工委联合开展“老战士红色宣讲进校园”宣讲活动，传承红色基因。第18次在校“每月一题”主题团日活动优秀团支部评比中获优秀奖。获评2022年“战疫先进基层团组织”4个、“战疫先进志愿者”21人，传递基层战“疫”强音，做好榜样示范。整合学院网站、“两微一端”、抖音等网络平台，拓展线上育人平台，培育壮大主流思想舆论，讲述平师好故事，传播平师好声音。在“我的初心·我的梦”第二届省大学生短视频大赛中获二等奖1项、最佳人气奖1项。坚持赋能支持学生成长成才。探索第一课堂与第二课堂有效衔接，启动第二课堂叔同书院制改革。发挥第二课堂育人功能，坚持守好阵地、开辟新天地。在省第七届“互联网+”大学生创新创业大赛中获金奖2项，第八届省海洋知识竞赛一等奖1项、二等奖2项；省第二十届大学生多媒体作品设计竞赛一等奖1项、二等奖3项；第四届省大学生乡村振兴创意大赛金奖1项、银奖2项等，营造“开拓创新，进取”校园竞赛氛围，促进学生多层次、多角度发展。

【后勤服务工作】 统筹推进平安校园、绿色校园、健康校园、文化校园、智慧校园等“五个校园”建设，完善综合服务保障体系，提升支撑保障能力。完善校地联防联控机制，做好常态化疫情防控工作，加强生命安全、消防、交通、防诈骗和疫情防控安全教育，开展安全隐患排查化解，加强意识形态和网络信息安全，确保校园安全稳定，校区获评校2022年度平安校园建设和综合治理工作先进集体；增强绿色环保意识，提升校园绿化品质；加强师生体育锻炼，做好学生体质测试和体育竞赛各项工作，在校第二十二届运动会中获团体总分第一；做好校史文化资源挖掘和宣传；强化数据共享，完成“畅行嘉院”系统对接，提升信息化水平。

【社会服务工作】 秉持“融入、服务、贡献”理念，推动产教、校地、校校融合，服务地方能力持续增强。举行平湖市教师发展学校联盟第二届理事大会暨嘉兴学院教师发展学校签约仪式，聘请嘉兴教育学院、中小学及幼儿园15位名师为学院兼职教授、副教授，服务师范生培养和地方基础教育事业。与平湖经开区政府对接推进校内东侧和北侧河道建设水上运动项目基地（赛艇、皮划艇和龙舟）一期建设工程，服务体育专业建设和学院体育文化发展。与平湖供电局等开展“理论同学”，深化“党建和创”工作新局面。与平湖市图书馆、经开区等协同推进校地党、团共建，开展巩固全国文明城市创建成果社区环境大整治、美丽乡村建设、社会治理等系列活动。校企合作的服装专业专创融合人才培养模式获2022年度中国纺织工业联合会纺织职业教育教学成果奖一等奖。

（胡文杰）

教师队伍建设

【概况】 2022年，教育系统教职工7088人，其中，小学1948人，初中1335人，普通高中882人，职业学校620人，幼儿园2278人，特殊教育学校25人；教师进修学校43人，教育考试管理中心7人，教育师资管理中心21人，教育保障服务中心20人，财政支付（核算）中心教育分中心（学生资助管理中心）14人，开放大学平湖学院22人，社区学院3人，教育局17人。全市幼儿园园长30人，专任教师1316人。专任教师中，硕士研究生毕业1人，本科毕业932人，专科毕业368人，高中毕业15人；高级教师44人，一级教师361人，二级教师640人，初级教师75人，未定级196人。全市小学专任教师2015人。专任教师中，硕士研究生毕业32人，本科毕业1659人，专科毕业321人，高中毕业3人；高级教师234人，一级教师1019人，二级教师550人，三级教师4人，未定级208人。全市初中专任教师1182人。专任教师中，硕士研究生毕业23人，本科毕业1120人，专科毕业39人；高级教师348人，一级教师561人，二级教师211人，三级教师0人，未定级62人。全市普通高中专任教师719人。专任教师中，硕士研究生毕业82人，本科毕业637人，专科毕业0人，高中毕业0人；高级教师293人，一级教师271人，二级教师96人，三级教师0人，未定级59人。全市中等职业学校专任教师552人。专任教师中，硕士研究生毕业18人，本科毕业525人，专科毕业9人；高级教师177人，一级教师196人，初级教师141人，未定级38人。全市特殊教育专任教师25人。专任教师中，硕士研究生毕业2人，本科毕业21人，专科毕业2人；高级教师3人，一级教师7人，二级教师13人，未定职级2人。全市在职教师中有全国模范教师2名，全国优秀教师1名，省特级教师10名，正高级教师8人，嘉兴市教育名家1名，嘉兴市教育拔尖人才2名,嘉兴市首批“优才计划”人才6名，嘉兴市教育领军人才3名,第七批嘉兴市名教师20名，第二批、第三批嘉兴市名校长4名，第十三批嘉兴市学科教学带头人51名，第五批嘉兴市中小学名校长培养人选2名，平湖第十五批名师227名、名校长9名。2022年，评选产生全国技术能手2名、省特殊支持计划教学名师1名、省杰出教师1名、省首届中小学思政课教师年度人物1名、第十三批省特级教师3名、省春蚕奖3名、省绿叶奖1名、嘉兴市师德楷模4名、嘉兴市农村教师突出贡献奖3名、第七批嘉兴市名教师20名、平湖最美教师10名，平湖市“十佳”班主任10名，平湖市优秀班主任166名、平湖市“百名师德先锋”109名。101人获2022年度浙江省任教三十年教师荣誉证书。

【教师引进和培训】 落实《浙江省教育厅办公室关于做好疫情防控常态化下中小学教师培训工作的通知》，依托线上各类技术，开展线上培训活动，继续推进研训一体化，实施省信息技术提升工程2.0计划，落实第二批信息技术提升工程学校并按计划推进。实施“平湖市卓越教师培养工程”，完成新一轮高三教师研修班，举办小学骨干教师高级研修班（第二轮）、幼儿园骨干教师高级研修班，实施第二期学校管理干部研修班培训工作。加强省级骨干培训，推荐当湖高中黄晓娜等4人参加2022年“浙派名师名校长培养工程”项目。推荐杨丰佳、刘金俭参加长三角骨干教师校长挂职计划（全省50名，嘉兴市第一），接收2位长三角挂职干部。做好各类国培计划推荐工作，2022年有30位教师参加现场或网络国家培训。

【名师日常管理】 组织省市优秀教师推荐工作。经上级行政部门评审，技师学院崔凯冬、程磊炎被评为全国技术能手，职业中专姚林英被评为省杰出教师，当湖高中陆志龙被评为省首届中小学思政课教师年度人物，平湖中学张强、职业中专姚林英、钟埭小学冯国健被评为第十三批省特级教师，进修学校包亚燕被评为省幼儿园师德样本教师，职业中专郝红花、进修学校包亚燕晋升为正高级教师，进修学校吴林妹、广陈中学石明生、天妃幼儿园肖群被评为省春蚕奖，市人力社保局王伟明获省绿叶奖，当湖高中徐勤华等4人被评为嘉兴市师德楷模，独山港中学陆小英等3人获嘉兴市农村教师突出贡献奖，平湖中学毛良忠等20人被评为第七批嘉兴市名教师。继续推进平湖学科名师工作室管理工作，变革现有教研训方式，平湖学科名师（名校长）工作室活动正常。

【教师发展学校建设】 全市有省示范性教师发展学校2所，教师发展学校等级评估优秀学校15所，良好学校9所，优良率为100%。组建嘉兴学院平湖市教育局博士工作站2个，柔性引进12名博士，遴选师范生校外导师120名。市教育局承接的《校地合作推进教师发展学校建设的实践研究》被列为省教师教育重点课题，出版全国师范院校精品教材《师范生专业实践导引》，相关成果在《中国教师报》刊登。

【教师交流工作】 开展中小学县管校聘工作，实施范围为全市教育系统公办普通高中、职业类高中、义务教育学校在编在岗教职工。2022年，参与县管校聘学校达36所（当湖小学和叔同实验小学撤销，新成立叔同小学），其中普通高中3所，职业类学校2所，初中13所，小学18所；参与教职工3663人，其中普通高中533人，职业类学校450人，初中1066人，小学1614人。参与跨校竞岗45人，组织调剂13人（其中含第三轮双向选择5人，参与局中心组织的跟岗学习班8人）。教师流动，队伍优化，促进教育资源均衡发展，参与教师流动237名。城镇和优质学校交流到农村和薄弱学校205名，其中校级领导11名，骨干教师81名，具有一级教师及以上职称113名。

【师德师风建设】 连续14年开展“爱岗敬业　铸造师魂”主题教育，坚持提升教师道德素养。在全市各学校深入开展讲师德故事、师德演讲比赛等活动，在教师中开展“寻找身边的好老师”，在学生中开展“我心中的好老师”征文活动。开展第八届“百名师德先锋”评选活动，授予109人市第八届“百名师德先锋”称号。持续开展十佳班主任、最美教师评选活动。深化运用监督执纪“四种形态”，加大违纪违规查处力度。2022年，对系统内党员干部和公职人员开展谈话100余人次，运用“四种形态”执纪问责55人次，其中面对面核实和提醒谈话34人次、批评教育9人、诫勉谈话6人、通报批评1人、党内警告1人、党内严重警告1人、撤职及降低岗位等级1人、开除党籍及降低岗位等级1人、开除1人。建立违纪违规案件全系统通报制度，对教师违纪违规行为实行“零容忍”，查实一起，通报一起，坚守师德师风底线，年内，累计通报重点典型案例4起。完善师德师风制度建设，出台《平湖市师德失范行为责任追究办法（试行）》，根据教师师德失范行为查处结果，按照涉及类型进行相应赋负分，即对应扣分，给予幅度、种类相结合的惩处。结合校情组织签署师德承诺书，暑期开展师德专题培训，开展学年度师德师风考评，并做好“无偿补课”备案工作。

教育科研和教学研究

【概况】 2022年，教育科研与教学研究工作贯彻“双减”、新课标研究，围绕“队伍建设、落实双减、系统构建、难点突破”工作目标，聚焦“深化课改、优化评价、教师发展、科研驱动、数字改革”的工作重点，深化研训转型与创新，发挥研训一体优势，推进教研、科研、培训融合发展，发挥好“研究、指导、服务、管理”职能，服务学校教育教学、服务教师专业成长、服务学生健康成长。

【课程建设】 开展第六届中小学、幼儿园精品课程评比活动，收到175项课程，一等奖45项，二等奖93项。9项课程被评为嘉兴市精品课程，乍浦幼儿园、第一幼儿园、林埭幼儿园的课程获评省第三届省精品课程。东湖小学劳动教育经验在省第二次劳动教育大会上作现场交流，《平湖营养食育助力五育融合》在《中国教育报》刊登。

【课堂提质增效】 举办首届“金平湖好课”教育教学展示活动，分小学、初中、高中三个学段研讨课堂转型。以教学开放周方式，在5所学校围绕“课堂转型”，基于新课程标准，举办落实核心素养、关注作业设计课堂教学展示活动。1名教师获省优质课一等奖，9节课获评省基础教育精品课，3节课被评为省级教材版本精品课。实验幼儿园中心组、平湖中学物理教研组获评省先进教研组；广陈幼儿园大班教研组、当湖高中语文组获评嘉兴市先进教研组。推动作业改革实验区工作，作业设计与课堂教学设计整体研究，相关工作在省作业改革实验区工作研讨会上作交流发言。

【教学调研指导】 组织幼儿园名师对6所公办、民办幼儿园进行导引式调研，计70余人次。小学分别到全塘小学、杭师大乍浦附校、黄姑小学、林埭小学、毓秀小学、新埭小学等调研，精准把脉课堂。初中深入文涛中学、新仓中学、南市学校开展“落实常规　减负提质”专题调研。普通高中对五所学校高考备课进行全方位调研诊断，把脉“三新”背景下高考备考工作，精准服务高考备考。

【教学质量监控】 5月，发布小学第三次省测评价结果，针对省测结果，从数据入手，提出相应对策，为下阶段研究提出新思路。10月26—27日，组织初中省测，8所样本校完成相关考务工作。区域不断完善质量监控举措，开展全学科的质量监控，推动学生五育并举。

【教师专业发展】 2022年，共组织和实施90学分项目的培训16个班，组织短期培训73项。继续实施“平湖市卓越教师培养工程”，开展普通高中领会教师高级研修班、职业类骨干教师培训工作。整体规划全市实施提升工程2.0项目，第二批29所学校完成培训，平湖总体平均86.83分，超过省平均分（85.11分）；在省优秀成果评比中，1所省级示范校，1项省认定性课题，3

项学校优秀成果，10 项教师个人优秀成果入围。开展“教坛中坚和教坛新苗”评比，评选教坛中坚 104 名，教坛新苗 65 名。

【教育科研】 2022 年，组织开展新一轮嘉兴市科研基地学校申报与评估工作，16 所学校成为嘉兴市第九轮科研基地学校。省教科规划办课题立项 4 项（一般 3 项、体艺 1 项）；省教研课题立项 6 项。嘉兴市综合类课题立项 23 项（重点 2 项、一般 21 项），12 项课题立项为嘉兴市“十四五”家庭教育课题。两项成果分获省教学成果奖一、二等奖。3 项成果在嘉兴市首届“共富嘉里”研博会上展示交流，1 项课题成果参评省教科规办年度优秀科研成果奖，3 项省课题成果送嘉兴参与省教研优秀成果奖遴选。组织参加嘉兴市第十三届优秀科研成果奖和平湖第二十三届优秀科研成果奖等评选活动，挖掘教育科研优质项目。在 2022 年度省教育科研论文大赛中，平湖获一等奖 27 篇、二等奖 55 篇、三等奖 177 篇。

【德育心育研究】 嘉兴市班主任基本功大赛，平湖获一等奖 2 人、二等奖 1 人、三等奖 3 人，城关中学盖佳杰获省初中组一等奖第一名。开展班集体建设微课评比、名优教师展示研修活动。推进心理健康服务站县级示范站创建，开展儿童青少年心理健康教育辅导咨询工作，全年，接受电话和现场咨询合计 406 人次。做好学生心理危机干预筛选，做好四年级以上全部学生心理状况普测工作，做好学生心理危机干预筛选工作。280 名教师参加心理 C 证培训，160 名教师参加 B 证培训，118 名教师通过中国心理学会心理学普及工作委员会认证考试，获 PEPA 家校合作与家庭顾问中级证书。疫情期间，组织心理健康老师针对疫情带来的影响进行专题辅导 4 次。举办平湖首届“幸福陪伴·快乐成长——家庭教育情景剧”微剧本、微戏剧创作大赛，收到微剧本 129 篇，微视频 37 个。共有 4 个课程获嘉兴市家庭教育精品课程，其中 2 个获一等奖、2 个获二等奖。

教育督导

【全国义务优质均衡发展市省级督导评估通过】 11 月 6—8 日，省级督导评估组对平湖市开展全国义务教育优质均衡发展市省级督导评估。评估组召开政府见面会，听取市政府创建工作情况汇报，查访市委编办、市发改局、市财政局和市人力社保局，核查相关政策文件和资料信息。深入城区和各镇街道，实地督查 28 所学校（共 30 个校区，其中小学 19 个、初中 11 个），及 1 所特殊教育学校。专家组通过查阅资料、听课观课、测量面积、随机访谈等方式，核查各校区申报数据。

【国家学前教育普及普惠市省级督导评估通过】 11 月 23—25 日，省级督导评估组对平湖市开展国家学前教育普及普惠市省级督导评估。督导评估组听取汇报，并分三组随机对城区及各镇街道 15 个公办、民办幼儿园园区进行实地督查。通过查阅资料、教师座谈、随机访谈等方式，重点对办园条件、教师待遇、保教质量等方面进行核查。

11月24日，国家学前教育普及普惠市省级督导组到当湖幼儿园督导评估（市教育局　供稿）

【嘉兴对市人民政府2021年度履行教育职责情况督导评价】 10月10—12日，嘉兴市人民政府教育督导委员会第一督查组对平湖市政府2021年履行教育职责情况进行实地督查。督查组召开政府见面会，听取市政府情况汇报，就教育热点问题与有关部门开展问询交流，并与相关两代表一委员开展座谈。督查组深入平湖市中心城区、钟埭街道和新仓镇，实地督查17所学校（机构），其中幼儿园3所、小学3所、初中3所、职高1所、成校1所、特教学校1所和5家校外培训机构，访谈校长、教师、学生、家长与群众等。

改善办学条件

【教育装备】 2022年，全市普通中小学校教育技术装备经费（含图书）总投入2791.27万元，同比减少3300.36万元，同比减少54.18%；当年生均教育技术装备经费投入510.09元，同比减少681.64元，同比减少54.19%。至年底，全市生均教育技术装备资产值7436.15元。其中，现代信息技术设备装备建设投入1689.48万元，占比60.53%；各类实验室及功能教室装备建设投入571.17万元，占比20.46%，图书及设施投入530.61万元，占比19.01%。全市普通中小学校累计装备计算机18365台，计算机原价总值8345.36万元，网络及外部设备原价总值9057.66万元。全市中小学校使用超过7年的计算机总数有6364台（占比34.65%）。2022年，全市普通中小学校生机比2.98：1，有效生机比3.38：1（指7年以内的计算机）。

至年底，全市中小学校移动终端设备合计有1923台，共装配20所学校（小学9所368台，初中8所467台，高中3所1088台）。全市学校全部实现无线网络覆盖主要教学场所。

至年底，全市普通中小学校多媒体总数为3254台，其中交互式多媒体总数为2267台，占比69.67%。全市学校班级多媒体普及率100%。全市37所学校共建有49间录播教室，其中小学25间、初中19间、高中5间。

至年底，全市普通中小学校拥有各类普通实验室、创新实验室、学科教室、功能教室共计927间，其中创新实验室61间，学科教室58间，功能教室665间。建有61个创新实验室，建有创新实验室的学校比例为100%。

2022年，全市普通中小学校普通实验室投入26.81万元，同比减少116.71万元，减少81.32%。创新实验室投入48.69万元，同比减少245.53万元，减少83.45%。学科教室投入11.58万元，同比减少37.12万元，减少76.23%。功能教室投入484.09万元，同比减少123.29万元，减少20.3%。

2022年，全市普通中小学校图书及器材设施装备经费当年总投入530.61万元，其中图书购置经费499.23万元，占当年总经费94.08%。全市学校纸质图书总藏书量255.98万册，生均藏书46.78册。2022当年新增15.93万册，生均添置纸质图书2.91册。

2022年，普通中小学校现有实验教学管理人员244人，其中高级职称52人，占比21.31%。现有计算机及网络管理人员110人，其中高级职称15人，占比13.64%。现有图书馆管理人员51人，其中专职高级职称2人，占比3.92%。全市普通中小学校有40%的学校建有教育技术专门机构，其余60%的学校仅设专人负责学校教育技术管理工作。

【教育信息化】 根据省跨地区教共体结对帮扶民生实事项目工作要求，2022年，全市有5所学校参加与青田县跨地区结对帮扶活动，分别是东湖中学、文涛中学、东湖小学、实验小学、平师附小。全年，师徒结对60人、同步课堂示范课95节、网络集体教研88次、共享拓展课程5门、异地跟岗5人、到青田支教15人、组建名师工作室10个、开展学生活动11次（其中线下学生活动5次）。民生实事“好差评”百姓评价10028人，好评率99%。

根据嘉兴市教育局区域内教共体结对帮扶工作要求，2022年，全市有3对6所学校参加区域内结对帮扶活动，分别是百花小学和钟埭小学、叔同小学和林埭小学、城关中学和经开实验中学。全市区域内结对帮扶活动共师徒结对43人、同步课堂示范课40节、网络集体教研33次、共享拓展课程5门、异地跟岗3人、到受援校支教教师5人、组建名师工作室6个、开展学生活动6次（其中线下学生活动4次）。之江汇教育广场全省第四轮名师工作室建设中，平湖有3个名师工作室新建，5个名师工作室在建。4人教学空间获省级优秀专业教学空间，新仓中学获评省级空间应用优秀学校。实验小学、新埭小学2个案例入围2022年全省中小学新型教学空间优秀案例。全市有5个课题在2022年度省教育信息化研究课题立项。组建实验小学为主体校，毓秀小学、黄姑实验学校为成员校阅读共同体入围首批省中小学阅读共同体学校。

2022年，完成“党的二十大”“世界互联网大会”等重要时期全市网络安全保障工作。每月发布平湖教育专网全网态势分析预警及网络安全工作通报，全年12期。

新居民子女教育和安全教育

【新居民子女教育】 贯彻“以流入地政府为主，以公办学校为主”的原则，做好新居民子女接受义务教育工作，2022年，新居民子女公办学校就读人数为15643人，符合条件的新居民子女公办学校就读比例为100%。同时通过购买学位方式在义务教育段安置新居民子女1661人。做好新居民随迁子女接受义务教育后在本市参加初中升高中考试工作，出台《2022年平湖市新居民随迁子女接受义务教育后参加高中段学校录取资格审核办法》。继续实施新居民学校完小化管理，通过开展学科质量抽测、年度教育管理考核和委托公办学校派驻指导教师协助新居民子女学校日常管理等措施，加大对新居民子女学校管理力度。

【平安校园创建】 开展除险保安行动，落实市平安办、教育局、公安局《关于开展等级平安校园建设的意见》，加强和巩固等级平安建设创建成果，截至年底，全市等级平安校园5A级46家、4A级11家、3A级6家，1A级1家。落实学校安全防范建设，完成学校专职保安配备，封闭化管理、一键式紧急报警和视频监控系统四个100%任务目标。加快学校风险防控体系建设，综合运用数字化技术、数字化思维、数字化认知，提升师生安全素养、打造智慧型校园安全环境、建立校园安全综合治理统一平台。启动校园视频监控存储天数升级，平湖中学、平师附小视频监控存储由原来30天延长到90天；根据省厅要求，购买设备网关，将重点部位监控1000余路，连接省教育厅平台成功。规范校门进出管理，2022年，投入资金230余万元对全市公办小学幼儿园60多个校园区实施人行识别道闸安装建设。继续开展学校智慧消防建设，实施智慧消防。加快智能阳光厨房建设工程。投入30多万元，更新连接省平台智能阳光厨房设备，全市中小学、幼儿园基本达到智能阳光厨房全覆盖，通过应用物联感知、图像识别、人工智能等技术实现线上巡查，分析食堂食品安全状况，精准施策，精密智治。推行五常法和食堂量化分级管理，A、B级比例达100%，学校各项机制及师生监督组织建成率达100%，大宗食品统一配送或定点采购率100%，义务教育阶段学校加热保温水、直饮水建成率100%，学校食堂食品安全责任保险参保率100%，智慧厨房建成率100%。推动新修订《中华人民共和国食品安全法》宣贯工作，学生食品安全意识不断提升，中小学生食品安全知识知晓率达94.0%。

（钟叶红）

科学技术

综　述

【概况】2022年，全市全社会R&D经费支出20.24亿元，占GDP比重2.71%，（不含港区和电厂）全年高新技术产业增加值234.26亿元，占规上工业增加值比重67.7%；规上工业企业研发费用52.28亿元，增长11.1%，规上工业企业研发机构设置率83.3%。规上工业企业中有研发活动企业占比96.5%。蝉联县级防震减灾工作考核先进单位。

【科技政策】2022年，平湖市科发资金共安排预算资金1.2亿元，其中上级补助资金979万元，市级资金11021万元。实际兑付补助资金11962.41万元。进一步落实企业研发费用税前加计扣除、高新技术企业所得税减免等创新普惠性政策，全市727家享受研发费用加计扣除额36.28亿元，增长76.89%，93家高新技术企业享受所得税减免5.37亿元，增长55.26%。

【科技金融】2022年，出台《平湖市科创企业贷款支持实施办法》，举办多场培训会、座谈会、解读会等活动，完成“平湖市科创企业贷款管理服务系统”升级改版，科创贷款支持企业名单实现动态调整。截至12月31日，科创贷款入库企业1163家，共有18家科创金融合作机构发放科创贷款189笔，贷款总额5.18亿元。根据《平湖市科技保险补贴实施办法（试行）》奖励政策要求，积极组织企业申报科技保险奖励，3家企业科技保险保费补贴兑现资金1.11万元。

【科技创新券】2022年，修订出台《平湖市创新券实施管理办法》，进一步明确创新券使用范围和要求，引导企业规范使用网上系统平台申报科技创新券。全年，累计发放创新券1678.41万元，使用创新券1095.53万元。市科技局共开展四批科技创新券审核兑付工作，推动创新券系统材料无纸化规范化，累计有391家次企业和载体机构成功使用创新券，共计兑付奖励金额997.82万元。

【科普宣传】2022年，深化与《嘉兴日报》（平湖版）、《今日科技》等主流媒体合作，开设科技平湖专版，突出科技创新典型宣传，进一步发挥科技创新引导作用，加强科技创新影响力。全年，在《嘉兴日报》平湖版共出刊科技专版6期，《今日科技》刊登宣传稿10篇。迭代升级“创新平湖”微信公众号为“科创平湖”，全年，共发布科技信息200余条，累计阅读2万多次，“粉丝”数5000余人，进一步营造“大众创业、万众创新”的良好氛围。

科技合作与招才引智

【概况】 2022年，依托长三角一体化发展契机，加快融入G60科创走廊建设，搭建科技合作交流平台，通过专场路演、对接会等形式加强科技交流与合作。2022年，共开展浙江平湖全球科创项目路演——清华校友智能制造专场活动、平湖市科技人才项目投融资沙龙暨新生代（青年）企业家创投联盟成立活动、浙江平湖重点技术攻关“揭榜挂帅”暨全球科创项目路演等19场活动，落户高层次科创项目35个。

【浙江平湖全球科创项目路演——清华校友智能制造专场活动】 12月6日，举办浙江平湖全球科创项目路演——清华校友智能制造专场活动，本次活动由浙江清华长三角研究院、平湖市人民政府主办，平湖市科学技术局、浙江清华长三角研究院平湖创新中心、长三角全球科创路演中心承办，长三角G60科创走廊科创路演中心联合体协办。“轻舟矩阵自动驾驶超级工厂”“机器视觉及9轴协作机器人工作站”“沛元智造”等6个符合平湖产业发展方向、落地平湖意向明确的清华校友智能制造项目参与“线上”路演。现场2022年红船杯全球创新创业大赛一等奖项目“DualFuel WarmSpray超音速内孔热喷涂技术”与浙江清华长三角研究院海纳—动力系统研究中心签署院企合作协议；“爱玩特——全自动金融大数据分析”项目和嘉兴蒙士特数字智能制造产业园签署落地协议。

【浙江平湖重点技术攻关“揭榜挂帅”暨全球科创项目路演活动】 5月18日，在平湖人才之家举办浙江平湖重点技术攻关“揭榜挂帅”暨全球科创项目路演活动。活动由前期征集的“揭榜挂帅”项目中甄选出的光电和智能制造领域具有代表性的企业在现场进行技术需求“发榜”。来自上海交大平湖智能光电研究院、嘉兴学院、浙工大平湖新材料研究院、杭电平湖数字技术创新研究院、浙江清华柔性电子技术研究院的专家基于企业面临的技术难题分别进行现场“揭榜”。林埭镇人民政府与平湖市智周深鉴智能科技有限公司，浙江嘉特保温科技股份有限公司与浙工大平湖新材料研究院分别就人才项目落户、技术合作成功签约。

【第十三届“海外学子浙江行”平湖对接活动】 12月16日，举

5月18日，浙江平湖重点技术攻关“揭榜挂帅”暨全球科创项目路演活动举办　　（市科技局　供稿）

12月16日，第十三届“海外学子浙江行”平湖对接会举行
（市科技局　供稿）

行“海外学子浙江行”平湖对接活动。市委组织部、市经信局、市科技局、市人力社保局相关负责人，各镇街道、平湖经济技术开发区、独山港经济开发区招商负责人，浙江清华长三角研究院相关负责人和15名海外学子代表们参加活动。活动现场介绍平湖市创业创新环境，同时部分海外学子项目，如AIMS——航天信息模型协同平台、离子干扰疗法抗癌新药、脑健康数字医疗等进行现场路演。

【高层次人才引进和培育】 2022年，以“店小二”式服务加大各类科技人才和项目申报、培育力度，全年走访、辅导企业申报人才项目80余次，入选国家火炬计划1人，省级引才计划8人，省领军型创业团队1个，省海外工程师3名，省级外国专家工作站1家，是平湖市首次省级以上科技人才项目均有入选，省级外国专家工作站实现零的突破。年内，开展领军人才项目中期评估工作，完成2批次27项人才项目的绩效评价。

【外国人工作】 2022年，联合市公安局出入境深化外国人到华工作和居留证件“一窗办理”，简化办事流程，提升服务质效，办事审批时限压缩72%。全年，累计受理工作许可业务736件，服务3000余人次。同时，迭代升级平湖市外国人一站式服务应用场景，推动平湖市涉外管理中心向线上线下深度融合的2.0版升级，提升外国人才服务精准度和满意度。

高新技术产业

【概况】 2022年，全市高新技术产业产值1103.78亿元，高新技术产业增加值234.26亿元，同比增长3.5%，占规上工业增加值比重达67.7%。全市拥有国家高新技术企业450家（不含嘉兴港区），其中当年新认定国家高新技术企业100家，重新认定国家高新技术企业73家。

新认定（重新认定）国家级高新技术企业一览表

表18

序号	企业名称	新认定/重新认定
1	嘉兴市中地测绘规划有限公司	新认定
2	浙江海北勘察股份有限公司	新认定
3	浙江人事宝科技有限公司	新认定
4	浙江新基环境科技有限公司	新认定
5	嘉兴高期信息科技有限公司	新认定
6	皋德科技（浙江）有限公司	新认定
7	瀚蓝工业服务（嘉兴）有限公司	新认定
8	嘉兴吉美包装有限公司	新认定
9	嘉兴瑞晟宠物用品股份有限公司	新认定
10	嘉兴特威金属科技股份有限公司	新认定
11	嘉兴毅拓汽车科技有限公司	新认定
12	金易芯半导体科技（嘉兴）有限公司	新认定
13	蔻诗曼嘉化妆品（中国）有限公司	新认定
14	纳铁福传动系统（平湖）有限公司	新认定
15	诺博汽车零部件（平湖）有限公司	新认定
16	平湖华申汽车内饰件有限公司	新认定
17	平湖捷瑞电子有限公司	新认定
18	平湖市华城箱包股份有限公司	新认定
19	平湖市华杨旅游制品有限责任公司	新认定

续表 18

序号	企业名称	新认定 / 重新认定
20	平湖市新天地箱包有限公司	新认定
21	平湖市张驰实业有限公司	新认定
22	平湖市中美包装科技有限公司	新认定
23	平湖市中欣智能科技有限公司	新认定
24	日晶（中国）新材料有限公司	新认定
25	润地精密机床（浙江）有限公司	新认定
26	上晋科技化纤（平湖）有限公司	新认定
27	寅家电子科技（浙江）有限公司	新认定
28	盈智皑壹智能汽车科技（嘉兴）有限公司	新认定
29	浙江晨人精密机械科技有限公司	新认定
30	浙江鼎林家具股份有限公司	新认定
31	浙江菲斯曼供热技术有限公司	新认定
32	浙江峰戈新材料股份有限公司	新认定
33	浙江海拓环宇传动科技有限公司	新认定
34	浙江汇诚通用印务有限公司	新认定
35	浙江省平湖华神皮革有限公司	新认定
36	浙江鑫方德新材料股份有限公司	新认定
37	浙江英之杰科技有限公司	新认定
38	浙江韩情生物科技有限公司	新认定
39	芝研智能科技（嘉兴）有限公司	新认定
40	巴蒂士（嘉兴）磨具科技股份有限公司	新认定
41	干将新材料有限公司	新认定
42	嘉兴金日升工具股份有限公司	新认定
43	嘉兴津田精密机械制造有限公司	新认定
44	嘉兴力洋工具有限公司	新认定
45	平湖大宏纸管有限公司	新认定
46	平湖宏兴机械设备制造有限公司	新认定
47	平湖市福原印纸容器有限公司	新认定
48	平湖市金球塑料制品股份有限公司	新认定
49	平湖市三鑫纸塑股份有限公司	新认定
50	浙江福库工业科技有限公司	新认定
51	浙江南澜环境科技有限公司	新认定
52	浙江兴越材料技术有限公司	新认定
53	成途智能科技（浙江）有限公司	新认定
54	华承科技（平湖）有限公司	新认定
55	嘉兴市磁海无损检测设备制造有限公司	新认定
56	嘉兴正弦电气有限公司	新认定
57	良求机械有限公司	新认定
58	平湖市博强机械制造有限公司	新认定
59	平湖市旭阳电子科技有限公司	新认定
60	平湖新仕鑫新材料股份有限公司	新认定

续表 18

序号	企业名称	新认定 / 重新认定
61	平湖叶阳箱包股份有限公司	新认定
62	浙江博亚精密机械有限公司	新认定
63	浙江德齿传动科技股份有限公司	新认定
64	浙江行星电机有限公司	新认定
65	浙江巨传电子股份有限公司	新认定
66	浙江蓝鲸智能设备制造股份有限公司	新认定
67	浙江霈晟精密机械有限公司	新认定
68	浙江轩好机电有限公司	新认定
69	艾华（浙江）新材料有限公司	新认定
70	嘉兴年盛新材料股份有限公司	新认定
71	嘉兴市钮斯达电机有限公司	新认定
72	平湖禹沃通讯科技有限公司	新认定
73	浙江佳佳童车有限公司	新认定
74	浙江津亚光电制造有限公司	新认定
75	浙江联富包装科技股份有限公司	新认定
76	广沣机械（嘉兴）有限公司	新认定
77	嘉兴商迈电子有限公司	新认定
78	嘉兴丝尚丝绸家纺有限公司	新认定
79	平湖鼎品玻璃器皿股份有限公司	新认定
80	平湖市嘉丰工艺品有限公司	新认定
81	平湖市斯迈克机械制造有限公司	新认定
82	平湖市雪天五金制品有限公司	新认定
83	浙江杭嘉鑫清洁能源有限公司	新认定
84	浙江金汤塑胶科技股份有限公司	新认定
85	浙江久丰铝业有限公司	新认定
86	浙江康谷包装股份有限公司	新认定
87	浙江恳达装饰材料有限公司	新认定
88	浙江铝山精密机械股份有限公司	新认定
89	浙江森太化工股份有限公司	新认定
90	浙江腾为办公设备股份有限公司	新认定
91	嘉兴宜兼通电器有限公司	新认定
92	平湖市佰斯德卫浴股份有限公司	新认定
93	平湖市新信交通工程有限公司	新认定
94	友邦电气（平湖）股份有限公司	新认定
95	浙江曜山精密机械有限公司	新认定
96	嘉兴优创园林工程有限公司	新认定
97	平湖海卓卡斯特姆机械有限公司	新认定
98	平湖市涌金机械有限公司	新认定
99	浙江吉祥可意金属制品股份有限公司	新认定
100	浙江丽瓷新材料科技有限公司	新认定
101	嘉兴志盛厨具制造有限公司	重新认定
102	平湖市天龙机械制造有限公司	重新认定

续表 18

序号	企业名称	新认定 / 重新认定
103	浙江远大重工锻压有限公司	重新认定
104	博格隆（浙江）生物技术有限公司	重新认定
105	合波光电通信科技有限公司	重新认定
106	嘉兴晨人一信仪表有限公司	重新认定
107	嘉兴好事帮医疗器械有限公司	重新认定
108	嘉兴嘉合电力设备有限公司	重新认定
109	嘉兴晟友机械科技有限公司	重新认定
110	嘉兴市耀华精密金属股份有限公司	重新认定
111	嘉兴威伏半导体有限公司	重新认定
112	鉴正宝信息技术有限公司	重新认定
113	兰舍通风系统有限公司	重新认定
114	平湖贝华美茵电子科技有限公司	重新认定
115	平湖波汇通信科技有限公司	重新认定
116	平湖康达智精密技术有限公司	重新认定
117	平湖市华达塑料制品有限公司	重新认定
118	平湖市四通箱包有限公司	重新认定
119	平湖展鹏热熔胶膜有限公司	重新认定
120	浙江渤威能源科技有限公司	重新认定
121	浙江德福精密驱动制造有限公司	重新认定
122	浙江方向实业股份有限公司	重新认定
123	浙江锋源氢能科技有限公司	重新认定
124	浙江宏利汽车零部件股份有限公司	重新认定
125	浙江华福医用器材有限公司	重新认定
126	浙江欧迪恩传动科技股份有限公司	重新认定
127	浙江上扬商业设备科技股份有限公司	重新认定
128	浙江圣利机械设备有限公司	重新认定
129	浙江天原医用材料有限公司	重新认定
130	浙江维通利华实验动物技术有限公司	重新认定
131	嘉兴星越包装材料有限公司	重新认定
132	平湖爱伦家具有限公司	重新认定
133	平湖光明机械股份有限公司	重新认定
134	平湖市大亚纸管有限公司	重新认定
135	艾博母线有限公司	重新认定
136	嘉兴市驰宇五金股份有限公司	重新认定
137	嘉兴市航龙塑料制品股份有限公司	重新认定
138	平湖市良杰箱包股份有限公司	重新认定
139	平湖市南桥箱包有限公司	重新认定
140	浙江慧凯模塑科技有限公司	重新认定
141	浙江纳迪克数控设备有限公司	重新认定
142	浙江省平湖市澳妮斯洁具有限公司	重新认定
143	浙江银座箱包有限公司	重新认定
144	嘉兴博途物流设备有限公司	重新认定

续表 18

序号	企业名称	新认定 / 重新认定
145	嘉兴高正新材料科技股份有限公司	重新认定
146	嘉兴哈雷童车有限公司	重新认定
147	嘉兴新安包装材料股份有限公司	重新认定
148	茉织华印务股份有限公司	重新认定
149	平湖市三久塑料有限公司	重新认定
150	平湖市新庙医疗器械股份有限公司	重新认定
151	浙江鸿禧能源股份有限公司	重新认定
152	浙江佳时食品有限公司	重新认定
153	浙江金瑞祥包装股份有限公司	重新认定
154	平湖阿莱德实业有限公司	重新认定
155	平湖旗滨玻璃有限公司	重新认定
156	平湖日炙机械股份有限公司	重新认定
157	平湖市贝诺维雅卫浴科技有限公司	重新认定
158	平湖市华晟精密机械股份有限公司	重新认定
159	浙江传化天松新材料有限公司	重新认定
160	浙江杰上杰新材料股份有限公司	重新认定
161	浙江律通复合材料有限公司	重新认定
162	浙江卫星能源有限公司	重新认定
163	浙江星月药物科技有限公司	重新认定
164	浙江宙辉电器有限公司	重新认定
165	浙江海特合金股份有限公司	重新认定
166	浙江隆源高分子科技有限公司	重新认定
167	浙江希卡姆复合材料股份有限公司	重新认定
168	浙江鑫鹿安防科技有限公司	重新认定
169	浙江乍浦塑料制品股份有限公司	重新认定
170	嘉兴市乍浦杭湾重型机械股份有限公司	重新认定
171	平湖信达软木股份有限公司	重新认定
172	浙江纳特汽车标准件有限公司	重新认定
173	浙江徐氏厨房设备有限公司	重新认定

【平湖先进装备智造高新技术产业园区】 2022年，平湖高新区深入实施创新驱动发展战略，以培育先进装备制造和电子信息为主攻方向，按照“布局合理、用地集约、产业聚集”的要求，立足科学发展，完善体制机制，引导高端要素集聚，努力成为促进技术进步和增强自主创新能力的重要载体。2022年，平湖高新区经省政府同意正式被认定为省级高新区，园区实现规上工业总产值555.63亿元，同比增长6.46%；实现规上工业企业研发经费15.6亿元，同比增长7.16%；完成固定资产投资31.99亿元，同比增长22.36%，其中高新技术产业投资24.96亿元，同比增长19.4%。

【科技型企业】 2022年，继续加强企业科技创新能力，培育认定一批有发展潜力的科技型企业。全市现有省科技型中小企业1118家，其中新增221家。

2022 年新增省科技型企业一览表

表 19

序号	企业名称	属地
1	中科慧居（嘉兴）科技有限公司	当湖街道
2	平湖市尽善净美保洁服务有限公司	当湖街道
3	平湖市龙辰信息科技有限公司	当湖街道
4	平湖市大地测绘有限公司	当湖街道
5	平湖华数广电网络有限公司	当湖街道
6	嘉兴市创羽服饰有限公司	当湖街道
7	浙江人事宝科技有限公司	当湖街道
8	平湖市逸翰液压有限公司	当湖街道
9	平湖市欧信信息科技有限公司	当湖街道
10	平湖艾素精密弹簧有限公司	当湖街道
11	平湖市盛祥建筑安装有限公司	当湖街道
12	嘉兴汇匠人力资源服务有限公司	当湖街道
13	嘉兴捷品精密模具有限公司	当湖街道
14	平湖市天鹰装饰设计有限公司	当湖街道
15	平湖市大地物业管理有限公司	当湖街道
16	嘉兴市清璇服饰有限公司	当湖街道
17	嘉兴极创教育科技有限公司	当湖街道
18	平湖市新界面艺术设计有限公司	当湖街道
19	平湖市力洁有害生物防治有限公司	当湖街道
20	嘉兴汗血宝马能源科技有限公司	当湖街道
21	嘉兴市碟啰时装设计有限公司	当湖街道
22	平湖市新恒升新材料股份有限公司	当湖街道
23	医壹生物科技（嘉兴）有限公司	平湖经济技术开发区
24	平湖市畅通管道疏理有限公司	平湖经济技术开发区
25	嘉兴市皖渝精密机械有限公司	平湖经济技术开发区
26	平湖市宇盛钢带有限公司	平湖经济技术开发区
27	浙江韩情辐照技术有限公司	平湖经济技术开发区
28	平湖市沛锐机械制造有限公司	平湖经济技术开发区
29	浙江浙远信息技术有限公司	平湖经济技术开发区
30	浙江英之杰科技有限公司	平湖经济技术开发区
31	纳铁福传动系统（平湖）有限公司	平湖经济技术开发区
32	嘉兴韩秀五金机械有限公司	平湖经济技术开发区
33	平湖市华杨旅游制品有限责任公司	平湖经济技术开发区
34	浙江圆通新材料有限公司	平湖经济技术开发区
35	浙江鼎林家具股份有限公司	平湖经济技术开发区
36	蒙塔纳锐驱动技术（浙江）有限公司	平湖经济技术开发区
37	嘉兴特威金属科技股份有限公司	平湖经济技术开发区
38	嘉兴聚速电子技术有限公司	平湖经济技术开发区
39	嘉兴市高德钣金有限公司	平湖经济技术开发区
40	平湖启明知识产权服务有限公司	平湖经济技术开发区

续表 19

序号	企业名称	属地
41	浙江希尔达汽车零部件有限公司	平湖经济技术开发区
42	平湖市耀华机电自动化有限公司	平湖经济技术开发区
43	浙江鑫方德新材料股份有限公司	平湖经济技术开发区
44	嘉兴市安得特种设备科技有限公司	平湖经济技术开发区
45	平湖市中美包装科技有限公司	平湖经济技术开发区
46	浙江峰戈新材料股份有限公司	平湖经济技术开发区
47	嘉兴巡天光电有限公司	平湖经济技术开发区
48	嘉兴吉美包装有限公司	平湖经济技术开发区
49	平湖市慧谷创客信息科技有限公司	平湖经济技术开发区
50	嘉兴智航数域无人飞行器服务有限公司	平湖经济技术开发区
51	嘉兴欣洋信息技术有限公司	平湖经济技术开发区
52	平湖农飞客农业科技有限公司	平湖经济技术开发区
53	禾研（嘉兴）建筑智能化工程有限公司	平湖经济技术开发区
54	勒威半导体技术（嘉兴）有限公司	平湖经济技术开发区
55	嘉兴弘泰安全技术服务有限公司	平湖经济技术开发区
56	嘉兴市唯真生物科技有限公司	平湖经济技术开发区
57	嘉兴旭冉机械科技有限公司	平湖经济技术开发区
58	平湖市动力箱包科技有限公司	平湖经济技术开发区
59	浙江津川精密机械股份有限公司	平湖经济技术开发区
60	诺博汽车零部件（平湖）有限公司	平湖经济技术开发区
61	嘉兴俊宇机电有限公司	平湖经济技术开发区
62	赫芯（浙江）微电子科技有限公司	平湖经济技术开发区
63	有件（嘉兴）网络科技有限公司	平湖经济技术开发区
64	浙江抟原复合材料有限公司	平湖经济技术开发区
65	嘉兴君嘉达精密机械有限公司	平湖经济技术开发区
66	浙江宏利汽配集团有限公司	平湖经济技术开发区
67	平湖市智尚广告有限公司	平湖经济技术开发区
68	平湖市奥诺精密机械有限公司	平湖经济技术开发区
69	辛帕智能科技（平湖）有限公司	平湖经济技术开发区
70	嘉兴蓝卡兰智能装备有限公司	平湖经济技术开发区
71	平湖东越机械设备有限公司	平湖经济技术开发区
72	嘉兴鑫竹智能科技有限公司	平湖经济技术开发区
73	科廷表面科技（浙江）有限公司	平湖经济技术开发区
74	嘉兴市华亦企业咨询管理有限公司	平湖经济技术开发区
75	嘉兴柏阳信息咨询有限公司	平湖经济技术开发区
76	浙江拜龙科技有限公司	平湖经济技术开发区
77	浙江圣利医疗器械有限公司	平湖经济技术开发区
78	嘉辉（浙江）能源科技有限公司	平湖经济技术开发区
79	浙江今味生物技术有限公司	平湖经济技术开发区
80	嘉兴市优顺建筑装饰工程有限公司	平湖经济技术开发区
81	平湖明峰包装材料有限公司	平湖经济技术开发区
82	华芯（嘉兴）智能装备有限公司	平湖经济技术开发区

续表 19

序号	企业名称	属地
83	平湖柯美信息科技有限公司	平湖经济技术开发区
84	嘉兴万埃浦材料科技有限公司	平湖经济技术开发区
85	汉希科特半导体技术（平湖）有限公司	平湖经济技术开发区
86	平湖过亿经编针织有限公司	曹桥街道
87	浙江浙恒电气股份有限公司	曹桥街道
88	浙江旭之源生态农业科技有限公司	曹桥街道
89	平湖市华兴制衣股份有限公司	曹桥街道
90	嘉兴杉达包装科技有限公司	曹桥街道
91	浙江海韬精密机械有限公司	曹桥街道
92	干将新材料有限公司	曹桥街道
93	平湖宏兴机械设备制造有限公司	曹桥街道
94	平湖市景兴包装材料有限公司	曹桥街道
95	嘉兴市海诺科贸有限公司	曹桥街道
96	浙江必虎科技有限公司	曹桥街道
97	平湖市东杨家居科技有限公司	曹桥街道
98	平湖能通新材料有限公司	曹桥街道
99	平湖鑫火医疗科技有限公司	曹桥街道
100	嘉兴市佳业厨卫科技有限公司	曹桥街道
101	绵存（浙江）科技有限公司	曹桥街道
102	嘉兴唯农生物技术有限公司	曹桥街道
103	浙江名冠过滤科技有限公司	曹桥街道
104	平湖市泓博科技有限公司	曹桥街道
105	平湖市金谊机械科技有限公司	曹桥街道
106	浙江霂泽农业科技有限公司	新埭镇
107	平湖市展翼织带有限公司	新埭镇
108	费莱（浙江）科技有限公司	新埭镇
109	平湖永盛压铸有限公司	新埭镇
110	嘉兴正弦电气有限公司	新埭镇
111	平湖市凯鑫塑业股份有限公司	新埭镇
112	浙江苕盛农业科技有限公司	新埭镇
113	浙江泽悦信息科技有限公司	新埭镇
114	平湖市驰新塑胶有限公司	新埭镇
115	浙江新砚汽车零部件有限公司	新埭镇
116	平湖市江汉塑胶科技有限公司	新埭镇
117	浙江中晨生态农业有限公司	新埭镇
118	浙江九益机电有限公司	新埭镇
119	浙江合丰电器有限公司	新埭镇
120	诚淘（浙江）机械有限公司	新埭镇
121	平湖市方奥通信技术有限公司	新埭镇
122	浙江汉和智能制造有限公司	新埭镇
123	柏弋科技（浙江）有限公司	新埭镇
124	锦品荟科技（嘉兴）有限公司	新埭镇

续表 19

序号	企业名称	属地
125	弗登智能装备（浙江）有限公司	新埭镇
126	平湖市勤力五金有限公司	新埭镇
127	平湖市凯峰达制衣有限公司	新埭镇
128	浙江奉天电子有限公司	新埭镇
129	浙江相伴宝数字科技有限公司	新埭镇
130	斐卓环保科技（平湖）有限公司	新埭镇
131	浙江柯茂节能环保工程设备有限公司	新埭镇
132	平湖市森鑫服饰有限公司	新埭镇
133	平湖市义合箱包有限公司	新埭镇
134	平湖飞翊金属制品有限公司	新埭镇
135	嘉兴市翔泰旅游用品股份有限公司	新埭镇
136	平湖市双凌箱包配件有限公司	新埭镇
137	平湖市凯悦达服饰有限公司	新埭镇
138	平湖众德电子有限公司	新埭镇
139	浙江希磊节能科技有限公司	新埭镇
140	浙江唯酷光电有限公司	新埭镇
141	浙江科睿德新材料有限公司	新埭镇
142	平湖市弈辰服饰有限公司	新埭镇
143	嘉兴嘉创智医疗设备有限公司	新仓镇
144	浙江秀龙包装材料有限公司	新仓镇
145	平湖市客乐包装制品有限公司	新仓镇
146	平湖市创新高分子材料股份有限公司	新仓镇
147	嘉兴艾瓷电子科技有限公司	新仓镇
148	嘉兴香艺食品有限公司	新仓镇
149	嘉兴星宝童车科技有限公司	新仓镇
150	平湖市荣硕家居制造有限公司	新仓镇
151	平湖市一心展示器材制造有限公司	新仓镇
152	浙江农合数字科技股份有限公司	新仓镇
153	浙江赫宇包装科技有限公司	新仓镇
154	嘉兴市百腾包装材料有限公司	新仓镇
155	浙江普山新材料科技有限公司	新仓镇
156	浙江仓禾农业科技服务股份有限公司	新仓镇
157	嘉兴市汇朋实业有限公司	独山港经济开发区
158	浙江久丰铝业有限公司	独山港经济开发区
159	嘉兴丝尚丝绸家纺有限公司	独山港经济开发区
160	平湖市雪天五金制品有限公司	独山港经济开发区
161	嘉兴市超联金属制品有限公司	独山港经济开发区
162	浙江钛迩赛新材料有限公司	独山港经济开发区
163	平湖市华镁五金有限公司	独山港经济开发区
164	平湖市中意包装有限公司	独山港经济开发区
165	蓝热新材料（嘉兴）有限公司	独山港经济开发区
166	嘉兴海智自动化设备有限公司	独山港经济开发区

续表 19

序号	企业名称	属地
167	平湖市天邦五金有限公司	独山港经济开发区
168	浙江卓众电力科技有限公司	独山港经济开发区
169	平湖市水韵赵家桥旅游开发有限公司	独山港经济开发区
170	嘉兴双子包装材料有限公司	独山港经济开发区
171	嘉兴正宏拉链有限公司	独山港经济开发区
172	平湖市中盛激光科技有限公司	独山港经济开发区
173	嘉兴虹轩模塑有限公司	独山港经济开发区
174	嘉兴盛和家具有限公司	独山港经济开发区
175	平湖市轮丰五金有限公司	独山港经济开发区
176	嘉兴确实物联网科技有限公司	独山港经济开发区
177	杰森石膏板（嘉兴）有限公司	独山港经济开发区
178	嘉兴复翼环保科技有限公司	独山港经济开发区
179	嘉兴渡贝嘉斯新材料有限公司	独山港经济开发区
180	浙江中威时和新材料有限公司	独山港经济开发区
181	平湖市交通工程有限公司	独山港经济开发区
182	平湖华瑞仓储有限公司	独山港经济开发区
183	平湖市双龙农业有限公司	独山港经济开发区
184	平湖市宇晟制衣股份有限公司	独山港经济开发区
185	嘉兴昱信缙才机械科技有限公司	独山港经济开发区
186	平湖市嘉丰工艺品有限公司	独山港经济开发区
187	平湖市凯盛农业有限公司	独山港经济开发区
188	浙江文业扬汽车电子有限公司	独山港经济开发区
189	平湖骄峰包装材料有限公司	独山港经济开发区
190	平湖市顺达五金制品有限公司	独山港经济开发区
191	嘉兴博铠机械有限公司	独山港经济开发区
192	平湖鸿毅达医疗器材有限公司	独山港经济开发区
193	平湖市伟扬祥宝五金有限公司	独山港经济开发区
194	嘉兴卓玲新材料科技有限公司	广陈镇
195	嘉兴华沣拉链有限公司	广陈镇
196	嘉兴缔德模塑科技有限公司	广陈镇
197	平湖市宏鑫达五金有限公司	广陈镇
198	平湖隆正得智能装备有限公司	广陈镇
199	嘉兴佳莓农业科技有限公司	广陈镇
200	平湖市旭东箱包有限公司	广陈镇
201	浙江广森箱包科技股份有限公司	广陈镇
202	浙江众信农业科技有限公司	广陈镇
203	嘉兴蓝城春风江南农业科技服务有限公司	广陈镇
204	平湖市鸿勒精密五金有限公司	广陈镇
205	沐璟生态科技（浙江）有限公司	广陈镇
206	福纳瑞园艺（浙江）有限公司	广陈镇
207	浙江辰标五金制品有限公司	林埭镇
208	浙江艾森特种设备有限公司	林埭镇

续表 19

序号	企业名称	属地
209	平湖市恒洋五金机械有限公司	林埭镇
210	平湖克丽娜包装制品有限公司	林埭镇
211	嘉兴志发纸业有限公司	林埭镇
212	嘉兴德得机械有限公司	林埭镇
213	致昌和精密钢带（浙江）有限公司	林埭镇
214	嘉兴市一清装饰设计有限公司	林埭镇
215	浙江新基环境科技有限公司	林埭镇
216	嘉兴市港泰精密机械制造有限公司	林埭镇
217	平湖市诚裕再生物资回收有限公司	林埭镇
218	浙江中友服饰有限公司	林埭镇
219	浙江龙谦食品有限公司	林埭镇
220	嘉兴市骏捷机电制造有限公司	林埭镇
221	平湖市唐松纺织品有限公司	林埭镇

科技创新平台

【产学研合作平台】 2022年，坚持以创新驱动为引领，深化院地合作，平台建设持续推进。各创新平台通过举办各类科技活动、申报各类项目等方式，发挥科创载体作用。上海交大平湖智能光电研究院申报省级尖兵领雁计划指南5项，推荐孵化项目5项；浙江工业大学平湖新材料研究院新引进省级人才1名，获市级重大科技计划项目1项；平湖实验室新引入省部级专家1人，完成2022年第二期开放基金的发布和申请书评审工作。浙工大平湖新材料研究院和平湖实验室认定为嘉兴市A类重点实验室。杭州电子科技大学平湖数字技术创新研究院正式揭牌，并与5个科研团队、2个科研合作项目、2个孵化项目和10家战略合作企业进行签约。

12月14日，杭州电子科技大学平湖数字技术创新研究院揭牌仪式举行 （市科技局 供稿）

【科技孵化器】 2022年，继续拓展孵化空间，提升孵化能力和服务水平，新增嘉兴市级孵化器2家，分别为嘉创智谷孵化器和浙江华龙新材料科技园。推进建设域外孵化器矩阵，在上海、深圳两地建成域外孵化器8个。在首届长三角G60科创走廊（浙江）科技孵化企业创新创业大赛中，有件（嘉兴）网络科技有限公司获三等奖。

【众创空间（星创天地）】 2022年，平湖市积极营造大众创业、万众创新的良好生态环境，获明显成效。全市已建成嘉兴市级以上众创空间4家，其中国家级2家、市级2家，孵化面积6700平方米。

【企业研发机构】 2022年，全市新增省级企业研究院4家、新增省级企业研发中心12家；新增嘉兴市级重点实验室A类2家、B类10家，新增嘉兴市企业研究院1家，新增嘉兴市级企业研发中心25家。全市累计已拥有省级企业研究院27家；各级研发中心291家，其中省级以上研发中心100家，嘉兴市级研发中心139家。

2022年省级企业研究院（研发中心）一览表

表20

序号	机构名称	依托单位
1	浙江省博格隆生物纯化工程企业研究院	博格隆（浙江）生物技术有限公司
2	浙江省众立热塑性弹性体企业研究院	浙江众立合成材料科技股份有限公司
3	浙江省石化丙烯酸及酯企业研究院	平湖石化有限责任公司
4	浙江省宝绿特环保技术装备企业研究院	浙江宝绿特环保技术工程有限公司
5	浙江省杰上杰高分子功能材料高新技术企业研究开发中心	浙江杰上杰新材料股份有限公司
6	浙江省宙辉智能灯具高新技术企业研究开发中心	浙江宙辉电器有限公司
7	浙江省华晟精密金属零部件高新技术企业研究开发中心	平湖市华晟精密机械股份有限公司
8	浙江省嘉兴沃特泰科环保专用化学用品高新技术企业研发中心	嘉兴沃特泰科环保科技股份有限公司
9	浙江省依爱夫游戏装高新技术企业研究开发中心	浙江依爱夫游戏装文化产业有限公司
10	浙江省众力汽车关键部件制造技术高新技术企业研究开发中心	平湖众力汽车部件有限公司
11	浙江省矽感锐芯传感器高新技术企业研究开发中心	浙江矽感锐芯科技有限公司
12	浙江省伊控汽车动力系统高新技术企业研究开发中心	浙江伊控动力系统有限公司
13	浙江省伊维氏传动系统高新技术企业研究开发中心	伊维氏传动系统（平湖）有限公司
14	浙江省贝托传动高精度行星齿轮减速机高新技术企业研究开发中心	浙江贝托传动科技有限公司
15	浙江省华鼎智能多元化保温容器高新技术企业研究开发中心	嘉兴市华鼎保温科技有限公司
16	浙江省郑林机械精密制造技术高新技术企业研究开发中心	浙江郑林机械股份有限公司

【产业创新服务综合体】 2022年，立足产业发展共性问题，进一步推动汽车零部件、服装、新材料创新服务综合体建设，加强共性技术平台建设，提升产业创新服务能力。完成3个综合体2022年度运行绩效考核办法制订，汽车零部件、新材料综合体分别接受上级部门年度绩效评价专家现场考察。

【“深根计划”】 2022年，平湖市积极推进“深根计划”，推动平湖经济高质量发展，持续建设清华长三院平湖创新中心，推动重大平台工作开展，2022年，落地项目18个、推荐申报高层次人才24人；建立“深根基金”——平湖嘉翼创投基金，截至年底累计完成投资6.5亿元（含跟投），连续三年该项工作考核位列嘉兴第一。

科技计划与科技成果

【概况】 2022年，全市共实施各级科技计划项目1003项，省级“尖兵”“领雁”研发攻关计划项目4项，省级新产品试制计划903项、平湖市级科技计划项目96项。鼓励企业加强新产品开发，加快产品结构调整，积极拓展市场，推进企业转型升级，引导企业积极申报省级新产品试制计划，提高省级新产品试制计划项目实施效果。2022年，全市共获上级科技经费补助979万元。

2022 年获上级科技经费资助项目一览表

表 21

序号	项目名称	单位名称	计划类别
1	团队科技特派员项目	浙江省农业科学院	团队科技特派员项目
2	平湖数字农业科技园区	平湖市广陈镇人民政府	省级农业科技园区
3	新型高分子改性材料研发及应用——导电性能可调控的高黏性、高导热丙烯酸酯胶黏剂及其在 5G 电子产品中的应用示范	安佐化学有限公司	省重大科技专项竞争性项目（2021C01089 二期）
4	高性能工程塑料与改性材料研发及应用——高耐候功能性改性 PVDF 材料及其在太阳能电池背板膜中的应用	嘉兴高正新材料科技股份有限公司	省重大科技专项竞争性项目（2020C01139 二期）
5	基于硅基光子芯片的高精度时间频率传递技术研究	上海交大平湖智能光电研究院	省重大科技专项领雁计划——竞争性项目
6	一种高性能环保型胶黏剂及其制备方法	安佐化学有限公司	网上技术市场成交、竞价产业化项目补助
7	高性能 PVDF 膜材料创业团队	嘉兴高正新材料科技股份有限公司	领军型创新创业团队
8	扩大“海外工程师”计划补助	尼得科艾莱希斯电子（浙江）有限公司	扩大“海外工程师”计划补助
9	扩大“海外工程师”计划补助	日本电产汽车马达（浙江）有限公司	扩大“海外工程师”计划补助
10	扩大“海外工程师”计划补助	浙江川电钢板加工有限公司	扩大“海外工程师”计划补助
11	扩大“海外工程师”计划补助	平湖波科激光有限公司	扩大“海外工程师”计划补助
12	扩大“海外工程师”计划补助	康迈尔机电（嘉兴）有限公司	扩大“海外工程师”计划补助
13	扩大“海外工程师”计划补助	稻垣汽车配件（平湖）有限公司	扩大“海外工程师”计划补助
14	扩大“海外工程师”计划补助	浙江泛亚生物医药股份有限公司	扩大“海外工程师”计划补助
15	扩大“海外工程师”计划补助	浙江宏利汽配集团有限公司	扩大“海外工程师”计划补助
16	扩大“海外工程师”计划补助	嘉兴藤飞精工科技有限公司	扩大“海外工程师”计划补助
17	扩大“海外工程师”计划补助	浙江东郁广陈果业有限公司	扩大“海外工程师”计划补助

【科技成果】2022 年，全市科技成果登记 214 项，全年提名申报省科学技术进步奖 7 项，浙江新发现机械制造有限公司的“绿色环保高纯度丙烯酸低能耗工艺研发与应用”项目获省科技进步三等奖。申报发明专利产业化项目 28 项。全年，完成技术交易登记总额 30.05 亿元。

民生科技

【概况】2022 年，市科技局结合防震减灾“十四五”规划，不断创新、深化和完善防震减灾工作，在地震风险普查、建设工程设施加固、农村民居建设、防震减灾科普宣传等方面成效显著，并再次获评县级防震减灾工作考核先进单位。

【全市抗震设防工作】年内，组建全国房屋设施抗震设防信息采集工作队伍，实施常态化房屋抗震设防信息采集。多部门推进地震易发区房屋设施加固工程工作，加强落实建设工程抗震设防要求监管工作。创新推进农村房屋抗震设防工作。会同市建设局推出《平湖市农村住房抗震设计图集》，联合举办农村建筑工匠培训班，邀请专家将对图集进行重点讲解推广，结合保留点民居建设向全市农村进行推广，助力美丽乡村建设。

【平湖地震灾害风险普查】 年内，完成地震灾害风险普查试点阶段工作，组织国家、省、市、县相关专家进行验收，成为全省新要求后首个验收的地震风险普查项目。

【防震减灾科普宣传】 年内，围绕“5·12”防灾减灾日等重点时段，组织镇街道、社区、科普教育机构等多渠道多途径开展防震减灾科普宣传。继续推进校园防震减灾科普教育，持续第五年把《平湖市防震减灾科普教材》纳入全市五年级社会实践课程，要求安排课时不少于4课时。组织全市幼儿园、中小学开展地震应急演练。重点推进平师附小地震科普馆新馆建设工程建设。

【科技类校外培训机构】 2022年，按照市“双减”工作要求和相关文件精神，对照《嘉兴市科技类校外培训机构设置标准及审核办法（试行）》，市科技局注重对科技类校外培训机构的政策宣传和日常监管。通过开展政策培训、设置审批材料模板进行“一对一”服务、联合相关部门现场勘查等方式，多措并举助力全市5家科技类校外培训机构通过审批，系统审核通过率71%，位列嘉兴第二。

【农业科技】 平湖数字农业科技园已基本具备数字农业赋能引领、科技成果创新、成果展示示范转化和种子种苗繁育产业化等省级数字农业科技园区功能，并在基础设施、科技创新载体和科技成果转化示范基地建设、科技特派员创业创新、科技孵化器建设及促进农民增收等方面开展工作。平湖数字农业科技园区在现代数字农业机械装备、草莓蝴蝶兰等种子种苗研发、鱼菜共生和精品瓜果蔬菜水果农业示范、稻田退水“零直排”模式、瓜菜主导产业发展等方面走上高质量发展道路。

【科技特派员】 2022年，继续深化科技特派员工作，助力农业高质高效发展，从涉农部门、高校、校地研究院选派个人特派员25人、特派员团队9个，共计70名科技特派员组成平湖市第十二批科技特派员队伍，到各镇街道开展科技指导工作。发挥科技特派员的作用，协助平湖得稻家庭农场守牢病虫害草“安全网”，为作物安全成熟和农业增产提质增效打好基础，确保水稻稳产丰收，保障粮食安全。协助山海协作，打造平湖市青田县共富高科技草莓试验田，助力青田县发展高效农业，实现从“输血”到“造血”的转变，助推乡村振兴农业产业跨越式共富发展。

（金哲宇）

文化·体育

综 述

【概况】2022年，市文旅体局以“文泽平湖、动感平湖、尽兴平湖”新形象，提升全市文化、体育领域高质量发展和人民群众满意度。全省基层公共文化测评列第13位，万人拥有公共文化设施面积5458平方米，列嘉兴第一。人均体育场地面积3.66平方米，列嘉兴第一，入选省第二批体育现代化县（市、区）创建名单。

【服务业资金申报兑现】整理上报文旅系统服务业发展资金项目，涉及旅游景区（示范区、购物点）17个项目，奖补资金377.7万元，包括旅行社引入国内外游客到平湖奖励、导游证奖励、旅游商品开发（设计、经营）奖励、举办旅游节庆（赛事）活动补助、参加旅游展示展销会补助等。

【产业项目争创】“当湖十局”CCTV电视围棋快棋赛继续申报《浙江省重点培育品牌体育赛事名录库（2022）》赛事。棒球（平湖徐家埭）获评2022年省运动休闲旅游优秀项目，助推林埭镇申报省运动休闲乡镇。指导白金汉爵大酒店、万怡酒店、三欣大酒店创建成省“百县千碗”美食示范店。

【体育产业库】完成省体育产业名录库数据更新录入工作，截至年底，拥有体育名录库单位431家。

【体育彩票】2022年，平湖市共完成销售26105.41万元，同比增长23.27%，其中，乐透型5199.16万元，竞猜型18558.43万元，即开型2347.82万元。完成全年销量目标。

（包怡丹）

西瓜灯文化节

【概况】以“共富路上·勇当典范”为主题的2022中国·平湖西瓜灯文化节于9月22—26日举行，共分“提质·新典范”“共富·艺起来”“悦享·平湖韵”三大篇章，参与来宾、群众近30万人次。节庆活动期间，共签订独资、合资和合作项目40项，总投资215亿元。《人民日报》、中央电视台、人民网、新华网、《浙江日报》等20余家省内外主流媒体在节庆期间聚焦平湖、宣传平湖，累计刊发580多篇（条）新闻稿件。

9月22日，举办2022中国·平湖西瓜灯文化节开幕式暨投资贸易洽谈会和“华枝春满 天心月圆”李叔同音乐会；9月23日，举行全市重大项目开工竣工投产仪式，举办“龙舞九彩”长三角龙舞邀请赛，组织集中收

2022精品瓜灯展作品　　（市委宣传部　供稿）

看央视中国农民丰收节（平湖主会场）文艺晚会；9月24日，举行市博物馆新馆开馆仪式及“西瓜娃娃”全能挑战赛；9月25日，举办2022“微昭杯”中小学生书画比赛优秀作品展和长三角西瓜灯雕刻创意大赛、“筑梦未来·青春共富”2022青少年赛艇邀请赛，举办“童心向党”嘉兴市首届少儿舞蹈大赛；9月26日，举办“追梦航天·平湖情缘”30周年纪念活动暨神舟飞船返回舱特展开幕仪式、“喜迎二十大·同走共富路”2022平湖戏剧小品大赛决赛；9月27日，召开平湖市文化产业高质量发展沙龙暨文化产业品牌发布会；10月1日，举办林埭镇第二届农民棒垒球联赛、全民反诈护航“共富路”创意海报设计大赛优秀作品展。9月12—17日，在当湖十局围棋公园举办2022年“浙江平湖·当湖十局杯”CCTV电视围棋快棋赛；9月22—26日，在南河头历史文化街区、南村书堆、莫氏庄园等地举办精品瓜灯展；9月16日至10月上旬，举办东湖景区、明湖景区、南河头历史文化街区环境布置及互动活动。

【2022中国·平湖西瓜灯文化节开幕式暨投资贸易洽谈会】 西瓜灯文化节开幕式暨投资贸易洽谈会于9月22日举行，会议采用“现场参会+视频连线”形式，德国慕尼黑设立分会场，同步推介平湖投资发展环境。邀请海内外客商约180人，共签约重大产业投资项目40个，总投资215亿元，签约项目涵盖数字经济、智能装备制造、新材料等领域。

【2022平湖市李叔同音乐会】 9月22日，“华枝春满　天心月圆”2022平湖李叔同音乐会在文化馆剧院举行。本场音乐会由浙江交响乐团、平湖市李叔同音乐艺术研究会共同合作演绎，通过融合李叔同音乐与当代音乐发展形式，展现李叔同音乐风格传承与创新。

【重大项目集中开工竣工投产仪式】 重大项目集中开工竣工投产仪式于9月23日举行，有39个项目参与活动，总投资258.37亿元，其中集中开工项目18个，总投资47.23亿元。项目主要涉及高新技术产业、基础设施、民生工程、生态环保、现代农业等领域。

【中国农民丰收节文艺晚会平湖主会场活动】 9月23日，组织集中收看中国农民丰收节文艺晚会。平湖作为晚会主会场进行节目录制，用群众喜闻乐见的文艺形式反映平湖“三农”在新时代呈现出的新面貌、新风尚、新活力。同时，结合平湖“非遗”项目和现代设施农业等元素，展现平湖经济社会发展成果，呈现平湖奔赴共同富裕新征程的喜悦与幸福感。

【长三角西瓜灯雕刻创意大赛】 9月25日，2022长三角西瓜灯雕刻创意大赛在金平湖广场举行。来自全市镇街道及嘉善的200位选手齐聚一堂，在会场中围成一个“富”字同台竞技，以刻瓜灯方式讲述长三角共富故事。本次大赛按参赛选手50%比例评选出最佳雕刻奖、最佳创意奖、最具人气奖等奖项。

【青少年赛艇邀请赛】 9月25日，“筑梦未来·青春共富”2022年青少年赛艇邀请赛在曹桥街道赛艇小镇马厩开赛。来自杭州的建兰中学赛艇队、巨浪赛艇青少年队，萧山区少体校队、江南体育赛艇队及平湖本地的行知小学赛艇队和行知中学赛艇队共6支代表队同台竞技，经过半决赛和总决赛两个赛段，最终平湖行知中学赛艇队和杭州巨浪男子赛艇队分获八人单桨组和四人双桨组一等奖。

【“童心向党”嘉兴市少儿舞蹈大赛】 9月25日，“童心向党”嘉兴市首届少儿舞蹈大赛在市文化馆剧院举行。大赛自4月启动以来，先后组织开展舞蹈题材讨论会和作品加工会，邀请专家对全市选送的节目逐一进行评选，15个节目登上总决赛舞台。市文联选送的原创舞蹈《变变变》获金奖。

【“追梦航天·平湖情缘”30周年纪念活动】 9月26日，“追梦航天·平湖情缘”30周年纪念活动暨神舟飞船返回舱特展开幕仪式在独山港镇启动。独山港航天形象IP海淼淼在纪念活动上首次亮相，情景剧《航天情》、航天主题少儿舞蹈《一封信》、主题歌曲《披风》等文艺作品现场首演。

【平湖戏剧小品大赛】 9月26日，在市文化馆剧院举办“喜迎二十大·同走共富路”2022平湖戏剧小品大赛决赛。经过前期各镇、街道23支队伍选拔，最终推选出9个节目进决赛，当湖街道综合文化站选送的《老李》、林埭镇综合文化站选送的《越来越棒》获金奖。

【文化产业发展沙龙及品牌发布会】 9月27日，2022平湖市文化产业高质量发展沙龙暨文化产业品牌发布会在圣雷克大酒店举行，来自上海、杭州等地专家教授、国内知名文化企业家会聚一堂。会议对以赛艇小镇文旅运营项目等为代表的10个新引进精品项目进行集中成果展示。会上发布平湖文化产业品牌——“文韵平湖”，品牌有“无限创造”的寓意。

【“龙舞九彩”长三角龙舞邀请赛】 10月1日，“龙舞九彩”——长三角龙舞邀请赛在“乐享平湖”直播间进行线上展播。本次大赛除有各镇街道选送的精品九彩龙舞作品外，还邀请上海、江苏、浙江三支优秀龙舞队伍参赛，以线上形式在国庆假期第一天展播，并以视频录制方式进行评审，最终评选出金奖3个、银奖6个及最佳优胜奖3个。

（朱贞）

群众文化

【概况】 2022年，公共文化工作以创建省公共文化服务现代化先行县为契机，打造长三角公共文化高质量一体化发展新高地。公布全市首批文艺星火赋美示范点12个，全年，开展各类文化艺术活动65场次，让文艺不限于剧场、不囿于围墙。8月2—4日，承办省第十二届群众曲艺大赛题材讨论会。全年，“金平湖”惠民剧场演出24场次，其中优秀业余文艺团队会演7场，四川茂县文化走亲演出1场。9月22日，在市文化馆剧院举办“华枝春满　天心月圆”平湖李叔同音乐会。9月22—26日，在南河头历史文化街区、南村书堆、莫氏庄园、案山晓翠、圣雷克酒店5地展出800余盏瓜灯。

【公共文化服务现代化先行县创建】 按照“1443”工作思路（1

12月10日，首批“金平湖”文化保障卡在平湖市博物馆发布

（市文旅体局　供稿）

个目标、4个工程、4项突破、3大保障），梳理、明确先行县创建重点项目和任务。完成公共文化长三角一体化、先行镇、农民读书会、公共文化空间等先行县理论制度设计。《浙江日报》专题报道《平湖积极打造长三角公共文化服务高质量发展示范区》。

【公共文化服务创新项目】 开展2022年度公共文化服务创新项目评选，其中市图书馆“‘金平湖·慧阅读’轮值馆长制”和广陈镇综合文化站“农文旅区域协作的‘明月山塘’模式”两个项目获评2022年度嘉兴市公共文化服务创新项目，市局“平湖市公共文化空间建设”项目获2017—2021嘉兴基层公共文化创新成效奖。

【“金平湖”文化保障卡】 平湖入围2022年全省首批文化保障卡试点地区，12月13日，正式发行首批“金平湖”文化保障卡2100张，分为暖心卡、荣誉卡、惠民卡、体验卡4类，形式为有卡和无卡两种，线下签约文化场馆和经营商户21家。

【西瓜灯文化节文化活动】 完成2022西瓜灯文化节文旅篇章活动，包含长三角西瓜灯雕刻创意大赛、“龙舞九彩”长三角舞龙大赛、戏剧小品大赛决赛、李叔同音乐会、精品瓜灯展、市博物馆新馆开馆仪式、“浙江平湖·当湖十局杯”CCTV电视围棋快棋赛等多项活动。

【“喜迎二十大、同走共富路”主题活动】 完成第五届青少年声乐大赛、第二届青年歌手大赛、家庭才艺（表演类）大赛、排舞（广场舞）大赛、戏剧小品大赛五大群众文化主题活动150余场次。

【文化基因解码转化利用“1-3-10”项目】 从平湖20个本土重点文化元素及“报本文化”平湖文化标识出发，开展2022年度文化基因解码工程转化利用，完成文化元素转化利用“1-3-10（完成1个文化基因解码成果转化利用落地项目，完成3个项目的详细设计或规划，开展10个项目的概念性策划）”项目。

【文艺精品创作】 打造话剧《明月山塘》、舞蹈《布语江南》、歌曲《时光里的明湖》、小品《老李》、少儿舞蹈《绕绕绕》等文艺精品10余件，其中《布语江南》获2022年省“群星奖”、《老李》获2022年省第三十三届群众戏剧小品大赛金奖。

图　书

【概况】 加快推进科创图书馆项目，擦亮全民阅读品牌，构建“10分钟品质阅读圈”，促进人民精神生活共同富裕，推进阅读走向基层，推动图书馆服务体系高质量发展。2022年，市图书馆新增藏书72785册，总藏书量1355921册。全年市、分馆接待读者2198500人次，书刊文献外借1281576册次，办理各类借阅证件7744张。“你点书，我埋单”服务深受读者欢迎，全年读者点书125人次，成功点书374册。市馆为全市各镇（街道）分馆补充新书17次，计送书8500册。为全市馆外服务点送书74次，计71534册。

11月9日，“书香满禾城　文化富有路”嘉兴市农民读书会现场观摩会暨精品书香线路推介会在钟埭街道沈家弄村礼堂书屋举办

（市文旅体局　供稿）

【图书馆总分馆效能建设】 2022年，办理各类借阅证10893张，新增文献72785册，接待读者219.85万人次，举办各类阅读活动465场次，参加读者40余万人次，微信推送327期，点击10余万人次。

【平湖农民读书会】 重新梳理确定114个重点农民读书会，制订农民读书会全年工作"七个一"规划。农民读书会获省公共文化服务高质量发展典型案例、第二批省文化和旅游促进共同富裕最佳实践案例。开展"农民阅读指数"研究，形成《农民阅读促进农村居民精神富有发展报告——以农民读书会为例》。

【智慧书房建设】 重点推进"金平湖 慧阅读"社会轮值馆长项目，全市17家智慧书房年接待读者70万人次。以"全民阅读+文旅融合"为理念，举办"书香金平湖 文化富有路"金平湖书香线路推介大赛和跟着"馆长"去旅行——书香精品线路游系列活动。提炼《浙江平湖：社会轮值馆长，带活全民阅读氛围》刊登于《中国文化报》。

【2022全民阅读节】 举办2022平湖市全民阅读节，主题为"阅享共富 平湖先行"，开展书香线路推介大赛、阅读马拉松、报本文化主题暑期夏令营等十大项活动。承办"书香满禾城 文化富有路"嘉兴市农民读书会现场观摩会暨精品书香线路推介会。

【古籍与地方文献】 全年，收集编目平湖地方文献400多种，共523册，修复古籍20册。整理出版黄金台《木鸡书屋诗文集》。平湖民国报纸细颗粒度数字化建设申报获批央补资金。开展"古籍三进"服务，推出"民国有风来"特色文创10余款。

【公共图书馆评估定级工作】 做好第七次全国公共图书馆评估定级工作。8月底前，完成自查及平台申报，9月，完成公共图书馆评估定级工作自评报告并做好迎检准备。

【科创图书馆新馆建设项目】 科创图书馆总建筑面积3.2万平方米，其中地上1.6万平方米，计划总投资4.8亿元。推进科创图书馆建设前期工作，对接代建单位平湖城投集团和设计单位杭州中联筑境建筑设计有限公司，成立新馆建设专家委员会，召开设计方案评审会，完成项目建议书，获批可行性研究报告编制。

【"浙文惠享"省级民生项目】 建成"10分钟品质文化生活圈"105个、认定通过2家省级智慧书房和1家省级文化驿站。

【"书房·书屋·书吧"项目建设】 新建智慧书房1家、礼堂书屋8家、乡村书吧5家；数智化提升智慧书房12家。

【健心客厅】 在图书馆服务体系内建成健心客厅8家。

非物质文化遗产

【概况】 2022年，平湖非遗保护工作秉承"保护为主，抢救第一，合理利用，传承发展"工作方针，坚持"留存非遗本源、激发非遗活力、探索融合发展、连接现代生活"传承精神，推进非遗传承保护工作发展。

【服务传承人月系列活动】 1月20日，举办平湖市第十五个"服务传承人月"系列活动启动仪式暨《中国平湖糟蛋文化志》首发式活动。

【"文化和自然遗产日"系列活动】 举办平湖市庆祝第十七个"文化和自然遗产日"系列活动，包括"连接现代生活·绽放迷人光彩"非遗宣传展示活动、"平湖非遗风采"短视频大赛、钹子书专场展演暨"少年非遗说"平湖赛区颁奖仪式等。

【"龙舞九彩"品牌活动】 3月4日，举办2022平湖市"我们艺起来"系列活动暨"龙舞九彩"舞龙大赛启动仪式；9月23—24日，举办"龙舞九彩"长三角龙舞邀请赛。

【抢救性记录】 配合省厅开展平湖钹子书国家级传承人徐文珠钹子书抢救性保护工作，完成平湖钹子书项目国家级传承人朱大贞及2名普查工作者（陈宰、马宏军）口述访谈录制。

【非遗基础创建】 完成省第六批省级非物质文化遗产代表性项目推荐申报工作，推荐《当湖十局》《鱼圻塘庙会》《戈氏儿科》《肖氏皮肤疮疡科》《老鼎丰酱油酿造技艺》《平湖传统糕点制作技艺》6个项目申报。新增平湖市级非遗传承人16名、非遗项目10项，新增平湖市级非遗工坊16个、嘉兴市级非遗工坊10个（其中平湖糟蛋非遗工坊、平湖糕点非遗工坊入选浙江省非遗工坊建设名单）。

【非遗馆分馆】 建成2家镇街道非遗馆分馆，分别为新埭镇非遗分馆和林埭镇糟蛋非遗分馆。

文物保护管理

【可移动文物保护和利用】 推进文博场馆建设。9月，市博物馆新馆建成开放。李叔同纪念馆完成展陈大纲编制，展陈形式设计方案编制并通过评审。吴一峰艺术馆新馆主体结构完成建设，启动展陈招标工作。完成全省民生实事项目，全市年内建成开放11家乡村博物馆。发挥文物宣传作用。全年，4家国有文博场馆和1家民办博物馆共举办各类展览80场次，举办各类社会教育活动、培训100场次，累计观众60万人次。利用博物馆文物开发文化创意产品，提升群众参与文物宣传和保护参与度。举办“史前符号和早期文字学术报告会”，宣传普及庄桥坟遗址出土刻画符号的学术价值和历史意义。

【不可移动文物保护和利用】 落实文物修缮保护。上半年完成2座古石桥——丁店桥、胡家桥修缮和11处古建筑2360平方米修缮工作，下半年23座古建筑和2处省保（新埭太平桥和青云桥）的修缮完成或实施中，全年，修缮任务约1万平方米。完成国保单位乍浦炮台三维扫描工作和保护规划上报，实施数字化监测。加强文物考古研究。完成新埭北堰遗址试掘工作。联系省考古所开展沪平盐城际铁路和滨海供电22万千伏用电涉及省保单位——戴墓墩遗址建设工程的考古勘探。原平湖孔庙东侧一建筑工地新发现明代“鲁公墓志”石碑一块，南河头历史文化街区古建筑修缮中发现多块石构件。完成全市所有不可移动文物复核工作，按程序完成21处已消失文物注销。督促镇街道落实文物保护属地责任，组织镇街道每月定期开展文物巡查，加强文保员队伍管理。完成1处全国重点文物保护单位——莫氏庄园风险隐患整改。庄桥坟省级考古遗址公园完成一期项目建设。

（包怡丹）

陆维钊书画院

【概况】 2022年，陆维钊书画院立足本职，在研究、传承、弘扬馆主艺术成就，做好公共文化服务两个方面下功夫，在奋进新征程中彰显文博担当。年内，举办线下临展15场次，社会教育活动94场次，新增藏品216件，挂牌浙江省盟员传统教育基地。

【第四届高教展】 4月21日，举行第四届中国高等书法教育论坛暨中国高等书法教育成果展篆刻专题展。活动内容包括开幕式及论坛两部分，采取网络直播形式，在中国美术学院（杭州）设立主会场、平湖设分会场，全国多所高校视频连线。线上论坛以“从篆刻到印学”为主题，分4场，每场都邀请线上线下两位专家共同主持，并对入选论文逐一进行点评，全国书法篆刻专业人士和全国高校众多师生参与。

【项目申报】 市书画院申报国内外两个2023年度国家艺术基金传播交流推广类资助项目。其中，“翰墨雅逸 青春华夏——当代中国大学生书法艺术海外巡展”项目通过初评，并于12月6日完成复评答辩。

【“微昭杯”书画赛】 市书画院与市教育局第二次合作举办“微昭杯”平湖市中小学生书画比赛。活动收到全市中小学生来稿715件，最终评出一等奖104名、二等奖182名、三等奖216名、鼓励奖213名，职业中专等12所学校获优秀组织奖，胡海华等66人获优秀指导教师奖。该活动被列入2022年西瓜灯文化节。9月25日，获一等奖的104件作品在书画院展出，同时出版作品集。作品巡展在百花小学和东湖中学举行，2400余名师生观看展览。

【典藏研究】 开展馆主研究。加强与项目执行单位对接，推进《陆维钊全集》编纂工作。从作品征集与拍摄、同步图像处理、文字释读、书稿编排等方面同时开展工作，5月，《陆维钊全集》编纂出版推进会在浙江大学出版社举行，已完成用于申报项目的打样稿七册。着力文章研究深度和文献价值，完成《陆维钊院刊》第55、56期出刊。来自北京、上海、浙江、山东等地专家的稿件十余篇，及专家访谈、高校院地等内容，展现陆维钊诗书画等方面艺术成就，为平湖当地书画成果提供展示和推介平台。完成题为《陆维钊“非篆书入印”印学思想及其对当代印学的启示》的论文一篇。梳理陆维钊印学事迹和“非篆书入印”印学观的思想，阐述陆维钊篆刻艺术创作观及对当代印学在创新方面启示。丰富馆藏，实现藏品管理数字化。2022年，共新增藏品216件，其中“第四届书学之路——中国高等书法教育成果系列之篆刻专题展”入展篆刻作品原石128件、印屏86件，艺术家个人作品2件。排摸库房藏品。对近3000件书画藏品的图片、信息等内容进行采集和补充，100%数字化并进行分类账册整理。

【馆际交流】 第26届中国书画名家馆联会工作年会由江苏徐州李可染纪念馆承办，6月，举办线上论坛。书画院艺术展览部作题为《陆维钊书画院的传播新实践》的主旨发言。

【公教宣传】 公益培训。“微昭讲堂”公益培训班招收学员119名，其中书法27名，国画32名，文字学23名，古琴37名，全年，开展公益培训讲座200余课时，受益学员2300余人次。接待讲解。全年，共接待讲解20批次，在市百花小学、东湖中学、技师学院开展陆维钊艺术宣讲，受众980人次。微信推送。全年，院微信公众号累计推送近110次，年度浏览量近32500人次。其中，通过公众号，多形式开展线上展览及活动10余次，并以VR影像方式带领观众云游书画院。

11月11日，浙江省盟员传统教育基地授牌仪式暨嘉兴多党合作示范精品教学线路民盟专线启动仪式举行　　（陆维钊书画院　供稿）

【阵地建设】 10月21日，嘉兴市委宣传部副部长、社科联主席黄国强一行到陆维钊书画院开展嘉兴市级社科普及基地复评工作。检查组一行通过听取汇报、查阅台账资料，实地了解书画院2019—2021年科普教育文化特色和活动开展情况，肯定科普基地建设成果。11月11日，民盟浙江省盟员传统教育基地授牌仪式暨嘉兴多党合作示范精品教学线路民盟专线启动仪式在书画院举行，同时授予书画院民盟“浙江省盟员传统教育基地”牌匾。

【陈列展览】 全年，举办线下临展15场次。包括市第十三届书法大展、陆维钊书画院藏陆维钊书画作品（复制件）展、第三届古意今情——上海师范大学美术学院中国画教学“山水”展、“三月芳菲”平湖市第六届女性书法美术作品展、第四届书学之路——中国高等书法教育成果系列之篆刻专题展、市文联书法篆刻公益培训班（2017级、2019级）学员作品展、“书法家的画”系列展览——“食货志”吴雄飞国画小品展、中国·嘉兴国际漫画馆藏精品展、2022“微昭杯”市中小学生书画比赛优秀作品展、江南好——献礼二十大召开主题书画展（平湖站）、2022“微昭杯”市中小学生书画比赛优秀作品展（小学组、中学组）、“抚今追昔”兰亭书会四十周年庆书法作品展（平湖站）、“守正创新、笔随时代”平湖——临平喜庆二十大书法作品联展、“城市的调性”第三届2022浙江（嘉兴）城市美术双年展。

（马幸儿）

文体市场管理

【概况】 2022年，出动执法人员3427人次，检查市场经营单位1563家次，查处市场违法行为31家次，责令停业4家次，罚没款66308元。

【行政许可工作】 2022年，新审批文旅企业24家，其中歌舞娱乐4家、广播电视节目制作经营单位6家、游艺娱乐1家、高危（游泳）3家、网吧2家、体育类校外培训3家、文化艺术类校外培训5家；变更9家；审批营业性演出20场次；注销18家。

【安全播出工作】 2022年，做好广播电视消防安全隐患排查、安全播出工作，对市传媒中心、华数公司检查共计10余次。全年无安全播出事故。

【非法卫星电视接收设施整治工作】 2022年，继续开展非法卫星电视接收设施专项整治工作，在全市13个部门单位配合下，全市8个镇街道开展专项整治，经嘉兴考核评估，排名嘉兴第一。2022年，通过报纸、广播电视、网络、公告等宣传政策法规1678次，发出整改通知书53份，执法（含多部门联合执法）89次，出动执法人员461人次，立案7起，用户自行拆除47座，收缴、强制拆除6座，合计53座。

【法治工作】 完成市文旅体局13名行政执法人员执法证一键换证。加强案件审核监督工作，全年无行政复议和诉讼发生。

群众体育

【概况】 平湖市体育工作以“健康平湖”建设为引领，以构建全民健身公共服务体系为目标，打造动感平湖。2022年，平湖获省群众体育工作成绩突出集体和突出个人称号，市委书记代表平湖在嘉兴市体育工作会议上作交流发言，多个项目在大会上获奖。全市体育基础设施建设稳步推进，人均体育场地面积达3.66平方米，“春兰杯”世界围棋锦标赛等国际赛事陆续举办，“舞精灵”数字化项目被列为省级试点，各项体育改革进一步深化，省体育现代化县（市、区）创建稳步推进。

【省级以上赛事活动承办】 举办省青少年棒球垒球锦标赛、2022年全国青少年棒球锦标赛U10组、2022年全国青少年棒球锦标赛U12组暨全国小学生棒球训练营、全国“棒球精英”公益课及2022年省棒球裁判员培训班等，参与2000余人，带动当地消费。挖掘地域特色、资源优势，举办第十四届春兰杯世界围棋锦标赛、第23届阿含·桐山杯中国围棋快棋赛决赛暨第23届阿含·桐山杯中日围棋快棋冠军对抗赛、“当湖十局杯”CCTV电视围棋快棋赛、中国围棋甲级联赛、第二届省智力运动会围棋比赛，以品牌赛事影响力，吸引更多群众参与。

【上级竞赛活动参与】 组织队伍参加浙江嘉兴端午民俗文化节龙舟竞渡、踏白船表演赛，2022年嘉兴市第二届农村文化礼堂男子篮球联赛等赛事。

【体育场地设施建设】 全年，新建体育设施进公园1个、笼式足球场1个、社区多功能运动场1个、百姓健身房7个。新建“运动家”智慧体育社区9个，改造基层水泥篮球场地70个。按照省、市两级政府要求，所有项目12月底前全部完成建设，人均体育设施面积达3.64平方米，列嘉兴第一。对全民健身中心进行改扩建。该工程项目批复总投资约26868.42万元，其中建筑工程投资23665.89万元，工程建设其他费用1923.08万元，预备费1279.45万元。主要包括改建工程，改建总建筑面积约6442.32平方米，包括对体育场和体育馆室内外立面、田径场、看台地面和座椅等进行提升改造。新建工程，新建空中跑道和配套用房建筑面积约2917.88平方米。室外基础环境提升工程，绿化景观提升改造面积约30504.66平方米。智能化改造工程，主要围绕满足赛事需求，对两个场馆的体育工艺进行智能化改造。

【体育队伍建设】 开展阳光五月线上健步走、农村文化礼堂运动会、国民体质监测等全市各类群众体育赛事活动50多项次，近3万人参与。健全市、镇街道、村社区三级科学健身指导网络，行政村社区社会体育指导员覆盖率达100%，全市激活社会体育指导员1321人，每千人拥有2.2人，履职476人，履职率36.7%，有效履职率10.5%。根据《关于全面推行基层体育委员工作机制的实施意见（试行）》文件精神，推行基层体育委员工作机制。

【体育社团活动】 加强体育社会团体管理，实施季度例会制度，完善评估考核制度和社会团体重大事项报告备案制度。全市单项体育社团达22个，指导桥牌协会完成换届工作。年内，结合6月10日纪念毛泽东主席“发展体育运动，增强人民体质”题词70周年节点，举办线上知识竞赛，5400余人参与活动。单项体育社团响应号召开展活动12场，近3000人参与。年内，通过城乡培训大联动、健身服务大配送、对接重要健身平台三种方式开展全民健身公益大培训17场，培训4400余人次。

【品牌赛事】 依托平湖优势资源，打造涵盖竞技、群众、商业三方面具有平湖特色的体育品牌赛事活动。继续做大做强“当湖十局”，举办2022年“浙江平湖·当湖十局杯”CCTV电视围棋快棋赛。做好浙江男排主场文章，9月8—15日，浙江男排到平开展为期7天的省运动队大集训活动。“送体育下基层”，进校园开展座谈会、培训班、互动等，助力全市排球运动发展。结合本地临沪地域优势，利用水系丰富、河道宽直等自然环境及独特体育设施条件，着力打造棒球、马拉松赛、赛艇等特色体育品牌赛事。

【“当湖十局”围棋品牌】 9月16日，2022年“浙江平湖·当湖十局杯”CCTV电视围棋快棋赛决赛在“当湖十局”围棋公园二妙堂举行，时越中盘击败谢尔豪，获2022年CCTV电视围棋快棋赛冠军。2022年，“当湖十局”CCTV电视围棋快棋赛将继续申报《浙江省重点培育品牌体育赛事名录库（2022）》赛事。

【乡村文化名师工作室建设】 继续推进乡村文化名师工作室建设，新建乡村文化名师工作室2家。

【文化馆企业分馆建设】 持续完善文化馆总分馆服务体系，促进优质文化资源向企业延伸，新建文化馆企业分馆4家，并配备企业文化员。

竞技体育

【概况】 进一步完善以市少体校为主体，“市队联办”后备人才基地（训练点）、体育特色学校和体育社会组织共同参与的训练格局。4月，市少体校被嘉兴市评为“奥运会、全运会成绩集体嘉奖单位”。输送嘉兴市少体校运动员12名。3名运动员被省体育职业技术学院招收为长期集训队员，1名运动员被省帆船帆板队招收为试训队员。进一步加强“体教融合”，市体育部门联合教育部门共同举办市第十一届青少年学生阳光体育运动会。

【赛事参加】 竞技体育获突破，2022年，参加省第十七届运动会，平湖武术套路项目获嘉兴地区该项目首金，全市178名运动员参加田径、游泳等12个大项、16个小项比赛，获14.5枚金牌、7枚银牌、13枚铜牌，总分512分。平湖获得金牌数在嘉兴市排名第四，奖牌数排名第四，团体总分排名第三。省锦标赛平湖籍运动员共参加11个大项、13个小项的比赛，获金牌8.92枚、银牌4枚、铜牌4.2枚，总分251.4分。在嘉兴市锦标赛田径、游泳6个大项、7个小项比赛中，获金牌47枚和总分1660.5分。

2022年平湖籍运动员获省级及以上比赛前八名成绩一览表

表22

序号	姓名	性别	大项	比赛名称	比赛项目	名次
1	缪飞龙	男	划艇	2022年世界青年锦标赛	男子500米双人划艇	第三名
2	徐　键	男	划艇	2022年全国皮划艇静水锦标赛	男子乙组（U19）1000米单人划艇	第一名
3	缪飞龙	男	划艇	2022年全国皮划艇静水锦标赛	男子甲组500米双人划艇	第二名
4	杨秋英	女	赛艇	2022年全国赛艇锦标赛	女子甲组八人艇2000米	第六名
5	孙铭霞	女	赛艇	2022年全国赛艇锦标赛	女子甲组八人艇2000米	第六名
6	孙卓远、陈文昊	男	短式网球	浙江省第十七届运动会短式网球比赛	短网团体	第一名
7	张璟淳、凌晨瑄、钱宣凝	女	短式网球	浙江省第十七届运动会短式网球比赛	短网团体	第四名
8	徐　键	男	皮划艇	浙江省第十七届运动会皮划艇赛艇比赛	男甲1000米C1	第一名
9	徐　键	男	皮划艇	浙江省第十七届运动会皮划艇赛艇比赛	男甲200米C1	第二名
10	沈睿欣	女	皮划艇	浙江省第十七届运动会皮划艇赛艇比赛	女乙2000米K2	第三名
11	沈睿欣	女	皮划艇	浙江省第十七届运动会皮划艇赛艇比赛	女乙500米K2	第三名
12	蒋家乐	男	皮划艇	浙江省第十七届运动会皮划艇赛艇比赛	男丙2000米K1	第五名
13	余　陈	男	皮划艇	浙江省第十七届运动会皮划艇赛艇比赛	男乙2000米K1	第六名
14	余　陈	男	皮划艇	浙江省第十七届运动会皮划艇赛艇比赛	男乙1000米K1	第七名
15	余　陈	男	皮划艇	浙江省第十七届运动会皮划艇赛艇比赛	男乙200米K1	第七名
16	戴忻怡	女	乒乓球	浙江省第十七届运动会乒乓球比赛	丙组女子团体	第一名
17	黄心悦	女	乒乓球	浙江省第十七届运动会乒乓球比赛	甲组女子单打	第二名
18	杨毅晨	男	乒乓球	浙江省第十七届运动会乒乓球比赛	甲组男子单打	第四名
19	胡昕玥	女	乒乓球	浙江省第十七届运动会乒乓球比赛	甲组女子单打	第四名
20	冯睿彧	男	乒乓球	浙江省第十七届运动会乒乓球比赛	戊组男子团体	第四名
21	陆浩成	男	乒乓球	浙江省第十七届运动会乒乓球比赛	戊组男子团体	第四名
22	丁泽宇	男	乒乓球	浙江省第十七届运动会乒乓球比赛	丁组男子单打	第四名
23	丁泽宇	男	乒乓球	浙江省第十七届运动会乒乓球比赛	丁组男子团体	第六名
24	沈家宜	女	乒乓球	浙江省第十七届运动会乒乓球比赛	丁组女子团体	第七名
25	陆浩成	男	乒乓球	浙江省第十七届运动会乒乓球比赛	戊组男子单打	第八名
26	李嘉源	男	乒乓球	浙江省第十七届运动会乒乓球比赛	乙组女子单打	第八名
27	张庆雨	男	赛艇	浙江省第十七届运动会皮划艇赛艇比赛	男甲2000米2X	第一名
28	张庆雨	男	赛艇	浙江省第十七届运动会皮划艇赛艇比赛	男甲6000米2X	第一名
29	吴雨蓝晴	女	赛艇	浙江省第十七届运动会皮划艇赛艇比赛	女乙2000米1X	第二名

续表 22

序号	姓名	性别	大项	比赛名称	比赛项目	名次
30	吴雨蓝晴	女	赛艇	浙江省第十七届运动会皮划艇赛艇比赛	女乙 6000 米 1X	第二名
31	唐俊逸	男	赛艇	浙江省第十七届运动会皮划艇赛艇比赛	男甲 2000 米 2-	第四名
32	唐俊逸	男	赛艇	浙江省第十七届运动会皮划艇赛艇比赛	男甲 6000 米 2-	第四名
33	庄安妮	女	赛艇	浙江省第十七届运动会皮划艇赛艇比赛	女乙 2000 米 2-	第六名
34	庄安妮	女	赛艇	浙江省第十七届运动会皮划艇赛艇比赛	女乙 6000 米 2-	第六名
35	黄浩阳	男	田径	浙江省第十七届运动会“万固地产杯”田径比赛	13 岁及以下撑杆跳高	第二名
36	缪佳辉	男	田径	浙江省第十七届运动会“万固地产杯”田径比赛	15—16 岁组铁饼	第三名
37	施皓文	男	田径	浙江省第十七届运动会“万固地产杯”田径比赛	13—18 岁组男子 4×100 米	第三名
38	李思勤	女	田径	浙江省第十七届运动会“万固地产杯”田径比赛	14 岁女子 800 米	第六名
39	李思勤	女	田径	浙江省第十七届运动会“万固地产杯”田径比赛	14 岁女子 400 米	第七名
40	缪佳辉	男	田径	浙江省第十七届运动会“万固地产杯”田径比赛	15—16 岁组男子铅球	第七名
41	戴奚宇、许晨希	男	网球	浙江省第十七届运动会“欧帝尔杯”网球比赛	丁组团体男	第一名
42	范昊硕、钱佳宁	男	网球	浙江省第十七届运动会“欧帝尔杯”网球比赛	戊组团体男	第二名
43	叶子欣、张心甜	女	网球	浙江省第十七届运动会“欧帝尔杯”网球比赛	戊组团体女	第三名
44	钱佳宁	男	网球	浙江省第十七届运动会“欧帝尔杯”网球比赛	戊组单打男	第四名
45	沈润依	女	网球	浙江省第十七届运动会“欧帝尔杯”网球比赛	丙组团体女	第五名
46	顾鈴涵、陆奕蕾	女	网球	浙江省第十七届运动会“欧帝尔杯”网球比赛	丁组团体女	第六名
47	王心之	男	网球	浙江省第十七届运动会“欧帝尔杯”网球比赛	甲组单打男	第六名
48	叶子欣	女	网球	浙江省第十七届运动会“欧帝尔杯”网球比赛	戊组单打女	第七名
49	廖　晨	男	游泳	浙江省第十七届运动会“中国银行杯”游泳比赛	13 岁组男子 4×100 米混合泳接力	第三名
50	徐　佳	男	游泳	浙江省第十七届运动会“中国银行杯”游泳比赛	15—17 岁组男子 800 米自由泳	第四名
51	徐　佳	男	游泳	浙江省第十七届运动会“中国银行杯”游泳比赛	15—17 岁组男子 100 米蝶泳	第四名

续表 22

序号	姓名	性别	大项	比赛名称	比赛项目	名次
52	罗觅心	女	游泳	浙江省第十七届运动会“中国银行杯”游泳比赛	11 岁组女子 4×50 米混合泳接力	第四名
53	徐　佳	男	游泳	浙江省第十七届运动会“中国银行杯”游泳比赛	15—17 岁组男子 200 米自由泳	第五名
54	周　沫	女	游泳	浙江省第十七届运动会“中国银行杯”游泳比赛	9 岁组女子蛙泳全能	第五名
55	罗觅心	女	游泳	浙江省第十七届运动会“中国银行杯”游泳比赛	11 岁组女子蛙泳全能	第五名
56	罗觅心	女	游泳	浙江省第十七届运动会“中国银行杯”游泳比赛	11 岁组女子 100 米蛙泳	第五名
57	许鑫皓	男	游泳	浙江省第十七届运动会“中国银行杯”游泳比赛	12 岁组男子 100 米蛙泳	第五名
58	许鑫皓	男	游泳	浙江省第十七届运动会“中国银行杯”游泳比赛	12 岁组男子 4×100 米自由泳接力	第五名
59	蒋天壹	男	游泳	浙江省第十七届运动会“中国银行杯”游泳比赛	12 岁组男子 4×100 米自由泳接力	第五名
60	陆家逸	男	游泳	浙江省第十七届运动会“中国银行杯”游泳比赛	14 岁组男子 4×100 米自由泳接力	第五名
61	章婧瑶	女	游泳	浙江省第十七届运动会“中国银行杯”游泳比赛	12 岁组女子 4×100 米自由泳接力	第五名
62	章婧瑶	女	游泳	浙江省第十七届运动会“中国银行杯”游泳比赛	12 岁组女子 4×200 米自由泳接力	第五名
63	章婧瑶	女	游泳	浙江省第十七届运动会“中国银行杯”游泳比赛	12 岁组女子 4×100 米混合泳接力	第五名
64	罗觅心	女	游泳	浙江省第十七届运动会“中国银行杯”游泳比赛	11 岁组女子 4×100 米混合泳接力	第五名
65	周　沫	女	游泳	浙江省第十七届运动会“中国银行杯”游泳比赛	9 岁组女子 4×50 米自由泳接力	第五名
66	周　沫	女	游泳	浙江省第十七届运动会“中国银行杯”游泳比赛	9 岁组女子 4×50 米混合泳接力	第五名
67	许鑫皓	男	游泳	浙江省第十七届运动会“中国银行杯”游泳比赛	12 岁组男子蛙泳全能	第六名
68	章婧瑶	女	游泳	浙江省第十七届运动会“中国银行杯”游泳比赛	12 岁组女子自由泳全能	第六名
69	陶佳顺	男	游泳	浙江省第十七届运动会“中国银行杯”游泳比赛	15—17 岁组男子 100 米仰泳	第六名
70	章婧瑶	女	游泳	浙江省第十七届运动会“中国银行杯”游泳比赛	12 岁组女子 50 米自由泳	第六名
71	章婧瑶	女	游泳	浙江省第十七届运动会“中国银行杯”游泳比赛	12 岁组女子 100 米自由泳	第六名
72	廖　晨	男	游泳	浙江省第十七届运动会“中国银行杯”游泳比赛	13 岁组男子 100 米蛙泳	第六名
73	陆　寒	男	游泳	浙江省第十七届运动会“中国银行杯”游泳比赛	11 岁组男子自由泳全能	第六名

续表 22

序号	姓名	性别	大项	比赛名称	比赛项目	名次
74	蒋天壹	男	游泳	浙江省第十七届运动会“中国银行杯”游泳比赛	12 岁组男子自由泳全能	第六名
75	蒋天壹	男	游泳	浙江省第十七届运动会“中国银行杯”游泳比赛	12 岁组男子 4×100 米混合泳接力	第六名
76	许鑫皓	男	游泳	浙江省第十七届运动会“中国银行杯”游泳比赛	12 岁组男子 4×100 米混合泳接力	第六名
77	陆　寒	男	游泳	浙江省第十七届运动会“中国银行杯”游泳比赛	11 岁组男子 4×50 米自由泳接力	第六名
78	陆　寒	男	游泳	浙江省第十七届运动会“中国银行杯”游泳比赛	11 岁组男子 4×50 米混合泳接力	第六名
79	陆　寒	男	游泳	浙江省第十七届运动会“中国银行杯”游泳比赛	11 岁组男子 4×100 米自由泳接力	第七名
80	陆家逸	男	游泳	浙江省第十七届运动会“中国银行杯”游泳比赛	14 岁组男子 4×200 米自由泳接力	第七名
81	陶佳顺	男	游泳	浙江省第十七届运动会“中国银行杯”游泳比赛	15—17 岁组男子 50 米自由泳	第八名
82	廖　晨	男	游泳	浙江省第十七届运动会“中国银行杯”游泳比赛	13 岁组男子蛙泳全能	第八名
83	蒋天壹	男	游泳	浙江省第十七届运动会“中国银行杯”游泳比赛	12 岁组男子 100 米自由泳	第八名
84	陆家逸	男	游泳	浙江省第十七届运动会“中国银行杯”游泳比赛	14 岁组男子 4×100 米混合泳接力	第八名
85	罗燕琪、胡妙可、赵利萍、孙新乐、朱秋丽	女	足球	“奥凯杯”浙江省第十七届运动会比赛足球比赛	女子乙组	第一名
86	黄郑依	女	足球	“奥凯杯”浙江省第十七届运动会比赛足球比赛	女子甲组	第四名
87	李佳同、吴思晨、王宇轩	男	足球	“奥凯杯”浙江省第十七届运动会比赛足球比赛	男子丙组	第六名
88	沈雪慧、黄孜涵、黄陈琛、袁梓轩、顾月茹、沈欣怡、苏蕊蕾、戴宇涵、张梦馨、罗蒙萱、居锦依	女	足球	“奥凯杯”浙江省第十七届运动会比赛足球比赛	女子丙组	第六名
89	陈威霖、左琪涵	男	足球	“奥凯杯”浙江省第十七届运动会比赛足球比赛	男子甲组	第八名
90	崔博翔	男	排球	浙江省第十七届运动会排球比赛	男子甲组	第四名
91	鄢志炜	男	排球	浙江省第十七届运动会排球比赛	男子乙组	第六名
92	徐子浩、朱梓岩、郑泽泉	男	排球	浙江省第十七届运动会排球比赛	男子丙组	第七名
93	李　妍、吴若曦、梁学琦、沈育馨、柳语薇、沈嘉雯	女	排球	浙江省第十七届运动会排球比赛	女子丙组	第八名

续表 22

序号	姓名	性别	大项	比赛名称	比赛项目	名次
94	戈天昊	男	摔跤	浙江省第十七届运动会摔跤比赛	古典式男子乙组 70+ 公斤	第二名
95	李　娜	女	摔跤	浙江省第十七届运动会摔跤比赛	自由式女子组 63 公斤	第三名
96	朱曹纤	女	摔跤	浙江省第十七届运动会摔跤比赛	自由式女子组 58 公斤	第三名
97	李　博	男	摔跤	浙江省第十七届运动会摔跤比赛	自由式男子组 63 公斤	第五名
98	袁栋勋	男	摔跤	浙江省第十七届运动会摔跤比赛	古典式男子甲组 80+ 公斤	第五名
99	石宇宏、张伟伟	男	沙滩排球	浙江省第十七届运动会“正方杯”沙滩排球比赛	男甲团体	第四名
100	石佳忆、谢昕蕾	女	沙滩排球	浙江省第十七届运动会“正方杯”沙滩排球比赛	女甲团体	第四名
101	王子骏、尤鑫哲、黄子君、宋佳浩	男	沙滩排球	浙江省第十七届运动会“正方杯”沙滩排球比赛	男乙团体	第五名
102	石宇宏	男	沙滩排球	浙江省第十七届运动会“正方杯”沙滩排球比赛	男子甲组	第六名
103	高婷婷、沈逸轩、张艾媛、莫欣怡	女	沙滩排球	浙江省第十七届运动会“正方杯”沙滩排球比赛	女乙团体	第七名
104	张伟伟	男	沙滩排球	浙江省第十七届运动会“正方杯”沙滩排球比赛	男子甲组	第八名
105	张淑雯	女	柔道	浙江省第十七届运动会柔道比赛	女子甲组 63 公斤	第五名
106	夏诗雅	女	柔道	浙江省第十七届运动会柔道比赛	女子丙组 48 公斤	第七名
107	张怡霞	女	柔道	浙江省第十七届运动会柔道比赛	女子乙组 63 公斤	第七名
108	张佳瑶	女	柔道	浙江省第十七届运动会柔道比赛	女子乙组 63 公斤	第七名
109	彭润东	男	武术套路	浙江省第十七届运动会武术套路比赛	甲组男子第三套国际规定长拳 + 自选剑枪全能	第一名
110	周束林萱	女	武术套路	浙江省第十七届运动会武术套路比赛	乙组女子第一套规定南拳 + 南刀 + 南棍全能	第六名
111	李嘉凤	女	武术套路	浙江省第十七届运动会武术套路比赛	丙组女子少年规定拳 + 集体基本功	第七名
112	陶奕枫	男	武术套路	浙江省第十七届运动会武术套路比赛	丙组男子少年规定拳 + 集体基本功	第七名
113	黄宇轩	男	武术套路	浙江省第十七届运动会武术套路比赛	乙组男子第一套规定（南拳 + 南刀 + 南棍）全能	第七名
114	姚文祎	女	武术套路	浙江省第十七届运动会武术套路比赛	乙组女子第一套规定（南拳 + 南刀 + 南棍）全能	第七名
115	周一诺	女	武术套路	浙江省第十七届运动会武术套路比赛	乙组女子第一套国际规定（长拳 + 刀 + 棍）全能	第七名
116	葛巍然	女	武术套路	浙江省第十七届运动会武术套路比赛	乙组女子第一套国际规定（长拳 + 剑 + 枪）全能	第七名
117	龚家辉	男	武术套路	浙江省第十七届运动会武术套路比赛	乙组男子第一套国际规定（长拳 + 刀 + 棍）全能	第七名
118	黄　皓	男	武术套路	浙江省第十七届运动会武术套路比赛	丙组男子初级（第三路长拳 + 剑或刀 + 枪或棍）全能	第七名
119	倪黄奕	女	五人制篮球	浙江省第十七届运动会“太平洋保险杯”五人制篮球比赛	女子甲组	第八名

续表 22

序号	姓名	性别	大项	比赛名称	比赛项目	名次
120	张　睿	男	短式网球	2022 年浙江省少年儿童短式网球锦标赛	短网团体	第一名
121	孙卓远、陈文昊	男	短式网球	2022 年浙江省少年儿童短式网球锦标赛	短网团体	第二名
122	张璟淳、凌晨瑄、钱宣凝	女	短式网球	2022 年浙江省少年儿童短式网球锦标赛	短网团体	第五名
123	孙卓远、陈文昊	男	短式网球	2022 年浙江省少年儿童短式网球锦标赛	短网双打	第五名
124	张　睿	男	短式网球	2022 年浙江省少年儿童短式网球锦标赛	短网双打	第五名
125	孙卓远	男	短式网球	2022 年浙江省少年儿童短式网球锦标赛	短网单打	第五名
126	陈文昊	男	短式网球	2022 年浙江省少年儿童短式网球锦标赛	短网单打	第五名
127	张璟淳	女	短式网球	2022 年浙江省少年儿童短式网球锦标赛	短网单打	第五名
128	徐　键	男	皮划艇	2022 年浙江省青少年皮划艇锦标赛	男甲 200 米 C1	第一名
129	徐　键	男	皮划艇	2022 年浙江省青少年皮划艇锦标赛	男甲 1000 米 C1	第一名
130	沈睿欣	女	皮划艇	2022 年浙江省青少年皮划艇锦标赛	女乙 2000 米 K2	第二名
131	沈睿欣	女	皮划艇	2022 年浙江省青少年皮划艇锦标赛	女乙 500 米 K2	第二名
132	余　陈	男	皮划艇	2022 年浙江省青少年皮划艇锦标赛	男甲 200 米 K2	第五名
133	余　陈	男	皮划艇	2022 年浙江省青少年皮划艇锦标赛	男甲 1000 米 K2	第五名
134	余　陈	男	皮划艇	2022 年浙江省青少年皮划艇锦标赛	男甲 2000 米 K2	第五名
135	张　涛	男	皮划艇	2022 年浙江省青少年皮划艇锦标赛	男乙 1000 米 C2	第五名
136	蒋家乐	男	皮划艇	2022 年浙江省青少年皮划艇锦标赛	男丙 2000 米 K1	第七名
137	顾宇航	男	乒乓球	2022 年浙江省青少年（儿童）乒乓球锦标赛	A 组男子团体	第一名
138	张静蕾	女	乒乓球	2022 年浙江省青少年（儿童）乒乓球锦标赛	A 组女子单打	第一名
139	李绘蓝	女	乒乓球	2022 年浙江省青少年（儿童）乒乓球锦标赛	E 组女子团体	第一名
140	潘鑫茹	女	乒乓球	2022 年浙江省青少年（儿童）乒乓球锦标赛	F 组女子团体	第二名
141	张静蕾、叶好、王禹涵	女	乒乓球	2022 年浙江省青少年（儿童）乒乓球锦标赛	A 组女子团体	第三名
142	张益佳	女	乒乓球	2022 年浙江省青少年（儿童）乒乓球锦标赛	F 组女子团体	第三名
143	黄心悦、胡昕玥	女	乒乓球	2022 年浙江省青少年（儿童）乒乓球锦标赛	B 组女子双打	第三名
144	袁　帅	男	乒乓球	2022 年浙江省青少年（儿童）乒乓球锦标赛	B 组男子双打	第三名

续表 22

序号	姓名	性别	大项	比赛名称	比赛项目	名次
145	冯睿彧、张建豪	男	乒乓球	2022 年浙江省青少年（儿童）乒乓球锦标赛	F 组男子团体	第四名
146	丁泽宇	男	乒乓球	2022 年浙江省青少年（儿童）乒乓球锦标赛	D 组男子团体	第四名
147	丁泽宇	男	乒乓球	2022 年浙江省青少年（儿童）乒乓球锦标赛	D 组男子单打	第四名
148	门澳、董伊辰	女	乒乓球	2022 年浙江省青少年（儿童）乒乓球锦标赛	D 组女子团体	第四名
149	顾宇航	男	乒乓球	2022 年浙江省青少年（儿童）乒乓球锦标赛	A 组男子单打	第四名
150	金宇晨	男	乒乓球	2022 年浙江省青少年（儿童）乒乓球锦标赛	F 组男子单打	第五名
151	潘鑫茹	女	乒乓球	2022 年浙江省青少年（儿童）乒乓球锦标赛	F 组女子单打	第五名
152	韩一铭	男	乒乓球	2022 年浙江省青少年（儿童）乒乓球锦标赛	E 组男子团体	第五名
153	金宇晨	男	乒乓球	2022 年浙江省青少年（儿童）乒乓球锦标赛	F 组男子团体	第六名
154	李嘉源、邱依璐、周梓萱	女	乒乓球	2022 年浙江省青少年（儿童）乒乓球锦标赛	C 组女子团体	第六名
155	沈家宜、沈李萱	女	乒乓球	2022 年浙江省青少年（儿童）乒乓球锦标赛	D 组女子团体	第七名
156	但佳歆	女	乒乓球	2022 年浙江省青少年（儿童）乒乓球锦标赛	E 组女子团体	第八名
157	陆浩成、勾一、张祐庭	男	乒乓球	2022 年浙江省青少年（儿童）乒乓球锦标赛	E 组男子团体	第八名
158	程诺、胡佳扬	男	乒乓球	2022 年浙江省青少年（儿童）乒乓球锦标赛	C 组男子团体	第八名
159	李嘉源	女	乒乓球	2022 年浙江省青少年（儿童）乒乓球锦标赛	C 组女子单打	第八名
160	张庆雨	男	赛艇	2022 年浙江省青少年赛艇锦标赛	男甲 2000 米 2X	第一名
161	张庆雨	男	赛艇	2022 年浙江省青少年赛艇锦标赛	男甲 6000 米 2X	第二名
162	庄安妮	女	赛艇	2022 年浙江省青少年赛艇锦标赛	女乙 2000 米 2-	第五名
163	庄安妮	女	赛艇	2022 年浙江省青少年赛艇锦标赛	女乙 6000 米 2-	第五名
164	苏月笛、梁梦	女	赛艇	2022 年浙江省青少年赛艇锦标赛	女丙 4000 米 2X	第五名
165	苏月笛、梁梦	女	赛艇	2022 年浙江省青少年赛艇锦标赛	女丙 2000 米 2X	第六名
166	黄浩阳	男	田径	2022 年浙江省青少年田径锦标赛	13—18 岁组男子撑杆跳高	第二名
167	缪佳辉	男	田径	2022 年浙江省青少年田径锦标赛	15—16 岁组男子铁饼	第三名
168	施皓文	男	田径	2022 年浙江省青少年田径锦标赛	13—18 岁组男子 4×100 米	第四名
169	蒋进中	男	田径	2022 年浙江省青少年田径锦标赛	14 岁组男子跳远	第四名
170	缪佳辉	男	田径	2022 年浙江省青少年田径锦标赛	15—16 岁组男子铅球	第五名
171	周悦阳	男	田径	2022 年浙江省青少年田径锦标赛	14 岁组男子 200 米	第五名

续表 22

序号	姓名	性别	大项	比赛名称	比赛项目	名次
172	周悦阳	男	田径	2022 年浙江省青少年田径锦标赛	14 岁组男子 100 米	第六名
173	施皓文	男	田径	2022 年浙江省青少年田径锦标赛	15—16 岁组男子 100 米	第六名
174	沈彦宁	女	田径	2022 年浙江省青少年田径锦标赛	13 岁及以下组女子 800 米	第八名
175	许晨希	男	网球	2022 年浙江省青少年（儿童）网球锦标赛	丙组团体男	第一名
176	范昊硕、钱佳宁	男	网球	2022 年浙江省青少年（儿童）网球锦标赛	丁组团体男	第二名
177	叶子欣、张心甜	女	网球	2022 年浙江省青少年（儿童）网球锦标赛	丁组团体女	第三名
178	顾鈐涵、刘依依、陆奕蕾	女	网球	2022 年浙江省青少年（儿童）网球锦标赛	丙组团体女	第四名
179	许鑫皓	男	游泳	“洲克·泳者之星”杯第 42 届“迎春杯”浙江省青少年（儿童）游泳锦标赛	男子 12 岁组蛙泳全能	第四名
180	周新宇	女	游泳	“洲克·泳者之星”杯第 42 届“迎春杯”浙江省青少年（儿童）游泳锦标赛	女子 14 岁以上达级组 50 米仰泳	第五名
181	许鑫皓	男	游泳	“洲克·泳者之星”杯第 42 届“迎春杯”浙江省青少年（儿童）游泳锦标赛	男子 12 岁组 100 米蛙泳	第六名
182	罗觅心	女	游泳	“洲克·泳者之星”杯第 42 届“迎春杯”浙江省青少年（儿童）游泳锦标赛	女子 11 岁组蛙泳全能	第六名
183	罗觅心	女	游泳	“洲克·泳者之星”杯第 42 届“迎春杯”浙江省青少年（儿童）游泳锦标赛	女子 11 岁组 100 米蛙泳	第六名
184	陶佳顺	男	游泳	“洲克·泳者之星”杯第 42 届“迎春杯”浙江省青少年（儿童）游泳锦标赛	男子 15—17 岁组 100 米仰泳	第七名
185	马尧	男	游泳	“洲克·泳者之星”杯第 42 届“迎春杯”浙江省青少年（儿童）游泳锦标赛	男子 15 岁及以上达级组 100 米蝶泳	第七名
186	徐佳	男	游泳	“洲克·泳者之星”杯第 42 届“迎春杯”浙江省青少年（儿童）游泳锦标赛	男子 15—17 岁组 800 米自由泳	第八名
187	徐佳	男	游泳	“洲克·泳者之星”杯第 42 届“迎春杯”浙江省青少年（儿童）游泳锦标赛	男子 15—17 岁组 800 米自由泳	第八名
188	陶佳顺	男	游泳	“洲克·泳者之星”杯第 42 届“迎春杯”浙江省青少年（儿童）游泳锦标赛	男子 15—17 岁组 100 米蛙泳	第八名
189	陆寒	男	游泳	“洲克·泳者之星”杯第 42 届“迎春杯”浙江省青少年（儿童）游泳锦标赛	男子 11 岁组仰泳全能	第八名

续表 22

序号	姓名	性别	大项	比赛名称	比赛项目	名次
190	朱梓岩、郑泽泉、徐子浩	男	排球	2022 年浙江省青少年男子排球（甲乙丙组）锦标赛	男子丙组	第三名
191	柳梧薇、梁学琦、沈育馨、吴若曦	女	排球	2022 年浙江省青少年女子排球（甲乙丙组）锦标赛	女子丙组	第八名
192	黄郑依	女	足球	2022 年浙江省青少年足球锦标赛（女子甲组）	女子甲组	第三名
193	罗燕琪、胡妙可、赵利萍、孙新乐、朱秋丽	女	足球	2022 年浙江省青少年足球锦标赛（女子乙组）	女子乙组	第二名
194	彭润东	男	武术套路	“韵味杭州”航民杯 2022 年浙江省青少年武术（套路、散打）锦标赛（甲组）	男甲规定长拳	第一名
195	彭润东	男	武术套路	“韵味杭州”航民杯 2022 年浙江省青少年武术（套路、散打）锦标赛（甲组）	男乙一套剑术	第四名
196	彭润东	男	武术套路	“韵味杭州”航民杯 2022 年浙江省青少年武术（套路、散打）锦标赛（甲组）	男乙一套枪术	第四名
197	石宇宏	男	沙滩排球	2022 年浙江省青少年沙滩排球锦标赛	男子甲组	第八名
198	明一冉	女	街舞	2022 年浙江省青少年街舞锦标赛	女子乙组	第八名

（包怡舟）

新闻传媒

新闻宣传

【概况】 2022年，市传媒中心贯彻党的二十大精神，以建设嘉兴领先、浙江一流的县级融媒体中心为目标，突出“提质提效”，持续“做强平台、做优品牌、做大影响力”，在内容、技术、队伍等方面实现跨越式发展，获实质性的突破，为平湖高质量发展勇当共同富裕新崛起典范提供舆论支撑和强大精神动力。

【意识形态主阵地建设】 传媒中心全年精心策划，融合发力，主题报道亮点纷呈。发挥党媒主力军作用，在全媒体平台主动策划相关栏目，专题专栏策划始终坚持在大主题下，寻找小切口，表达大情怀，展现大格局。《平湖新闻》推出《穿越大项目全景看平湖》《十年一瞬旧影像里看变迁》；《嘉兴日报》(平湖版)推出“二十大精神点对点”“档案里的平湖十年”栏目；新媒体平台开展“金平湖新崛起”学习贯彻党的二十大精神答题竞赛活动，拍摄党的二十大报告系列学习宣讲微视频。参与疫情防控，市传媒中心采写抗疫举措、守望相助的暖心故事。特别是“3·13”疫情期间，传媒中心以“今平湖”客户端、“平湖发布”“乐享平湖”微信公众号等为疫情权威发布的头部平台，以每5分钟推出1条信息的速度与疫情“博弈”，累计报道疫情防控相关内容1300多篇，浏览量超1.2亿次，电视、报纸、广播、户外屏等全媒体平台做到防护宣传“无死角”“全覆盖”。防疫政策优化后，市传媒中心发挥新闻传播优势，传达防疫政策最新信息，传播科学防护知识和健康生活方式，对百姓关注的热

3月，传媒中心记者深入一线采访　　（市传媒中心　供稿）

8月17日，传媒中心举行品牌公益行动“益起来助学”结对仪式
（市传媒中心　供稿）

点问题及时做出回应，打好抗疫宣传主动仗。全年，各平台先后推出《探寻共富密码·记者城乡行》《共同富裕　平湖故事》《喜迎二十大·共同富裕在平湖》等专题、专栏，常态化推出全市深化“1+8+N”（一是聚焦市场化改革，壮大“1”个市级强村公司。二是聚焦全要素盘活，打造“8”个领域共富体。三是聚焦数字化改革，构建“N”个应用场景。），推进共同富裕的生动实践和取得成果等。其中，共富系列短视频《看我72变》作为优秀案例，被省记协推荐到中国记协。在“今平湖”客户端推出“金平湖山海间的回响——重走总书记考察路”数字VR展馆，导入到7个VR实景展厅之中，“数字VR展馆”总浏览达15.7万次，唱响“共同富裕”好声音。市传媒中心各平台推出“经济创新　提质提效”“城乡秀美　亮丽平湖”“铁军打造　勇争一流”等统领性常规栏目，策划推出“寻找数字化改革领跑者”“民生工程连连看”等个性化专栏，立体式报道“四大工程”动态、亮点和成效。全年，共开设专题、系列报道80多个，推出相关报道千余篇，展现“四大工程”新格局。主动扛起社会责任，走好全媒体时代群众路线，将“新闻为民”落实到“记者行动”上。年初，“幸福的味道·爱心年夜饭”向全市200户低收入家庭送出6万多元年货礼包，这一项目被列为“善行金平湖”十大慈善项目。7月，“益起来助学”新增助学贫困学子10名。疫情期间，19个“农产直销爱心专柜”助农销售农产品近4万公斤。“红帆船”夏令营开设未保法和防诈骗小课堂，提高未成年人自我保护能力。

【平台融合迈向新高地】 立足“流程重塑、终端做强、平台再造、资源整合”，打造自主互联网平台“今平湖”客户端，深度推进中心媒体融合“一号工程”。发挥融媒体中心主枢纽作用，以“今平湖”客户端为主阵地，实现新闻全时段发布、多平台运营、一体化运作。通过拓展移动传播、跨屏传播、全媒传播，不断提升媒体深度融合传播力。“今平湖”客户端日活跃数保持在6000人左右，成为主流舆论阵地、综合服务平台及社区信息枢纽。疫情期间，通过“今平湖”客户端、“乐享直播间”，对嘉兴市新冠肺炎疫情防控工作新闻发布会进行12场直播，疏导情绪，回应需求；迅速搭建“抗疫求助平台”，收集各类求助信息6300多条，通过问题交办，起到“疏导阀”“晴雨表”作用。丰富“今平湖”App中的服务功能，“找工作”实现移动化网上招聘；“智慧停车”模块，实时了解市区停车点信息；“金平湖健康热线”接入App，感受智慧医疗；与市信访局对接，实现“百姓事马上办”线上投诉受理。日常通过新媒体数字化技术打造平湖人的“云上生活社区”，为市民提供交流及服务平台，在智慧防疫、政策解读、舆论引导、电商助农、生活服务等方面，发挥小平台的大作用。“云上生活社区”依托“今平湖”客户端平台，开设事关平湖人吃、穿、住、行等方面的板块，建设互联网生活圈，展示广大网友对共同富裕和美好生活的追求与向往。年内，上线“今平湖”微社区“轧闹猛”，主打本地社交。推出“虎年闹新春”社区、“我在平湖过大年”“拥抱星辰·科普万家”三大云社区，总浏览量达140万人次，发帖、回帖数超过17万条。开发积分商城系统，用户通过社区发帖、回帖等获积分，进行实物兑换，提升社区活动的趣味性和互动性。至年底，传媒中心新媒体总“粉丝”量突破200万人次，新媒体总阅读访问量突破3.8亿。根据权威第三方大数据平台人次显示，“平湖发布”“乐享平湖”微信公众号在全年传播力WCI指数全市范围保持领先，“乐享平湖”“平湖发布”分别位居全市第一、第二。2022年，两个公众号共推送内容3182篇，其中48条10万+，头条平均阅读数超过3万，数据均超过上年同期3倍，在全省融媒体指数考核中，“平湖发布”2次进入全省月榜前10，继续保持着较强的舆论影响力和引导力。截至年底，平湖发布“粉丝”数近40万人，乐享平湖“粉丝”数超30万人，今平湖App下载量超15万人次。抓住短视频风口，全年，在“乐享平湖”抖音号及“今平湖”视频号上共发布短视频1274个，收获350万人次的点赞，其中，63个短视频播放量过百万人次，“车祸现场，众人施救”正能量短视频获3154万人次播放量。

【媒体竞争】 2022年，市传媒中心在国家、省、市三级重点党报、台、网录用稿达3000余件。其中，央视用稿54件，《中国之声》用稿7件，创历史新高，央视《新闻联播》三次报道平湖，央视中文国际频道《中国缘》《走遍中国》等节目组先后三次到平，点赞平湖。浙江卫视录用平湖台稿件194条，浙江新闻客户端录用稿件101篇，中国蓝新闻客户端录用稿件330条，美丽浙江用稿70余篇，浙江之声用稿134件，在全省通联工作考核中排名13。先后参与由浙江卫视组织的“抗击台风烟花”“走进乡村看小康”“寻味浙江”等近10场直播。全年，中心有6件作品获省级奖项，其中一等奖1件，二等奖1件，三等奖4件，在县级融媒体中心名列前茅。其中《农业硅谷的新生活》获浙江省广播电视对外传播节目一等奖，消息《从181元到150亿元》获浙江新闻奖二等奖，短视频《深夜救孩子一命！全网关注的电动车女士找到了》、融合创新类《在乡村里发芽的“航天梦”》两件作品获浙江新闻奖三等奖，新闻性短视频《浙能“嘉兴1号”海上风电全容量并网》获浙江省广播电视新媒体奖三等奖，《人民的警察》获浙江省广播电视文艺奖三等奖。《看我72变》被评为省记协党的二十大报道融创精品案例，电视《金色田野》获2022年度全省广播电视对农节目服务工程建设考核优秀。中心各经营主体主动服务和融入新发展格局，全年，经营目标基本达成。报刊类、活动类及视频类产值实现较大幅度增长。全年，乐享直播间共直播141场，访问量435万次，新增“粉丝”4.09万人，累计“粉丝”52.67万人。年内，完成央视农民丰收节平湖主场录制组织配合工作，获央视、省广电集团及市委宣传部的好评。

【安全创新支撑平台打造】 为拉动本地消费市场，中心自主研发“平湖消费券”系统，累计发放消费券580余万元，带动消费金额2700多万元，消费券预约期间，客户端单日新增用户数、活跃用户数、启动次数均实现历史新高。与市文旅体局深度合作，设计开发金平湖文化保障卡，是平湖市创建浙江省公共文化服务现代化先行县推出的一个民生福祉项目，文化保障卡整合全市优质文化、旅游、体育等资源，面向全市人民发放，让群众共享公共文化发展成果。迭代升级智慧食堂，已有12家单位使用智慧食堂，实际用户数达3500余人，实现食堂精细化管理，提高食堂管理效率及经营效益，同时也有效提升客户端的下载量和用户黏性。传媒中心新建的高标清电视硬盘播出系统在年内正式投入使用，先后制定《平湖传媒中心安全播出应急操作流程》《传媒华数安全分界》，优化《设备巡检制度》《值班交接班制度》，抓好重保期安全刊播工作，实行24小时值班制度和重要时间节点主要负责人值守制度。严格落实安全生产各项规章制度，严格执行报纸、广播电视、新媒体三级审看制度，规范高清节目片源采购管理。加强保安、消防管理工作，加强巡查和设备设施维护保养，确保中心大楼平稳安全运转。完成档案数字化一期建设。

【创新发展传媒主力军打造】 全年，党组理论学习中心组开展集体学习12次精神。领导干部带动党员、干部职工及时学，形成“比学赶超”的良好氛围。组建媒体记者宣讲团，记者进基层开展宣讲，推动党的二十大精神走进千家万户。以争创“双建”机关、争当先进支部、争做优秀党员为抓手，加强基层党建和党风廉政工作，成功入围市直机关双建争先晾晒先锋榜。年初，召开全面从严治党工作会议，确定全面从严治党工作计划和“任务清单”，中心主要领导与分管领导、各下属支部书记以及各部门主要负责人签订个性化党风廉政责任书。组织学习上级纪检监察部门编发的违规违纪典型案例通报和《每周一案》学习，组织集体收看反腐警示教育片《前赴后继的贪腐》。4月，组织全体中层干部、培养人才参观平湖廉文化记忆馆。对重点风险岗位开展有针对性地靶向式廉政教育。中心党组书记为中层干部上一堂党风廉政专题讲座，开展集体谈心谈话。严格落实“三重一大”决策和监督机制，把监督嵌入权力运行全过程，全年，共召开党组会议23次。配合纪检组开展监督执纪工作，组织全体员工学习《关于进一步严格规范党员干部和公职人员言行举止的规定》。加强财经纪律执行，严执执行中央八项规定精神，开好党组会抓好重大事项集体研究，完成新一轮内审工作，对食堂管理进行内审。持续加强因私出国（境）管理，持续抓好“文明行车”工作，加强新闻采访车管理。做好市长电话、政务热线处理等相关工作，回复、解决好群众的意见、建议。加强对员工职业道德、职业形象等管理，注重抓实抓细。12月，中心开展中层干部竞争上岗和职工双向选择，完善选人用人机制，增强队伍的生机和活力。全年，举办4次传媒学堂、6期采编分享课堂等，根据各部门需求，开展“光合计划3.0”订单式、项目制培训10多期。全年，开展事业编制招聘3人，合同制招聘5批19人次。做好职称推荐评审工作，全年，有28人参加高一级职称评审，其中副高3人、中级8人。每月坚持开展“岗位之星”“融媒体之星”评选工作，全年，共评选先进100名。市传媒中心党员志愿服务队率先垂范，积极参与新冠疫情防控、治安大巡防和文明劝导等各类活动。累计安排近1000人次，在村、社区核酸检测点、集中隔离点、高速卡点等开展疫情防控志愿服务，参加路口文明劝导。积极推进省文明单位创建工作，工会羽毛球、瑜伽等社团活动有效提升员工队伍凝聚力。

2022年广播作品获奖一览表

表23

序号	作品标题	类别	获奖等次	颁奖部门
1	人民的警察	广播文艺	浙江省广播电视文艺奖三等奖	浙江省广播电视局 浙江省广电学会
		广播文艺	嘉兴市广播电视文艺奖一等奖	嘉兴市文化广电旅游局 嘉兴市广播电影电视学会
2	电信诈骗大揭秘 构筑反诈防火墙	广播服务类节目	嘉兴市广播电视（广播服务类）二等奖	嘉兴市文化广电旅游局 嘉兴市广播电影电视学会
3	一场特殊的“云婚礼”，新人喜获全网祝福	消息	嘉兴新闻奖三等奖	嘉兴市新闻工作者协会 嘉兴市文化广电旅游局 嘉兴市广播电影电视学会
4	神仙站不稳	广播公益广告	嘉兴广播电视广告作品奖三等奖	嘉兴市文化广电旅游局 嘉兴市广播电影电视学会

2022年电视作品获奖一览表

表24

序号	作品标题	类别	获奖等次	颁奖部门
1	《金色田野》	电视对农	2022年电视对农栏目优秀奖	浙江省广播电视局 浙江省广播电影电视学会
2	农业硅谷的新生活	金鸽奖	浙江省对外传播“金鸽奖”一等奖	浙江省广播电视局 浙江省广播电视学会
		金鸽奖	嘉兴新闻奖（金鸽奖）一等奖	嘉兴市文化广电旅游局嘉兴市广播电影电视学会
3	浙能嘉兴一号海上风电全容量并网	新闻性短视（音）频	浙江省广播电视新媒体奖三等奖	浙江省广播电视局 浙江省广播电视学会
			嘉兴新闻奖一等奖	嘉兴市文化广电旅游局嘉兴市新闻工作者协会嘉兴市广播电影电视学会
4	公交出行老年人的安全如何让保障	电视服务类节目	嘉兴市广播电视（电视服务类）二等奖	嘉兴市文化广电旅游局 嘉兴市广播电影电视学会
5	平湖追“星”30年的航天“回响”	电视消息	嘉兴新闻奖三等奖	嘉兴市文化广电旅游局嘉兴市新闻工作者协会嘉兴市广播电影电视学会
6	慧阅读	电视文学节目	嘉兴市广播电视文艺奖二等奖	嘉兴市文化广电旅游局 嘉兴市广播电影电视学会
7	交替通行　文明有序	电视公益广告	嘉兴市广播电视广告作品奖二等奖	嘉兴市文化广电旅游局 嘉兴市广播电影电视学会
8	追梦新征程奋勇开新局——平湖市庆祝中国共产党成立100周年表彰典礼	电视综艺节目	嘉兴市广播电视文艺奖三等奖	嘉兴市文化广电旅游局 嘉兴市广播电影电视学会
9	高效的人大	电视专题	嘉兴人大好新闻一等奖	嘉兴人大常委会 嘉兴市广播电影电视学会

2022年报纸作品获奖表

表25

序号	作品标题	类别	获奖等次	颁奖部门
1	从181元到150亿元	消息	浙江新闻奖二等奖 嘉兴新闻奖三等奖	浙江省新闻工作者协会 嘉兴市新闻工作者协会
2	唱支赞歌给党听——“奋斗百年·十全拾美”大型主题报道	大型主题报道（系列报道）	嘉兴新闻奖二等奖	嘉兴市新闻工作者协会
3	数字手段管住私车“揩公油”	评论	嘉兴新闻奖三等奖	嘉兴市新闻工作者协会
4	共同富裕平湖故事	系列报道	嘉兴新闻奖重大主题报道二等奖	中共嘉兴市委宣传部 嘉兴市新闻工作者协会

2022 年新媒体作品获奖一览表

表 26

序号	作品标题	类别	获奖等次	颁奖部门
1	深夜救孩子一命！全网关注的电动车女士找到了	短视频现场新闻	浙江省新闻奖三等奖 嘉兴新闻奖二等奖	浙江省新闻工作者协会 嘉兴市新闻工作者协会
2	在乡村里发芽的“航天梦”	融合创新	浙江省新闻奖三等奖 嘉兴新闻奖三等奖	浙江省新闻工作者协会 嘉兴市新闻工作者协会
3	凌晨冲进火场！平湖“90 后”小伙 1 人守护身后 52 个家庭！	文字消息	嘉兴新闻奖三等奖	嘉兴市新闻工作者协会
4	我与瓜灯节 30 年	创意互动	嘉兴新闻奖三等奖	嘉兴市文化广电旅游局 嘉兴市新闻工作者协会 嘉兴市广播电影电视学会
5	“讲百物故事·学百年党史”短视频专题报道	重大主题报道	嘉兴新闻奖重大主题报道优秀作品一等奖	中共嘉兴市委宣传部 嘉兴市新闻工作者协会
6	《这五年》	新媒体作品	嘉兴人大好新闻一等奖	嘉兴人大常委会 嘉兴市广播电影电视学会

2022 年度技术类获奖一览表

表 27

序号	作品标题	类别	获奖等次	颁奖部门
1	播出视频流监控系统	科技创新项目	浙江省广播电视科技创新项目金潮奖（基层优秀科技创新奖）三等奖	浙江省广播电视局
2	千年风云百年梦	高清视频图形——片头类	浙江省广播电视节目技术质量金鼎奖	浙江省广播电视局
3	史图馆创始人潘栢成	高清视频图形——短片类	浙江省广播电视节目技术质量金鼎奖	浙江省广播电视局

（华婷婷）

市委报道组

【概况】2022 年，平湖市委、市政府深学笃行习近平新时代中国特色社会主义思想，把迎接党的二十大胜利召开、学习宣传贯彻党的二十大精神作为首要政治任务，按照“疫情要防住、经济要稳住、发展要安全”的总体要求，实施“四大工程”，扎实开展经济稳进提质“十大百日攻坚行动”，全市的对外宣传工作围绕中心持续发力，服务大局亮点频出，宣传报道的数量和质量再迈新台阶。

【先进荣誉】全年，在嘉兴市级以上主流媒体共发表各类新闻报道 2400 余篇（条），真实客观地记录新时期平湖经济社会发展的新成就。市委报道组分别被浙报集团、嘉报集团评为先进报道组，市委报道组陆浩强被评为浙报集团先进报道组工作者、嘉报集团优秀通讯员。

（陆浩强）

2022年部分媒体刊发有关平湖市的新闻报道选目一览表

表 28

媒体	新闻标题	时间	版面 / 栏目	体裁
人民日报	“五位一体”和“四个全面”相互促进、统筹联动（领航中国）	9月12日	1版头条	特写
人民日报	改革开放是决定当代中国命运的关键一招（领航中国）	9月13日	1版头条	特写
人民日报	跨省协作　保通保畅（抓细抓实各项防疫工作）——进沪生活物资跟车记	5月1日	2版	消息
人民日报	浙江平湖推进“大综合一体化”行政执法改革　放权赋能，办好群众身边事	8月23日	7版	消息
人民日报	浙江开发信息化平台，紧盯重要领域违纪违规问题　用好大数据　监督更精准	4月18日	11版	消息
人民日报	浙江平湖以数字化提升治理精细化	1月6日	13版	消息
人民日报	浙江平湖——社会治理装上“智慧大脑”	1月27日	18版	消息
人民日报海外版	小棒球带火浙江林埭	3月3日	11版	消息
新华每日电讯	疫情终将退散，信心未曾远离　外商对华投资观察	5月8日	1版头条	特写
新华每日电讯	用“小别离”守护“幸福嘉”	4月7日	1版	特写
新华每日电讯	战疫，这间“解忧杂货店”24小时不打烊　浙江搭建融媒体“战疫求助平台”，涉疫地区群众“急难愁盼”即交即办	5月8日	1版	特写
新华每日电讯	“业务在回暖，信心未改变”——在外资集中地浙江平湖看外企信心	5月8日	1版	特写
新华每日电讯	一棵“浙江菜”是如何发往上海的？	4月12日	6版	特写
新华每日电讯	平湖：“一键调度”助力　应急志愿力量精准触达	10月31日	6版	消息
新华每日电讯	浙江平湖：数字化赋能县域治理见实效	12月16日	6版	消息
中央电视台	各地抢抓农时　做好春耕春管	4月7日	新闻联播	消息
中央电视台	上海从严落实防控举措　各地驰援抗击疫情	4月10日	新闻联播	消息
中央电视台	上海坚持动态清零　做好生活物资供应	4月16日	新闻联播	消息
中央电视台	“奋进新征程　建功新时代·非凡十年”　浙江：干在实处走在前　勇立潮头敢为先	7月21日	新闻联播	特写
中央电视台	2022年中国农民丰收节晚会今晚播出	9月23日	新闻联播	消息
中央电视台	东京“寻单”记　调整销售策略　适应新需求	12月18日	东方时空	消息
中央电视台	我们村的新能人　筑巢引凤　科技兴农	5月24日	焦点访谈	特写
中央电视台	乡村里的洋专家	6月18日	中国缘	特写
中央电视台	安泽探村记	10月2日	中国缘	特写
光明日报	美丽乡村钟埭村	11月17日	10版	特写
经济日报	今年迎峰度夏能源有保障	5月27日	6版	消息
经济日报	浙江省平湖市小芦笋带动农业经济大发展	11月8日	6版	特写
工人日报	现代“植物工厂”春意浓	1月13日	1版	特写
农民日报	浙江平湖：助农平台为农解围	12月28日	2版	特写
农民日报	沪浙“田园五镇”学报告话振兴	10月21日	3版	特写
农民日报	浙江驰援上海：同气连枝共抗疫	4月12日	4版	特写
农民日报	浙江：疫情堵行不堵心　多方协力渡难关	3月24日	4版	消息
解放日报	“金平湖”品牌高铁冠名列车首发仪式日前在沪举行　平湖：奋力打造虹桥金南翼融合高地	9月4日	4版	消息

续表 28

媒　体	新闻标题	时　间	版面 / 栏目	体裁
浙江日报	直击嘉兴战“疫”一线的“全家总动员”——最暖的陪伴，就是并肩作战	4 月 10 日	1 版头条	特写
浙江日报	新能源汽车的“舍”与“得”——重点产业观察之三	9 月 12 日	1 版头条	特写
浙江日报	平湖近三年腾出 9000 亩低效用地，引来超 200 个亿元项目　旧笼变新巢　引来“俊鸟”栖	1 月 15 日	1 版	特写
浙江日报	让六中全会精神在基层“开花结果”——我省“万名干部入户讲”综述	2 月 13 日	1 版	特写
浙江日报	打造特色平台　提高产业黏性　平湖新增外资五成来自增资	2 月 15 日	1 版	特写
浙江日报	浙江建设 14 个省级特色产业工程师协同创新中心　从单兵作战到合力攻坚	2 月 19 日	1 版	特写
浙江日报	扁平化指挥　数字化赋能　嘉兴打好防疫“整体战”	3 月 22 日	1 版	消息
浙江日报	21 个项目集中签约，总投资 108 亿元　危中寻机，平湖“加码”高端制造业	5 月 30 日	1 版	消息
浙江日报	加码纾困政策　强化稳链固链　嘉兴工业经济强劲复苏	7 月 8 日	1 版	消息
浙江日报	平湖上半年两大战略性主导产业产值同比增长近 2 成　帮链主壮“身板”　让产业更强韧	7 月 24 日	1 版	消息
浙江日报	“换”来发展新引擎——“稳工业调结构”观察（下）	8 月 29 日	1 版	消息
浙江日报	浙江今年前 7 月实际使用外资同比增 14.1%　双向发力引外资	9 月 19 日	1 版	消息
浙江日报	平湖中国航天科普馆：小村庄遇见返回舱	10 月 6 日	1 版	消息

卫生健康

综 述

【概况】 2022年，平湖市抓好防控新冠肺炎疫情，稳步推进健康平湖建设，连续四年在健康浙江建设考核中获优秀等次，被评为“健康浙江建设2018—2020年先进市”，在全省高水平推进健康浙江行动现场会上受表彰。医共体建设走在全省前列，省基层医疗卫生机构绩效考核省级监测评价连续第二年位列90个县市区第二；市中医院医共体、一院医共体分列全省第二、第五位。全市县域就诊率91.18%，基层就诊率69.62%。

2022年末，全市有医疗卫生机构223家，其中市（县）、镇两级医疗卫生机构22家、分院2家、社区卫生服务站92家，民营医院8家、门诊部12家、诊所66家、医务室21家。全市实有标准床位3052张；有卫生技术人员6033人，其中注册执业（助理）医师2472人，注册护士2712人。

全市医疗机构（包括民营医疗机构）总收入291765.3万元，其中业务收入180735.4万元；门急诊总量521.93万人次，出院病人74567人次。其中，公立医疗机构门急诊476.82万人次，同比下降3.67%；出院67049人次，同比增长1.28%，医疗业务收入15.46亿元，同比增长2.18%。

【疫情防控“两战赢”】 坚持“外防输入、内防反弹”，抓好新冠疫情防控。系统干部职工勠力同心，发挥抗疫主力军作用，投身疫情防控，奋战在上门服务、物资保障、设施建设、外出驰援、医疗救治等各条战线。

【基础设施建设】 2022年，系统4个在建项目，包括市中医院迁建、市妇保院（疾控中心、血站）新建、市一院原址扩建、市精神卫生中心二期扩建，当年实现投资6.71亿万元。2月，市精神卫生中心二期扩建工程项目开工奠基。5月，新仓镇中心卫生院新院启用，新院位于新仓镇虹桥路388号，总投资约1.7亿元，占地面积1.64公顷，总建筑面积23484.31平方米；设置床位192张（包括医养结合床位40张），绿地率31.88%。主楼共9层，其中1—3层为各科门诊，4—7层为病区，8层为预防接种门诊、手术室等。8月，市一院原址扩建（二期）项目投入使用，包括门诊大楼东侧6层（地上5层、地下1层）医疗楼和急救站西侧8层（地上7层、地下1层）综合楼；项目总投资14385万元，建筑面积20746.34平方米。12月29日，市中医院迁建项目搬迁并投入使用，新院位于新华南路1800号，规划用地9.19公顷，一次规划，分期建设；首期用地约5.33公顷，总投资概算8.05亿元，建设医疗用房108345.96平方米，其中地上建筑68409.36平方米，地下建筑39936.6平方米；设置住院床位600张，另配备150台血透机的血液透析中心。新院共设置32个主要临床科室，11个医技科室，14个病区及麻醉科、ICU等。至年末，市妇保院（疾控中心、血站）新建项目完成室内装修60%，市精神卫生中心二期扩建项目主体结构封顶。

【长三角一体化】 主动对接沪杭优质医疗资源，克服疫情影响，新增沪杭合作项目3个：市二院深化与上海东方医院合作，推进脑卒中中心建设；市中医院深化与邵逸夫医院肾内科、省中医院消化内科合作。全市新增省级专家指导和参与科研2项，其中省中医药科技项目1项、杭州医学院创新引导基金项目1项。

【深化公立医院综合改革】 遵循“控总量、腾空间、调结构、保衔接、强监管”改革路径，持续推进“三医联动、六医统筹”综合改革。制定2022年全市公立医院综合改革评价主要目标任务，共设十大考核指标。继续落实评价结果与公立医院综合改革财政补助资金挂钩机制，分档分类确定公立医院综合改革补助金额，考核相关指标列入各单位绩效考核评价和各医共体领导班子任期目标责任制年度考核内容。全市公立医院门急诊均次费用、出院均次费用、医疗服务收入占比、百元医疗收入的医疗支出等指标达省市考核要求。

【金平湖健康热线】 继续提供24小时健康服务，全年接听市民健康咨询电话41537个；发送就医满意度测评短信179.14万条，收到回复中就诊满意及基本满意占比95.34%。发送签约服务短信285957条，签约服务知晓率71.75%，签约服务满意率96.63%，基本实现热线平台“你健康 我帮忙”服务功能。全年，通过金平湖健康热线累计在线预约挂号99776人次，检验报告查询1294163人次，检查报告查询190567人次，体检报告查询71104人次。金平湖健康热线微信公众号作为市卫生健康局官方微信，及时发布工作动态和健康资讯，每月定期公布沪杭专家到平坐诊信息，方便群众就诊。

【“医共体”建设】 完善管理新体制，统筹全市医共体规划建设、投入保障、项目管理、队伍建设、人事薪酬和考核监督等重大事项，“全员一家人、财务一本账、工作一盘棋”医疗卫生新机制更趋完善。12月，公布的2021年度省基层医疗卫生机构绩效考核省级监测评价报告显示，市中医院、市一院医共体在全省167家医共体中跻身前五，分列第二、第五位，市二院医共体名列第14位。

【中医工作】 弘扬中医文化，巩固“全国基层中医工作先进单位”创建成果，市中医院新院投入使用，实现全市基层卫生院中医馆规范化建设全覆盖；其中新启用的新仓镇中心卫生院独立设置中医药综合诊疗服务区，面积1500平方米，在原有基础上增设（中西医结合）疼痛科、中医熏蒸室等。发挥中医药特色优势助力疫情防控，重点为集中隔离点等医疗观察对象提供新冠疫情预防中药方（代煎汤剂或颗粒剂），为有需要的人员提供中药香囊、茶饮方。全年，举办中医药文化进村社区文化礼堂活动56场，主要涉及中医药健康知识讲座、中医药咨询、义诊、非药物技术体验等。

【医养结合试点改革】 深入推进医养结合工作，推动基层医疗机构床位向老年康复床位有序转化，拓展服务功能，为居家失能、半失能老人提供“医、康、养、护”“四位一体”康养服务。年内，新建成的新仓镇中心卫生院医养结合病区投入使用，至年末，全市5家卫生院共设有医养结合床位115张，主要开展基本医疗、健康照护、康复护理、膳食均衡等医养护理项目。新华医院、绿康老年护理院、易正骨科医院等民营医院开设医养结合型服务病区。全市养老机构与医疗机构签约合作，建立分级护理和双向转诊机制，实现养老机构医疗卫生服务覆盖率100%，镇街道养老服务中心医务室设置率100%。

【卫生健康数字化改革】 以数字化改革推进卫生健康领域机制改进、流程再造。2月，“金平湖心理健康”应用上架“浙里办”App。开展全民健康信息平台二期建设，完成区域双向转诊系统浙政钉端审核功能部署，方便医生开展日常双向转诊工作；部署数字医共体综合管理系统，11月，项目通过评审。投入200万元建设“两慢病智慧管理系统”，利用人工智能算法建立高血压和糖尿病患者健康画像，12月，在新仓镇中心卫生院试运行。推进区域体检系统升级建设，加强体检系统数据标准化和规范化管理。年内，市一院完成院内区域体检系统升级改造，增加线上体检预约和体检报告查询等功能。市一院医共体自主建设质量管理平台——番茄系统，以“便民、便医、便管”为主要目标，以“抓龙头、强枢纽、固网底”为主要任务，按照“1+5+N”模式（1家牵头医院负责搭建，功能延伸至5家分院，提供N个应用数字化运行体系），集成数据查询、医疗质量与安全管理、院部指标任务和督查反馈等功能，推进医共体同质化管理，在市域内医院和四川茂县人民医院实现成果转化。10月28日，《健康报》以《建设数字化医共体 让群众共享共富红利》为题作宣传报道。2022年，市级医院门诊智慧结算率达82.02%，病房智慧结算率79.10%，医学检查智慧预约率100%。推进基层医疗机构“医共体诊室”建设，在成员单位可实现预约总院检查检验项目功能；依托5G远程会诊，基层群众可直接享受市级专家会诊和治疗。

【院前急救体系建设】 完善院前急救体系建设，新增急救车5辆，新增急救医师6名、驾驶员6名、担架员5名；11月，钟埭街道、新仓镇2个急救车辆始发点完成建设并正式投入运行。全市院前急救网络形成1个市急救站、3家网络医院和7个急救点格局。2022年，受理各类急救电话50292个，执行院前急救任务14510次，疫情相关转送及疫苗接种保障等1008车次；参与“110”应急联动4431次、各类应急医疗保障任务37次、应急演练9次。“120”平均出车时间1分36秒，城区急救平均反应时间8分40秒，全市范围内平均急救反应时间缩短至14分钟以内。

【社会心理服务体系建设】 推进社会心理服务体系建设，通过举办“战疫情 心相连 爱同行”平湖市社会心理工作论坛、精神卫生防治技能竞赛等活动，强化心理服务专业队伍培训。组织开展心理健康科普宣传，“六心”联动开展多元心理“云”服务，营造良好环境，共助心理健康。开展新冠疫情心理防控，心理咨询团队24小时在线守护，组织心理防疫科普宣传，开展隔离人员心理关爱，为打赢疫情防控阻击战贡献“精神”力量。建设启用“金平湖心理健康”社会心理服务系统，在“浙里办”App、金平湖健康热线上线运行；组织开展全市医务人员心理健康测评，开展全市机关事业单位工作人员心理健康体检工作，至年末，系统注册15430人，累计完成在线测评9509人次，“金平湖心理健康”系统列入浙里办热门服务板块。

【无偿献血】 围绕健康嘉兴下达的年度无偿献血目标任务，加大无偿献血宣传力度，拓宽无偿献血途径；加强与医疗机构沟通联系，强化血液安全质量管理；做好无偿献血者及家属血费直免工作。2022年，献血5725人次，献血总量1860.49L；年度临床用血总量14054U，其中临床用全血10U、红细胞7534U、血浆5549.7U、血小板295.8U，其他成分664.5U，成分输血率99.9%，临床用血100%来自无偿献血。职工培训合格、持证上岗率100%；血液检测率100%。

【“清廉医院”建设】 开展医疗行业发生在群众身边的不正之风和“微腐败”专项治理工作，牵牢责任“牛鼻子”，签署清廉承诺书2954份，层层传导压力；加足监督“防腐剂”，强化对重点领域、重点人员、重点岗位风险防控，累计开展廉政查房206次、廉政谈话764次，运用网格化监督，全系统52个网格运转良好；筑起制度“防护网”，开展“无红包”医院、“无红包”科室创建活动，全年，主动上交红包27人次共计41300元，健全医德考评体系，完善医德档案，停用、限量使用耗材9个；增强宣传“驱动力”，利用院周会、行政查房等机会组织重要岗位人员开展警示教育48次，加强清廉文化阵地建设，让清廉文化入脑入心，全年，系统各单位收到锦旗109面，涉及医护829人次。

【基层党建】 深入学习贯彻党的二十大精神，完善党委领导下院长负责制，推进“金平湖·医先锋”工程。成立市疫情防控集中隔离医学观察点临时党总支和临时党支部。获评嘉兴市战“疫”红船先锋基层党组织2个、市“一线防疫先锋”团队5个，市一院王良平获评“浙江好人·‘疫’线面孔”。开展第三轮党建项目领办行动，16个基层党建领办项目提升基层服务能力。开展党组织和工作全覆盖集中攻坚行动，举办“战疫一线党旗红——在疫情防控一线锤炼党性”主题分享会。深化“平医先锋·天使在身边”党员志愿服务品牌，组织“千名干部帮千户”活动。系统“一编三定”工作在全市机关党的建设暨“双建争先”工程工作推进会上作交流发言。

【社会资本办医】 年内，全市新注册开业医疗机构12家，其中社会办医10家。截至年底，全市有民营医疗机构91家，其中医院8家、门诊部12家、诊所66家、医务室5家；开放床位1005张，占全市总床位32.93%。全市8家民营医院门急诊121572人次，同比增长7.81%；出院病人7342人次，同比下降16.9%。

【平安建设】 结合行业特点，强化医疗安全、院内感染防控、生物和实验室安全、特种设备和危化品安全、燃气安全等多个专业领域及安保、消防、信访、反诈等工作，落实安全隐患清零行动。市一院、中医院、新仓镇中心卫生院被评为2022年度市“平安建设示范医院”；市妇保院、精神卫生中心、曹桥街道社区卫生服务中心和广陈卫生院被评为2022年度平湖市“无诈”创建示范医院。全年，未发生安全生产事故。

【对外协作】 6月，选派市第一人民医院外科副主任医师吴晓平、市中医院神经内科主任医师马晓玲、市第一人民医院骨科主治医师郑小耒到四川茂县开展医疗援助工作，对口支援时间分别为7个月、7个月和3个月。

人口家庭服务

【概况】 2022年，全市人口家庭工作以提高出生人口素质、促进人口均衡发展为主线，坚持夯实基础，实施目标责任管理，将人口家庭工作纳入镇街道目标责任制考核和医疗卫生单位绩效考核，推进规范化发展，提升计划生育服务水平。

【“三孩”生育政策实施】 开展《中共中央　国务院关于优化生育政策促进人口长期均衡发展的决定》《中华人民共和国人口与计划生育法》《浙江省人口与计划生育条例》等人口计生政策法规的宣传和解读，倡导按政策生育。做好“全面两孩”政策与“三孩”生育政策相关衔接工作，稳妥实施“三孩”生育政策。利用网站、微信、报纸、宣传栏等多种平台，向群众宣传“三孩”生育政策、优生优育等知识。2022年，办理生育登记服务3034例。全年，上报出生2379人，其中一孩1534人，一孩率64.48%；二孩798人，二孩率33.54%；多孩（含三孩）出生47人，多孩率1.98%。

【生育友好型社会构建】 营造生育友好社会环境，助力巩固全国文明城市建设，促进人口长期均衡发展。健全“5+X”托育服务体系，多渠道扩大普惠托育服务供给，着力打造“15分钟优育服务圈”。与市财政局联合出台《关于印发加快推进3岁以下婴幼儿照护服务普惠项目建设的实施方案》。形成家庭照护、社区统筹、社会兴办、幼儿园办、企事业办托模式，满足不同群体托育服务需求。至年末，全市可提供托位2456个，每千人拥有婴幼儿照护托位3.53个。在嘉兴市率先探索全域规划、全域创建“专业托育机构+公益照护驿站（向日葵亲子小屋）”相结合的社区微托新模式，通过多部门协同合作，因地制宜推进社区托育机构科学布局，建立“共学共玩共育”社区托育点。满足社区托育服务差异化需求。“向日葵亲子小屋”建设纳入市政府民生优享工程，年内，共建成41家，其中21家提档升级为托育服务驿站。在嘉兴市率先将保育员纳入急需紧缺职业培训目录，按规定予以职业资格认证，并落实职业技能培训项目补贴。2022年，育婴托幼行业服务人员培训1150人，托育机构从业人员持证率100%。落实政策红利。按照省发改委《关于进一步明确有关行业机构执行水电气价格政策的通知》要求，对全市符合条件的备案社区托育机构执行水电气居民价格政策。推进母婴室规范化、标准化建设，全市公共场所母婴设施标准化配置率100%，新增三星级及以上母婴室18家，累计建成三星级母婴室53家，占比100%。

【出生人口性别比综合治理】 将出生人口性别比综合治理作为年度工作重点，纳入对医疗卫生单位目标责任制考核内容。加强宣传倡导，开展专题宣传咨询服务活动，营造“关爱女孩打击‘两非’”的舆论氛围。强化制度管理，加强孕期B超检查管理，做好人工终止妊娠手术有关信息核查、登记等工作。2022年，全市出生人口性别比106，处于正常范围。

【市计生协会】 推进基层计生协会改革工作。5月，市计生协召开理事会，审议通过《平湖市基层计划生育协会改革工作实施方案》，明确基层计生协更名、组织架构、领导制度和镇街道计生协秘书长职级待遇等，将人员配备情况列入镇街道年度目标责任制考核内容。8月，全市基层计生协会改革现场观摩会在曹桥街道召开，曹桥街道计划生育协会更名为人口家庭协会，9月，曹桥街道九里亭村率先完成村级计生协改革，村计划生育协会更名为人口家庭协会。11月底，全市完成基层计生协改革工作。7月，全市127个村（社区）完成村规民约（社区公约）修订，梳理、审核、清查不符合现行人口计生政策和法律法规条款，共清理各类阵地136个，更新基层宣传口号198条。开展多形式婚育新风进万家宣传活动。5月，开展“喜迎二十大　幸福向未来”婚育新文化作品征集评选活动，其中9件作品在省计生协评选中获奖。深度推进青春健康教育，面向全市青少年开展“成长之道”人生技能培训课堂和青少年家长“沟通之道”成长沙龙，举办青春健康授课活动100多场，宣传服务青少年1万余人次。

基层卫生工作

【概况】 完善体系，推进共同富裕优质共享，深化分级诊疗，培育形成“一院一品牌”和“一院多特色”发展态势。12月，公布2021年度全省基层医疗卫生机构绩效考核省级监测评价结果：全市9家卫生院中5家跻身全省50强。其中，新仓镇中心卫生院在全省878家基层卫生院中名列第二，林埭镇卫生院名列第12、广陈镇卫生院名列第17、独山港镇中心卫生院名列第24、新埭镇中心卫生院名列第48；曹桥街道社区卫生服务中心在全省467家社区卫生服务中心中名列第24。推进医防融合，实现慢病一体化门诊建设全覆盖，10月底前全部完成并投入使用。年末，基本建成“两慢病智慧管理系统”，为慢病患者诊疗提供“一站式服务”和“全周期健康管理”。年内，新建（改造提升）村卫生室（社区卫生服务站）7家。

年末，全市有街道社区卫生服务中心3家、镇卫生院（中心卫生院）6家、村卫生室（社区卫生服务站）92家，共计职工1486人，其中卫技人员1365人。全市基层医疗机构门（急）诊265.81万人次，出院10055人次，基层卫生服务能力居全省前列。“患者少跑路”“首诊在基层”改革目标得以实现，群众享受优质、便利医疗服务。

【基本公共卫生项目管理】 2022年，各级财政下拨基本公共卫生项目经费5034.95万元，人均75元。统筹疫情防控和项目开展，克服新冠疫情带来的影响，加强工作领导，健全组织网络，加快信息化建设，规范项目管理，提高基本公共卫生服务水平，完成年度各项指标。提升基层卫生信息化建设应用水平，推进电子健康档案向居民个人开放，2022年，基于“浙里办”手机移动客户端电子健康档案开放率达77.75%，在2022年度嘉兴市基本公共卫生服务项目绩效评价（千分制）中得分993分。

【家庭医生签约服务】 做好家庭医生签约服务工作，进一步完善“一室二员一中心一团队”工作机制，将医共体总院医生纳入家庭医生签约团队，强化团队力量，发挥基层家庭医生“守门人”和县级医院医生“把关人”作用。全市110个服务团队，36名医共体专家、254名全科医生和62名专科医生参与家庭医生签约服务。拓展服务方式内容，优先做好困难人群、残疾人、计生特殊家庭成员等重点人群签约服务，推广“互联网+签约服务”，探索签约、建档、咨询、随访等线上服务。全市常住人口签约率37.98%，重点人群签约覆盖率89.27%，均超过健康浙江考核要求，签约服务绩效评价和群众获得感均有提升。在全市范围内开展“优秀家庭医生”“优秀社区护士”“优秀乡村医生”推选活动，年内，广陈镇龙萌家医团队获省“家医党员先锋团队”称号，乍浦镇中心卫生院吕菁菁获2022年度省“优秀家庭医生”称号，独山港镇中心卫生院陈连明获省“优秀乡村医生”称号。

【优质服务基层行】 按照国家卫生健康委“优质服务基层行”活动要求和2022版服务能力标准，进一步明确功能任务、合理配置资源、提升医疗服务能力、落实公共卫生服务、规范业务管理、完善综合管理，推进基层医疗卫生机构标准化建设，年内，新埭、林埭和钟埭三家卫生院通过新标准自评和省市“回头看”复核。至年末，全市共有4家单位达推荐标准，4家基本达标，位于全省前列，并在全省基层卫生会议交流发言。通过活动开展，基层医疗机构综合服务能力得以提升，群众享有更安全、有效、方便、经济的就近基本医疗卫生服务。

【基层财政补偿机制改革】 根据实际当量和绩效考核结果结算补偿资金，坚持客观公正、科学规范考核，2022年，基卫当量和医疗当量因大量疫情防控工作有所下降。对基层医疗机构的年度绩效考核结果显示：独山港镇中心卫生院、新仓镇中心卫生院和乍浦镇中心卫生院分列前三。

疾病预防控制

【概况】 以疾控体系现代化建设为目标，坚持“外防输入 内防反弹”和“动态清零”的总策略、总方针，推进疫情防控和疾控各项业务工作，为群众生命健康保驾护航。2022年，新冠肺炎疫情防控取得阶段性成果。重点传染病有效控制。全市报告法定传染病12种共6039例，报告发病率891.70/10万，其中乙类862例，发病率127.28/10万，同比上升26.78%；丙类5177例，报告发病率764.42/10万，同比上升87.09%；无甲类传染病发生。乙、丙类传染病等均按传染病管理程序进行有效调查处置，乙类传染病中新型冠状病毒感染、病毒性肝炎和肺结核发病数分列前三位；丙类传染病中发病数前三位分别为其他感染性腹泻病、流行性感冒和手足口病。

【肠道传染病预防控制】 全市12家医疗单位开设肠道门诊，落实各项工作措施，开展霍乱、肠出血性大肠杆菌O157:H7感染性腹泻、细菌性痢疾、伤寒副伤寒、手足口病和病毒性肝炎监测。共诊治腹泻病人6103人次，采样送检率100%，未检测到霍乱、伤寒副伤寒阳性病例；致泻性病原菌监测项目共采集180份，62份阳性，5—7月、9—10月以沙门菌为主，8月以副溶血弧菌为主。5—10月每月对各类水体外环境和海产品采样监测，共监测342份，均未检出霍乱弧菌。监测幼教机构、饮食行业、食堂工作人员等重点人群54669人次，未检出霍乱弧菌。

【呼吸道传染病监测】 全市12家医疗机构常年开设发热门诊，2家流感样病例哨点医院全年监测相关科室门诊病例471940人次，监测到流感样病例116522例。全年，报告流行性感冒病例2369例，其中确诊病例2103例，临床诊断病例266例；按病原体分型，2369例病例中甲型1976例，乙型127例。

【结核病控制】 2022年，全市共登记活动性肺结核患者138例，病原学阳性率62.62%；网络报告转诊肺结核疑似患者595例，总体到位率95.33%；可疑耐多药肺结核分枝杆菌痰培养筛查204例，Gene—Xpert（快速药敏）98例；病原学阳性肺结核患者耐药筛查率98.65%；成功治疗率91.07%；FDC（固定剂量复合制剂）使用比例93.21%，病原学检测率100%；规范管理率99.23%，规则服药率96.15%。处理疑似学校肺结核传染病自动预警26人次，发现学校结核1例，市外要求本地协查1例，共筛查密切接触者61人，均无异常，学校密接筛查率100%。全市新生入学体检结核筛查21256人，应开展PPD（结核菌素皮肤试验）筛查6422人，实际筛查5504人，筛查率85.71%，其中PPD强阳性16人，未发现肺结核患者。2022年，将胸部X线列入城乡老年人健康体检内容，全市年龄≥65岁老年人口83221人，体检拍片53207人，发现6例活动性肺结核。

【艾滋病预防控制】 继续对暗娼、流动人口、吸毒人员、性病病人、男男性行为者等人群进行艾滋病高危干预，建立男男性行为者工作站，开展同伴教育工作，全年，开展高危干预70784人次，发放宣传资料24896份、安全套21854个。全市5家单位VCT门诊全年共接受咨询1176人次。全市共检测HIV血清样本188247份，新确诊阳性33例，累计报告病例313例；随访存活病例253例，在治242例。发生艾滋病职业暴露事件2起。

【突发疫情】 全年，共报告13起突发公共卫生事件。其中，学校水痘暴发疫情1起，波及74人，发病13人；学校乙型流感暴发疫情1起，波及53人，发病22人；学校诺如病毒急性胃肠炎聚集性疫情1起，波及78人，发病22人；外省输入性恙虫病病例1起，波及1人，发病1人。

【免疫规划管理】 9月，开展70岁以上老年人流感疫苗免费接种，并依托“平湖健康”“金平湖健康热线”等微信公众号，开放预约平台，按照先约先得原则，完成18000针次目标人群接种工作。全年，共接种各类疫苗36种210315剂次，同比增加49379剂次。其中，免疫规划疫苗接种12种73339剂次，非免疫规划疫苗接种24种101759剂次。全年，报告疑似预防接种异常反应171例，无预防接种差错事故发生。11人新取得预防接种上岗证，104人通过年审。

【血吸虫病防治】 对全市123个（现合并为115个）历史血吸虫病流行村中44个村开展轮查，在71个村设置监测点。查螺投工4655.5工，查螺面积210.13万平方米，查到残存钉螺面积12420平方米。反复扩大灭螺面积6.98万平方米，灭螺投工1548工。血吸虫病查病2675人，检测到血清学阳性对象6人，病原学检测9人，未检测到阳性对象。新增晚血病人3人，共有在册晚血病64人，内科治疗救助800人次，救助金额16.47万元。国家监测点前港村和鱼圻塘村共查到7个螺点，有螺面积1920平方米，捕获钉螺1471只，经解剖观察未发现血吸虫感染性钉螺。灭螺面积38400平方米，灭螺投工582工。

【慢性病管理】 2022年，全市户籍人口糖尿病报告3040例，报告发病率为590.60/10万；肿瘤报告2873例，报告发病率为558.16/10万；脑卒中报告2166例，报告发病率420.80/10万；冠心病报告369例，报告发病率71.69/10万。全市高血压管理69709人，规范管理51072人，血压控制人数50106人，规范管理率和血压控制率分别为73.26%和71.88%。糖尿病管理17108人，规范管理12365人，血糖控制人数11245人，规范管理率和血糖控制率分别为72.28%和65.73%。继续开展第四轮重点人群结直肠癌筛查工作，全年，完成50—74岁户籍居民结直肠癌筛查28520例，筛查出高风险人群4733例，完成结肠镜检查1854例，检查出结直肠癌34例、癌前病变240例。根据《浙江省慢性阻塞性肺疾病免费筛查项目实施方案》，启动平湖市慢性阻塞性肺疾病免费筛查工作。全年,共计筛查4158人,完成肺功能检查599人，任务完成率105.83%。

【心血管疾病监测干预】 平湖作为“国家心血管疾病高危人群早期筛查和综合干预项目”嘉兴地区唯一的项目执行单位，由市第一人民医院医共体牵头，市疾控中心负责技术指导，钟埭、新埭、新仓、广陈、林埭、当湖6家卫生院协同参与。2022年，进入第4轮筛查，累计筛查13035人次，完成高危干预3219人次，长期随访7740人次。通过项目持续实施，完善全市心血管病流行趋势监测网络，为心血管防控提供数据支撑和科学依据。

【学生健康】 开展学生健康检查、常见病监测和防治工作，共检查中小学生62635人，占全市中小学生总数93.86%。学生超重肥胖率33.19%、营养不良率4.79%、视力不良率64.03%、贫血率4.71%。开展学校教学环境监测，抽测的两所初中教室人均面积合格率66.67%；课桌面平均照度达标率100%，黑板平均照度达标率100%；教室内噪声平均合格率75%，学生饮用水卫生监测合格率100%。

【营养教育】 围绕全民营养周和学生营养日，通过“2022全民营养周营养知识网络大奖赛”“膳食新指南”系列宣传、“食育课”大赛等活动开展全民营养科普宣传。举行食育视频大赛，在嘉兴市合理膳食行动暨第一届中小学（幼儿园）食育大赛中，平湖有25个作品获奖；在省合理膳食行动暨第一届中小学食育大赛中，行知幼儿园作品《谷豆饭乐开怀》获幼儿组一等奖。崇文小学、林埭中学贯彻落实《营养与健康学校建设指南》要求，试点建设并创建为“营养与健康学校”。

【实验室建设管理】 市疾控中心实验室现有A类仪器设备36类、107台，配备率93.6%；B类仪器设备110台，配备率86.3%。能开展A类仪器设备检测114项，开展率96.6%；B类仪器设备检测50项，开展率82.0%。现有15类354个检测项目（食品182项、非食品172项）通过资质认定。全年，完成样品检测98539份，获数据115122个，出具检测报告272份（资质认定报告170份）。2022年，投入近200万元采购气相色谱—质谱联用仪（GC—MS）、热解吸仪、纯水+超纯水仪、十万分之一电子天平、全自动多通道平行浓缩仪、刀式混合研磨仪、全排双人生物安全柜、大肠菌群检测系统等仪器设备。

【健康危害因素监测】 完成12家公立医疗卫生机构和10家幼托机构及2家养老机构消毒质量监测，结果显示各公立医疗卫生单位消毒与灭菌质量整体较好。开展食品安全风险监测，包括蔬菜及其制品、水产动物及其制品、肉与肉制品等18大类，共监测样品714份，完成全市常住人口数1‰份食品安全风险监测样品数的105%，上报率和报告完整率达100%。报告食源性疾病556例。完成94份生活饮用水安全卫生监测，水样合格率100%。开展职业病网报和重点职业病监测工作，共报告卡20407张，其中疑似职业病报告卡10张，职业病报卡8张，职业病鉴定管理卡2张，农药中毒报告卡13张，职业健康检查个案卡20269张，用人单位信息卡105张。完成40家用人单位的职业病危害因素主动监测和6家重点行业职业危害风险评估。开展登革热传播风险评估，共涉及1600户，阳性容器150处，全年平均BI为9.38，无输入病例，未启动应急监测。完成7家公共场所环境监测，并开展从业人员健康状况调查。

【居民死因分析】 2022年，报告平湖户籍死亡病例4516例，死亡率8.77‰。死因前三位依次为恶性肿瘤、脑血管疾病、心脏病。

卫生行政执法

【概况】 围绕新冠疫情防控和卫生执法重点工作任务，以有效遏制和减少损害群众健康权益的违法违规行为为主线，以“双随机、一公开”抽查和专项整治行动为重点，打击各种违法行为，加大行政处罚力度，履行卫生健康行政执法职责。2022年，共办结行政处罚案件227件，无行政复议、行政诉讼案件。继续推进智慧卫监建设，16家医疗机构安装医疗废物智能监管系统，3家餐饮具集中消毒企业安装餐饮具智能监管系统。

【公共卫生行政许可】落实行政审批制度改革措施，规范公共场所、省市下放的许可项目等许可审查工作，加大许可审查现场卫生技术指导。2022年，审查发放公共场所卫生许可证342件，其中新发217件、延续111件、变更14件。新发放射诊疗许可证5家，校验11家；办理放射工作人员证61人；放射诊疗建设项目预评价19件、竣工验收13件。

【“双随机”检查】推行“双随机、一公开”抽查监管模式，推进落实“放管服”工作要求，规范事中事后监管和抽查工作全过程记录及信息公开工作。2022年，领取国家“双随机”抽查任务245件，其中公共场所131件，传染病18件，学校卫生10件，生活饮用水12件，放射卫生12件，其他62件，监督完结率100%。省级“双随机”任务509件，其中公共场所260件，医疗卫生43件，传染病50件，学校卫生21件，生活饮用水2件，职业卫生70件，放射卫生15件，其他48件，监督完结率为100%，作出行政处罚132件，处罚率25.9%。

【医疗卫生执法】开展“医疗乱象”专项整治行动，整顿和规范医疗服务市场秩序。按照省市医疗乱象专项整治行动方案，结合国家、省级“双随机”工作，查处使用非卫生技术人员、超范围开展诊疗活动、使用不合格医疗器械、未取得特殊使用级抗菌药物处方权开具处方等医疗机构、卫生技术人员违法行为8件，罚没款15万元。

【打击非法行医】强化部门合作，打击非法行医行为，开展医疗美容“蓝盾”专项行动。与市公安、市场监管部门密切合作，对各类推拿保健机构、美容美发场所开展排查，对历年查处的非法行医窝点进行回访复查。共发现无证行医14起，立案查处14起，涉刑移送司法机关案件1起，作出行政处罚13起，罚没款合计61.79万元。

【传染病防控执法】开展医疗机构传染病防控检查，对未严格落实疫情防控措施的医疗机构给予25起简易行政处罚。以口腔诊疗机构为重点，开展消毒隔离专项行动，2022年，涉及口腔机构行政处罚39件，罚没款42.98万元。投入经费15万元，建设完成医疗废物智能监管系统。投入经费7.5万元，建设完成餐饮具集中消毒企业智能监管系统，实现远程智能化监管。对辖区3家餐饮具集中消毒企业每季度开展一次消毒效果监测，合格率100%。督促餐饮具集中消毒企业落实硬件整改和生产环境提升，对2家企业出厂的消毒餐具、饮具未按规定检验合格并随附消毒合格证明给予警告处罚，对一家拒不改正的单位给予罚款2.5万元处罚。

【公共场所卫生执法】通过开展夏季游泳场所保健康专项行动、中央空调通风系统专项行动、住宿场所消毒保洁专项整治等措施，开展公共场所卫生监督工作。执行国家、省“双随机”检查制度，并结合春节、国庆等节假日保障工作，对人员密集的车站、商场、旅馆、沐浴场所、美容美发等重点场所进行监督抽检，全年，行政处罚101件，其中一般程序80户。以国家双随机任务为主，对21家游泳场所监测40户次，抽检结果不合格9户次19项，合格率77.5%，项次合格率96.47%；监测旅店等公共场所46户，合格率86.96%。

【生活饮用水卫生执法】推进生活饮用水在线监测，开展城乡饮用水、二次供水等水质监测，确保饮用水安全。监测集中式供水水样62份，水质合格率、项次合格率100%；监测二次供水水样44份，合格率97.72%，项次合格率99.89%；监测现制现售饮用水水样46份，合格率、项次合格率100%。用户水龙头水质安全状况和生活饮用水监测结果通过“中国·平湖”网站向社会公示。根据《平湖市涉水产品卫生安全百日攻坚专项行动方案》，开展涉水产品卫生安全百日攻坚专项行动。

【职业卫生执法】 开展第20个《中华人民共和国职业病防治法》宣传周活动；联合市总工会开展争做“职业健康达人”活动，12名劳动者被评为“平湖市职业健康达人”。强化违法行为典型案例警示教育，普及职业卫生违法行为及违法后果知识教育。坚持处罚与教育相结合，指导用人单位开展职业卫生工作，简易处罚13起，立案查处26起，罚款145.43万元，受理投诉举报4起，未发生群体性职业病危害事故。完成职业病危害项目申报715家，建设项目职业病防护设施“三同时”验收28个。共有901家用人单位进行职业健康检查，体检人数19086人，无新增职业病病人。开展职业卫生分类执法工作，完成分类单位499家。

【放射卫生执法】 对61家放射诊疗机构和181名放射工作人员放射防护情况开展“双随机”抽查和日常监督检查，对存在违法行为的医疗机构实施行政处罚3起，罚款10.5万元。

【学校卫生执法】 组织开展校园卫生安全健康行，21所学校列入国家、省“双随机”检查对象，对20所学校开展学校教学环境监测。通过“双随机”执法检查及学校教学环境卫生检测，发现6所学校存在教学生活环境卫生不符合国家有关标准的问题，结合《关于在浙江省卫生健康监管领域推行初次轻微违法行为不予处罚的意见》，对其中一家决定不予处罚，其余5家均给予警告行政处罚。

妇幼保健

【概况】 持续提高妇幼保健服务质量，提升妇幼医疗服务能力。2022年，市妇保院门诊服务128274人次，医疗收入2788.26万元，其中体检收入221.73万元。2022年，全市户籍产妇总数2584人，活产数2627人，其中男1360人、女1267人，规范产检率96.99%，出院后7天内访视率98.33%，系统管理率96.99%，高危孕产妇管理率100%，实现孕产妇零死亡。母乳喂养率93.96%，纯母乳喂养率73.06%，6月内儿童母乳喂养率继续保持在较高水平。围产儿死亡率0.76‰。全市7岁以下儿童25138人，保健覆盖率98.44%。3岁以下儿童8428人，保健覆盖率98.49%，系统管理率97.70%。全市5岁以下儿童死亡5人，死亡率1.90‰。

【剖宫产率控制】 加强全市妇幼保健工作考核，实行奖罚措施，降低剖宫产率；加大宣传力度，加强孕期营养指导及分娩期保健指导，使广大孕妇认识到剖宫产与自然分娩的利弊，引导自然分娩。2022年，全市剖宫产率40.44%；平湖户籍产妇剖宫产率45.39%，流动孕产妇剖宫产率35.98%。

【孕产期保健服务】 对孕妇进行体重管理及膳食营养指导，对妊娠期糖尿病进行合理干预，合理控制宫内胎儿体重，减少巨大儿发生率。市妇保院营养门诊全年接诊1165人次，全市孕产妇贫血发生率22.17%、巨大儿发生率4.76%。

【流动人口孕产妇管理】 2022年，在平湖分娩流动人口产妇995人，建册率100%；早孕建册率85.83%，孕产妇系统管理率82.33%；出院后7天内产后访视率98.62%。流动孕产妇住院分娩率100%，围产儿死亡率4.30‰，无孕产妇死亡。流动人口早孕建册率、规范产检率、产后访视率、孕产妇系统管理率同比均有所提高。

【优生检测】 2022年，户籍孕产妇产前筛查2588人，产前筛查率100.15%，产前筛查高风险115人，产前诊断83人，确认异常3人。流动孕产妇产前筛查1058人，产前诊断24人，确认异常4人。确诊严重异常均及时终止妊娠，严重出生缺陷患儿得以阻止，出生人口素质有所提高。全市户籍新生儿遗传代谢病筛查率99.67%，听力筛查率99.67%。

【婚前保健】 推进免费婚前医学检查和免费孕前优生检测，推进出生缺陷三级预防工程。2022年，全市结婚登记4676人，婚检4498人，婚检率96.19%，疾病检出率22.61%，查出指定性传染病15例。对查出疾病及时提出预防、复查、治疗或采取其他相应措施的医学建议。

【妇女病普查及“两癌”筛查】 2022年，全市20—64周岁妇女144159人，妇女病实际筛查45605人，查出各种疾病19336例，疾病检出率42.40%。全市30—64周岁妇女122232人，共完成32320例宫颈癌筛查和33634例乳腺癌筛查。全年，妇女病普查和“两癌”检查共查出宫颈癌4例，宫颈癌癌前期病变72例，乳腺癌5例，随访及时到位。

【托幼园所卫生保健】 2022年，全市55家园所入托、入园儿童18108人，建档率100%；视力检查18098人，检出视力不良儿童1909人，其中弱视164人；龋齿6392人，龋齿率35.31%。6124名儿童接受入园体检，未检出肝功能异常者。2442名托幼机构工作人员体检率100%。188名保健人员中，专职53人、兼职135人，其中执业医师21人。12月，举办全市保健老师复训班，共有79名保健老师接受培训考核。

【儿童健康管理免费政策】 对本地和流动0—6岁儿童实施健康管理免费政策，全市共发放免费券3584本。实施平湖户籍新生儿疾病免费筛查，1815名新生儿分别接受遗传代谢病筛查与听力筛查，分别确诊4人、7人；1813名新生儿接受先天性心脏病筛查，发现阳性指标35人，确诊19人。

【儿童发育监测筛查】 开展0—3岁儿童发育行为监测筛查工作，全市发育筛查完成8211人次，发育筛查率97.43%，最后确诊语言、运动、心理发育异常儿童11人，其中8人接受康复治疗。深化儿童早期发展和发育筛查项目，开展儿童早期综合发展指导，促进儿童发育偏离或发育异常的早发现、早诊断、早治疗，保障儿童身心健康。

【3岁以下婴幼儿照护】 完善全市“1+9”婴幼儿照护服务指导管理体系，常态化开展3岁以下婴幼儿养育照护服务各项工作。2022年，全市共开展养育照护小组活动115次，惠及415个家庭。为全市0—3岁儿童养育人建立“育儿微信群”30多个，4000余名家长入群接受养育照护知识指导。

医疗机构

【市第一人民医院】 至2022年底，有工作人员1106名，其中卫技人员996名，设床位750张。全年，门（急）诊总量93.69万人次，同比增加3.82万人次，增长4.25%；出院病人29592人次，增长1.18%；完成住院手术10663台次（其中三类及以上手术2232台次），病床使用率83.68%，平均住院日6.27天，病床周转48.59次。年总收入6.37亿元（其中财政补助7669.32万元），其中业务收入5.60亿元；门诊均次费用239.66元，住院均次费用9411.49元（为医改口径）。4月，静脉用药调配中心

7月11日，平湖市第一人民医院接受浙江省三级乙等综合医院评审
（市卫建局　供稿）

（PIVAS）启用，成功开展全市首例（嘉兴市第三例）Micra无导线起搏器植入术；5月，呼吸内科与茂县人民医院呼吸专科共建的“慢性阻塞性肺病工作室”授牌启用；6月，眼科增设“视光中心”，心脏介入中心完成首例Mini-crush术；7月，接受三级乙等综合医院评审；8月，胸痛中心通过认证，成为2022年全国首批“中国胸痛中心”认证单位；11月，创伤中心新病区（骨三科）投入使用，骨质疏松专科门诊开诊；12月，开设VIP综合病区，男科门诊开诊，内镜中心顺利搬迁至二期医疗楼三楼，门诊多功能自助打印服务上线。年内，开展64层CT增强脑灌注成像诊断脑卒中、选择性支气管动脉灌注化疗及栓塞术等新技术、新项目19项。投入2447.08万元，购置自动发药机、全自动血液分析流水线、电子支气管镜系统、彩色多普勒超声系统等1579台医疗设备，其中1409台用于市方舱医院（投入资金1054.61万元）。信息系统建设投入861.58万元。

【市第二人民医院】 至2022年底，有工作人员403名，其中卫技人员367名，设床位300张。全年，门（急）诊总量266996人次，同比下降18.27%；健康检查22286人次；出院病人10894人次，同比增长5.61%；各类手术3969例（其中三类以上手术2429例），同比基本持平。业务总收入18783万元，同比增长9.39%，其中药品收入占20.99%；体检收入3470万元。2月，普外科开展甲状腺射频消融术。3月，开设健康码红、黄码患者方便门诊。4月，普外科自主开展下腔静脉滤器置入术。5月，心内科被授予“国家标准化高血压中心”“国家标准化房颤中心”建设单位称号。8月，神经医学及康复科实施首例颅内动脉支架置入术；与上海市东方医院脑卒中中心合作签约，建设脑卒中中心。9月，举办首届上海东方医院嘉兴港区医院消化沙龙会议暨徐美东工作室交流会，实施首例肠梗阻导管置入术，消化内科开展生物制剂治疗。10月，针灸推拿科开展针灸减肥法治疗。神经医学及康复科开展中医定向透药疗法。11月，开展互联网+护理服务，提供“网约护士”到家服务。12月，心内科开展平湖首例冠状动脉生物可吸收支架植入术，神经医学及康复科开展首例神经介入血管内治疗，市第二人民医院院士工作站升级为省级院士工作站。年内，投入1645万元购置包含数字减影血管造影X线机、动力系统、射频发生器、下消化道肠镜、超微创手术器械及核酸检测PCR扩增仪和核酸提取仪等医疗设备。

【市中医院】 至2022年底，有工作人员785名，其中卫技人员706名，设病床450张。全年，门（急）诊量645081人次，同比下降3.56%；健康检查32770人次；出院病人15670人次，各类手术4882例；业务总收入4.17亿元，其中医疗总收入3.37亿元，药品收入占医疗总收入25.76%。1月，新设眩晕专科门诊；通过省三级乙等中医医院等级评审；骨伤科独立完成UBE技术（单侧双通道脊柱内镜技术）下椎管减压、神经松解、椎间盘髓核摘除手术。3月，检验科新开展检验项目“尿微量白蛋白肌酐比值（Albumin Creatinine Ratio ACR）”。4月，获嘉兴市五一劳动奖状。9月，与省中医院消化内科合作签约；成立“邵逸夫医院肾内科李华团队专家工作站”。11月，医院迁建工程竣工验收；由市政府牵头与嘉兴学院签署附属医院框架协议，成立嘉兴学院附属平湖市中医院，医院成为院校地方共建单位。12月，完成首例无痛电子支气管镜检查；通过基层常见病多发病中医药适宜技术推广基地建设单位验收；12月29日，医院整体搬迁至新华南路1800号。年内，开展自制髓内针顺行髓内固定技术治疗掌骨骨折等新技术新项目43项；投入6600余万元，购置西门子DSA、西门子全自动生化免疫流水线、智能采血管理系统、全自动发药系统、进口血透机及水处理等万元以上设备385台次。

【市精神卫生中心】 至2022年底，有工作人员97名，其中卫技人员89名，核定床位150张。全年，门诊总量16006人次，同比增长12.08%；出院838人次，医疗总收入2828.89万元，其中药品收入占24.43%。2月，二期扩建工程项目开工奠基。4月，与湖州市第三人民医院钱敏才主任医师续签三年特聘专家工作站建设合作协议。5月，开展平湖市心理健康科普宣传月活动。7月，代表平湖参加嘉兴市精神卫生防治技能竞赛获三等奖；承办国家级继续教育项目“青少年自伤、自杀的防治研究进展”。年末，全市登记在册严重精神障碍患者3922人，报告率5.57‰，规范管理率99.97%，规律服药率99.97%，面访率99.97%，体检率81.72%。全年，开展新技术、新项目9项，投入16.03万元用于信息化建设。

医教科研

【医学教育】 加强继续医学教育工作，规范学分管理。2022年，举办省级继续教育5项；继续医学教育对象（中、高级职称卫技人员）达标率99%以上。沪杭专家到平开展医院管理与专题学术讲座45次，参加学习2780人次。选派医护人员到沪杭名院进修31人次，专题学习和交流培训576人次。市卫校开设护理专业专升本成人教育班3个，有学生62人。

【人才引进和培养】 加大卫技人才招引力度，全年，新招引各类卫技人才276名，其中平湖籍卫技人才158名；引进硕士、副高及以上人才34名，其中硕士研究生27名、博士研究生1名、副主任医师3名、主任医师3名；卫生高级职称评审即自主培育副高以上人才64名。提升卫技人才综合素养，推进第五轮学科带头人、学科骨干培养，至年末，共有卫生健康系统学科带头人28名，市级学科带头人8名。实施柔性引才，把沪杭优质医疗资源引进平湖建立工作室，至年末，共计柔性引进高层次人才146名。全年，招录35名医学类毕业生全部安排参加住院医师规范化培训。落实引进高端人才、高职称人才、高学历人才奖励资金和购房补助。做好市卫生人才公寓管理，解决人才安居周转问题，办理人才公寓租住40多人次。至2022年末，系统共有在编在职卫生正高级人才249名，副高级469名，中级984名；中、高级职称人才（1702名）占系统卫生专业技术人员（2774名）的61.4%。

【重点学科建设和科研管理】 推进“胸痛”“卒中”“创伤”三大中心规范化建设，8月，市一院胸痛中心通过中国胸痛中心联盟现场审核验收，标志医院对急性胸痛患者的综合救治能力达国家级标准。初评和申报嘉兴市级基层特色专科5个，当湖中心医院口腔科、眼科，广陈镇卫生院皮肤科等3个专科通过嘉兴市基层特色专科建设初审。推进新一轮市重点学科和特色专科建设，组织专家对平湖一院呼吸病学等24个新一轮平湖市医学重点学科、当湖中心医院眼科学等6个新一轮医学特色专科进行中期评估，成绩全部合格。加强医学科研项目申报和评审指导，年内，嘉兴市级以上科研项目立项18项，通过验收11项；市科技局立项55项，通过验收46项。市“金桥工程”立项26项，通过验收26项。年内，各医疗机构发表论文195篇，其中SCI论文10篇，核心期刊论文41篇，其中SCI单篇影响因子最高为6.605。

爱国卫生

【概况】 坚持以人民为中心的发展思想，牢固树立“大卫生，大健康”理念，落实《国务院关于深入开展爱国卫生运动的意见》和省、市相关文件精神，深入开展爱国卫生运动，开展各项卫生创建、病媒生物防制、健康教育及改水改厕工作，倡导健康文明生活方式。

【卫生创建】 结合“美丽乡村建设”“全域秀美”等中心工作，全市各镇继续开展国家卫生镇、省卫生村创建和巩固活动。继续加强对林埭镇、广陈镇国家卫生镇创建督导管理，对照新标准，保持创建活力，保障创建成效。6月，新仓镇接受国家卫生镇暗访。组织开展新时期爱国卫生工作重点任务及浙江省健康村镇建设工作专题培训，推进健康村镇建设。

【农村改水改厕】 根据《浙江省农业农村厅浙江省乡村振兴局浙江省卫生健康委员会关于开展农村户厕问题摸排整改“回头看”的通知》精神，落实《关于进一步深化“厕所革命”全面推进农村卫生户厕建设工作的通知》，重点加强常态化管理，每月开展督查暗访和全市通报，落实问题整改。推进城乡自来水供水一体化，日售水量14.3万吨。经对全市城乡24个饮用水水质监测点调查和采样检测，各项指标全部合格，自来水卫生状况良好，全市农户改水受益率100%。

【病媒生物防制】 按照国家卫生城市标准和《浙江省病媒生物控制水平评估认可管理办法》有关病媒生物防制要求，市爱卫办制订并下发《关于认真做好夏秋季除害防病工作的通知》，全市各镇街道及市爱卫会各成员单位坚持“环境整治为主，药物杀灭为辅”的病媒生物防制原则，按照“属地管理、条块结合，各负其责、协同作战”工作要求，于4月15—30日、10月11—22日在全市范围内同步实施春秋季灭鼠工作。8月5日，嘉兴市病媒生物控制水平评估组受省爱卫办委托，对平湖病媒生物控制水平进行现场评估，认定平湖主城区已达病媒生物密度控制水平B级标准，为平湖主城区首次。有序推进病媒生物防制A级街道及B级镇建设。强化镇街道病媒生物防制主体责任，巩固创建成果。年内，新仓镇、广陈镇、林埭镇通过嘉兴市爱卫办组织的病媒生物密度控制水平B级镇达标工作考核评估；当湖街道、曹桥街道创建成病媒生物密度控制水平A级街道。11月，全市30个行政村接受嘉兴市专家组考核，新仓镇友联村、杉青港村达省级“除四害样板村”建设要求，新埭镇大齐塘村等7个村被评为嘉兴市“除四害样板村”，钟埭街道钟埭村等20个村被评为嘉兴市“除四害村”，新仓镇新富嘉园等6个小区创建为嘉兴市灭蚊示范小区。

【健康教育与促进】 2022年，平湖市居民健康素养水平为36.88%（标化后42.95%），其中居民基本知识和理念48.75%（标化后51.14%），健康生活方式38.12%（标化后40.23%），基本技能30.78%（标化后30.95%）。市健康教育专家讲师团开展健康知识讲座183场，受益7093人次；全市各医疗单位依托高血压日、糖尿病日等卫生节日举办宣传咨询活动90场。全市82家农村文化礼堂100%开展健康素养促进试点，全年，开展各类健康活动557场次，直接受益19006人次。10月，参与省健康教育与促进学会推进的冬春季节呼吸道传染病防控提质增效项目，有11所城区中小学校参与宣传发动，9131名学生完成流感疫苗接种，城区学生流感疫苗接种覆盖率达35%以上。全年，自制健康教育科普资料16万余份，全市城区8处198米健康教育宣传长廊更新4期更换420张，统一制作社区海报6期3600张，配送到全市所有社区卫生服务站及主城区各社区。

【控烟工作】 通过制作发放控烟红包、控烟福字、控烟年画及海报，组织“远离烟草 共建无烟环境”线上有奖知识竞答、微视频大赛等形式，开展控烟宣传，引导吸烟者主动戒烟、非吸烟者勇于拒绝二手烟，共建共享无烟环境。经考核评定，平湖临港能源有限公司等10家单位被命名为市无烟单位（社区居委会）。平湖在省卫生健康委组织的无烟工作场所和公共场所控烟暗访评估中排名第34。

（赵勤仙）

社会·生活

人民生活

【城镇居民生活】 据对城镇居民家庭的抽样调查，2022年，城镇居民人均可支配收入74287元，同比增长3.4%。其中，工资性收入50247元，增长3.3%；经营净收入7485元，增长0.5%；财产净收入4221元,增长3.7%；转移净收入12334元,增长5.8%。2022年，城镇居民人均消费性支出42592元，同比增长4.6%。其中，食品烟酒支出12143元，增长2.9%；衣着支出1987元，下降4.5%；居住支出9224元，增长5.2%；生活用品及服务支出2610元，增长2.5%；交通通信支出7690元，增长4.4%；教育文化娱乐支出4072元，增长2.3%；医疗保健支出3612元，增长18.9%；其他用品和服务支出1254元，增长9.2%。全年恩格尔系数28.5%。

【职工工资】 2022年末,全市“四上”单位从业人员总数为31.29万人，其中女性人数为11.12万人，累计发放从业人员工资总额254.67亿元。2022年，全市“四上”单位从业人员平均工资为88427元，同比增长6.3%。分行业看，工资水平较高的行业为电力、热力、燃气及水生产和供应业19.59万元，信息传输、软件和信息技术服务业13.29万元，交通运输、仓储和邮政业11.09万元，分别相当于全市“四上”单位平均水平的2.2倍、1.5倍、1.3倍。工资水平最低的行业是居民服务、修理和其他服务业，为3.74万元。

【农村居民生活】 据对农村住户抽样调查，2022年，农村居民人均可支配收入为46573元，同比增长6.1%。其中工资性收入31765元，增长6.0%；经营净收入为8987元，增长5.7%；财产净收入为2030元，增长8.9%；转移性收入为3791元，增长5.8%。2022年，农村居民人均消费支出为29351元，同比增长7.7%。其中，食品烟酒支出8266元，增长4.6%；衣着支出1233元，增长5.8%；居住支出6050元，增长12.4%；生活用品及服务支出1937元，增长12.9%；交通通信支出5845元，增长5.7%；教育文化娱乐支出2526元，增长6.0%；医疗保健支出2554元，增长10.6%；其他用品和服务支出为940元，增长9.6%。全年恩格尔系数28.2%。

（陶林华）

慈善事业

【慈善资金募集】 2022年，平湖市慈善总会全年捐赠收入4021.85万元。其中，抗疫捐赠1200.97万元，企业冠名捐赠641.30万元、定向捐赠198.59万元、日常捐赠 314.56 万元、爱心一日捐赠 139.16 万元、慈善工作站捐赠 28.42 万元、专项基金捐赠 989.33 万元、乡村振兴捐赠 182.00 万元，上级转赠 34.40 万元，善款增值 293.12 万元。

【慈善资金救助支出】 2022 年，慈善资金救助支出总额 3308.87 万元，主要用于助学支出 147.96 万元，受助 2860 人；助医 278.25 万元，受助 1043 人；助困 90.04 万元。受助 395 人；助残、老、孤 84.60 万元，受助 14141 人，尿毒症项目支出 257.21 万元，受助 2445 人次；乡村振兴项目支出 234 万元；工作站、基金支出 87.22 万元，受助 528 人；春节慰问等其他项目共支出 2129.59 万元，受助 14902 人。

【慈善特色项目】 2022 年，平湖市打造“善行金平湖”百个项目品牌矩阵，以群众满意度为检验标准，不断创新慈善救助模式："慈善年夜饭”让全市困难家庭过好新年；“慈善助学”让寒门学子圆梦大学；“大病救助”让困难家庭患者治病无忧；“暖巢行动”美化困难家庭环境；“营养改善”为困难老人送去营养和关爱；“尿毒症救助”为长期血透患者缓解医疗费压力。持续做好“金平湖维康基金”“社会组织公益创投基金”“青平果慈善关爱基金”等 20 个公益基金项目，做好“困难老年人探访及营养改善”“爱心助学”“关爱尿毒症血透患者”等一系列助老、助学、助医、助残等慈善救助帮扶项目。

【慈善氛围营造】 11 月 5 日，平湖市成功举办首届“善行金平湖”慈善大会。创新设立“平湖市慈善奖”，评审产生十大慈善人物、十大慈善企业、十大慈善项目，并进行颁奖表彰。探索资金筹集、使用、监管等方式，融合推动“金融 + 慈善”模式，新投入 200 万元建立“善行金平湖二期”“暖心护未来”2 个慈善信托，以慈善信托为支点，助力共同富裕示范区建设。

【东西部支援】 继续支援四川省茂县、九寨沟和吉林通榆，全年，共帮扶资金 234 万元，爱心物资价值 508.65 万元。

民政工作

【概况】 2022 年，市民政局依托“12510”发展密码，聚焦“共同富裕”总体目标，把握“数字化改革”和“现代社区”两个抓手，聚力“现代社区”“浙有众扶”“浙里康养”“善行浙江”“暖心服务”五张金名片，建设“暖心服务”十大民生品牌，各项工作有力推进，成效显著，蝉联嘉兴市民政综合考核第一名，在平湖市级部门考核中获评优秀部门。

社会救助

【民生救助】 精准高效认定各类救助对象，稳步实施提底扩面举措，贯彻落实各项社会救助政策，健全出台《平湖市重病、重残“单人保”操作细则》。9 月起，调整最低生活保障标准为 1070 元 / 月，年保障标准达 12840 元，至年底，全市共有在册低保对象 2290 户 3276 人、低保边缘对象 386 户 900 人、特困人员供养对象 269 人，累计发放低保金 3103.06 万元、特困人员供养金 820.63 万元、临时救助金 117.99 万元。建立完善“定期探访痕迹化—发现问题精准化—解决问题有效化—跟踪反馈常态化”机制，探访关爱完成率达 100%。深入实施金平湖维康行动，实施社会救助对象优惠用电行动，完成社会救助对象免费用电登记。为低保、低边、特困等困难家庭赠送共同富裕礼包。推进“暖巢行动”2.0 版提升帮扶活动全覆盖，为 103 户困难家庭添置家用电器。

【数字化改革】 积极推进“困难群众精准画像”省级试点，打造“精平扶”数字化应用,建成“精准预警”“精准画像”和“精准帮扶”三个子场景，提出困难群体“五型三色”分类模型。于 5 月 18 日实现上线试运行，在平湖全域试运行，归集服务项目 35 个。该应用获人民网、《浙江日报》、《中国社会报》、“学习强国”等多家媒体报道，相关经验做法在《浙江信息》、《浙江民政信息》、嘉兴市委数字化改革专班专报、平湖数字化改革专刊发表，获民政部社会救助司司长

5月18日，"精平扶——困难群体精准画像"应用上线试运行

（市民政局　供稿）

刘喜堂、嘉兴市副市长刑海华、平湖市委书记仲旭东批示肯定。邀请浙江工业大学教授祝建华团队参与"困难群体精准画像"课题研究，7月，成功入选2022年度金平湖数字创新应用实验室研究课题，《用数据为低收入群体精准画像——助力共同富裕的"平湖实践"》在《中国社会保障》杂志发表。"精平扶"应用获评全省民政数字化改革第二批"优秀应用"，协助"浙有众扶"应用获"最系列"最佳应用称号和"改革突破奖"。

【品牌打造】 探索"党建＋社会救助"模式，打造"红色救在身边"品牌，构建"25179"（你我一起救）救助服务体系。会同市委组织部制定《平湖市"党建＋社会救助"深化大救助服务体系建设实施意见》，确定钟埭街道西林寺社区、新埭镇星光村、新仓镇安桥社区、独山港镇全公亭社区为"红色救在身边"试点单位，钟埭街道钟埭社区、广陈镇山塘村、林埭镇徐家埭村为"网络连心　组团服务"试点单位。"红色救在身边""25179"品牌建设工作，获省委组织部部长等领导调研肯定，相关做法在《中国社会报》推广。

社会福利事业

【儿童福利】 2022年，在平湖市社会福利院增挂平湖市未成年人救助保护中心牌子。召开平湖市未成年人保护工作委员会第一次全体会议，明确各成员单位工作职责。完成10家示范型儿童之家创建，实现示范型儿童之家各镇街道全覆盖。完成孤儿及困境儿童基本生活保障标准提升，机构养育孤儿、社会散居孤儿、事实无人抚养儿童基本生活费标准分别调整为每人每月2376元、1901元、1901元。

【移民帮扶】 抓好三峡移民管理服务工作，规范落实大中型水库移民后期扶持政策，实施移民"十项"关爱帮扶政策，推动移民关爱帮扶，至年底，平湖市移民及相关人员发展至192户。指导7个安置镇街道、32个安置村社区继续开展"强村联扶"项目。通过移民"两员"制度和"1+6+X"移民联系帮扶机制，加强与移民家庭的互联互动，动态调整帮扶实施方案。

基层自治组织管理

【社区治理品牌】 年内，通过全国农村社区治理实验区结项评估，成为嘉兴地区唯一、浙江仅三个成功创建的县市区。总结提炼全国农村社区治理实验区与省级社区治理和服务创新实验区建设成果，丰富以"友邻善治""新乡邻""新睦邻""邻管家"等为主要内容的平湖社区"邻治理"品牌，列入平湖民政"暖心服务"十大民生品牌重点推进。开展嘉兴市和谐自治标杆区"社区治理新模式创新"试点建设工作，明确五年目标任务。指导广陈镇成功创建第三批省级社区治理和服务创新实验区。

【社区平台建设】 推进现代社区建设，落实全省城乡社区工作会议精神，牵头抓好"红领社治"社会组织发展体系改革和"平和'社'力量"五社联动提质增效攻坚行动。指导镇街道规范做好专职社区工作者招录工作，累计招录300余人。加快“居民会客厅”建设，全市已建成居民会客厅94个，覆盖率达84%，开展示范型“居民会客厅”评选工作。

【社区人才培养】分层分类培养社区治理人才梯队，针对微领袖、村社干部和领军人才分别开展成长训练营。做好浙江省“最美社区工作者”“社区工作领军人才”选展，当湖街道三港新城社区卫莉芳获评2021年度浙江省“最美社区工作者”。持续实施“治立方”政校社三方合作项目，引入高校“智库”力量，提升社区治理人才培养实效，做好村民小组长规范化管理。

社工人才和服务体系

【社工队伍建设】做好2022年度全国社会工作者职业水平考试保障工作，累计有2329人报名参考。连续十年免费举办考前线上集中培训，为新考生免费提供考试教材和大纲，免费开放“社考云学堂”“中社网课”两大微平台。继续做好持证人员继续教育培训。至年底，全市共有持证社会工作者2493名，注册志愿者9.8万余名，社会工作督导人才40余名。

【社工人才培养】启动第四期社会工作督导培养项目，共遴选出10名培养对象开展1年培训。启动社区社会工作、家庭社会工作专门领域督导人才高阶进修计划，共有20名学员参加为期半年的专业培养。

【社会工作推广】在2022年社工宣传周期间，联动镇街道社工站策划开展走访慰问关爱行动、推广社会工作运营典型、宣传社工成长历程手记等系列主题活动。推出线上“我们的心声”“我们的建设·经验”“优秀社会工作项目风采”“五社联动抗‘疫’记”专栏，共推出信息近40篇。《推进镇（街道）社会工作站建设　探索基层治理高质量发展的“平湖模式”》在《浙江民政信息增刊》第16期刊发；《加快本土社工人才培养赋能共同富裕》在《中国社会报》、浙江民政微信平台推送。

社会组织

【政治引领】开展社会组织“建支部、强堡垒”专项行动，对全市581家社会组织党建工作情况进行排摸，全市单建联建社会组织党组织39家，社会组织党员389名。打造“一业一品”社会组织党建示范点，指导各支部党建阵地整固提升。落实“第一议题”制度，开展“支部定议题、党员找问题、党群破难题”主题党日活动和社会组织党组织“六星争创”活动。

【能力提升】实施“智创营”平台服务能力提升计划，加大对当前社会需求强烈的社会心理健康、矛盾纠纷化解等社区社会组织的培养，2022年，新登记注册社会组织14家。实施品牌社会组织能力提升工作坊项目，完成第四届公益创投终期评审，实施第五届公益创投活动，指导镇街道开展公益微创投。推进社会组织积极参与等级评估，年内完成47家社会组织的评估工作，发放奖励53万元。

【监管实效增强】完成3家涉“学院”字样的社会组织整改工作。对非营利性校外培训机构开展抽查和民办教育双控工作，规范4家民办非企业单位登记的学校办学行为。开展社会团体分支（代表）机构整治、社会服务机构非营利监管、行业协会商会收费常态化治理、“僵尸型”社会组织整治等专项工作，现场抽查20家，发出整改通知书8份，注销僵尸型社会组织3家。对5家行业协会商会开展实地检查，常态化做好“打非”工作。开展社会组织年检线上直播培训，发出整改通知书67份。

【组织作用发挥】推进慈善组织发展，年内，新设立登记3家镇街道社区发展基金会和1家教育发展基金会，助力共同富裕建设。有序引导社会组织发挥专业优势协同参与疫情防控，在人员流调、卡点值守、采样秩序维护、物资配送、心理纾困等方面发挥重要作用。推动慈善组织、行业协会商会积极参与山海协作，共开展服务20多次，捐赠款项合计8万元，捐赠湿巾4788箱、羽绒服1321件。

社会事务管理

【殡葬事务】 实施“身后‘逝’无忧”品牌打造，全方位提升殡葬服务能力及水平。巩固群众身后“一件事”联办及涉财事项线上查询服务，群众身后“一件事”联办率达98%。实施惠民殡葬政策，为符合条件的逝者减免殡葬基本服务费463.51万元。为95周岁及以上逝者减免除殡葬基本服务费外的其他服务类项目16余万元，减免骨灰盒寄存管理费用151余万元。制定出台《关于开展促进文明殡葬的实施办法》，对提出申请符合殡葬移风易俗、践行白事简办和生态节地安葬的丧户给予“身后‘逝’无忧”奖励金。有效推进节地生态安葬设施建设，规范开展迎亚运“两路两侧‘散埋乱葬’”专项整治、“活人墓”突出问题规范整治等工作。

【婚姻登记】 全年，办理结婚登记2339对，离婚登记774对。婚姻登记管理服务中心通过国家5A级婚姻登记机关现场评估验收，持续优化软硬件建设，丰富婚姻文化宣传，提升婚前辅导、离婚调解覆盖面。建成并启用室外颁证新址，举办多场集体婚礼颁证活动。成立嘉兴地区首个婚姻家庭协会，推进行业自律、产业融合。平湖市成功入选全省第二批婚俗改革实验县（市、区）。

【便民服务】 2022年，平湖市“96345”社区服务中心受理市民各类求助10万余件，市民回访服务满意率达99.85%。发挥志愿服务联盟作用，深化“五分钟志愿服务圈”建设成果，特殊群体享受免费服务费用近10万元。积极拓展乡镇地区便民服务模式升级，加强优质服务商和人员资源统筹，推动构建“十五分钟便民服务圈”。

养老服务工作

【完善政策体系】 至年底，全市户籍人口中60周岁及以上老年人13.5万人，占户籍人口总数的29.56%；全市共有百岁老人42名。“颐养金平湖”养老服务品牌纳入现代社区建设攻坚行动，完善居家养老服务（照料）中心（站）运营考核监督体系，明确年度运营补助标准。编制养老服务设施布局专项规划，实施“养老机构跟着老人走”行动计划，从资源规划、土地保障等多维度为养老设施落地提供保障。

【养老设施建设】 按照有设施、有器材、有队伍、有标准和有数据的“五有标准”，开展省康养联合体试点建设。优化居家设施布点，115家村社区照料中心开展“集中式＋上门式”为老服务，在老年人口相对集聚的小区或者自然村落新建“养老驿站”10个，推进服务下沉延伸。建成首个“嘉兴模式”村级养老综合体“远辰幸福驿嘉”，扩大农村养老覆盖面。优化机构床位结构，调整闲置低功能养老床位，推进认知障碍照护床位供给，在养老机构内部划出专门区域升级为4个认知障碍照护专区、床位90张，从环境、活动、生理、心理等各方面营造适合认知障碍老年人的宜居区域和生活氛围，为失智老年人提供专业化个性化照护。指导广陈镇养老服务中心启动改扩建。

8月18日，平湖市独山港镇远辰幸福驿嘉养老综合体正式启用
（市民政局　供稿）

【养老服务项目】 深化智慧养老服务，迭代升级“金平湖智慧健康养老服务中心”运行，普及“互联网 + 社区居家养老服务”模式，提供生活照料、应急指挥、远程监护等服务近 10 万人次。试点民政部的“居家和社区基本养老服务提升行动项目”，建成 175 张家庭养老床位，配置无感睡眠监测仪、紧急呼叫器、亲情互动等设备。在市金色阳光老年公寓完成智慧养老院建设，11 家镇街道居养中心实现无感服务智能终端配备全覆盖。强化精准养老服务，突出需求排摸，实现全市老年人自理能力筛查全覆盖。建立孤寡、“空巢”等特殊老年人信息库，为近 1300 名特殊老年人开展每周 2 次的巡防助老服务。优化专业养老服务，重视养老服务队伍建设，组织两批共 200 余人进行职业技能等级鉴定考试。选派优秀护理员参与“海岛支老、一起安好”行动，做好大洋山岛、花鸟岛的支老结对工作，至年底，全市每万名老年人口拥有持证养老护理员 24 名。

地名工作

【地名文化保护】 完成《平湖地名续记》书籍出版，举办平湖市首届地名文化展，在新埭镇开展地名文化建设试点工作，开展“大美新埭　追寻乡土地名”亲子摄影分享活动，完成《浙江省地名词典》（第二卷）平湖部分的校对和修改工作。完成《浙江省标准地名录》平湖部分内容，独山港镇衙前村入选嘉兴市第四批地名文化遗产保护名录。

【地名数据治理】 加强国家地名数据库质量提升，完成地名数据库内 7214 条信息的重新核对和上报。做好地名信息更新，对第二次地名普查起已拆迁的农村居民点进行重新调查摸底，将 292 条信息确定为不再用的历史地名，同时新补充地名 36 条。开展省库标准地名地址数据质量提升行动，完成 16 万余条地名地址关联工作，为标准地名库补充地名 89 条。对 7 个居民点的地名有误的 417 条地址进行标准化处理，对 3 条县级界线及 15 棵界桩的基本情况进行核对和修改。

【地名公共服务】 2022 年，办理企业及个人门牌证 1028 张，开展地名命名更名 1 处，验收小区地名标志 12 处，安装路牌 120 块，出具门楼牌批复 9 份，导入门楼牌数据 5593 条，制作门楼牌 15568 块。安装门楼牌 13292 块。

（周磊）

关心下一代工作

【青少年思想道德建设】 组织全市各级关工委和广大“五老”深入学习中办、国办《关于加强新时代关心下一代工作委员会工作的意见》。在全市开展“四史”教育、家庭教育、师德教育、弘扬好家教好家风主题教育。全年，老同志共开展各类宣讲 216 场次。会同市教育局关工委组织发动全市中小学生参加省关工委等部署的“我的家乡在‘浙’里”爱国主义主题读书征文活动，上报征文数量 12163 篇，数量位列全省第一。举行“红船领航成长　强国复兴有我”主题教育暨“青少年党史学习月”启动仪式。8 月中旬到 9 月初，牵头市教育局、退役军人事务局联合开展“老战士红色宣讲进校园”活动，组织老战士、“五老”中的最美拥军人物、老教师到平湖师范学院、平湖中学等 6 所学校，为大学生和参加军训的高一新生宣讲 12 场次，受教育 5000 人。联合市教育局关工委开展“奋进共富路，喜迎二十大”主题宣讲活动，讲师团 16 位老师到全市中小学开展主题宣讲，40 场次，受教育学生 1.6 万余名。

【社会创新治理】 牵头市普法办、禁毒办、法院、检察院等，联合开展四期“少年有想‘法’”——青少年法治冬（夏）令营活动，组织 140 多位少年儿童参观青少年法治教育基地、开展模拟庭审、听法治课等。会同市法院在关工委建立“关心下一代暨未成年人权益保护共享法庭”，帮助协调解决一名未成年人的托管难题。继续组织“五老”文化市场义务监督员开展对网吧和文化场所及校园周边环境的监督检查。

【家庭教育】 镇街道关工委牵头或参与家庭教育节系列活动，组织“五老”深入企业和村社区开展科学家庭教育和好家庭好家风的宣讲、座谈活动，宣传《中华人民共和国家庭教育促进法》。各镇街道关工委会同相关部门为孩子们定制丰富多彩的假期生活。组织基层“五老”与党员志愿者、返乡大学生等社会力量，对青少年开展孝敬教育、红色家风教育等，老少携手参与志愿服务，助力美丽乡村建设。

【“传帮带”品牌传承】 继续推进机关老干部“传帮带”年轻干部成长品牌工作，探索启动在学校开展“五老”传帮带青年教师成长的试点工作。镇街道和机关部门结合实际，联合团市委等开展老少结对、青蓝优培、银青对话等活动。市人大机关举行第二轮“传帮带老少结对”仪式，并向青年干部赠书。市建设局关工委开展新老干部“红色基因永相传”主题党日活动。平湖经开区关工委开展特殊党日活动，老干部和年轻干部进行“老少对话”。市交通运输局关工委组织31名青年干部开展第四届青年干部成长论坛暨青年干部思想课堂活动。薪火讲师团成员多次为青年干部、社工举行“人的价值观与行为”辅导讲座。

【帮扶青少年】 召开“五老”和受资助大学生座谈会议，开展银青对话。完成上级关工委部署的“关爱有嘉，福彩助圆大学梦”资助大学新生工作，会同市民政局、慈善总会联合开展助学贫困家庭大学生工作。各镇街道关工委会同妇联、团委等共同开展各种形式的迎“六一”、迎端午走访慰问等系列活动。组织老教师以辅导讲座、线上课堂等为家长和青少年释疑解惑，到学校开展科普宣讲、指导操作实验，开展剪纸等非遗文化传承培训等。市经信局关工委41名老干部为贫困学生结对助学捐款2000元。传媒中心关工委开展“益起来”公益助学，10位爱心人士、爱心企业结对10位品学兼优的困难家庭学子。林埭镇关工委联合社工站第三年举办“小龙人成长营”，受益职工子女累计达200多人次，解决新居民子女假期无人照看的后顾之忧。

【“孝老敬贤”月】 在“孝老敬贤”月期间，各级关工委开展游园会、文艺演出、上门走访、反诈宣传、制作重阳糕等活动。市关工委联合市卫生健康局等开展“喜迎二十大，奋进新征程”第二十九届老年文艺会演。市直机关关工委各小组开展走访慰问“五老”骨干、老少一起参观和座谈等活动。市经信局关工委组织“五老”和青年干部子女一起参观中国航天科普馆和青少年抗战历史宣教馆，老少共话好家风。新埭镇关工委组织老干部和青少年开展“银领青春迎国庆、剪纸抒梦话重阳”活动，银青结对，剪纸抒梦，参观红色教育基地俞创硕故居。

【基层组织建设】 推动关心下一代工作力量融合、资源整合、平台聚合。1月，成立关心下一代工作特约信息员队伍，聘请17名来自市关工委成员单位、青少年教育阵地负责人和具有宣讲、写作、摄影、摄像和书法等特长的“五老”志愿者为特约信息员。指导市退役军人事务局成立全省退役军人事务局系统首个关工委

6月30日，平湖市退役军人事务局关心下一代工作委员会成立
（市关工委　供稿）

组织。加强“五老”工作室建设，指导市建设局关工委在全市机关部门中建立首个由多位老干部参与的“传帮带”工作室。吸纳4位刚退休的老干部充实进讲师团队伍。姚爱英被中国关工委授予全国关心下一代“最美五老”称号。

【调研和信息宣传】 举行全市关心下一代工作骨干培训会，请省关工委领导和党的二十大代表作关心下一代工作业务和党的二十大精神学习辅导培训。深化企业关工委工作，召开全市企业关心下一代工作现场推进会，传达全国企业关心下一代工作座谈会精神，10家企业关工委交流工作经验。全年，“平湖关工委”微信公众号共推送129期，发布信息385篇。被《中国火炬》杂志录用8篇，中国关工委“关爱下一代”网站录用3篇，“中国火炬”微信公众号录用320篇，“中国火炬”网站录用30篇，“五老情”官微录用11篇；省关工委《新星》杂志录用3篇，省关工委“新星网”录用159篇。市关工委获评《中国火炬》宣传工作先进单位，新埭镇关工委摄影作品《“剪”在浙里 别样红》在全国基层关工委组织的“庆祝党的二十大”图片新闻“火炬榜”评选活动中获“金榜题名”奖。中国航天科普馆被命名为第四批浙江省关心下一代教育基地。林埭镇关工委、教育局关工委、建设局关工委、浙江景兴纸业股份有限公司关工委获评嘉兴市关心下一代工作“五好基层关工委”；平湖市关工委薪火讲师团获评嘉兴市关心下一代工作“最美五老团队”；李良中获评嘉兴市关心下一代工作“最美五老”；鲁韵玉、沈耕明、于照法获评嘉兴市关心下一代工作“优秀五老”；许宗熙、朱赴农获评嘉兴市青少年党史学习教育“优秀五老宣讲员”；钟溪酒文化展示馆、独山港镇转角湾党支部纪念馆、独山港镇运港杜布馆获评第三批“嘉兴市关心下一代教育基地”。

（朱加宝）

民族·宗教

【概况】 至年末，全市常住少数民族2895人，涉及31个少数民族，其中人数前五位的民族依次是：壮族769人、土家族496人、苗族321人、满族258人、布依族193人。流动人口少数民族22532人，涉及49个少数民族，其中人数居前五位的民族依次是：土家族6378人、苗族4290人、彝族2650人、壮族2006人、布依族1171人。

【宗教概况】 全市有宗教团体4个，分别是平湖市佛教协会、平湖市天主教爱国会、平湖市基督教“三自”爱国运动委员会和平湖市基督教协会。全市登记开放宗教活动场所19处，其中佛教10处、道教1处、天主教2处、基督教6处，可以进行集体宗教活动场合1处。全市宗教教职人员共有195人，其中佛教143人（其中比丘尼4人）、道教3人、天主教4人（神甫1人、修女2人）、基督教42人（其中牧师2人、教师1人、长老3人、传道员36人）、伊斯兰教3人（其中阿訇1人）。

【服务中心大局】 平湖与四川茂县开展东西部协作和对口支援，200多名茂县新居民长期在平湖劳务协作，在羌族同胞集中的社区打造平湖茂县石榴红共富驿站，实施“一站式”异地服务举措，“茂县＋平湖”各1名干部驻站，开展“春送岗位、夏送清凉、秋送技术、冬送温暖”的“四季风”活动，把岗位招聘、就业培训、亲子课堂、稳岗补贴、异地就医备案等20多项服务送到“家门口”，搭建茂县新居民与社区、企业联系的桥梁，促进各民族交往交流交融，带动各民族共创共享共富。在城市建设中发挥民宗优势，积极探索“之江问道”品牌在基层的实践，以践行“平和报本、勇猛精进”城市精神为导向，成立市报本文化研究会，围绕“报本塔”作为平湖的建筑、文化、精神的三座地标，发挥报本文化在本市产业发展、人才培育、共同富裕等方面的积极作用，形成3期研究成果专报市委、市政府。

【民族团结】 以铸牢中华民族共同体意识为主线，在春节、端午节、国庆节等节点，广泛开展“同心石榴红·奋进新征程”八个一系列活动。全年，组织和指

9月2日，平湖市“同心石榴红·奋进新征程”主题实践活动启动仪式暨当湖街道凤凰社区争创民族团结进步示范单位展演举行

（市委统战部 供稿）

导开展“同心石榴红·喜迎二十大”主题教育、“同心奋进·共富有我”教育实践、“民族一家亲·奋进共富路”文艺会演、“石榴花开在平湖”艺术展、“民族同心共学共富”培训班等系列活动60多场次，进一步挖掘少数民族特色文化，弘扬中华民族优秀传统文化。民族团结进步创建不断提质扩面。加快浙里石榴红品牌培育，深化民族工作“六进”，推进凤凰社区全国民族团结进步示范单位创建工作，打造前港村石榴前哨、白马社区共富驿站、文杰企业共富车间3个新的石榴红阵地。社会主义学校开展浙江省铸牢中华民族共同体意识研究基地建设提升工作，打造1条“石榴红”民族团结进步示范线，创设1个“石榴红”培训精品教学模式，完成共同体意识研究课题3个。

【基层治理】 深化“五教同行·奋进新征程”教育实践。组织专题学习党的二十大、中央和省委统战工作会议精神等，强化对宗教界的理论引导。组织“理想信念教育基地”红色之旅，开展喜迎二十大书画作品展。深化宗教中国化示范场所建设，持续开展宗教场所法治宣传，继续深挖“一场所一景观一故事”，探索宗教中国化在基层实践，引导宗教与社会主义社会相适应。推进宗教界自身建设。指导宗教团体加强自身建设，健全民主监督各项制度，严格落实宗教团体年度考评，加强团体规范化管理。指导汉传佛教讲经交流、基督教神学思想研讨、基督教钢管乐音乐会交流等活动。优化宗教工作协同效能。发挥民宗工作协调小组作用，协调建设、文旅体等部门共同推进报本寺环境提升的整体布局，纳入公园城市建设当中；联合市文旅体局对城隍庙等宗教文物建筑进行修复；协同推动数字化改革，贯通使用好“浙里宗教智治”“浙里民宗快响”等应用，推进工作整体智治、高效协同。

（胡戴靓）

新居民事务

【概况】 2022年，全市登记在册流动人口260640人，同比减少30120人，降幅10.4%，其中未成年人25369人，同比减少3391人，降幅11.8%。流动人口来自全国各个省、自治区、直辖市，流入人口数排名前五位的省份为安徽、河南、四川、贵州和云南，共计160074人，占总数的61.4%。

【管理能力】 搭建三级层级构架。形成市、镇（街道）、村（社区）三级流动人口管理服务组织架构体系，市级层面，成立加强流动人口管理服务工作专项组；镇街道层面，成立流动人口管理服务事务所，确定分管领导，配备专职工作人员；村社区层面，确定由治保主任作为各村（社区）流动人口管理服务工作分管责任人。配齐配强专业力量。推进流动人口协管员队伍专职化建设，按照不低于上年度末流动人口登记数1000∶1的标准，在嘉兴市最早配齐配强流动人口专职协管员。至年末，共配备流动人口专职协管员297名。发挥全市22个警务区、91个责任区、216个警格、297名流动人口专职协管员最小单元优势，将专职协管员纳入全科网格体系，作为专科网格员，与全科网格员共同形成“一格两员”模式，形成上下联动、齐抓共治新体系。

【管理服务】抓住省委“加强融合型大社区大单元党建”的有利契机，积极推动市委、市政府重视支持新居民党建工作。创建“以新居民集聚地党建为重点　加强融合型大社区大单元党建”项目，由市委书记仲旭东亲自领办，推动37个责任单位共同参与建设，为新居民党建提供强有力的组织保障。统筹推进抓建设。在全市25个流动人口倒挂村（社区）试点，推出组建流动人口党组织体系、引导多元共治、精准聚焦需求等举措，探索新居民党建引领融合型大社区大单元治理模式。至年末，已组建流动人口党组织4个、党建联建4个，建设融合型社区1家，733名流动人口党员亮出身份参与社会治理。示范引领树典型。丽水市庆元县龙溪乡驻嘉平创业人员党支部试点先行，在生活就业、社会治理、民生服务等领域不断发挥桥头堡垒作用，建立庆元县龙溪乡驻嘉平党群服务驿站，设立平湖市钟庆新居民服务中心，以“红色之家”深化为民服务，累计提供婚育、社保、医保等各类红色代办服务上千人次，提高流动人口办理公共服务的便捷性和高效性。9月22日，该服务驿站为庆元市民办理第三代市民卡上千张，同步吸引周边杭州、宁波等市外庆元居民前来办理。

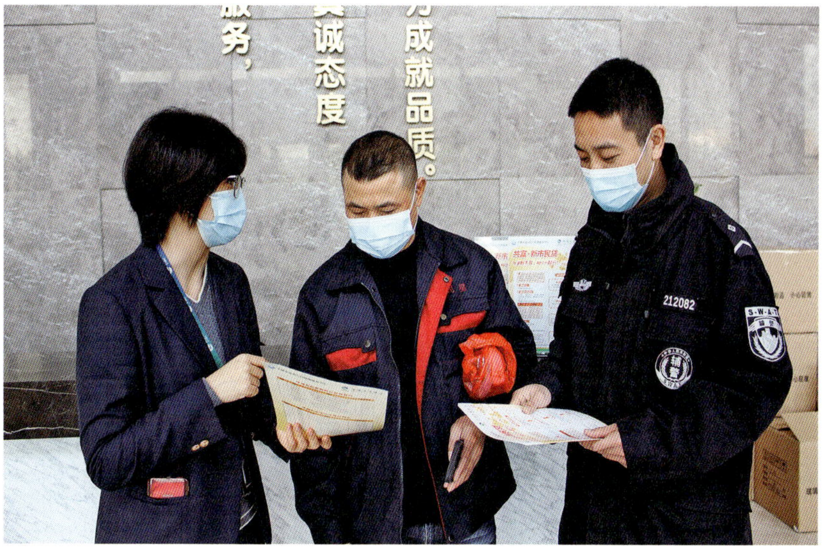

11月21日，“共富新市民积分贷”宣传

（市流动人口管理服务中心　供稿）

【平安治安】坚持数字赋能，智慧管新。推动流动人口“码上服务平台”在平湖市建设落地，“八大主体”自主申报，涵盖扫码登记、网上申领、就近找房等线上功能，至年末，全市流动人口自主申报率95%，居嘉兴市第一。在“浙里办”成功上架“浙里新市民”，集结到平湖登记、居住证申领、积分申请等16个子场景，为流动人口提供一站式服务。在研发过程中，通过公安局内部挖掘资源，自建自检，成功上线。通过大数据分析研判，强化“人来登记，人走注销”工作，与市数据办、卫健、住建等部门建立信息共享机制，挤压数据水分，提升精准度。在嘉兴组织的三次暗访检查中登记率均为100%。9月，在嘉兴市加强社会治理基层基础工作暨除险保安百日攻坚行动推进会就流动人口管理服务工作作经验交流发言。坚持部门联查，消除隐患。全年，开展流动人口异常人员风险识别和矛盾纠纷排查化解工作，累计排查流动人口异常人员19名、异常事件735件。深入开展出租房屋“旅馆式”管理及打击黄赌毒等违法犯罪，拉网排查出租房屋5.8万余户，消灭隐患6117处，查处出租房屋消防案件384起，破获黄赌毒、伤害类案件29起，行政处罚超60余人，有力肃清出租房屋治安风险隐患。

【公共服务】建立驿站，促进共富。在钟埭、新仓试点打造“新居民共富驿站”，为流动人口提供法律、金融、就业、租房等一站式服务，打开信息沟通、咨询调解渠道；为流动人口更好地融入平湖搭建平台。开展流动人口专场公益性就业服务、职业技能培训3期，举办招聘会2场，提供就业岗位5000个，1000余人与用人单位达成就业意向。与平湖农商银行、平湖村镇银行推出流动人口专项金融贷款“共富新市民积分贷”，助力推动全域

6月29日，民警、流动人口专职协管员、网格员对流动人口开展反诈宣传　　（市流动人口管理服务中心　供稿）

共同富裕。进一步优化新居民积分制度，通过量化积分制度让流动人口享受教育、住房等更多优质公共服务，全年，共受理审核流动人口随迁子女入学积分申请3334人，发放积分卡3516份，审核住房补贴积分84人。在全省率先将新居民积分与反诈、交通安全、禁毒等重点工作相结合，推出线下安全防范教育课堂和线上“云考试”“云呼叫”相结合的模式，全年，流动人员被骗率、交通事故死亡率分别同比下降7.2%、22.2%。与市文联等单位加强交流，挖掘流动人口中的艺术人才，建立流动人口文艺人才库，组织参加嘉兴市“喜迎二十大感受‘兴’变化”书画摄影作品评选活动，选送的20件作品分获一、二、三等奖等共计8件，流动人口中心连续两年获优秀组织奖，进一步活跃和丰富流动人口精神文化生活，提升流动人口获得感、归属感。

（张琴燕）

退役军人事务

【概况】 2022年底，退役军人事务标准化国家级试点高分通过专家验收；退役军人网格化服务保障等工作获退役军人事务部、中国社会科学院联合调研组肯定；嘉兴市退役军人事务网格服务和代办工作现场推进会在平湖举行；退役军人数字服务站项目在省厅数字化改革推进会作交流发言（全省5个发言）；崇军教育基地建设和作用发挥、烈士纪念设施保护和褒扬工作获省厅领导调研肯定，烈士纪念设施保护工作做法被编入浙江省县级及以下烈士纪念设施保护管理14个典型案例；“军徽报本”党建引领退役军人工作品牌入选全省退役军人事务系统党建工作21个创新案例；成立全省首家退役军人事务系统关工委，相关经验做法获省关工委领导调研肯定；退役军人常态化提升志愿服务水平获嘉兴市政府分管领导批示肯定；完成退役军人和优抚对象建档立卡和优待证申领发放；《退役军人服务中心（站）建设与服务规范》正式成为嘉兴市地方标准；成功举办庆祝建军95周年双拥系列活动和“9·30”烈士纪念日活动。

【服务管理】 进一步提升和丰富国家级标准化核心体系，梳理退役军人事务标准事项共计12类31项。深化退役军人事务标准体系4项核心规范标准，在创新管理体制、运行机制及提升服务能力等方面获明显成效。6月，《退役军人服务中心（站）建设标准》成为嘉兴市地方标准，《退役军人事务规范》完成修订并上报省厅；7月，“平湖退役军人事务标准化”国家试点通过验收，逐步形成可复制、可推广的“平湖经验”。推进全国示范型及省级“枫桥式退役军人服务站”建设。成立创建工作督导小组，随机抽取42个服务站，由督导小组，对已创建成功的服务站进行“回头看”。根据工作要求，对全市服务中心（站）的政治文化氛围进行改造提升实现全覆盖。至年底，全市共有省级“新时代枫桥式退役军人服务站”27个，其中市级中心1个，镇街道级“枫桥式服务站”7个，村社区级“枫桥式服务站”19个。推进“网格+”治理服务平台。将退役军人服务平台下沉延伸到村社区以下微网格，在全市建立364个“老兵壹家”站点，建立“1+1”工

11月22日，嘉兴市退役军人事务网格服务和代办工作现场推进会在平湖市新仓镇召开　　（市退役军人事务局　供稿）

作制度，每个“老兵壹家”站点安排1名“老兵壹家”班长（轮值站长）和1名专职工作人员在岗在位，负责日常事项的受理和业务值班等工作，完善评价方式和激励机制，把握好选拔、培训、评价三个环节，积极发动“老兵壹家”班长（轮值站长）搭建老兵议事协商厅及老兵课堂等活动载体，组织开展接地气、有亮点、聚人气的特色活动，真正帮助辖区退役军人解决各类小事、实事，做到“兵事兵说、兵事兵管、兵事兵办”。8月26日，退役军人事务部、中国社会科学院联合调研组到平专题调研“老兵壹家”服务点建设，对平湖市退役军人网格服务工作予以充分肯定。11月22日，嘉兴市退役军人事务网格服务和代办工作现场推进会在平湖市举行，网格服务在嘉兴市推广。发挥志愿服务作用。按照“一市一品牌、一镇一特色、一村一队伍”要求，推进“退役军人志愿服务”品牌建设，深化“老兵本色”积分制管理，持续开展“老兵爸爸——守护红色根脉”“老兵爱心接力团”“老兵爱心补给车”等志愿品牌项目。新埭镇“老兵爱心接力团”所在鱼圻塘村被评为全国学雷锋志愿服务“四个100”先进典型（最美志愿服务社区）；市“老兵爸爸——守护红色根脉”志愿项目获2022年嘉兴市志愿服务项目大赛银奖。6月30日，创新成立全省首家退役军人事务局关工委，并开展一系列活动，获省关工委领导充分肯定。

【双拥工作】 落实党委议军会议、军政军民座谈会议、双拥领导小组全体会议、双拥专题会商会议等制度，多措并举提升服务保障部队水平。根据《全国双拥模范城（县）届中考评调研重点指标》认真做好台账准备和届中自查迎检工作，为创建省级双拥模范城“五连冠”和全国双拥模范城“三连冠”夯实基础。加强拥军支前队伍能力建设，支持驻平部队建设，建立拥军支前军地协调机制，通过理论培训、军事实训，提高拥军支前队伍素质，扎实推进拥军支前实战准备，不断锤炼拥军支前保障能力，建立军地双向支持需求“双清单”机制，开展领导干部“军事日”活动，增强各级领导干部带头拥军支前的国防意识。及时解决部队急难愁盼问题，7月下旬，市双拥办为驻平空军某部替换老旧空调。全年，累计投入财政资金45万余元，用于部队营房建设改造、购买相关器材装备等，为部队多样化军事任务和学习生活提供坚强保障。聚焦解决“三后”问题，贯彻落实现役军人子女、烈士子女参加初中学业水平文化考试加分政策，2022年，安排随军家属进国企4人、军人子女入学入托14人。开展社会化拥军工作。除市委、市政府组织的走访慰问部队、市有关部门“四进”军营活动外，市民企拥军协会发挥拥军优属光荣传统，在春节、八一建军节、端午及中秋等节日，积极开展慰问部队活动。全年，已投入拥军慰问资金39.2万元（含边海防专项慰问）。开展军民共建社会主义精神文明活动，驻平部队官兵积极支持地方发展，开展植树造林、志愿服务等拥政爱民活动，2022年，驻平海军某部连续第八年组织义务献血，累计献血近20万毫升。首次评选出6名平湖市“最美拥军人物”并进行大力宣传。开展“情系边海防官兵”专项慰问活动，精心准备800份慰问品，寄到边防官兵手中。

【优抚褒扬】 落实抚恤优待事项。义务兵家庭优待金每年12月底前发放到位，优抚对象抚恤补助不低于政策标准，每月按时发放。中央和省财政下拨的优抚资金全部专款专用，完成年度安排。不断完善优抚标准自然增长机制，4月1日起，对老复员军人、残疾军人等重点优抚对象抚恤补助标准进行调整。全年，已对全市2442名优抚对象发放抚恤和生活补助金1967.86万元。按月开展优抚对象医疗补助审批工作，截至12月中旬，医疗补助合计审批发放364.94万元。按规范要求及时准确做好线上线下各类新增优抚事项的资格审核上报等工作。提高英烈褒扬工作水平。9月30日，举行第九个烈士纪念日敬献花篮仪式，市四套班子领导、干部群众、驻平部队代表约200人参加。烈士纪念设施管理维护资金纳入当年度预算，2022年，再投入23.5万元，对烈士陵园周边环境进行改造提升。扎实做好关心关爱烈属活动，对烈士遗属进行走访慰问，及时了解掌握在生产生活、上学就业等方面的相关需求，有效帮助解决急难愁盼问题。在清明节和“9·30”烈士纪念日等重要时节，开展红色故事宣讲活动。烈士纪念设施保护和英烈褒扬工作获省厅副厅长丁国胜调研肯定，经验做法被编入浙江省县级及以下烈士纪念设施保护管理典型案例。做好退役军人和优抚对象建档立卡和优待证申领发放，至12月中旬，全市（含乍浦镇）退役军人及其他优抚对象，建档立卡基本完成，优待证审核通过率97.16%，认真按照嘉兴市局要求做好优待目录清单贯彻落实，全部完成优抚对象短期疗养工作，及时高效完成享受待遇优抚对象年度确认工作和义务兵父母及享受待遇烈属免费体检工作。

【移交安置】 优化完善安置环节，强化与市编办、组织部、人力社保等部门沟通协调，完成转业军官、由政府安排工作退役士兵、随军随调家属安置任务。当年，全市接收转业军官均安置在公务员或参公岗位；接收政府安排工作退役士兵分别安置在市属事业单位、央企、市属国企，由市人武部会同有关部门安置随军随调家属国企4名，做到“阳光安置”。全市接收秋季自主就业退役士兵除高校复学以外，均于9月中旬完成适应性培训，并开展职业技能培训。当年平湖市转业军官上岗培训参训率和合格率，退役士兵学历教育、职业技能培训政策知晓率，职业技能培训意愿参训率“四率”均达100%；连续第三年开展退役军人待安排工作期间“顶岗”锻炼，安排军转干部和政府安排工作退役士兵分别到市镇两级机关和退役军人服务中心（站）“顶岗”锻炼。

【就业创业】 与浙江广播电视大学平湖学院、平湖技师学院、嘉兴市交通学校密切协作，发挥专业院校在技能人才培养和学历提升教育中的作用。2022年，27人通过职业技能培训拿到证书，上岗率100%。实施“助力行动”促进就业，全年，会同市人社部门、镇街道举办退役军人招聘会10场，合计参加企业近600家，共参加退役军人（家属）230余人。实行退役军人专项招聘优待政策，推出2个事业单位及10个国企岗位招聘计划。建立退役军人就业创业统计台账，实时掌握就业创业动态。推荐1家企业参加全省首届退役军人创业创新成果展陈交流活动。结合全市实际，12月30日，成立平湖市励志退役军人就业创业促进中心暨平湖市吾悦广场退役军人服务站，为退役军人提供政策咨询、创业指导、资源对接、产业孵化等“一站式”服务。

【数字化改革】 完善局数字化改革工作专班，进一步厘清思路，明晰数字化平台总体布局，细化任务，紧盯重要时间节点，确保项目进度。建立“老兵e家”数字驾驶舱，做好数据收集、分析、整理工作，构建退役军人服务资源“平台云系统”，及时掌握退役军人学习、就业及困难情况实时动态。加快推进“平湖市退役军人数字服务站”项目建设，依照多跨协同建立“113”应用体系，实现服务保障体系可视化管理。迭代升级浙里办“老兵e

家”前端办事服务功能，8个模块已建成，已上线的老兵码应用中心等5个模块初显成效，4月19日，平湖市在全省退役军人服务保障体系数字化改革推进会上作为五个发言单位之一作交流发言。2022年，通过数字化改革，优抚对象医疗费用报销纳入智慧医保实行“一站式”结算。推进退役军人事务系统“浙里老兵”应用,推进“老兵码”申领，申领率已达52%，积极发动商家入驻崇军联盟，已有150家入驻，为部队官兵、退役军人和军属提供专享折扣、便捷高效的优惠服务。

【共同富裕】 加快推进困难退役军人“扩中提低”，提交市委退役军人事务工作领导小组出台《平湖市退役（现役）军人家庭迈向共同富裕实施计划（2021—2025年）》，对退役军人共同富裕作出制度安排。及时做好全国困难退役军人帮扶援助服务系统的更新完善工作，根据平湖市退役军人困难帮扶实施意见要求，2022年，对最低生活保障家庭中的退役军人，给予其本人每月增发当地最低生活保障标准10%的生活补助。9月，确定全市57户低保和低保边缘退役军人家庭结对帮扶单位，给予不低于最低生活保障标准的资金或物资帮扶。按照上级自谋职业转业士官和下岗失业志愿兵就业帮扶实现应帮尽帮的规定，2022年，对提出要求帮扶的1名自谋职业转业士官，及时落实帮扶岗位。落实企业军转干部生活补助和慰问。整合社会资源，通过市关心关爱退役军人帮扶基金及荣晟崇军基金开展慈善救助和扶贫帮困，春节前为部队官兵及退役（现役）军人家庭发放慰问金，“八一”前夕为困难官兵及退役（现役）军人家庭发放慰问金。

（陈杰）

人力资源和社会保障

综 述

【概况】 2022年，平湖市人力资源和社会保障局在保障民生、人才招引、稳进提质、除险保安、数改变革等系列经济民生工作中承压前行，获"全省人社系统绩效考评优秀"称号、跻身全省人社系统考核第二名；蝉联"全省人社系统先进"称号，连续三届获评嘉兴人社系统先进单位。在嘉兴人社系统、平湖市级机关部门考核中实现12连优。相关工作获副省长徐文光等省、市、县三级领导批示肯定。

【工作效能】 树立"唯实惟先、善作善成"的选人用人导向，推行常态化轮岗，累计提拔中层干部6人，轮岗交流10人。持续健全一线考察识别干部机制，6名党员干部被派驻疫情防控隔离点担任行政点长，16名党员业务骨干组成"人社"战疫机动先锋队。积极参与人社系统练兵比武活动，首次获嘉兴人社系统团体一等奖。认真办理建议、提案13件，其中《关于切实加强企业用工保障的议案》被列入2022年市人大重点建议。

【依法行政】 坚持办公会议学法制度，做好《中华人民共和国就业促进法》等法律法规宣传解读工作。严格落实行政决策程序，确保重大事项集体讨论决策。规范行政执法行为，实行执法人员持证上岗和资格管理制度，健全行政执法和刑事司法衔接机制，实现行政处罚和刑事处罚无缝对接。强化"互联网＋监管"，完善"双随机"执法检查制度，抽查事项覆盖率、掌上执法入驻率、掌上执法率均为100%。积极预防化解行政争议，全年发生行政诉讼和行政复议各2起。加强行政规范性文件管理，对7个文件进行合法性审核，发布行政规范性文件4个。

人才工作

【人才项目服务管理】 开展国家、省级人才项目申报和嘉兴领军人才评选，审核申报创业类、青年类项目70个。组织平湖领军人才快速评审，评出7个项目。对27个领军人才项目开展中期评估。继续加强高端人才市场化引才合作。全年，兑现人才资金9200余万元。

【专业技术人才管理】 推动职称制度改革，指导卫生、工程、中小学、农业技术等重点领域评审改革工作。推进民营企业自主评聘工作，指导新纳入的交大光电研究院、宏利汽配、锋源氢能等3家企业制订评聘方案，全市累计6家企业被纳入自主评聘试点范围。做好专技人才培育，对全

6月23日，浙江平湖—四川职业技术学院校地合作签约仪式举行
（市人力社保局　供稿）

市规模以上企业人事干部及申报职称人员开展业务知识轮训。指导做好各系列职称申报工作及继续教育相关工作，累计公布专业技术资格人员2420人，其中高级287人、中级528人、初级1605人。持续开展第六批专技带头人年度考核工作；选拔第七批专技带头人53人，提升优秀专业技术带头人队伍凝聚力。组织二级建造师职业资格和社会工作者职业水平考务工作，分别涉及考生3612人、2321人。建立专业技术人员业绩档案库，业绩档案库累计维护人数已达7613人。

【基础性人才招引】 加快推进博士集聚工程，新建莎普爱思、锋源、领科、丞士、荣晟、富瑞邦、大印农业等7家省级博士后工作站，新进站博士后14人。推进青年博士入库和清华大学博士生社会实践工作。累计引进硕博500余人。补齐大学生招引短板，加大高校毕业生招聘力度，深化“一镇一校一基地”政校企合作机制，组织52家重点企业集中到四川达州、安徽淮南、湖南长沙、湖北武汉等地洽谈政校企合作，与湖北工业大学、武汉轻工大学等10余家院校签订合作协议，累计引进大学生1.3万余人。

【技能人才培养机制】 年内，出台《关于实施新时代金平湖工匠培育工程的意见》，印发《加快技能型园区建设　打造技能人才高地实施方案》，细化技能型园区建设、技能型企业和企业培训中心认定三个操作办法，形成相关部门、属地街道联合抓培养工作合力。全市新增技能人才13583人，其中高技能人才6422人。技能人才数占从业人员数的38.4%。

【技能人才培育载体】 加快推进一流技师学院打造，平湖技师学院入围全国技能人才培养突出贡献候选单位，入选省一流技师学院培育单位，数控加工、机电一体化2个专业入围省级高水平专业群建设项目，获省财政4800万元的资金支持。扩大技工教育规模。嘉兴交通学校实施双挂牌后，首期技工教育招生335名。全市技工院校招生人数累计1583人，同比增长50%。

【技能人才培育】 开展浙江工匠申报，入选浙江工匠3名，浙江青年工匠17名；入选嘉兴首席工匠2名、嘉兴巧匠4名；入选嘉兴首席技师5名；评选金平湖工匠8名。新建嘉兴市技能大师工作室2家。推进省政府民生实事“浙派工匠”项目，累计开展职业技能培训3.03万人次。推进技能型园区建设和技能型企业认定工作，深入企业开展技能等级自主认定工作，新增自主评价备案企业48家，累计备案企业达103家；通过企业自主评价，新增技能人才7661名，其中高技能人才5918名。加大跨区域校企合作订单班培养，平湖技师学院采取“3+2”“2+1+2”联合办学“订单班”等形式，与贵州毕节、河北邯郸等2所职业院校联合招收200余名学生。积极推进“招工即招生、入企即入校”的企业新型学徒制，首批培育新型学徒614名。

【第五届“才聚金平湖·引领新崛起”创业创新大赛】 7月6日，第五届“才聚金平湖·引领新崛起”创业创新大赛启动仪式暨深圳推介会举行，市有关部门和平台负责人及深圳80多位高层次人才参加推介会。大赛分为项目线上推广、线下推介、项目资格审查、初赛、小组赛和总决赛。共征集到创业类项目287个、创新类项目83个。其中，206个项目入围创业类初赛，52个项目进入创新类初赛；72个创业类项目、29个创新类项目入围复赛。经过角逐，15位选手获创业类大奖，17位选手获创新类大奖。至年底，9个创业类项目落户，9位创新类人才与企业签订入职协议。

【第十八届职业技能竞赛】 连续第18年开展平湖市职业技能竞赛，竞赛开设养老护理员、保育员、化工总控工等11个一类项目和西瓜灯雕刻、消防救援人员等4个二类项目。累计520名企业职工参加技能比赛；选派26名选手参加10余项嘉兴市级技能竞赛，10人次入围嘉兴前三。

【人才服务保障】 强化政策引领，出台“人才新政”3.0版本，提升政策支持力度，拓宽补助资金申报渠道。制定人才购房补贴操作细则，优化资金拨付流程。推进市镇两级人才公寓建设，新建成人才公寓1400余套。推动人才之家运营，开展线上线下项目路演60场、人才家宴12期，服务人才9000人次。举办上海留学生企业协会平湖行、浙工大新材料博士平湖行等各类线下人才活动10场。定期开展博士联谊、“牵手筑梦、才聚平湖”和“服务校企对接周末大篷车”等人才主题活动。

就业创业

【企业用工保障】 出台《关于鼓励企业稳员工稳生产的若干意见》，引导全市1.37万名外地员工留平，发放留平消费券700余万元。召开企业人事经理联谊会，加大留平大学生关心关爱力度，推动外地人员到平留平。深化企业用工保障，制订《春节前后重点企业用工服务工作方案》，组织长城汽车等110家重点企业到贵州毕节、云南昭通等地开展劳务对接和专场招聘，培育域外优质劳动力输入点9个，点对点接返230名外来务工人员，招引技能型员工6000余人。推动“用工保障”项目替代“招工圈子”场景，依照“社银合作”模式，探索“补贴直享”，推动用工招引新途径。举办线上线下招聘会195场，提供岗位7.2万个，新增城镇就业19025人，城镇调查失业率4.5%。

【稳岗纾困】 落实2022年失业保险稳岗返还政策。通过后台数据比对，推广“无感智办”“免申即享”等经办服务，累计为9106家企业稳岗返还失业保险6580万元，为3929家企业发放一次性留工培训补助和一次性扩岗补贴2372万元，支持企业稳岗扩岗。

【困难人员帮扶】 推广重点群体帮扶应用，聚焦高校毕业生、失业人员、就业困难人员等重点群体，开展就业困难人员“暖心帮扶”、高校毕业生“服务攻坚”、失业保险“稳岗惠民”行动，新增公益性岗位165个，累计发放公益性岗位社保补贴、就业困难人员灵活就业社保3856万元。推进失业保险金扩围提标政策，

2月19日，市就业管理服务中心迎接四川茂县乡亲到平湖就业
（市人力社保局　供稿）

为4.2万名失业人员发放失业保险和失业补助金6051万元。全年，帮助失业人员再就业7207人，其中帮助就业困难人员再就业2091人。

【公共就业服务体系】 实施“互联网+”公共就业创业服务，完善市镇村三级就业服务网络。新增15家单位获评市级共同富裕高质量就业示范社区（村），累计6家单位获评国家级充分就业社区、省级高质量就业社区（村）。提供“11311”高校毕业生全周期闭环就业服务，吸纳近600名高校毕业生入企就业见习。

【创业带动就业】 推动广陈镇山塘村等省级返乡入乡合作创业村和省级创业孵化示范基地建设。参加第五届“中国创翼”创业创新大赛嘉兴市选拔赛，其中猕猴桃精准化疏花留果提质增效技术应用获嘉兴市选拔赛第二名。积极参与浙江省首届返乡入乡合作创业大赛，其中山塘村项目获二等奖，获评全省2022年度推进农民工返乡合作创业成绩突出单位。开展创业导师评选活动，共评选出8名创业导师。强化政策执行和落实，累计发放创业贷款2676万元，扶持创业416人。

社会保险

【国统系统平稳上线】 推动养老保险基金国家统筹和业务经办系统国统上线工作。对照国统推进方案，集中力量整理118类4568万条数据，有力保障“省集中”系统平稳切换到国统系统。完善国统业务经办机制，建立督办系统，加强对镇街道便民服务中心业务办理跟踪、催办及督办，实现服务对象诉求件件有落实、事事有回应，提升群众办理社保业务的满意度。

【政策推进】 推进建筑业工伤费率和八大类行业工伤费率调整，参与制订完善被征地人员和困难群体参保政策。落实社保费缓缴政策，在对餐饮等5个特困行业实施阶段性缓缴三项社保费政策的基础上，进一步将范围扩大至受疫情影响较大、生产经营困难的中小微企业。全年，累计向全市1.6万家单位发送告知短信3.5万条，其中107家企业申请缓缴社保费1400万元。

【社保扩面提质】 注重分类施策，重点推进特困人员、低保对象、残疾人等困难群体应保尽保，探索灵活就业人员、新业态从业人员参加养老保险，做好被征地群体按规定纳入企业职工养老或城乡居民基本养老保险制度，稳步提高企业养老参保率和缴费基数夯实率。严格落实年度社保缴费基数调整、各类养老待遇提升等政策。完成首批被征地人员城乡居保参保提档，享受专项筹资和增设一档高缴费档次缴费政策。城乡居民基本养老保险基础养老金从290元调整到320元；企业养老保险人均月增至2837元。全年，净增参保人数2300余人，本地户籍人员法定参保率和全员参保率达98.47%、85.44%。完成退休认定3456件、工伤认定1379件、劳动能力鉴定790件。工伤再次申请鉴定率、再次鉴定级别改变率和大级别改变率考核排名均列嘉兴第一。全年，累计为18万人发放各类待遇82亿元。

【服务监管能力提升】 推动跨区域经办工作，为参保人提供“异地办”“网上办”“指尖办”等高质量社保服务体验，先后有35个高频人社事项实现“窗口即办”，45个事项实现“市内通办”。推进部门间数据共享，“社保参保一件事”“退休一件事”等总办件量达1.24万件。落实经办权限下放，170项人社服务业务下放至柜台受理，实现“一窗通办”。实施人社政务服务“好差评”全覆盖，全年，好评62071条，“好差评”满意度达100%。加大社保卡发放工作，实体社保卡和电子社保卡分别新增扩面1.3万人、16万人；开展三代卡库存卡清理工作。推进社银合作网点建设。开展“社会保险基金管理提升年行动”，组织企业职工养老、城乡居保、失业保险和工伤保险基金等四个社保基金第三方审计（评估）。开展规范失业保险金申领专项检查行动，堵住骗取失业保险待遇漏洞。

（冯渊）

医疗保障

【概况】 2022年，平湖市职工医保参保共38.84万人、居民医保16.77万人（其中政府出资人员8438人），本市户籍人口医保参保率99.26%。各项基金运行平稳，其中职工基本医疗保险收入19.8亿元、支出14..68亿元、累计结余23.75亿元，居民基本医疗保险收入3.17亿元、支出2.47亿元、累计结余1.89亿元，长期护理保险收入3065.15万元、累计结余10671.78万元。

【基金盘子持续优化】 深入实施精准扩面，实行参保数据动态管理。2022年，职工医保参保共38.84万人、居民医保参保共16.77万人（其中政府出资人员8438人），本市户籍人口医保参保率99.26%。各项基金运行平稳，其中职工基本医疗保险收入19.8亿元、支出14.68亿元、累计结余23.75亿元，居民基本医疗保险收入3.17亿元、支出2.47亿元、累计结余1.89亿元，长期护理保险支出3065.15万元、累计结余10671.78万元。

【健康防贫持续发力】 聚焦“因病致贫、因病返贫”，持续推进金平湖维康行动。全年，特殊人群资助参保9726人，医疗救助支出1382.6万元，医疗救助政策落实率100%。健全重点救助对象高额医疗费化解机制，困难人员自负5万元以上部分高额医疗费全部化解到位，确保困难人员不因罹患重特大疾病影响基本生活。“嘉兴大病无忧”商业补充医疗保险作用持续发挥，大病患者平均二次减负率达16%，单笔最高赔付61.6万元。

【医保改革持续深化】 医疗价格、DRGs点数付费、药械集采三项改革综合推进。做好新冠核酸检测项目调价等工作，不断优化全市医疗机构医疗服务价格体系。持续优化DRGs点数付费策略，引导医疗资源合理配置，有效控制医疗费用不合理增长，实现医保基金的健康、可持续发展。巩固药械集采成果，落实国谈药“双通道”管理机制，保障国谈药供给顺畅。

【经办服务持续增效】 打造15分钟医保服务圈，搭建市、镇街道、村社区三级经办服务体系，16项高频服务事项实现“就近办”。持续加大网上办、掌上办业务推广，全年，“浙里办”在线办理5.4万件，好评率99.19%。开通“互联网+医保”，在中医院率先实现医保移动支付。

【基金监管持续高压】 聚焦“假病人、假病情、假发票”等违规领域，同步开展集中自查、专项飞检、日常稽核，压制震慑违规违法。2022年，共稽核两定医药机构241家次，追回违规金额188.01万元，其中移交公安1家、行政处罚4家、责令整改7家、暂停医保结算3家。

【创新工作持续推进】 成功打造“医保金盾”多跨数字化监管服务模块，设置四大类3683条预警规则，推动医保监管从“事后”向“事前事中”延伸。该系统已在个别医疗机构试点运行，累计拦截涉及违规项目87类762条，下一步计划在全市面上逐步推开。

（任萍）

人事管理

【企事业公开招聘】 加大事业单位面向高校毕业生和高层次紧缺人才的公开招聘力度，推出事业单位工作人员集中招聘计划66个，录用报到63人；高层次紧缺人才招聘计划22个，录用报到18人。探索事业单位分类招聘，配合卫健、教育等系统研究出台有关人才引进政策，指导监督卫健、教育系统做好校园招聘、高层次紧缺人才招聘和面向社会招聘等17场，招聘优秀专技人才327人。加强全市机关事业单位编外用工招聘工作指导和管理，审核发布编外招考公告46个，推出招聘计划698名。

【人事日常管理】 部署实施县以下事业单位建立管理岗位职业等级晋升制度实施工作，备案28个事业单位管理职员等级晋升方案。严格落实事业单位工作人员交流事前预审，审批备案全市人员交流调动301人。规范开展岗位设置、聘用审核，为全市28家部门（单位）办理岗位设置，为全市163家事业单位核准认定岗位聘用2501人。抓好全市事业单位年度考核备案总结工作，参加考核9042人，其中优秀1549人。

【人事管理数字化】谋划推动省创新项目“智慧考务”建设，项目被列入2022年人社数字化改革省创新试点项目，参加全省数字社会路演，入选省发改委数字社会案例集。打造人事考试保密标准库房，按照省级保密硬件设施要求，配备高清摄像头等专业设备。建成并启用市人事考试指挥中心平台，实现试卷流转、考中监管等全流程监督。用好省事业单位人员职业生涯全周期“一件事”管理服务平台。提升省人事工资管理系统运维能力，探索建立由“事后申报”转变为“事前获取”机制，不断完善信息共享、业务协同等跨部门运用机制。

【收入分配规范化】审核全市173个单位7857余人的统发工资，审批2129名事业单位工作人员岗位聘用调整工资和9042人次晋升薪级工资；指导全市事业单位做好年终分配发放及审批工作；办理138名到龄机关事业退休人员退休手续。

和谐劳动关系

【宣传引导】深入企业宣传规范劳动用工等法规政策，举办12期劳动保障法律法规政策培训会。组织143家企业参与电子劳动合同推广培训，累计完成5万余份电子劳动合同签订。做好《人力资源服务和劳务派遣经营须知》政策宣讲推广，督促全市人力资源服务行业依法依规经营。严格特殊工时制度审批，累计审批254家。

【重点领域整治】开展打造“无欠薪金平湖”城市品牌攻坚行动、处理举报投诉2434起，其中群体性劳资纠纷102起，其中建筑领域群体性劳资纠纷73起，为12700人讨回工资2.1亿元。谋划推动省重点项目“人社应急处突在线”，上线省“人力社保智治中心”。开展全市人力资源企业常态化规范管理专项行动，检查人力资源企业262家次，发出询问通知书15份、限期改正指令书8份，进一步规范劳务派遣劳务合同、工资发放、社保缴纳等人力资源企业用工行为。持续推行建筑业“无欠薪六大机制”，推广使用省人事工资管理系统，通过平台实行实名制、发放工资等，努力规范建筑领域劳动用工和工资发放，保持平台六大机制落实率在95%以上。集中排摸新埭镇、独山港镇租赁企业工资发放情况，先后监察租赁企业305家，发出整改指令书38份，确保租赁行业用工规范。全年，行政处罚5起，移送公安拒不支付劳动报酬处理案件8起。

【应急处置】畅通举报投诉渠道，严格执行值班备勤，对突发劳资警情快速应急响应，及时控制事态发展。先后化解省部违法举报投诉平台案件共734条，处置完成655条，完成率89.2%；处置477条劳资警情，实现和公安“110”的无缝对接。开辟工资争议案件绿色通道，为劳动者合理诉求提供法律服务和法律援助。对涉及人数较多、规模较大企业的重大欠薪事件进行联合会商，实现稳控化解，先后稳妥处置汇景幸福里、独山碧桂圆、新仓星悦里、新居缘装饰公司建筑等群体性劳资纠纷，完成护航二十大等特殊时期维稳安保工作。

【矛盾纠纷调处】以“效能仲裁、数字仲裁、标准仲裁、素质仲裁”为目标，完善“1+X”劳动纠纷多元化解机制，配强派驻市矛调中心工作组力量，整合人民调解、法律援助等现有力量，对投诉举报实行即接即办、对重点纠纷实行联合会诊，推动劳资纠纷化解“最多跑一地”，全年，办理劳动争议案件634起，调解结案618起，结案率97.48%、调解成功率85.2%、网络办案率39.3%。畅通信访诉求渠道，引导信访人在法治框架内解决矛盾纠纷，妥善化解国家、省重点信访积案6件，妥善受理群众信访、百姓事马上办等各类来访来电1450件。

（冯渊）

镇·街道

当湖街道

【概况】 当湖街道是中共平湖市委、市政府驻地，区域面积50.12平方公里，耕地面积681.66公顷。2022年末，辖8个村民委员会、19个社区居委会，83个村民小组。全街道户籍人口58565户、150346人。2022年，实现地区生产总值170.05亿元，可比增长4.1%。实现财政总收入13.6亿元，其中一般公共预算收入7.13亿元。城乡居民人均可支配收入分别达7.43万元、4.66万元，增长3.4%和6.1%。

第三产业 2022年，实现服务业增加值156亿元，可比增长4.3%；148家规（限）上服务业企业实现营业收入232.12亿元，同比下降0.22%。限上社会消费品零售额实现31.7亿元，首次突破30亿元，同比增长13.03%。在嘉兴市71个镇（街道）服务业高质量发展竞赛评价中保持前列。首次三个季度连摘全市镇街道“十项指标”红旗奖。成功创建省数字生活新服务特色街道、省现代商贸特色街道，南市商务商贸创新发展区入选省现代服务业创新发展区。成立首个数字经济产业基金。做精做优数字经济，签约亿元以上项目3个，实施数字化改造项目4个，完成规上企业数字化诊断2家，入选市制造业“云上企业”培育库1家，实现规上数字服务业营收3.76亿元。抓好企业梯度培育，全年，升规纳统36家，其中月度升规纳统12家，京东、抖音两大平台获电商纳统新突破。

工业 2022年末，全街道有工业企业329家，从业人员4656人。全年，完成工业生产性投入4312万元，实现工业增加值6.56亿元。全街道17家规上工业企业实现工业增加值2.65亿元，主营业务收入12.96亿元，利税总额5519万元，其中利润597万元，完成进出口总额20.99亿元，其中出口16.82亿元。加快平台建设，蒙士特数字智能制造产业园（一期）、时尚中心建成并启动项目招引。长三角汽车商贸城电子商务基地基本完成工程建设，车城支路建成通车，浙驰贸易等项目稳步推进，长红大厦开工建设，大川重工项目完成供地。强化创新驱动，加速激活经济发展内驱力，申报高新技术企业5家，省科技型中小企业21家。严格落实能源双控，规上工业企业综合能耗下降13%、万元增加值能耗下降4.1%。加快推进“腾笼换鸟”，完成企业整治117家，腾退土地12.58公顷。强化人才引育，申报国家、省级引才计划11人，引进40周岁以下青年博士2人，落地高层次人才项目5个，人才公寓主体工程完成建设并启动装修。

农业 全街道完成农业固

定资产投资1039万元，第六届农洽会签约项目2个、计划总投资1.3亿元，农产品电子商务销售额9146万元，农业招商实到资金2300万元。农业增加值1.03亿元，增速2.6%。水稻播种保持面积和总产稳定。油菜籽种植面积29.47公顷，总产量77吨。蔬菜播种面积527.33公顷，总产量17495.5吨。西瓜种植面积16公顷，总产量571吨。家禽年末存栏9891羽，出栏19834羽。有序推进耕地“非粮化”、抛荒、“大棚房”整治长效管理，粮食功能区调整优化通过验收，新增稻渔综合种养面积9.33公顷，大热荒野、“共富田”2个低收入农户帮扶项目实现分红。沐阳大厦启动招商，黄家浜村公共服务用房通过竣工验收。8个行政村年经营性收入均超120万元，18个经济合作社分红超1200万元，兑现“股份分红+善治积分”福利待遇。农村全域秀美和农村生活垃圾分类持续排名全市第一。成功创建省美丽乡村示范乡镇，通界村获评省美丽乡村精品村。

社区建设　开展松枫、凤凰社区融合型大社区大单元建设，以党建统领推动城市基层治理破题解难，开展全省创新建设“现代社区”金名片试点工作，承办省“强社惠民”集成改革试点工作现场会和嘉兴市首届“邻里节”活动。街道友邻中心被列为市多元主体参与社会治理深化“四治融合+协商治理”改革试点，梅兰苑社区被列为省“强社惠民”集成改革试点、省级城市社区议事协商创新试点。成立社区友邻发展基金会，首批吸纳资金205万元，完成24个项目。东湖未来社区一站式邻里中心、三港路沿线风貌提升、口袋公园、六里塘绿道等项目如期建成，成功创建省2022年度第二批未来社区；东湖城市新区成功创建省2022年度第三批城乡风貌样板区。完成水洞埭社区等10个居民会客厅建设。滨水广场等20个小区业委会完成换届，新成立桂月湾等6个小区业委会，党员比例均达60%。

生态环境保护与建设　“五水共治”获突破，17条镇级河道综合水质Ⅰ—Ⅲ类水14条，同比上升75%。狠抓水环境综合治理，完成河道整治清淤疏浚12.8公里、综合整治2.7公里、稻田退水“零直排”190.67公顷、碧水河道4.1公里。农村生活污水治理行政村覆盖率100%。“五气共治”成效显著，环境空气质量持续向好，环境空气质量优良天数为279天，优良率达76.65%。细颗粒物（PM2.5）浓度27.10微克/立方米，同比下降6.74%；可吸入颗粒物（PM10）浓度为46.69微克/立方米，同比下降10.02%；臭氧（O_3）浓度为120.1微克/立方米，同比上升7.04%。加大工业废气治理，5家涉VOCs企业实现低效设施整治。实施码头堆场扬尘封控提档升级，5个易扬尘码头“蝶变跃升”项目通过验收。继续推进餐饮油烟在线监控设备安装工作，已完成餐饮企业在线监控安装59家，有效减少餐饮油烟污染，化解群商矛盾纠纷。“五废共治”稳步推进，创建省级高标准分类示范村1个、高标准分类示范小区4个，省无废小区1个，嘉兴市无废乡村1个。建立一般工业固废收运体系，引进第三方收运公司加强固废规范化管理，已有88家企业纳入收运体系。持续推进“三改一拆”，存量违建销号130个，拆除违建面积3.97万平方米，完成“三改”37.6万平方米。

社会事业　完善“1+X+N”（打造村社区、小区、居家“三位一体”居家养老服务体系。“1”是指每个村社区建立一个居家养老服务照料中心，“X”是指在有需要、有条件的小区建立养老驿站，“N”是指提供多种居家养老服务模式）居家养老服务体系建设，承办嘉兴市城乡社区养老“嘉兴模式”试点现场会，梅园社区获评全国示范性老年友好型社区。建成启元等2个社区0—3岁婴幼儿托育点，松枫等6个村社区“向日葵亲子小屋”，社区卫生服务中心“向日葵亲子乐园”、永丰新村等5个小区儿童游乐设施。常态化开展社会救助，发放救助资金687.8万元。持续推进教育共富“学历+技能”双提升。基本实现“10分钟品质文化生活圈”全覆盖，建成文化馆南方水泥企业分馆、北河溇社区“运动家”和百姓健身房、梅兰苑社区多功能运动场，提升水洞埭社区文化家园，新建三港新城社区礼堂书屋、健心客厅等文体阵地，成功创建省文化驿站，获评嘉兴市体育共富十佳镇街道。提升卫生服务水平，建成东湖、东方社区卫生服务站。开展快递进村社等民生实事项目，构建"放心消费云社区"9个，承办嘉兴市既有住宅加装电梯现场会。

民生工作　加强基层应急管理体系和能力建设，成功抵御台风"轩岚诺""梅花"。强化虹霓产城融合和通界宜居之城规划引领，完成杭浦高速南侧虹霓片区、通界集镇开发边界划定，区域路网框架进一步打开。稳步推进沪平盐城际铁路沿线农房征收，60米环评线内农房签约率100%。聚焦安居工程，囤院里公寓房交付使用，启动人才公寓装修和十里春泉（暂定名）一期规划设计。出台农村宅基地置换公寓房和全域土地综合整治连片搬迁政策，畅通农民住房改善渠道，获市委书记仲旭东批示肯定。梅园北村城中村有机更新有序推进，城镇品质持续提升。

社会管理　深化"大综合一体化"综合行政执法改革，承接执法事项118项。有序推进街道大综合一体化智能办案中心建设，虹霓联勤服务中心实现联合入驻常态运作。提升全科网格管理效能，优化调整网格201个、微网格2180个，完成"1+3+N"［"1"是1名网格长，一般由村（社区）干部担任。"3"是1名专职网格员、1名兼职网格员、1名包联干部担任的网格指导员。"N"是网格内的其他包联干部、专业执法力量、基层党员干部、在职党员、志愿者等］网格人员配备，新招录社区工作者158名。推进"基层治理四平台"迭代升级，街道综合信息指挥室实体化运作。持续推进微交安闭环管理体系应用，淘汰置换6.8万辆非标电动自行车，20个标准化路口改造完成。做好生态环境安全、食药品安全等工作，新增家宴中心1家、阳光作坊3家，吾悦广场成功创建省级"阳光餐饮"街区。守住安全发展底线，完成党的二十大安保工作，夺取平安建设"十七连冠"。加大消防安全、劳资纠纷、房地产、互联网金融等重点领域专项整治力度，电诈警情、发案数实现双下降，安全生产管控力指数位列平湖第一。推动扫黑除恶常态化开展，健全社会治安整体防控体系建设，筑牢网络安全防线，强化流动人口服务管理，着力构建平安当湖。推进"双非"纠纷警情协同处置，规范处置率达100%。当湖派出所获评全省优秀公安基层单位。推进"八五"普法，创建省级"民主法治村（社区）"5个，嘉兴级"诚信守法示范企业"1家。

【居民议事会议制度】 按照新时代人大工作要求，贯彻落实《浙江省街道人大工作条例》。1月18日，当湖街道第三届居民议事会第一次会议召开，深化完善居民议事会议事规则，推选产生第三届居民议事员81名，组织听取街道办事处、人大街道工委及财政预决算三个报告，开展重点民生实事项目票荐和满意度测评工作。8月24日，在三届二次会议上，建立健全年中居民议事员询问办事处工作机制，并通报6个票荐重点民生实事项目的实施情况。两次会议期间，议事员共提出建议41件，办理满意率和解决率分别达100%和81.2%。全年，召开人大街道工委会议4次，组织开展代表小组、议事小组视察调研和监督活动18次，联络站接待选民群众活动32次。完成浙江省首批人大践行全过程人民民主基层单元培育试点工作，人大街道工委获评市先进集体。

【平湖市南市商务商贸创新发展区入选省现代服务业创新发展区】 7月14日，浙江省第二批现代服务业创新发展区名单公布，平湖市南市商务商贸创新发展区成功入选。平湖南市商务商贸创新发展区总规划面积4.22平方公里，是平湖服务业高质量发展的核心地块，是平湖接轨上海虹桥金南翼的创新区域。2022年，148家规（限）上服务业企业实现营业收入232.12亿元，其中商务商贸营收215.44亿元，主导产业营收占比92.8%。

【当湖街道"文明友邻汇"入选全省首批"浙江有礼"为民办实事项目】 8月9日，首批"浙江有礼"为民办实事项目名单公布，当湖街道报送的"文明友邻汇”项目成功入选。当湖街道构建“三级文明友邻”体系，创新“文明友邻汇”品牌项目，聚焦基层民生需求，解决居民小事，打造家门口的“浙江有礼”文明实践点。

【当湖街道发布“楼联汇”楼宇党建品牌】9月2日，当湖街道举行“凝心聚力齐共富　砥砺奋进向未来”楼宇党建品牌发布会暨总商会大厦党建客厅启用仪式。仪式上，“楼联汇”楼宇党建品牌在全新打造的总商会大厦党建客厅中亮相。当湖街道通过探索打造“楼联汇”楼宇党建品牌，健全党建联动、服务联心、楼事联席、发展联盟、治理联合“五联”工作机制，加快实现机制完善、阵地提升、品牌深化、工作推进，以党建统领楼宇经济高质量发展。

【当湖街道获“嘉兴市服务业十强镇（街道）”称号】10月14日，嘉兴市服务业高质量发展大会召开，当湖街道获“嘉兴市服务业十强镇（街道）”称号，会上当湖作为唯一镇（街道）代表发言，交流服务业高质量发展的相关经验做法。当湖街道把服务业作为第一主动力产业，持续推进服务业规模增长、结构优化、质效提升，实现从“集聚区”到“创新区”的跨越式发展。服务业增加值、规上服务业营收分别突破100亿元、200亿元大关，分别增长1.5倍和4.5倍，为经济社会高质量发展提供有力支撑。

【当湖街道梅园社区获评2022年全国示范性老年友好型社区】10月19日，国家卫生健康委、全国老龄办公布2022年全国示范性老年友好型社区名单，当湖街道梅园社区上榜。梅园社区坚持“梅香四溢、德汇一园”的社区精神，将为老服务作为社区重点工作，通过“梅香红园，党群助老”架起党群服务连心桥。

9月2日，“楼联汇”楼宇党建品牌发布　　（当湖街道　供稿）

【当湖街道入选省数字生活新服务特色镇】11月28日，浙江省商务厅公布浙江省第二批数字生活新服务特色镇名单，当湖街道登上榜单，成功创建浙江省数字商贸特色镇。当湖街道服务业增加值占全市服务业增加值比重达50%以上，在嘉兴市71个镇（街道）服务业高质量发展竞赛评价中保持前列。街道已集聚京东、抖音、新城吾悦、八佰伴、邦芒人力资源等领军企业和龙头项目，数字商贸产业链价值链加快提升。京东联合平湖技师学院打造人才孵化中心，已孵化培育企业上百家。抖音电商直播基地持续赋能服装、箱包等时尚产业。邦芒人力成长为全省第二大人力资源企业。

【东湖未来社区成功创建省第二批未来社区】12月20日，浙江省第二批“未来社区”名单公布，当湖街道东湖社区榜上有名。东湖未来社区位于平湖市AAAA级东湖景区东侧，规划面积160公顷、实施面积共计30公顷，包含世纪名苑、嘉和花苑两个老旧小区及平湖图书馆、平湖传媒中心两家共建单位。东湖未来社区以“崇文乐水　畅享东湖”为定位，采用“平湖书卷气+滨水生活味+智能未来家”主题，创建中“破”字当先、“聚”字为要、“统”字贯穿，打破旧改类未来社区有限空间资源约束，打造平湖市未来社区旧改类新样板和数字引领的品质生活新住区。

东湖未来社区一站式邻里中心　　（当湖街道　供稿）

【当湖街道跻身省级现代商贸特色镇】 12月28日，省商务厅公布2022年度省级现代商贸特色镇名单，当湖街道成功获评省级现代商贸特色镇。当湖街道依托便捷区位优势、优美环境优势，谋划商贸发展规划，完善商贸工作机制，优化商贸发展环境，注重商贸连锁化、品牌化、现代化、规模化、便利化发展，商贸流通业综合效益显著，2022年，当湖街道限上社会消费品零售额实现31.7亿元，首次突破30亿元，同比增长13.03%。

（张秋烨）

钟埭街道

【概况】 钟埭街道地处嘉兴市东部、平湖市西北部。东至广陈镇，南至广陈塘、福臻路、嘉兴塘，西到南湖区，北至嘉善县、新埭镇。土地面积62.15平方公里，人口密度为每平方公里770人。2022年末，钟埭街道辖9个社区居民委员会，3个村民委员会、59个村民小组，17193户、50136人，外来人口74963人。全年，全区实现地区生产总值215.05亿元，可比增长3.1%。全年，全区实现财政总收入34.05亿元，完成调整预期的113.5%；一般公共预算收入17.32亿元，同比下降7.5%。城乡居民人均可支配收入分别达7.42万元、4.65万元，同比增长3.4%、6.1%。人口自然增长率–4.05‰。2022年，钟埭街道成功创建"污水零直排区"标杆街道，实现平安街道"十七连冠"。

农业　2022年，全街道实现农业总产值20562万元，同比增长4.6%。特色种植业总产值14500万元。蔬菜播种面积462.6公顷，总产量15279吨。油料作物播种面积33.87公顷，总产量83吨。西瓜播种面积3.67公顷，总产量111吨，甜瓜播种面积28.4公顷，总产量863吨，草莓播种面积5.6公顷，总产量173吨。全年，生猪饲养量0头。羊饲养量553只，年末存栏数227只，出栏326只。家兔饲养量12277只，年末存栏数1853只，出栏10424只。家禽饲养量89397只，年末存栏数31925只，出栏57472只，禽蛋产量120吨。

工业　2022年末，全街道工业企业1493家，从业人员63963人。全年，完成工业生产总值6810824万元，同比增长5%，实现主营业务收入7125111万元，同比增长5.4%。全年，完成固定资产投资823373万元，同比增长7.5%，其中工业性生产投资396784万元，同比增长48.6%。258家规上企业实现工业总产值6480282万元，同比增长5.3%，实现主营业务收入6807465万元，同比增长5.7%，实现工业利税总额526147万元，同比下降12.57%，实现规上工业增加值1476837万元，同比增长3.8%。全年，合同利用外资27820万美元，同比增长22.4%，实际利用外资21046万美元。

第三产业　2022年，第三产业完成生产总值476238万元，同比下降0.37%，占国内生产总值22.1%。服务业投资额426589万元，同比下降14.5%。服务业从业人员40924人。推动企业升规纳统，完成一鸣食品、尼得科智能研究院（平湖）有限公司等11家生产性服务业企业升规。樱园、衡谱大厦、人才公寓三号、长城研发中心、见园民宿一期等重点服务业项目有序推进。科创中心、服装城、箱包城三幢楼宇，累计入驻企业92家、80家和123家，累计入驻率为

100%、100%、94%。平湖·中国服装城登上“第12届中国商品市场综合百强榜”。新开工1万平方米以上楼宇项目1个，为威伏专业半导体晶圆检测和集成电路封装测试生产基地项目。

生态环境持续改善　推进国家生态工业示范园区建设，打好污染防治攻坚战。深入实施碧水行动，街道主要河流水质保持在Ⅲ类水，建设碧水河道2公里，新增平湖市美丽河道3条，建成全市首条乡村水上精品线。开展农村生活污水新一轮治理，完成退水“零直排”稻田251.93公顷，成功创建“污水零直排区”标杆街道。推进新一轮废气整治，对305家企业开展VOCs核查，关停涉气企业7家，低效设施改建高效企业4家，完成源头替代企业6家，对23家挥发性有机物排放企业开展错峰生产工作。全年，环境空气优良率88.8%，同比下降6.2个百分点，PM2.5平均浓度24微克/立方米。打好清废攻坚战，固废平台纳网企业达538家，危废利用处置率达100%。完成全区72个小区147套智能运行垃圾分类投放设备迭代更新，实现生活垃圾智能分类“机器换人”投放设施升级改造全覆盖，全年，生活垃圾资源回收利用率达100%。深入打好净土保卫战，健全完善建设用地土壤污染防治监督管理体系。

社会事业更加均衡　强化社会救助兜底功能，完成街道、村社区助联体建设，完成边缘户中重病残转单独施保工作，全年，累计发放各类社会补助、救助金1050万元，惠及群众约1.7万人次。实施全民养老保险提质提标助富工程、“智惠工伤”工伤保险整体智治项目，基本养老保险参保率达95%以上，城乡居民医保参保率达99.11%。多措并举稳岗就业，新增城镇就业5630人，发放企业稳岗补贴1623万元，帮扶重点群体就业1277人，帮扶就业率96%。推进低收入农户持股增收，完成退水“零直排”稻田251.93公顷，成功创建“污水零直排区”标杆街道。抓好2022年飞地抱团低收入家庭持股增收项目，全年，分红收益1538.11万元。深入推进强村富民行动，与庆元县龙溪乡共建共富战略联盟，成功举办钟埭村第三届乡村旅游节，成立九大产业联盟，认定4星级农家乐三家，助推美丽经济盘活发展。推进强社惠民集成改革，成立全省首家社区抱团强社公司，有效增强社区“活血”功能。加速构建“一老一小”健康服务体系，新建居家养老服务站1个，完成家庭养老床位建设21户，常态化开展老年人助餐服务，加快推进社区普惠性托育园招引。

社会大局更加稳定　妥善做好信访工作，全年，化解劳资纠纷投诉299起，化解率100%。积极实施社工人才“雁阵计划”，开展睦邻三级网络团建，提升基层自治能力。严格落实安全生产“除险保安”大排查大整治行动，紧盯重点行业领域，开展危险化学品风险集中整治，化工园区安全等级提升至C类。强化消防攻坚，开展生产经营租住村（居）民自建房重大火灾风险综合治理专项行动，整治沿街商铺、企业“三合一”现象。加快推进“大综合一体化”改革落地见效，助推基层治理效能提升。常态化做好平安宣传，平安“三率”水平持续提高。扎实开展反恐反邪、反诈等专项行动，诈骗案发数、损失数显著下降。成功防御“轩岚诺”“梅花”台风，全年未发生较大及以上事故，完成“护航二十大”维稳安保任务。

【村经常性收入实现村村破千万元】　2022年，沈家弄村、钟埭村、大力村经常性收入分别达1400.88万元、1093.26万元、1094.78万元。至此，钟埭街道三个行政村经常性收入实现村村破千万元。作为全市较早发展物业经济的三个行政村，村集体经济始终保持定期增长和稳定增长。在持续壮大村集体经济收入的同时，钟埭街道致力于带动低收入家庭增收致富，实现区内低收入家庭100%纳入持股增收范围，截至2022年底，三村参与飞地抱团项目低收入家庭持股增收等项目累计分红约300万元。

【兴钟路获评省级街容示范街】　12月12日，浙江省住房和城乡建设厅公布2022年度浙江省“高品质示范街区”“街容示范街”名单，其中，位于钟埭街道的兴钟路获评省级街容示范街。兴钟路是钟溪樱花里景区里的一条南北交通要道，南起虹光路，北至镇南路，全长 864 米。道路两侧居民小区、特色餐馆、休闲公园、商业综合体、停车场、公共厕所等一应俱全。钟埭街道对兴钟路进行升级改造，统一设计沿街风格、统一规划门头店招，包括道路路面、照明设施、交通标志、绿化景观等在内的基础配套进行整体提升，疏堵结合改善街容秩序，进一步提高道路的承载能力，保障群众平安出行。

【钟埭社区服务综合体获评全市首个五星级社区服务综合体】 12 月，省民政厅公布浙江省星级社区服务综合体名单，钟埭社区服务综合体成功上榜，成为平湖市唯一，也是首个获评的省级五星级社区服务综合体。钟埭社区以“空间集约化、功能多元化、运行专业化、服务数字化”为目标，搭建起集公共服务、文体娱乐、养老托育、医疗卫生、议事协商、便民商业于一体的综合性服务平台，满足社区居民的日常生活需求。

【钟埭街道共富案例入选全省《深化党建联建机制党建引领“共富工坊”建设案例集》】 年内，钟埭街道的“‘飞地’造血 ‘村’‘民’共富——组团联建跑出强村富民加速度”案例成功入选省委组织部印发的《深化党建联建机制党建引领“共富工坊”建设案例集》。钟埭街道的沈家弄村、钟埭村、大力村牵头，联合全市 54 个集体经济相对薄弱村开展党建联建，建立联席会议共商、联建责任清单、重大项目共推等机制，通过“飞地抱团”、合资经营等方式，盘活各村土地、资金、资源，先后联建钟埭农贸市场、钟溪樱花里等镇级抱团项目和德国产业园、“众汇空间”、智创园等市级抱团项目，参与村年均增收 42.8 万元。

【浙江省“强社惠民”集成改革试点工作现场推进会走进钟埭街道】 9 月 22 日，浙江省“强社惠民”集成改革试点工作现场推进会与会人员一行到钟埭街道，实地观摩钟埭社区“网红”居民会客厅、庆元县龙溪乡异地党建党群服务中心、社区家宴中心、强社大厦综合服务项目、钟溪樱花里游客中心等，详细了解平湖经开现代社区建设情况、异地党建及基层社会治理模式、社区经济发展路径、惠民实事项目开展情况等，肯定平湖经开“强社惠民”集成改革工作。

【全省首家社区抱团公司成立】 9 月 7 日，成立全省首家社区联合抱团强社公司——平湖市钟溪社区服务有限公司。钟埭街道将钟埭社区、永兴社区、福臻社区作为强社惠民改革工作的试点社区，以党建统领为抓手，创新基层社会治理模式，探索“抱团发展”“强社带弱社”等发展社区经济的新模式，树立项目强社意识，明确强社方法路径，盘活整合存量空间，依托钟溪樱花里、友邻中心等资源，通过挖掘亮点项目、合作开发新项目等方式，发挥各社区优势，做大社区经济。

【长三角三省（市）八地“首违不罚”清单发布会走进钟埭街道】 8 月 31 日，长三角三省（市）八地“首违不罚”清单发布会走进钟埭街道，实地了解“大综合一体化”行政执法改革推进情况。

8月31日，长三角三省（市）八地“首违不罚”清单发布会走进钟埭街道 （钟埭街道　供稿）

来自上海、江苏、浙江三省（市）八地的城市管理综合行政执法系统负责人参加此次活动。与会人员到平湖经开（钟埭街道）综合行政执法队，走进一体化智能办案中心、综合信息指挥室，观摩中心的数字城管、省一体化执法平台及监管系统的应用，详细了解“大综合一体化”行政执法改革平台建设、机制建设、人员调配、数字化改革等“一支队伍管执法”运行情况，并就改革工作中遇到的难点痛点问题等进行现场交流。

【第三届居民议事会第二次会议召开】 8月25日，钟埭街道第三届居民议事会第二次会议召开，街道班子领导及街道各条战线的议事员、列席人员等参加会议。与会人员就平湖市人大常委会钟埭街道（平湖经开）工委2022年半年度工作报告、平湖经开（钟埭街道）2021年度财政决算及2022年上半年财政收支情况报告、平湖经开（钟埭街道）安置房建设工作报告、平湖经开(钟埭街道）企业“大腾退”工作报告、三届一次会议建议办理情况进行研读和讨论。会议通过平湖经开（钟埭街道）2022年半年度工作报告的议事意见。

【平湖光机电小镇景区正式批准为国家AAA级旅游景区】 8月4日，经嘉兴市旅游景区质量评定委员会评定，平湖光机电小镇景区正式批准为国家AAA级旅游景区。平湖光机电小镇景区规划面积3.6平方公里，以高端装备制造（光机电产业）为特色产业定位，根据地形和产业现状，整体形成“一核、两心、四区”的总体布局。光机电小镇景区坚持“高端承接、两创引领、文化演绎、融合联动”的理念，积极打造以光机电高端智能制造为核心，以科技创新服务、工业科技与文化博览、旅游配套服务为支撑的区域特色产业体系，并设小镇客厅、智创空间、枫叶公园等游览节点，形成集设计研发、孵化制造、展示体验与文化旅游等多功能于一体的国家AAA级旅游景区。

【党建统领精神共富项目发布会】 7月23日,平湖经开(钟埭街道）举行党建统领精神共富项目发布会暨亲子研学联盟启动仪式，发布共富学堂凝聚奋斗初心、研学实践创造文旅新风、家庭教育传承和美家风、志愿培训构建共治格局、全民健身打造健康生活、钟溪文苑深化精神文明六大党建统领精神共富项目，并成立亲子研学联盟、发布精品研学线路。

【嘉兴市“浙里康养”专班第一次会议暨城乡社区养老“嘉兴模式”试点现场推进会走进钟埭街道】 6月15日，嘉兴市“浙里康养”专班第一次会议暨城乡社区养老“嘉兴模式”试点现场推进会走进钟埭街道。与会人员到沈家弄村长寿驿站，详细了解未来乡村“一统三化九场景”建设，医疗、养老、便民服务开展等情况。在集中会议上，相关地区就城乡社区养老“嘉兴模式”试点推进情况及下一步工作举措进行汇报交流。

【沈家弄村入选省级未来乡村】 8月23日，在全省共同富裕现代化基本单元建设工作推进会上公布全省首批未来乡村名单，沈家弄村成为平湖市首个省级未来乡村。沈家弄村持续创新经济发展路径，坚持统筹发展、抱团发展、共富共帮、产业带动，多途径探索共富模式，做大做强集体经济“蛋糕”。打造全市首条乡村水上游线，配套水村上善馆、知青书局、杜经布馆等文化场景。建设首个集灌溉用水控制管理、水肥控制技术、生态处理措施于一体的现代绿色示范区工程——活罗浜灌区。创新全域环境“钟溪云”平台，打通垃圾分类智能化平台和善治宝平台，实现“生态环境一图统揽、环境问题一网打尽”。创新全域旅游“钟溪Go”平台，融合沈家弄村和周边区域的“农家乐”、精品民宿、采摘园等经营业态。

【小麦亩产打破浙江省小麦百亩示范方最高亩产纪录】 5月25日，由省农业技术推广中心组成的验收专家在公证处的见证下，随机对小麦百亩示范方的三块田进行现场实收测产。经过专家实打验收，经初步计算，示范田小麦亩产可达533公斤，打破浙江省保持11年之久的小麦百亩示范方最高亩产纪录。据统计，

2022年，钟埭街道共种植小麦986.67公顷，同比增加5.72%；亩均产量达320公斤，同比增长4.23%。平湖经开稳面积、强效益、保归仓，严格落实耕地保护措施，开展稻田退水、高标准农田建设等农村全域土地综合治理工作，有效提升小麦亩均产量。

【平湖钟埭—庆元龙溪山海协作共同富裕建立战略合作】 3月7日，平湖钟埭—庆元龙溪山海协作共同富裕战略合作签约仪式在钟埭街道举行，双方就两地建立共同富裕战略合作协议进行深入交流，探讨激发区域合作的内在动力和发展活力，构建“资源共享、优势互补、互相促进、共同提高”的工作新格局，推动共同富裕迈上新台阶。会上钟埭街道钟埭村党委、钟埭社区党委与庆元县龙溪乡驻嘉平便民服务中心进行山海协作异地党建联建签约。

【19个公益创投项目接受现场评审】 2月23日，举行第三届睦邻自治·公益创投评审会。共收到公益项目近30个，经过初审后有19个项目进入现场评审，项目类型涵盖党建服务类、社会治理类、社会工作类、公益慈善类等四大类。经过专家专业评定，15个项目初步入选。

（朱柳霞）

曹桥街道

【概况】 曹桥街道位于平湖市西南，东与当湖街道相连，西南与海盐县西塘桥街道相接，西北与嘉兴市南湖区接壤，区域面积39.92平方公里，耕地面积2273公顷。2022年末，辖1个社区居委会、9个行政村，有142个村民小组，9465户、29619人。新居民登记在册人数9519人。2022年，全街道实现生产总值50.08亿元，财政总收入4.97亿元，其中一般公共预算收入2.9亿元。获全省第二批低（零）碳乡镇（街道）、村（社区）及减污降碳协同试点创建单位称号，全省“五水共治”工作考核优秀乡镇（街道）称号，浙江省疫情防控执行力指数评价优秀乡镇（街镇）称号，美丽乡村精品线嘉兴市优胜奖，嘉兴市平安创建优秀镇（街道）称号，嘉兴市2022年度“无违建创建”（违建安全治理指数）工作考核优秀，2022年度嘉兴市农业农村工作考核优秀，2022年度平湖市平安建设先进镇（街道）一等奖，2022年度平安镇（街道）称号。通过病媒生物控制水平A级评审，成为嘉兴地区首批通过的镇街道。作为全市试点完成计划生育协会换届和更名（更名为人口家庭协会）。

3月7日，平湖钟埭—庆元龙溪山海协作共同富裕战略合作签约仪式举行 （钟埭街道 供稿）

农业 2022年，实现农业增加值12700万元，农业总产值18241万元。蔬菜播种面积1.04万亩。全年，蔬菜总产量2.6万吨，家禽年末存栏32500羽，家禽年内出栏62426羽。推进农业绿色发展，加强农田水利建设，健全农田水利工程建设和运行管理体系，促进农业节水减排和可持续发展。九里亭村枇杷桥灌区和严家门村横泾灌区创建为平湖市2022年度节水型示范灌区，其中严家门村的横泾灌区创建成为省级示范灌区和省农业水价综合改革“五个一百”优秀典型案例。完成平湖市曹桥街道2022年度稻田退水“零直排”工程建设项目和2021年平湖市曹桥街道高标准农田绿色生态建设项目及2022年平湖市曹桥街道石龙村高标准农田改造提升项目的建设。创建省级低碳农场1个，严家门村农田退水“零直排”工程被评为嘉兴市级农田退水“零直排”示范工程。加快推进农业“双强”，推广新型和改良稻渔综合种养模式，逐步形成集“生态健康养殖、优质稻米生产、休闲农文旅游”于一体的完整产业链，创新推广“一稻两虾”生态种养模式，亩均产值突破2万元。围绕平湖市西瓜振兴战略，加快现代西瓜产业园建设，完成产业园的数字化提升。成功承办第四届嘉兴市龙虾王争霸赛和嘉兴市区域特色农业发展现场推进会。持续推进共同富裕，完成“阳光共富”二期项目，建成三个公共屋顶（六店农贸市场、七村联建、社区用房）光伏发电项目，光伏发电容量296KWp，将发电收益按季发放给街道低收入家庭，实现低收入农户全覆盖；拓展“堰上人家”电商平台市场范围，营业额超500万元；支持社会化服务组织新美劳务公司做强做精，实现新美劳务公司累计合同金额超1000万元。

工业　2022年末，全街道工业企业334家。74家规上工业企业实现规上工业增加值24.77亿元，实现工业总产值135.8亿元，营业收入129.26亿元，利税总额11.39亿元，其中利润5.35亿元。新引进数字经济项目3个，实现规上数字制造业产值15.39亿元，数字经济核心产业增加值累计增速45.3%，位列全市第一。完成实到外资1915万美元，市外内资5.09亿元。完成固定资产投资19.97亿元，其中工业生产性投资8.26亿元、服务业投资11.7亿元。亿元以上工业企业21家，实现“小升规”工业企业5家，“新升规”工业企业2家。新认定高新技术企业13家，省科技型企业20家，嘉兴市级研发中心3家，新增高技能人才412人，国家、省“引才计划”建议和入选数2人。申报“星耀南湖”领军人才创业团队1人，创新人才1人。

第三产业　2022年，街道新增服务业规上（限上）企业3家，新增住餐1家。规上（限上）服务业企业营收24.46亿元，数字经济服务业营收2.02亿元，服务业项目投资（不含房地产）完成5.82亿元，数字服务业投资完成1.61亿元，引进市外内资2.23亿元，限额以上批发企业完成销售额22.22亿元，同比增长44.4%，继续保持高速增长。

生态环境保护与建设　2022年，街道空气质量优良率78.9%，列全市第三；臭氧浓度178微克/立方米，并列全市第三。开展水环境综合治理，完成河道清淤疏浚17公里，综合整治6公里。定期开展12条镇级河道24个检测点位进行监测，3个县控以上交界断面水质到Ⅲ类水标准，水质不断稳步提升。新增城乡绿化2.73公顷。深入开展乡村建设，打造美丽乡村，建成全长15.4公里的“碳为观智·桨领风华”美丽乡村精品线，在嘉兴全市美丽乡村风景线比拼赛中获优胜奖。聚焦民生诉求，打造共享绿化，完成绿化造林2.73公顷，高规格建成“兴曹公园”，打造“为民、利民、惠民”的15分钟“生活圈”“健身圈”。推进水环境建设，完成河道清淤疏浚17公里，河道综合整治6公里，成功创建曹桥街道为嘉兴市“水美乡镇”，曹桥街道东西窑浜区域美丽河道成功创建为平湖市级美丽河道和嘉兴市级美丽河湖。完成平湖市平湖塘流域水系综合治理——曹桥街道集镇及工业园区河道综合整治工程一期项目。实施“碧水行动”，完成孔家堰村、野马村长度4.5公里的碧水河道建设任务。承办2022年全市“五水共治”工作推进会和“全国放鱼日”平湖市同步渔业增殖放流活动。

社会事业　继续提升和创新平湖市行知中学和行知小学管理运行机制，发挥优质教育辐射作用，完善“行知行”学校文化体系。继续与上海同济大学附属存志学校合作办学，加强课程管理与教学实践。曹桥启稚幼儿园建设工程进度过半。依托一体化在线政务服务平台(“浙里办”App)和浙江省“一网通办”App，实现无差别受理、同标准办理，引领政务服务从网上、掌上“可办”向“好办、易办”转变。社保、医保、市场监管和民政四个部门事项已使用省政务服务2.0应用平台收件，全年，累计收件6098件，直接办结5226件、指导办理872件。

民生工作　优化农村聚餐环境，完成建设章桥村家宴服务中心建设。培育放心消费单位197家，无理由退货承诺单位66家，放心工厂25家。推进“最好跑零次”工作，成立警邻先锋队、党员志愿先锋队、便民服务先锋队三支先锋服务队伍，一对一上门服务，打通服务群众“最后一纳米”。采用“定期+预约”的方式进企业、进小区、进网格，打造家门口的“移动便民服务厅”，提升便民服务的深度与温度。推进养老服务，养老机构实施第三方运营全覆盖，对全街道老年人开展能力评估，完成21户家庭养老床位建设。万福园寄存堂扩建工程竣工，并在冬至投入使用，启动街道养老服务中心装修工程。重视社会福利，发放各类慰问、救助、福利资金358.45万元，加大残疾人补助力度，发放各类补助292.04万元。

社会管理　2022年，排摸调处各类矛盾纠纷487起。受理行政案件116起，同比下降4.13%；立刑事案件61起，同比上升5.17%。万人成讼率36.57，列嘉兴市第六，同比下降32.89%，降幅列平湖市第一，嘉兴全市第四，连续17年获评嘉兴市平安街道。石龙被命名为省级“民主法治村（社区）”。稳妥处置多起突发不稳定因素，完成二十大维稳安保工作任务，完成北京冬奥会、全国两会、上海进博会、乌镇峰会、2022中国·平湖西瓜灯文化节、平湖市级及街道层面党代会等重点时段、重大活动的维稳安保工作，平安建设获平湖市一等奖。常态化推进扫黑除恶斗争，进一步推动全民反诈防骗民生实事工程。

【居民议事会制度】1月12—13日，召开曹桥街道第三届居民议事会第三次会议。全体居民议事员参加会议，邀请街道班子成员、十办一中心、村社区主要负责人等参加会议。各议事小组围绕街道办事处工作报告、人大街道工委工作报告及2022年财政预算执行情况和2023年财政预算（草案）报告分组展开讨论。对2022年重点民生实事项目完成情况开展满意度测评，投票推荐产生2023年曹桥街道办事处重点民生实事项。会上，居民议事员们围绕街道办事处工作通报及政府投资项目计划开展分组讨论交流，书面提出相关意见建议28条。

【曹桥街道天极存储芯片封装项目正式投产】3月4日，浙江天极集成电路技术有限公司投产仪式在曹桥街道举行，年产闪存UFS3.1产品1000万只，BGA6000万只，半导体封装测试项目总投资1.2亿元，是平湖市第一个投产的半导体封装测试项目。

【嘉兴至平湖快速路射线工程开工】6月28日，嘉兴市项目推进百日攻坚现场推进大会暨快速路射线工程建设启动仪式平湖分会场活动举行，嘉兴至平湖快速路射线工程正式开工建设。项目总投资54.7亿元，一期起点始于平湖市曹桥街道章桥村北侧新07省道处，终点止于南湖区新07省道与三环东路交叉位置，路线全长18.67公里，其中平湖段长3.89公里，主路为连续高架桥，预留菱形互通1处（曹桥互通），预留主路高架平湖方向接入G92杭州湾环线高速平湖互通的出入口1处。

【浙江名冠过滤科技有限公司年产3100万平方米高分子过滤材料新建项目开工奠基仪式在曹桥街道举行】9月23日，浙江名冠过滤科技有限公司年产3100万平方米高分子过滤材料新建项目开工奠基仪式在曹桥街道举行，项目计划总投资1.4亿元，注册资金5000万元，专业生产过滤产品及环保科技、医疗净化产品，产品广泛应用于工业、民用、医用三大领域。

【平湖市赛艇产业新联会成立】12月10日，平湖市赛艇产业新联会成立大会在曹桥街道马厩赛艇中心举行。大会通过平湖市赛艇产业新联会章程、选举办法，选举产生首届理事会会长、副会长、秘书长及理事。马厩村党委书记姚健当选首任理事会会长。平湖市赛艇产业新联会是由曹桥街道马厩赛艇中心新的社会阶层人士组成的具有统战性、自律性、联谊性的非营利性社会团体。新联会首届会员共有28人，涉及20家单位，包括澳多奇农庄、合木赛艇俱乐部、去野咖啡等。

（邵江宇）

乍浦镇

【概况】 乍浦镇地处于杭州湾北岸，位于平湖市东南部，东面、北面分别与独山港镇、林埭镇、当湖街道交界，西面与海盐县接壤。全镇行政区域面积66.24平方公里，耕地面积1713.33公顷。年末，辖9个村民委员会、11个社区委员会、1个社区委员会筹建组。全镇户籍人口20958户、59675人，新居民登记在册人数59133人。2022年，全镇生产总值212.9亿元（含嘉兴电厂，下同），一般公共预算收入11.9亿元。城镇居民人均可支配收入74877元，同比增长3.2%；农村居民可支配收入46299元，同比增长4.7%。

农业 2022年，乍浦镇实现农业总产值10556万元。其中，蔬菜种植面积193.53公顷，总产量4939.2吨；果用瓜种植19.2公顷，总产量385.8吨，同比增长4.4%；油菜籽种植6.93公顷，总产量19吨。全年，完成农村土地复垦12.17公顷，11个村级集体经济（包括雅山村经济合作社、王家村经济合作社）经常性收入总数为2208.08万元。

工业 2022年，规上工业总产值1026.77亿元，同比增长6.6%；实现工业增加值171.5亿元，同比下降2.5%。其中，化工新材料产业总产值844.0亿元，同比增长7.4%；高新技术产业总产值609.0亿元，同比增长0.5%；高端装备制造业总产值6.7亿元，环保制造业总产值6.7亿元，数字制造业总产值4.9亿元。全社会用电量448089万千瓦时，同比增长3.8%，其中工业用电量387108万千瓦时。

第三产业 2022年，乍浦镇实现第三产业增加值50.8亿元，增长0.1%。规模以上服务业企业共89家，营业收入441.7亿元，同比增长10.5%；利润总额4.7亿元。其中，限上批发零售业企业53家，营业收入405.3亿元，同比增长12.5%；利润总额1004万元。交通运输、仓储和邮政业规上企业23家，营业收入25.0亿元，利润总额3.64亿元。

环境整治 精准施策，集中攻坚，加快推进重点项目区块征迁征收，全年，累计完成签约433户，完成建港一村、未来社区1号等4个历史遗留区块和1个新增区块清零任务，保障雅山大桥、汤山美食街等项目按期施工。持续落实“三改一拆”工作要求，完成“三改”面积16.35万平方米，依法处置违法建筑面积13.13万平方米，有效控制新增违建发生。创建“席地可坐”城市客厅示范区，打造高标准样板街区和示范道路各2处。打造“山海驿·温暖嘉”，汤山公园驿站、南湾路驿站正式启用。推进住宅小区整体提升改造，完成南湾花苑、中山花苑老旧小区改造，实施老旧房屋紧急维修工程29处，完成既有住宅加装电梯8台。实施牛桥、众安桥农村公路危旧桥梁加固解危，完成虹岔公路、牛桥公路部分路段改造提升。

生态建设 获评第二批“浙江省自然保护地融合发展镇，成功创建嘉兴市级“污水零直排区”标杆镇。推进“五水共治”，“碧水绕村”一期项目和污水提升泵站点远程监控投入运行，落实餐饮行业隔油池清理常态化运维。组织实施农村河道综合整治项目，成功创建嘉兴市级美丽河湖一条，市控交接断面考核达标，市控断面水质年均首次达Ⅲ类标准。推进“五气共治”，建立空气污染企业“一企一策”全要素登记制度，动态监控废气排放情况。实行路面扬尘管控全天15小时多频次洒水降尘，全年，空气质量优良率达86.2%，PM2.5浓度24.1微克/立方米，空气质量综合指数全市第二。强化固废监管力度，开展全域垃圾无死角专项整治行动，排查整治固废环境问题5812个，加快提升一般工业固废处置能力，实现工业固废利用处置率99.86%、危废安全处置率100%。做实城乡生活垃圾分类工作，完成6个省级高标准垃圾分类示范小区和4个无废小区创建任务，小区垃圾定时定点投放实现AI全覆盖。进一步完善非居民生活垃圾处理，城乡生活垃圾分类覆盖率、资源化利用率、无害化处置率均为100%。推进省级文明镇创建工作，常态化开展问题巡察交办和情况通报，累计交办整改问题1260个。

社会事业　不断提升养老服务能力，镇养老服务中心智能无感设备启用，镇居家服务中心实行社会化运营，完成家庭养老床位（嵌入式养老床位）建设21个，社会化落实居家养老上门照护31位，完成老年人助餐2000余人次。不断完善残疾人基本生活保障，完成困难残疾人家庭无障碍改造8户，新建港区第一家工疗型“残疾人之家”，安置残疾人就业40余名。积极推进0—3岁幼儿托育工作，成功备案托育部3家，落实托位120个。加快推进健康乍浦建设，完成健康主题公园和健康步道建设各1处。深化“最多跑一次”改革，发挥区镇合一的政务服务平台优势，实现“一对一指导、手把手帮办、肩并肩服务”的2.0版服务新模式，巩固“15分钟政务服务便民圈”建设成效，不断强化基层便民服务水平，建设“最多跑一次”便民服务示范点8个。优化文体阵地服务功能，打造“15分钟品质文化生活圈”10个，完成玉兰书房“健心客厅”建设，落实玉兰、中山、成蹊3个书房智慧化改造，新建“运动家”智慧体育社区2个，人均体育场地面积13.82平方米，列全市第一。成功举办嘉兴港区第四届山海文化艺术节系列活动，承办首届“巨来之星”全国古典细朱文印作品展，开展“千场戏曲演出进乡村、百场艺术展览下基层”“书香乍浦·全民阅读”读书节系列活动，创编《东方大港》《龙舞九彩》等富有“山海文化”特色的精品节目，排舞《陶醉了》、乍浦“九彩龙”等作品在市级比赛中获金奖。加强文物保护力度，完成安浜永福桥迁址重建和天妃、南湾炮台设施检测工作。

社会治理　落实《网格全要素登记管理办法》，优化网格、微网格设置，定期开展网格学校业务培训，专职网格员在全市技能大比中名列前茅。严格落实网格要素日报告、周会商、月例会工作机制，日常信息情报靠前研判调处，稳妥做好重点时段安保工作。深化新时代“网格连心组团服务”，有效落实连心服务“三必到七必访”，累计开展走访群众3469户，收集处置诉求791件，解决矛盾纠纷7起。上线“浙里网格连心”应用系统，每月实现群众走访全覆盖，收集上报问题1813个，闭环化解1806个，化解率99.61%。发挥基层“四个平台”联动联办功能，累计上报、流转、处置各类事件19215件，办结率99.89%。深入开展“除险保安”系列行动，制订落实《乍浦镇社会治安专项整治行动方案》，紧盯重点行业、重点领域，按照“六个一”和“五个一批”要求，精准排查矛盾纠纷166起，化解162起，化解率97.5%，其中重点矛盾纠纷59起，已化解55起。深入开展隐患排查，推进企业安全生产网格化管理，加强涉燃涉爆等重点行业企业日常监管，发现风险隐患5901个，整改完成5901个，整改完成率100%。推动企业安全生产数字监管，工贸企业“一企一码”覆盖率100%。开展涉海涉渔安全生产“春雷行动”，完成27艘“三无”船舶拆解、处置，5个安全隐患问题全部整改到位。全覆盖开展自建房安全隐患排查整改工作，建立居住出租房“警网融合”管理机制，加大城乡危旧房排查解危力度。持续推进交通安全大会战，协助做好非标电动车淘汰工作。

【乍浦镇上榜“高质量发展500强镇”】　年内，壹城经济咨询中心（壹城智库）在北京发布《中国镇域高质量发展报告2022》，同时公布高质量发展500强镇榜单，嘉兴港区乍浦镇入榜，列全国第23位、浙江第4位。作为市属经济发展主平台，乍浦镇始终牢记发展是第一要务，围绕高质量发展要求，强势推进招大引强、项目建设、服务企业、深化改革等一系列举措，推动经济转型升级、稳中有进。

【乍浦镇居家养老服务中心老年食堂开业】　1月10日，嘉兴港区乍浦镇居家养老服务中心老年食堂开业，乍浦镇居家养老服务中心老年食堂面积约150平方米，可同时容纳30人就餐，其中常住嘉兴港区的60岁以上老人用餐打7折，具有嘉兴港区户籍的95岁以上老人免费用餐。

【嘉兴港区城市展示馆对外开放】3月3日，嘉兴港区城市展示馆正式对外开放。城市展示馆位于滨海会展中心西塔楼一、二楼，总面积约5740平方米，是展示宣传港区历史、建设成就及未来展望的一座综合性展馆。整个城市展示馆分为海港情·印象篇、蓄势路·文化篇、奋进梦·规划篇、港城融·城市篇、创新路·产业篇、未来景·愿景篇六个篇章。

乍浦镇首个少数民族“馨邻家园”驿站　　（乍浦镇　供稿）

【乍浦镇首个健康主题公园建成启用】6月13日，乍浦镇首个健康主题公园建成并启用。公园位于南湾路452号东北侧，内有健康步道、健身器材、锻炼场地、休息场所等设施，沿途设置多个醒目景观标志牌，嵌入健康理念、健康标语、组合式健康宣传栏等，向居民普及“健康四大基石”（心理平衡、戒烟戒酒、适量运动、合理膳食）、运动、急救、慢性病防治等知识，倡导健康生活方式、科学运动。乍浦镇域内已建成1个综合公园和13个口袋公园，总面积7.61公顷。

乍浦镇首个健康主题公园启用　　（乍浦镇　供稿）

【乍浦镇打造少数民族“馨邻家园”驿站】9月8日，嘉兴港区乍浦镇龙湫社区少数民族“馨邻家园”驿站正式成立。龙湫社区积极响应“浙里石榴红”品牌创建，围绕民族大团结的主题，打造一个集民族政策宣传、民族文化展示、传统技艺展演和互动体验、联谊交流、为民服务于一体的少数民族“馨邻家园”驿站。

【嘉兴港区（乍浦镇）乡贤会客厅落成】9月28日，嘉兴港区（乍浦镇）乡贤会客厅正式同广大乡贤见面。港区乡贤会成立于2018年，有会员87名。乡贤会客厅集中展示乡贤会的组织架构和创建历史，乡贤会客厅的启用，为乡贤们提供一个开展活动、联谊交友、交流分享的平台，成为港区乡贤共叙桑梓情谊、共绘建设愿景、共商发展大计的活动阵地。

【嘉兴港区第四届山海文化艺术节开幕】11月2日，嘉兴港区第四届山海文化艺术节在滨海文体中心开幕。本届山海文化艺术节自7月启动，开展“百姓大舞台”才艺秀、“喜迎二十大·携手奔共富”2022文化惠民巡演、书画摄影作品联展等多项文化活动。

【乍浦镇人大代表联络站新址启用】 11月4日，位于嘉兴港区乍浦镇天妃路的乍浦镇人大代表联络站新址正式启用。联络站设置展示区、接待区、阅览区、会议区等四大功能区块，进驻嘉兴市人大代表2名、平湖市人大代表29名、镇人大代表86名。根据乍浦镇行政区划设置，按照方便选民就近就便反映问题、辐射覆盖全镇域的原则，联络站在政务服务中心、矛调中心、中山社区、创业创新中心设置片组功能型代表联络室4个（各设联络点3个），形成“1+4+12”的联络站（室、点）整体架构，着力把联络站打造成为群众看得见、进得去、反映得了情况、解决得了问题的民心驿站。

【乍浦镇获五星级统计机构称号】 11月，嘉兴市统计局下发《关于2021年度镇（街道）统计机构星级评价评定结果的通报》，嘉兴港区乍浦镇成功创建五星级统计机构。乍浦镇按照嘉兴市统计局办公室《关于认真做好镇（街道）统计机构星级评价工作的通知》，持续深化统计基层基础建设，优化统计服务职能，促进统计工作再上新台阶。

【乍浦镇原创歌舞亮相嘉兴乡村文化艺术周】 11月25日，由嘉兴市文化广电旅游局主办，嘉兴市文化馆承办的第十六届嘉兴市乡村文化艺术周闭幕式在嘉善县举行，来自嘉兴市各地区的15个节目同场角逐，乍浦镇综合文化站选送的本土原创歌舞节目《东方大港》获银奖。《东方大港》创作上取材于乍浦本土经济、文化、生活特色，描绘乍浦人民对美好生活的无限向往和用辛勤劳动助力共同富裕新生活的昂扬面貌。

【乍浦公交枢纽站正式试运营】 12月12月，乍浦镇新建的公交枢纽站正式试运营。新建的乍浦公交枢纽站位于雅山东路668号，占地约2公顷，投资1400余万元，设置90个公交停泊车位，配备公交调度室、驾驶员休息室、卫生间等设施。为保障站点出入口交通顺畅、安全，乍浦公交枢纽站将城市公交上客点设置在站内，建设一条换乘走廊，设置4个上客点位。

（王凌峰）

新埭镇

【概况】 新埭镇位于浙江省东北部，与上海市金山区交界，是全国重点镇、国家级生态镇、国家卫生镇，是浙江省中心镇、AAAA级景区镇、美丽乡村示范镇、都市节点型美丽城镇省级样板镇。全镇区域面积76.12平方公里，辖9个村民委员会、2个社区居民委员会。2022年末，共有常住人口8.3万人，其中户籍人口4.7万人。2022年，全镇实现生产总值49.4亿元、同比增长4.8%；财政总收入4亿元、一般公共预算收入2亿元。

农业 2022年，实现农业总产值5.3亿元、增加值3.9亿元。粮食作物播种面积4533.33公顷，总产量3万吨。完成农业招商引资项目签约3.1亿元，招商引资实到资金6300万元。9个村村集体经济总收入达1亿元，同比增长45.4%。完成2666.67公顷粮食功能区调整优化。加强品牌打造，创建平湖市农业龙头企业2家，新增嘉兴市名牌产品1个、示范性家庭农场4家。以“四季新埭、泖水滋味”为品牌，建设全市首家网上农博乡镇级展馆，全年，农产品电子销售额7598万元。

工业 2022年，新增规上工业企业8家。100家规上工业企业实现产值83.47亿元、工业增加值18.3亿元，分别增长21.9%、10.9%，均排名全市第一。实现规上工业营业收入82.32亿元，同比增长19.7%。全年，完成固定资产投资30.7亿元、增长58.1%。数字经济蓬勃发展，34家数字经济规上企业全年实现产值27.6亿元、增长28.1%，占规上工业总产值比重超过1/3。服装箱包等传统产业稳步回升，实现产值24.7亿元、增长29.1%。全年，招引内资项目18个，总投资80.1亿元；外资项目2个，总投资2.2亿美元。引进超亿美元项目2个，世界500强项目1个，完成实际利用外资1662万美元。新开工亿元以上项目12个、竣工12个。开展“筑巢行动”，长三角科技城（平湖）虹桥创新中心、职工公寓（一期）完成建设并投入使用，科创大厦（A幢）竣工验收，人才公寓、科创园（一期）、大族集团长三角科技园加快推进，科创园（二期）开工建设。

第三产业　完成服务业固定资产投资（含房地产）21.8亿元，同比增长58.6%。全年，服务业招商引资实到外资1308万美元，引进市外内资4.7亿元。新增限上服务业企业2家，18家限上服务业企业实现贸易销售额13.3亿元，增长42.4%；零售额3.2亿元，同比增长432.%。华美达酒店、进口城原色星光露营基地开业。

生态环境保护与建设　推进大气污染防治工作，PM2.5指数改善率达8.1%。实施“污水零直排”提档升级排查整改行动，水质综合污染指数改善率1.4%。强化一般工业固废跨省转移监管，工业固体废物安全处置率达100%。绿化覆盖持续提升，全年，完成绿化4.69公顷。推进垃圾分类，新建6座垃圾投放站和5座大件园林垃圾投放站，优化沿街商铺智慧化收运体系，全市垃圾分类社区排名赛五次获第1名。完成全市首个“碧水绕镇”项目建设，获评省“五水共治”工作考核优秀镇，大齐塘石前港及周边水系成功创建嘉兴市级美丽河湖。推进美丽乡村片区建设，提升自然村落保留点3个。玉泉村落成功打造“秀溪田桑·金玉满堂”乡村旅游风景线。坚持开展“全域秀美周三比拼赛”，完成30个薄弱村组整治。

社会事业　扑灭“3·19”本土疫情，获评省疫情防控执行力指数评价优秀镇。60小时建成4.5万平方米援沪防疫生活物资中转站，获央视《新闻联播》《人民日报》等媒体报道肯定。积极改善农民住房，完成危房改造7户。加快公寓房建设，吴泾一期860套公寓房完成交付，二期1600套公寓房开工建设，三期完成方案设计。加快完善基础设施，完成15条镇区主要道路改造提升，7公里“四好农村路”、新溪公园、古街公园、环镇绿道完成建设，精神卫生中心二期工程主体结构封顶，文体中心、邻里中心完成主体建设，获评省级小城市培育试点考核优秀镇。鱼圻塘骨灰寄存堂三层楼面基本完成，大齐塘骨灰寄存堂寄存楼辅助楼主体和内部装修完成。守护群众“舌尖上的安全”，新增A级家宴中心1家，成功创建省五星级食安办。新塍社区、虹桥景苑社区成立强社公司，推进融合型大社区大单元治理。

民生工作　深入开展弱势群体关心关爱工作，发放低保金和各类困难补助1145万元。隆昌机械残疾人之家投入运营，44名残疾人到岗就职。做好“暖巢行动”，为12户困难群众家庭增添家电36件。启动星光村“红色救在身边”试点工作，打造社工站品牌“青云公益坊”，开展癌症健康康复小组、情暖童心等特色品牌活动40余次。便民服务中心无差别受理各类事项42180件，群众满意率99%以上，获“浙江省巾帼文明岗”称号。推进共同富裕，推动党建统领共同富裕“一带八景”建设，着力打造以“乐高乐园—进口商品城—水月湾—稼书故里—水云庄”为主线的长三角一体化共同富裕示范带，共富工坊、共享厨房、共富粮仓投入运营，“新乡邻”公寓、共富码头二期等项目启动建设，着力盘活闲置农房和土地。

社会管理　社会面总体和谐稳定，道路交通事故数、电信网络诈骗发案数、火警起数、受理立案刑事案件数均稳步下降，工矿商贸领域发生伤亡事故数处于低位，连续三个季度在嘉兴市平安镇街道考核中名列前茅，获评嘉兴市法治镇（街道）创建优秀单位。依托“无讼”工作体系，化解征地拆迁、损害赔偿、商事合同等矛盾纠纷77起，“无讼微网格”建设工作经验被农业农村部官网报道。做好二十大期间维稳安保工作，抓好各领域风险隐患大排查。安全生产持续稳定，基层应急管理体系建设工作获省应急厅肯定，嘉兴市应急管理局在全市印发推广。

【“新乡邻公寓”迎来首批租客】 1月，浙江丞士机器人有限公司员工成功入住“新乡邻公寓”，成为公寓楼的首批租客。为解决企业租房难、农民增收难、出租房管理难的问题，新塍镇在对毛家浜自然村落进行改造提升的基础上，试点建设“新乡邻公寓”，投资30万元对闲置农房进行布局改造。再通过农户委托给村、村租给企业的形式，三方签订出租合同，实现村集体、企业和农户的三方共赢，为推进共同富裕探索出一条新路径。

【平湖市党建引领共同富裕“一带八景”发布暨“众筹码头”分红仪式举行】 1月20日，平湖市党建引领共同富裕“一带八景”发布暨“众筹码头”分红仪式在新埭镇大齐塘村众筹码头举行。“众筹码头”项目位于新埭镇大齐塘村，紧邻上海塘、平兴公路和乍兴公路，水陆交通优势明显。码头工程占地0.62公顷，建设300吨级泊位2个，年通货能力60万吨。项目于2021年启动，总造价1365万元，资金来源采用“众筹”的形式，村经济合作社出资722.2万元，574户村民筹资642.8万元，党员干部、企业经营者为58户低收入家庭捐资36万元入股。码头建成后通过公开竞价拍租，最终以370万元/年的价格成交。按照年租金的20%分红，每户村民每年可以分得约2000元。

【新埭镇上榜嘉兴市“四好农村路”示范镇】 2月8日，嘉兴市交通运输局发布《嘉兴市交通运输局关于核定嘉兴市第四批“四好农村路”示范镇的通知》，新埭镇上榜。新埭镇以打通农村公路、畅通自然村落保留点、连通沪浙毗邻道路为依据，结合村庄部署整体规划，统筹建管养运发展，持续发力推进高水平“四好农村路”建设。完成改造农村公路37.72公里，涵盖全镇11个村社区，总投资12780.29万元。

【2021年度全省“五水共治”工作考核获评优秀乡镇（街道）】 2月12日，浙江省美丽浙江建设领导小组“五水共治”办公室发布《关于2021年度全省“五水共治”工作考核优秀乡镇（街道）的通报》，新埭镇被评为2021年度全省“五水共治”工作考核优秀乡镇（街道），为平湖市唯一。2021年，新埭镇有序推进“污水零直排区”建设，全年累计实施蓄水试验区块数189个；排摸排水口数991个，发现问题数93个，均完成整改。主要河流上下游水质考核结果为优秀。持续打造碧水河道，治理前市河、南栅港、迎新河和小桥港4条，治理长度共计约5公里。推进美丽河湖建设及河道综合整治工作，完成疏浚河道24条17.85公里，综合整治河道4.62公里。

1月20日，平湖市党建引领共同富裕“一带八景”发布暨“众筹码头”分红仪式举行
（新埭镇　供稿）

【平湖市精神卫生中心二期扩建工程奠基】 2月22日，平湖市精神卫生中心二期扩建工程奠基开工仪式在新埭镇举行。平湖市精神卫生中心二期扩建工程项目位于一期工程西南侧，北临新晨路，东临虹桥路，西侧为新埭镇中心卫生院，南侧为城市绿地。本次扩建工程将新建一栋9层住院综合楼（地上8层、地下1层），建筑面积14885平方米，概算总投资8624.75万元。大楼建成后，将新设五个病区，新增床位300张，并成立物理治疗中心。

【浙江省援沪防疫生活物资平湖中转站】 4月8日，浙江省援沪防疫生活物资平湖中转站正式建成，从选址到建成仅用60个小时。中转站位于新埭镇，离上海亭枫高速（兴塔出口）处约1.5公里，占地近4.67公顷，以两场三区五通道六机制运行，确保浙江省乃至全国各地的支援物资快速安全送达上海，获央视《新闻联播》《新闻直播间》及《人民日报》等主流媒体宣传报道。

【新埭镇便民服务中心获“浙江省巾帼文明岗”称号】 5月，浙江省妇女联合会发布《浙江省妇联关于公布省级巾帼文明岗、巾帼建功标兵的通知》，新埭镇便民服务中心获“省级巾帼文明岗”称号。新埭镇便民服务中心以“数字赋能，打造百姓美好生活的暖客厅”为主题，对办事大厅进行改造升级，合理划分大厅功能区域，深入推进“一窗受理、集成服务”综窗改革，把十个办事窗口精简为五个综合窗口，实现集成办理提速和服务群众高效的“双赢”局面。通过“网格连心，组团服务”将工作延伸至村社区，组建泖水巾帼志愿服务队，走村入户向群众宣传便民、惠民政策。组建网格代办人员队伍，通过“固定代办、移动代办、网上代办”三个代办模式为群众代办，将“暖客厅”建到百姓“家门口”。

【鱼圻塘村获全国最美志愿服务社区称号】 5月11日，在由中宣部、中央文明办、全国中共会、共青团中央、全国妇联、民政部、中央广播电视总台等21家单位联合主办的“2021年度全国学雷锋志愿服务‘四个100’先进典型宣传推选活动”中，鱼圻塘村获全国最美志愿服务社区称号。鱼圻塘村志愿服务队由老兵爱心接力团、社会组织服务队、党员先锋队、助老帮困服务队、卫生防疫先锋队等多支志愿服务队伍组成。鱼圻塘村老兵爱心接力团队伍与党员、退役军人及民兵相结合，发展成员360多人，组织开展扶贫帮困、反诈防骗、疫情防控、美丽乡村等各类志愿服务活动100次。“35个爸爸和一个女儿”的故事获央视新闻、《人民日报》、《中国国防报》、《解放军报》等媒体的报道。

【新埭镇获评嘉兴市平安创建优秀镇（街道）】 5月17日，嘉兴市建设平安嘉兴暨护航党的二十大维稳安保推进会召开，大会通报2021年度嘉兴市平安创建工作考核结果，新埭镇被评为嘉兴市平安创建优秀镇（街道），同时被命名为2021年度平安镇（街道）。新埭镇深入开展平安护航百日攻坚十大专项行动，排查解决各类风险隐患类问题640个。全年，交通亡人事故数同比下降50%，交通安全大会战年终考核获平湖市第一；消防火灾事故发数同比下降15.6%，未发生重特大消防安全事故；生产安全事故发生数创新低；电信网络诈骗发生数同比下降10.0%；累计调处网格矛盾纠纷110件，收集民情1676条，办理解决1636条，群众满意率达97.6%。

【新埭镇“乡村振兴　共富前程”战略合作签约暨新乡邻“共享厨房”启动仪式举行】 7月6日，新埭镇“乡村振兴　共富前程”战略合作签约暨新乡邻“共享厨房”启动仪式在新埭镇大齐塘村玉泉村落举行。新埭镇创新“新乡邻”模式，在大齐塘玉泉自然村落先行先试，为盘活农房小屋的每户农户和低收入家庭增收，投资40万元打造全市首批新乡邻“共享厨房”，并推出“共享厨师”“共享菜园”和“共享菜单”，给游客带来不一样的农家体验，为农户和低收入家庭年增收4000元，开启村美民富新生活。

【全国首个沪浙两地联合执法队】 8月31日，全国首个沪浙两地联合执法队揭牌仪式在新埭镇举行，张江长三角科技城平湖市—上海金山区联合行政执法队正式成立。联合执法队由金山区枫泾中队与新埭中队及两地机动执法力量组建而成，旨在打破区域壁垒，统一执法标准，规避执法盲区，共同破解行政执法的难题顽症，提升执法效能，共开展联合行动30次。

【两馆被列入浙江省第二批乡村博物馆】 9月，浙江省文物局发布《浙江省文物局关于公布浙江省第二批乡村博物馆名单的通知》，新埭镇陆稼书纪念馆、俞创硕故居纪念馆上榜。陆稼书纪念馆依托平湖市文物保护单位陆稼书家族祠堂为主体，分为陈列展览区、互动教学区、祠堂展示区三部分，建筑面积2000平方米，现有藏品88件。馆内利用文物藏品、图文版面和多媒体设备展示陆稼书为官清廉的作风、潜心理学的学风和崇文重教的家风。俞创硕故居纪念馆主要展示俞创硕的摄影作品、人物历史背景、相机、报刊等实物。俞创硕

1933年毕业于上海美术专科学校西画系，先后担任《良友》画报、中央通讯社摄影记者，活跃于抗战前线、重庆后方，曾随中国远征军与英美盟军出征滇缅。抗战胜利后回上海，任《申报》《解放日报》摄影记者。历任中国摄影家协会理事、常务理事、中国摄影学会上海分会常务理事兼副秘书长。

【新埭镇获评浙江省农村文化礼堂建设示范镇】 10月9日，浙江省委宣传部发布《关于公布浙江省农村文化礼堂建设示范县（市、区）、示范乡镇（街道）名单的通知》，新埭镇获评浙江省农村文化礼堂建设示范镇。新埭镇在礼堂建设中，厚植“忠义诚孝耕读礼道”的泖水文化精髓，融入历史文化和地方特色文化元素，激发共同富裕的精神支撑力。

【新埭镇获2021年度省级小城市培育试点单位考核优秀】 11月，浙江省发展改革委通报2021年度省级小城市培育试点考核结果，新埭镇获2021年度省级小城市培育试点单位考核优秀。新埭镇以小城市培育试点为契机，不断加大经济建设力度，持续提升基础建设水平，坚持兜牢民生底线，推进文化事业发展，加大生态文明建设，推动接轨上海第一镇实现蝶变跃升。

【平湖鼎仁华美达酒店开业】 11月14日，平湖鼎仁华美达酒店开业。酒店由鼎仁集团投资兴建，属于全球最大酒店管理集团——美国温德姆国际酒店集团旗下“华美达”品牌特许经营，并以国际标准打造的综合性豪华酒店。酒店建筑面积2万余平方米，拥有豪华客房及套房130间，同时拥有西餐厅、中餐包厢、多功能会议室、宴会厅等综合配套设施，致力于打造四星级服务品牌。

【长三角科技城党建联建启动仪式暨平湖金山毗邻党建引领区域联动发展第六次联席会议召开】 11月18日，长三角科技城党建联建启动仪式暨平湖金山毗邻党建引领区域联动发展第六次联席会议在新埭镇召开。长三角科技城党建联建机制以张江长三角科技城“一城两园”架构为底座，构建“1+3”党建联建组织架构，即成立1个由新埭、枫泾两镇主要领导牵头的党建联建领导小组，建立毗邻共富、毗邻共治、毗邻共享3个工作机制，携手打造新埭—枫泾“毗邻党建高地”“数字智造重地”“交通枢纽要地”“文旅休闲胜地”“平安和谐福地”，确定共建“新枫红”毗邻共治示范点、共建“新枫裕”智能装备工业社区、共建“新枫隐”村民宿产业集群等首批十大合作项目。

【石前港连片水系成功创建嘉兴市级“美丽河湖”】 11月29日，嘉兴市水利局、嘉兴市河长制办公室发布《关于公布2022年嘉兴市“市级美丽河湖”名单的通知》，新埭镇大齐塘村石前港连片水系被命名为嘉兴市级“市级美丽河湖”称号。石前港连片水系坐落在新埭镇大齐塘村西侧美丽的玉泉村落，自然资源丰富，人文资源厚重。结合河道疏浚、综合整治、碧水河道建设及美丽乡村风景线等，把石前港连片水系打造成新埭镇“美丽河湖”的金名片。

11月18日，长三角科技城党建联建启动仪式举行

（新埭镇　供稿）

【“千博助千企·助企纾困”促共富行动暨“智惠乡村　共富未来”发展论坛举行】 12月9日，“千博助千企·助企纾困”促共富行动暨“智惠乡村　共富未来”发展论坛在新埭镇大齐塘村玉泉共富馆举行。会议旨在搭建农业企业和科研院所、高校人才产学研合作载体，帮助企业解决技术难题，促进农业产业蓬勃发展，铺就美好共富之路。

【新埭镇成功创建都市节点型美丽城镇省级样板】 12月21日，浙江省城乡环境整治工作领导小组发布《浙江省城乡环境整治工作领导小组关于全省美丽城镇建设2022年度评价结果的通报》，新埭镇成功创建都市节点型美丽城镇省级样板。新埭镇围绕“创新驱动、融入上海、宜居宜业、美丽共富”的战略目标，立足接轨上海第一镇的区位优势、全市数字经济一号主平台的产业优势、千年古镇新城的人文优势，在共美、共富、共享、共建方面探索创新，聚焦“五美”要求，在环境功能便民上下功夫、生活共享乐民上做文章、产业兴旺富民上深发展、人文魅力亲民上重挖掘、治理善为为民上求突破，绘就一幅人、产、城、景、文相得益彰的新时代美丽城镇画卷。

（王亚莉）

新仓镇

【概况】 新仓镇位于平湖市东北部，毗邻上海金山区，是浙江省首批中心镇、嘉兴市首批小城市培育试点镇。全镇区域面积63.86平方公里，耕地面积3261公顷。2022年末，辖8个村民委员会、3个居民委员会，有189个村民小组、12701户、户籍人口37519人。新居民登记在册人数21297人。2022年，全镇实现生产总值48.28亿元，按可比价格计算，同比增长4.6%，增速位列全市第二。2022年，实现公共财政总收入4.16亿元，其中一般公共预算收入2.33亿元，同比增长21.4%。2022年，新仓镇获镇街道工作目标绩效考核一等奖。

农　业　2022年，全镇农业农村工作围绕“农业增效、农民增收、农村稳定”的总体目标，积极实施乡村振兴战略。全镇农业实现现价产值3.8亿元，增长6.0%。农业产业稳步发展。全镇粮食种植面积3753.53公顷，粮食总产24301吨，亩产达432公斤；经济作物种植面积2847.4公顷，粮经比例57∶43。全镇食用菌种植面积100.37万平方尺，西甜瓜种植面积72公顷，小南瓜种植面积37.47公顷，芦笋种植面积30.28公顷，水产养殖面积88.53公顷。全镇农民专业合作社累计76家，家庭农场265家，带动农户数4600多户。截至年底，各村租金收缴率100%。全镇累计流转面积2455.27公顷，占家庭承包耕地总面积的88.67%。中华、芦湾、杉青港、秦沙、双红5个村实现整村流转。农业高质量发展稳步推进，第六届农洽会签约项目3个、总投资3.1亿元，成功签约总投资2.5亿元的“郁野·杉水客”农文旅项目。强化粮食安全，新增绿色食品认证8家。创新发展“新仓经验”，探索共富新实践，粮食全产业链帮农促富项目成功入选省农业“双强”行动并初见成效，农机、烘干仓储等农事服务投入使用。村级集体经济收入增长12%以上，8个行政村年平均经营性收入达300万元。杉青港村成功创建省级“美丽宜居示范村”和AAA级景区村庄。

工　业　2022年，全镇累计实现工业总产值120.04亿元，增长2.6%。全镇85家规上工业企业累计实现产值106.72亿元，增长3.4%；规上工业增加值实现24.30亿元，增长6.4%，列全市第三；实现新产品产值65.35亿元，增长23.7%，新产品产值率61.7%，同比提升10.6个百分点。全镇亿元企业数25家，同比减少3家，其中超5亿元企业2家，分别是浙江鸿禧能源股份有限公司和浙江冠豪新材料有限公司。2022年，25家亿元企业共实现产值81.97亿元，增长12.2%，占规上产值74.3%。数字经济核心产业共18家企业，全年实现产值47.47亿元，增长52.4%，占规上产值的44.8%，实现增加值7.04亿元，增长34.3%，列全市第二；高新技术产业共46家企业，全年，实现产值74.31亿元，增长24.4%，占规上产值的70.1%；战略性新兴产业累计实现产值45.49

亿元，增长52.2%，实现增加值7.03亿元，增长57.2%，列全市第二；文化制造业共23家企业，全年，实现产值16.01亿元，同比下降31.6%，占规上产值的15.1%。项目招引持续发力，全年，完成合同外资5857万美元、实到外资1609万美元、市外内资3.7亿元，引进超亿美元项目1个、总投资10亿元以上项目1个，成功签约总投资25亿元的海优威新材料项目。引育省级以上高端人才4名、博士6名，全市首个院士全职创业顶尖人才项目——中科健齿华东创新中心完成注册、选址。参与举办2022浙江·平湖（上海）新材料新能源产业专场推介会。项目推进提质增效。全年，完成固定资产投资21亿元、同比增长55.7%，其中制造业投资6.95亿元、增长37.4%，民间投资17亿元、增长77.6%，交通、生态投资均超额完成目标任务。全年，超亿元产业项目新开工7个、完成率140%，新竣工5个、完成率125%。

第三产业　2022年，全镇服务业投资完成4.54亿元，增长19.2%，实到外资783万美元，实现第三产业增加值17.50亿元。服务业营收稳步增长，限上批发和零售业实现营业收入47.17亿元，增长28.4%；规上营利性服务业实现营业收入1.42亿元，增长17.9%；限上住宿和餐饮业实现营业收入2116万元，增长15.1%；限上消费品零售总额1.09亿元，增长22.6%。全年，新增规（限）上服务业企业3家，其中新增规上服务业企业1家，新增批发零售企业1家，新增住宿餐饮企业1家。

美丽城镇建设　强化城乡风貌塑造，完成美丽城镇建设省库项目5个、嘉兴市城乡风貌样板区项目6个，新增绿化4.2公顷、绿道3.3公里，完成口袋公园、景区村庄改造提升项目16个。征收攻坚紧抓不放，攻坚钉子户2户；完成房屋征收11.72平方米、涉及104户。实施“三改”43.1万平方米，拆除违建2.73万平方米，获省级“治违控违示范镇”。基础设施持续完善，警务中心进入收尾阶段，虹桥路南延伸段顺利推进，垃圾中转站完成迁建。“未来社区”扎实推进，安桥社区未来社区完成投资8.1亿元，实施方案通过省级备案；芦川社区未来社区通过嘉兴市集中评审。老街有机更新成效初显，西小街基本完成建设并交付一期安置房，东小街改造启动。

生态环境保护与建设　深化“五气共治”，环境空气质量优良率达81%，PM2.5浓度25微克/立方米，位居嘉兴各镇街道第一。开展水环境集中攻坚行动，敷设农村污水管网122公里，完成稻田退水“零直排”建设146.67公顷，河道疏浚19.3公里，碧水河道建设4.63公里，全镇国控断面、县控以上断面平均水质均达Ⅲ类水，获评嘉兴市级“水美乡镇”，杉青港连片水系成功创建省级美丽河湖。强化固废监管，建成嘉兴市级“无废乡村”“无废医院”各1个，三叉河村成功创建省级高标准农村生活垃圾分类示范村，杉青港村入选省级低（零）碳村试点创建单位。持续开展全域秀美月度现场比拼赛，优化调整农村“五位一体”保洁模式，完成自然村落环境整治攻坚验收87个。杉青港村获评2021年度全省美丽宜居示范优秀村庄称号。

社会事业　培育创新主体，全年，新增国家高新技术企业7家、省级科技型中小企业13家、省级研发中心1家，高正新材料获评国家级专精特新“小巨人”企业，鸿禧能源获评省级智能工厂。提升教育工作水平，基础教育不断巩固，启动新仓幼儿园迁建和3岁以下婴幼儿照护服务点建设，预计新增15个班级幼儿学位和60个婴幼儿托位。年末，全镇有幼儿园公办1所，民办3所，在校幼儿人数1007人；小学1所，在校学生1850人，普通中学1所，在校学生869人。2022年小学毕业人数329人；初中毕业人数达235人。成人学校2022年开设各类培训共171期，参训11348人。加强文化阵地建设，新建礼堂书屋2家，乡村书吧1家，百姓健身房1家，社区运动家1家，企业文化俱乐部1家、企业文化馆1家。

民生工作　坚持发展惠民，完善社会保障体系建设，做好民政、慈善、优抚、残疾人、老年人等特定群体的帮扶工作。全年，各类社会救助和拥军优抚累计支出722.3万元，慈善分会共募集企业冠名资金179.85万元。全镇低保户213户，人数312人，发放低保金290.31万元；特困户35户，发放金额109.83万元；低保边缘户42户，人数89人；临时救助39户，111人次，发放金额9.2万元；困境儿童（包括孤儿）30人，发放金额22.03万元；2022年，新型城乡居民社会养老保险参保人数2364人次，全年缴费441.96万元，其中政府补贴67.13万元。农民住房加快改善，完成农户公寓房置换和自建房审批332户。安置房建设加快推进，家和佳苑一期项目启动建设，朝阳佳苑项目基本完成建设，新叶佳苑项目完成主体结构，全年，新开工安置房348套，改造危旧桥梁27座，建设“四好农村路”1.43公里，安装各类路灯385套。养老服务持续强化，芦川社区居家养老服务站完成建设，安桥社区入选省首批共富基本单元“一老一少”场景。医疗卫生优化完善，新仓医院完成迁建并投入使用，成功创建浙江省“健康镇”。

社会管理　社会治理体系不断完善，平安新仓建设扎实推进，安全生产等工作继续保持良好态势。全镇各调委会共调处矛盾纠纷279起，其中司法所调解协议涉及金额达423.7万元。完善“四级调解”机制，接待群众来信来访1034批次1759人次。强化企业安全生产监管，开展“厂中厂”企业专项整治、消防隐患排查等行动，全年，累计立案处罚14起、处罚金额44万元，整改各类消防问题3700余个，安全生产管控力指数多次位居嘉兴第一。持续推进交通安全大会战，淘汰非标电动车21886辆，投入500余万元完成标准化路口改造35个，事故总数和亡人数实现“双下降”。加强社会治安管理，全年刑事处罚54人，治安案件128起，行政处罚188人。深入推进反诈工作，万人均发案数嘉兴最低。推进法治阵地建设，石路村、秦沙村和新庙社区成功创建省级“民主法治村（社区）”。重视发挥民兵和预备役应急力量作用，切实抓好消防、安全生产、食品药品安全、防汛防台等工作。统计、新居民事务、民族、宗教、台侨、双拥、慈善、红十字等工作扎实推进。

【嘉兴高正新材料科技股份有限公司入选“新锐企业榜”】 2月21日，中国科协公布2021“科创中国”系列榜单，嘉兴高正新材料科技股份有限公司入选“新锐企业榜”。嘉兴高正新材料科技股份有限公司成立于2013年8月6日，是一家国家级高新技术企业，专业从事高分子功能材料的研发、生产和销售，是PVDF氟膜的全球领导者。公司拥有浙江省创业型领军团队、嘉兴市重点技术创新团队，承担浙江省重点研发计划一项，另有二十余项科研项目入选省市级科研计划，授权实用新型专利17项，发明专利5项。

【平湖市粮食全产业链帮农促富社会化服务试点入选浙江省农业“双强”行动】 4月25日，浙江省农业农村厅公布全省农业“双强”行动十大重点突破试点，平湖市粮食全产业链帮农促富社会化服务试点位列其中，也是嘉兴唯一上榜的全省“十强”单位。这个项目由平湖市粮食全产业链帮农促富社会化服务将农业社会化服务公司、平湖市农合联（供销社）、新仓供销社、新仓强村联合投资有限公司结合起来，组建粮食全产业链数字化服务体系，形成“公司＋政府”的具有“生产＋监管”功能的新型数字化服务模式，是创新“新仓经验”的一个生动诠释。粮食全产业链项目依托粮食生长数据采集来建立模型，在“耕、种、管、收、销”五个环节上均实现数字化管理，由高标准农机数字共享中心、农田管护监测中心、农事服务中心、人才强农中心、数字化农田监测中心五个中心共同组成粮食全产业链服务平台，实现全产业链服务闭环管理和智慧管理。同时，结合大数据处理方法，粮食全产业链项目能实现农业生态信息的智能监测、病虫害及早期预警、系统化管理农田生产资料，全程追溯农事生产活动。

【全市首个院士创业类项目中科健齿华东创新中心落户新仓】 6月27日，中科健齿华东创新中心项目签约仪式举行。该项目是平湖市首个院士创业类项目，

6月27日，中科健齿华东创新中心项目签约仪式举行

（新仓镇　供稿）

总投资2.1亿元，由加拿大工程院院士杜如虚院士，国家级高端人才、广东省科技创新领军人才陈贤帅领衔。项目落户平湖市新仓镇嘉创智谷产业园，拟建立口腔医疗器械华东总部、数字化口腔加工中心和医学3D打印中心（主要利用数字化口腔加工技术、3D打印增材制造技术研发植入式医疗器械产品），及大健康机器人研发中心（主要开发口腔种植机器人、骨科术后康复机器人等）。

【新仓现代化农事服务中心获评省级现代化农事服务中心】 9月16日，全省农业高质量发展大会召开，会上公布首批省级现代化农事服务中心创建单位名单，新仓现代化农事服务中心成为平湖首个入围单位。平湖新仓现代化农事服务中心是浙江农业“双强”十大重点突破试点单位，由浙江仓禾农业科技服务股份有限公司投资建设。中心着重围绕从一颗稻谷到一粒大米的粮食全产业链帮农促富社会化服务模式，旨在通过“一平台五中心”（一平台即粮食全产业服务平台，五中心即数字化农田监测中心、农田管护监测中心、高标准农机共享中心、农事服务中心、人才强农中心）建设，实现农事服务“1+7”（稻麦全程机械化作业服务和数字农业、集中育苗、烘干仓储、农技服务、农资配送、农产品营销、农事研学）综合服务功能，打造市域乃至省级样板。

【4个项目在中国·平湖西瓜灯文化节开幕式暨投资贸易洽谈会上成功签约】 9月22日，在中国·平湖西瓜灯文化节开幕式暨投资贸易洽谈会上，新仓镇成功签约4个项目，主要涵盖新材料新能源、智能装备、高端食品等领域，其中单个项目最高投资30亿元的上海海优威新材料股份有限公司的年产30兆瓦光伏胶膜新材料项目。

【浙江群鹿新材料股份有限公司年产130套工业自动化一体机和2万吨新零售包装制品建设项目举行开工仪式】 9月23日，浙江群鹿新材料股份有限公司年产130套工业自动化一体机和2万吨新零售包装制品建设项目开工仪式举行。浙江群鹿新材料股份有限公司，主要从事生物基可降解材料、生物基可降解片材、

9月22日，上海海优威新材料股份有限公司年产30兆瓦光伏胶膜新材料项目签约仪式举行

（新仓镇　供稿）

生物基可降解吸塑制品的制造和销售，项目总投资 2.6 亿元，总用地 1.33 公顷，建筑规模 4 万平方米。

【《芦川》杂志摘省级金奖】 10 月 8 日，浙江省文化馆公布 2022 年度浙江省群众文化报刊评比获奖名单，新仓镇文化站主办的《芦川》杂志获金奖。《芦川》杂志自 1986 年创刊起，已出刊 40 期。2022 年起，杂志调整为季刊，刊物以本土元素为着力点，设置芦川研究、芦浦笔记、芦沥情愫、芦花飘飘、芦川书院等专栏，并改为彩印。刊物拥有阵容庞大的本土作家群，定期开展创作培训、采风，作品征集、研讨会等活动。

【安桥社区养老服务场景入选浙江省首批共富基本单元“一老一小”场景】 10 月 10 日，首批 300 个浙江省共同富裕现代化基本单元“一老一小”场景正式公布，安桥社区养老服务场景成功入选。安桥社区居家养老服务照料中心位于安桥社区党群服务中心，处于社区 15 分钟步行圈内。照料中心总用地面积 1800 平方米，配备多个功能室，包括日托室、多功能室、文体活动室、谈心室、图书室、棋牌室、厨房等多样化设施，不定期举办各类活动，满足老人社交及娱乐活动需求。

【新仓镇获评嘉兴市“水美乡镇”】 10 月 27 日，2022 年度嘉兴市“水美乡镇”名单公布，新仓镇名列其中。新仓镇以全流域创建、全区域提升为目标，以水系连通、堤岸加固、沿河绿化、生态修复、滨水绿道、保洁管护等为抓手，做深做实亲水文化，打造具有江南韵味的水美环境，通过建设沿河游步道和亲水便民设施，以美丽河湖建设为驱动，彰显江南水乡特色，助力未来乡村建设。截至 10 月，新仓镇已创建盐船河等 6 条平湖市级及以上美丽河湖，杉青港连片水系被列入 2022 年省级美丽河湖创建计划。

【“郁野 · 杉水客”农文旅项目落户新仓】 12 月 10 日，“郁野 · 杉水客”农文旅项目举行签约仪式。该项目位于新仓镇杉青港村，总面积约 100 公顷，总投资 2.5 亿元，是新仓镇人民政府与上海郁泽乡野农业科技有限公司合作共同打造的集农业、民宿、亲子乐园、农文旅、餐饮、田园旅居、水上运动、国际种源高端花卉基地等于一体的农业综合体，将建设成为以农业产业为基础、现代服务业为核心的综合性农旅融合乡村振兴示范区。

【杉青港连片水系入选浙江省 2022 年美丽河湖名单】 12 月 15 日，浙江省水利厅、省美丽浙江建设领导小组河长制办公室公布 2022 年美丽河湖名单，平湖市杉青港连片水系入选。杉青港水系，因“杉木长青，港面平阔”而名，地处平湖市东北新仓镇杉青港村，与上海金山区接壤，是平沪黄金发展带上的重要节点，是展示浙江治水标志性成果的重要窗口。新仓镇按照省美丽河湖安全流畅、生态健康、文化融入、高效管护、人水和谐的标准，对其进行系统梳理；并立足浙江省美丽河湖建设的新标杆、水乡人居的文明典范，以“花上杉青港·禾下归园梦”为主题定位，推进杉青港连片水系美丽河湖的创建。

（朱全凤）

12月15日，杉青港连片水系入选浙江2022年美丽河湖名单

（新仓镇　供稿）

独山港镇

【概况】 独山港镇位于平湖市东南部，东接上海金山区，南濒杭州湾，西邻乍浦、林埭两镇，北接新仓、广陈两镇，是浙江省第二批中心镇，是平湖接轨上海的“桥头堡”，辖区区域面积96.90平方公里，耕地面积4712.09公顷。2022年末，下辖12个村民委员会、6个社区居委会，户籍人口74878人。2022年，全镇实现生产总值164.2亿元，同比增长1.2%，财政总收入18.3亿元，其中一般公共预算收入9.6亿元。在2022年度全国千强镇名单中，独山港镇列浙江第14、全国第84。

农业 2022年，独山港镇实现农业产值3.52亿元，增长7.4%。农业项目签约开工1个，总投资2亿元。全年，粮食播种面积5733.33公顷，总产量3.53万吨，生猪年末存栏2.7万头，家禽年末存栏3.5万羽。新开展4家稻渔综合种养，面积29公顷。花卉种植面积24.96公顷，橘子、桃子、葡萄等水果种植面积88.67公顷，产量达1950.8吨。开展惠农补贴6项，发放补贴2030万元，新增流转土地面积525.33公顷。小营头村、独山港社区千亩方完成建设，稻田退水穗轮片区完成主体工程建设。强村共富体项目新乡邻公寓一期实现增收52.5万元，“飞地抱团”低收入持股增收项目，476户低收入家庭分红263万元，户均5531元。新增工商注册家庭农场36家，新增嘉兴市市级示范性家庭农场1家，平湖市级示范性家庭农场2家。农业、渔业、水保监管、动物防疫等工作稳步推进。

工业 2022年，独山港镇工业生产形势稳中向好，全年，实现规上工业总产值681.88亿元，增长8.1%，实现工业增加值113.3亿元，增长6.8%。规上工业主营业务收入706.2亿元，同比增长8.8%。招商引资深入推进，2022年，共签约项目22个，总投资158亿元。引进世界500强、国际行业龙头、超亿美元项目5个，实到外资1.1亿美元，增长22.1%。产业项目持续推进,全年,新增入库项目65个，京东、巴斯夫贺利氏等13个亿元以上项目开工，易商、龙泉飞地产业园等20个亿元以上项目竣工，迪恩特、迪克东华等11个项目完成验收，巴斯夫凯密特尔、彩皇等项目正式投产。全年，完成固定资产投资80.8亿元。“腾笼换鸟”整治两高一低企业338家，腾退低效用地45.87公顷，实施全域土地综合整治签约农户479户，可复垦土地26.67多公顷。浙江晨光电缆股份有限公司在北交所上市，成为独山港镇第一家本土上市企业。

第三产业 年内，独山港镇完成服务业项目投资81个，投资额33.6亿元，同比增长21%。新增规上服务业企业1家，规上服务业企业营业收入122.5亿元，其中限上批发零售业销售额实现112亿元。现代物流园区被列入第二批浙江省现代服务业创新发展区。独山港A7、A8、B27、B28、D1、D2和D3共7个泊位对外启用，外海生产性泊位达21个，并全部实现口岸开放。全年，港口货物吞吐量5340万吨，增长4.8%，集装箱吞吐量45万标箱，增长67.3%。

环境整治 2022年，独山港镇开展全域秀美环境检查80次，交办整改问题8400余个，全域秀美完成薄弱村组改造并通过验收78个，打造样板村落52个，韩家庙村、金沙村和渡船桥村入选嘉兴第一批未来乡村建设单位。垃圾分类智慧化监管平台完成建设，污水零直排区标杆镇创建工作持续推进，基本实现镇域范围雨污分流全覆盖，完成农村生活污水纳厂收集治理3000户，纳厂率达100%。整治低散乱污企业149家，腾退低效用地54.86公顷。完成13家“治气标杆企业”创建工作，PM10、PM2.5平均浓度分别列嘉兴市第一、第二。与上海金山深入开展6次“生态共建、毗邻共美”行动，浙沪边界环境得到有效改善。

社会治理 2022年，独山港镇深入开展“除险保安”百日攻坚行动，社会面保持安全稳定，交通亡人事故同比下降53.3%，消防火灾事故同比下降44.7%，电信网络诈骗案件同比下降15.7%。聚焦专项行动整治,淘汰置换非标电动自行车3.8万辆。

社会事业 2022年，独山港镇港城花苑、名秀花苑、凤舞佳苑二期等安置房项目有序推进，完成龙吟花苑二期分房827套，妥善解决最紧急危房9户，帮助困难家庭申请住房改造资金68.5万元。新增城镇就业4056人，累计发放低保资金503万元和各类补助435万元。“远辰幸福驿嘉”养老综合体正式启用，全公亭社区成功创建省级无障碍社区，龙吟社区被列入全省第六批未来社区改革试点。打造“浙江有礼·礼享港城”文明实践品牌，提升新建文化礼堂、灯光篮球场等文体设施26处，完成72个15分钟品质文化生活圈打造。嘉兴市首个“政院校企”合作的产业学院——“独山港新材料产业学院”正式开班。征兵、人防、档案、镇志、计生、红十字会、慈善、流动人口等工作稳步推进。

【独山港镇获评2022年度美丽城镇建设省级样板】 12月21日，浙江省住房和城乡建设厅公布2022年度美丽城镇建设省级样板名单，独山港镇入选名单。独山港镇以小城镇综合整治和美丽城镇建设为抓手，先后对全公亭集镇、虎啸集镇、周圩集镇、新兴集镇进行提升整治，对35公里道路进行路网改造，新建大型停车场、农贸市场等一批基础配套设施。

【独山港镇获评浙江省AAAA级景区镇】 12月28日，嘉兴市文化广电旅游局发布《关于认定秀洲区王店镇等5个镇为浙江省AAAA级景区镇和南湖区新丰镇为AAA级景区镇的通知》，独山港镇获评浙江省AAAA级景区镇。独山港镇依托独特的自然风光及美丽城镇、美丽乡村建设成果，人居环境整体提升、城镇建设日新月异、城乡“颜值”不断升级，城镇旅游形象获提升。通过抓硬件设施建设和软件管理规范，不断提升生活品质、改善出行条件、丰富文娱设施，实现景区管理精细化、管理手段智能化、服务质量人性化，打造一站式的游客服务中心，完善沿线交通标志及标识系统建设。重点打造红色旅游、研学旅游、工业旅游、乡村休闲旅游等多元化旅游线路，多维度提升经济效益。成立平湖市弘旅旅游开发有限公司，负责景区镇红色旅游、研学线路等方面的日常运营。自开通线上小程序预约起，已接待各类旅游、研学团队525批次，共计18850人次。

12月28日，独山港镇获评浙江省AAAA级景区镇

（独山港镇　供稿）

【浙江晨光电缆股份有限公司在北交所上市】 7月12日，浙江晨光电缆股份有限公司实现在北京证券交易所“云”上市，成为独山港镇第一家、平湖市第六家上市企业。晨光电缆证券代码为834639，本次发行股份全部为新股，公开发行数量为4666.6667万股，发行价为每股4.3元。晨光电缆创立于1984年，主营业务为电线电缆的研发、制造和销售。

【远辰幸福驿嘉养老综合体正式启用】 8月18日，独山港镇远辰幸福驿嘉养老综合体正式启用，该综合体位于独山港镇前进村村部西侧，是2022年度城乡社区养老“嘉兴模式”试点方案之一，也是平湖市首个试点，使用面积700平方米，设置有阅览室、咨询室、照料室、康复室等功能室，服务功能齐全、配套设施完善。

【浙江卫星能源有限公司红十字会成立】 8月30日，浙江卫星能源有限公司红十字会成立，该红十字会是平湖市首家企业基层红十字会。会议通过选举产生卫星能源红十字会第一届理事会理事5名，第一届理事会第一次全体会议选举产生会长、副会长，并根据会长提名产生秘书长。

【浙沪新材料产业工会联合会成立】 9月9日，浙沪新材料产业工会联合会成立暨“工”同体联盟”启动仪式在独山港镇举行。浙沪新材料产业园成立于2011年，规划面积11.06平方公里，拥有卫星能源、新凤鸣、传化集团等35家企业，园区涵盖职工7500多人。

【5个展馆获评浙江省第二批乡村博物馆】 8月26日，浙江省文物局公布第二批乡村博物馆名单，独山港镇抗战历史宣教馆、转角湾党支部纪念馆、运港村杜布馆、赵家桥村航天科普馆和独山港百年保温杯展览馆5个展馆获此称号。平湖市抗战历史宣教馆位于独山港镇政府南侧，建筑面积150平方米，以实物、档案、照片、图表等形式，重现侵华日军在杭州湾登陆后平湖人民进行英勇反抗的历史。转角湾党支部纪念馆则坐落在独山港镇金沙村，是中共平湖第一个党组织诞生地，也曾是上海金山（浦南）县委的机关所在地。运港村杜布馆主要展示省级“非遗”杜布的历史渊源、传承沿革，融入体验性项目。赵家桥村中国航天科普馆由独山港镇与中国高科技产业化研究会合作共建，是全国首个综合性航天科普类展馆；独山港百年保温杯展览馆设在浙江嘉特保温科技有限公司厂区，是国内首家以保温容器为主题的展览馆。

9月9日，浙沪新材料产业工会联合会第一次代表大会召开

（独山港镇 供稿）

【孙金明获浙江省“人民满意的公务员”称号】 9月26日，全省“人民满意的公务员”和“人民满意的公务员集体”表彰大会在杭州举行，独山港镇孙金明获浙江省“人民满意的公务员”称号。孙金明是独山港镇社会治理办公室的“金牌调解员”，2018年成立“孙金明调解工作室”，他结合实践深入学习“枫桥经验”，第一时间将矛盾纠纷化解在基层、消除在萌芽、预防在当地，畅通基层社会治理的渠道。

（郭健杰）

平湖农业经济开发区（广陈镇）

【概况】 平湖农业经济开发区（广陈镇）位于平湖市东北部，南与独山港镇相邻，东与新仓镇接壤，西与钟埭街道相邻，北与新埭镇交界。平湖农业经济开发区和广陈镇区镇合一，面积55.84平方公里，耕地面积3816.51公顷，是全市新型农业产业发展主平台。年内，通过省级农村一二三产业融合发展示范园、省级农业科技园验收等。2022年末，辖11个村民居委会、1个社区居委会，有172个村民小组、10776户、34511人。全年，实现地区生产总值23.54亿元，同比增长3.8%，财政总收入1.79亿元，其中一般公共预算收入1.01亿元。

农业 农业产业蓬勃发展，长三角草莓研发中心、博创联动无人农场、荷兰福纳瑞国际园艺种源中心等项目相继建成投产，农业科创中心项目完成建设，成功承办全国设施种植机械化技术现场推进会。成功举办第四届长三角“田园五镇”农业农村创业创新大赛，吸引84个优质项目参赛。在2022年西瓜灯文化节投资贸易洽谈会及第六届农业经济洽谈会上，完成13个项目签约，总投资16.9亿元。2022年，区镇实现农业增加值2.77亿元，农业总产值4.42亿元。2022年，区镇共有粮食生产功能区2246.67公顷，粮食播种面积6520公顷，其中水稻面积2213.33公顷，旱粮种植面积保持稳定，其中豆类169.27公顷，玉米54.31公顷，薯类10.91公顷。新增土地流转面积11.41公顷，累计2587.80公顷，累计流转率为89.83%。按照全市强村富民共富体建设要求，制订《强村富民倍增三年行动计划实施方案》，推进共富码头、新乡邻公寓、农产品物流共富体等一批共富项目落实落地。2022年，村集体经济总收入6178.92万元，同比增长10.25%；经常性收入3154.21万元，同比增长2.11%；经营性收入1992.86万元，同比增长15.94%。不断加大农业产业基础设施投入力度，新建现代温室大棚2.8万平方米，水稻全产业链集成创新项目已完成“一基地七中心”的建设。省现代农业园区正式授牌，省农村一、二、三产业融合发展示范园免检通过验收，省农业科技园通过验收。

工业　经济形势逆势上扬，规上工业企业产值、增加值增速及外贸出口值增速均位于全市前列，连续三个季度获红旗赛激励奖。全年，实现工业总产值35.42亿元，同比增加9.5%，其中规上工业总产值25.68亿元，同比增加12.04%；规上工业增加值5.97亿元，同比增加5.3%；当年新增规上企业3家，新增亿元企业2家。外贸出口逆势上扬，全年，实现出口6.6亿元，同比增速6.2%，增速保持全市前列。转型升级步伐加快，实施“腾笼换鸟”攻坚，完成企业整治提升140家，关停淘汰企业96家，重点聚焦前港工业集聚点企业腾退6家，腾退土地6.33公顷。中逸小微园二期竣工验收，积极开展一二期同步招商，并加快推进三期开工建设。招引一批重点产业项目并开工建设，新引进数字经济项目浙江艺声电子。加大人才科技投入，科技人才经费占镇财政收入4.28%，企业研发投入超0.85亿元。全年，为区镇科技型企业争取上级科发资金470余万元。新申报国家高新技术企业6家，新增省科技型中小企业13家、国家科技型中小企业45家，培育全市首家“隐形冠军”企业。推荐申报国家级高端人才1名、省级高端人才5名，入选国家级高端人才1名，实现历史上国家级高端人才零的突破。

9月23日，2022年平湖西瓜灯文化节重大项目集中开工、竣工、投产仪式暨智农生态水湾项目正式投产仪式举行　（广陈镇　供稿）

第三产业　全年，三产服务业固定资产投资6.28亿元，同比增长30.4%；实现限上服务业企业营收1.62亿元，同比增加2.5%；新增限上零售企业4家。加大基础投入，对明月山塘景区配套设施进行改造提升，引进户外研学基地等新业态。2022年，明月山塘景区实现游客接待量78万人次，旅游总收入3432万元。提升景区住宿品质，墨兰居民宿创建为省级银宿等级民宿。明月山塘酒店完成主体建设。启动广陈寻MENG乡野国家AAAA级旅游景区创建申报工作。

生态环境　围绕三大领域和三个重点开展全域秀美环境大整治，统筹推进农村“三乱”整治、“四位一体”、垃圾分类、“五水共治”等工作，滚动实施4200余个问题销号，整改率100%。加快美丽乡村项目建设，龙兴村叶家浜围绕文化底蕴、生态地形进行挖掘提升，打造独具特色的美丽乡村自然村落景观。强化广陈塘水源地保护，健全水源地长效监管机制，广陈水厂断面全年水质均达Ⅲ类水标准。持续深化出境断面周边水环境综合整治，全年，水质达Ⅲ类水标准，主要断面Ⅲ类水比例继续位列全市第一。坚持做好空气质量改善和水环境治理，全年，PM2.5平均浓度28.85微克/立方米，同比下降1.78微克。完成农村绿化造林2.97公顷，养护镇域内农村公路沿线绿化43.5公里，修复农村公路路面破损9680平方米，投入770万元完成盐仓路、龙萌村未来乡村等绿化改造提升，面积达2.7万多平方米。加快推进稻田退水零直排工程，已建及在建的稻田退水零直排区面积超过1733.33公顷，生态沟渠总长度超过50公里，相关经验做法获省环保厅厅长郎文荣批示。深入推进农村人居环境整治，优化升级垃圾治理集成体系，实现对全镇2.3万余个垃圾桶、47辆运输车辆的信息溯源，科学调度资源。联手新仓镇、独山港镇共同打造的“合作之源·乐享绿城”县域风貌区被列入首批省级城乡风貌试点。广陈社区未来社区建设项目入选浙江省第六批未来社区创建名单。龙萌村成功创建成为省级未来乡村，三红村被列入全省第二批低碳乡村创建名单。

社会事业　实施农民住房改善行动，推动进入新社区建房农户246户，完成自然村落保留点审批155户，启动前港片区6万平方米公寓房方案设计前期工作。加大困难群众、弱势群体帮扶力度，全年，累计发放低保金394.70万元，各类慰问金、救助金、困难生活补贴117.26万元。做实“一老一小”工作，推进幼儿园、养老院等民生实事项目建设，广陈幼儿园前港分园完成建设并投入使用。加快广陈镇养老院建设前期工作，新建前港居家养老服务站并投入使用。加大路桥建设，新建、拓宽302省道6.18公里，建设农村道路5.8公里，改造危旧桥梁29座。营造辖区安全氛围，创新平安法治宣传方式，发布平安广陈形象IP——平安狮小农，电信网络诈骗发案数同比下降8.82%。持续深化“最多跑一次”改革，全年，累计办结审批服务事项9534件，按时办结率与群众满意率均达100%，联合上海市便捷推广“市场主体准入一体化”，106项政务服务事项实现长三角通办。发布八大“邻管家”微治理项目，累计服务2500余人次，收集办结问题建议1300余个。以矛调中心规范化建设为抓手，形成领导带班接访、部门主动调处、社会力量协同的矛盾化解新模式，成功化解历年信访积案、历史遗留问题11件，蝉联嘉兴平安镇十七连冠。

【平湖市首家“隐形冠军”企业】1月，农开区（广陈镇）浙江新发现机械制造有限公司上榜，获评浙江省“隐形冠军”企业，为全市首家“隐形冠军”企业。浙江新发现机械制造有限公司创建于2003年，致力于为各大食品制造商和包装商提供可靠先进的成型及配套设备。农开区（广陈镇）主要领导亲自挂帅成立服务专班，积极指导新发现探索数字经济领域，加快制造业与数字经济融合发展。帮助新发现数字化新工厂拿地开工，该数字化工厂项目计划总投资3亿元，其中数字化建设投资约4500万元，计划年产1000套纸杯/纸碗机智能生产流水线、500套3D打印设备。

【全市首个“兴农通”普惠金融服务点设立】1月26日，工行平湖支行党总支和平湖农业经济开发区党工委、广陈镇党委及广陈镇各村党组织共同举办“红色同心圆，金融助发展”推进共同富裕政银村合作活动。会上，工行平湖支行和平湖农开区管委会签署推进共同富裕《战略合作协

1月26日，“红色同心圆　金融助发展”银政村主题党日活动开展。图为农村普惠金融服务点揭牌运营　　　　　　　　（广陈镇　供稿）

议》，“兴农通”普惠金融服务点正式揭牌投入运营。

【龙萌村入选省级“未来乡村创建村”】4月，省农业农村厅、省城乡风貌整治提升工作专班办公室公布第二批省级未来乡村创建名单，广陈镇龙萌村榜上有名。龙萌村以“创美田园·萌动未来”为主题，以高新科技农旅一体为特色，以水墨田园为基底，以假日农场、创客乡村、田园综合体为支撑，构建未来邻里、未来文化、未来健康、未来低碳、未来产业、未来风貌、未来交通、未来智慧、未来治理“九大”应用场景，打造沪嘉杭乐郊田园漫游休闲首选地。

【绿迹未来农场上榜全省首批“未来农场”】7月，省农业农村厅公布第一批“未来农场”认定名单，农开区（广陈镇）的“绿迹未来农场”成功上榜。农场依托智慧农业装备及智慧农业云平台，打造标准化、规模化、数据化、共享式蔬菜生态工厂示范区33.33公顷，水稻清洁化生产及综合水价改革示范区666.67公顷，建立长三角农业清洁化生产示范区。同时，融合国内外多家院校名企建立“产、学、研”一体化合作基地，打造集科技示范、创业孵化、平台服务于一体的先进农业技术交流合作平台。

【全国绿色农机化新技术培训班暨“设施日”活动在农开区（广陈镇）召开】7月14日，全国绿色农机化新技术培训班暨“设施日”活动在农开区（广陈镇）召开。本次活动围绕“机械强农，提升设施农业”主题，通过“云上智农”线上直播吸引近10万人远程观摩。培训班成员现场参观绿迹数字农业生态工厂和长三角优质草莓种源研发中心。

【农开区（广陈镇）创建第一批省级农村一、二、三产业融合发展示范园】9月，平湖市广陈农村产业融合发展示范园被认定为第一批省级农村一、二、三产业融合发展示范园，为全省首批。农开区（广陈镇）在一产方面注重传统农业的提质增效，引入智慧农业加速器与产业赋能中心项目。同时，招引生态农业、科技农业，引入长三角草莓种质种源研发中心等一批新型农业代表项

7月14日，全国绿色农机化新技术培训班暨“设施日”活动在农开区（广陈镇）召开　　　　　　　　（广陈镇　供稿）

目。一产、二产融合方面锚定智能农机装备研发制造、数字农业等领域，打造农业制造业新高地，引入博创联动数字无人化种植示范农场项目。一产、三产融合方面继续书写农旅融合篇章，明月山塘景区重新开街，龙萌湾民宿群正式营业。

【第四届长三角“田园五镇”农业农村创业创新大赛】 12月12日，第四届长三角“田园五镇”农业农村创业创新大赛落幕。自5月25日启动起，获社会各界的广泛关注和咨询，共收到来自国内外的创业组和创新组项目共计84个。其中来自上海、浙江等高校的参赛项目25个，境外项目5个。参赛项目申报人中有硕士29人，博士18人。项目涵盖数字农业、绿色农业、农业新品种新技术、农产品精深加工等许多特色创新领域。

（吴思远）

林埭镇

【概况】 林埭镇位于平湖城区东南部，地处平湖地理位置中心，南接嘉兴港区，东临独山港，西、北与平湖主城区相接，是嘉兴市首批乡村振兴示范镇。全镇区域总面积46.23平方公里，耕地面积2318.65公顷。2022年末，辖11个行政村、1个社区居委会，有169个村民小组、10441户、户籍人口32473人。全年，全镇实现生产总值25.79亿元；实现工农业总产值42.1亿元；实现财政总收入1.80亿元，一般公共预算收入1.10亿元。当年，林埭镇获“2018—2021年度浙江省群众体育工作成绩突出集体”、省农村文化礼堂建设示范镇、嘉兴市平安创建优秀镇（街道）、浙江省AAAA级景区镇。

农业 2022年，全镇推进乡村振兴，农村发展取得新成效。全年，实现农业增加值2.14亿元，同比增长5.1%。油菜籽种植面积136.2公顷，棉花种植面积32.8公顷，西瓜种植面积27.67公顷，蔬菜复种面积837.33公顷。全年，棉花总产量46吨，油菜籽总产量399吨，西瓜总产量935吨，蔬菜总产量31088.7吨。家禽年末存栏184603羽，家禽年内出栏577536羽，禽蛋总产量266.7吨。建立省级绿色防控千亩示范区1个，规模大户开展统防统治的水稻面积达1066.67余公顷，小麦面积达933.33余公顷；肥药减量增效控污技术和水稻病虫综防面积3066.67公顷次，应用面积占90%以上；全镇农机化投入100多万元，机械作业面积5200公顷次，机械收割率96%；水产养殖面积约261公顷（不包括稻田综合种养），渔业总产量达8813吨，渔业总产值12400余万元，水产品加工产值11200万元。开展高标准农田、稻田退水“零直排”等项目建设，全年，完成节水示范灌区1个、农田节水改造400公顷、泵站更新省级12座。全镇7个农村圩区全部正常投入使用，保护面积4200公顷，全年，共发现并整改隐患14处，圩区运行10次，外排水量1791.08万立方米，有效保障全镇经济社会发展。研发并利用林埭镇水域智控系统，全年，共办理占用水域4起，完成22.86平方公里区域水保。加强农产品质量安全管控，平湖市妙农家庭农场、浙江大印农业科技有限公司成功入选嘉兴市首批平安农产品生产基地。做强“小而精”农业特色品牌，嘉兴市四季水产食品有限公司成为全市首家“品字标浙江农产”品牌企业，“龙湖醉”糟蛋入选浙江省特色伴手礼、嘉兴市伴手礼金奖。

工业 2022年，全镇坚持稳中求进，着力服务企业，为中小企业纾困，降低新冠肺炎疫情带来的影响。48家规上工业企业实现产值29.87亿元。加快传统产业数字化转型升级，全年，实现数字经济产值3.51亿元。固定资产投资7.25亿元，同比增长58.7%，其中生态环境和公共设施投资23190万元，同比增长208.5%。全镇规上工业企业研发费用投入实现6926万元，同比增长34.3%，连续三季度同比增速位列全市第一。创新主体培育持续增强，省级专精特新企业拟申报4家；实施数字化改造项目4个；新增国家高新技术企业5家、省级科技型中小企业15家。全年，完成土地腾退21.6公顷，“两高一低”及低散乱污整治企业（作坊）157家。重点推进徐埭集镇及老平廊公路沿线工业集聚点企业腾退，完成签约腾退企业95家（含租赁企业73家），腾退土地面积15.58公顷。“腾退土地”“直接回收”等重要任务指标完成率均位列全市前列。6月，成功承办全市“腾笼换鸟”整治提升工作现场推进会，工作成效获市领导肯定。

第三产业　2022年，服务业增加值11.99亿元，占GDP比重46.6%。全年，实现规上服务业营收增速45%，限上销售额增速25%，限上零售额增速23%，新增规（限）上服务业企业6家，亿元以上服务业企业开土动工1家，招引数字经济软件服务业企业2家，填补林埭镇软件和信息技术服务业空白。紧盯高质量项目招引，开展招商招才工作，实现项目招引“提速提效”再突破。全年，共成功签约项目16个，总投资7.2亿元；完成工业市外内资实到总额1.05亿元，引进服务业市外内资1亿元，服务业项目投资（不含房地产）4.25亿元，亿元以上备案项目2个。全年，共申报省级以上人才项目8项，引进国家级人才项目2项，引进全职青年博士4人；培育嘉兴领军一等奖项目1个，平湖创业创新大赛一等奖1个、三等奖2个。浙江大印农业科技有限公司成功创建为林埭镇首个博士后工作站。推进镇两创中心、宝狮工业产业园项目招引，为优质项目落地做好准备。发挥市内孵化器及沪深两地域外孵化器功能，加速优质数字经济科创项目招引。

生态治理与长效管理　深入推进环境风险防范、治理能力建设，空气环境质量屡创新优，优良率达90.11%，PM2.5和臭氧浓度均列嘉兴第二、平湖第一，水质考核位列平湖前三。共完成4家涉VOCs企业的关停和1家企业的源头替代工作及4台新能源非道路移动机械换新。推进平湖塘流域水系综合治理林埭项目区、碧水河道等工程，全年，共完成河道清淤疏浚13.2公里，河道综合整治3.9公里。陈匠村全域土地综合整治与生态修复工程获评优秀等级。完成生活污水治理收尾工作，三级管网工程涉及项目12个，二级管网工程项目6个，管网总长约27公里，农村生活污水简易治理完成1300户。开展农村人居环境全域秀美提升“百日攻坚”行动，投入用工8.3万余人次，整治田间管理用房172处，清理田园棚架和围栏1.2万余处，清理田园废弃物4400余吨，清理河塘沟渠6000余条，清理乱堆放1.6万余处，清理废弃垃圾5145余吨，整治垃圾分类不到位5900余户，打造“平沪之恋未来嘉乡”品牌。全年，废旧商品回收量为1599.55吨，回收利用率达70.38%。持续开展城镇居民小区“CJ—3122”垃圾分类建管模式，新建定时定点投放站4座，标准型装修（大件）垃圾投放点3座，城镇居民小区垃圾分类参与率达100%，垃圾分类准确率达95%以上。出台并落实林埭镇村级垃圾分类收集员、督导员、保洁员“三员合一”实施方案，农村生活垃圾分类准确率达90%以上。加强集镇日常管理，持续深入推动乱停车、乱设摊、乱养犬等专项整治行动。巩固和深化“三改一拆”，全年，累计拆除违章3.85万平方米,完成“三改”21.6万平方米，拆违点位完成28个。试点废旧杆线整治行动，累计拆除废旧杆线595根。

民生工作　完成全镇四好公路路网规划编制，加快环林埭镇自行车赛道等省库项目推进，统筹抓好农村新社区建设。路桥建设项目共15个，道路新建提升9.6公里，危桥改造19座，路灯亮化14.4公里。进一步完善“1+X+N”（新镇社区＋城乡一体新社区＋传统自然村落保留点）村庄布点规划，总体形成26个布点，全年，农民建房新社区完成集聚170户，审批保留点建房申请56户。加强危旧房动态监测和巡查，全年，完成危房改造10户。全镇2个区块公寓房项目启动建设，拟建公寓房1100套左右。完成建设家庭养老床位21张，新建东方红村居家养老服务站1个。完成建设幼儿园托班2个,建成“向日葵”亲子小屋3家,“向日葵”亲子乐园1家，开展婴幼儿照护小组活动8场。持续开展社会救助，全年，全镇发放各类救助、补助资金384余万元。成功创建四星级食安办，新增放心消费单位137家，建成林埭镇“放心消费在嘉兴”云社区，成功创建徐埭五星级农贸市场，创成2个以“绿色消费”为主题的放心教育示范基地。开展适龄妇女免费“两癌”筛查，全年，新增市级健康家庭120户，镇级健康家庭300户。

社会事业　深入推进以棒球为特色的文化体育事业发展，累计承办23场棒球赛事，其中国家级5场、省级9场。保丰村文化礼堂获评首个省五星级农村文化礼堂。清溪文化展示馆2.0版开馆，庄桥坟良渚文化遗址公园启动建设。成功承办嘉兴端午民俗文化节金平湖龙舟竞渡赛，央视“中国缘”“味道”栏目到林埭拍摄棒球运动和糟蛋制作。徐家埭村获授嘉兴市首批“文艺之家”称号并入选嘉兴市首批“艺术乡建”工作培育村，糟蛋非遗主题展示馆、淡木工艺品有限公司被评为第一批嘉兴市级非遗工坊。举办林埭镇第十四届家庭教育节，做好“亲子共成长”家庭教育品牌。坚持维护和保障女职工特殊利益，林埭镇俞家浜景区“妈咪暖心小屋”获评嘉兴市级示范点。持续办好龙文化艺术节各类活动，举办九彩民俗展、家庭才艺赛、青歌赛、绘画比赛、乡厨争霸赛等。深化“一村一品”文化品牌，举办祥中村“立夏”民俗节、双庙村第二届农民渔乐节、保丰村学塾入学礼、徐埭社区第二届邻里节、群丰村第三届农民丰收节、共和村党建引领中秋民俗节等。《清溪》杂志获2022年度浙江省群文报刊评比活动银奖。

社会管理　深化“四治融合”，推进“平安林埭”建设。成立“林理谈心团”，构建纵向到底、横向到边的社会心理服务工作“一张网”，做好社会心理信息采集工作，实现基层心理服务全覆盖。吸纳“龙乡老娘舅”、乡贤、道德模范等加入平安大巡防队伍，形成“边巡防、边化解”的巡防新模式，努力把矛盾和问题化解在基层，有效降低“双非”警情案发数。华丰村、徐东村入选“浙江省善治示范村”。开展安全生产“除险保安”大排查大整治行动，全年，排查企业（单位）814家次，发现隐患1981处。采取有效措施做好“轩岚诺”“梅花”台风防灾抗灾救灾工作。迭代升级“141”基层治理体系，依托“基层治理综合信息平台”，共上报受理各类社会治理信息10593条。加快推进新一代“雪亮工程”建设，实现智安小区全覆盖。

【《平湖九彩龙》获2022中国平湖“龙舞九彩”长三角龙舞邀请赛金奖并受邀参加央视2022年中国农民丰收节节目录制】 林埭镇发挥“三团三社”骨干力量，结合镇文旅发展特色，挖掘传统艺术元素和艺术样式，以非遗保护规划为统领，展示展演为抓手，培育非遗项目传承人为重点，推动非物质文化遗产保护工作。9月，林埭的表演节目《平湖九彩龙》获2022中国平湖“龙舞九彩”长三角龙舞邀请赛金奖，并在2022年中国农民丰收节晚会上受邀参与前期录制，作为开场节目亮相全球。

【林埭镇施奇革命故事陈列馆入选省第三批青少年红色基因传承基地】 9月，浙江省第三批“青少年红色基因传承基地”名单公布，林埭镇施奇革命故事陈列馆上榜。施奇革命故事陈列馆是平湖市级爱国主义教育基地，位于林埭镇华丰村华家村（原华丰村小学），以“幼年辗转遇师恩”“动荡年间生星火”“入党淬炼赴革命”“从容就义留丹名”四个篇章讲述施奇烈士的一生。

【林埭镇获“2018—2021年度浙江省群众体育工作成绩突出集体”】 11月，浙江省体育局发布2018—2021年度全省群众体育工作成绩突出集体和个人通报名单，林埭镇榜上有名。林埭镇立足棒球小镇优势，推动农文体旅融合发展，并以点带面，积极完善体育设施、开展体育活动、发展体育事业，在强身健体和共同富裕上展现新作为。

【林埭派出所获评浙江省第二批“枫桥式公安派出所”】 3月29日，中共浙江省委办公厅、浙江省人民政府办公厅下发《关于表扬全省第二批“枫桥式公安派出所”的通报》，林埭派出所榜上有名。林埭派出所以“枫桥式公安派出所”创建实践为契机，坚持“四实”导向，深耕“林距离警务”建设，提升社区警务工作质效。队伍连续15年保持“零违纪”，近三年未发生重大恶性刑事案件和公安有责信访，打造具有林埭派出所辨识度的“林距离警务”品牌。

【林埭镇徐家埭村上榜2022年“中国美丽休闲乡村”名单】 11月10日，农业农村部公布2022年255个中国美丽休闲乡村名单，平湖市林埭镇徐家埭村榜上有名。徐家埭村紧邻平湖市主城区，空间区位、交通条件良好。先后获国家森林乡村、国家AAA级旅游景区、省级引领型农村社区、浙江省AAA级景区村庄、浙江省美丽乡村特色精品村等称号。林埭镇坚持美丽乡村建设与发展乡村旅游相结合，推进发掘乡村价值，建设特色文旅美丽乡村，围绕打造徐家埭村“中国棒球第一村”的目标，用足用好棒球产业引领乡村“错位发展”优势，探索“体育+”延伸与“旅游+”融合升级，以“共同富裕新模式”“棒球体验网红村”“乡村振兴新路径”为切入点，放大棒球赛事、棒球产业的品牌效应，打造集休闲观光、餐饮住宿、棒球培训、民俗体验于一体的综合体景区。

【林埭镇获“2021年浙江省AAAA级景区镇”授牌】 5月19日，在召开的“中国古镇看嘉兴”运河古镇建设现场会暨重大文旅项目推进会上，林埭镇获“2021年浙江省AAAA级景区镇”授牌。林埭镇坚持文旅兴镇，大力发展乡村旅游“美丽经济”，成功打造国家AAA级旅游景区“棒球乐园”，深化“一村一品”特色旅游品牌，打造全域旅游新格局，实现景区村庄全覆盖。依托景区村庄的创建，以时尚理念串联传统文化，成功打造“果香俞家浜”“水韵晒浜”“生态农趣都家浜”“国学古韵长池沿”“古风雅韵清溪桥”等精品线路。

【林埭镇首个村级全民健身广场启用】 9月23日，林埭镇首个村级全民健身广场正式启用。林埭镇利用新皇桥桥下闲置空间，建设林埭镇首个全民健身广场，“闲置地”变身“运动角”。该健身广场总面积约3000平方米，建设有篮球场、乒乓球场、五人制足球场、健身区、儿童活动区、邻里互动休闲广场等配套设施，进一步满足不同人群的健身需求，为群众增添一个运动健身、文化休闲的好去处。

【徐家埭棒球场举办国家级、省级赛事】 7月25日，2022年浙江省青少年棒球垒球锦标赛开幕式在林埭镇徐家埭棒球场举行。此次锦标赛吸引来自杭州、绍兴、宁波等地的34支青少年棒球垒球队伍、654名运动员参加，涵盖U10、U12、U15、U18四个级别，以循环淘汰赛的方式进行。8月6日至10日，2022年全国青少年棒球锦标赛U10组在林埭镇徐家埭棒球场开赛，共有15支代表队260余名运动员参加。

【林埭镇举行“党建引领　村企合作　抱团共富”启动仪式】 5月28日，林埭镇举行“党建引领　村企合作　抱团共富”启动仪式。启动仪式上，11个抱团村企共同签订“党建引领　村企合作　抱团共富”协议书，村企合作在行政村实现全覆盖。

【嘉兴端午民俗文化节金平湖龙舟竞渡赛】 6月3日，林埭镇成功承办嘉兴端午民俗文化节平湖龙舟竞渡赛，在徐家埭晒浜景区晒浜河竞渡现场，来自全市各镇街道的8支队伍展开角逐，活动现场开展龙粽比拼赛、“九彩龙乡·‘粽’情端午”民俗展等活动，让现场观众感受传统节日的丰富文化内涵。活动为林埭镇第十七届龙文化艺术节拉开帷幕。

【平湖市第二届职工棒垒球友谊赛】 6月25日，平湖市总工会助力徐家埭村基层党建示范点建设主题活动暨市第二届职工棒垒球友谊赛在林埭镇徐家埭棒球场举行。来自全市镇街道、系统局的13支职工棒垒球队，和来自各行各业的劳动模范和职工朋友200余人参加活动。

6月30日，林埭镇俞家浜旅游公交（游1路）专线正式开通

（林埭镇　供稿）

【林埭镇俞家浜旅游公交（游 1 路）专线正式开通】 6 月 30 日，大美俞家浜 · 同奔共富路——平湖市林埭镇俞家浜旅游公交（游 1 路）专线开通仪式在平湖市客运中心举行。游 1 路专线共投入 2 辆氢能源公交车，线路走向为育才路公交首末站至俞家浜站，每天运营 14 个班次，首班车 5：50，末班车 17：40。

（张佳榛）

2022 年全市镇（街道）经济社会主要指标一览表

表 29

项目	当湖街道	平湖经济开发区（钟埭街道）	曹桥街道	乍浦镇（含港区、电厂）	新埭镇	新仓镇	独山港镇（含独山港区）	广陈镇	林埭镇
地区生产总值（万元）	1700490	2150471	500847	2129384	494067	482832	1641607	235448	257870
其中，第一产业	8937	11580	9787	6803	35854	23461	20946	27717	19247
第二产业	130034	1662654	350399	1614714	242183	284385	1370162	86037	118765
第三产业	1561519	476238	140661	507867	216030	174986	250499	121694	119859
全社会固定资产投资（万元）	739984	823373	199707	971248	306615	210179	808421	86558	72506
工业生产性投资（万元）	4312	396784	82623	613796	87504	69486	467792	10555	11623
合同利用外资（万美元）	26	22734	12204	20160	1680	11861	19692	0	327
进出口总额（万美元）	30439	346932	29005	527670	43014	47153	307949	10678	24128
其中：出口	24121	248633	12873	212252	38900	41764	73975	9895	20087

附　录

人物·名录

新任市级领导干部简介

陈伟，男，1970年10月生，上海人，在职大学学历，1989年9月参加工作，1997年12月加入中国共产党。1986年9月至1989年7月在平湖县技工学校电工专业学习；1989年9月至1995年10月为平湖市（县）化纤厂工人（1992年12月浙江工学院工业管理工程专业专科毕业）；1995年10月至1998年2月为平湖市公安局前港派出所民警；1998年2月至2000年1月为平湖市公安局当湖刑侦队民警，1999年3月任副队长；2000年1月至2003年3月任平湖市公安局当湖刑侦队副指导员；2003年3月至2006年2月任平湖市公安局当湖派出所副所长（2005年12月中国人民公安大学公安管理专业大学本科毕业）；2006年2月至2009年4月任平湖市当湖街道党委委员、市公安局当湖派出所所长；2009年4月至2011年10月任平湖市当湖街道党委副书记；2011年10月至2012年2月任平湖市当湖街道副乡镇级领导干部；2012年2月至2013年4月任平湖市当湖街道党委副书记（正乡镇级）；2013年4月至2016年9月任平湖市当湖街道党委副书记、办事处主任；2016年9月至2021年10月任平湖市当湖街道党委书记，2019年12月任一级主任科员；2021年10月至2022年2月任平湖市委办公室副主任（正科长级）、一级主任科员；2022年2月任平湖市人大常委会党组成员、副主任。

周启程，男，1975年10月生，浙江江山人，大学学历，1997年8月参加工作，1996年11月加入中国共产党。1993年9月至1997年8月在中国人民公安大学侦察系侦察专业学习；1997年8月至1998年8月为海宁市公安局刑事侦查大队民警；1998年8月至2003年8月任海宁市公安局刑事侦查大队科员，2002年2月任副大队长；2003年8月至2004年3月任海宁市公安局硖石刑侦队队长；

2004年3月至2007年7月任海宁市公安局网络监察大队大队长；2007年7月至2007年9月任海宁市公安局法制科科长；2007年9月至2009年3月任海宁市公安局法制室主任、副主任科员；2009年3月至2012年7月任海宁市公安局经济犯罪侦查大队大队长；2012年7月至2012年9月任海宁市公安局经济犯罪侦查大队大队长（副科长级）；2012年9月至2014年1月任海宁市公安局反恐怖大队大队长（副科长级），2013年11任主任科员；2014年1月至2014年7月任海宁市公安局党委委员、政治处主任；2014年7月至2015年9月任嘉兴市公安局科技信息通信处（市公安信息中心）副处长（副主任）（主持工作）；2015年9月至2019年7月任嘉兴市公安局科技信息通信处（市公安信息中心）处长（主任），2018年9月任一级警长（其间：2017年9月至2017年12月在嘉兴市委党校第二十九期中青年干部培训班学习）；2019年7月至2022年6月任嘉兴市公安局经济犯罪侦查支队支队长、一级警长；2022年6月任平湖市人民政府党组成员、副市长，市公安局党委书记、局长、督察长，市委政法委副书记。

朱国强，男，1977年7月生，浙江青田人，在职大学学历，公共管理硕士，1998年12月参加工作，民革党员。1995年9月至1998年7月在杭州大学计算机应用专业学习；1998年7月至1998年12月毕业待分配；1998年12月至1999年12月为青田县山口镇农村信用社职工；1999年12月至2003年1月为青田县农村信用联社职工；2003年1月至2007年12月任丽水市统计局办公室科员（1999年8月至2003年6月在浙江大学金融专业本科自考学习，获经济学学士学位）；2007年12月至2011年8月任丽水市农业局办公室副主任、副主任（主持工作）（其间：2009年3月至2009年6月在丽水市府办农业处挂职；2009年4月至2011年6月在浙江师范大学公共管理硕士学位班学习，获公共管理硕士学位）；2011年8月至2013年7月任丽水市农业局经管处处长；2013年7月至2021年11月任丽水市统计局总统计师（其间：2015年4月至2016年12月挂职任松阳县政府副县长）；2021年11月至2022年2月为青田县人大常委会副主任候选人；2022年2月至2022年8月任青田县人大常委会副主任、县人大财经委员会主任委员；2022年8月至2022年12月任青田县人大常委会副主任、三级调研员，县人大财经委员会主任委员；2022年12月任平湖市人民政府副市长（挂职）。

先进名录

【嘉兴市级以上先进名录】

平湖市省级以上荣誉一览表

表30

序号	荣誉	作出荣誉决定的单位
1	全国法治政府建设示范县	中央全面依法治国委员会办公室
2	国家知识产权强县建设试点示范县	国家知识产权局
3	全国农村社区治理实验区	民政部
4	全国典型地区再生水利用配置试点县	水利部、国家发展和改革委员会、住房和城乡建设部、工业和信息化部、自然资源部、生态环境部
5	2022年度全国县域农业农村信息化发展先进县	农业农村部信息中心
6	浙江省平安县	中共浙江省委员会、浙江省人民政府
7	浙江省全域旅游示范县	浙江省人民政府
8	乡村振兴实绩考核优秀	中共浙江省委员会办公厅、浙江省人民政府办公厅

续表 30

序号	荣誉	作出荣誉决定的单位
9	浙江省“无违建”县	中共浙江省委员会办公厅
10	深化“亩均论英雄”改革工作有力、成效明显的县	浙江省人民政府办公厅
11	浙江省改革突破奖铜奖	中共浙江省委全面深化改革委员会
12	老年教育资源整合试点单位	中共浙江省委老干部局
13	浙江省首批企业数据管理国家标准贯标工作试点县	浙江省经济和信息化厅
14	2022 年度企业服务综合平台（企业码）考评优秀单位	浙江省经济和信息化厅
15	浙江省第二批婚俗改革实验县	浙江省民政厅
16	企业职工基本养老保险工作考核良好	浙江省人力资源和社会保障厅、浙江省财政厅、国家税务总局浙江省税务局
17	省域空间治理数字化平台“最佳节点”	浙江省自然资源厅、浙江省大数据发展管理局
18	高质量森林浙江建设目标责任制考核优秀	浙江省林业局
19	浙江省美丽城镇建设工作年度考核优秀县	浙江省住房和城乡建设厅、浙江省农业农村厅、浙江省城乡风貌整治提升工作专班办公室
20	浙江省农业水价综合改革工作绩效评价优秀	浙江省水利厅、浙江省发展和改革委员会、浙江省财政厅、浙江省农业农村厅
21	2022 年度浙江省水利工作综合绩效考评优秀县	浙江水利厅
22	农产品产地冷藏保鲜整县推进试点县	浙江省农业农村厅、浙江省财政厅
23	浙江省数字乡村“金翼奖”十佳县	中共浙江省委网络安全和信息化委员会办公室、浙江省农业农村厅
24	连续三年获评全国县域数字农业农村发展水平先进县	浙江省农业农村厅
25	特色产业农业“机器换人”高质量发展先行县	浙江省农业农村厅
26	“浙农富裕”应用农房盘活数字化场景第一批“先行先试”推广应用县	浙江省农业农村厅
27	农业标准地改革省级试点	浙江省农业农村厅
28	浙江省首批“粮补直达”应用试点	浙江省农业农村厅
29	浙江省 2022 年文化保障卡建设试点	浙江省文化和旅游厅
30	“小微企业三年成长计划”工作优秀县	浙江省“小微企业三年成长计划”工作领导小组
31	浙江省生活垃圾分类工作优秀单位	浙江省生活垃圾分类工作领导小组
32	浙江省“外资十强”	浙江省商务厅办公室
33	浙江省第二批中小企业数字化改造试点县	浙江省数字经济发展领导小组办公室
34	浙江省无违建创先争优示范县	浙江省“三改一拆”（违建别墅清查整治）行动领导小组办公室
35	2022 年度浙江省深化“千万工程”建设新时代美丽乡村（农村人居环境提升）工作优胜县	浙江省“千村示范、万村整治”工作协调小组办公室
36	健康浙江建设考核优秀等次	健康浙江建设领导小组办公室
37	浙江省基层医疗卫生机构绩效考核省级监测评价排名全省第二	浙江省深化医药卫生体制改革联席会议办公室
38	浙江省普查成果应用试点考评优秀单位	浙江省第一次自然灾害综合风险普查领导小组办公室
39	浙江省第一次全国自然灾害综合风险普查成果应用应急管理系统试点	浙江省第一次自然灾害综合风险普查领导小组办公室
40	水库移民工作优秀县	浙江省水库移民安置办公室

续表 30

序号	荣誉	作出荣誉决定的单位
41	浙江省高质量发展建设共同富裕示范区最佳实践名单	浙江省高质量发展建设共同富裕示范区领导小组办公室
42	浙江省 2022 年度绿色低碳转型典型案例	浙江省碳达峰碳中和工作领导小组办公室
43	浙江省结建审批监督管理、人防工程运维在线、清廉人防、人防工程质量监督场景试运行单位	浙江省人民防空办公室
44	“强社惠民”集成改革试点	浙江省现代社区建设领导小组办公室

省级以上及嘉兴市级荣誉一览表

表 31

序号	荣誉	获奖单位（个人）	作出荣誉决定的单位
1	浙江省纪检监察系统先进集体	平湖市纪委市监委	中共浙江省纪委省监委、浙江省人力资源和社会保障厅
2	浙江省纪检监察系统先进个人	刘建平	中共浙江省纪委省监委
3	基层群众性自治组织公职人员受处分处理后待遇减发扣发工作浙江省试点单位	平湖市纪委市监委	浙江省纪委省监委
4	以巡视整改推动“新仓经验”传承创新开辟帮农富农新路径	平湖市巡察办	中共浙江省委巡察办
5	浙江省公权力大数据监督应用场景“一本账S1”	平湖市纪委市监委	中共浙江省纪委办公厅
6	清廉村居建设示范村	独山港镇赵家桥村	中共浙江省委农村工作领导小组办公室、浙江省农业农村厅
7	首批浙江省清廉学校建设示范校名单	平湖市当湖高级中学	中共浙江省委教育工作委员会办公室
8	浙江省突出贡献法院	平湖市人民法院	浙江省高级人民法院
9	浙江全域数字法院改革2022年重点任务试点单位	平湖市人民法院	浙江省高级人民法院
10	2022 年浙江省法院工作现代化创建项目	平湖市人民法院	浙江省高级人民法院
11	2022 年浙江法院环境资源审判典型案例	平湖市人民法院	浙江省高级人民法院
12	2022 年浙江法院打击治理电信网络诈骗犯罪典型案例	平湖市人民法院	浙江省高级人民法院
13	浙江省法院依法打击拒不支付劳动报酬犯罪十大典型案例	平湖市人民法院	浙江省高级人民法院
14	浙江省数字法治“一本账 S3”	平湖市人民法院	浙江省高级人民法院

续表 31

序号	荣誉	获奖单位（个人）	作出荣誉决定的单位
15	个人二等功	张好文	浙江省高级人民法院
16	浙江省法院平安护航党的二十大成绩突出个人	金晓明	浙江省高级人民法院
17	荣誉天平奖章	万卫忠、朱球	浙江省高级人民法院
18	浙江法院综合调研人才	马德志	浙江省高级人民法院
19	浙江法院案例研究人才	唐静玉	浙江省高级人民法院
20	浙江法院刑事调研人才	吴竹琴	浙江省高级人民法院
21	浙江省法院第三十二届学术讨论会二等奖	马德志	浙江省高级人民法院
22	“女法官国际日”纪念活动表现突出法院	平湖市人民法院	浙江省高级人民法院政治部
23	浙江省首批示范“共享法庭”	平湖市人民法院共享法庭（消保中心服务站）	浙江省高级人民法院办公室
24	执行“一件事”数字化改革第三批子场景应用试点项目和试点法院	平湖市人民法院	浙江省高级人民法院办公室
25	宣传联通工作先进集体	平湖市人民法院审判管理办公室	浙江省高级人民法院新闻宣传处、人民法院报浙江记者站
26	宣传联通工作先进个人	陆晶晶	浙江省高级人民法院新闻宣传处、人民法院报浙江记者站
27	“常山现象”与新时代法治文化建设研讨会三等奖	朱贤	浙江省法学会法治文化研究会
28	安全生产领域检察公益诉讼典型案例	平湖市人民检察院	最高人民检察院
29	最高检检察大数据战略典型案例	平湖市人民检察院	最高人民检察院
30	最高检社会保障领域行政检察典型案例	平湖市人民检察院	最高人民检察院
31	浙江省数字法治“一本账 S3”	平湖市人民检察院	中共浙江省委政法委
32	依法严厉打击电信网络诈骗犯罪典型案例	平湖市人民检察院	浙江省高级人民法院、浙江省检察院、浙江省公安厅
33	2022 年度浙江省检察机关行政检察精品案例	平湖市人民检察院	浙江省人民检察院
34	2022 年度浙江省检察机关“数字赋能监督，监督促进治理”精品案例	平湖市人民检察院	浙江省人民检察院
35	2022 年度浙江省检察机关刑事执行检察精品案例	平湖市人民检察院	浙江省人民检察院
36	2022 年度浙江省检察机关行政检察优秀法律文书	平湖市人民检察院	浙江省人民检察院

续表 31

序号	荣誉	获奖单位（个人）	作出荣誉决定的单位
37	浙江省检察机关第五批数字监督办案指引	平湖市人民检察院	浙江省人民检察院
38	刑事检察专业人才	卓凯、向鸣霞	浙江省人民检察院
39	案件管理专业人才	陆虹霞	浙江省人民检察院
40	2022 年度浙江省检察机关知名期刊优秀成果篇目	曹国华、茆仲义、张正炎	浙江省人民检察院
41	检务保障数字化应用场景项目三等奖	《检务通应用场景》	浙江省人民检察院
42	浙江省第三十届人大新闻奖三等奖	金在良	浙江省人大常委会办公厅、浙江省人大常委会研究室
43	第三届“浙江人大工作与时俱进通报表扬”优秀奖	平湖市人大常委会	浙江省人大常委会办公厅
44	2022 年浙江省党员教育电视片观摩交流活动培训片一等奖	《做好新时代发展党员工作》	浙江省委组织部
45	2022 年浙江省党员教育电视片观摩交流活动纪录片二等奖	《一桥两山塘》	浙江省委组织部
46	浙江省数字文化系统第三批优秀应用	平湖市委宣传部	浙江省委宣传部
47	2022 年度浙江省数字乡村建设工作成绩突出集体	平湖市委网信办、农业农村局	浙江省委网信办、浙江省农业农村厅
48	浙江省网络文化家园	平湖市美郁花园网络文化家园	浙江省委网信办
49	浙江省首批“浙江有礼”省域文明新实践为民办实事项目	“文明友邻汇”文明实践项目	浙江省文明办
50	浙江省第六批“扫黄打非”进基层示范点	当湖街道凤凰社区	浙江省“扫黄打非”工作领导小组办公室
51	2023 年度浙江省社科联研究课题立项	曾现锋	浙江省社会科学界联合会
52	第五批省级民族团结进步创建重点培育单位	平湖市白马堰社区平湖茂县共富驿站、平湖市前港村石榴前哨	浙江省民族宗教事务委员会
53	省级宗教法治宣传教育基地	平湖市普照寺	浙江省民族宗教事务委员会
54	浙江省宗教活动场所消防安全标准化管理“百优争创”活动优秀单位	平湖市城隍庙	浙江省民族宗教事务委员会、浙江省消防救援总队
55	浙江省侨联系统侨务工作成绩突出集体名单	平湖市侨联	浙江省侨联
56	浙江省侨联系统侨务工作成绩突出个人名单	江彦	浙江省侨联

续表 31

序号	荣誉	获奖单位（个人）	作出荣誉决定的单位
57	平安浙江建设先进集体	平湖市委政法委	中共浙江省委员会、浙江省人民政府
58	平安浙江建设先进个人	顾跃其	中共浙江省委员会、浙江省人民政府
59	浙江省平安护航建党100周年成绩突出集体	平湖市公安局	中共浙江省委员会、浙江省人民政府
60	浙江省平安护航建党100周年成绩突出个人	马云峰、王道平、朱勤明、李华平、杨少峰、韩毅	中共浙江省委员会、浙江省人民政府
61	嘉兴市平安创建优秀镇（街道）	曹桥街道、广陈镇、林埭镇、新埭镇	中共嘉兴市委员会、嘉兴市人民政府
62	嘉兴市平安创建达标镇（街道）	新仓镇、钟埭街道、当湖街道、独山港镇	中共嘉兴市委员会、嘉兴市人民政府
63	全国信访系统优秀办信员	邵琦兰	国家信访局
64	2022 年度浙江省老干部工作部门十佳信息	中共平湖市委老干部局	中共浙江省委老干部局
65	2022 年度浙江省老干部工作优秀调研报告	中共平湖市委老干部局	中共浙江省委老干部局
66	第二批浙江省现代服务业创新发展区	平湖南市商务商贸创新发展区、平湖市独山港临港产业物流创新发展区	浙江省现代服务业发展工作领导小组办公室
67	浙江省第二批人防数字化改革场景应用试点运行单位	平湖市人民防空办公室	浙江省人民防空办公室
68	国家级专精特新“小巨人”	嘉兴高正新材料科技股份有限公司、平湖市华海造船有限公司、平湖英厚机械有限公司、嘉兴富瑞邦新材料科技有限公司、德耐尔能源装备有限公司、浙江比例聚合科技股份有限公司、博格隆（浙江）生物技术有限公司	工业和信息化部
69	2022 年“两化融合”管理体系贯标企业	浙江宏利汽车零部件股份有限公司、浙江方向实业股份有限公司、平湖必益清洁设备有限公司、浙江依爱夫游戏装文化产业有限公司、宏昌生物医疗科技（平湖）有限公司、浙江银座箱包有限公司、平湖南方水泥有限公司、浙江卡迪夫电缆有限公司、茉织华印务股份有限公司、平湖市小太阳童车股份有限公司、浙江传化天松新材料有限公司、浙江众立合成材料科技股份有限公司、平湖市景兴包装材料有限公司、平湖英厚机械有限公司	工业和信息化部
70	重点培育纺织服装区域品牌	平湖羽绒服装	工业和信息化部
71	2022 年度浙江省节水型企业	浙江英汇汽车部件有限公司、平湖独山港环保能源有限公司	浙江省经济和信息化厅、浙江省住房和城乡建设厅、浙江省水利厅、浙江省节约用水办公室
72	浙江省企业技术中心	浙江卫星能源有限公司企业技术中心	浙江省经济和信息化厅、浙江省财政厅、国家税务总局浙江省税务局、中华人民共和国杭州海关

续表 31

序号	荣誉	获奖单位（个人）	作出荣誉决定的单位
73	浙江省“专精特新”中小企业	宜兰汽车配件制造（平湖）有限公司、力同工具有限公司、嘉兴沃特泰科环保科技股份有限公司、浙江康普瑞汽车零部件有限公司、日本电产理德机器装置(浙江）有限公司、信易电热机械有限公司、嘉兴晨人一信仪表有限公司、浙江新合发联宾包装科技有限责任公司、平湖市成功机械有限公司、浙江宏利汽车零部件股份有限公司、浙江天原医用材料有限公司、浙江抟原复合材料有限公司、浙江日拓电子股份有限公司、浙江安迅电气股份有限公司、浙江锋源氢能科技有限公司、芝研智能科技（嘉兴）有限公司、浙江方向实业股份有限公司、嘉兴嘉合电力设备有限公司、嘉兴藤飞精工科技有限公司、浙江宝绿特环保技术工程有限公司、浙江亿可利环保科技有限公司、平湖光明机械股份有限公司、浙江宏阳新能源科技股份有限公司、平湖市恒力机械股份有限公司、浙江埃能德电气股份有限公司、浙江天之元物流科技有限公司、浙江金平拉丝模有限公司、嘉兴市磁海无损检测设备制造有限公司、浙江鸿禧能源股份有限公司、友邦电气（平湖）股份有限公司、浙江纳特汽车标准件有限公司、平湖阿莱德实业有限公司、平湖普英特高层设备有限公司、浙江杰上杰新材料股份有限公司、海辰精密机械（嘉兴）股份有限公司、平湖市华晟精密机械股份有限公司、浙江晨光电缆股份有限公司、安佐化学有限公司、浙江华特数控机床有限公司	浙江省经济和信息化厅
74	2022 年度浙江省经信系统工作目标责任制考核先进单位	平湖市经济和信息化局	浙江省经济和信息化厅
75	2022 年度浙江省首台（套）	浙江丞士机器人有限公司、纳狮新材料有限公司、浙江宝绿特环保技术工程有限公司、平湖市华海造船有限公司	浙江省经济和信息化厅
76	浙江省数字化示范小微企业园	平湖市曹桥街道非织造两创中心	浙江省经济和信息化厅
77	浙江省未来工厂试点企业	长城汽车股份有限公司平湖分公司	浙江省经济和信息化厅
78	浙江省服务型制造示范企业	纳狮新材料有限公司	浙江省经济和信息化厅
79	浙江省绿色低碳工厂	平湖石化有限责任公司	浙江省经济和信息化厅
80	浙江省智能工厂（数字化车间）	浙江鸿禧能源股份有限公司、浙江景兴纸业股份有限公司	浙江省经济和信息化厅
81	省级工业互联网平台创建名单	浙江独山能源有限公司、嘉兴星越包装材料有限公司、浙江荣晟环保纸业股份有限公司	浙江省经济和信息化厅
82	浙江省纺织行业新模式新业态十大典型案例	浙江依爱夫游戏装文化产业有限公司	浙江省经济和信息化厅
83	浙江省“隐形冠军”企业	浙江新发现机械制造有限公司	浙江省经济和信息化厅
84	2022 年度“浙江制造精品”	浙江宝绿特环保技术工程有限公司、浙江依爱夫游戏装文化产业有限公司	浙江省经济和信息化厅

续表 31

序号	荣誉	获奖单位（个人）	作出荣誉决定的单位
85	浙江省第八批大数据应用示范企业	平湖英厚机械有限公司	浙江省经济和信息化厅
86	2022 年省级产业数字化服务商	平湖英厚机械有限公司	浙江省经济和信息化厅
87	浙江省“亩均论英雄”改革工作先进集体	平湖市经济和信息化局	浙江省深化“亩均论英雄”改革工作领导小组办公室
88	第二批省级“新星”产业群	平湖高档数控机床产业群	浙江省制造业高质量发展领导小组办公室
89	2022 年度浙江省数字经济系统最佳应用	“腾笼换鸟　凤凰涅槃”数智治理场景应用	浙江省数字经济系统建设专班办公室
90	2022 年度浙江省军民融合特色产业示范基地	浙江省军民融合新材料产业基地	浙江省委军民融合办公室
91	中国纺织产业集群试点地区优质服务竞赛优胜	平湖市经济和信息化局	中国纺织工业联合会
92	2022 年度纺织行业中小企业公共服务示范平台	平湖服装文化创意园	中国纺织工业联合会
93	2022 年全国职业院校技能大赛一等奖	平湖市职业中等专业学校	全国职业院校技能大赛组委会
94	2022 年冬奥会中外人文交流小使者优秀组织奖	平湖市职业中等专业学校	教育部中外人文交流中心
95	全国营养与健康示范学校	平湖市崇文小学	中国学生营养与健康促进会
96	浙江省特级教师	张强、冯国健、姚林英	浙江省人民政府
97	浙江省杰出教师	姚林英	浙江省人民政府
98	浙江省基础教育教学成果一等奖	李强	浙江省人民政府
99	浙江省现代化学校	平湖市城关中学、平湖师范学校附属小学、平湖市第一幼儿园、平湖市新仓镇成人文化技术学校	浙江省教育厅、浙江省人民政府教育督导委员会办公室
100	2022 年浙江省教育系统浙江省巾帼文明岗	浙江省平湖技师学院	浙江省教育厅、浙江省妇女联合会
101	浙江省成绩突出少先队员	全思语	浙江省教育厅、共青团浙江省委员会、少先队浙江省工作委员会
102	首届浙江省中小学思政课教师年度人物	陆志龙	浙江省教育厅
103	浙江省任教三十年教师	王爱民、朱其玉、霍彦国	浙江省教育厅
104	2022 年度浙江省服务终身学习相关项目遴选社区教育示范基地	嘉兴平湖社区学院	浙江省教育厅
105	浙江省中职学校名班主任工作室	平湖市职业中等专业学校郭亚东名班主任工作室	浙江省教育厅
106	浙江省职业教育德育特色案例名单	平湖市职业中等专业学校	浙江省教育厅

续表 31

序号	荣誉	获奖单位（个人）	作出荣誉决定的单位
107	浙江省职业教育在线精品课程名单	浙江省平湖技师学院	浙江省教育厅
108	浙江省省级“基础教育精品课”	钮沈、张伊恬	浙江省教育厅
109	浙江省一流技师学院培育名单	浙江省平湖技师学院	浙江省人力资源和社会保障厅
110	省级高水平专业群建设名单	浙江省平湖技师学院	浙江省人力资源和会保障厅、浙江省财政厅
111	第一批浙江省青工创新创效工作室	浙江省顾晓明智能制造技能大师工作室	共青团浙江省委员会、浙江省人民政府国有资产监督管理委员会
112	浙江省规范民办义务教育发展专项工作成绩突出集体	平湖市教育局	中共浙江省委教育工作领导小组
113	浙江省规范民办义务教育发展专项工作成绩突出个人	王郁春	中共浙江省委教育工作领导小组
114	浙江省节水单位	平湖市当湖街道中心幼儿园、平湖市城关中学、平湖市文涛中学、浙江省平湖技师学院	浙江省教育厅办公室
115	2022 年“中小学综合实践活动课程”教学实践案例	蔡小瑛	浙江省教育厅教研室
116	首批浙江省清廉学校建设示范校	平湖市当湖高级中学	中共浙江省委教育工作委员会办公室
117	浙江省高考优秀评卷教师	沈健	浙江省教育考试院
118	浙江省春蚕奖	吴林妹、石明生	浙江省人民教育基金会
119	第九批援藏表现优秀个人	石静	中共西藏自治区委员会、西藏自治区人民政府
120	优秀援藏干部	翁海滨	中共那曲市委员会、那曲市人民政府
121	浙江省外国专家工作站设站单位	尼得科艾莱希斯电子（浙江）有限公司	浙江省科学技术厅
122	浙江省科技型中小企业	浙江久丰铝业有限公司、平湖市畅通管道疏理有限公司、浙江霂泽农业科技有限公司、嘉兴市皖渝精密机械有限公司、平湖市宇盛钢带有限公司、中科慧居（嘉兴）科技有限公司、医壹生物科技（嘉兴）有限公司、嘉兴丝尚丝绸家纺有限公司、平湖市展翼织带有限公司、费莱（浙江）科技有限公司、平湖市尽善净美保洁服务有限公司、浙江韩情辐照技术有限公司、平湖过亿经编针织有限公司、平湖市龙辰信息科技有限公司、嘉兴嘉创智医疗设备有限公司、平湖市大地测绘有限公司、浙江浙远信息技术有限公司、浙江英之杰科技有限公司、纳铁福传动系统（平湖）有限公司、嘉兴韩秀五金机械有限公司、平湖永盛压铸有限公司、	浙江省科学技术厅

续表 31

序号	荣誉	获奖单位（个人）	作出荣誉决定的单位
122	浙江省科技型中小企业	平湖华数广电网络有限公司、嘉兴正弦电气有限公司、嘉兴卓玲新材料科技有限公司、平湖市华杨旅游制品有限责任公司、平湖市凯鑫塑业股份有限公司、浙江秀龙包装材料有限公司、嘉兴市创羽服饰有限公司、浙江圆通新材料有限公司、浙江鼎林家具股份有限公司、嘉兴华沣拉链有限公司、平湖市雪天五金制品有限公司、蒙塔纳锐驱动技术（浙江）有限公司、浙江人事宝科技有限公司、嘉兴特威金属科技股份有限公司、浙江旭之源生态农业科技有限公司、嘉兴市超联金属制品有限公司、平湖市华兴制衣股份有限公司、嘉兴聚速电子技术有限公司、嘉兴杉达包装科技有限公司、平湖市逸翰液压有限公司、平湖市沛锐机械制造有限公司、浙江苔盛农业科技有限公司、平湖市客乐包装制品有限公司、嘉兴缔德模塑科技有限公司、浙江泽悦信息科技有限公司、平湖市宏鑫达五金有限公司、平湖隆正得智能装备有限公司、嘉兴市高德钣金有限公司、平湖启明知识产权服务有限公司、浙江钛迩赛新材料有限公司、浙江希尔达汽车零部件有限公司、平湖市耀华机电自动化有限公司、浙江鑫方德新材料股份有限公司、平湖市华镁五金有限公司、平湖市创新高分子材料股份有限公司、嘉兴市安得特种设备科技有限公司、平湖市中美包装科技有限公司、浙江峰戈新材料股份有限公司、浙江海韬精密机械有限公司、嘉兴吉美包装有限公司、浙江广森箱包科技股份有限公司、平湖克丽娜包装制品有限公司、嘉兴志发纸业有限公司、浙江卓众电力科技有限公司、平湖市荣硕家居制造有限公司、嘉兴市唯真生物科技有限公司、嘉兴捷品精密模具有限公司、致昌和精密钢带（浙江）有限公司、诺博汽车零部件（平湖）有限公司、浙江九益机电有限公司、平湖市鸿勒精密五金有限公司、干将新材料有限公司、平湖宏兴机械设备制造有限公司、平湖市景兴包装材料有限公司、嘉兴市海诺科贸有限公司、浙江抟原复合材料有限公司、浙江农合数字科技股份有限公司、有件（嘉兴）网络科技有限公司、赫芯（浙江）微电子科技有限公司、浙江新基环境科技有限公司、嘉兴德得机械有限公司、嘉兴蓝城春风江南农业科技服务有限公司、平湖市江汉塑胶科技有限公司、浙江众信农业科技有限公司、浙江合丰电器有限公司、嘉兴欣洋信息技术有限公司、浙江辰标五金制品有限公司、嘉兴俊宇机电有限公司、平湖市大地物业管理有限公司、浙江津川精密机械股份有限公司、平湖市欧信信息科技有限公司、平湖市旭东箱包有限公司、禾研（嘉兴）建筑智能化工程有限公司、嘉兴市汇朋实业有限公司、嘉兴佳莓农业科技有限公司、嘉兴海智自动化设备有限公司、浙江新砚汽车零部件有限公司、平湖市恒洋五金机械有限公司、嘉兴艾瓷电子科技有限公司、	浙江省科学技术厅

续表 31

序号	荣誉	获奖单位（个人）	作出荣誉决定的单位
122	浙江省科技型中小企业	嘉兴巡天光电有限公司、平湖市天邦五金有限公司、勒威半导体技术（嘉兴）有限公司、嘉兴弘泰安全技术服务有限公司、嘉兴星宝童车科技有限公司、平湖市中意包装有限公司、嘉兴汇匠人力资源服务有限公司、平湖市盛祥建筑安装有限公司、浙江艾森特种设备有限公司、嘉兴正宏拉链有限公司、平湖市一心展示器材制造有限公司、浙江浙恒电气股份有限公司、平湖艾索精密弹簧有限公司、蓝热新材料（嘉兴）有限公司、平湖市驰新塑胶有限公司、嘉兴香艺食品有限公司、平湖市动力箱包科技有限公司、嘉兴市一清装饰设计有限公司、浙江中晨生态农业有限公司、平湖市水韵赵家桥旅游开发有限公司、嘉兴双子包装材料有限公司、诚淘（浙江）机械有限公司、嘉兴旭冉机械科技有限公司、平湖市方奥通信技术有限公司、嘉兴智航数域无人飞行器服务有限公司、平湖市慧谷创客信息科技有限公司、平湖农飞客农业科技有限公司、平湖市天鹰装饰设计有限公司、平湖市中盛激光科技有限公司、浙江宏利汽配集团有限公司、浙江必虎科技有限公司、嘉兴虹轩模塑有限公司、嘉兴盛和家具有限公司、浙江汉和智能制造有限公司、嘉兴君嘉达精密机械有限公司、平湖市奥诺精密机械有限公司、柏弋科技（浙江）有限公司、嘉兴鑫竹智能科技有限公司、科廷表面科技（浙江）有限公司、辛帕智能科技（平湖）有限公司、嘉兴蓝卡兰智能装备有限公司、杰森石膏板（嘉兴）有限公司、嘉兴复翼环保科技有限公司、锦品荟科技（嘉兴）有限公司、沐璟生态科技（浙江）有限公司、嘉兴市港泰精密机械制造有限公司、平湖市新界面艺术设计有限公司、浙江中威时和新材料有限公司、平湖市交通工程有限公司、平湖华瑞仓储有限公司、浙江今味生物技术有限公司、平湖能通新材料有限公司、平湖市嘉丰工艺品有限公司、平湖市宇晟制衣股份有限公司、平湖市凯盛衣业有限公司、浙江赫宇包装科技有限公司、浙江文业扬汽车电子有限公司、嘉兴市佳业厨卫科技有限公司、绵存（浙江）科技有限公司、斐卓环保科技（平湖）有限公司、浙江柯茂节能环保工程设备有限公司、华芯（嘉兴）智能装备有限公司、福纳瑞园艺（浙江）有限公司、嘉兴万埃浦材料科技有限公司、平湖市凯悦达服饰有限公司、浙江仓禾农业科技服务股份有限公司、浙江龙谦食品有限公司、平湖鸿毅达医疗器材有限公司、嘉兴唯农生物技术有限公司、汉希科特半导体技术（平湖）有限公司、嘉兴市碟啰时装设计有限公司、平湖市泓博科技有限公司、平湖市伟扬祥宝五金有限公司、浙江科睿德新材料有限公司、平湖市金谊机械科技有限公司、平湖市新恒升新材料股份有限公司、平湖市轮丰五金有限公司、嘉兴确实物联网科技有限公司、平湖东越机械设备有限公司、	浙江省科学技术厅

续表 31

序号	荣誉	获奖单位（个人）	作出荣誉决定的单位
122	浙江省科技型中小企业	嘉兴柏阳信息咨询有限公司、浙江拜龙科技有限公司、弗登智能装备（浙江）有限公司、平湖市勤力五金有限公司、浙江圣利医疗器械有限公司、嘉辉（浙江）能源科技有限公司、平湖市双龙衣业有限公司、平湖市力洁有害生物防治有限公司、平湖市诚裕再生物资回收有限公司、浙江奉天电子有限公司、平湖明峰包装材料有限公司、平湖鑫火医疗科技有限公司、浙江中友服饰有限公司、平湖市唐松纺织品有限公司、平湖市智尚广告有限公司、平湖市东杨家居科技有限公司、嘉兴市华亦企业咨询管理有限公司、嘉兴昱信缙才机械科技有限公司、平湖市顺达五金制品有限公司、平湖众德电子有限公司、平湖市森鑫服饰有限公司、嘉兴市骏捷机电制造有限公司、嘉兴极创教育科技有限公司、嘉兴市翔泰旅游用品股份有限公司、浙江唯酷光电有限公司、平湖飞翊金属制品有限公司、浙江相伴宝数字科技有限公司、嘉兴渡贝嘉斯新材料有限公司、平湖柯美信息科技有限公司、平湖市义合箱包有限公司、嘉兴市百腾包装材料有限公司、平湖市双凌箱包配件有限公司、浙江希磊节能科技有限公司、平湖骄峰包装材料有限公司、平湖市凯峰达制衣有限公司、平湖市弈辰服饰有限公司、嘉兴博铠机械有限公司、浙江普山新材料科技有限公司、嘉兴市优顺建筑装饰工程有限公司、嘉兴市清璇服饰有限公司、嘉兴汗血宝马能源科技有限公司、浙江名冠过滤科技有限公司	浙江省科学技术厅
123	省级企业研究院	博格隆（浙江）生物技术有限公司、浙江众立合成材料科技股份有限公司、平湖石化有限责任公司、浙江宝绿特环保技术工程有限公司	浙江省科学技术厅
124	浙江省高新技术企业研究开发中心备案企业	浙江杰上杰新材料股份有限公司、浙江宙辉电器有限公司、平湖市华晟精密机械股份有限公司、嘉兴沃特泰科环保科技股份有限公司、浙江依爱夫游戏装文化产业有限公司、平湖众力汽车部件有限公司、浙江矽感锐芯科技有限公司、浙江伊控动力系统有限公司、伊维氏传动系统（平湖）有限公司、浙江贝托传动科技有限公司、嘉兴市华鼎保温科技有限公司、浙江郑林机械股份有限公司	浙江省科学技术厅
125	全国公安机关执法示范单位	平湖市公安局	公安部
126	浙江省模范公安局	平湖市公安局	中共浙江省委员会、浙江省人民政府
127	浙江省优秀公安基层单位	平湖市公安局当湖派出所	中共浙江省委员会、浙江省人民政府
128	浙江省优秀人民警察	姚俊杰	中共浙江省委员会、浙江省人民政府
129	浙江省第二批“枫桥式公安派出所”	平湖市公安局林埭派出所	中共浙江省委员会办公厅、省政府办公厅

续表 31

序号	荣誉	获奖单位（个人）	作出荣誉决定的单位
130	浙江省清廉建设成绩突出单位	平湖市公安局林埭派出所	中共浙江省委员会办公厅
131	集体二等功	平湖市公安局林埭派出所、平湖市公安局法制大队	浙江省公安厅
132	个人二等功	沈陈胤	浙江省公安厅
133	2022 年度浙江省公安信访“三解”标兵	沈国民	浙江省公安厅
134	全国社会救助工作先进个人	秦明	民政部
135	5A 级婚姻登记机关	平湖市民政局	浙江省民政厅
136	省级公益性节地生态安葬示范点	平湖市民政局	浙江省民政厅
137	省级城市社区议事协商创新试点	当湖街道梅兰苑社区	浙江省民政厅
138	2022 年度浙江省五星级社区服务体	钟埭街道钟埭社区服务综合体	浙江省民政厅
139	2022 年度浙江省四星级社区服务体	林埭镇东方红村社区服务综合体	浙江省民政厅
140	2022 年度浙江省三星级社区服务体	当湖街道东升社区服务综合体、新仓镇安桥社区服务综合体、独山港镇星华社区服务综合体	浙江省民政厅
141	浙江省民政数字化改革第二批优秀应用	平湖市困难群体精准画像（精平扶）	浙江省民政厅
142	浙江省民政厅 2022 年数字化改革重大应用建设试点	平湖市困难群众精准画像（精平扶）	浙江省民政厅
143	2022 年度浙江省“社区工作领军人才”	陆红	浙江省民政厅
144	第九批全国民主法治示范村	钟埭街道沈家弄村	司法部、民政部
145	省级民主法治村（社区）	当湖街道松枫社区、启元社区、东湖社区、梅兰苑社区、曹桥街道石龙村、新埭镇新埭社区、新仓镇秦沙村、石路村、新庙社区、独山港镇周家圩村、广陈镇高新村、泗泾村、林埭镇祥中村	浙江省司法厅、浙江省民政厅、浙江省普法办公室
146	浙江省司法行政系统法治建设工作成绩突出集体	平湖市司法局	浙江省司法厅
147	2022 年度浙江省司法行政系统数字化改革工作成绩突出个人	沈伟娟	浙江省司法厅
148	2022 年度“最美司法行政人”	孙金明	浙江省司法厅
149	浙江省社区矫正工作成绩突出个人	高伟、莫君为	浙江省司法厅
150	浙江省司法行政系统法治建设工作成绩突出个人	黄伟斌	浙江省司法厅
151	全市重大活动维稳安保工作成绩突出个人	奚炜	中共嘉兴市委员会、嘉兴市人民政府

续表 31

序号	荣誉	获奖单位（个人）	作出荣誉决定的单位
152	省级金牌人民调解工作室	新埭镇人民调解委员会“息事无讼”调解工作室	浙江省人民调解协会
153	《浙江财政年鉴（2022卷）》组稿工作先进单位	平湖市财政局	浙江省财政厅
154	浙江省财政系统高质量发展建设共同富裕示范区“小切口”改革优秀实践案例	平湖市财政局	浙江省财政厅
155	2022年度财政信息工作考核二等奖	平湖市财政局	浙江省财政厅
156	2022年度财政信息工作考核先进个人	马思源	浙江省财政厅
157	浙江省财政厅主题征文活动三等奖	孙雨涛	浙江省财政厅
158	全国和谐劳动关系创建示范企业	浙江景兴纸业股份有限公司	人力资源社会保障部、中华全国总工会、中国企业联合会、中国企业家协会、中华全国工商业联合会
159	国家技能人才培育工作突出贡献单位	浙江省平湖技师学院	人力资源社会保障部
160	第五批国家级充分就业社区	钟埭街道福臻社区	人力资源社会保障部办公厅
161	浙江省人力资源和社会保障系统先进集体	平湖市人力资源和社会保障厅	浙江省人力资源和社会保障厅
162	浙江省推进人力资源服务业高质量发展工作成绩突出集体	平湖人力资源服务产业园	浙江省人力资源和社会保障厅
163	2022年度推进农民工返乡合作创业成绩突出单位	平湖市人力资源和社会保障厅	浙江省人力资源和社会保障厅
164	2022年度返乡入乡合作创业村考核优秀单位	平湖市人力资源和社会保障厅	浙江省人力资源和社会保障厅
165	浙江省湿地保护修复工作成绩突出集体	平湖市林业局	浙江省林业局
166	浙江省湿地保护修复工作成绩突出个人	吴恋	浙江省林业局
167	浙江省林业科技工作成绩突出集体	平湖市林业局	浙江省林业局
168	2022年度浙江省林业优秀行政许可案卷	平湖市林业局	浙江省林业局
169	浙江省优秀护林员	金龙根	浙江省林业局
170	浙江省关注森林活动15周年成绩突出个人	费祥华、张秀玲	浙江省关注森林组织委员会
171	浙江省第三次全国国土调查成绩突出个人	沈明方、屠华中	浙江省第三次全国国土调查领导小组办公室

续表 31

序号	荣誉	获奖单位（个人）	作出荣誉决定的单位
172	2022 年度省级“红色物业”项目	绿城物业服务集团有限公司、杭州滨江物业管理有限公司、平湖经济技术开发区物业管理有限公司、浙江中能物业服务股份有限公司	浙江省住房和城乡建设厅
173	浙江省园林式居住区（单位）	万家花城兴和苑、江南景苑	浙江省住房和城乡建设厅
174	2022 年度美丽城镇建设省级样板	新埭镇、独山港镇	浙江省城乡环境整治工作领导小组
175	浙江省 2022 年度第三批城乡风貌样板区	东湖城市新区风貌样板区	浙江省城乡风貌整治提升工作专班
176	新时代富春山居图城市样板区	东湖城市新区风貌样板区	浙江省城乡风貌整治提升工作专班
177	浙江省 2022 年度第二批未来社区	东湖未来社区	浙江省城乡风貌整治提升工作专班
178	城镇社区建设专项规划优秀名单	平湖市城镇社区建设专项规划	浙江省城乡风貌整治提升工作专班
179	2022 年度浙江省白蚁防治先进个人	阮永良	浙江省房地产业协会
180	省级“平安公交地铁”运营企业	平湖市城市公共交通有限公司	浙江省公安厅、浙江省交通运输厅
181	“数字路政”整体场景试点单位	平湖市交通运输局	浙江省交通运输厅
182	交通数字化改革基层与社会“最佳实践”	“金平湖·数字路管”应用	浙江省交通运输厅
183	浙江省巾帼文明岗	平湖市新埭镇便民服务中心、平湖市城市公共交通有限公司 7 路班组	浙江省妇女联合会
184	内河航运智控应用污染物全链条管控场景功能试点	平湖内河航区	浙江省港航管理中心
185	2022 年度水利争先创优优秀案例	平湖市水利局	浙江省水利厅
186	浙江省水利数字化改革试点	平湖市水利局	浙江省水利厅
187	浙江省 2022 年度美丽河湖	杉青港连片水系	浙江省水利厅、浙江省美丽浙江建设领导小组河长制办公室
188	浙江省水土保持目标责任制工作成绩突出个人名单	沈洁	浙江省水资源管理与水土保持工作委员会
189	嘉兴市实行最严格水资源管理制度成绩突出个人	夏跃冬、彭美根、夏培	嘉兴市人民政府
190	全国农村集体产权制度改革工作先进个人	顾雅芳	农业农村部
191	全国测土配方施肥数据采集工作考评优秀个人	李建强	全国农技推广中心

续表 31

序号	荣誉	获奖单位（个人）	作出荣誉决定的单位
192	农业农村系统重大改革（重大应用）场景第一批“先行先试”名单	“飞地抱团”应用	浙江省农业农村厅
193	2022 年度浙江省农业农村数字化改革“优秀应用”	“浙农补”应用	浙江省农业农村厅
194	浙江省第一批重要农业文化遗产资源名单	浙江平湖西瓜文化系统	浙江省农业农村厅
195	第一批“未来农场”	绿迹未来农场	浙江省农业农村厅
196	2022 年度低碳生态农场	浙江绿迹农业科技有限公司、平湖市海沣农业科技有限公司、平湖市得稻家庭农场有限公司、平湖市新埭镇建丰农场	浙江省农业农村厅
197	浙江省新时代乡村集成改革工作成绩突出个人	钱晓红	中共浙江省委农村工作领导小组办公室、浙江省农业农村厅
198	浙江省农村土地承包经营权确权登记颁证成绩突出集体	平湖市农业农村局	中共浙江省委农村工作领导小组办公室
199	渔政执法党员先锋模范岗	平湖市农业综合行政执法队党支部	浙江省海洋与渔业执法总队
200	省级公共海外仓	浙江新秀箱包营销有限公司	浙江省商务厅、浙江省财政厅
201	浙江省“十四五”期间第一批认定的符合进口税收政策的外资研发中心	津上精密机床（浙江）有限公司、浙江欧迪恩传动科技股份有限公司	浙江省商务厅、浙江省财政厅、国家税务总局浙江省税务局、中华人民共和国杭州海关
202	绿色商场	平湖大润发商业有限公司	浙江省商务厅
203	2022 年浙江省有实力的生活源再生资源回收企业	浙江建生保洁有限公司	浙江省商务厅
204	浙江省第三批内外贸一体化“领跑者”企业	浙江欧迪恩传动科技股份有限公司、平湖石化有限责任公司、嘉兴新诚达时装有限公司、浙江依爱夫游戏装文化产业有限公司、浙江卡迪夫电缆有限公司、平湖市小太阳童车股份有限公司	浙江省商务厅
205	浙江省第三批内外贸一体化改革试点产业基地	平湖服装内外贸一体化改革试点产业基地	浙江省商务厅
206	省级直播电商基地	浙江飞逊科技有限公司	浙江省商务厅
207	电子商务示范村	海塘村、衙前村、三兴村、旧埭村、星光村	浙江省商务厅
208	浙江省现代商贸特色镇	当湖街道	浙江省商务厅
209	浙江省商贸发展示范村	曹桥街道曹桥村	浙江省商务厅
210	浙江省文物工作成绩突出个人	张蜀益	浙江省人民政府办公厅
211	第二批浙江省文化和旅游促进共同富裕最佳实践案例	以“农民读书会”打造群众精神共富新样板	浙江省文化和旅游厅

续表 31

序号	荣誉	获奖单位（个人）	作出荣誉决定的单位
212	浙江省公共文化服务高质量发展典型案例	农民读书会	浙江省文化和旅游厅
213	2022 年浙江省“群星奖”获奖名单	平湖市文化馆	浙江省文化和旅游厅
214	省级传统工坊名单	“平湖糟蛋”省级非遗工坊、“平湖糕点”省级非遗工坊	浙江省文化和旅游厅
215	2022 年度浙江省群众文化报刊优秀组织单位	平湖市文化馆	浙江省文化馆
216	2022 年度浙江省群众文化报刊金奖	平湖市文化馆、新仓镇文化站	浙江省文化馆
217	2022 年度浙江省群众文化报刊银奖	新埭镇文化站、林埭镇文化站	浙江省文化馆
218	2022 年度浙江省群众文化报刊铜奖	广陈镇文化站、当湖街道文化站、曹桥街道文化站独山港镇文化站、经济开发区文化站	浙江省文化馆
219	首批“千县工程”县医院综合能力提升工作县医院	平湖市第一人民医院	国家卫生健康委办公厅
220	浙江省健康家庭大奖赛二等奖	茅雪薇	浙江省爱国卫生运动委员会办公室
221	基层常见病多发病中医药适宜技术推广基地	平湖市中医院	浙江省中医药发展研究中心
222	2022 年浙江省“家医党员先锋团队”	平湖市广陈镇龙萌村家医团队	浙江省基层卫生协会
223	2022 年浙江省“优秀家庭医生”	吕菁菁	浙江省基层卫生协会
224	2022 年浙江省“优秀乡村医生”	陈连明	浙江省基层卫生协会
225	2022 年度《中国退役军人》宣传工作先进个人	王珏	退役军人事务部办公厅
226	浙江省退役军人事务领域网评工作成绩突出个人	刘波	浙江省退役军人事务厅
227	退役军人社会管理和公共服务省级标准化试点验收优秀	平湖市退役军人事务局	浙江省市场监督管理局
228	2022 年浙江省“新时代枫桥式退役军人服务中心（站）”	曹桥街道退役军人服务站、广陈镇退役军人服务站、林埭镇退役军人服务站、钟埭街道白马堰社区退役军人服务站、曹桥街道九里亭村退役军人服务站、新埭镇大齐塘村退役军人服务站、新仓镇芦湾村退役军人服务站、独山港镇赵家桥村退役军人服务站、广陈镇山塘村退役军人服务站、林埭镇祥中村退役军人服务站	中共浙江省委退役军人事务工作领导小组办公室
229	全国最美志愿服务社区	新埭镇鱼圻塘村	全国学雷锋志愿服务“四个 100”先进典型宣传推选活动组委会
230	国家知识产权优势企业	浙江荣晟环保纸业有限公司	国家知识产权局
231	二十三届中国专利优秀奖	信易电热机械有限公司	国家知识产权局

续表 31

序号	荣誉	获奖单位（个人）	作出荣誉决定的单位
232	浙江省第三批“五化”改造商品市场	平湖中国服装城、平湖市林埭镇徐埭综合农贸市场	浙江省市场监督管理局
233	2022 年浙江省知识产权示范企业	浙江荣晟环保纸业股份有限公司、嘉兴沃特泰科环保科技股份有限公司、浙江欧迪恩传动科技股份有限公司、浙江恒业电子有限公司、浙江新发现机械制造有限公司、平湖市双喜童车制造有限公司	浙江省市场监督管理局
234	“农信杯”放心消费宣传“三优”比赛组织奖	平湖市市场监督管理局	浙江省市场监督管理局
235	药品安全治理与技术赋能成绩突出个人	冯蓓蓓	浙江省药品监督管理局
236	浙江省药品稽查执法工作成绩突出个人名单	丁佳杰	浙江省药品监督管理局
237	2022 年度浙江省食品安全工作成绩突出集体	平湖市市场监督管理局	浙江省食品药品安全委员会
238	第二批职业检查“双百尖兵”优秀检查骨干	林伟	浙江省药品检查中心
239	浙江省城市市容环境卫生工作成绩突出个人	邵中华	浙江省住房和城乡建设厅、浙江省总工会
240	2022 年度浙江省高品质示范街区	东湖街区	浙江省住房和城乡建设厅
241	2022 年度浙江省街容示范街	兴钟路（虹光路—镇南路）	浙江省住房和城乡建设厅
242	2022 年度浙江省生活垃圾分类工作成绩突出个人	张飞	浙江省生活垃圾分类工作领导小组办公室
243	2022 年度协会“最美城管（环卫）人”	平湖市数字化城市管理中心	浙江省城市建设管理协会
244	改革创新成绩突出集体	平湖市政务数据办公室	中共浙江省委员会、浙江省人民政府
245	浙江省“一地创新、全省共享”“一本账 S0”	物联感知数据平台（感智汇）	浙江省数字化改革领导小组
246	2022 年数字化改革“最强大脑”成果	基层智治大脑应用	中共浙江省委全面深化改革委员会办公室
247	浙江省生态环境保护行政执法机构规范化建设示范单位	平湖市生态环境保护行政执法队	浙江省生态环境厅
248	浙江省减污降碳协同试点	独山港经济开发区	浙江省碳达峰碳中和工作领导小组办公室
249	浙江省低碳街道试点	曹桥街道	浙江省碳达峰碳中和工作领导小组办公室
250	浙江省低碳村试点	新仓镇杉青港村、广陈镇三红村、林埭镇保丰村	浙江省碳达峰碳中和工作领导小组办公室
251	全国网络正能量新媒体账号（微信组）区县级工会十佳账号第一名	平湖市总工会	中华全国总工会、中央网信办

续表 31

序号	荣誉	获奖单位（个人）	作出荣誉决定的单位
252	全国工会专项微信小程序应用优秀案例	平湖市总工会	中华全国总工会、中央网信办
253	最美工会户外劳动者服务站点	平湖市总商会大厦职工服务驿站、平湖市建国北路电信营业厅“爱心翼站”	中华全国总工会办公厅
254	浙江省“人民满意的公务员集体”	平湖市总工会	中共浙江省委员会、浙江省人民政府
255	浙江省劳动模范	俞一峰	中共浙江省委员会、浙江省人民政府
256	浙江工匠	邹金煌、张耀、陆建新	浙江省人力资源和社会保障厅、浙江省总工会
257	浙江省2022年“幸福共同体企业领头雁行动”企业	浙江景兴纸业股份有限公司	浙江省总工会、中共浙江省委宣传部、浙江省经济和信息化厅、浙江省人民政府国有资产监督管理委员会、浙江省工商业联合会
258	第十二批省级高技能人才（劳模）创新工作室	国网浙江平湖市供电有限公司潘建乔劳模创新工作室	浙江省总工会、浙江省科学技术厅
259	浙江省第二届工会改革创新十佳成果	平湖市总工会	浙江省总工会办公室
260	2022年浙江工会数字化改革地方特色创新项目	平湖市总工会	浙江省总工会办公室
261	2022年浙江数字工会省市县联建单位	平湖市总工会	浙江省总工会办公室
262	提升职工生活品质省级试点单位	平湖市总工会、平湖市职工服务中心	浙江省总工会办公室
263	全国优秀共青团干部	王莉莉	共青团中央
264	2022年第2季度浙江“最美家庭”	徐丽娟家庭	中共浙江省委宣传部、浙江省妇女联合会
265	2022年第3季度浙江“最美家庭”	李咸伟家庭	中共浙江省委宣传部、浙江省妇女联合会
266	2022年度浙江省示范型儿童之家	平湖市林埭镇龙乡公益坊儿童之家	浙江省妇女联合会、浙江省民政厅
267	2022年度浙江省美丽庭院特色村	钟埭街道钟埭村、林埭镇徐家埭村	浙江省妇女联合会、浙江省农业农村厅
268	浙江省示范新领域妇联组织	平湖市总商会大厦妇联	浙江省妇女联合会
269	浙江省示范妇女微家	曹桥街道野马村王家墙妇女微家	浙江省妇女联合会
270	2022年度浙江省绿色家庭暨节能降碳家庭	潘温丽家庭	浙江省妇女联合会办公室
271	浙江省妇女儿童发展规划2023年示范项目	平湖市儿童友好运动场馆（室外）建设项目	浙江省政府妇女儿童工作委员会办公室
272	2022年全国科普日优秀活动	平湖市科协、平湖市教育局、平湖市科技局	中国科协办公厅

续表 31

序号	荣誉	获奖单位（个人）	作出荣誉决定的单位
273	浙江省科学家精神教育基地	中国航天科普馆	浙江省科学技术协会、浙江省教育厅、浙江省科技厅、浙江省文化和旅游厅、共青团浙江省委员会
274	“银龄跨越数字鸿沟”科普专项行动成绩突出个人	黄一峰	浙江省科学技术协会、中共浙江省委老干部局、浙江省教育厅、浙江省卫生健康委、浙江省文明办、中国移动通信集团浙江有限公司、中国建设银行浙江省分行
275	浙江院士科普基地	平湖市黄姑实验学校	浙江省科学技术协会
276	浙江省院士工作站	平湖波汇通信科技有限公司、上海交大平湖智能光电研究院	浙江省院士专家工作站建设协调小组办公室
277	“助残嘉”获得浙江省“最优理论”	平湖市残疾人联合会	浙江省发展和改革委员会
278	揭榜浙江省残联“基层组织建设（掌上残协）”应用	平湖市残疾人联合会	浙江省残疾人联合会
279	全国“五好”标杆县级工商联	平湖市工商业联合会	中华全国工商业联合会
280	全国“四好”商会	平湖市物业服务行业协会	中华全国工商业联合会
281	2022 年度民营企业调查点工作先进基层单位	平湖市工商业联合会	中华全国工商业联合会
282	浙江省工商联系统先进个人	褚卫国	浙江省工商业联合会、浙江省人力资源和社会保障厅
283	2022 年度浙江省工商联服务“两个健康”最佳工作实践创新成果	平湖市工商业联合会、平湖市曹桥街道商会	浙江省工商业联合会
284	2022 年度浙江省工商联服务“两个健康”工作成绩突出个人	李小娟	浙江省工商业联合会
285	二季度服务“两个健康”最佳实践案例	平湖市工商业联合会	浙江省工商业联合会
286	三季度服务“两个健康”优秀实践案例	平湖市工商业联合会	浙江省工商业联合会
287	四季度服务“两个健康”最佳实践案例	平湖市曹桥街道商会	浙江省工商业联合会
288	中国红十字会会员之星	冯耀	中国红十字会
289	浙江省红十字事业突出贡献先进个人	黄霞萍	浙江省人力资源和社会保障厅、浙江省红十字会

续表 31

序号	荣誉	获奖单位（个人）	作出荣誉决定的单位
290	浙江省工作成绩突出红十字志愿服务团队	平湖市独山港镇红十字志愿服务队	浙江省红十字会
291	浙江省工作成绩突出红十字会员（个人）	万佳	浙江省红十字会
292	浙江省工作成绩突出红十字会员（团体）	平湖市中医院	浙江省红十字会
293	浙江省工作成绩突出红十字志愿者	宋丹丹	浙江省红十字会
294	浙江省党校（行政学院）系统成绩突出集体	中共平湖市委党校	中共浙江省委党校
295	党建优秀创新项目	中共平湖市委党校	中共浙江省委党校办公室
296	浙江省党校（行政学校）系统第一批绿色学校	中共平湖市委党校	浙江省机关事务管理局、中共浙江省委党校
297	第六届浙江省社会科学界学术年会主论坛优秀论文	曾现锋	浙江省社会科学联合会
298	优秀决策咨询成果二等奖	金治平	浙江省党校系统社会科学联合会
299	优秀决策咨询成果三等奖	王晓燕	浙江省党校系统社会科学联合会
300	浙江省党校系统“共同富裕先行和省域现代化先行”理论研讨会县（市、区）组二等奖	曾现锋	浙江省党校系统社会科学联合会
301	浙江省“示范数字档案室”	中共平湖市委办公室、中共平湖市委老干部局、平湖市发展和改革局、平湖市水利局、平湖市政务服务和数据资源管理办公室	浙江省档案局
302	浙江省党史和文献部门优秀科研成果著作类三等奖	平湖市史志研究室	中共浙江省委党史和文献研究室；浙江省人力资源和社会保障厅
303	浙江省党史和文献部门地方党史三卷编写工作成绩突出单位	平湖市史志研究室	中共浙江省委党史和文献研究室
304	浙江省党史和文献部门先进个人	唐建明	中共浙江省委党史和文献研究室、浙江省人力资源和社会保障厅
305	2022 年度综合业绩考评优秀单位	平湖市合作社联合社	浙江省供销合作社联合社
306	浙江省供销社山海协作与结对帮扶优秀单位	平湖市合作社联合社	浙江省供销合作社联合社
307	2022 年度浙江省信息宣传工作先进单位	平湖市合作社联合社	浙江省供销合作社联合社
308	2022 年度浙江省信息宣传工作先进个人	林红弟、张春美	浙江省供销合作社联合社
309	2022 年度浙江省电视对农节目服务工程建设考核优秀奖	平湖市广播电视台	浙江省广播电视局

续表 31

序号	荣誉	获奖单位（个人）	作出荣誉决定的单位
310	2022 年浙江省广播电视安全播出工作成绩突出集体	平湖市广播电视台	浙江省广播电视局
311	2022 年浙江省广播电视科技创新项目金潮奖	平湖市传媒中心	浙江省广播电视局
312	浙江省机关事务工作先进集体	平湖市机关事务管理中心	浙江省人力资源和社会保障厅、浙江省机关事务管理局
313	浙江省消防救援队伍优秀团员	孙梦山	浙江省消防救援总队
314	先进基层党组织	平湖市当湖消防救援站党支部	浙江省消防救援总队党委
315	2022 年浙江省税务系统岗位大练兵业务大比武专业岗位前十名	沈琴	国家税务总局浙江省税务局、浙江省总工会、共青团浙江省委员会、浙江省妇女联合会
316	中电联科技成果二等奖	平湖市供电公司	中国电力企业联合会
317	2022 年浙江省气象业务服务工作先进集体	平湖市气象局	浙江省气象局
318	2022 年全国示范性老年友好型社区	当湖街道梅园社区	国家卫生健康委员会、全国老龄工作委员会办公室
319	浙江省优质老年学堂	南河头社区	中共浙江省委老干部局
320	2022 年“阳光餐饮”街区名单	平湖新城吾悦商业管理有限公司	浙江省市场监督管理局
321	浙江省优秀共青团员	张天伦	共青团浙江省委员会
322	2022 年浙江省劳模工匠志愿服务优秀案例	当湖街道总工会“聚蜂暖巢”劳模志愿服务项目	浙江省总工会
323	省三星妇女儿童驿站	当湖街道启元社区妇女儿童驿站	浙江省妇女联合会
324	2022 年省级星级农村公厕	当湖街道虹霓村村部公厕、金家村天桥下公厕、通界村通界花苑公厕、钟埭街道大力村白荡浜公厕、沈家弄村永兴桥公厕、沈家弄村黄泥浜公厕、新埭镇杨庄浜村砖桥公厕、新仓镇芦湾村庆丰公厕、双红村红星苑（老村部）公厕、独山港镇赵家桥村游客中心公厕、广陈镇龙萌村农民公园公厕、林埭镇徐东村环线游客驿站公厕	浙江省“千村示范、万村整治”工作协调小组办公室、浙江省农业农村厅
325	2022 年度省级高标准农村生活垃圾分类示范村	当湖街道黄家浜村、新仓镇三叉河村、林埭镇徐家埭村、广陈镇泗泾村、曹桥街道马厩村、独山港镇前进村	浙江省“千村示范、万村整治”工作协调小组办公室
326	浙江省美丽乡村示范乡镇	当湖街道	浙江省“千村示范、万村整治”工作协调小组办公室
327	浙江省美丽乡村特色精品村	当湖街道通界村、曹桥街道孔家堰村、新埭镇星光村	浙江省“千村示范、万村整治”工作协调小组办公室

续表 31

序号	荣誉	获奖单位（个人）	作出荣誉决定的单位
328	第二批浙江省数字生活新服务特色镇	当湖街道	浙江省数字生活新服务工作联席会议办公室
329	浙江省 2022 年度节水标杆单位	当湖街道梅兰苑社区（玫瑰湾）、平湖市东湖中学	浙江省节约用水办公室
330	浙江省卫生村	当湖街道大胜村、三北村、塘桥村、金家村、黄家浜村、通界村、钟埭街道沈家弄村、曹桥街道曹桥村、孔家堰村、章桥村、石龙村、九里亭村、百寿村、新埭镇星光村、大齐塘村、杨庄浜村、新仓镇芦湾村、独山港镇前进村、衙前村、小营头村、虎啸桥村、周家圩村、韩家庙村、聚福村	浙江省爱国卫生运动委员会办公室
331	浙江省级健康村	当湖街道三北村、虹霓村、金家村、黄家浜村、通界村、钱家村、大胜村、塘桥村	浙江省爱国卫生运动委员会办公室
332	浙江省省级避灾场所	当湖街道永丰社区	浙江省应急办
333	全国绿化劳动模范	冯建卫	全国绿化委员会、人力资源社会保障部、国家林业和草原局
334	首届浙江数字乡村“金翼奖”百优村	钟埭街道沈家弄村	中共浙江省委宣传部、浙江省农业农村厅
335	浙江省村（社区）减负增效工作监测点	钟埭街道西林寺社区	浙江省民政厅
336	省级创业孵化示范基地	平湖经济技术开发区科技孵化创业中心	浙江省人力资源和社会保障厅
337	浙江省生态文化基地	钟埭街道沈家弄村	浙江省林业局、浙江省文化和旅游厅、浙江省生态文化协会
338	浙江省首批未来乡村	钟埭街道沈家弄村	浙江省城乡风貌整治提升工作专班
339	浙江省首批共同富裕现代化基本单元“一老一小”服务场景	钟埭街道沈家弄村、福臻社区、新仓镇安桥未来社区	浙江省城乡风貌整治提升工作专班
340	浙江省创建特色小镇优秀等级	平湖光机电小镇	浙江省特色小镇规划建设工作联席会议办公室
341	浙江省推进非公企业产改十大样板	平湖经济技术开发区（钟埭街道）总工会	推进新时代浙江产业工人队伍建设改革工作协调小组
342	第三批省级示范慈善工作站	平湖市慈善总会钟埭街道钟南工作站	浙江省慈善联合总会
343	疫情防控执行力指数评价优秀乡镇	曹桥街道、新埭镇	中共浙江省委组织部
344	浙江省第一批塑料替代产品生产企业	平湖市景兴包装材料有限公司	浙江省经济和信息化厅
345	浙江省林业科技工作成绩突出个人	刘丹亚	浙江省林业局

续表 31

序号	荣誉	获奖单位（个人）	作出荣誉决定的单位
346	浙江省农业水价综合改革“五个一百”优秀典型案例	横泾灌区	浙江省水利厅
347	浙江省政协民生议事堂典型案例	平湖市政协曹桥街道委员履职小组	政协浙江省委员会办公厅
348	浙江省“五水共治”工作考核优秀乡镇（街道）	曹桥街道	浙江省治水办
349	浙江有礼省域文明新实践案例	曹桥街道	浙江省文明办
350	浙江省农村文化礼堂建设示范镇	新埭镇、林埭镇	中共浙江省委宣传部
351	2022 年度浙江省“一村万树”示范村	新埭镇大齐塘村、林埭镇徐家埭村	浙江省林业局
352	浙江省五星级乡镇食安办	新埭镇	浙江省食品药品安全委员会办公室
353	浙江省四星级乡镇食安办	林埭镇	浙江省食品药品安全委员会办公室
354	2022 年度浙江省高标准生活垃圾分类示范片区	新埭镇	浙江省生活垃圾分类工作领导小组办公室
355	2022 年度浙江省高标准生活垃圾分类示范小区	新埭镇虹桥景苑社区、融创臻园小区	浙江省生活垃圾分类工作领导小组办公室
356	2022 年浙江省“五个一批”重点技术改造示范项目	平湖市三久塑料有限公司	浙江省经济和信息化厅
357	第四批省级引领型农村社区	新仓镇友联村	浙江省民政厅
358	第五批省级引领型农村社区	钟埭街道沈家弄村、曹桥街道马厩村、新仓镇秦沙村	浙江省民政厅
359	浙江省第六批引领型未来社区	东方社区、徐家埭社区	浙江省住房和城乡建设厅、浙江省城乡风貌整治提升工作专班办公室
360	浙江省第六批普惠型未来社区	虹桥景苑社区、芦川社区、钟埭社区、龙吟社区、曹桥社区、广陈社区	浙江省住房和城乡建设厅、浙江省城乡风貌整治提升工作专班办公室
361	首批浙江省美育村	新仓镇三叉河村、林埭镇徐家埭村	浙江省文化和旅游厅
362	首批省级现代化农事服务中心创建单位	新仓现代化农事服务中心	浙江省农业“双强”行动工作专班
363	浙江省第二批乡村博物馆	许明清烈士事迹陈列馆、俞创硕故居纪念馆、陆稼书纪念馆	浙江省文物局
364	浙江省第三批乡村博物馆	毛泽东同志新仓经验批示展示馆	浙江省文物局
365	2022 年气象防灾减灾标准化村（社区）	安桥社区	浙江省气象局

续表 31

序号	荣誉	获奖单位（个人）	作出荣誉决定的单位
366	2022 浙江省新时代文化馆理论体系构建征文活动二等奖	唐佳园	浙江省文化馆
367	浙江老年电视大学省级示范教学点	安桥社区老年电大教学点	浙江省老年电视大学
368	2022 年浙江省基层理论宣讲成绩突出个人	金继雄	中共浙江省委宣传部
369	第一批省级农村一二三产业融合发展示范园	广陈镇	浙江省发展和改革委员会、浙江省经济和信息化厅、浙江省财政厅、浙江省自然资源厅、浙江省农业农村厅、浙江省商务厅、浙江省文化和旅游厅
370	第三批省级社区治理与服务创新实验区	广陈镇	浙江省民政厅
371	浙江省第二批未来乡村	广陈镇龙萌村、林埭镇徐家埭村	浙江省农业农村厅、浙江省财政厅和浙江省风貌办
372	首届浙江省最美公共文化空间	良仓·小镇客厅、中国航天科普馆	浙江省文化和旅游厅
373	第二批省级现代农业园区	广陈镇省级现代农业园区	浙江省粮食安全和推进农业现代化领导小组农业“两区”办公室
374	浙江省气候康养乡村	广陈镇龙萌村	浙江省气候中心
375	第四批全国乡村旅游重点村	林埭镇徐家埭村	文化和旅游部
376	2022 年中国美丽休闲乡村	林埭镇徐家埭村	农业农村部办公厅
377	2022 年度乡村文化和旅游带头人	刘建群	文化和旅游部办公厅
378	浙江省担当作为好干部	倪建锋	中共浙江省委组织部
379	浙江省群众体育工作成绩突出集体	林埭镇	浙江省体育局
380	第三批浙江省青少年红色基因传承基地	施奇革命故事陈列馆	浙江省革命老区开发建设促进会、共青团浙江省委员会、浙江省退役军人事务厅
381	2022 年度浙江省巾帼爱国主义教育基地	施奇革命故事陈列馆	浙江省妇女联合会
382	2022 年度浙江省美丽城镇建设基本达标城镇	林埭镇	浙江省城乡环境整治工作领导小组
383	浙江省新时代乡村研究院未来乡村实践基地	林埭镇徐家埭村	浙江省新时代乡村研究院

【平湖市级先进名录】

一、工作目标绩效考评奖

（一）镇街道

一等奖：平湖经济技术开发区（钟埭街道）、当湖街道、新仓镇

二等奖：广陈镇、新埭镇、曹桥街道、独山港经济开发区（独山港镇）、林埭镇

（二）部门（单位）

1. 优秀部门（单位）

A 组：纪委监委、组织部、宣传部、公安局、政法委、自然资源和规划局、农业农村局、政研室、统战部、综合执法局、发改局、市场监管局、建设局、生态环境分局、财政局、应急管理局、教育局、政务数据办、交通运输局、卫生健康局、民政局、司法局、人力社保局、文旅体局、经信局、长三角一体化中心

考核参照部门，考核得分在 A 组优秀部门平均分以上，单位享受优秀等次待遇：市委办、人大常委会机关、市府办、政协机关

B 组：检察院、巡察办、法院、总工会、编办、传媒中心、城投集团、统计局、老干部局、工商联、审计局、交投集团、供销社（农合联）、党校、机关事务中心、社会治理中心、档案馆

C 组：消防救援大队、税务局、供电公司、移动公司、气象局、电信公司、邮政管理局

D 组：农业银行、农商银行、建设银行、工商银行、嘉兴银行、杭州银行、宁波银行、绍兴银行、浙商银行、中国银行、邮储银行

2. 良好部门（单位）

A 组：信访局、退役军人事务局、水利局

B 组：妇联、残联、市直机关工委、科协、医保局、流动人口中心、团市委

C 组：人行、华数公司、滨海供电分局、银保监组、邮政公司

D 组：中信银行、泰隆银行、兴业银行、光大银行、湖州银行、村镇银行、浦发银行、民泰银行、农发行、华夏银行、台州银行

二、2022 年度“平湖铁军”先进集体与先进个人

先进集体

镇街道

一等奖：平湖经济技术开发区（钟埭街道）、当湖街道、曹桥街道、广陈镇

二等奖：新仓镇、新埭镇、独山港经济开发区（独山港镇）、林埭镇

部门

一等奖：组织部、纪委监委、宣传部、发改局、公安局、检察院、政法委、农业农村局、自然资源和规划局、法院、统战部、巡察办、政研室、经信局、市场监管局、总工会、建设局、城投集团、财政局、政务数据办、编办、传媒中心、综合执法局、老干部局、统计局、审计局、交通运输局、卫生健康局、教育局、科技局、生态环境分局、供销社（农合联）、交投集团

市委办、人大常委会机关、市府办、政协机关得分在一等奖部门平均分以上，享受一等奖待遇。

二等奖：党校、人力社保局、信访局、民政局、文旅体局、司法局、妇联、工商联、应急管理局、医保局、水利局、社会治理中心、机关事务中心、长三角一体化中心、档案馆、市直机关工委、科协、水务集团、退役军人事务局、残联、流动人口中心、金融发展中心、团市委、公积金中心、九龙山管委会、文联、红十字会

先进个人

经济创新工程：蒋家伟（市委办）、戚佳雷（市府办）、朱磊（组织部）、杨雪勤（发改局）、韩国强（经信局）、吴忠平（商务局）、纪海亚（统计局）、王建明（税务局）、杨颖（经济创新工程指挥部办公室）、柳平［平湖经济技术开发区（钟埭街道）］、柯家叶（新埭镇）、邵辉［独山港经济开发区（独山港镇）］

城乡秀美工程：陈结加（人大常委会机关）、吴杰（自然资源和规划局）、杨建忠（自然资源和规划局）、高逸平（建设局）、顾学超（水利局）、徐方舟（综合执法局）、陈其峰（生态环境分局）、顾明达（城投集团）、褚伟锋（城乡秀美工程指挥部办公室）、祝佳悦（曹桥街道）

民生优享工程：张喜（人大常委会机关）、屠保林（政协机关）、马磊杰（组织部）、张彬倩（宣传部）、孙剑威（司法局）、王仕良（应急管理局）、缪春弟（市场监管局）、郭开颜（医保局）、钱葛良［供销社（农合联）］、毛伍伟（交投集团）、严周萍（民生优享工程督查组）、周虹（民

生优享工程指挥部办公室）

铁军打造工程：潘凌风（市委办）、徐文燕（市府办）、许晶晶（组织部）、石苗（宣传部）、吴平（发改局）、沈洪（经信局）、赵建平（自然资源和规划局）、钱杰（建设局）、金平（交投集团）、俞春峰（当湖街道）、马跃飞［平湖经济技术开发区（钟埭街道）］、严彬（新埭镇）、陆婷［独山港经济开发区（独山港镇）］

"双招双引"：侯四海（市府办）、陆冬芬（经信局）、何红芳（科技局）、周光青（人力社保局）、盛斌（商务局）、冯晓美（城投集团）、盛永跃（当湖街道）、戴俊［平湖经济技术开发区（钟埭街道）］、宋丹红［平湖经济技术开发区（钟埭街道）］、陈立忠（新埭镇）、沈峰（新仓镇）、刘远忠［独山港经济开发区（独山港镇）］、温治平［独山港经济开发区（独山港镇）］、刘豫（林埭镇）

项目推进：沈毅峰（市府办）、刘勤峰（发改局）、邱君杰（卫生健康局）、沈瓒（城投集团）、张隽（当湖街道）、周恺［平湖经济技术开发区（钟埭街道）］、龚华锋（曹桥街道）、蒋亚青（新埭镇）、金林弟［独山港经济开发区（独山港镇）］、胡建忠（林埭镇）

扩大有效投资"百日攻坚"行动：翁辞渊（发改局）、向冏（经信局）、柯忠明（教育局）、戚红炳（交通运输局）、姚春元（交投集团）、洪冰［平湖经济技术开发区（钟埭街道）］、傅志坚（新埭镇）、丁吕（新仓镇）、戈浩强［独山港经济开发区（独山港镇）］、倪晓伦（广陈镇）

长三角一体化：丁晓伟（市委办）、苏海强（市府办）、陶剑浩（发改局）、袁利强（农业农村局）、胡侃（商务局）、沈珺（生态环境分局）、朱叶峰［供销社（农合联）］、朱金茹（交投集团）、沈叶娟［平湖经济技术开发区（钟埭街道）］、陆秀梅（新仓镇）、吴炜［独山港经济开发区（独山港镇）］

"腾笼换鸟"提升整治：张松（财政局）、朱炯烨（自然资源和规划局）、傅晓伟（市场监管局）、许铉（综合执法局）、闫默（生态环境分局）、高睿（消防救援大队）、张杰（当湖街道）、陆海生（新埭镇）、徐兵（新仓镇）、许建军（广陈镇）

平安建设：宋东方（组织部）、王宜达（政法委）、沈国民（公安局）、华锐（民政局）、刘斌（消防救援大队）、沈国兴（曹桥街道）、程兴国（新埭镇）、韩毅［独山港经济开发区（独山港镇）］、阮晓峰（广陈镇）、胡志华（林埭镇）

乡村振兴：王建良（人大常委会机关）、马亮春（市府办）、郭枫（宣传部）、李玉芳（政研室）、黄雪良（农业农村局）、施宇星（政务数据办）、王利燕（当湖街道）、徐冬根［平湖经济技术开发区（钟埭街道）］、纪卫林（新埭镇）、邹辰玮［独山港经济开发区（独山港镇）］

改革创新：朱贤桢（纪委监委）、雷伟（市委办）、顾隽彦（宣传部）、王翀（经信局）、沈亚萍（教育局）、程佳俊（民政局）、张强（农业农村局）、周士飞（政务数据办）、孙国宾（总工会）、金舟（数改办）、金琳芳（新埭镇）

三、通报表扬项目

（一）经济建设先进集体

1. 经济创新工程

镇街道

一等奖：平湖经济技术开发区（钟埭街道）、独山港经济开发区（独山港镇）、新埭镇、当湖街道

二等奖：新仓镇、林埭镇、广陈镇、曹桥街道

部门

发改局、经信局、商务局、科技局、自然资源和规划局、财政局、市场监管局、农业农村局、人力社保局、金融发展中心、政务数据办、统计局

2. "双招双引"

主体

一等奖：平湖经济技术开发区（钟埭街道）、独山港经济开发区（独山港镇）、林埭镇

二等奖：新仓镇、新埭镇、广陈镇、曹桥街道、城投集团、当湖街道

部门

商务局、组织部、经信局、发改局、财政局、自然资源和规划局、人力社保局、科技局、农业农村局、教育局、市场监管局、政务数据办

3. 项目推进

镇街道

一等奖：独山港经济开发区

（独山港镇）、平湖经济技术开发区（钟埭街道）、新埭镇、当湖街道

二等奖：广陈镇、新仓镇、林埭镇、曹桥街道

部门

市府办、组织部、发改局、自然资源和规划局、统计局、政务数据办、生态环境分局、城投集团、交投集团

4. 扩大有效投资“百日攻坚”行动

镇街道

一等奖：曹桥街道、新仓镇、广陈镇、林埭镇

二等奖：新埭镇、平湖经济技术开发区（钟埭街道）、当湖街道、独山港经济开发区（独山港镇）

部门

市委办、发改局、经信局、财政局、建设局、交通运输局、商务局

5.“腾笼换鸟”提升整治

镇街道

曹桥街道、林埭镇、独山港经济开发区（独山港镇）、平湖经济技术开发区（钟埭街道）

部门

应急管理局、自然资源和规划局、经信局、税务局、宣传部、财政局

6. 长三角一体化

镇街道

一等奖：独山港经济开发区（独山港镇）、新埭镇、平湖经济技术开发区（钟埭街道）、广陈镇

二等奖：新仓镇、当湖街道、林埭镇、曹桥街道

部门

发改局、长三角一体化中心、组织部、宣传部、商务局、生态环境分局、综合执法局、供销社（农合联）、政法委、交通运输局、市场监管局、文旅体局、人力社保局

（二）社会建设先进集体

1. 城乡秀美工程

镇街道

一等奖：新埭镇、平湖经济技术开发区（钟埭街道）、林埭镇、曹桥街道

二等奖：广陈镇、当湖街道、新仓镇、独山港经济开发区（独山港镇）

部门

农业农村局、综合执法局、城投集团、建设局、生态环境分局、自然资源和规划局、经信局、商务局、文旅体局、交通运输局、妇联、水利局、市场监管局、财政局、传媒中心、发改局

2. 民生优享工程

镇街道

一等奖：当湖街道、平湖经济技术开发区（钟埭街道）、曹桥街道、独山港经济开发区（独山港镇）

二等奖：新仓镇、新埭镇、广陈镇、林埭镇

部门

宣传部、教育局、公安局、民政局、农业农村局、建设局、交通运输局、文旅体局、卫生健康局、政务数据办、总工会、城投集团、传媒中心、编办、综合执法局、自然资源和规划局

3. 平安建设

镇街道

一等奖：曹桥街道、平湖经济技术开发区（钟埭街道）、新仓镇、当湖街道

二等奖：新埭镇、广陈镇、独山港经济开发区（独山港镇）、林埭镇

部门

法院、检察院、宣传部、政法委、信访局、发改局、教育局、公安局、司法局、人力社保局、建设局、农业农村局、卫生健康局、应急管理局、市场监管局、总工会、社会治理中心

4. 乡村振兴

镇街道

一等奖：广陈镇、林埭镇、曹桥街道、新仓镇

二等奖：当湖街道、平湖经济技术开发区（钟埭街道）、新埭镇、独山港经济开发区（独山港镇）

部门

市委办、组织部、宣传部、政法委、发改局、农业农村局、财政局、自然资源和规划局、建设局、统计局、交通运输局、供销社（农合联）、生态环境分局、民政局、人力社保局、妇联

（三）“平湖铁军”先进集体

铁军打造工程

镇街道

一等奖：当湖街道、平湖经济技术开发区（钟埭街道）、广陈镇

二等奖：新埭镇、曹桥街道、林埭镇、独山港经济开发区（独山港镇）、新仓镇

部门

纪委监委、市委办、人大常委会机关、市府办、政协机关、组织部、宣传部、统战部、政法委、发改局、公安局、生态环境分局、自然资源和规划局、建设局、农业农村局、市场监管局、供销社(农合联)、交通运输局、交投集团

四、党建工作、全面从严治党和意识形态工作先进

（一）党建工作

镇街道

林埭镇、平湖经济技术开发区（钟埭街道）、广陈镇

部门

市直机关工委、公安局、建设局、市场监管局、农业农村局、交通运输局、经信局、财政局、自然资源和规划局、人力社保局

（二）全面从严治党

镇街道

平湖经济技术开发区（钟埭街道）、当湖街道、新埭镇

部门

公安局、审计局、生态环境分局、机关事务中心、党校、巡察办、老干部局、税务局、编办

（三）意识形态工作

镇街道

广陈镇、曹桥街道、当湖街道

部门

公安局、自然资源和规划局、农业农村局、综合执法局、生态环境分局、档案馆、城投集团、传媒中心

五、“十大改革创新”项目

纪委监委：公车领域公权力大数据监督应用

宣传部：应急志愿服务精准触达机制

组织部：打造长三角技能人才高地

检察院：数字检察类案监督助推智治项目

总工会：会员代表“云履职”服务职工零距离

农业农村局：建立“1+8+N”共富体系　打造强村富民标志性成果

政法委：迭代升级长三角一体化社会治理协同

政务数据办：“感智汇”物联感知融合服务应用

经信局：“腾笼换鸟、凤凰涅槃”数智治理

应急管理局：城市防内涝智能应用

民政局：困难群众精准画像

教育局：“增财实学”应用系统

六、市长质量奖

浙江凯阳新材料股份有限公司

嘉兴市华鼎保温科技有限公司

浙江中能物业服务股份有限公司

七、年度纳税大户

平湖石化有限责任公司

平湖滨江房地产开发有限公司

邦芒服务外包有限公司

津上精密机床（浙江）有限公司

浙江卫星能源有限公司

浙江景兴纸业股份有限公司

日本电产芝浦（浙江）有限公司

平湖市卓骏房地产开发有限公司

浙江平湖农村商业银行股份有限公司

德西福格汽车配件（平湖）有限公司

八、功勋企业、功勋企业家和明星企业、明星企业家

（一）功勋企业、功勋企业家

平湖石化有限责任公司　高　军

津上精密机床（浙江）有限公司　李泽群

浙江欧迪恩传动科技股份有限公司　李秀蓉

（二）明星企业、明星企业家

斯泰必鲁斯（浙江）有限公司　马云杰

康迈尔机电（嘉兴）有限公司　马蒂亚·卢里

浙江伊控动力系统有限公司　赵平华

浙江鸿禧能源股份有限公司　李　健

浙江独山能源有限公司　郑永伟

浙江荣晟环保纸业股份有限公司　冯晟宇

日本电产京利机械（浙江）有限公司　清水治

浙江嘉特保温科技股份有限公司　邱靖涛

浙江景兴纸业股份有限公司　朱在龙

日本电产汽车马达（浙江）有限公司　封　静

浙江晨光电缆股份有限公司　朱水良

九、企业贡献奖

贡献奖（首超 2000 万元）：康迈尔机电（嘉兴）有限公司

贡献奖（首超 1500 万元）：斯泰必鲁斯（浙江）有限公司

贡献奖（首超 1000 万元）：日本电产京利机械（浙江）有限公司

贡献奖（首超 500 万元）：东精计量仪（平湖）有限公司

贡献奖（首超 500 万元）：浙江欧迪恩传动科技股份有限公司

贡献奖（首超 500 万元）：浙江菲斯曼供热技术有限公司

贡献奖（首超 500 万元）：嘉吉食品科技（平湖）有限公司

十、“亩均英雄”企业

津上精密机床（浙江）有限公司

平湖石化有限责任公司

浙江恒业电子股份有限公司

日本电产新宝（浙江）有限公司

嘉兴广越服装有限公司

日本电产理德机器装置（浙江）有限公司

博格隆（浙江）生物技术有限公司

嘉兴沃特泰科环保科技股份有限公司

爱科来医疗科技（平湖）有限公司

伊维莱线性驱动技术（平湖）有限公司

十一、优秀专精特新企业

嘉兴富瑞邦新材料科技有限公司

浙江比例聚合科技股份有限公司

博格隆（浙江）生物技术有限公司

平湖市华海造船有限公司

浙江抟原复合材料有限公司

平湖英厚机械有限公司

浙江宝绿特环保技术工程有限公司

浙江亚迪纳新材料科技股份有限公司

德耐尔能源装备有限公司

嘉兴高正新材料科技股份有限公司

十二、数字经济优秀企业

嘉兴京东云计算有限公司

日本电产汽车马达（浙江）有限公司

长城汽车股份有限公司平湖分公司

尼得科艾莱希斯电子（浙江）有限公司

浙江晨光电缆股份有限公司

嘉兴星越包装材料有限公司

浙江鸿禧能源股份有限公司

汇涌进光电（浙江）有限公司

浙江新发现机械制造有限公司

嘉兴金利精密电子有限公司

十三、建筑业优秀企业

浙江鑫达建设有限公司

浙江华舟建设有限公司

浙江鸿宁建设有限公司

浙江远辰建设股份有限公司

平湖市南桥建筑工程有限公司

浙江勤丰建设有限公司

浙江宏建建设有限公司

平湖市水利工程有限公司

平湖市新信交通工程有限公司

十四、优秀园林企业

浙江华舟建设有限公司

浙江森科建设有限公司

嘉兴景园园林建设有限公司

平湖市福通建设工程有限公司

平湖先行园艺工程有限公司

主要组织机构及负责人

中国共产党平湖市委员会

书　记　仲旭东

副书记　周军波

　　　　毛　捷

常　委　仲旭东

　　　　周军波

　　　　毛　捷

　　　　王兰平

　　　　何　苗（女）

　　　　崔加晶

　　　　李文健

　　　　沈志凤（女）

　　　　胡泓恬（—2022.12.26）

　　　　戴　振

　　　　崔小生

　　　　莫放路（2022.12.26—）

委　员　王兰平

　　　　王李涛（—2022.12.26）

　　　　王莉莉（女，—2022.12.13）

　　　　毛　捷

　　　　朱勤明

　　　　仲旭东

　　　　庄志浩

　　　　汤洪成（—2022.6.9）

　　　　许　静（女）

　　　　李文健

杨金平
杨朝辉
吴兰兰（女）
吴金华
吴跃根
何　苗（女）
何　健
何小云（女）
何春风（女）
沈　杰
沈　健
沈　锋
沈志凤（女）
宋红伟（女）
张东阁（女，—2022.7.22）
张国跃（—2022.4.18）
陈定良
金　一
金　球（—2022.3.10）
周军波
周海林
胡泓恬（—2022.12.26）
俞雪琴（女）
莫放路
徐海飞
崔小生
崔加晶
戴　振
戴建忠

候补委员
朱　浩
何鸣宇（女）
陈慧刚
戴良英（女）
刘建群
陆秀梅（女）
潘加林
戴忠伟

平湖市人民代表大会常务委员会

主　任　胡水良（—2022.2.17）
吴金华（2022.2.17—）

副主任　姚田宝（女，—2022.2.17）
蔡国平（2022.2.17—）
钱勇彪（2022.2.17—）
柯卫明
金玉珍（女）
徐锦连（—2022.2.17）
刘皆安（—2022.2.17）
富国权
陈　伟（2022.2.17—）

委　员　马雪明（—2022.2.18）
马保龙（2022.2.18—）
王　杰（2022.2.18—）
王邱平（2022.2.18—）
王国忠
王建良
王春玲（女，2022.2.18—）
毛仲华（女）
方卫东（2022.2.18—）
叶金华（—2022.2.18）
朱国海（—2022.2.18）
朱洪宝（—2022.2.18）
全明华（—2022.2.18）
步晓燕（女）
何小云（女，2022.2.18—）
何鸣宇（女，2022.2.18—）
邹　群
沈　健（—2022.2.18）
沈永良（2022.2.18—）
宋雪忠（—2022.2.18）
张大好（女，2022.2.18—）
张洪琪（—2022.2.18）
陆　跃（—2022.2.18）
林金连（—2022.2.18）
金在良（—2022.2.18）
胡传英（女，2022.2.18—）
胡仕其（—2022.2.18）
柳永良（—2022.2.18）
俞四龙
顾军华（女，2022.2.18—）
顾黎明（2022.2.18—）
姚金根（—2022.2.18）
钱秀林（—2022.2.18）
徐凤英（女）
高雪峰（2022.2.18—）
高敏芬（女）
陶国华（2022.2.18—）
陶跃中（—2022.2.18）
黄碧泉（女，2022.2.18—）
曹月平（2022.2.18—）
曹新萍（女，2022.2.18—）
褚珠平（2022.2.18—）
韩云付（—2022.2.18）
谢龙华（—2022.2.18）
戴良英（女，—2022.2.18）

市人大常委会工作部门

办公室

主　任　王国忠

副主任　曹月平
沈邵燕（女）
沈永锦
黄碧泉（女）
张大好（女）
王亚英（女，—2022.6.30）
王　杰
何小叶（女）
殷文杰（女）
张　喜（女，2022.1.28—）
陈结加（2022.6.30—）

机关党组书记
王国忠

监察和司法工作委员会

主　任　高敏芬（女）

副主任　沈永锦

唐叶明（兼，—2022.4.21）
吴仲恒（兼，2022.4.21—）

预算工作委员会
主 任 邹 群
副主任 沈邵燕（女）
李寿林（兼，2022.4.21—）
社会建设与民宗外侨工作委员会
主 任 徐凤英（女）
副主任 黄碧泉（女）
朱洪宝（兼，—2022.4.21）
张建军（兼，2022.4.21—）
教育科技文化卫生工作委员会
主 任 俞四龙（2021.10.29—）
副主任 何小叶（女）
胡仕其（兼，—2022.4.21）
毛仲华（女，兼，2022.4.21—）
农业与农村工作委员会
主 任 王建良
副主任 曹月平（2021.12.14—）
宋雪忠（兼，—2022.4.21）
赵明华（兼，2022.4.21—）
城乡建设与环境资源保护工作委员会
主 任 方卫东（2021.12.14—）
副主任 张大好（女）
叶金华（兼，—2022.4.21）
沈永良（兼，2022.4.21—）
代表与选举任免工作委员会
主 任 步晓燕（女）
副主任 王 杰
沈 健（兼，—2022.4.21）
何小云（女，兼，2022.4.21—）
研究室
主 任 王国忠

平湖市人民政府

市 长 周军波（2022.2.17—）
代理市长
周军波（—2022.2.17）
副市长 周军波（—2022.2.17）
钱勇彪（—2022.2.17）
方晓烈（—2022.2.17）
胡泓恬
戴 振（2022.2.17—）
戴建忠
沈志凤（女，—2022.2.17）
宋怡玲（女，2022.2.17—）
汤洪成（—2022.6.30）
莫放路
王李涛
周启程（2022.6.30—）
朱国强（挂职，2022.12.23—）

中国人民政治协商会议平湖市委员会

主 席 王道平（—2022.2.17）
何 健（2022.2.17—）
副主席 许 静（女）
方晓烈（2022.2.17—）
宋怡玲（女，—2022.2.17）
沈幼锋
唐华荣
汤建萍（女）
秘书长 唐卫华（女）
副秘书长
郑忠勤
吴小娟（女，—2022.4.21）
于小华（—2022.4.21）
朱立军（2022.4.21—）

市政协工作机关

办公室
主 任
副主任 傅祎慧（女）
王文杰（—2022.9.6）
夏竹青
潘跃健
机关党组书记 唐卫华（女）
提案委员会
主 任 陶熠旻
副主任 杜雪英（女）
吴小娟（女，兼，—2022.4.21）
雷 伟（兼，2022.4.21—）
鄢圣利（兼，2022.4.21—）
经济与人口资源环境委员会
主 任 沈海良
副主任 张健良
杨永明（兼，—2022.4.21）
李寿林（工商联，兼，2022.4.21—）
张立帆（兼，2022.4.21—）
教科卫体与文化文史学习委员会
主 任 屠保林
副主任 费瑞瑞（女）
邢 伟（兼）
郭杰光（兼，—2022.4.21）
王莉莉（女，兼，2022.4.21—2022.9.6）
陆忠民（兼，2022.4.21—）
社会法制与民宗港澳台侨委员会
主 任 董碧颖（女）
副主任 鲁跃华（—2022.1.27）
姚云云（女，2022.1.27—）
周新根（兼，—2022.4.21）
周 虹（女，兼，—2022.4.21）
李寿林（公安局，兼，2022.4.21—）
夏洁弘（女，兼，2022.4.21—）
孙林英（女，兼，2022.4.21—）
农业和农村委员会
主 任 高浩健
副主任 陆建良（—2022.1.27）
鲁跃华（2022.1.27—）
金 莉（女，兼，—2022.4.21）
王 杰（兼，2022.4.21—）

委员工作委员会
主　任 陆建良（2022.1.27—）
副主任 傅祎慧（女）
　　何小云（女，兼，—2022.4.21）
　　郑忠勤（兼）
　　龚超群（兼，2022.4.21—）
研究室
主　任
副主任 夏竹青

中国共产党平湖市纪律检查委员会
书　记 崔加晶
副书记 周海林
　　龚超群
常　委 崔加晶
　　周海林
　　龚超群
　　徐新颜（女）
　　陶玉中
　　刘建平
　　朱贤桢（女）
平湖市监察委员会
主　任 崔加晶（2022.2.17—）
代理主任
　　崔加晶（—2022.2.17）
副主任 崔加晶（—2022.2.17）
　　俞雪琴（女，—2022.8.31）
　　周海林
　　龚超群（2022.4.21—）
委　员 陶玉中（—2022.4.21）
　　刘建平
　　朱贤桢（女）
　　张凯明（2022.4.21—）
　　高国营（2022.4.21—）
平湖市委巡察工作领导小组办公室
主　任 徐新颜（女）
副主任 高国营（—2022.5.28）
　　唐春燕（女，2022.7.29—）

平湖市委第一巡察组
组　长 俞卫平
副组长 谢晓东
平湖市委第二巡察组
组　长 彭凯伦（女，—2022.10.31）
　　张继军（2022.12.13—）
副组长 陈云观（—2022.5.28）
　　王建军（2022.5.28—）
平湖市委第三巡察组
组　长 傅林宏
副组长 倪佳佳
　　俞爱华（女，2022.7.29—）
平湖市委第四巡察组
组　长 屠孝忠
副组长 唐春燕（女，—2022.7.29）
市纪委市监委派驻第一纪检监察组（驻市委办）
组　长 张继军（—2022.12.13）
　　雷　耘（女，2022.12.13—）
副组长 顾仿良（—2022.10.31）
　　金晓彤（2022.3.10—）
　　陈　琦（2022.12.13—）
市纪委市监委派驻第二纪检监察组（驻市人大机关）
组　长 金福明
副组长 高丽林（—2022.3.10）
市纪委市监委派驻第三纪检监察组（驻市府办）
组　长 曹　亮（—2022.3.10）
　　刘中源（2022.3.10—）
副组长 吴建林
　　刘国华
市纪委市监委派驻第四纪检监察组（驻市政协机关）
组　长 金　茜（女，—2022.12.13）
市纪委市监委派驻第五纪检监察组（驻市委组织部）
组　长 杜　芳（女）
副组长 曹海平

　　沈　群（女）
市纪委市监委派驻第六纪检监察组（驻市委宣传部）
组　长 王玉冰（—2022.12.13）
　　李振华（2022.12.13—）
副组长 宋雪忠（2021.12.4—）
　　褚吴虹（女）
市纪委市监委派驻第七纪检监察组（驻市委政法委）
组　长 曹冬梅（女，—2022.12.13）
　　钱卫中（2022.12.13—）
副组长 俞爱华（女，—2022.7.29）
　　黄利民（2021.9.23—）
　　顾伟峰（2022.12.13—）

平湖市人民法院
院　长 杨朝辉
副院长 范　俊
　　马伟勤
　　戴　斌
党组书记
　　杨朝辉
党组副书记
　　范　俊
市纪委市监委驻市人民法院纪检监察组组长
　　陆　民
政治部主任
　　应晓军
执行局局长
　　薛　挺

平湖市人民检察院
检察长 陈定良（2022.2.17—）
代理检察长
　　陈定良（—2022.2.17）
副检察长
　　陈定良（—2022.2.17）
　　陆永立

李云林
许政强
刘　中
党组书记
陈定良
党组副书记
市纪委市监委驻市人民检察院纪检监察组组长
钟卫红（女）
政治部主任
曹笑薇（女）

民主党派

中国民主同盟平湖市基层委员会
主任委员
朱立军
副主任委员
钱海英（女）
潘彩丽（女）
陆邵栋
中国民主促进会平湖市委员会
主任委员
宋怡玲（女）
副主任委员
鲁跃华
陶国华
王春玲（女）
中国农工党平湖市基层委员会
主任委员
汤建萍（女）
副主任委员
于小华
毛仲华（女）
姚震峰
平湖市工商业联合会
主　席　朱在龙
副主席　李寿林（驻会）
褚卫国（驻会）
李小娟（女，驻会）
马保龙
王泉平
王富国
石华杰
冯荣华
朱　振
朱水良
孙忠明
李　昂
李伟峰
李秀蓉（女）
李金喜
何士俊
沈　燕
张永林
张伟中
张余林
林楚华
胡　挺
胡巧玲（女）
钱董杰
徐向泉
徐俊发
黄德荣
平湖市总商会
会　长　朱在龙
副会长　李寿林（驻会）
褚卫国（驻会）
李小娟（女，驻会）
马保龙
王泉平
王富国
殳跃飞
石华杰
冯荣华
成金豪
朱　振
朱水良
华　琳
庄中海
孙杰飞
孙忠明
李　昂
李伟峰
李秀蓉（女）
李金喜
邱靖涛
何士明
何士俊
沈　燕
张永林
张伟中
张丽萍（女）
张余林
张建明
陆利平
陈占真
林楚华
郑永伟
赵学群
胡　挺
胡巧玲（女）
俞建英（女）
顾照根
钱董杰
徐向泉
徐俊发
黄江明
黄德荣
管政明
平湖市工商业联合会
党组书记
李寿林

市委工作部门

市委办公室
主　任　金　球（—2022.3.10）
吴跃根（2022.3.10—）

副主任 陈　伟（—2022.2.18）
龚超群（—2022.1.10）
刘中源（兼，—2022.3.10）
杨少峰（兼，—2022.12.13）
陆保林（—2022.3.10）
李华平（兼，2022.12.13—）
雷　伟
沈忠良（—2022.1.10）
陆建海（2022.1.10—）
丁晓伟（2022.3.10—）
姚　杰（兼，2022.12.13—）

市委台湾工作办公室
主　任 金　球（—2022.3.10）
吴跃根（2022.3.10—）
专职副主任
丁晓伟（—2022.3.10）
陈　伟（2022.7.22—）

市政府台湾事务办公室
主　任 金　球（—2022.3.10）
吴跃根（2022.3.10—）
专职副主任
陈　伟（2022.7.22—）

市委国家安全委员会办公室
主　任 毛　捷（2022.7.22—）
专职副主任
姚　杰（2022.12.13—）

市委机要局（市密码管理局）
局　长 沈忠良（—2022.1.10）
副局长 丁晓伟（2022.3.28—）

市档案局
局　长 陆保林（—2022.3.10）

市委组织部
部　长 崔小生
常务副部长
何小云（女）
副部长 朱　磊
朱　娜（女）
沈　健（兼）
林国平（兼）
李鹰梅（女，兼，—2022.5.28）
王亚英（女，兼，2022.5.28—）

市委人才工作领导小组办公室
专职副主任
侯四海（—2022.12.13）

市委新经济与新社会组织工作委员会
书　记 朱　磊（2022.5.28—）
副书记 潘　杰
兼职副书记
各成员单位［统战部（工商联）、经信局、民政局、商务局、市场监督管理局］分管负责人

市公务员局
局　长 何小云（女）

市委宣传部
部　长 沈志风（女）
常务副部长
何春风（女）
副部长 潘跃碧（兼）
石　苗
刘　湉（女，2022.3.10—）

市委网络安全和信息化委员会办公室专职副主任
刘　湉（女，—2022.3.10）
吴加跃（2022.7.22—）

市精神文明建设委员会办公室
主　任 刘　湉（女，2022.3.10—）
专职副主任
王月红（女，2022.12.13—）

市互联网信息办公室
主　任
副主任 刘　湉（女，—2022.3.10）
吴加跃（2022.7.22—）

市委统一战线工作部
部　长 王兰平
常务副部长
郑忠勤
副部长 夏洁弘（女）
周　虹（女，—2022.1.10）
李春林
程　谦（2022.1.10—）

市民族宗教事务局
局　长 夏洁弘（女，—2022.1.10）
程　谦（2022.1.10—）
副局长 朱新达

市政府侨务办公室主任
周　虹（女，—2022.1.10）
夏洁弘（2022.1.10—）

市委政法委员会
书　记 毛　捷
常务副书记
朱勤明
副书记 汤洪成（—2022.6.25）
周启程（2022.6.25—）
朱勤明
周新根
顾跃良（兼）
高丽林（2022.3.10—）
政治处主任
屈士明（—2022.7.22）
孙　凤（女，2022.7.22—2022.12.13）
何　韵（女，2022.12.13—）

市社会治理综合指挥服务中心
主　任 顾跃良
副主任 杨树春（—2022.10.31）
黎星军（2022.3.10—）
徐　超

市委政策研究室
主　任
副主任 李玉芳（女）

市委直属机关工作委员会
书　记 崔小生
常务副书记
刘中源（—2022.3.10）
吴东伟（2022.3.10—）

副书记　任文云（—2022.12.13）
　　　　杨　燕（女，2022.12.13—）
市委直属机关纪检监察工委书记
　　　　何春浩
市委市政府信访局
局　长　杨少峰（—2022.12.13）
　　　　李华平（2022.12.13—）
副局长　陈志明
　　　　孙林英（女，—2022.1.10）
　　　　董元元
市委老干部局
局　长　李鹰梅（女，—2022.5.28）
　　　　王亚英（女，2022.5.28—）
副局长　张国权
　　　　俞祥华
市关工委专职副主任　姚秀平
市委城镇企业工作委员会
书　记　张东阁（女，—2022.7.22）
副书记
纪工委书记
　　　　邵秀俊（女，—2022.3.10）
市委机构编制委员会办公室
主　任　沈　健
副主任　张跃健

市政府工作部门

市人民政府办公室
主　任　沈　锋
副主任　梁晓军（兼）
　　　　雷　耘（女，兼，—2022.12.13）
　　　　冯　超（—2022.12.13）
　　　　胡家跃
　　　　苏海强（2022.4.18—）
　　　　马亮春（2021.9.23—）
　　　　傅志坚（—2022.4.18）
　　　　鄢圣利
　　　　黄维舟（—2022.12.13）
　　　　张国富（2022.12.13—）
　　　　侯四海（2022.12.13—）
　　　　凌一波（2022.12.13—）
　　　　金惠杰（2022.3.10—）
党组书记　沈　锋
市人民对外友好协会专职副会长
　　　　沈艳珺（女）
市口岸服务中心
主　任　吴继承（—2022.12.13）
市机关事务管理中心
主　任　雷　耘（女，—2022.12.13）
　　　　吴继承（2022.12.13—）
副主任　陆栋梁
　　　　胡　健
　　　　胡永明
发展和改革局
局　长　戴　振（—2022.4.21）
　　　　徐海飞（2022.4.21—）
副局长　顾栋梁（—2022.3.10）
　　　　顾叶娟（女，—2022.3.10）
　　　　王学斌（2022.3.10—）
　　　　吴　平（2022.3.10—）
　　　　陈勇钢（兼，2022.12.13—）
　　　　杨雪勤（女，2022.12.13—）
党组书记
　　　　戴　振（—2022.3.10）
　　　　徐海飞（2022.3.10—）
副书记
市委全面融入长三角一体化发展委员会办公室副主任
　　　　陈勇钢（—2022.12.13）
　　　　沈　希（女，2022.12.13—）
市委社会建设委员会
主　任　毛　捷（2022.7.22—）
副主任　胡泓恬（2022.7.22—）
　　　　徐海飞（2022.7.22—）
专职副主任
　　　　顾晓鸣（2022.4.18—）
市国防动员办公室
主　任　徐海飞（2022.12.13—）
专职副主任
　　　　陈勇钢（2022.12.13—）
服务业发展局
局　长　王学斌
副局长　顾叶娟（女，—2022.3.10）
经济和信息化局
局　长　张东阁（女，—2022.8.31）
　　　　沈　洪（2022.8.31—）
副局长　张照明（2022.7.22—）
　　　　沈　洪（—2022.8.31）
　　　　邵秀俊（女，—2022.3.10）
　　　　张立帆（—2022.12.13）
　　　　韩国强（2022.3.10—）
总工程师
　　　　韩国强（—2022.3.10）
　　　　屠东君（2022.3.10—）
党委书记
　　　　张东阁（女，—2022.7.22）
　　　　张照明（2022.7.22—）
副书记
市数字经济发展局
局　长　张东阁（女，—2022.7.22）
　　　　沈　洪（2022.7.22—）
副局长　张立帆（—2022.12.13）
教育局
局　长　王郁春
副局长　陆忠民
　　　　张晓松
　　　　柯忠明
党委书记
　　　　王郁春
副书记　金　茜（女，2022.12.13—）
专职副总督学
　　　　王　献（2022.7.22—）
科学技术局
局　长　倪建锋（—2022.8.31）
　　　　程传保（2022.8.31—）
副局长　胡晓蕾（女，2022.7.22—）
　　　　毛宝中

徐　欣（—2022.5.28）
党组书记
倪建锋（—2022.7.22）
程传保（2022.7.22—）
公安局
局　长 汤洪成（—2022.6.30）
周启程（2022.6.30—）
督察长 汤洪成（—2022.6.25）
周启程（2022.6.25—）
政治委员
方　勇（—2022.5.28）
周　鹏（2022.5.28—）
常务副局长
李中华
副局长 唐叶明
李寿林
吴　戎（—2022.7.22）
顾跃其
李继红（2022.7.22—）
副政委
党委书记
汤洪成（—2022.6.25）
周启程（2022.6.25—）
副书记 方　勇（—2022.5.28）
周　鹏（2022.5.28—）
李中华
政治处主任
冯　勤
市纪委市监委驻市公安局纪检监察组
组　长
副组长 周祖飞
周国华
市流动人口管理服务中心
主　任 唐叶明（2022.3.10—）
副主任 吴中林
民政局
局　长 程佳俊
副局长 华　锐
陆晓燕（女，2022.3.10—）
党组书记
程佳俊
市社会组织综合党委书记
程佳俊
市社会组织综合党委副书记
何鸣宇（女）
市社会组织综合党委专职副书记
张娟凤（女）
司法局
局　长 徐　立
副局长 朱亦林（2022.12.13—）
孙剑威
沈　坚
党委书记
徐　立
财政局
局　长 吴兰兰（女）
副局长 顾利鹤
丁根林
钱道明
总会计师
宋丽梅（女）
党委书记
吴兰兰（女）
副书记 顾利鹤
市政府国有资产监督管理办公室
主　任 吴兰兰（女）
副主任 丁根林
人力资源和社会保障局
局　长 林国平
副局长 刘　洪
王伟明
吴忠平（—2022.5.28）
苏海强（—2022.4.18）
陈　琦（—2022.12.13）
徐　欣（2022.5.28—）
党委书记
林国平
市养老保险服务中心主任
陈广平（2022.3.10—）
住房和城乡建设局
局　长 戴忠伟
副局长 沈建林（—2022.12.13）
潘冲根（—2022.5.28）
柯　杰（2022.5.28—）
盛　渊（2022.12.13—）
党委书记
戴忠伟
副书记 金　卫
市人民防空办公室（市民防局）
主任（局长）
戴忠伟（—2022.12.13）
总工程师
金　卫
市房屋征收管理服务中心
主　任 史家骏
交通运输局
局　长 张国跃（—2022.4.21）
戚红炳（2022.4.21—）
副局长 褚双龙
黄建峰
王晓东
党委书记
张国跃（—2022.4.18）
戚红炳（2022.4.18—）
总工程师
于立新
市交通运输综合行政执法队队长
徐跃忠
港航管理服务中心
主　任 吴继承（—2022.3.10）
宗　杰（2022.12.13—）
公路与运输管理服务中心
主　任 史云忠
农业农村局
局　长 朱　浩

副局长 袁利强
龚方明
唐红芳（女，—2022.4.18）
黄雪良（2022.5.28—）
党委书记
朱 浩
总农艺师
邵 慧（女）
市农业综合行政执法队队长
王 杰
市乡村振兴局局长
朱 浩（2022.7.22—）

水利局

局 长 张照明（—2022.3.10）
朱立军（2022.4.21—）
副局长 张照明
（2022.3.10—2022.7.22）
柯 杰（—2022.5.28）
任伟良（2022.12.13—）
党委书记
张照明（—2022.7.22）
任伟良（2022.12.13—）
党委副书记
总工程师
刘叶军

商务局

局 长 赵振宁
副局长 陶剑浩（—2022.3.10）
沈建林（2022.12.13—）
徐勤昌
张 园（女）
肖 杰（—2022.7.2）
吴忠平（2022.5.28—）
杨海明
党委书记
赵振宁（2021.4.1—）
市招商服务中心主任
盛 斌（2022.5.28—）

中国国际贸易促进委员会浙江省平湖市委员会

会 长 赵振宁（2022.4.18—）
副会长 林建浩（2022.5.28—）

市粮食和物资储备局

局 长 赵振宁

文化和广电旅游体育局

局 长 吴东伟（—2022.4.21）
王莉莉（女，2022.4.21—2022.12.23）
宋红伟（女，2022.12.23—）
副局长 倪琦根（—2022.9.30）
吴备明（女，—2022.1.30）
张 军
胡晓蕾（女，—2022.7.22）
金 晔
党委书记 吴东伟（—2022.3.10）
王莉莉（女，2022.3.10—2022.12.13）
宋红伟（女，2022.12.13—）
市文化市场综合行政执法队队长
丁乐军

市卫生健康局

局 长 俞鑫岗
副局长 王建军（—2022.5.28）
王晓平（女，—2022.3.10）
杨 勇（2022.5.28—）
党委书记
俞鑫岗
副书记 张 越（—2022.1.10）
王晓平（女，2022.3.10—）
计划生育协会专职副会长
陆晓燕（女，—2022.5.13）
邵秀俊（女，2022.5.13—）

退役军人事务局

局 长 邹勤良（—2022.4.21）
曹 亮（2022.4.21—）
副局长 籍夫建
叶保龙（—2022.7.29）
陈亮德（兼，2022.5.28—）
党组书记
邹勤良（—2022.3.10）
曹 亮（2022.3.10—）

应急管理局

局 长 马根良
副局长 倪 杰
王仕良
顾建良
马伟伟
吴建明
屠显中
党委书记
马根良
副书记 仕 良（2022.7.22—）
总工程师
陈玄昊（2022.5.28—）

审计局

局 长 沈祥根（—2022.8.31）
俞雪琴（女，2022.8.31—）
副局长 刘永华
贝 艳（女，—2022.1.25）
党组书记
沈祥根（—2022.6.9）
俞雪琴（女，2022.6.9—）
副书记
总审计师
赵伟民（2022.6.9—）
市经济责任审计工作联席会议办公室主任
赵伟民（—2022.6.9）
周冰富（2022.6.9—）

嘉兴市生态环境局平湖分局

局 长 任伟良（—2022.12.28）
高浩健（2022.12.28—）
副局长 朱立军（—2022.3.28）
吴敏奇
云 峰（2022.12.28—）
吴惠斌（2022.3.28—）

总工程师
　　吴惠斌（—2022.3.28）
　　刘翠翠（女，2022.3.28—）
党组书记
　　任伟良（—2022.12.13）
　　高浩健（2022.12.13—）
副书记
市生态环境保护综合行政执法队队长
　　严红冰

统计局
局　长 陈仕栋
副局长 薛　剑
　　杨在忠
总统计师
　　纪海亚（女）
党组书记
　　陈仕栋
副书记
市社会经济调查队队长
　　郭娄蕾（女）

市医疗保障局
局　长 姚震峰
副局长 冯　超（2022.12.13—）
　　钱卫中（—2022.12.13）
　　姜威丰
党组书记
　　钱卫中（—2022.12.13）
　　冯　超（2022.12.13—）
市医疗保险服务中心主任
　　张国富（—2022.12.13）

综合行政执法局
局　长 许　铉
政治委员
副局长 肖仁华
　　王跃平
　　徐国清
　　沈卫民
　　马云峰（兼，—2022.12.13）
　　傅晓波（兼）
　　朱亦林（兼，—2022.12.13）
党组书记
　　许　铉
副书记
政治处主任
　　马孝忠
市综合行政执法队队长
　　沈　健
市综合行政执法指导办公室
主　任 许　铉（2022.7.22—）
副主任 沈卫民（2022.7.22—）

市城市管理局
局　长 许　铉
副局长 肖仁华
　　王跃平
　　徐国清
　　沈卫民

市场监督管理局
局　长 吴跃根
　　沈　杰（2022.6.30—）
副局长 蔡　杰
　　孙晓云（女，—2022.8.31）
　　沈兴华
　　喻　彪
　　郑正方（—2022.8.31）
　　郎晓东
　　佘海华（2022.12.13—）
　　张建中
党委书记
　　吴跃根（—2022.3.10）
　　沈　杰（2022.5.28—）
副书记 蔡　杰
　　孙晓云（女，—2022.8.31）
市场监管综合行政执法队队长
　　孙在林

群众团体

平湖市总工会
主　席 许　静（女）
副主席 朱洪宝（—2022.1.13）
　　沈　强（—2022.1.13）
　　曹新萍（女）
　　张巍强（2022.1.13—）
　　顾叶娟（女，2022.4.28—）
党组书记
　　曹新萍（女）
经费审查委员会主任
　　孙国宾

共青团平湖市委员会
书　记 王莉莉（女，—2022.3.10）
　　孙堃琦（2022.5.28—）
副书记 孙堃琦（—2022.5.28）
　　马旻斐（女，2022.5.28—）
　　李　星（女，2022.3.10—）

平湖市妇女联合会
主　席 何鸣宇（女）
副主席 卫忠勤（女）
　　曹　越（女）
党组书记
　　何鸣宇（女）

平湖市科学技术协会
主　席 林士良
副主席 王春玲（女）
　　王　玥（女）
党组书记
　　林士良

平湖市残疾人联合会
理事长 钟　菲（女，—2022.2.27）
　　孙林英（女，2022.2.27—）
副理事长
　　莫林建
　　朱　磊
党组书记
　　钟　菲（女，—2022.1.10）
　　孙林英（女，2022.1.10—）

平湖市文学艺术界联合会
主　席 邢　伟
副主席 许　栋
　　　 高　宏
党组书记
　　　 邢　伟
平湖市归国华侨联合会
主　席 周　虹（女，—2022.5.18）
　　　 夏洁弘（女，2022.5.18—）
副主席 沈　飚（—2022.5.18）
　　　 沈一萍（女，—2022.5.18）
　　　 王群鸥（女，2022.5.18—）
　　　 陆丹恩（2022.5.18—）
　　　 夏竹青（2022.5.18—）
　　　 张永杰（2022.5.18—）
专职副主席
　　　 程　谦（—2022.1.19）
　　　 汪潇云（女，2022.1.19—）
平湖市红十字会
会　长 方晓烈（—2022.8.13）
　　　 戴建忠（2022.8.13—）
常务副会长
　　　 李良观（—2022.8.13）
　　　 张　越（2022.8.13—）
副会长 鲍一琼（女）
党组书记
　　　 李良观（—2022.1.10）
　　　 张　越（2022.1.10—）

市直属机构

党　校
校　长 崔小生
常务副校长
　　　 戴良英（女，—2022.11.30）
副校长 金治平（—2022.12.13）
　　　 任文云（2022.12.13—）
　　　 沈民忠
行政学校
校　长 崔小生
常务副校长
　　　 戴良英（女，—2022.11.30）
副校长 金治平（—2022.12.13）
　　　 任文云（2022.12.13—）
　　　 沈民忠
社会主义学校
校　长 王兰平
常务副校长
　　　 戴良英（女，—2022.11.30）
副校长 金治平（—2022.12.13）
　　　 任文云（2022.12.13—）
　　　 沈民忠
档案馆
馆　长 陆保林（2022.3.10—）
副馆长 郭杰光（—2022.11.30）
　　　 金治平（2022.12.13—）
　　　 陆曹珺（女）
党组书记
　　　 陆保林（2022.3.10—）
市史志研究室
主　任 陆保林（2022.3.10—）
副主任 郭杰光（—2022.11.30）
　　　 金治平（2022.12.13—）
　　　 陆曹珺（女）
市政务服务和数据资源管理办公室
主　任 邬妤琼（女）
副主任 谭艳婷（女）
　　　 顾炯杰
党委书记
　　　 何　苗（女）
党委副书记
　　　 邬妤琼（女）
总工程师
　　　 金　舟
市大数据中心主任
　　　 周士飞
供销合作社联合社
理事会主任
　　　 戚红炳（—2022.5.9）
　　　 唐红芳（女，2022.5.9—）
理事会副主任
　　　 陆爱民
　　　 钱葛良
　　　 盛　渊
党委书记
　　　 戚红炳（—2022.4.18）
　　　 唐红芳（女，2022.4.18—）
监事会主任
　　　 倪秀丽（女）
传媒中心
主　任 周　谧（女）
副主任 蔡美兴
　　　 徐迪兰（女）
　　　 施志伟
　　　 纪海平
总编辑 潘跃碧
党组书记
　　　 周　谧（女）
副书记 潘跃碧
广播电视台
台　长 周　谧（女）
副台长 施志伟
嘉兴日报社平湖分社
社　长 潘跃碧
副社长 蔡美兴
　　　 徐迪兰（女）
九龙山旅游度假区管理委员会
主　任 吴东伟（—2022.3.10）
　　　 顾栋梁（2022.3.10—）
副主任 杨　燕（女，—2022.12.13）
　　　 林建浩（—2022.5.28）
　　　 沈赟斌（2022.5.28—）
党工委书记
　　　 吴东伟（—2022.3.10）
　　　 顾栋梁（2022.3.10—）
中共平湖经济技术开发区工作委员会
党工委书记
　　　 胡泓恬

副书记 陈慧刚
沈叶娟（女）
李振华（—2022.12.13）
李华平（—2022.12.13）
黄维舟（2022.12.13—）
胡跃健（2022.12.13—）
纪检监察工委书记
马国健
平湖经济技术开发区管理委员会
主　任 陈慧刚
常务副主任
沈叶娟（女）
副主任 陆丹恩（—2022.12.13）
柳　平
沈　斌
夏云方（挂职，2022.12.13—）
中共平湖市委独山港经济开发区工作委员会
党工委书记
庄志浩
副书记 戈浩强
吴　炜
陆　婷（女）
胡跃健（—2022.12.13）
顾栋梁（兼，2022.3.10—）
纪检监察工委书记
李海洋
浙江独山港经济开发区管委会
主　任 庄志浩
常务副主任
吴　炜
副主任 戈浩强
方照兴
郭斐炜（—2022.12.13）
金林弟
曹建平
温治平
陆　峰（2022.12.13—）

中共平湖市委张江长三角科技城平湖园工作委员会
党工委书记
常务副书记 杨金平
副书记 严　彬
王　峰（—2022.4.18）
傅志坚（2022.4.18—）
张立帆（兼，2022.12.13—）
张江长三角科技城平湖园管理委员会
主　任
常务副主任
王　峰（—2022.4.18）
傅志坚（2022.4.18—）
副主任 严　彬
金　洋（—2022.3.10）
盛抒东
陈立忠（2022.3.10—）
平湖农业经济开发区管理委员会
主　任 沈　杰（—2022.5.28）
李夏岚（女，2022.5.28—）
常务副主任
许建军（—2022.5.28）
陆丹恩（2022.12.13—）
副主任 李夏岚（女，—2022.5.28）
许建军（2022.5.28—）
阮晓峰
金　洋（2022.3.10—）
胡国强
党工委书记
沈　杰（—2022.5.28）
李夏岚（女，2022.5.28—）
副书记 李夏岚（女，—2022.5.28）
许建军
陆丹恩（2022.12.13—）
阮晓峰
嘉兴市人民政府驻上海联络处平湖市工作部
部　长 吴　平

副部长 李良伟
市金融发展服务中心
主　任 梁晓军
副主任 吴小娟（女，—2022.9.30）
陶勤卫
嘉兴市住房公积金管理服务中心平湖分中心
主　任 陈　击
副主任 陈晓东
沈　希（女，—2022.12.14）
徐　菊（女，2022.12.14—）
党组书记
陈　击
长三角一体化发展中心
主　任 王学斌
副主任 杨雪勤（女，—2022.12.13）
顾晓鸣（—2022.4.18）
孙　杰（2022.7.22—）
金　伟（2022.12.13—）
市城市发展投资（集团）有限公司
董事长
副董事长
吴骏跃（—2022.3.10）
沈　飚
盛　跃
顾明达（挂职）
总经理 吴骏跃（—2022.3.10）
盛　跃（2022.3.10—）
党委书记
党委副书记
吴骏跃（—2022.3.10）
盛　跃（2022.3.10—）
纪委书记
朱俊彦（女）
市水务投资（集团）有限公司
董事长 周　峰（—2022.1.10）
吴骏跃（2022.3.10—）

副董事长

柯　跃

王玉冰（2022.12.13—）

总经理 柯　跃

党委书记

周　峰（—2022.1.10）

吴骏跃（2022.3.10—）

党委副书记

柯　跃

王玉冰（2022.12.13—）

纪委书记

申任忠（—2022.1.10）

徐宠娟（女，2022.1.10—）

根据《中共平湖市委关于建立市交通投资（集团）有限公司党委、纪委和姚春元等同志任职的通知》（平委发〔2022〕20号）文件，建立中国共产党平湖市交通投资（集团）有限公司委员会和中国共产党平湖市交通投资（集团）有限公司纪律检查委员会。

市交通投资（集团）有限公司

董事长 姚春元（2022.3.10—）

副董事长

姚春元（—2022.3.10）

总经理 姚春元（—2022.3.10）

副总经理

金　平

党委书记

姚春元（2022.5.28—）

纪委书记

李　昊（2022.5.28—2022.11）

市国有资产控股集团有限公司

董事长 周建根

副董事长

周　峰（2022.1.10—）

顾　杰

总经理 陈跃锋

市泖水投资发展集团有限公司

董事长 章春燕（女）

副董事长

张立帆（2022.12.13—）

总经理 张立帆（2022.12.13—）

浙江省、嘉兴市垂直管理部门

国家税务总局平湖市税务局

局　长 王建明

副局长 徐剑霖

朱晔东（—2022.6.6）

陈月华（—2022.5.6）

姚小丹（女，2022.7.13—）

陈　民（2022.7.13—）

韩伟忠

党委书记

王建明

纪检组组长

朱立平

平湖市自然资源和规划局

局　长 徐海飞（—2022.4.29）

陈漫远（女，2022.6.30—）

副局长 费祥华（—2022.10.28）

金志元

张国平

陈漫远（女，—2022.6.30）

沈明方

党委书记

徐海飞（—2022.4.29）

陈漫远（女，2022.4.29—）

总规划师

方　华（女）

执法监察局局长

褚　杰

平湖邮政管理局

局　长 周其明

副局长 马　坚

国网浙江省电力有限公司平湖市供电公司

总经理 方景辉

副总经理

沈红峰（—2022.12.14）

陈望达（2022.12.14—）

顾海松

杨玉锐（—2022.12.14）

陈　超

孙一凡（2022.12.14—）

党委书记

沈红峰（—2022.12.14）

陈望达（2022.12.14—）

副书记 方景辉

郭　强（—2022.2.16）

朱萧轶（2022.2.16—）

纪委书记

郭　强（—2022.2.16）

朱萧轶（2022.2.16—）

中国电信股份有限公司平湖分公司

总经理 谢作炮

副总经理

陆　跃

沈　晔（女）

党委书记

谢作炮

副书记

纪委书记

陆　跃

中国邮政集团有限公司浙江省平湖市分公司

总经理 朱　峰（—2022.11.10）

黄金华（2022.11.10—）

副总经理

陈　洁（女，—2022.4.28）

张　彧

姚　辉（2022.4.28—）

党委书记

朱　峰（—2022.11.10）

黄金华（2022.11.10—）
纪委书记
张　彧（—2022.4.28）
姚　辉（2022.4.28—）
嘉兴市烟草公司平湖分公司
局长（经理）
丁旭东
副经理 王学钧（—2022.7.29）
陈勇军（2022.7.29—）
副局长 钟　诚（—2022.3.25）
金　敏（2022.4.29—）
党组书记
丁旭东
纪检组组长
钟　诚（—2022.3.25）
金　敏（2022.4.29—）
平湖市气象局
局　长 陈勇斌
副局长 计　珩
黄　强（—2022.9.21）
周秋林（2022.9.21—）
党组书记
陈勇斌
浙江省盐业集团嘉兴市盐业有限公司平湖分公司
经　理 周　雄
中国人民银行平湖市支行
行　长 陆　强
副行长 刘　庆
万里扬
党组书记
陆　强
中国银行保险监督管理委员会嘉兴监管分局平湖监管组
组　长 杨光耀
中国工商银行股份有限公司平湖支行
行　长 张旭东（2022.12.9—）
副行长 张旭东（主持工作，—2022.12.9）
马军良
齐国朋
沈　珏（女，2022.11.24—）
党总支书记
张旭东（2022.12.9—）
副书记 张旭东（—2022.12.9）
中国农业银行平湖市支行
行　长 陈清强
副行长 陈列佳（2022.6.13—）
费丽鋆（女，2022.6.20—）
张洪强（—2022.6.7）
谢　楠（女）
马　洁（女，—2022.6.20）
余　璐（女，—2022.11）
党委书记
陈清强
纪委书记
费丽鋆（女，—2022.6.20）
马　洁（女，2022.6.20—）
浙江平湖农村商业银行股份有限公司
董事长 卫华（—2022.6.28）
李九良（2022.10.24—）
行　长 张伟中
副行长 李俊凯
钱黎霞（女）沈　佳
监事长 沈华君
党委书记
刘卫华（—2022.6.28）
李九良（2022.10.24—）
纪委书记 沈华君
中国建设银行股份有限公司平湖支行
行　长 丁新风（—2022.9.20）
吴　洁（女，2022.9.20—）
副行长 徐海平
戚胜伟（—2022.4.20）
陈天玮（2022.12.12—）
俞　超
中国银行股份有限公司平湖支行
行　长 谈海江
副行长 张晓川（女）
杜亚峰
过胜杰（挂职，—2022.6.20）
徐　烨（女，2022.6.23—）
中国农业发展银行平湖市支行
行　长 王文晶（女）
副行长 徐凌燕（女，—2022.6.21）
陈　龙（2022.6.27—）
中信银行嘉兴平湖支行
行　长 王艳萍（女，—2022.7.1）
陆勇伟（2022.8.5—）
副行长 孔晨阳
陈益飞（2022.2.10—）
嘉兴银行股份有限公司平湖支行
行　长 沈娟慧（女）
副行长 褚春凤（女）
交通银行股份有限公司嘉兴平湖支行
行　长 汪　刚（—2022.3.1）
副行长 马　毓（女，主持工作，2022.3.23—）
陈健萍（女）
浦发银行平湖支行
行　长 黄建明
副行长 韦　力（—2022.7.15）
过胜杰（2022.8.3—）
兴业银行股份有限公司嘉兴平湖支行
行　长 章云芬（女）
党支部书记
章云芬（女）
中国人寿保险股份有限公司平湖市支公司
经　理 史丽婷（女，—2022.1.13）
潘　亮（2022.1.13—）
副经理 盛亚明
金　娟（女）

中国人民财产保险股份有限公司平湖支公司
总经理 金 一
副总经理
褚叶明
俞春燕（女）
党支部书记
金 一
中国太平洋财产保险公司平湖市支公司
经 理 陆志明
副经理 王 祎
张建军（—2022.6.1）
中华联合财产保险股份有限公司平湖支公司
经 理 朱志伟（—2022.2.7）
副经理 钱洁昊（主持工作，2022.2.7—）
中国移动通信集团浙江有限公司平湖分公司
总经理 高 翔
副总经理
陈培学
朱乐君
中国联合网络通信有限公司平湖市分公司
总经理 许开来
副总经理
沈 杰
吴忠明（2022.6.15—）

镇、街道

当湖街道
党委书记
金 一
副书记 张 杰
俞春峰
马云峰（—2022.12.13）
郭斐炜（2022.12.13—）
纪委书记
潘旦红（女）
党委委员
潘旦红（女）
王 萍（女）
钱珺瑶（女）
汤平栋
蒋 平
姚 尧
陆 俊（2022.5.28—）
人大工委主任
胡传英（女）
副主任 吴永强
办事处主任
张 杰
副主任 俞春峰（—2022.3.10）
沈 健（2022.3.10—）
王利燕（女）
沈志坚（—2022.12.13）
方倩玉（女，2022.12.13—）
于振华
钟埭街道
党工委书记
胡泓恬
副书记 陈慧刚
李振华（—2022.12.13）
李华平（—2022.12.13）
黄维舟（2022.12.13—）
胡跃健（2022.12.13—）
纪工委书记
马国健
党工委委员
马国健
陆 杰
唐利佳（—2022.5.28）
徐 芸（女，2022.5.28—）
徐煜薇（女）
王全明
费伟峰
胡国锋（2022.5.28—）
人大工委主任
王邱平
副主任 沈水明
办事处主任
陈慧刚
副主任 陆丹恩（—2022.12.13）
马美洪
沈佳赟（女）
陈旭东（—2022.12.13）
马赞骏（2022.12.13—）
曹桥街道
党委书记
潘加林
副书记 蒋 伟
祝佳悦（女）
王文杰（2022.7.22—）
纪委书记
刘昱晔（女）
党委委员
刘昱晔（女）
庞嘉隽（2022.3.10—）
金国林
孙琳远（女）
金惠峰
曹国庆
黎星军（—2022.3.10）
金 峰（2022.12.13—）
人大工委主任
高雪峰
副主任 毛亚良
办事处主任
蒋 伟
副主任 周 鼎
寿钢军
陆 峰（—2022.12.13）
王亚勤（女）

乍浦镇
党委书记
王晓平
副书记 傅晓波
黄国元
纪委书记
金　丽（女）
党委委员
韩跃强
项向明
金　丽（女）
陈佳秋（女）
顾江莉（女）
胡高泉
殷　勇
周红光
人大主席
顾黎明
镇　长 傅晓波
副镇长 严　良
周鑫海
严钢健
沈贤卿

新埭镇
党委书记
杨金平
副书记 严　彬
朱雅玲（女）
孙颖健
纪委书记
沈　睿（女）
党委委员
沈　睿（女）
王祥富
沈淑颖（女）
毛　杰
毛建明
周凯燕
叶　杰
人大主席
金琳芳（女）
人大副主席
李　东
镇　长 严　彬
副镇长 柯家叶（女）
纪卫林
曾明明
毛海江

新仓镇
党委书记
陆秀梅（女）
副书记 丁　吕
李　峰
朱亦林（—2022.12.13）
金勤锋（2022.12.13—）
纪委书记
陆海平
党委委员
陆海平
王　臻
陶　勤
李卫勤（女）
李洪良
盛　飞（2022.5.28—）
人大主席
沈永良
副主席 徐国军
镇　长 丁　吕
副镇长 宋　磊
周峰潮
李　俊（—2022.8.18）
纪　灵（2022.8.18—）
沈　斌

独山港镇
党委书记
庄志浩
副书记 戈浩强
陆　婷（女）
胡跃健（—2022.12.13）
纪委书记
李海洋（—2022.12.13）
邱子寅（2022.12.13—）
党委委员
李海洋（—2022.12.13）
邱子寅（2022.12.13—）
郭斐炜（—2022.12.13）
谢成艳（女）
张鲁彦（女）
肖斐霏（女）
孙　晓
谢英杰（2022.5.28—）
人大主席
吴仲恒
副主席 徐　鹤
镇　长 戈浩强
副镇长 金林弟
郭斐炜
邹辰玮
何叶芳（女）

广陈镇
党委书记
沈　杰（—2022.5.28）
李夏岚（女，2022.5.28—）
副书记 李夏岚（女，—2022.5.28）
许建军（2022.5.28—）
包逸骏
纪委书记
张叶筱（女）
党委委员
张叶筱（女）
佘海华（—2022.12.13）
沈叶青（2022.12.13—）
盛晓春（女）
毛夏平
沈华新
程振帮
沈　健

人大主席

张建军

镇　长　李夏岚（女，—2022.8.18）

许建军（2022.8.18—）

副镇长　倪晓伦

陈建仿

吴颉靓

施园峰

林埭镇

党委书记

宋红伟（女，—2022.12.13）

副书记　程传保（—2022.7.22）

倪建锋（2022.7.22—）

徐成校

纪委书记

凤豪鹏

党委委员

凤豪鹏

何秋燕（女）

莫　云

范依晓（女）

沈　健

缪跃忠

金勤锋（—2022.12.13）

人大主席

赵明华

镇　长　程传保（—2022.8.24）

倪建锋（2022.8.24—）

副镇长　胡建忠

屠慧林

凌一波

钟　鸣

文件选编

文件选录

中共平湖市委　平湖市人民政府关于高质量推进乡村全面振兴勇当共同富裕“金平湖”新崛起典范的意见

平委发〔2022〕1号

各镇街道，平湖经济技术开发区、独山港经济开发区，市级机关各部门，市属各单位：

为贯彻落实《中共中央　国务院关于做好2022年全面推进乡村振兴重点工作的意见》《中共浙江省委　浙江省人民政府关于2022年高质量推进乡村全面振兴的实施意见》精神，深入实施乡村振兴战略，推动城乡融合发展，促进共同富裕，现结合我市实际，制定本意见。

一、总体思路和目标

以习近平新时代中国特色社会主义思想为指导，深入贯彻党的十九届六中全会和中央、省委农村工作会议精神，坚持和加强党对“三农”工作的领导，坚持农业农村优先发展，坚持稳中求进工作总基调，以数字化改革为牵引，聚焦“12458”战略重点，踔厉奋发、笃行不怠，打造现代农业示范、未来乡村风范、同创共富典范，加快构建农业现代化、农村现代化、农民现代化“三化”同步格局，争当乡村振兴模范生、打造农业农村现代化新范本、勇当共同富裕“金平湖”新崛起典范。

2022年，确保粮食生产面积42万亩、产量18.6万吨，能繁母猪存栏2300头以上，农业增加值增速2%以上，固定资产投资3亿元以上；行政村集体经营性收入全部达120万元以上；农村居民人均可支配收入增幅8%以上，低收入农户人均可支配收入增幅10%以上，城乡收入倍差持续缩小。

二、实施三大行动，加快推动“三化同步”

（一）实施农业“双强”促升级行动，打造现代农业示范

1. 农业稳产增产。坚决遏制耕地“非农化”防止“非粮化”，推进粮食生产功能区整治优化。严格落实粮食安全党政同责制和“菜篮子”市长负责制，保障粮食生产和重要农产品有效供给。严格落实耕地保护党政同责，全面建立市镇村“田长制”责任体系。加强耕地地力保护，新建高标准农田3000亩，建成“千亩方、万亩方”永久基本农田集中连片4000亩。加快圩区建设提档升级工程，提升农田防洪防涝能力。深化农业节水示范灌区建设，打造太湖流域农业节水减排示范。推进“米香”振兴五年行动，实施政策性水稻完全成本保额补充保险，完成稻米产业深度融合集成创新示范项目。稳定生猪生产，探索生猪价格指数保险，确保能繁母猪存量。

2. 产业提质增效。统筹推进“一心两区五园”乡村产业发展格局，争创农业现代化示范区；

培育壮大“1324”现代农业产业体系。深化西瓜振兴五年行动，强化品质提升、品牌打造、品种培育，创建“平湖西瓜”为国家农产品地理标志产品。支持食用菌工厂化生产，实施淡水虾产业集群建设，鼓励实验用鼠和养蜂产业发展。打造“百佳农园”，创建一批嘉兴市级农创园、美丽田园、美丽农场。深化长三角合作,支持长三角“田园五镇”建设。高规格举办第六届农业经济洽谈会，签约农业招商引资项目总投资30亿元，签约项目开工率60%以上、到位资金4亿元以上。探索农业合伙人模式，建设农业产业化联合体。启动新一轮青创农场创建，创建省级农业龙头企业1家，培育示范性家庭农场20家、示范性农民合作社5家。打造“农业产业大脑+未来农场”模式，加强“金平湖”品牌农产品电商服务体系建设，推动“互联网+”农产品出村进城。

3.推进农业“双强”。推进科技强农，发展农业高新技术产业，建成高品质农业科技示范基地2个。加快农业科创平台建设，投入使用农业科创中心、科技中心。加快省级农业科技园区创建，培育一批星创天地。强化种子种苗培育和种质资源保护，加快科研成果转化，实施农业科技类项目30项。开展农田数字化管理试点县建设。推进机械强农，聚焦特色主导产业全程机械化，创建省级稻麦产业“机器换人”高质量发展先行县，建成省级农机服务中心3个、全程机械化应用基地3个、农机创新实验基地1个。主要农作物耕种收综合机械化率达到91.1%以上，其中水稻耕种收综合机械化率达到92%以上。

4.农业绿色发展。创新开展农业“双碳”专项行动，办好长三角乡村生态振兴论坛。探索“氢光储充”等农业“负碳”新模式。深化农业面源污染治理，通过第二轮中央环保督查反馈问题整改销号省级核查。新建稻田退水“零直排”工程4万亩，秸秆综合利用率保持97%以上。巩固“肥药两制”改革成果，“三色码”管理农资流通，化肥减量2%以上、农药零增长。推广池塘循环水养殖、稻渔综合种养等模式，创建省级水产健康养殖示范场5家。优化农村生态环境服务，农药废弃包装物、废旧农膜应收尽收。守牢农业安全生产底线，加强渔业资源生态修复，完善渔船安全、农产品质量安全等体系建设，加强重大动植物疫情防控。

（二）实施乡村建设惠民生行动，引领未来乡村风范

1.标杆化建设未来乡村。争创省新时代美丽乡村标杆县，创建省美丽乡村示范镇1个、特色精品村3个、新时代美丽乡村达标村10个、新时代美丽乡村精品村6个，创建省级美丽宜居示范村1个、新增试点2个。以“平沪之恋·未来嘉乡”为主题，重点推进钟埭片区、徐家埭村、马厩村、龙萌村未来乡村建设，打造引领数字生活、呈现未来元素、彰显江南韵味的精品“高峰”。高标准建设“碳为观智·桨领风华”美丽乡村精品线，在嘉兴比拼赛中争先。持续实施重点村、整治村提升项目，加快补齐乡村建设短板。

2.市场化发展美丽经济。以美丽乡村精品线运营为抓手，推进美丽经济高质量发展。完成美丽乡村旅游业“微改造、精提升”工程项目60个。推动生态型农庄创建国家AAA级景区1个以上，创建AAA级景区村庄2个。加大民宿产业扶持力度，引导民宿品牌化创建，民宿运营总数达到12家、床位数350个，培育星级农家乐15家。用好长三角全民健身联盟、长三角红色旅游联盟等平台，打造棒球基地、赛艇中心等运动主题特色旅游基地。探索乡村可持续运营模式，鼓励更多市场主体投身“美丽产业”，培育文旅龙头企业。聚力打造“钟溪棹歌·隐世田园”诗画江南典范片区和明月山塘美丽经济转化区，推动美丽乡村从品牌建设向品牌运营升级。

3.全域化推进乡村秀美。深入推进农村人居环境全域美丽无死角整治，健全四季比拼、月度暗访、分档管理、挂钩联系机制，农村生活垃圾源头分类准确率90%以上，农村生活污水治理行政村覆盖率80%以上，完成107个自然村落保留点生活污水治理全覆盖，争创省级星级公厕11座、乡村驿站1座。开展新时代“优美庭院”示范创建，示范户比例力争60%以上。推进国土绿化行动，绿化新建和改造

提升1500亩，创建省“一村万树”示范村2个、省级以上生态文化基地1个。深入开展碧水河道和美丽河湖建设，创建美丽河湖9条、水美乡镇1个。深化河道清淤疏浚和综合整治，完成清淤疏浚100公里、综合整治20公里。

4. 系统化完善乡村功能。加快“四好农村路”和农村危旧桥梁改建提升，建设“四好农村路”40公里、道路亮化改造20公里、危旧桥梁改建60座、维修加固30座。加快农村通信网络基础设施建设，实现5G网络行政村和AAA级景区村全覆盖。强化行政村防灾减灾救灾能力，创建省级气象防灾减灾标准化村（社区）10个、新时代电气化村4个。深化全国义务教育优质均衡发展市、学前教育普及普惠市创建，构建智慧教育研训城乡教共体。推进基层社区卫生服务机构建设，实现镇街道卫生院“两慢病”一体化门诊建设全覆盖。深入探索“大病无忧”等商业保险补充模式。深入实施金平湖维康行动，推进“困难群众精准画像”省级试点，迭代升级“线上＋线下”“物质＋服务”的社会救助新体系。深化居家社区养老服务，确保每万名老年人拥有持证护理员22人以上。探索“政务服务市域一体”新体系建设，实现90%以上民生事项镇街道可办、社保和医保高频事项全市通办。

（三）实施农民增收提品质行动，勇当同创共富典范

1. 聚变共富“广陈模式”。坚持以发展工业的理念做强农业产业，以经营城市的思路推进园区开发，谋划启动国家农业科技园区创建。聚焦打造村强民富范本目标，继续加大项目招引力度，引进落户一批跨国型、科技型、总部型农业龙头项目，签约项目10个、实到资金1亿元以上。深化公司、农户、政府三方合作，试点推进小农户与现代农业发展利益联结机制，探索“共富田”模式，依托优质项目带民增收。总结提炼并创新运用新时代“广陈模式”，研究制订农开区建设标准体系。

2. 共富体带动强村富民。以农村集体经济为核心，建设“1+8+N”村富带民富共富体，打造具有平湖辨识度的标志性成果。组建1个市级“三位一体”新型集体经济强村公司，推进“飞地抱团”、众筹经营、农房盘活等8个领域共富体建设，打造N个数字化应用场景，全面构建市镇村户四级共富体系。推动有收益村分红率达到100%，农户持股增收5500万元以上，农民财产性收入占比高于嘉兴水平。强化政策衔接，启动新一轮“飞地抱团”项目低收入家庭持股增收计划。

3. 品牌化提升乡村治理。构建完善党建统领“四治融合”乡村治理模式，深入实施县域社会治理“6+6”品牌建设行动，加快打造县域社会治理2.0版。迭代升级“一中心四平台一网格”，建好用好镇街道综治信息指挥室，加强专职网格员队伍职业化建设。创新基层治理和服务模式，推进农村社区“居民会客厅”建设，总结提炼全国农村社区治理实验区、省级城乡社区治理和服务创新实验区建设成果。积极推广乡村治理积分制，深化“股份分红＋善治积分”。加强法治乡村建设，规范涉农行政执法，深化“息事无讼”多元解纷机制。全市省级善治（示范）村、民主法治村覆盖率分别达到50%、55%。加强平安乡村建设，抓好农村疫情防控。

4. 持续性改善农民住房。制定实施《平湖市农民住房改善五年行动实施方案》，年内新建农村公寓房2000套，完成新社区集聚500户。深化宅基地数字化管理改革，推广应用农房“浙建事”全生命周期综合管理服务系统。实施农房盘活“十百千”行动，打造十个“新乡邻”示范区（样板区）、推进百村联动发展、激活千幢农房价值。常态化开展农村危旧房排查治理，实现动态清零目标。优先保障农村低保户、低保边缘户、分散供养特困人员及困难残疾人家庭住房改善需求。

5. 多方位孕育文明乡风。巩固提升新时代文明实践阵地建设，广泛开展“文明分享吧”“文明微管家”等新时代文明实践品牌活动。深化“金平湖好家风”建设，推进“就餐不浪费”“聚餐用公筷”“垃圾要分类”等文明好习惯培育。广泛选树“身边好人”等道德榜样，深化文明村镇、文明家庭创建。优化提升

“运动家”智慧体育社区、礼堂书屋等文体设施，新建乡村文化名师工作室2家、乡村博物馆6家。创建省级文化驿站1家，争创省首批公共文化服务现代化先行县。办好“作家驻村助力乡村振兴”等一批特色活动，聚焦“三农”挖掘提炼乡村文化，讲好“百村百故事”。推进公共文化产品供给向基层倾斜，扩大“我们艺起来”、西瓜灯文化节和长三角农民庆丰收等特色文化活动品牌影响力。

三、深化系统集成改革，推动“三农”变革重塑

（一）深化数字化改革。实施“数字赋农”行动，出台平湖市数字农业农村发展“十四五”规划。完善乡村信息基础设施和数据资源体系，加快数字技术在乡村产业、乡村治理和乡村服务等领域融合应用，推动流程再造、制度重塑。高质量完成国家数字乡村试点市整体评估、省乡村振兴产业发展示范县建设考核。重点推动乡村大脑贯通和迭代优化，承接好“浙农优品”“浙农险”“浙农码”等试点应用，迭代深化“浙农服”“浙农补”“善治宝”等特色应用，谋划开发“稻米产业大脑＋未来农场”“抱团富”等新增应用。推广“节水宝”“用工保障”数字化场景应用。

（二）深化乡村集成改革。以推进国家城乡融合发展试验区为牵引，项目制拓展农村改革试验任务，持续推进城乡融合发展体制改革。加强资源盘活利用，集中力量推进全域土地综合整治2.0版，完成全域土地综合整治与生态修复6.8万亩，复垦建设用地1300亩、垦造耕地200亩。试点开展农村集体经济组织成员身份认定。加快推进农村集体经营性建设用地入市。探索农村“三权”依法自愿有偿退出机制和农业标准地改革。加大农村金融服务创新，加快财政金融协同支农数字化改革试点建设，推动“三权”“五权”抵押贷款、“善治积分贷”提质扩面。建立新型农业经营主体信息名录共享机制，夯实农村普惠金融基础。开展农业统计现代化改革试点，逐步推广农业企业产品法统计制度。

（三）深化“三位一体”改革。创新发展“新仓经验”，深化“三位一体”农合联数字化为农服务模式改革，构建新型农业社会化服务体系。加快发展“点型”“链型”“群型”合作经济，推进粮食全产业链帮农促富项目建设。加快构建农产品冷链物流体系，推广“平湖—松阳”县域供销合作新模式。实施基层供销社“强基消薄”工程，推动基层农合联实体化运营，争创百强社、标杆社。创建省级“三位一体”改革示范市，办好全省“三位一体”改革现场会。擦亮“金平湖”农产品区域公用品牌，首发“金平湖”品牌高铁专列，品牌农产品年销售额超6亿元。启动建设长三角农博汇一期工程，打造“品牌＋基地＋市场”一体化流通合作模式。

四、全面夯实基础支撑，健全工作保障体系

（一）强化组织领导。加强党对“三农”工作的全面领导，将市委、市政府农业和农村工作领导小组调整为中共平湖市委农村工作领导小组（市乡村振兴领导小组），由市委书记任组长，充分发挥党委农村工作领导小组（市乡村振兴领导小组）牵头抓总、统筹协调作用。落实五级书记抓乡村振兴工作机制，领导小组成员单位重要涉农事项要提请领导小组全体会议或专题会议审议。深化执行领导干部挂钩联系、分类定级组团包联等制度，健全党委定期研究乡村振兴工作制度，每年至少召开3次会议。健全清单式工作推进机制，创新比拼评价、最佳案例评选等机制，完善镇街道党委书记抓乡村振兴工作述职制度和乡村振兴实绩考核。

（二）夯实基层基础。深化全域党建联盟引领乡村组团式发展工作机制，项目化推进党建联盟建设。构建“党建＋”乡村振兴深度融合机制，打造徐家埭村、山塘村等基层党建示范点。深入开展“听党话、感党恩、跟党走”宣讲活动。持续加快组织力提升，深入推进“百县争创、千乡晋位、万村过硬”工程。全面实施“群雁高飞”能力素质提升工程，开展村社换届届中“回头看”，实施村社

“阳光治理”工程。发挥驻村第一书记抓党建促乡村振兴作用，完成乡村振兴“十百千”创建。纵深推进清廉村居建设，打造清廉村居示范村15个。加强乡村振兴专项档案收集管理，推进农村基层档案规范化建设。

（三）强化要素保障。推进乡村人才振兴先行县建设，开展“乡村振兴合伙人”“百名乡贤助百村”、青春助力乡村振兴带头人“青牛奖”寻访等活动。举办长三角“田园五镇”农业农村创业创新大赛和青创大赛，培育提升农创客280名、高素质农民150名、农村实用人才500名。加强农业农村有效投资项目库建设，储备一批高质量项目。完善涉农资金统筹整合长效机制，构建共同富裕新场景下财税政策保障体系，确保土地出让收入用于农业农村比例达到5%。重点做好乡村重大产业、重大基础设施、民生、乡村振兴项目排摸排序，纳入用地指标重点保障序列。优化建设用地指标管理，统筹新增建设用地计划指标，强化国土空间规划整体管控，创新落实设施农用地政策，年度土地利用计划指标用于农业农村产业发展不少于5%，节余建设用地优先用于发展乡村振兴产业项目。

中共平湖市委

平湖市人民政府

2022年5月12日

中共平湖市委印发《关于推进新时代文化平湖工程的实施意见》的通知

平委发〔2022〕46号

各镇街道党委（党工委），平湖经济技术开发区、独山港经济开发区党工委，市委各部委，市级机关各部门党委（党工委、党组），市属各单位党委（总支、支部）：

《关于推进新时代文化平湖工程的实施意见》已经市委研究同意，现印发给你们，请认真组织实施。

中共平湖市委

2022年3月27日

关于推进新时代文化平湖工程的实施意见

为深入贯彻党的十九大和十九届历次全会精神，认真落实习近平总书记关于文化工作的重要论述精神、省委文化工作会议和嘉兴市委文化工作会议精神，努力实现社会主义先进文化发展先行示范，现就加快推进新时代文化平湖工程建设提出本意见。

一、深刻认识推进新时代文化平湖工程的重大意义

文化是一个国家、一个民族的灵魂。我们党一直以来高度重视文化工作和文化建设。党的十八大以来，党中央把文化发展纳入“五位一体”总体布局，作为坚定“四个自信”、建设社会主义现代化强国的重要内容来部署推进，习近平总书记对文化建设发表了一系列重要论述，一贯地、一体地构建起文化强国建设的“四梁八柱”，使我国社会主义文化建设取得了历史性成就。我市认真贯彻中央、省、嘉兴各级重要指示精神，把文化建设摆在全局工作的重要位置，解放思想、守正创新，深入推进文化强市建设和金平湖文化新崛起，习近平新时代中国特色社会主义思想更加深入人心，社会主义核心价值观广泛弘扬，公共文化服务水平显著提高，城市特色文化品牌愈加鲜明，文化事业和文化产业蓬勃发展，主旋律更加响亮，正能量更加强劲，文化自信进一步彰显，城市高品质发展软实力进一步增强，为高质量发展勇当共同富裕新崛起典范、更高水平推进金平湖新崛起注入了强大的文化力量。

迈向第二个百年奋斗目标新征程，伴随着中华民族伟大复兴新步伐，文化建设必将迎来新的大发展大繁荣。忠实践行“八八战略”、奋力打造“重要窗口”最精彩板块的新崛起之城，文化发展是关键变量。推进新时代文化平湖工程，是贯彻习近平总书记关于文化建设重要论述的政治担当和历史使命，是立足新发展阶段、贯彻新发展理念、构建新发展格局的必然要求。要进一步强化文化使命、加快文化发展、书写文化担当，坚定文化自信、增强文化自觉，把文化建设作为争创发展新优势的根本性、基础性工作，努力在共同富裕中实现精神富有，在现代化先行中实现文化先行，铸就一张最富魅力、最吸引人、最具辨识度的平湖文化金名片。

二、推进新时代文化平湖工程的指导思想和总体目标

1. 指导思想。高举习近平新时代中国特色社会主义思想伟大旗帜，统筹推进“五位一体”总体布局，认真落实省委文化工作会议精神和嘉兴市委文化工作会

议精神，围绕举旗帜、聚民心、育新人、兴文化、展形象的职责使命，围绕忠实践行“八八战略”、奋力打造“重要窗口”中最精彩板块的新崛起之城定位，围绕高质量发展、共同富裕主题，坚持社会主义先进文化的发展方向，坚持以人民为中心的发展思想，坚持用好红色资源、赓续红色血脉、守好红色根脉，大力弘扬伟大建党精神、红船精神以及“平和报本、勇猛精进”的平湖城市精神，系统、全面推进新时代文化平湖工程，打造一批具有平湖辨识度、美誉度的文化标识，为奋进第二个百年奋斗目标新征程，推进平湖高质量发展勇当共同富裕新崛起典范提供强大的思想保证、舆论支持、精神动力、文化条件。

2. 总体目标。全面实施文化建设“1510”行动，围绕打造与高质量发展勇当共同富裕新崛起典范相适应的新时代文化平湖总目标，着力打造思想理论武装高地、城乡文明和谐高地、公共文化均衡高地、文艺精品凸显高地、文化创新融合高地“五大高地”，大力实施思想铸魂提神工程、文明实践提质工程、文化设施提档工程、文化品牌提升工程、文化惠民提效工程、文艺创作提优工程、文化产业提速工程、媒体融合提级工程、网络空间提振工程、人才队伍提能工程“十大工程”，高标准擦亮全国文明城市底色，高品质提供现代公共文化服务，高水平展现共同富裕美好图景。到2025年，实现每万人拥有公共文化设施面积5710 ㎡，人均体育场地面积4 ㎡，居民综合阅读率92.5%以上，文明好习惯养成实现率92%以上，社会诚信度98%以上，文化产业增加值占GDP比重达7.5%左右，人均文化娱乐消费支出占比突破15%，建成具有浓郁平湖特色的“10分钟品质文化生活圈”“10分钟文明实践服务圈”。

三、大力实施“十大工程”

1. 思想铸魂提神工程。坚定不移做“两个确立”忠诚拥护者、“两个维护”示范引领者，打造学习研究宣传党的创新理论的新典范。理论学习规范化。全面落实党的意识形态工作责任制，深化党委（党组）理论学习中心组“第一议题”制度，健全集体学习、个人自学、研讨交流等机制。严格落实党委（党组）理论学习中心组学习巡听旁听工作制度，五年内实现全市党委（党组）中心组学习巡听旁听全覆盖。用好创新学堂、金平湖讲坛、南湖·初心学堂、学习强国等载体平台，巩固拓展党史学习教育成果，深入开展中国共产党党史、新中国史、改革开放史、社会主义发展史“四史”学习宣传教育，推动党的创新理论入脑入心。社科研究品牌化。持续打造红色社科云、社科大集市、社科专家基层行、社科少年行、人文社科大讲堂等社科品牌，建成一批高质量的社科普及基地、“社科之家”。注重发挥“浙沪毗邻社科”作用，纵深推进浙沪两地社科普及共建共享。深入开展共同富裕溯源工程，深入调查研究，形成一批具有学理深度、理论厚度和平湖辨识度的高质量研究成果。理论传播大众化。持续打造“四微两说”立体式宣讲体系，创新开展稻田宣讲、板凳课堂、车间微党课等系列宣讲模式，打造在全省具有影响力的“百团千场进万家”“百姓名嘴”“平语·青年说”等理论宣讲品牌。深化“主播说”等融媒体宣讲产品制作，选树一批“网红”讲师，通过“新思想天天讲”“身边人讲身边事”等载体，用富有时代气息的元素手段、通俗化形象化的群众语言，讲好平湖故事，传播时代新声，提升理论宣讲的吸引力和传播影响力。爱教基地矩阵化。以红色起航地的高度自觉，挖掘盘活红色资源、赓续传承红色根脉，深入开展红色资源普查和“红色基因库”建设，建成并启用一批管理规范、设施完善、活动常态的爱国主义教育基地，实现镇街道高质量红色阵地全覆盖，扎实有效开展理想信念教育、爱国主义教育和革命传统教育。

2. 文明实践提质工程。积极践行社会主义核心价值观，大力提升城市文明程度和市民文明素养。巩固文明城市成果。持续巩固全国文明城市创建成果，健全常态长效管理机制，加快“感知汇·智文明”城市运营中心应用场景建设，积极参与全国文明典范城市创建试点，全力绘制美好城市新图景。持续深化文明单位、文明村镇、文明校园、文明家庭等群众性精神文明创建活动。弘扬文明新风正气。深入实施新时代公民道德建设工程，扎实推进社会公德、职业道德、家庭美德、个人品德建设，培养担当民族复兴大任的时代新人，弘扬共筑美好生活梦想的时代新风。大力选树道德模范、劳动模范、最美人物、身边好人等各类先进典型，利用各类传播平台，讲好“最美”事迹，形成“最美”风尚。大力推进诚信建设，完善守信联合激励和失信联合惩戒机制，高水平建设信用平湖。深入实施市民文明素养提升行动，着力培育文明健康绿色环保的生活方式。加强未成年人思想道德教育，丰富“春泥计划”活动，高品质建设乡村复兴少年宫。铸就文明实践高地。持续推进新时代文明实践阵地提档升级、提质增效，全面打造新时代文明实践中心，广泛开展新时代文明实践活动，持续擦亮“文明分享吧”“文明百宝箱”“文明友邻汇”“文明微管家”等新时代文明实践工作品牌，打造“10分钟文明实践服务圈”。深化“共富·志愿之城”建设，建立完善全市统一的志愿服务积分管理办法，健全全民参与的志愿服务精准触达机制，以志愿服务“小积分”激发社会治理“大能量”。

3. 文化设施提档工程。围绕“双核、两区、一网、多点”超前规划布局，持续加大城乡公共文化体育设施建设力度，打造“长三角公共文化服务高质量发展示范区”。建成一批文化地标。高水平推进包括科技文化中心、青少年校外综合体、平湖琴馆、非遗主题公园、庄桥坟省级考古遗址公园等在内的重大文化设施建设，形成一批具有平湖辨识度的标识性项目。提升一批基层阵地。完善文化馆总分馆体系，推进镇街道文化综合体建设，提升农村文化礼堂、社区文化家园、企业文化俱乐部和文化馆企业分馆等基层设施的功能品质；建立健全非遗馆总分馆体系，建成一批保护和传承优秀地方文化的非遗展示馆和乡村艺术走廊；持续推进“书房、书屋、书吧”图书馆总分馆服务体系建设，整合各类社区生活圈模块功能，精心谋划未来社区、未来乡村文化场景，按照浙江省定标准严格落实各类新建扩建改建居民住宅区配建公共文化设施用房和室外文化场地，扩大公共文化设施覆盖面，建成城乡一体的“10分钟品质文化生活圈”。拓展一批文化空间。全力推进公园城市建设，围绕“一湾双廊四岛”，依托“两湖一街区”串联公园绿地、创意街区、旅游景点、文体场馆等功能场所，打造集文化展示、互动体验、购物休闲、全民健身等功能于一体的文旅体融合风景线。抓好公共文化空间“十个一”工程6，持续广泛开辟主题式公共文化空间、文化活动场所，建成一批文化会客厅、文化公园、文化广场、友邻中心、文化小品、文化驿站等。创意性改造图书馆、文化馆功能布局，大力推进“健心客厅”建设。

4. 文化品牌提升工程。实施“文化基因解码工程”7，打造具有传播力、辨识度、推广性的金平湖文化标识，推动传统文化、名人文化、特色文化的转化与发展。解码传承文化基因。深入挖掘整理全市传统优秀文化、革命文化、社会主义先进文化精髓，形成平湖“文化基因库”。大力弘扬“平和报本、勇猛精进”的城市精神，加大文化解码成果应用，系统推进新时代报本文化传承弘扬，强化多种文化基因集成，推动文化基因创造性转化和创新性发展。盘活用好名人文化。创办“叔同艺术季”，全新打造“叔同故里”文化品牌。深化与国内外知名院校和研究机构合作，加大对李叔同、陆稼书、陆维钊、吴一峰、陈巨来、周振甫、钱南扬等平湖籍文化名人的学术研究和对外宣传。完成李叔同纪念馆基本陈列改造、吴一峰艺术馆迁建、陆维钊书画院老展厅改建，建成一批名人故居、名人纪念馆。保护弘扬地域文化。全面打响“琴棋书画印唱灯舞”文化品牌，挖掘整理散落于民间的生产习俗、生活习俗、文化习俗，加强对民俗文化保护、研究和展示，推进非物质文化遗产项目保护传承和非遗传承人申报培养，实施平湖派琵琶、钹子书、九彩龙、西瓜灯雕刻、糟蛋等重点非遗项目振兴计划。用好“当湖十局”历史文化资源，高水平办好CCTV围棋快棋赛等国际国内品牌赛事，提升“中国围棋之乡”影响力。强化文物古迹保护及活化利用，加强对平湖海防文物、江南水乡文物资源普查梳理，推进庄桥坟遗址、平湖抗战史迹等特色文化研究，出版《平湖抗战碉堡》《平湖古石桥》等乡土教材。推进南河头、新埭老街、新仓老街等历史街区集中成片区域的保护开发，在传承发展传统历史文化中增添城市底蕴气质。

5. 文化惠民提效工程。丰富文化产品供给，提升文化惠民水平，实现公共文化资源普惠共享。做大做强节庆文化。持续推进“中国·平湖西瓜灯文化节”节庆文化品牌塑形，深化做强当湖友邻节、钟埭钟溪文化节、曹桥行知文化节、新埭泖水文化节、新仓芦川文化节、独山港海洋文化节、广陈孟坚文化节、林埭龙文化节“一镇一品”“一节一韵”。做实做特群众文化。发挥文联各协会、文化馆、综合文化站等在繁荣基层文艺中的引领作用，发挥文化名家工作室和“三团三社”8文艺团队作用，持续打造“我们艺起来”“欢乐平湖·城乡互动”“金平湖文艺轻骑兵”“我们的村晚”等群众性文化活动品牌，开展全民艺术普及行动，推动优质公共文化资源向基层倾斜、向全域覆盖。做精做优文化服务。健全政府购买公共文化服务制度，鼓励社会文化艺术机构加强文艺创作生产和参与公共文化服务，提升公共文化服务配送水平。全面推广“文艺快享”模式，持续开展“158”计划9、“五送一走”10、农村“2131”电影放映工程11等文化惠民活动，深化农民读书会、“金平湖·慧阅读”等阅读品牌。持续办好“金平湖惠民剧场”，确保每季度引进一场文艺精品节目。深化文化接轨上海，常态化开展金山平湖两地“金平果”文化走亲。推进廉洁文化建设，加大研究传承、文艺创作、阵地拓展、融媒传播和弘扬践行，使清廉理念深入人心。加大文教融合力度，提升文化场馆为青少年美育工作服务水平。深入开展“扫黄打非”，加强电影市场、新闻出版行业的依法管理，繁荣文化市场。

6. 文艺创作提优工程。实施文化艺术精品战略，建立健全政府扶持文艺创作的长效机制，全面推动各艺术门类繁荣发展。实施精品创作攀高行动。修订完善《平湖市文艺扶持奖励办法》，发挥文艺“金平湖”奖的示范引领作用，紧扣新时代、党的二十大、共同富裕等重大主题，结合更高水平推进金平湖新崛起，深度谋划新时代文艺精品创作题材。成立重点文艺作品攀高行动工作专班，制定文艺精品攀高项目库，加大文艺“精品、优品、新品”支持力度，积极申报各级“五个一工程奖”和文艺精品扶持项目，推动我市文艺作品提质量、攀高峰、广传播。营造精品创作良好生态。实施重大文艺项目择优扶持机制，支持本土文艺人才潜心创作，加强与外部资源和创作力量紧密协作，努力在文学、美术、书法、音乐、曲艺、戏剧、影视等各领域多点开花、结出硕果。成立文艺评论家协会，发挥文艺评论在引导创作、多出精品、引领风尚等方面的重要作用。建设“文艺之家”，优化文化文艺工作者创作、交流、学习机制，营造良好创作环境。打造精品创作提质平台。积极争取承办国家级、省级文艺文化活动，持续举办民间文化当代表达全国学术研讨会、浙江省小幅版画双年展、浙江省“陈巨来杯”篆刻展等品牌展赛。开展陆维钊书画院建院30周年系列活动，举办第五届中国高等书法教育成果展和书学之路学术研讨会，进一步擦亮“中国书法之乡”金名片。积极对接高端资源，办好“陆维钊书画提名奖”、钱南扬戏曲论坛和以“叔同杯”命名的各艺术门类评奖等重点活动。加大文艺精品研究，编撰发行《陆维钊全集》《陆维钊书画院院志》，办好《莲馆弘谭》《陆维钊研究》《一峰艺丛》等专业期刊。

7. 文化产业提速工程。推动文化产业高质量发展，培育新型文化业态和文化消费模式，打造平湖文化产业IP，加速推动经济发展质量变革、效率变革、动力变革。深化产业融合。制定实施《平湖市文化产业发展三年行动方案（2022—2024）》，明确产业布局，推动文化产业与旅游、科技、金融、农业、商贸、体育等相关产业深度融合发展，做大做强乡村旅游、工业设计等优势产业，扶持壮大数字文化、文旅融合等优质产业，大力发展动漫游戏、创意设计等新兴产业，投资建设一批文化核心业态重大项目，打造文化产业集聚高地。实施强企引育。突出招商重点，创新招商方式，明确招商任务，将“引资”与“引智”相结合，着力引进一批科技含量高、产业带动能力强的龙头企业、项目。聚焦核心业态，排摸评选一批主业突出、成长性好的文化企业，推动“小升规”“下转上”，支持文化企业主辅分离、并购重组、做大做强。提升平台能级。依托南市文创园区、镇街道“一镇一品”文创平台，集聚发展文化产业。加快南河头历史文化街区、平湖时尚中心等文化产业项目（园区）建设进度，推动文化产业园区从企业集聚向产业集聚转变，打造引领全市文化产业发展的新引擎。

8. 媒体融合提级工程。加快构建全媒体传播体系，做大做强主流舆论，不断提升传播力、引导力、影响力、公信力。丰富传播内容。着眼讲好红船故事，讲好平湖故事，唱响主旋律，凝聚正能量。深化媒体融合，按照“主力军全面进入主战场”要求，积极打造“一体策划、一次采集、多种生成、多元传播、全媒覆盖”的全媒体传播体系。优化传播平台。集中力量开展“一县一端”平台建设，全力支持和推动“今平湖”客户端等主流新媒体建设，构建新型传播平台集群，实现传媒中心与新时代文明实践中心、文化礼堂等基层宣传文化阵地以及各类政务服务、思政教育、社会治理平台融合贯通。通过发挥“以党建引领业务、以业务促进融合”成效，拓展传播路径，放大对外影响，打造具有平湖辨识度的对外传播品牌和精品。进一步加强与上海金山、江苏常熟等地的传播资源共建共享，持续扩大长三角县级宣传部门交流协作平台的影响力。提升传播技术。加快传播手段建设和创新，坚持移动优先战略，加强5G、大数据、云计算、物联网、区块链、人工智能等新技术在传播领域的前瞻性研究和应用，探索电视制播体系向4k超高清升级换代，推进应急广播提质扩面。

9. 网络空间提振工程。推进网络综合治理体系建设，通过平台提升及品牌打造，促进网络文化和网络生态良性发展。实施网络文明“向阳生长”行动。加大网络内容优势培育，策划创作一批有温度、有感染力、接地气的网络爆款产品，做好青年一代特别是“Z世代”12的靶向引导，培育有高度安全意识、有文明网络素养、有守法行为习惯、有必备防护技能的好网民，形成崇德向善的网络行为规范，筑牢网络空间行为规范底线。实施网络文化“心有暖阳”行动。打造正能量品牌，持续打造网络文化节品牌活动，运用互联网思维、多媒体手段，实现“线下”主题活动，“线上”能量传播，网下网上“好风景”不断线，实现“正能量”导出“大流量”。实施网络阵地“焕新提质”行动。纵深推进基层网络文化主题公园扩面提质，健全“互联e家”网络文化传播“建管用”长效机制，持续扩大“互联e家”品牌影响力，不断发挥网络文化滋养人心、凝聚力量的作用，把线上的力量传导至线下，形成良性循环。

10. 人才队伍提能工程。树立人才是第一资源理念，大力引进优秀紧缺文化人才、高端文化人才，加强培育本土高层次人才和青年英才，形成文化人才智库。加大高端人才招引力度。加快引进培育文化名家暨“四个一批”人才、省宣传文化系统“五个一批”人才等，吸引国内外高层次文化人才到平湖创业发展。拓宽文化人才引进渠道，落实引进人才相关保障政策，打通紧缺急需和拔尖人才引进特别通道。优化本土人才成长环境。建立一批文化名家工作室、社科名家工作室、文创团队工作室。加大长三角区域协同，加强与高水平院校合作，畅通宣传文化人才培训教育和深造进修的渠道，支持人文社科拔尖人才、文化名家、文化创新团队带头人等开展合作交流和课题研究。创新文化人才评价机制，出台艺术人才提档升级激励政策，鼓励相关艺术工作者晋升省级、国家级会员。加强基层文化队伍建设。落实镇街道宣传委员专职专干要求，配强配足综合文化站干部队伍，推动“两员队伍”13向“三员”14发展，壮大文化志愿者队伍，推进文化示范户和乡村文化能人培育计划，加强基层业余文艺团队建设。加强文化队伍管理，建立基层群众和服务对象评价反馈机制，完善科学的评聘、培训和绩效考核机制，激发基层文化人才队伍的工作积极性。

四、强化组织保障

1. 加强党的领导，坚持统筹推进。各级党组织要贯彻落实党对文化工作的全面领导，树立“不重视文化是失职、抓不好文化是渎职”的理念，推动文化建设与经济建设、政治建设、社会建设、生态文明建设和党的建设协同发展。党委宣传部门牵头抓总、相关部门协同配合，形成党政齐抓共管、各部门履职尽责、全社会积极参与的工作格局。完善文化工作责任落实机制，按照“每年有突破、两年大提升、五年开新局”的要求，明确目标任务、重点工作、进度安排、推进举措及相关责任单位具体工作任务，并抓好协调推进。

2. 加大长效投入，实现持续发展。进一步加大公共财政对文化建设的投入力度，建立与新时代文化平湖建设需求相对应、适度超前、稳定增长的文化投入机制，加强对文化改革发展重点领域的支持保障。进一步健全文艺精品扶持激励政策，建立文化精品工程重点项目扶持机制；完善市文化产业发展专项资金管理办法并适度增加规模，加大对数字文化产业项目的扶持力度；加大对农村文化礼堂建设提升和运行管理的资金扶持，并逐步提高非遗传承、文化下乡、业余社团等政府购买服务补助标准，实现文化投入与经济社会发展水平相适应。

3. 完善激励机制，强化政策保障。构建文化工作激励保障机制，提升文化工作者积极性创造性，激发各类文化创新资源活力迸发。创新文化事业单位扶持激励政策，支持公益性文化单位开发、经营文创产品。鼓励社会资本参与文化建设，保障文化发展要素优先供给，形成政府主导、社会参与的多元化投入机制。在党代表、人大代表、政协委员的推荐和劳动模范、最美人物等各类先进典型的评选中，增加优秀文化工作者名额。

4. 推进整体智治，促进资源整合。以数字化改革为引领，聚焦跨部门数据共享和业务协同两个关键，进一步破除制约文化创造活力的体制性障碍、机制性梗阻。深化“数字文化”改革，用好“礼堂家”“红色根脉在线”“志愿浙江”等数智平台，谋划设计推出“智文明”“艺数家”等特色应用场景，实现文化领域多跨协同、整体智治。加强文化领域党建工作，完善组织设置，优化职能配置，强化机构力量，选好配强文化领域各级领导班子，建立健全上下贯通、执行有力的严密组织体系。加强文化领域法治建设，强化文化执法、司法、守法协同。

文件选目

平委发

文件号	文件标题
〔2022〕1号	关于高质量推进乡村全面振兴勇当共同富裕金平湖新崛起典范的意见
〔2022〕2号	关于撤销自然资源和规划局纪委的通知
〔2022〕3号	关于建立平湖邮政管理局党组和周其明等同志任职的通知
〔2022〕4号	关于2021年度先进集体和先进个人的通报
〔2022〕5号	关于公布2021年度考核优秀等次领导干部（含市属国企领导人员）、公务员和给予金球等同志记三等功通报
〔2022〕6号	关于建立平湖市第十六届人民代表大会第一次会议、政协十四届平湖市委员会第一次会议临时党委和各临时党支部的通知
〔2022〕7号	关于推进新时代文化平湖工程的实施意见的通知
〔2022〕8号	关于十五届市委

	常委会分工的通知
〔2022〕10 号	2022 年市委、市政府工作要点
〔2022〕11 号	关于印发 2022 年经济创新工程实施方案的通知
〔2022〕12 号	关于印发 2022 年城乡秀美工程实施方案的通知
〔2022〕13 号	关于印发 2022 年民生优享工程实施方案的通知
〔2022〕14 号	关于印发 2022 年铁军打造工程暨惟实惟先、善作善成干部团队建设实施方案的通知
〔2022〕15 号	关于批转政协平湖市委员会 2022 年工作要点的通知
〔2022〕16 号	关于批转平湖市人大常委会 2022 年工作要点的通知
〔2022〕17 号	批转科协关于做好市、镇街道科协组织换届工作意见的通知
〔2022〕18 号	关于中共平湖市委农村工作领导小组（市乡村振兴领导小组）组成人员任职的通知
〔2022〕19 号	关于进一步打造唯实惟先、善作善成新时代平湖铁军迭代升级版的实施方案暨平湖市干部队伍建设五年规划的通知
〔2022〕20 号	关于建立市交通投资（集团）有限公司党委、纪委和姚春元等同志任职的通知
〔2022〕22 号	关于印发平湖市贯彻落实 2021 年省委生态环境保护专项督查报告整改方案的通知
〔2022〕24 号	印发《关于进一步压实主体责任强化对各级一把手和领导班子监督的方案》的通知
〔2022〕25 号	关于成立中国共产党平湖市交通运输行业综合委员会的通知
〔2022〕26 号	关于印发平湖市支持党建统领高质量推进强村富民支持政策（2022—2025 年）的通知
〔2022〕27 号	关于印发 2022 年度镇街道和市级机关部门（单位）工作目标绩效考评办法的通知
〔2022〕29 号	批转市残联关于市镇两级残疾人联合会换届选举工作的意见的通知
〔2022〕30 号	印发关于清廉平湖建设五年行动的实施意见（2022—2026 年）的通知
〔2022〕31 号	中共平湖市委批转平湖市人大常委会《关于人大代表中的领导干部带头基层单元开展联系选民群众活动的实施办法》的通知
〔2022〕32 号	中共平湖市委批转平湖市人大常委会《关于国家机关工作人员进基层单元开展活动的实施（试行）》的通知
〔2022〕33 号	关于认真学习宣传贯彻党的二十大精神的通知
〔2022〕35 号	批转平湖市人大常委会《关于平湖市人大常委会及一府一委两院核心业务下沉人大代表联络站践行全过程人民民主的实施意见》的通知

平委办发

文件号	文件标题
〔2022〕1 号	关于印发 2022 年

度协商工作计划通知

〔2022〕2 号 关于召开平湖市委十五届二次全体会议的通知

〔2022〕3 号 市委办、市府办关于印发平湖市信访积案化解清零行动工作方案的通知

〔2022〕4 号 市委办、市府办关于明确经济创新、城乡秀美、民生优享、铁军打造四大工程指挥长的通知

〔2022〕5 号 市委办、市府办关于公布 2021 年度全市社会治理及信访工作先进集体和先进个人名单的通知

〔2022〕6 号 市委办、市府办关于印发平湖市农村生活污水治理攻坚行动方案（2021—2025）的通知

〔2022〕7 号 关于贯彻落实中共浙江省委关于规范领导干部廉洁从政从业行为进一步推动构建亲清政商关系的意见的通知

〔2022〕8 号 市委办、市府办关于印发平湖市创建全国科普示范市工作实施方案的通知

〔2022〕9 号 市委办、市府办关于印发平湖市文艺人才和文艺创作扶持奖励办法的通知

〔2022〕10 号 市委办、市府办关于公布市领导和市级机关部门（单位）挂钩联系名单的通知

〔2022〕11 号 市委办、市府办关于调整部分市级议事协调机构组成成员的通知

〔2022〕13 号 市委办、市府办关于进一步贯彻落实党政机关过紧日子要求的通知

〔2022〕14 号 市委办、市府办关于印发平湖市推进大综合一体化行政执法改革工作方案的通知

〔2022〕15 号 市委办、市府办关于印发平湖市高质量推进城乡融合聚变共富三年行动方案的通知

〔2022〕16 号 市委办、市府办关于印发建立 1+8+N 共富体系打造生态强村富民标志成果的方案的通知

〔2022〕17 号 市委办、市府办关于印发平湖市未来乡村建设实施方案（2022—2025）的通知

〔2022〕18 号 市委办、市府办关于印发深化三位一体改革推进为农服务高质量发展助力共同富裕新崛起典范的行动方案的通知

〔2022〕19 号 关于印发 2022 年平湖市党内法规工作要点的通知

〔2022〕20 号 市委办、市府办关于聘请 2022 年市委、市政府四大工程督查专员的通知

〔2022〕21 号 市委办、市府办关于公布 2022 年度市领导挂钩联系项目名单的通知

〔2022〕22 号 关于推动党史学习教育常态化长效化的实施方案的通知

〔2022〕25 号 市委办、市府办关于印发平湖市电动自行车综合治理集成改革工作实施方案的通知

〔2022〕26 号 市委办、市府办关于公布 2021 年度党政办公室工作先进集体、先进个人的通知

〔2022〕27 号 关于印发 2022 年

度党委信息工作考核办法的通知
〔2022〕28 号 关于印发中共平湖市委关于 2021 年度落实全面从严治党主体责任检查情况反馈意见的整改方案的通知
〔2022〕29 号 印发关于进一步加强和改进新时代市直机关党务干部队伍建设的实施意见通知
〔2022〕30 号 市委办、市府办关于成立嘉兴市第十届运动会筹备委员会的通知
〔2022〕31 号 关于印发 2022 年市委干部教育培训主体班次计划的通知
〔2022〕33 号 市委办、市府办关于印发 2022 年全市督查检查考核年度计划的通知
〔2022〕34 号 市委办、市府办关于印发经济稳进提质十大百日攻坚行动实施方案的通知
〔2022〕35 号 市委办、市府办关于深化县乡一体、条抓块统改革推进基层治理系统建设的实施方案的通知
〔2022〕36 号 关于启用中共平湖市纪律检查委员会平湖市监察委员会派出平湖市经济开发区纪检监察工作委员会等印章的通知
〔2022〕37 号 关于启用中国共产党平湖市交通投资（集团）有限公司委员会等印章的通知
〔2022〕38 号 市委办、市府办关于全面推进耕地保护田长制实施意见的通知
〔2022〕39 号 关于启用中共平湖市委农村工作领导小组和中共平湖市委农村工作领导小组办公室印章的通知
〔2022〕40 号 市委办、市府办关于印发平湖市加强行政服务中心建设三年行动方案的通知
〔2022〕41 号 市委办、市府办关于印发平湖市推进面向共同富裕的教育改革发展试点工作实施方案的通知
〔2022〕43 号 市委办、市府办关于组建平湖老年教育联盟的通知
〔2022〕44 号 印发关于深入推进法治社会建设的实施意见的通知
〔2022〕45 号 市委办、市府办关于印发 2021 年平湖市党风廉政建设和反腐败工作组织领导与责任分工的通知
〔2022〕46 号 市委办、市府办关于新一轮城市开发建设征收工作指挥部更名的通知
〔2022〕48 号 关于认真做好习近平谈治国理政第四卷学习宣传工作的通知
〔2022〕49 号 市委办、市府办关于印发平湖市落实全面从严治党主体责任考核办法的通知
〔2022〕50 号 市委办、市府办关于 2021 年度领导干部经济责任审计情况的通报
〔2022〕51 号 市委办、市府办关于加快推进律师行业高质量发展的实施意见
〔2022〕54 号 市委办、市府办关于高质量推进公共文化服务现代化建设勇当共同富裕新崛起典范的实施意见（2021—2025 年）
〔2022〕55 号 印发关于贯彻落实组织敢担当、干部有力量要求

	激励干部奋勇推进金平湖新崛起的实施办法的通知
〔2022〕56 号	市委办、市府办关于印发平湖市 2022 年度城市慧治数治执法系统建设和应用行动计划的通知
〔2022〕57 号	市委办、市府办关于印发强社惠民集成改革专项工作方案的通知
〔2022〕59 号	市委办、市府办关于印发《平湖市扩中提低行动方案》的通知
〔2022〕60 号	市委办、市府办关于印发 2022 年内资招引暨紧急合作考核办法的通知
〔2022〕61 号	市委办、市府办关于印发 2022 年利用外资（招大引强）工作考核办法的通知
〔2022〕63 号	市委办、市府办关于印发实施新时代金平湖工匠培育工程意见的通知
〔2022〕64 号	市委办、市府办关于进一步加强消防组织建设的实施意见
〔2022〕65 号	市委办、市府办关于进一步加强法治镇街道（法治政府）的意见

平政发

文件号	文件标题
〔2022〕1 号	关于明确市政府领导分工的通知
〔2022〕2 号	平湖市人民政府关于印发平湖市 2022 年政府及国有公司投资项目计划的通知
〔2022〕3 号	关于印发平湖市国家生态文明建设示范区创建工作方案（2021—2025）的通知
〔2022〕6 号	关于印发平湖市促进文化产业高质量发展若干政策意见的通知
〔2022〕7 号	关于印发平湖市加快推进文化体育事业发展的若干政策意见的通知
〔2022〕8 号	关于印发平湖市抗疫情稳增长的若干政策意见的通知
〔2022〕9 号	关于进一步加大服务业惠企纾困帮扶力度的若干意见
〔2022〕10 号	关于印发 2022 年度市政府重点民生实事项目的通知
〔2022〕15 号	关于印发平湖市“腾笼换鸟”整治提升三年行动方案（2022—2024 年）的通知
〔2022〕17 号	关于印发平湖市综合交通运输发展“十四五”规划的通知
〔2022〕18 号	关于印发 2022 年平湖市数字乡村建设工作方案的通知
〔2022〕19 号	关于深入开展农业“双强行动”全面推动农业高质量发展的实施意见（2022—2025）
〔2022〕22 号	关于印发平湖市政府投资管理办法的通知
〔2022〕23 号	关于印发平湖市财政专项资金管理办法的通知
〔2022〕26 号	关于明确平湖先进装备智造高新技术产业园区管理范围的通知
〔2022〕27 号	关于印发平湖市林业发展“十四五”规划的通知
〔2022〕28 号	关于平湖市综合行政执法行政处罚事项镇（街道）赋权的通告
〔2022〕29 号	关于印发 2022 年政府工作报告重点工作责任分解的通知
〔2022〕30 号	关于给予平湖市

第七次全国人口普查成绩突出集体和个人行政奖励的决定

〔2022〕31 号　关于印发平湖市人民政府工作规则的通知

〔2022〕32 号　关于印发平湖市残疾人事业发展“十四五”规划的通知

〔2022〕33 号　关于印发平湖市政府产业基金管理办法的通知

〔2022〕35 号　关于印发平湖市卫生健康事业发展“十四五”规划的通知

〔2022〕36 号　关于印发平湖市教育事业发展“十四五”规划的通知

〔2022〕39 号　关于印发平湖市公共租赁住房管理实施办法的通知

〔2022〕49 号　关于调整被征地农民安置补助有关政策（试行）的通知

〔2022〕55 号　关于印发平湖市全面推进全域土地综合整治的政策意见

〔2022〕56 号　关于 2022 年度市区国有土地上房屋征收补偿和补助奖励标准适用 2021 年度有关规定的通知

〔2022〕57 号　关于公布 2022 年度国有土地上房屋征收计划及征收范围的通知

〔2022〕65 号　关于印发平湖市政策性农业信贷担保服务创新实施方案的通知

〔2022〕73 号　关于印发平湖市创新券实施管理办法的通知

〔2022〕83 号　关于授予封静等七人“东湖之友”奖章的决定

〔2022〕84 号　关于印发平湖市促进粮食产业发展扶持政策（试行）的通知

〔2022〕85 号　关于修订深化生态文明建设高质量建设美丽平湖若干政策意见的通知

〔2022〕88 号　关于表彰首届“平湖慈善奖”的决定

〔2022〕92 号　通告【森林禁火令】

〔2022〕93 号　关于进一步完善平湖市城乡居民社会养老保险实施办法有关事项的通知

〔2022〕94 号　关于平湖市持续推动开放型经济稳定发展的若干政策意见

〔2022〕95 号　关于成立平湖先进装备智造高新技术产业园区管委会的通知

〔2022〕97 号　关于印发平湖市全民健身实施计划（2021—2025 年）的通知

〔2022〕102 号　关于废止平政发〔2021〕36 号文件部分条款内容的通知

〔2022〕109 号　关于印发平湖市国家知识产权强县建设试点县工作方案（2023—2035）的通知

〔2022〕110 号　关于印发平湖市数字农业农村发展“十四五”规划的通知

〔2022〕111 号　印发平湖市建筑业振兴实施方案的通知

〔2022〕112 号　关于大力开展“两化”改造、“两厂”建设推进产业数字化、绿色化转型升级实施意见的通知

〔2022〕114 号　关于开展第三次土壤普查工作的通知

〔2022〕117 号　关于印发平湖市农村公路管理养护办法（试行）的通知

〔2022〕123 号　关于给予吴健等见义勇为先进人物奖励的决定

〔2022〕124 号　关于明确有关

市政府领导分工的通知

〔2022〕127 号 关于公布 2022 年度平湖市市长质量奖获奖单位的通知

〔2022〕128 号 关于印发平湖市建设用地指标管理办法的通知

〔2022〕129 号 关于印发平湖市创建浙江省体育现代化县（市、区）工作实施方案（2022—2024 年）的通知

〔2022〕132 号 关于印发平湖市知识产权专项资金奖励实施办法的通知

〔2022〕133 号 关于进一步完善全市农贸市场长效管理的实施意见

〔2022〕155 号 关于印发“金平湖·畅行券”实施方案的通知

〔2022〕157 号 关于印发 2022 年度广陈镇生态补偿工作意见的通知

〔2022〕158 号 关于印发平湖市“十四五”美丽乡村建设规划（2021—2025 年）的通知

平政办发

文件号	文件标题
〔2022〕1 号	关于调整和明确市政府办公室领导干部业务分工的通知
〔2022〕2 号	关于印发平湖市 2022 年水利建设计划的通知
〔2022〕3 号	关于印发鼓励企业稳员工稳生产若干意见的通知
〔2022〕4 号	关于印发平湖市违法建设和违法违规审批专项清查行动方案的通知
〔2022〕5 号	关于公布平湖市第十七届文艺“金平湖”奖获奖名单的通知
〔2022〕6 号	关于印发平湖市邮政快递业高质量发展行动方案（2021—2025 年）的通知
〔2022〕7 号	关于公布平湖市盈合棋牌室、平湖市嘉丰工艺品有限公司为平湖市级重大火灾隐患整改单位的通知
〔2022〕8 号	关于印发 2022 年镇街道企业“上市 100”专项行动考核办法的通知
〔2022〕9 号	关于全面推进镇街道行政执法工作的通知
〔2022〕10 号	关于调整我市工程建设项目工伤保险缴费率的通知
〔2022〕11 号	关于印发平湖市加强企业梯度培育助推制造业高质量发展实施方案的通知
〔2022〕12 号	关于印发平湖市 2022 年“腾笼换鸟”整治提升实施方案的通知
〔2022〕13 号	关于印发平湖市 2022 年度国有建设用地供应计划的通知
〔2022〕14 号	关于印发平湖市 2022 年全域土地综合整治实施计划的通知
〔2022〕15 号	关于印发加快推进水利建设管理和发展的政策意见的通知
〔2022〕16 号	关于印发“互联网 +”农产品出村进城工程行动方案（2022—2025 年）的通知
〔2022〕17 号	关于印发扶持个体工商户纾困发展若干政策的通知
〔2022〕18 号	关于印发平湖市 2022 年“五气共治”暨清新空气行动计划的通知
〔2022〕19 号	关于印发平湖市建筑领域劳资纠纷专项整治行动

方案的通知
〔2022〕20 号　关于印发平湖市鼓励备案非标电动自行车提前淘汰置换实施方案的通知
〔2022〕21 号　关于印发平湖市科创企业贷款支持实施办法的通知
〔2022〕22 号　关于重新公布部分议事协调机构和撤销部分议事协调机构的通知
〔2022〕23 号　关于印发应对疫情冲击影响阶段性消费促进激励政策的通知
〔2022〕24 号　关于公布平湖市人民政府 2022 年度重大行政决策事项目录的通知
〔2022〕25 号　关于印发加快发展保障性租赁住房实施意见的通知
〔2022〕26 号　关于印发加快技能型园区建设打造技能人才高地实施方案的通知
〔2022〕27 号　关于印发平湖市政务信息工作考核办法的通知
〔2022〕28 号　关于公布 2022 年市级拟上市（挂牌）后备库企业名单的通知
〔2022〕30 号　关于印发平湖市级行政事业单位房产集中统一管理分类处置实施方案的通知
〔2022〕31 号　关于印发平湖市创建浙江省食品安全示范市工作方案的通知
〔2022〕32 号　关于印发 2022 年平湖市食品药品安全工作要点的通知
〔2022〕33 号　关于印发 2022 年平湖市政务公开重点工作责任清单的通知
〔2022〕34 号　关于印发平湖市金控投资有限公司等国有公司主要职责内设机构和员工总额规定的通知
〔2022〕35 号　关于印发 2022 年金融支持地方经济发展考核办法的通知
〔2022〕37 号　关于公布 2021 年度农业丰收奖获奖项目的通知
〔2022〕38 号　关于印发平湖市自建房安全专项整治实施方案的通知
〔2022〕39 号　关于印发平湖市创建国家节水型城市实施方案的通知
〔2022〕40 号　关于印发保障消防救援队伍职业待遇实施细则的通知
〔2022〕41 号　关于取消部分资产注入国有公司事项的通知
〔2022〕42 号　关于印发平湖市“学历 + 技能”双提升若干政策实施意见（试行）的通知
〔2022〕43 号　关于启用平湖市残疾人联合会印章的通知
〔2022〕44 号　关于调整部分建设项目新增建设用地指标有偿使用费标准的通知
〔2022〕45 号　关于印发平湖市 2022 年大气污染物强化减排方案的通知
〔2022〕46 号　关于印发 2022 年科创金融改革专项考核细则的通知
〔2022〕47 号　关于撤销平湖市盈合棋牌室、平湖市嘉丰工艺品有限公司重大火灾隐患整改单位的通知
〔2022〕48 号　关于印发加强人力资源市场监管若干意见（试行）的通知
〔2022〕49 号　关于印发《平湖市重点用能企业用能预算管理办法（试行）》的通知

〔2022〕50 号 关于启用平湖市机关事务管理中心印章的通知
〔2022〕51 号 关于印发平湖市市属国有企业管理办法的通知
〔2022〕52 号 关于公布2022年度平湖市级农业龙头企业认定和监测结果的通知
〔2022〕53 号 关于印发平湖市市属国有企业投资建设项目管理办法的通知
〔2022〕54 号 关于调整平湖市东片污水处理厂PPP项目履约监管领导小组的通知
〔2022〕56 号 关于印发平湖市生产安全事故应急预案的通知
〔2022〕57 号 关于印发平湖市石油天然气长输管道突发事件应急预案的通知
〔2022〕58 号 关于印发平湖市大面积停电事件应急预案的通知
〔2022〕59 号 关于印发平湖市旅游突发公共事件应急预案的通知
〔2022〕60 号 关于印发平湖市城镇燃气、城市供水突发事故应急预案的通知
〔2022〕61 号 关于印发平湖市市场价格异常上涨事件应急预案（修订版）的通知
〔2022〕62 号 关于印发平湖市金融突发事件应急预案的通知
〔2022〕63 号 关于印发鼓励电子商务高质量发展若干政策意见（试行）的通知
〔2022〕64 号 关于印发《平湖市深化调整城镇土地使用税政策促进土地集约节约利用工作实施方案》的通知
〔2022〕65 号 关于印发平湖市粮食安全应急预案的通知
〔2022〕66 号 关于印发平湖市突发重大动物疫情应急预案的通知
〔2022〕67 号 关于印发平湖市气象灾害应急预案的通知
〔2022〕68 号 关于印发平湖市通信保障应急预案的通知
〔2022〕69 号 关于公布平湖市第七批非物质文化遗产代表性项目名录的通知
〔2022〕70 号 关于印发平湖市突发公共卫生事件应急预案的通知
〔2022〕71 号 关于印发平湖市突发急性呼吸道传染病事件应急预案的通知
〔2022〕72 号 关于印发平湖市突发事件人员防护保障行动方案的通知
〔2022〕73 号 关于印发平湖市政务服务事项“全市通办”实施方案的通知
〔2022〕74 号 平湖市人民政府关于印发平湖市测绘地理信息应急保障预案的通知
〔2022〕75 号 关于印发平湖市人民防空工程国有资产使用管理细则的通知
〔2022〕76 号 关于印发平湖市农村杆线整治长效管理办法的通知
〔2022〕77 号 关于印发平湖市农村杆线整治行动方案（2023—2025年）的通知
〔2022〕78 号 关于印发平湖市城乡河道保洁工作实施方案的通知

国民经济统计资料

2022年国民经济统计资料选刊

人口、自然和生活环境统计表

表 32

项 目	单 位	2022 年	2021 年
年末总人口	人	516461	513000
总人口中非农业人口	人	307673	298778
全年人口出生率	‰	5.67	5.75
全年人口自然增长率	‰	–2.34	–2.14
人口密度	人 / 平方公里	927	920
土地面积	平方公里	557.4	557.4
年平均气温	℃	17.5	17.8
年极端最高气温	℃	39.9	36.1
年极端最低气温	℃	–4.7	–7.3
年降水总量	毫米	1159	1540.5
年雨日	天	141	189
年雪日	天	9	0
年日照时数	小时	2345.3	2321.7
年无霜期	天	246	230
园林绿地面积	万平方米	2038	2249
建成区绿化覆盖率	%	41.26	41.09
全社会用电量	亿千瓦时	113.20	104.54
其中，城乡居民生活用电	亿千瓦时	8.53	6.97
城市建成区面积	平方公里	48.0	47.0
年供水总量	万立方米	3960.05	3760.37
其中，居民家庭用水	万立方米	1493.02	1480.84
人均日生活用水量	升	144.68	128.96
供液化石油气总量	吨	3219	3500
其中，家庭用量	吨	3208	3488
用气人口	万人	10.56	13.20
供天然气总量	万立方米	7118	6517
其中，家庭用量	万立方米	1500	1100
用气人口	万人	23.82	24.50

说明：人均日生活用水量采用建制建镇数据

国民经济主要指标统计表

表 33

项　目	单　位	2022 年	2021 年
年末从业人员	万人	41.40	41.60
生产总值	万元	9595831	9113831
第一产业	万元	164332	155970
第二产业	万元	5859333	5486143
第三产业	万元	3572166	3471717
工农业总产值（按现价计算）	亿元		
农业总产值	亿元	26.66	25.33
规上工业总产值	亿元	275.16	258.78
主要农产品产量			
粮食	吨	189407	188823
其中：谷物	吨	186325	186462
棉花	吨	109	112
油菜籽	吨	1790	1734
西瓜	吨	8779	10460
食用菌	吨	7218	9327
畜禽产品			
肉类总产量	吨	4336	5544
其中，猪肉产量	吨	1654	2772
禽肉产量	吨	2458	2515
禽蛋产量	吨	1142	1209
水产品产量	吨	22282	22064
其中：海水产品	吨	432	432
淡水产品	吨	21850	21632
交通、邮电			
全社会货运量	万吨	6035	5644
货物周转量	万吨公里	561940	664852
全社会客运量	万人	75	91
旅客周转量	万人公里	11715	13152
嘉兴港货物吞吐量	万吨	13240	12691
邮政业务总量	万元	17751	16606
全市固定资产投资合计	万元	4410745	4113175
城镇项目投资	万元	—	—
农村项目投资	万元	—	—
房地产开发投资	万元	1314942	1253981
社会消费品零售总额	万元	2712580	2601417
进出口总额	亿美元	136.82	128.32
其中，出口总额	亿美元	68.29	67.66
财政总收入	万元	1333241	1583047
其中，一般公共预算收入	万元	807227	965800
一般公共预算支出	万元	82584	89569
城乡居民储蓄存款余额	亿元		
居民人均储蓄存款余额	元	138220	117023

续表 33

项　目	单　位	2022 年	2021 年
学校数	所	87	89
其中，普通高中	所	7	7
初　中	所	14	13
小　学	所	20	22
在校学生数	人	81286	80450
其中，普通高中	人	7060	6523
初　中	人	14910	14142
小　学	人	36773	35076
图书馆藏书	册（件）	1355921	1283136
电视台发射机功率	千瓦 / 部	1/1	1/1
卫生机构数	个	222	212
其中，医院（包括卫生院、门诊部等）	个	25	22
医院床位数	张	3052	2915
卫生技术人员数	人	6033	5523

注：学校数中不含成人文化技术学校。学生数中部包含外国籍学生。

国民经济主要比例关系表

表 34　　单位：%

项　目	2022 年	2021 年
生产总值		
第一产业	1.7	1.7
第二产业	61.1	60.4
第三产业	37.2	37.9
工业总产值中轻重工业比重		
轻工业	20.92	21.65
重工业	78.08	78.35
工业总产值在各类型企业中比重		
内资企业	60.04	53.64
港澳台商投资企业	11.60	11.72
外商投资企业	28.36	34.64
农业总产值中各业比重		
农业	65.02	58.07
林业	0.60	0.93
牧业	11.58	12.04
渔业	13.66	14.15
农林牧渔服务业	9.14	14.81

注：工业总产值，在工农业比重中按总计数，在轻重工业和各类型企业比重中按年主营业务收入2000万元以上工业企业的合计数计算。

年主营业务收入2000万元以上工业企业主要指标完成情况

表35

指标名称	单　位	2022年	2021年
企业数	个	864	851
其中，亏损企业	个	227	204
工业总产值	万元	27515751	25877814
新产品产值	万元	11183983	11364299
工业销售产值	万元	—	—
资产总计	万元	30134864	26791829
流动资产合计	万元	15674072	14464596
产成品	万元	1098178	1034374
固定资产原价	万元	15600455	14151995
累计折旧	万元	6975863	6614358
本年折旧	万元	917783	867376
固定资产净值	万元	8345499	7385111
负债合计	万元	16215520	13658014
流动负债合计	万元	12911673	11447946
长期负债合计	万元	3303847	2210067
所有者权益合计	万元	13919344	13072741
主营业务收入	万元	29316797	27431305
主营业务成本	万元	26406779	23821437
主营业务税金及附加	万元	132617	142437
销售费用	万元	404728	431534
管理费用	万元	760698	738724
财务费用	万元	241199	218896
利息支出	万元	285331	232225
利润总额	万元	901750	1679651
本年应交增值税	万元	586775	544301
亏损企业亏损额	万元	542661	297144
利税总额	万元	1621142	2366389

年主营业务收入2000万元以上工业企业部分产品产量

表36

产品名称	计量单位	2022年	2021年
大米	吨	5115	5338
饲料	吨	64192	59035
其中，配合饲料	吨	61492	59035
饮料酒	千升	3035	3225
白酒（折65%Vol，商品量）	千升	105	100
纱	吨	6377	6088
棉纱	吨	3147	2621
布	万米	—	—
棉布	万米	—	—
印染布	万米	17120	17971

续　表

产品名称	计量单位	2022 年	2021 年
服装	万件	10242	12665
梭织服装	万件	8618	10902
针织服装	万件	1624	1763
皮革服装	万件	75	50
家具	件	3172088	3974689
木制家具	件	42082	139105
金属家具	件	3052648	3831660
机制纸及纸板	吨	3097639	2117114
箱纸板	吨	1475561	1486833
纸制品	吨	382447	1354548
瓦楞纸箱	吨	226351	452762
水泥	吨	1157992	1385849
散装水泥	吨	—	276840
商品混凝土	立方米	1344768	1676735
平板玻璃	重量箱	8892729	8858512
橡胶轮胎外胎	条	—	—
塑料制品	吨	113821	128545
滚动轴承	万套	—	—
电力电缆	千米	194342	119440
发电量	万千瓦小时	3271496	3265268

浙江省十六县（市、区）统计信息网络年度交流指标（一）

表 37

县(市、区)	行政区划面积（平方公里）	其中，建成区面积（平方公里）	年末总人口（万人）	常住人口（万人）	生产总值（亿元）	第一产业增加值（亿元）	第二产业增加值（亿元）
柯桥区	1066	81.00	70.20	111.57	1901.36	42.35	970.57
萧山区	931	128.32	126.18	211.00	2063.95	59.29	800.73
余杭区	942	139.60	72.91	136.40	2651.25	41.83	339.25
慈溪市	1361	50.80	106.91	186.52	2521.58	66.01	1531.35
余姚市	1501	54.22	83.09	126.40	1513.59	53.76	898.27
海宁市	863	56.80	71.90	110.16	1247.00	21.41	724.71
桐乡市	727	57.16	71.50	105.43	1209.67	26.58	609.98
上虞区	1362	48.00	71.42	79.77	1241.76	56.33	647.71
温岭市	1074	43.00	121.19	142.30	1306.76	94.21	569.47
鄞州区	814	—	98.77	166.20	2734.78	30.73	751.16
诸暨市	2311	—	107.64	121.93	1658.84	57.54	809.28
瑞安市	1342	23.10	125.40	152.80	1197.87	29.02	542.78
义乌市	1105	113.06	89.08	188.80	1835.54	26.91	616.28
乐清市	1396	24.48	131.50	146.72	1501.95	22.79	685.07
平湖市	557	48.00	51.65	68.75	959.58	16.43	585.93
富阳市	1821	—	69.79	85.10	917.40	52.83	415.69
永康市	1047	39.95	62.30	97.30	725.35	9.77	395.98

浙江省十六县（市、区）统计信息网络年度交流指标（二）

表 38

县(市、区)	其中，工业增加值（亿元）	第三产业增加值（亿元）	第三产业占GDP比重（%）	人均生产总值（户籍）（元）	规模以上工业总产值（亿元）	固定资产投资额（亿元）	社会消费品零售总额（亿元）
柯桥区	840.95	888.45	970.57	271608		583.92	401.10
萧山区	708.40	1203.93	800.73	164994	3027.71	1510.56	905.68
余杭区	294.44	2270.16	339.25	198373	294.44	—	801.10
慈溪市	1424.47	924.23	1531.35	—	4797.76	731.50	733.65
余姚市	844.29	561.56	898.27	181707	2407.20	391.00	454.50
海宁市	647.20	500.87	724.71	174033	2540.75	568.62	521.03
桐乡市	537.89	573.11	609.98	169591	2398.24	463.47	472.09
上虞区	549.69	537.72	647.71	173525	2171.63	301.81	416.03
温岭市	438.23	643.08	569.47	107635	—	—	730.27
鄞州区	606.34	1952.89	751.16	—	—	—	1037.91
诸暨市	675.67	792.02	809.28	153884	1572.52	489.47	526.35
瑞安市	450.89	626.07	542.78	95520	1241.54	—	582.92
义乌市	561.24	1192.35	616.28	208291	1639.30	—	1057.79
乐清市	631.22	794.09	685.07	114144	2085.88	—	596.62
平湖市	549.90	357.22	585.93	186424	2751.58	441.07	271.26
富阳市	355.63	448.87	415.69	131734	285.60	—	438.17
永康市	364.92	319.60	395.98	116506	899.97	168.32	87.36

浙江省十六县（市、区）统计信息网络年度交流指标（三）

表 39

县(市、区)	公路客运量（万人）	公路货运量（万吨）	一般公共预算收入（亿元）	一般公共预算支出（亿元）	实际利用外资（万美元）	进出口总额（亿元）	出口总额（亿元）
柯桥区	75	3971	132.59	137.27	50719	1361.19	1338.91
萧山区	110	4934	318.31	343.13	106032	1077.01	872.04
余杭区	45	646	352.93	334.49	95469	56.80	53.07
慈溪市	73	1441	204.73	250.86	52328	1124.17	990.73
余姚市	41	4057	120.74	148.96	9607	1096.80	829.10
海宁市	56	1539	95.08	122.30	44001	740.69	683.63
桐乡市	33	2034	105.84	133.26	40448	615.31	436.59
上虞区	56	5080	91.01	137.29	19697	462.91	409.57
温岭市	—	—	81.34	118.70	5464	389.95	371.98
鄞州区	377	6574	279.60	269.72	53123	2601.00	1927.00
诸暨市	156	3418	90.28	123.36	7535	697.95	618.40
瑞安市	540	1099	66.01	138.18	7921	430.06	396.46
义乌市	5469	7590	132.90	159.69	20799	4788.00	4316.40
乐清市	221	2088	83.47	131.08	5829	278.28	272.26
平湖市	74	4557	80.72	120.21	54783	911.77	457.20
富阳市	23	2040	91.74	135.69	35169	455.90	205.90
永康市	44	1763	66.86	91.72	1060	413.77	402.51

浙江省十六县（市、区）统计信息网络年度交流指标（四）

表 40

县(市、区)	金额机构本外币存款余额（亿元）	其中，个人人民币存款余额（亿元）	金额机构本外币贷款余额（亿元）	城镇常住居民人均可支配收入（元）	农村常住居民人均可支配收入（元）	全社会用电量（亿千瓦时）	其中，工业用电（亿千瓦时）
柯桥区	3147.23	1662.52	3300.63	82528	51605	175.04	144.57
萧山区	6529.30	2936.36	6407.62	78289	49270	217.16	130.83
余杭区	2979.74	1211.31	2132.95	79422	51384	80.84	21.12
慈溪市	4061.37	—	3657.06	73385	47142	187.60	135.88
余姚市	2729.40	—	2228.60	73749	45665	124.63	92.60
海宁市	2539.46	1278.92	2215.26	74764	47777	125.73	94.48
桐乡市	2333.36	1177.33	2589.76	70266	46509	134.62	107.65
上虞区	2135.78	1123.80	1868.20	77890	44946	81.72	60.54
温岭市	2712.05	1706.33	2673.89	73956	41879	72.69	40.94
鄞州区	11396.30	—	13896.10	84630	50333	113.48	49.48
诸暨市	2430.62	—	2226.02	80438	49695	109.03	78.32
瑞安市	2429.98	1690.95	2150.92	77254	42247	90.22	90.22
义乌市	4575.33	—	4496.86	86975	47042	136.72	75.11
乐清市	2449.46	1671.98	2250.87	77058	44916	81.72	42.82
平湖市	1465.93	713.85	1748.65	74287	46573	113.20	95.63
富阳市	2143.22	886.47	2729.38	71742	44661	73.72	42.58
永康市	1800.66	1113.85	1499.97	67946	38406	63.18	42.54

索　引

说　明

一、本索引采用主题索引、数字索引、表格索引。

二、主题索引按主题首字汉语拼音字母顺序排列；数字索引按阿拉伯数字的大小顺序排列；表格索引按表所在页码的先后顺序排列。

三、标目后的阿拉伯数字表示内容所在页码。

四、本年鉴的“特载”“大事记”“附录”均未作索引。

主题索引

A

B

C

D

E

F

H

J

K

L

M

N

P

Q

R

S

T

W

X

Y

Z

数字索引

表格索引